Vorwort

Die vorliegende Grammatik wendet sich an Lehrende und Lernende, die tiefer in den Bau, die Struktur der russischen Gegenwartssprache und den Gebrauch, die Funktion ihrer sprachlichen Mittel eindringen wollen.

Als *Lehr- und Nachschlagewerk* ist es Anliegen des Buches,
– die zielgerichtete, systematische Aneignung sprachlichen, insbesondere grammatischen Wissens und Könnens nachhaltig zu unterstützen sowie
– erfolgreiches und rationelles Auffinden benötigter Informationen über grammatische Regelmäßigkeiten zu ermöglichen, unter anderem durch eine übersichtliche Stoffanordnung, vielfältige Verweise im Text und ein ausführliches alphabetisches Register (siehe Seite 393 ff.).

Gegenstand der Arbeit ist die – durch Normen charakterisierte – russische Standard- oder Literatursprache der Gegenwart in ihrer mündlichen und schriftlichen Form. Im Mittelpunkt der Darstellung steht die neutrale Stilebene. Auf umgangssprachlichen, d. h. ungezwungeneren Gebrauch in vorwiegend mündlicher Rede wird des Öfteren, auf saloppen Sprachgebrauch nur selten hingewiesen. In einigen Fällen werden auch erkennbare Entwicklungstendenzen des Sprachgebrauchs angedeutet.

Bei der *Gestaltung des Textes* ist angestrebt worden,
– den grammatischen Stoff in verständlicher Weise zu erläutern, ihn zum Beispiel durch Regeln und tabellarische Übersichten zu veranschaulichen und dabei Wesentliches, Grundlegendes typografisch hervorzuheben,
– eine dem Sachverhalt angemessene und zugleich möglichst schlichte, allgemein verständliche Terminologie zu verwenden und Termini grundsätzlich bei ihrem ersten Auftreten im Text zu erklären,
– dem Sprachvergleich zwischen dem Deutschen und dem Russischen – insbesondere unter kontrastivem Aspekt – die notwendige, der Sprachaneignung förderliche Beachtung zu schenken, unter anderem auch durch Übersetzung der meisten russischen Beispielsätze ins Deutsche,
– jeder grammatischen Erläuterung eine ausreichende Zahl originaler Sprachbeispiele hinzuzufügen, die das Funktionieren des betreffenden sprachlichen Mittels demonstrieren, auch anhand ausgewählter Textauszüge aus der schöngeistigen Literatur der zweiten Hälfte des 20. Jahrhunderts (hierzu siehe hintere innere Umschlagseite).

Die vorliegende Grammatik ist im Vergleich zu der vor mehr als 40 Jahren vom gleichen Verlag herausgegebenen und in zahlreichen Auflagen erschienenen Grammatik gleichen Titels (Autoren: Elisabeth Tauscher und Ernst-Georg Kirschbaum) eine völlige Neuentwicklung.
Der Verfasser weiß sich den Autorinnen und Autoren der von ihm benutzten Quellen (siehe hintere innere Umschlagseite) und dem Volk und Wissen Verlag für die Verwirklichung des Projekts dankbar verpflichtet. Er ist auch für Hinweise und Anregungen, die zur Verbesserung des Buches beitragen können, jederzeit dankbar.

Kirschbaum

Berlin, im Januar 2001

GRAMMATIK DER RUSSISCHEN SPRACHE

Ernst-Georg Kirschbaum

Cornelsen

Volk und Wissen Verlag

Grammatik der russischen Sprache
verfasst von Ernst-Georg Kirschbaum

Die Deutsche Bibliothek – CIP-Einheitsaufnahme

Kirschbaum, Ernst-Georg:
Grammatik der russischen Sprache / E.-G. Kirschbaum. – 1. Aufl. –
Berlin: Volk-und-Wissen-Verlag, 2001
    Cornelsen Verlag, 2004
ISBN 3-06-502230-3

 http://www.cornelsen.de

 http://www.vwv.de

1. Auflage   Druck 5 4 3 2   Jahr 07 06 05 04

© 2001 Volk und Wissen Verlag, Berlin
© 2004 Cornelsen Verlag, Berlin

Das Werk und seine Teile sind urheberrechtlich geschützt.
Jede Nutzung in anderen als den gesetzlich zugelassenen Fällen bedarf der
vorherigen schriftlichen Einwilligung des Verlages.
Hinweis zu § 52 a UrhG: Weder das Werk noch seine Teile dürfen ohne eine
solche Einwilligung eingescannt und in ein Netzwerk eingestellt werden.
Dies gilt auch für Intranets von Schulen und sonstigen Bildungseinrichtungen.

Druck: Druckhaus Thomas Müntzer, Bad Langensalza

ISBN 3-06-502230-3

Bestellnummer 502230

 Gedruckt auf säurefreiem Papier,
umweltschonend hergestellt aus chlorfrei gebleichten Faserstoffen.

Inhaltsverzeichnis

Laute und Buchstaben — 11

Umschriftsysteme — 11

Das russische Alphabet und seine Wiedergabe im Deutschen — 11

Die Wiedergabe deutscher Namen im Russischen — 13

Die Lautumschrift — 15

Laute und Phoneme — 16

Die Vokale — 17

Betonte Vokale — 18
    Die Vokale /a/, /o/, /y/ 19
    Die Vokale /э/, /и/, ы 20

Unbetonte Vokale — 21
    Die Reduktion unbetonter Vokale 21
    Vokalbuchstaben und ihre lautlichen Entsprechungen in unbetonten Silben 22

Die Konsonanten — 23

Stimmlose und stimmhafte Konsonanten — 24
    Geräuschlaute im Wortauslaut 25
    Angleichung der Stimme bei Geräuschlauten 25

Harte und weiche Konsonanten — 26
    Angleichung der Weichheit von Konsonanten 27

Kurze und lange Konsonanten — 27

Die Konsonantbuchstaben und ihre lautlichen Entsprechungen — 28

Das Phonem /j/ — 31

Die Buchstaben ь und ъ — 31

Besondere Buchstabenverbindungen — 32

DAS WORT Form – Bedeutung – Gebrauch

Form- und Wortbildung — 33

Das Wort und seine Bestandteile — 33

Der Lautwechsel — 35

Die Hauptarten des Konsonantenwechsels — 36

Die Hauptarten des Vokalwechsels — 36

Die Hauptarten der Form- und der Wortbildung — 37

Die Wortarten — 38

Die Wortarten im Überblick — 38

Inhaltsverzeichnis

Das Verb   39

Zu Wortbedeutung und Formenbestand   39

Zur Funktion im Satz   43

Die Aspekte der Verben   44
Die Funktion   44
Die Bildung   47
... vollendeter Aspektpartner   48
... unvollendeter Aspektpartner   50
Einaspektige Verben   52
Zweiaspektige Verben   53

Die Aktionsarten   54

Die Verben der Bewegung   56
Die nichtpräfigierten Verben   56
Die präfigierten Verben   59

Das Genus der Verben   61
Die Aktiv- und die Passivformen   61
Die reflexiven Verben   63

Persönliche und unpersönliche Verben   65
Persönliche Verben   65
Unpersönliche Verben   66

Die Klassifizierung der Verben   67
Die Stämme des Verbs   67
Die Grundlagen der Klassifizierung   68
Die produktiven Klassen   69
Die unproduktiven Gruppen   72
Isolierte Verben   80

Die konjugierten Verbformen   82
Das Präsens und das vollendete Futur   82
Die Formbildung   82
Zum Gebrauch der Präsensformen   85

Das unvollendete Futur   86
Die Formbildung   86
Zum Gebrauch der vollendeten und der unvollendeten Futurformen   87

Das Präteritum   88
Die Formbildung   88
Zum Gebrauch der Präteritalformen   90

Der Konjunktiv   94
Die Formbildung   94
Zum Gebrauch der Konjunktivformen   95

Der Imperativ   98
Die Formbildung   98
Zum Gebrauch der Imperativformen der 2. Person   101

Die Passivformen   103
Die Formbildung   103
Zum Gebrauch der Passivformen   104

Die nichtkonjugierten Verbformen   105

Der Infinitiv   105
Die Formbildung   105
Zum Gebrauch der Infinitivformen   105

Die Partizipien   108
Die Bildung der Partizipien des Aktivs   109
Zum Gebrauch der Partizipien des Aktivs   112
Die Bildung der Partizipien des Passivs   114
Zum Gebrauch der Partizipien des Passivs   118
Der Übergang von Partizipien in andere Wortarten   121

Die Adverbialpartizipien   122
Die Bildung der Adverbialpartizipien   123
Zum Gebrauch der Adverbialpartizipien   126
Der Übergang von Adverbialpartizipien in andere Wortarten   128

Inhaltsverzeichnis

Das Substantiv	**129**
Zur Wortbedeutung	129
Konkreta und Abstrakta	129
Eigennamen und Gattungsbezeichnungen	129
Belebte und unbelebte Substantive	130
Zur Funktion im Satz	132
Die grammatischen Kategorien	133
Das Genus	133
Personenbezeichnungen 133	
Tierbezeichnungen 134	
Sachbezeichnungen 135	
Substantive mit verschiedenem Genus 136	
Substantive mit Adjektivendungen 136	
Der Numerus	136
Der Kasus	137
Die Deklination	138
Die regelmäßigen Deklinationsendungen 139	
Die Bildung des Akkusativs 140	
Die I. Deklination der Maskulina	141
Besonderheiten 142	
Die I. Deklination der Neutra	148
Besonderheiten 148	
Die II. Deklination	150
Besonderheiten 151	
Die III. Deklination	152
Besonderheiten der Feminina 152	
Besonderheiten der Neutra 153	
Besondere Deklinationsarten	153
Die Deklination der Eigennamen auf -ов-|-ёв-|-ев- und -ин-|-ын- 153	
Die Deklination der mit пол- zusammengesetzten Substantive 154	
Die Deklination der nur im Plural gebräuchlichen Substantive 155	
Nichtdeklinierte Substantive	155
Die Betonung	157
Das Adjektiv	**159**
Zu Wortbedeutung und Formbildung	159
Zur Funktion im Satz	161
Die Deklination	162
Die Deklinationstypen im Überblick	162
Zu einzelnen Kasusformen 164	
Die Deklination des Haupttyps	165
Die Deklination der Mischtypen	165
Die Deklination der Possessiv- und der Gattungsadjektive 167	
Nichtdeklinierte Adjektive	168
Die Lang- und die Kurzformen	168
Die Bildung der Kurzformen	168
Besonderheiten 169	
Der Bildungsbereich der Kurzformen 171	
Die Betonung der Kurzformen 172	
Zum Gebrauch der Lang- und der Kurzformen	173
Langformen in attributiver Funktion 173	
Lang- und Kurzformen in prädikativer Funktion 174	
Die Komparation	177
Die Bildung der Komparativformen	177
Der einfache Komparativ 177	
Der zusammengesetzte Komparativ 179	
Zum Gebrauch der Komparativformen	179
Der einfache Komparativ 179	
Der zusammengesetzte Komparativ 181	
„als" beim Komparativ 181	

Inhaltsverzeichnis

Die Bildung der Superlativformen _____ 182
   Der einfache Superlativ 182
   Der zusammengesetzte
   Superlativ 183

Zum Gebrauch der Superlativformen ___ 183
   Der einfache Superlativ 183
   Der zusammengesetzte
   Superlativ 184

Der Übergang von Adjektiven
zu Substantiven _____ 184

Das Zahlwort   185

Zu Wortbedeutung, Wort- und Formbildung _____ 185

Die Grundzahlwörter _____ 186

Die Deklination der Grundzahlwörter ___ 187
   Die Zahlwörter один …
   четы́ре 187
   Die Zahlwörter пять …
   девятьсо́т 188
   Die Zahlwörter ты́сяча …
   милли́ард; ноль 189
   Mehrgliedrige Grundzahlwörter 189

Zum Gebrauch der Grundzahlwörter _____ 189
   Die Wortgruppe „Grundzahlwort
   (+ Adjektiv) + Substantiv" 189
   Zur Stellung in der Wortgruppe
   „Grundzahlwort + Substantiv" 192
   По in Verbindung mit der Wortgruppe
   „Grundzahlwort + Substantiv" 192
   Nichtdeklinierte Grundzahlwörte 192

Die Sammelzahlwörter _____ 193

Die Deklination der Sammelzahlwörter _____ 193

Zum Gebrauch der Sammelzahlwörter _____ 193

Die Bruchzahlwörter _____ 194

Die Bildung der Bruchzahlwörter _____ 194
   Gemeine Brüche 194
   Unechte Brüche 195
   Dezimalbrüche 195

Zu Deklination und Gebrauch der Bruchzahlwörter _____ 195

Die Ordnungszahlwörter _____ 196

Zu Deklination und Gebrauch der Ordnungszahlwörter _____ 196

Die unbestimmten Zahlwörter _____ 197

Die Deklination der unbestimmten Zahlwörter _____ 197

Zum Gebrauch der unbestimmten Zahlwörter _____ 198
   Die Wortgruppe „unbestimmtes
   Zahlwort + Substantiv" 198
   По in Verbindung mit der Wortgruppe „unbestimmtes Zahlwort +
   Substantiv" 198

Das Pronomen   199

Zu Wortbedeutung, Formbildung und Funktion im Satz _____ 199

Die Personalpronomen _____ 200

Die Deklination der Personalpronomen _____ 200

Zum Gebrauch der Personalpronomen _____ 201
   Die Anredepronomen ты : вы 201
   Die Wortgruppe мы с mit I. 202
   Das Reflexivpronomen себя́ 202

Die Possessivpronomen _____ 203

Die Deklination der Possessivpronomen _____ 203

Zum Gebrauch der Possessivpronomen _____ 204
   Die Anredepronomen
   твой : ваш 204
   Die Wortgruppe наш с mit I. 204
   Die Possessivpronomen
   свой : его́, её; их 204
   Varianten ваш : у вас 206

Die Demonstrativpronomen — 206

Die Deklination der Demonstrativpronomen — 206

Zum Gebrauch der Demonstrativpronomen — 207
    Die Pronomen этот : тот 207
    Die Pronomen такой : таков 207
    Formen des Pronomens сей 208

Die Interrogativpronomen — 208

Die Deklination der Interrogativpronomen — 208

Zum Gebrauch der Interrogativpronomen — 209
    Die Pronomen кто : что 209
    Das Pronomen чей 209
    Die Pronomen который : какой : каков 210

Die Relativpronomen — 210

Die Deklination der Relativpronomen — 210

Zum Gebrauch der Relativpronomen — 211
    Das Pronomen который 211
    Die Pronominalformen которого : чей 212
    Die Pronomen какой : каков 212
    Die Pronomen кто : что 213

Die Determinativpronomen — 213

Die Deklination der Determinativpronomen — 213

Zum Gebrauch der Determinativpronomen — 214
    Die Pronomen весь : целый 214
    Die Pronomen сам : самый 215
    Die Pronomen каждый : всякий : любой 215
    Die Pronomen другой : иной 216

Die Indefinitpronomen — 216

Zu Bildung und Deklination der Indefinitpronomen — 217

Zum Gebrauch der Indefinitpronomen — 217
    Die Pronomen auf -то : не́- 218
    Die Pronomen auf -нибудь| *schr.* -либо 218
    Die Pronomen auf кое-| *ugs.* кой- 219

Die Negativpronomen — 219

Zu Bildung und Deklination der Negativpronomen — 219

Zum Gebrauch der Negativpronomen — 220
    Die Pronomen auf ни- 220
    Die Pronomen auf не́- 220

Das Adverb — 221

Zu Wortbedeutung und Form — 221

Die Einteilung der Adverbien nach ihrer Bedeutung — 221

Die Pronominaladverbien — 223

Zur Funktion im Satz — 226

Die Komparation — 226

Die Komparativformen — 227

Die Superlativformen — 228

Wortgruppen in adverbialer Funktion — 228

Das Zustandswort — 231

Zu Wortbedeutung und Form — 231

Zur Funktion im Satz — 233

Das Schaltwort — 235

Zu Wortbedeutung, Form und Funktion im Satz — 235

Wortgruppen und Teilsätze in der Funktion eines Schaltwortes — 237

Inhaltsverzeichnis

Die Präposition — 239

Zu Form und Funktion im Satz — 239

Die einfachen Präpositionen — 240

Zu Form und Betonung — 240

Zum Gebrauch der einfachen Präpositionen — 241
    Zur Wiedergabe räumlicher Beziehungen 249

Die von Adverbien gebildeten Präpositionen — 251

Die von Substantiven gebildeten Präpositionen — 254

Die von Verben gebildeten Präpositionen — 258

Die Konjunktion — 259

Zu Form und Funktion im Satz — 259

Die koordinierenden Konjunktionen — 260

Anreihende Konjunktionen — 260

Entgegensetzende Konjunktionen — 261

Ausschließende Konjunktionen — 261

Erläuternde Konjunktionen — 261

Die subordinierenden Konjunktionen — 262

Konjunktionen, die Adverbialsätze
- der Art und Weise einleiten — 262
- der Zeit einleiten — 262
- des Grundes einleiten — 263
- des Zwecks einleiten — 263
- der Bedingung einleiten — 264
- der Einräumung einleiten — 264
- der Folge einleiten — 264

Konjunktionen, die Objekt- oder Subjektsätze einleiten — 264

Die Partikel — 265

Zu Form und Funktion — 265

Die Modalpartikeln — 266

Hinweisende oder schlussfolgernde Partikeln 266
Verstärkende Partikeln 266
Einschränkende Partikeln 267
Partikeln zum Ausdruck von Wunsch, Vermutung oder Zweifel 268
Bejahende oder zustimmende Partikeln 268
Verneinende oder ablehnende Partikeln 269
Fragepartikeln 271

Die formbildenden Partikeln — 272

Die Interjektion — 273

Zu Form und Bedeutung — 273

Interjektionen, die körperliche oder seelische Empfindungen ausdrücken — 273

Interjektionen, mit deren Hilfe Willensbekundungen ausgedrückt werden — 274

Interjektionen, die als herkömmliche Umgangsformen verwendet werden — 275

Wörter, die menschliche, tierische oder andere Laute nachahmen — 276

Zur Funktion im Satz — 276

Inhaltsverzeichnis

DIE WORTGRUPPE UND DER SATZ Struktur – Bedeutung/Sinn – Gebrauch

Die Wortgruppe — 277

Rektion, Kongruenz, Anschluss ohne formale Kennzeichen — 278

Die Kasus im Überblick — 279

Zum Gebrauch des Genitivs — 279
… bei Verben 279
… bei Substantiven 280
… bei Adjektiven und Adverbien 280

Zum Gebrauch des Dativs — 280
… bei Verben, Zustandswörtern 280
… bei Substantiven 281

Zum Gebrauch des Akkusativs — 281

Zum Gebrauch des Instrumentals — 281
… bei Verben 281
… bei Adjektiven 282
… bei Substantiven 282

Die Rektion — 283

Zur Rektion der Verben ohne Präpositionen — 283
Der Genitiv 283
Der Dativ 286
Der Akkusativ 287
Der Instrumental 288

Zur Rektion der Verben mit Präpositionen — 291
Verbalpräfix und Präposition 292
Ausgewählte Verben mit Präpositionen 293

Zur Rektion der Adjektive — 300

Zur Rektion der Substantive — 301

Varianten der Rektion — 302

Die Kongruenz — 302

Zur Kongruenz zwischen
– Subjekt und Prädikat — 302

– Substantiv und adjektivischem Attribut — 305

– Substantiv und Apposition — 306

Der Satz — 307

Satzarten — 307

Aussagesätze — 307

Aufforderungs- und Wunschsätze — 308

Fragesätze — 309
Entscheidungsfragen 309
Ergänzungsfragen 310

Ausrufesätze — 310

Verneinte Sätze — 311

Satzformen — 312

Einfache und zusammengesetzte Sätze — 312

Zweigliedrige und eingliedrige Sätze — 313

Unvollständige Sätze — 313

Der einfache Satz — 314

Die Satzglieder — 314
Prädikat und Subjekt im zweigliedrigen Satz 314
Das wesentliche Satzglied im eingliedrigen Satz 316
Das Objekt 316
Die Adverbialbestimmung 318
Das Attribut als Satzgliedteil 319
Isolierte Satzglieder 320

Baupläne zweigliedriger Aussagesätze — 321
Zweigliedrige Sätze mit
… verbalem Prädikat 321
… nominalem Prädikat 322

Baupläne eingliedriger Sätze — 324
Persönliche eingliedrige Sätze 324
Unpersönliche Sätze 325
Nominativsätze 332

Zum Gebrauch der Formen von быть — 333
Der Formenbestand 333
Быть 334
Есть *mit N.* 336
У *mit G.* + есть *mit N.* 336

Inhaltsverzeichnis

Zur Wiedergabe deutscher Modalverben _____ 338
   Brauchen; Dürfen 338
   Können; Mögen 339
   Müssen; Sollen 340
   Wollen 341

Zeitangaben _____ 342
   Allgemeine Zeitangaben 342
   Die Angabe der Uhrzeit 345
   Die Angabe des Datums 346
   Die Angabe des Alters 347

Der zusammengesetzte Satz _____ 348

Satzverbindungen _____ 348
   Anreihende ... 348
   Entgegensetzende ... 348
   Ausschließende ... 349
   Weiterführende ... 349

Satzgefüge _____ 349
   ... mit einem Prädikatsatz 350
   ... mit einem Subjektsatz 350
   ... mit einem Objektsatz 351
   ... mit einem Adverbialsatz 351
   ...mit einem Attributsatz 356
   Weiterführende Nebensätze 356
   Die indirekte Rede 356

Zur Folge der Satzglieder _____ 358

Zur Stellung von Subjekt und Prädikat __ 359
   ... in neutraler Rede 359
   ... in emotional gefärbter Rede 360

Zur Stellung des Objekts _____ 360

Zur Stellung der Adverbialbestimmung __ 361

Zur Stellung von Satzgliedern in grammatischer Funktion _____ 362

Zur Stellung der wesentlichen Satzglieder in der Ergänzungsfrage _____ 362

Zur Zeichensetzung _____ 363

   Der Punkt 363
   Das Komma 363
   Der Gedankenstrich 363
   Zur Kennzeichnung der direkten Rede 364

Zur Wortbildung _____ 365

Zur Wortbildung der Substantive __ 365

Die Bildung von Substantiven durch Suffigierung _____ 366
   Suffixe zur Bildung von Substantiven, die Lebewesen bezeichnen 366
   Suffixe zur Bildung unbelebter konkreter Substantive 369
   Suffixe zur Bildung abstrakter Substantive 370
   Suffixe der subjektiven Wertung 371

Die Bildung von Substantiven durch Präfigierung _____ 373

Die Bildung von Substantiven durch Zusammensetzung _____ 375

Zur Wortbildung der Adjektive __ 378

Die Bildung von Adjektiven
– durch Suffigierung _____ 379
– durch Präfigierung _____ 382
– durch Prä- und Suffigierung _____ 384
– durch Zusammensetzung _____ 385

Zur Wortbildung der Verben __ 386

Die Bildung von Verben durch Präfigierung _____ 386
   Wichtige Verbalpräfixe im Überblick 387

Die Bildung von Verben durch Suffigierung _____ 391

Die Bildung von Verben durch Prä- und Suffigierung _____ 392

Register _____ 393

Laute und Buchstaben

Umschriftsysteme

Das russische Alphabet und seine Wiedergabe im Deutschen

Das russische Alphabet besteht aus 33 Buchstaben, darunter zehn Vokalbuchstaben (а – я, о – ё, у – ю, ы – и, э – е) und zwei Buchstaben ohne eigenen Lautwert (ъ, ь). Der Vokalbuchstabe ё wird sowohl in der Druck- wie in der Schreibschrift gewöhnlich durch e ersetzt; lediglich in Nachschlagewerken (auch in der vorliegenden Grammatik) und in Sprachlehrbüchern wird konsequent ё geschrieben.

Die Tabelle enthält zwei Umschriftsysteme zur Wiedergabe russischer Namen im Deutschen:
- die ausschließlich mit Buchstaben des deutschen Alphabets gestaltete und daher allgemein verständliche *Duden-Transkription*, die der Wiedergabe russischer Namen im Wörterverzeichnis des Dudens zugrunde liegt und in vielen Printmedien Verwendung findet,
- die vorwiegend wissenschaftlichen Zwecken dienende *Transliteration* nach den Richtlinien der deutschen Bibliothekstransliteration, die neben Buchstaben auch diakritische Zeichen verwendet, eine buchstabengetreue Umschrift der russischen Wörter sichert und dadurch die Möglichkeit eindeutiger Rückübertragung in die Ausgangssprache bietet. In Klammern angegebene Varianten entsprechen den Empfehlungen der Internationalen Organisation für Standardisierung ISO.

Druck-schrift	Buch-staben-name	Duden-Trans-kription	Biblioth.-trans-literation	Beispiele zur Duden-Transkription | Bibliothekstransliteration
А а	а	a	a	Áстрахань – Astrachan | Astrachan' (Astrahan')
Б б	бэ	b	b	Бýнин – Bunin | Bunin
В в	вэ	w	v	Вóлга – Wolga | Volga
Г г	гэ	g	g	Гóголь – Gogol | Gogol'
Д д	дэ	d	d	Дон – Don | Don
Е е	е	e *nach Konsonant-buchstaben,* je *sonst*	e	Днепр – Dnepr | Dnepr Енисéй – Jenissei | Enisej, Леóнтьев – Leontjew | Leont'ev

2 Laute und Buchstaben

Druck-schrift	Buch-staben-name	Duden-Trans-kription	Biblioth.-trans-literation	Beispiele zur Duden-Transkription | Bibliothekstransliteration
Ё ё	ё	jo, o *nach* ж, ш, ч, щ	ë	Орёл – Orjol | Orël Пугачёва – Pugatschowa | Pugačëva
Ж ж	жэ	sch *oder* sh	ž	Жу́ков – S(c)hukow | Žukov
З з	зэ	s	z	Каза́нь – Kasan | Kazan'
И и	и	i[1]	i	Ива́ново – Iwanowo | Ivanovo
Й й	и кра́ткое	i[2], *unbezeichnet nach* и, ы	j	Толсто́й – Tolstoi | Tolstoj Канди́нский – Kandinski | Kandinskij
К к	ка	k, *beachte* кс – x	k	Кремль – Kreml | Kreml' Аксёнов – Axjonow | Aksënov
Л л	эль	l	l	Левита́н – Lewitan | Levitan
М м	эм	m	m	Му́рманск – Murmansk | Murmansk
Н н	эн	n	n	Но́вгород – Nowgorod | Novgorod
О о	о	o	o	Обь – Ob | Ob'
П п	пэ	p	p	Пу́шкин – Puschkin | Puškin
Р р	эр	r	r	Ре́пин – Repin | Repin
С с	эс	ss *zwischen Vokalbuchstaben,* s *sonst*	s	Му́соргский – Mussorgski | Musorgskij Сама́ра – Samara | Samara, Росто́в – Rostow | Rostov
Т т	тэ	t	t	Тверь – Twer | Tver'
У у	у	u	u	Ура́л – Ural | Ural
Ф ф	эф	f	f	Ерофе́ев – Jerofejew | Erofeev
Х х	ха	ch	ch (h)	Ахма́това – Achmatowa | Achmatova (Ahmatova)
Ц ц	цэ	z	c	Цвета́ева – Zwetajewa | Cvetaeva
Ч ч	че	tsch	č	Чита́ – Tschita | Čita
Ш ш	ша	sch	š	Шу́хов – Schuchow | Šuchov (Šuhov)
Щ щ	ща	schtsch	šč (ŝ)	Щерби́нка – Schtscherbinka | Ščerbinka (Ŝerbinka)
Ъ ъ	твёрдый знак; ер *alt*	*unbezeichnet*	- (")	Подъя́чев – Podjatschew | Pod-jačev (Pod"âčev)
Ы ы	ы	y	y	Рыбако́в – Rybakow | Rybakov
Ь ь	мя́гкий знак; ерь *alt*	*unbezeichnet,* j *vor* и, о	'	Го́рький – Gorki | Gor'kij Ильи́нский – Iljinski | Il'inskij
Э э	э	e	è	Электрого́рск – Elektrogorsk | Èlektrogorsk
Ю ю	ю	ju	ju (û)	Мордюко́ва – Mordjukowa | Mordjukova (Mordûkova)
Я я	я	ja	ja (â)	Шаля́пин – Schaljapin | Šaljapin (Šalâpin)

[1] Nach Vokal schreibe ï: Моисе́ев – Moïssejew; am Wortanfang vor Vokal schreibe j: Ио́ффе – Joffe.
[2] Im Anlaut sowie vor e, o schreibe j: Йошка́р-Ола́ – Joschkar-Ola, Ка́йев – Kajew.

Beachte:
- Lehnwörter und eingebürgerte Namensformen behalten im Deutschen ihre traditionelle Schreibung, auch wenn diese nicht den Regeln der Duden-Transkription entspricht; vgl. z. B.: каза́к – K*o*sak, рубль – Rub*e*l; Санкт-Петербу́рг – Sankt Petersburg, Крым – Kr*i*m.
- Bei der Umschrift nichtrussischer Eigennamen ins Deutsche ist die hier übliche Schreibweise wiederherzustellen; vgl. z. B.:
В. Гёте – W. Goethe, В. Гюго́ – V. Hugo, В. Шекспи́р – W. Shakespeare; Нью-Йо́рк – New York, Пари́ж – Paris, Пра́га – Prag (*tschechisch* Praha).

Die Wiedergabe deutscher Namen im Russischen 4

Die Wiedergabe deutscher (und anderer fremdsprachiger) Namen im Russischen orientiert sich vornehmlich an der Aussprache.
Lange deutsche Vokale (durch doppelten Vokalbuchstaben, durch *ie* oder nachfolgendes *h* bezeichnet) werden meist durch einen einfachen russischen Vokalbuchstaben wiedergegeben.
Doppelte Konsonantbuchstaben in deutschen Wörtern werden, wenn sie zwischen Vokalen oder am Wortende stehen, auch im Russischen gewöhnlich durch zweifache Konsonantbuchstaben wiedergegeben; sonst steht nur *ein* Buchstabe.

Beachte: In einzelnen Fällen werden – besonders zur Wiedergabe neu auftretender Namen – neue Umschriftsvarianten verwendet. Diese Varianten sind in der Tabelle durch nachgestelltes *neu* gekennzeichnet.

Deutsche Buchstaben	Russische Entsprechungen	Beispiele
a, aa	а	Arnstadt – Арнштадт, Aachen – Ахен; *aber:* Saar – Саар
ä, ae	э *am Wortanfang, nach Vokal,* е *sonst*	Aegidienberg – Эгидиенберг Kändler – Кендлер
ai, ay	ай	Mainz – Майнц, Maier, Mayer – Майер
au	ау	Auerbach – Ауэрбах
äu	ой	Bräuer – Бройер
b	б	Berlin – Берлин, Bremen – Бремен
c	ц *für* [ts], к *für* [k]	Celle – Целле Cuxhaven – Куксхафен, Cornelia – Корнелия
ch	к *für* [k], х *sonst*	Ochsenbach – Оксенбах; *aber:* Chemnitz – Хемниц Bach – Бах, Brecht – Брехт
ck	кк *zwischen Vokalen,* к *sonst*	Saarbrücken – Саарбрюккен Osnabrück – Оснабрюк
d	д	Dortmund – Дортмунд
e	э *am Wortanfang, nach Vokal (außer i, y),* е *sonst*	Erfurt – Эрфурт Aue – Ауэ, Bauer – Бауэр Dessau – Дессау, Emden – Эмден
ei, ey (↗ e)	эй *oder* ей *hist.,* ай *neu*	Eisenach – Эйзенах, Leipzig – Лейпциг, Weimar – Веймар; Greifswald – Грайфсвальд (Грейфсвальд), Weinert – Вайнерт

4 Laute und Buchstaben

Deutsche Buchstaben	Russische Entsprechungen	Beispiele
eu (↗ e)	эй *oder* ей *hist.*, ой *neu*	Freud – Фрейд, Neustadt – Нойштадт
f	ф	Frankfurt am Main – Франкфурт-на-Майне
g	г	Gera – Гера; *beachte* gk – г: Niemegk – Нимег
h	x, г *hist.*, *unbezeichnet bei stummem* h	Hildesheim – Хильдесхайм (Хильдесхейм), Hindemith – Хиндемит; Halle – Галле Ruhr – Рур, Hohenberg – Хоэнберг
i	и *am Wortanfang, nach Konsonant,* й *nach Vokal*	Ingolstadt – Ингольштадт, Lindau – Линдау; *beachte* -ia – -ия: Maria – Мария Duisburg – Дуйсбург
ie	и *für* [i:], ие *für* [i:ə], [iə]	Bielefeld – Билефельд, Wiesbaden – Висбаден Marienberg – Мариенберг
ja	я	Jahn – Ян, Jaspers – Ясперс
jä, je	е	Jäger – Егер, Jespersen – Есперсен; *aber:* Jena – Йена, Jähn – Йен
jo	йо	Jonsdorf – Йонсдорф, Joachim – Йоахим
jö	йё	Jöhstadt – Йёштадт
ju	ю	Jung – Юнг
jü	йю	Jülich – Йюлих; *aber:* Jüterbog – Ютербог
k	к	Karlsruhe – Карлсруэ, Kiel – Киль
l	л *vor Vokal,* ль *vor Konsonant, am Wortende*	Lüneburg – Люнебург Düsseldorf – Дюссельдорф Kassel – Кассель
ll (↗ l)	лл *oder* лль	Aller – Аллер, Zell – Целль
m	м	Magdeburg – Магдебург, Mannheim – Мангейм
n	н	Nürnberg – Нюрнберг, Mann – Манн; *beachte* -mann – -ман: Hartmann – Хартман
o	о	Oberhausen – Оберхаузен
ö, oe	э *am Wortanfang,* ё, е *sonst*	Oederan – Эдеран Köln – Кёльн, Böhme – Бёме
oi, oy	ой	Boizenburg – Бойценбург
p	п	Potsdam – Потсдам, Lippe – Липпе
ph	ф	Philipp – Филипп
qu	кв	Querfurt – Кверфурт
r, rh	р	Regensburg – Регенсбург, Rhein – Рейн
s	з *vor Vokal,* с *sonst*	Salzgitter – Зальцгиттер, Suhl – Зуль Rostock – Росток, Kaiserslautern – Кайзерслаутерн; *aber:* Dresden – Дрезден
ss	сс *zwischen Vokalen*	Essen – Эссен
ß	с	Meißen – Майсен (Мейсен), Pößneck – Пёснек
sch	ш	Schwerin – Шверин
sp	сп *für* [sp], шп *für* [ʃp]	Kasper – Каспер Speyer – Шпейер, Spree – Шпре(е)
st	ст *für* [st], шт *für* [ʃt]	Rostock – Росток, Schuster – Шустер Stuttgart – Штутгарт, Steinberg – Штейнберг
t, th	т	Trier – Трир, Rothenburg – Ротенбург

tsch, tzsch	ч *in derselben Silbe,*	Delitzsch – Делич
	тш *sonst*	Gutschmidt – Гутшмидт
tz	ц,	Schweitzer – Швейцер, Bautzen – Бауцен, Beelitz – Белиц, Nietzsche – Ницше
	тц *zwischen Vokalen, neu*	Katzer – Катцер
u	у,	Ulm – Ульм
	ю *nach* l	Ludwigshafen – Людвигсхафен, Luther – Лютер
ü, ue	и *am Wortanfang,*	Ueckermünde – Иккермюнде
	ю *sonst*	München – Мюнхен, Lübeck – Любек
v	ф *für* [f],	Havel – Хафель, Wilhelmshaven – Вильгельмсхафен
	в *für* [v]	Kleve – Клеве, Viktor – Виктор
w	в	Würzburg – Вюрцбург, Schwedt – Шведт; *auch bei stummem* w *in* -ow: Pankow – Панков
x	кс	Erxleben – Эркслебен, Marx – Маркс
y	и	Sylt – Зильт
z	ц	Zwickau – Цвиккау, Zweig – Цвейг
zsch	ч	Zschopau – Чопау

Die Lautumschrift 5

Im Deutschen und im Russischen stimmen Aussprache (Laute) und Schreibweise (Buchstaben) häufig nicht überein (das erklärt sich z. B. aus dem so genannten morphologischen Prinzip, nach dem gleiche Morpheme – unabhängig von ihrer Aussprache – in einheitlicher Form wiedergegeben werden). Um die russischen Laute auch schriftlich möglichst genau wiederzugeben, bedient man sich eines besonderen Umschriftsystems, der Lautumschrift oder phonetischen Transkription.

In der vorliegenden Grammatik werden für die Lautumschrift vorwiegend Buchstaben des russischen Alphabets verwendet; dadurch können die Unterschiede zwischen Laut- und Schriftbild augenfällig verdeutlicht werden.

Zusätzlich finden Verwendung die Buchstaben:
[иᵉ] für einen unbetonten kurzen Vorderzungenvokal (↗ 19), z. B. бежа́ть: [б'иᵉ]жа́ть,
[ыᵉ] für einen unbetonten kurzen Mittelzungenvokal (↗ 19), z. B.: жена́: ж[ыᵉ]на́,
[ə] für einen unbetonten sehr kurzen Mittelzungenvokal (↗ 19), z. B. голова́: г[ə]лова́,

und die folgenden Umschriftzeichen:
/ / zur Kennzeichnung von Phonemen,
[ ] zur Kennzeichnung der Lautumschrift; dabei wird in der Regel nur die zu behandelnde lautliche Erscheinung (nicht das ganze Wort) in Umschrift gegeben,
' hinter einem Konsonantbuchstaben zur Kennzeichnung der Weichheit dieses Konsonanten, z. B. ряд: [р'а]д, мать: ма[т'],
: hinter einem Konsonantbuchstaben zur Kennzeichnung der Länge dieses Konsonanten, z. B. щи: [ш':]и,
^ über einem Vokalbuchstaben zur Kennzeichnung eines geschlossenen Vokals, z. B. э́ти: [э̂]ти,
‿ zur Kennzeichnung der unlösbaren Verbindung von Lauten (Affrikaten) oder einer engen Wortbindung, z. B. ц: [т‿с], под окно́м: под‿окно́м.

Laute und Phoneme

6 Im Russischen gibt es – wie in anderen Sprachen – eine Vielzahl von Lauten. Aus ihnen lassen sich durch Abstraktion (insbesondere durch Gegenüberstellung) jene Lauteinheiten gewinnen, die dazu dienen, die Bedeutung von Morphemen oder Wörtern zu unterscheiden; vgl. z. B.: /в/, /м/, /т/ in вы – мы – ты; /г/, /к/, /т/ in год – кот – тот oder /а/, /о/, /у/ in (я) дам (*Fut. von* дать *v.*) – дом – (много) дум (*G. Pl. von* дума).
Die so gewonnenen kleinsten bedeutungsdifferenzierenden Lauteinheiten nennt man *Phoneme*. Ihre Anzahl ist – zum Unterschied von der Vielzahl der in einer Sprache auftretenden Laute – streng begrenzt.
Die Aussprache eines Phonems wird durch seine lautliche Umgebung beeinflusst, dadurch entstehen stellungsbedingte, *obligatorische Aussprachevarianten* dieses Phonems; vgl. z. B.:
– die Aussprache des Phonems /э/ in этот vor hartem Konsonanten als offenes [э] und in эти vor weichem Konsonanten als geschlossenes [ê] oder
– die Aussprache des Phonems /з/ in роза als stimmhaftes [з] und in (букет) роз im Wortauslaut als stimmloses [с].
Nur vereinzelt gibt es im Russischen *fakultative Aussprachevarianten*; vgl. z. B. die beiden Aussprachemöglichkeiten von /щ/ als [ш':] oder als [ш'ч'].

7 Jede Sprache hat ihr eigenes Lautsystem, ihren eigenen Bestand an Phonemen. Das Russische weist gegenüber dem Deutschen vor allem folgende Besonderheiten des Lautsystems auf:
– Der Atemdruck und die Muskelspannung des Sprechapparats sind bei der Artikulation deutscher Laute stärker als bei der russischer Laute.
– Während das deutsche *Vokal*system mindestens 15 Phoneme aufweist, besitzt das russische nur fünf Phoneme (die in Aussprachevarianten realisiert werden, ↗ 9).
– Im Deutschen treten in betonter und in unbetonter Stellung *lange* (gewöhnlich geschlossene) und *kurze* (gewöhnlich offene) *Vokale* auf; vgl. z. B.:
B<u>a</u>hn – B<u>a</u>nn, M<u>ie</u>te – M<u>i</u>tte.
Im Russischen ist die Dauer der Vokale von der Betonung abhängig: Die betonten Vokale sind stets halblang, die unbetonten Vokale – je nach ihrer Stellung im Wort – kurz oder sehr kurz und meist auch in ihrer Qualität verändert (↗ 18); vgl. z. B.:
дом mit betontem halblangem [o], молодой: [məladój] mit unbetontem sehr kurzem [ə] und unbetontem kurzem [a].
– Die betonten russischen Vokale werden durch sie umgebende weiche Konsonanten beeinflusst; daher weisen sie – zum Unterschied vom Deutschen – keine gleichbleibende Klangfarbe auf (↗ 11).
– Im Deutschen beginnen Vokale im Wort- und Silbenanlaut in der Regel mit einem Stimmritzenverschluss, dem so genannten *Knackgeräusch* (hier durch ° angedeutet), z. B.:
°Anzug, °immer, ge°achtet, Ver°ein.
Im Russischen gibt es dieses Knackgeräusch nicht.
– Während das deutsche *Konsonanten*system 21 Phoneme aufweist, ist das russische mit 36 Phonemen bedeutend reichhaltiger. Das hängt insbesondere damit zusammen, dass es im Russischen neben *harten* auch *weiche Konsonanten* gibt (↗ 28).
– Die deutschen Konsonanten sind in der Regel kurz; im Russischen werden *kurze* und *lange Konsonanten* unterschieden (↗ 31); vgl. z. B.:
воз: [в]оз – die Fuhre, ввоз: [в:]оз – die Einfuhr.

– Im Deutschen tritt im Wort- und Silbenauslaut die so genannte *Auslautverhärtung* auf, d. h., in diesen Stellungen gibt es im Deutschen keine stimmhaften Verschluss- und Engelaute; vgl. z. B.:
Tag: Ta[k], a<u>b</u>lenken: a[p]lenken, Gra<u>s</u>: Gra[s].
Im Russischen gibt es im Wortauslaut ebenfalls keine stimmhaften Verschluss- und Engelaute (➚ 26); vgl. z. B.:
лу<u>г</u>: лу[к], го<u>д</u>: го[т], кро<u>вь</u>: кро[ф'].
Nebeneinander stehende Geräuschlaute werden im Russischen entweder stimmlos oder stimmhaft gesprochen, und zwar in Abhängigkeit von dem zuletzt stehenden (➚ 27); vgl. z. B.: тру́<u>бк</u>а: тру́[пк]а, во<u>кз</u>а́л: во[гз]а́л.

Im Folgenden werden die Aussprache der Vokale, der Konsonanten und wichtiger Lautverbindungen sowie ihre Entsprechungen im Schriftbild behandelt. Es wird ein Sprechstil zugrunde gelegt, der durch korrekte, deutliche Artikulation gekennzeichnet ist.

Die Vokale

Vokale sind Laute, bei deren Bildung die Stimmlippen im Kehlkopf schwingen und der Luftstrom ungehindert durch den Mund ausströmt. Sie sind im Russischen wie im Deutschen stets Silbenträger.
Die russischen Vokale können im Hinblick auf ihre *Artikulation* bestimmt werden:
– Nach der aktiven Teilnahme des vorderen, mittleren oder hinteren Teils der Zunge unterscheidet man vordere Vokale ([и], [иᵊ], [э]), mittlere Vokale ([ы], [ыᵊ], [ə], [а]) und hintere Vokale ([у], [о]);
– nach dem Abstand des Zungenrückens vom Gaumen unterscheidet man hohe Vokale ([и], [иᵊ], [ы], [ыᵊ], [у]), mittelhohe Vokale ([э̂], [ə], [о]) und den tiefen Vokal [а];
– nach der aktiven Tätigkeit der Lippen unterscheidet man ungerundete Vokale ([и], [иᵊ], [ы], [ыᵊ], [э], [ə], [а]) und gerundete (labiale) Vokale ([у], [о]).

Insbesondere bei /э/ unterscheidet man (stellungsbedingt) ein geschlossenes [э̂] und ein offenes [э]: Im Vergleich zur offenen Variante wird die geschlossene mit geringerem Öffnungsgrad und höherem Spannungsgrad gebildet.

All dies lässt sich durch das (einem Medianschnitt durch den Mundraum nachempfundene) Vokaldreieck veranschaulichen:

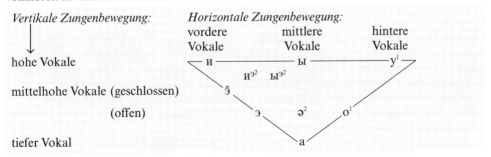

¹ gerundete Vokale
² unbetonte reduzierte Vokale

9 Laute und Buchstaben

9 In der russischen Gegenwartssprache werden (in betonter Stellung) fünf Vokalphoneme unterschieden. Diese Vokale werden in der Schrift durch zehn *Vokalbuchstaben* bezeichnet, wobei fünf so genannte harte Vokalbuchstaben fünf so genannten weichen Vokalbuchstaben gegenüberstehen:

So genannte harte Vokalbuchstaben:	а	о	у	э	ы
	|	|	|	|	|
So genannte weiche Vokalbuchstaben:	я	ё, е	ю	е	и

Die *harten* Vokalbuchstaben bezeichnen den jeweiligen Vokal; sie treten in der Regel auf
- am Wortanfang (außer ы), z. B.:
  а́дрес, он, у́жин, э́то,
- nach einem Buchstaben, der einen harten Konsonanten bezeichnet, z. B.:
  ка́рта, тот, тут, ГЭС, вы,
- nach einem Vokalbuchstaben (außer ы), z. B.:
  теа́тр, ао́рта, нау́ка, поэ́т.

Die *weichen* Vokalbuchstaben bezeichnen in der Regel
- nach einem Konsonantbuchstaben die Weichheit des Konsonanten und den folgenden Vokal, also [' + Vokal], z. B.:
  ря́дом: [р'а́]дом, тёплый: [т'о́]плый, дю́жина: [д'у́]жина, бе́лый: [б'э́]лый, пить: [п'и́]ть;
- sonst (am Wortanfang, nach Vokalbuchstaben, nach ъ und nach ь) die Lautverbindung [j + Vokal], z. B.:
  я́года: [já]года, ёлка: [jо́]лка, пое́здка: по[jэ́]здка, (они́) пою́т: по[jу́]т, семья́: се[м'já].

Eine Ausnahme bildet lediglich der Vokalbuchstabe и, der am Wortanfang und nach Vokalbuchstaben nur den Vokal [и] bezeichnet, z. B.:
и́мя: [и́]мя, стро́ить: стро́[и]ть, aber воробьи́ (*N. Pl. von* воробе́й): воро[б'jи́].

Betonte Vokale

10 Die *Dauer* (Quantität) eines betonten russischen Vokals kann – im Vergleich zu deutschen kurzen und langen Vokalen – als halblang bezeichnet werden; vgl. z. B.

текст: [т'э]кст – T<u>e</u>xt	der betonte russische Vokal hat eine etwas längere Dauer als der deutsche kurze Vokal;
те́ма [т'э́]ма – Th<u>e</u>ma	der betonte russische Vokal hat eine etwas kürzere Dauer als der deutsche lange Vokal.

11 Die *Klangfarbe* (Qualität) eines betonten russischen Vokals ist – zum Unterschied vom Deutschen – durch eine gleitende Artikulation gekennzeichnet, d. h., die Klangfarbe des Vokals ist, bedingt durch seine lautliche Umgebung, nicht gleich bleibend: So wird nach einem weichen Konsonanten die Zunge zunächst etwas stärker angehoben und nach vorn verlagert, der Vokal wird gewissermaßen mit einem ganz kurzen und schwachen i-artigen Übergangselement eingeleitet. Die gleiche Zungenstellung ist auch für den Übergang vom Vokal zu einem folgenden weichen Konsonanten charakteristisch.
Im Weiteren wird auf diesen Sachverhalt nur bei der Stellung eines Vokals zwischen zwei weichen Konsonanten hingewiesen.

Der Vokal /a/

Der betonte russische Vokal wird (abgesehen von der Dauer, ↗ 10) etwa wie deutsches dunkles *a* in *Staat, Name* gesprochen; vgl. z. B.: а́дрес, там, шаг, вода́, мать, час, ря́д, пя́тый. Die gleitende Artikulation des Vokals (↗ 11) ist in der Stellung zwischen zwei weichen Konsonanten am stärksten: Hier zeigt [a] eine gewisse Annäherung an deutsches offenes *e* in *Kern, Held*; vgl. z. B.: пя́ть, ча́сть.

In der *Schrift* wird der Vokal /a/ durch die Buchstaben а oder я wiedergegeben.
Buchstabe я bezeichnet:
[' + a]   nach Konsonantbuchstaben, z. B.: ряд, дя́дя,
[j + a]   in allen anderen Stellungen (am Wortanfang, nach Vokalbuchstaben, nach ъ, ь), z. B.: я, (они́) стоя́т, друзья́: дру[з'ја́] (*N. Pl. von* друг).

Beachte, dass nach Zischlauten immer а geschrieben wird.

Der Vokal /o/

Der betonte russische Vokal wird (abgesehen von der Dauer, ↗ 10) etwa wie deutsches offenes *o* in *Schock, Spott* gesprochen (im Wortanlaut und nach hartem Konsonanten oft mit einem ganz kurzen u-artigen Übergangselement); vgl. z. B.:
он – [ᵘо]н, го́род, шо́рох, кино́, гость, сёла (*N. Pl. von* село́).
Die gleitende Artikulation des Vokals (↗ 11) ist in der Stellung zwischen zwei weichen Konsonanten am stärksten. Hier zeigt [o] eine gewisse Annäherung an deutsches offenes *ö* in *können, Köpfe*; vgl. z. B.: тётя, вы идёте (*Präs. von* идти́).

In der *Schrift* wird der Vokal /o/ durch die Buchstaben о oder ё (е, ↗ 1) wiedergegeben.
Buchstabe ё (е) bezeichnet:
[' + o]   nach Konsonantbuchstaben außer Zischlauten, z. B.:
          мёд, мы идём (*Präs. von* идти́),
[j + o]   am Wortanfang, nach Vokalbuchstaben, nach ъ, ь, z. B.:
          ёлка, он поёт (*Präs. von* петь), он пьёт: [п'јо]т (*Präs. von* пить),
[o]   nach Zischlauten, z. B.: жёлтый, чёрный.

Beachte, dass nach Zischlauten teils о, teils ё (е) geschrieben wird (vgl. шо́рох, жёлтый); in betonten Substantiv- und Adjektivendungen steht stets о (vgl. врачо́м, *I. Sg. von* врач, большо́й, ↗ 286, 346).

Der Vokal /y/

Der betonte russische Vokal wird (abgesehen von der Dauer, ↗ 10) etwa wie deutsches geschlossenes *u* in *Schule, gut* gesprochen; vgl. z. B.:
у́мный, шум, нау́ка, табу́, путь, дю́жина.
Die gleitende Artikulation des Vokals (↗ 11) ist in der Stellung zwischen zwei weichen Konsonanten am stärksten. Hier zeigt [y] eine gewisse Annäherung an deutsches geschlossenes *ü* in *Blüte, Bühne*; vgl. z. B.: лю́ди, чу́ть.

In der *Schrift* wird der Vokal /y/ durch die Buchstaben у oder ю wiedergegeben.
Buchstabe ю bezeichnet:
[' + y]   nach Konsonantbuchstaben, z. B.: Люба, я говорю (*Präs. von* говори́ть),
[j + y]   in allen anderen Stellungen, z. B.: юг, я пою́ (*Präs. von* петь), вью́га: [в'jу́]га.

Beachte, dass nach Zischlauten in der Regel у geschrieben wird; nur in wenigen Fremdwörtern steht nach hartem ш oder ж der Buchstabe ю, z. B.: парашю́т: параш[у́]т.

15   Der Vokal /э/

Der betonte russische Vokal wird vor hartem Konsonanten und im Auslaut etwa wie deutsches offenes *e* in K*e*rn, H*e*ld, vor weichem Konsonanten etwa wie deutsches geschlossenes *e* in S*ee*, l*e*hren, schw*e*ben gesprochen (zur Dauer ↗ jedoch **10**); vgl. z. B.:
offenes [э] in э́тот, поэ́т, де́ло, я е́ду (*Präs. von* е́хать), на столе́,
geschlossenes [э̂] in э́ти, поэ́зия, на де́ле, ты е́дешь.

In der *Schrift* wird der Vokal /э/ durch die Buchstaben э (selten: nur am Wortanfang und bei einigen Fremdwörtern im Wortinnern) und е wiedergegeben.
Buchstabe е bezeichnet:
[' + э]   nach Konsonantbuchstaben außer Zischlauten und ц, z. B.:
          бе́лый: [б'э̂]лый, петь: [п'э̂]ть, музе́й: му[з'э̂j],
[j + э]   am Wortanfang, nach Vokalbuchstaben, nach ъ, ь, z. B.:
          (я) е́ду: [jэ̂]ду, (ты) е́дешь: [jэ̂]дешь, пье́са: [п'jэ̂]са, в пье́се: [фп'jэ̂]се,
[э]   – nach Zischlauten und ц, z. B.: шесть: ш[э̂с'т'], честь: ч[э̂с'т'], це́лый: ц[э̂]лый,
          – in einzelnen Fremdwörtern nach Konsonant- oder Vokalbuchstaben, z. B.:
          темп: [тэ]мп, оте́ль: о[тэ̂]ль; прое́кт: про[э̂]кт.

Beachte, dass nach Zischlauten immer е geschrieben wird.

Der Vokal /и, ы/

16   Der betonte russische Vokal wird im Wortanlaut und nach weichem Konsonanten als [и], nach hartem Konsonanten als [ы] artikuliert:
Der Vokal [и] wird etwa wie deutsches geschlossenes *i* in *i*hr, Z*ie*l gesprochen; vgl. z. B.:
и́мя, ти́хий, чи́стый, словари́ (*N. Pl. von* слова́рь).
Der Vokal [ы] (im Deutschen keine Entsprechung) ist ein hoher und ungerundeter Vokal wie [и], gebildet mit aktiver Teilnahme des mittleren (nicht des vorderen) Teils der Zungenmasse.

[и]   hoher ungerundeter Vorderzungenvokal   [ы]   hoher ungerundeter Mittelzungenvokal   [y]   hoher gerundeter Hinterzungenvokal

In der *Schrift* werden die Laute durch die Buchstaben и und ы wiedergegeben.
Buchstabe и bezeichnet:
[и]   am Wortanfang, nach Vokalbuchstaben und nach ч, щ, z. B.:
   и́мпорт, он стои́т (*Präs. von* стоя́ть), чи́стый, щи,
[' + и]   nach Konsonantbuchstaben außer Zischlauten und ц, z. B.:
   ти́хо, говори́ть, дни (*N. Pl. von* день),
[j + и]   nach ь, z. B.: чьи: [ч'ји] (*N. Pl. von* чей),
[ы]   nach ш, ж, ц, z. B.: ши́на, жить, цирк, ци́фра.
Buchstabe ы tritt nur nach hartem Konsonanten auf, nie im Anlaut, z. B.:
сын, быть, цып-цы́п *ugs.*, отцы́ (*N. Pl. von* оте́ц).

Beachte, dass nach Zischlauten immer и und nach ц in Endungen ы, sonst meist и geschrieben wird.

Nach hartem Konsonanten eines Präfixes wird anlautendes [и] durch [ы] ersetzt und dies auch **17**
in der Schrift durch den Buchstabenwechsel и : ы ausgedrückt; vgl. z. B.:
игра́ть : сыгра́ть *v.*, иска́ть : отыска́ть *v.*, иде́йный : безыде́йный.
Sinngemäß gilt das Gesagte auch für die zusammenhängend gesprochene Wortgruppe „Präposition + folgendes Wort", jedoch wird hier die Veränderung der Aussprache nicht in der Schrift ausgedrückt; vgl. z. B.:
в_игре́: [вы]гре́, с_Ива́ном: [сы]ва́ном, из_институ́та: и[зы]institу́та.

Unbetonte Vokale

Die Reduktion unbetonter Vokale

Die Aussprache der unbetonten russischen Vokale ist gegenüber den betonten Vokalen *reduziert*:
– Ihre *Dauer* ist wesentlich kürzer als die der betonten Vokale (je weiter entfernt vom Wortakzent, desto kürzer);
– ihre *Qualität* ist durch verminderten Atemdruck, eine schlaffere Muskelspannung und dadurch gekennzeichnet, dass einige Vokale, die in betonter Stellung unterschieden werden, in unbetonter Stellung in *einem* reduzierten Laut zusammenfallen.

Je nachdem, in welchem Verhältnis sich die unbetonten Vokale zu der betonten Silbe befinden, unterscheidet man im Russischen *zwei Reduktionsstufen*:
– Die unbetonten Vokale, die im Wortanlaut oder unmittelbar vor der betonten Silbe eines Wortes (bzw. einer zusammenhängend gesprochenen Wortgruppe) stehen, gehören zu den Vokalen der ersten Reduktionsstufe.
– Alle anderen unbetonten Vokale – gleichgültig, ob sie vor oder nach der betonten Silbe eines Wortes (einer Wortgruppe) stehen, – gehören zu den Vokalen der zweiten Reduktionsstufe.

Vgl. in den Beispielen die durch Ziffern über den Vokalen gekennzeichnete Reduktionsstufe:
2 1 / 1 / 2 2 1 2 1 / 2 2   2 1 / 2   2 1 / 2
парово́з, техни́ческий, академи́ческий; (рабо́тать) на_заво́де, в_связи́_с_те́м_что.

19 Die qualitative Reduktion unbetonter Vokale im Überblick

Betonte Vokale *Schriftbild*	/a/, /o/ nach hartem Kons. а, о	/э/, /a/ nach weichem Kons. е, я *(а nach ч, щ)*	/э/ nach ш, ж, ц[1] е nach ш, ж, ц
Unbetonte Vokale 1. Reduktionsstufe 2. Reduktionsstufe	kurzes [а] sehr kurzes [ə]	kurzes [иᵊ], [и][2] sehr kurzes [и][3]	kurzes [ыᵊ], [ы][2] sehr kurzes [ə]

[1] Nach älterer Norm unterliegt auch /a/ nach ш, ж, ц dieser Reduktion, nach neuerer Norm jedoch nicht mehr.
[2] Die an zweiter Stelle genannte Variante entspricht neuerer Norm.
[3] In Endungen werden nachtonige /э/ und /a/ nach weichem Konsonanten (Schriftbild: е und я) unterschieden.

In der Tabelle werden folgende Umschriftzeichen für unbetonte Vokale verwendet:

[иᵊ] bezeichnet einen kurzen ungerundeten Vorderzungenvokal, der dem [и] sehr nahe steht, jedoch eine etwas tiefere Zungenlage aufweist (in Richtung auf [ə]).

[ыᵊ] bezeichnet einen kurzen ungerundeten Mittelzungenvokal, der dem [ы] sehr nahe steht, jedoch eine etwas tiefere Zungenlage aufweist (in Richtung auf [ə]).

[ə] bezeichnet einen sehr kurzen ungerundeten Mittelzungenvokal, der etwa wie deutsches schwachtoniges e in den Vorsilben *be-* und *ge-* gesprochen wird, z. B. in b̲erichten, g̲erufen.

Vokalbuchstaben und ihre lautlichen Entsprechungen in unbetonten Silben

20 Die Vokalbuchstaben у und ю, ы und и, э

Die durch die Buchstaben у und ю, ы und и, э bezeichneten Vokale werden in unbetonter Stellung kurz oder sehr kurz gesprochen, unterscheiden sich jedoch in ihrer Qualität nicht wesentlich von den entsprechenden betonten Vokalen, z. B.:

учени́к, туда́, что́-нибудь, юри́ст: [jу]ри́ст, сюда́: [с'у]да́, они́ чита́ют (*Präs. von* чита́ть); открыва́ть, я живу́ (*Präs. von* жить), инжене́ры, иска́ть, сиде́ть, лю́ди;
э̲та́ж, э̲лектри́чество, поэ̲ти́ческий.

21 Die Vokalbuchstaben а und о

Die durch die Buchstaben а und о bezeichneten Vokale fallen in unbetonter Silbe in einem reduzierten Vokal zusammen, der je nach seiner Stellung im Wort unterschiedliche Dauer und Qualität hat:

— Im Wortanlaut und unmittelbar vor der betonten Silbe wird für а und о ein kurzes [а] gesprochen (1. Reduktionsstufe), z. B.:
а̲пре́ль, а̲нглича́нин, а̲каде́мический; да̲ва́ть, тра̲ва́, ша̲га́ть, ца̲ри́зм; о̲кно́, о̲ткрыва́ть, о̲быкнове́нный; во̲да́, по̲ля́ (*N. Pl. von* по́ле), мо̲ло̲до́й, ко̲стю́м.

— In allen anderen unbetonten Silben wird für а und о ein sehr kurzes [ə] gesprochen (2. Reduktionsstufe), z. B.:
ма̲шини́ст, па̲рово́з, ра̲бо́тать, де̲ла́ (*G. Sg. von* де́ло), на̲ заво́де: н[ə]заво́де; мо̲лодо́й, го̲лова́, го́ло̲ву (*A. Sg.*), де́ло̲.

Zu а nach stets weichen ч, щ ↗ 22.

Beachte: Auch in unbetonten Endungen wird für a und o ein sehr kurzes [ə] gesprochen. Dementsprechend weisen beispielsweise die gleiche Aussprache auf
- der *N. Sg.* сло́в<u>о</u> und der *G. Sg.* (значе́ние) сло́в<u>а</u>: сло́в[ə],
- der *I. Sg.* (говори́ть с) ма́льчик<u>ом</u> und der *D. Pl.* (помога́ть) ма́льчик<u>ам</u>: ма́льчик[əм],
- die Formen des Präteritums (*f. und n.*) (Де́вочка) игра́л<u>а</u> und (Э́то) игра́л<u>о</u> (большу́ю роль): игра́л[ə].

In einzelnen Fremdwörtern wird in unbetonten Silben für o auch ein kurzes oder sehr kurzes [o] gesprochen, z. B.: р<u>о</u>ко́о́, ра́ди<u>о</u>.

Die Vokalbuchstaben е und я (bzw. а nach ч, щ)   **22**

Die durch die Buchstaben е und я (bzw. а nach ч, щ) bezeichneten Vokale fallen in unbetonter Silbe gewöhnlich in einem reduzierten Vokal zusammen, der je nach seiner Stellung im Wort unterschiedliche Dauer und Qualität hat:
- Unmittelbar vor der betonten Silbe wird für е und я (bzw. а nach ч, щ) ein kurzes [иᵊ] oder – nach neuerer Norm – ein kurzes [и] gesprochen (1. Reduktionsstufe), z. B.:
  еди́ный: [јиᵊ]ди́ный oder [ји]ди́ный, уезжа́ть, бежа́ть: [б'иᵊ]жа́ть oder [б'и]жа́ть, чеса́ть; язы́к: [јиᵊ]зы́к oder [ји]зы́к, уясня́ть, вяза́ть: [в'иᵊ]за́ть oder [в'и]за́ть, обяза́тельно; часы́: [ч'иᵊ]сы́ oder [ч'и]сы́, (не́сколько) площаде́й (*G. Pl. von* пло́щадь *f.*).

- In allen anderen unbetonten Silben (außer in Endungen) wird für die genannten Buchstaben ein sehr kurzes [и] gesprochen (2. Reduktionsstufe), z. B.:
  европе́йский: [ји]вропе́йский, переходи́ть: [п'ир'и]ходи́ть, челове́к, ма́ленький; (институ́т ру́сского) языка́, па́мять, часовщи́к, (они́) на́чали (*Prät. Pl. von* нача́ть *v.*).

Beachte: In unbetonten Endungen wird für е ein sehr kurzes [и], für я (bzw. а nach ч, щ) ein sehr kurzes [ə] gesprochen; hier findet also kein Zusammenfall der Vokale statt; vgl. z. B.: мо́ре: мо́[р'и], aber (на берегу́) мо́ря: мо́[р'ə].

Für е nach den stets harten Konsonanten ш, ж oder ц wird unmittelbar vor der betonten Silbe ein kurzes [ыᵊ] oder – nach neuerer Norm – ein kurzes [ы], in allen anderen Silben ein sehr kurzes [ə] gesprochen, z. B.:
жена́: ж[ыᵊ]на́ oder ж[ы]на́, цена́; шерстяно́й: ш[ə]рстяно́й, он вы́шел (*Prät. von* вы́йти *v.*), (явля́ться) столи́цей (*I. Sg. von* столи́ца).

Die Konsonanten

Konsonanten sind Laute, bei deren Bildung der Luftstrom ein Hindernis im Mundraum überwindet. Die russischen Konsonanten können – wie im Deutschen – nach der Artikulationsart, der Artikulationsstelle und der Stimmbeteiligung, außerdem – charakteristisch für das Russische – nach der Weichheit und der Dauer bestimmt werden.

Nach der *Artikulationsart*, d. h. nach der Art des Hindernisses und der Art und Weise seiner Überwindung durch den Luftstrom, unterscheidet man
- Verschluss- oder Sprenglaute (Klusile oder Explosive): Das Hindernis ist ein vollständiger Verschluss des Mundraumes, der durch den Luftstrom gesprengt wird,
  /п/, /п'/, /б/, /б'/, /т/, /т'/, /д/, /д'/, /к/, /к'/, /г/, /г'/;

- Enge- oder Reibelaute (Frikative): Das Hindernis ist eine Enge im Mundraum, durch die der Luftstrom mit Reibungsgeräusch entweicht,
  /ф/, /ф'/, /в/, /в'/, /с/, /с'/, /з/, /з'/, /ш/, /ж/, /щ':/, /х/, /х'/;

- unlösbare Verbindungen eines Verschlusslautes mit einem an derselben Stelle gebildeten Engelaut (Affrikaten):
  /ц/ = /т̮с/, /ч'/ = /т̮'ш'/;

- Nasenlaute (Nasale): Das Hindernis ist ein vollständiger Verschluss des Mundes, die Luft kann jedoch frei und ohne Reibungsgeräusch durch die Nase ausströmen,
  /м/, /м'/, /н/, /н'/;

- Seiten-Engelaute: Das Hindernis ist ein Verschluss des Mundes durch die Zungenspitze, die Luft kann jedoch an beiden Zungenseiten frei und ohne Reibungsgeräusch ausströmen,
  /л/, /л'/;

- Zitterlaute (Vibranten): Die Zungenspitze wird durch die ausströmende Luft in Schwingungen versetzt, so dass abwechselnd ein Verschluss und eine Öffnung entstehen,
  /р/, /р'/.

Verschlusslaute, Engelaute und ihre unlösbaren Verbindungen fasst man als *Geräuschlaute*, Nasen-, Seiten-Enge- und Zitterlaute sowie /j/ (das teils als Engelaut, teils als unsilbisches *i* realisiert wird) als *Sonore* zusammen.

24 Nach der *Artikulationsstelle*, d. h. nach der Stelle, wo die Laute gebildet werden, unterscheidet man
- Lippenlaute (Labiale), die mit aktiver Teilnahme der Lippen gebildet werden,
  /п/, /п'/, /б/, /б'/, /ф/, /ф'/, /в/, /в'/, /м/, /м'/;

- Zahnlaute (Dentale), die mit der Vorderzunge an den Oberzähnen gebildet werden,
  /т/, /т'/, /д/, /д'/, /с/, /с'/, /з/, /з'/, /ц/, /н/, /н'/, /л/, /л'/, /р/, /р'/;

- Vordergaumenlaute (Palatale), die mit dem vorderen bzw. mittleren Teil der Zunge am harten Vordergaumen gebildet werden,
  /ш/, /ж/, /щ':/, /ч'/, /j/;

- Hintergaumenlaute (Velare), die mit dem hinteren Teil der Zunge am weichen Hintergaumen gebildet werden,
  /к/, /к'/, /г/, /г'/, /х/, /х'/.

Nach der *Stimmbeteiligung* unterscheidet man stimmlose und stimmhafte Konsonanten (➚ 25).

Nach der *Weichheit* unterscheidet man harte und weiche Konsonanten (➚ 28).

Nach der *Dauer* unterscheidet man kurze und lange Konsonanten (➚ 17).

Stimmlose und stimmhafte Konsonanten

25 Stimmlose Konsonanten werden ohne Stimmton, stimmhafte Konsonanten dagegen mit Stimmton, d. h. mit aktiver Beteiligung der Stimmlippen, gebildet.

Nach der Stimmbeteiligung lassen sich die russischen Konsonanten (Phoneme) folgendermaßen einteilen:

	Paarige (stimmlose und stimmhafte) Geräuschlaute	Stets stimmlose Geräuschlaute	Stets stimmhafte Sonore
Konsonanten: stimmlos	п п' ф ф' т т' с с' ш к к'	ц ч' щ': х х'	– – – – – – – – – – – –
stimmhaft	б б' в в' д д' з з' ж г г'	– – – – – – – –	м м' н н' л л' р р' j

Wie die Tabelle ausweist, bilden zahlreiche stimmlose Geräuschlaute mit stimmhaften Geräuschlauten Paare; der stimmlose Konsonant eines solchen Lautpaares unterscheidet sich von dem entsprechenden stimmhaften Konsonanten lediglich durch das Fehlen des Stimmtons.

Geräuschlaute im Wortauslaut 26

Im Wortauslaut gibt es im Russischen – dem Deutschen vergleichbar – nur stimmlose Geräuschlaute: in der genannten Stellung wird also statt eines stimmhaften Geräuschlautes ein stimmloser gesprochen; vgl. z. B.:
(кусо́к) хле́ба: хле́[б]а, aber хлеб: хле[п]; ebenso го́лубь: го́лу[п'], кровь *f.*: кро[ф'], наро́д: наро́[т], по́езд: по́е[ст], моро́з: моро́[с], нож: но[ш], ложь *f.*: ло[ш], снег: сне[к].

Beachte: Diese Regel gilt gewöhnlich nicht für den Wortauslaut von Präpositionen, die mit dem folgenden Wort eine zusammenhängend gesprochene Wortgruppe bilden; vgl. z. B.:
(стоя́ть) под_окно́м: по[да]кно́м, (жить) в_го́роде: [вг]о́роде; jedoch mit Stimmangleichung (висе́ть) над_столо́м: на[тста]ло́м, (быть) в_ко́мнате: [фк]о́мнате.

Angleichung der Stimme bei Geräuschlauten 27

Innerhalb eines Wortes werden nebeneinander stehende Geräuschlaute *entweder stimmlos oder stimmhaft* gesprochen, und zwar in Abhängigkeit von dem zuletzt stehenden Laut (man spricht auch von regressiver, d. h. nach links gerichteter Stimmassimilation):
– Ein stimmhafter Geräuschlaut wird vor einem stimmlosen Geräuschlaut stimmlos, z. B.:
ско́бки *Pl.*: ско́[п]ки, за́втра: за́[ф]тра, всё: [ф]сё, по́дпись *f.*: по́[т]пись, лезть: ле[с'т'], кни́жка: кни́[ш]ка.
– Ein stimmloser Geräuschlaut wird vor einem stimmhaften Geräuschlaut (außer vor в) stimmhaft, z. B.:
отбро́сить *v.*: о[д]бро́сить, сбо́рник: [з]бо́рник, про́сьба: про́[з'] ба, вокза́л: во[г]за́л, aber: твой: [т]вой.

Beachte: Dies gilt auch, wenn in der zusammenhängend gesprochenen Wortgruppe „Präposition + folgendes Wort" zwei Geräuschlaute aufeinander stoßen, z. B.:
(пойти́ *v.*) в_теа́тр: [фт']еа́тр, (положи́ть *v.* чемода́н) под_крова́ть: по[тк]рова́ть; (говори́ть) с_бра́том: [зб]ра́том, (подходи́ть) к_до́му: [гд]о́му.

In der *Schrift* wird die Stimmangleichung im Allgemeinen nicht bezeichnet. Lediglich in den auf -з auslautenden Präfixen (без-, вз-, воз-, из-, низ-, раз-, через-) wird vor stimmlosem Konsonanten -с geschrieben; vgl. z. B.:
беззако́нный : бесполе́зный, издава́ть : исполня́ть, разбива́ть : раскрыва́ть.

Harte und weiche Konsonanten

28 Die so genannten harten (nicht palatalisierten) Konsonanten des Russischen werden etwa wie die entsprechenden deutschen Konsonanten gebildet; zu /л/ ↗ 46, zu /p/ ↗ 47.

Die so genannten weichen (palatalisierten) Konsonanten werden gebildet, indem sich – zusätzlich zu ihrer sonstigen Bildungsweise – der mittlere Teil des Zungenrückens gegen den Vordergaumen hebt. Durch diese Verengung des Resonanzraumes weist der weiche Konsonant gegenüber seiner harten Entsprechung einen höheren Eigenton (ein i-artiges Element) auf.

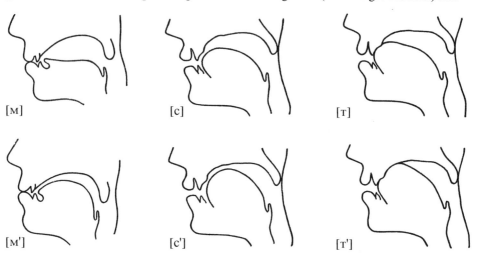

[м]   [с]   [т]

[м']   [с']   [т']

29 Nach der Erweichung lassen sich die russischen Konsonanten (Phoneme) wie folgt einteilen:

	Paarige (harte und weiche) Konsonanten	Stets harte Konsonanten	Stets weiche Konsonanten
Konsonanten:			
hart	п б ф в м т д с з н л р к г х	ц ш ж	– – – – – –
weich	п' б' ф' в' м' т' д' с' з' н' л' р' к' г' х'	– – – – – –	ч' щ': j

Wie die Tabelle ausweist, bilden die meisten harten Konsonanten mit ihren weichen Entsprechungen Paare; der weiche Konsonant eines solchen Paares unterscheidet sich von dem entsprechenden harten Konsonanten ausschließlich durch die Weichheit.

In der *Schrift* gibt es – abgesehen von ч, щ, й – für die weichen Konsonanten keine besonderen Buchstaben.
Die Weichheit eines Konsonanten wird durch den darauf folgenden Buchstaben bezeichnet:
– durch einen der weichen Vokalbuchstaben я, ё, ю, е, и – wenn ein Vokal folgt, z. B.:
   ряд, мы идём (*Präs. von* идти), люди, петь, тихо;

– durch ь – am Wortende oder wenn ein Konsonant folgt, z. B.: мать, (слой) льда.

Beachte: Die Konsonanten ч, щ sind stets weich, die Konsonanten ц, ш, ж stets hart – unabhängig davon, welcher Buchstabe auf sie folgt, z. B.:
врач: вра[ч'], (с) врачóм: вра[ч']óм *(I. Sg.)*; рожь *f.*: ро[ш], (пуд) ржи: рж[ы] *(G. Sg.)*.

Angleichung der Weichheit von Konsonanten

Stehen innerhalb eines Wortes zwei Zahnlaute nebeneinander und ist der zuletzt stehende weich, so werden häufig beide weich gesprochen (man spricht auch von regressiver, d. h. nach links gerichteter Palatalisierungsassimilation).
Weich gesprochen werden insbesondere
- с und з vor weichen Zahnlauten, z. B.:
  стих: [с'т']их, часть: ча[с'т'], снег: [с'н'э]г, éсли: é[с'л']и,
  здесь: [з'д']есь, возни́кнуть v.: во[з'н']и́кнуть, во́зле: во́[з'л']е,
  auch bei Zusammentreffen der beiden Laute in der zusammenhängend gesprochenen Wortgruppe „Präposition + folgendes Wort", z. B.:
  (вме́сте) с дéдом: [з'д']éдом, с ним: [с'н']им;

- т und д vor [н'], z. B.:
  спу́тник: спу́[т'н']ик, пя́тница: пя́[т'н']ица, днём: [д'н'о]м;

- н vor [т'], [д'], [ч'] und [щ':], z. B.:
  ви́нтик: ви́[н'т']ик, стипе́ндия: стипе́[н'д']ия, конча́ть: ко[н'ч']а́ть,
  же́нщина: же́[н'щ':]ина.

Mitunter können auch die Zahnlaute с, з, т, д vor weichen Lippenlauten weich gesprochen werden; zunehmend wird jedoch in diesen Fällen die harte Aussprache des ersten Konsonanten bevorzugt. Vgl. z. B.:
сме́лый: [с'м']éлый oder [см']éлый, дверь: [д'в']ерь oder [дв']ерь.

In der *Schrift* wird die Angleichung der Weichheit von Konsonanten nicht bezeichnet.

Kurze und lange Konsonanten

Kurze Konsonanten des Russischen haben etwa die gleiche Dauer wie die deutschen Konsonanten, lange Konsonanten (die stets nur *einmal* artikuliert werden) etwa die zweifache Dauer; vgl. z. B.:
вести́: [в']ести́ – führen, lenken, ввести́ v.: [в':]ести́ v. – (her-, hin-)einführen.

Lange Verschlusslaute und lange Affrikaten werden gebildet, indem der Verschluss des Mundes verlängert, die Sprengung des Verschlusses also verzögert wird; vgl. z. B.:
подержа́ть v.: по[д']ержа́ть – eine Weile halten, поддержа́ть v.: по[д':]ержа́ть – unterstützen.

Die einzelnen russischen Konsonanten werden kurz gesprochen, lediglich /щ':/ ist ein langer Konsonant.

Lange Konsonanten treten vor allem in abgeleiteten Wörtern (an der Fuge zwischen Wurzel und Affix) sowie in Fremd- und Lehnwörtern auf. In der *Schrift* werden sie durch doppelte Buchstaben gekennzeichnet, z. B.:
беззабо́тный: бе[з:]або́тный, тума́нный: тума́[н:]ый, подде́лать v.: по[д':]е́лать (mit verzögerter Sprengung des Verschlusses),
bei gleichzeitiger Angleichung der Stimme:
сза́ди: [з:]а́ди, отда́ть v.: о[д:]а́ть; су́мма: су́[м:]а, ка́сса: ка́[с:]а, (вы́бить v. чек) в ка́ссе: в ка́[с':]е, гру́ппа: гру́[п:]а oder auch гру́[п]а.

Beachte: Dies gilt auch, wenn in der zusammenhängend gesprochenen Wortgruppe „Präposition + folgendes Wort" zwei gleiche Konsonanten aufeinander stoßen, z. B.: (прыжки́) в во́ду: [в:]о́ду, (стоя́ть) под ду́бом: по[д:]у́бом, к кому́ (D. von кто): [к:]ому́, bei gleichzeitiger Angleichung der Stimme: в феврале́: [ф':]еврале́, (приблизиться v.) к го́роду: [г:]о́роду.

Mitunter wird zwar ein doppelter Buchstabe geschrieben, jedoch nur ein kurzer Konsonant gesprochen. Das gilt für doppelte Buchstaben
– in der Stellung vor Konsonanten und häufig am Wortende, z. B.:
  иску́сство, ру́сский, грипп,

– in zahlreichen Fremd- und Lehnwörtern, z. B.:
  ассисте́нт, террито́рия, те́ннис, суббо́та, грамма́тика, аккумуля́тор.

33 Die Konsonanten im Überblick

Artikulationsstelle →		Lippenlaute		Zahnlaute		Vordergaumenlaute		Hintergaumenlaute	
Stimmbeteiligung →		stl.	sth.	stl.	sth.	stl.	sth.	stl.	sth.
Artikulationsart	Weichheit								
Verschlusslaute	hart	п	б	т	д			к	г
	weich	п'	б'	т'	д'			к'	г'
Engelaute	hart	ф	в	с	з	ш	ж	х	
	weich	ф'	в'	с'	з'	щ':¹		х'	
Affrikaten	hart			ц					
	weich					ч'			
Nasenlaute	hart	м		н					
	weich	м'		н'					
Seiten-Engelaute	hart			л					
	weich			л'					
Zitterlaute	hart			р					
	weich			р'		j²			

[1] /щ':/ kann als Engelaut [щ':] oder auch als unlösbare Verbindung von Engelaut und Affrikate [щ'ч'] gesprochen werden (zu den fakultativen Aussprachevarianten ↗ 40).

[2] /j/ wird – abhängig von seiner Stellung im Wort – als Engelaut oder als unsilbisches *i* gesprochen (zu den stellungsbedingten, obligatorischen Aussprachevarianten ↗ 49).

Die Konsonantbuchstaben und ihre lautlichen Entsprechungen

34 Die Konsonantbuchstaben п, б bezeichnen
– die harten Verschlusslaute [п], [б], z. B.: па́па, ба́бушка.
  [п] wird etwa wie deutsches *p* in *Park*, jedoch ohne Behauchung, [б] etwa wie deutsches *b* in *Ball* gesprochen.

– die weichen Verschlusslaute [п'], [б'], z. B.: пить, бить. (Zur Aussprache ↗ 28.)

35 Die Konsonantbuchstaben *ф, в* bezeichnen
- die harten Engelaute [ф], [в], z. B.: фа́за, ва́за.
  [ф] wird etwa wie deutsches *f* in *Fach*, [в] etwa wie deutsches *w* in *Wald* gesprochen.
- die weichen Engelaute [ф'], [в'], z. B.: фи́зик, ви́за. (Zur Aussprache ↗ 28.)

36 Die Konsonantbuchstaben *т, д* bezeichnen
- die harten Verschlusslaute [т], [д], z. B.: том, дом.
  [т] wird etwa wie deutsches *t* in *Tanne*, jedoch ohne Behauchung, [д] etwa wie deutsches *d* in *Damm* gesprochen.
- die weichen Verschlusslaute [т'], [д'], z. B.: тётя, дя́дя. (Zur Aussprache ↗ 28.)

37 Die Konsonantbuchstaben *с, з* bezeichnen
- die harten Engelaute [с], [з], z. B.: суп, зуб.
  [с] wird etwa wie deutsches stimmloses *s* in *Haus*, [з] etwa wie deutsches stimmhaftes *s* in *Häuser* gesprochen.
- die weichen Engelaute [с'], [з'], z. B.: се́рдце, зе́ркало. (Zur Aussprache ↗ 28.)

38 Der Konsonantbuchstabe *ц* bezeichnet die stimmlose und stets harte Affrikate [тс], z. B.: царь, цирк: ц[ы]рк.
[тс] wird etwa wie deutsches *z* in *Zapfen* gesprochen; es hat die Dauer eines kurzen Konsonanten.

39 Die Konsonantbuchstaben *ш, ж* bezeichnen die stets harten Engelaute [ш], [ж], z. B.: шар, жа́ркий, шить: ш[ы]ть, жить: ж[ы]ть.
[ш] wird etwa wie deutsches *sch* in *Schall*, [ж] etwa wie *j* in *Jalousie* gesprochen.

40 Der Konsonantbuchstabe *щ* bezeichnet den stimmlosen und stets weichen Engelaut [ш':] oder die unlösbare Verbindung [ш'ч']; in der Gegenwartssprache wird die erste Aussprachevariante bevorzugt. Z. B.: щи, я́щик.
Der lange Konsonant hat im Deutschen keine Entsprechung.

41 Der Konsonantbuchstabe *ч* bezeichnet die stimmlose und stets weiche Affrikate [т'ш'], z. B.: чи́стый, чай.
Der kurze Konsonant ist von deutschem (hartem) *tsch* in *rutschen* zu unterscheiden.

42 Die Konsonantbuchstaben *к, г* bezeichnen
- die harten Verschlusslaute [к], [г], z. B.: кот, год.
  [к] wird etwa wie deutsches *k* in *Karte*, jedoch ohne Behauchung, [г] etwa wie deutsches *g* in *Garten* gesprochen.
- die weichen Verschlusslaute [к'], [г'], z. B.: кит, гид. (Zur Aussprache ↗ 28.)

43 Der Konsonantbuchstabe *х* bezeichnet
- den stimmlosen harten Engelaut [х], z. B.: ха́ос, маха́ть, ах, цех.
  [х] wird etwa wie deutsches *ch* in *ach, Buche* gesprochen.
  Beachte, dass [х] auch im Anlaut ein Engelaut (kein Verschlusslaut) ist; unterscheide Chaos : ха́ос.

– den stimmlosen weichen Engelaut [x'], z. B.: х́имия, х́итрый, це́хи (*N. Pl. von* цех).
[x'] ähnelt dem deutschen *ch* in *ich, echt,* jedoch liegt die mit dem Zungenrücken gebildete Enge bei [x'] im Mundraum weiter hinten.
Beachte, dass der deutsche *ich*-Laut *nach* einem vorderen Vokal oder einem Sonor, russisches [x'] aber *vor* einem vorderen Vokal gesprochen wird; unterscheide Ze*ch*e : це*х* : це́*х*и.

44 Der Konsonantbuchstabe *м* bezeichnet
– den stimmhaften harten Nasenlaut [м], z. B.: мо́да, мэр.
[м] wird etwa wie deutsches *m* in *Mann* gesprochen.

– den stimmhaften weichen Nasenlaut [м'], z. B.: мёд, ме́сто. (Zur Aussprache ↗ 28.)

45 Der Konsonantbuchstabe *н* bezeichnet
– den stimmhaften harten Nasenlaut [н], z. B.: ну, нос.
[н] wird etwa wie deutsches *n* in *Nacht* gesprochen.

– den stimmhaften weichen Nasenlaut [н'], z. B.: ню́хать, он нёс (*Prät. von* нести́).
Beachte, dass für н in den Buchstabenverbindungen нк, нг ein Zahnlaut (kein Gaumenlaut) gesprochen wird, vergleichbar *n* in *an-kommen, an-geben*; unterscheide Bank : банк.

46 Der Konsonantbuchstabe *л* bezeichnet
– den stimmhaften harten Seiten-Engelaut [л], z. B.: ло́дка, лы́жа.

– den stimmhaften weichen Seiten-Engelaut [л'], z. B.: лёд, (слой) льда (*G. Sg.*), ли́га.

[л] unterscheidet sich stärker, [л'] weniger stark von deutschem *l*:
Bei deutschem *l* hebt sich die Zungenspitze an die Rückseite der oberen Schneidezähne; der Luftstrom entweicht seitlich durch eine Enge zwischen den Zungenrändern und den ersten Backenzähnen.
Bei weichem [л'] hebt sich – wie bei allen weichen Konsonanten – zusätzlich der mittlere Teil des Zungenrückens gegen den Vordergaumen; durch den verkleinerten Resonanzraum wird ein höherer Eigenton als bei deutschem *l* erzeugt.
Bei hartem [л] hebt sich die Zungenspitze – wie bei deutschem *l* – an die Rückseite der oberen Schneidezähne und der hintere Teil des Zungenrückens – zum Unterschied von *l* – in Richtung auf den Hintergaumen; zwischen den beiden Hebungen der Zunge liegt eine Senke. Durch den großen Resonanzraum wird ein tiefer Eigenton erzeugt.

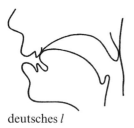 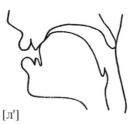 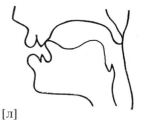

deutsches *l*   [л']   [л]

47 Der Konsonantbuchstabe *р* bezeichnet
– den stimmhaften harten Zitterlaut [р], z. B.: рад, тра́ктор.
[р] wird wie deutsches Zungenspitzen-*r* in *Rand, ruhig* gesprochen.

– den stimmhaften weichen Zitterlaut [р'], z. B.: ряд, тре́тий.

Das Phonem /j/

Das Phonem /j/ erfüllt die Funktion eines *Konsonanten*; vgl. z. B. die Bildung reflexiver Imperativformen mit dem Postfix -сь nach Vokal und dem Postfix -ся nach Konsonant: верни́сь! (*Imp. von* верну́ться *v.*), aber наде́йся! (*Imp. von* наде́яться).

In der *Schrift* wird /j/ – in Abhängigkeit von seiner Stellung im Wort – durch verschiedene Buchstaben wiedergegeben (↗ auch 9), und zwar
- durch den *Buchstaben й* – nach Vokalbuchstaben im Silbenauslaut, z. B.:
  дай! да́йте! (*Imp. von* дать *v.*): да[j]! да́[j]те!
- durch die *Vokalbuchstaben я, ё, ю, е* – am Wortanfang, nach Vokalbuchstaben im Silbenanlaut, nach ъ und ь, z. B.:
  я́ркий: [já]ркий, ёлка: [jó]лка, ю́бка: [jý]бка, е́сли: [jɘ]сли;
  стоя́ть: сто[já]ть, отъе́хать *v.*: о[тjɘ]хать, семья́: се['мjá].
- durch den *Vokalbuchstaben и* – nach ь, z. B.: чьи (э́то кни́ги?): [ч'jи].

Beachte, dass й in einigen Fremd- und Lehnwörtern auch im Wort- und Silbenanlaut – in der Verbindung йо (statt ё) – geschrieben wird, z. B.: йод, райо́н.

/j/ wird gesprochen
- vor betonten Vokalen etwa wie deutsches *j* in *Jahr* (jedoch mit etwas geringerem Reibungsgeräusch), z. B.: ёлка, стоя́ть, семья́,
- in allen anderen Stellungen wie deutsches unsilbisches offenes *i* in *Filiale, finanziell*, z. B.: дай! да́йте! (*Imp. von* дать *v.*), война́, (я) чита́ю, (он) чита́ет, бра́тья (*N. Pl. von* брат).

Beachte: In der Lautumschrift, die in der vorliegenden Grammatik verwendet wird, werden diese beiden Aussprachweisen nicht differenziert; es wird stets [j] umschrieben.

Die Buchstaben ь und ъ

Die Buchstaben ь und ъ bezeichnen keinen selbstständigen Laut; sie treten nur nach Konsonantbuchstaben auf.

Der Buchstabe ь (auch *weiches Zeichen* genannt)
- bezeichnet in der Regel die *Weichheit des vor ihm stehenden Konsonanten*, z. B.:
  мать: ма[т'], большо́й: бо[л']шо́й, (пла́тье из) льна: [л']на.
  Vor weichem Vokalbuchstaben (я, ё, ю, е, и) wirkt ь zugleich als *Trennungszeichen*, d. h., ь trennt den vor ihm stehenden weichen Konsonanten von der Lautgruppe j + Vokal, z. B.:
  вью́га: [в'jý]га, семья́: се['мjá], бра́тья: бра́[т'jə]; beachte павильо́н: пави[л'jó]н.
- hat nach Zischlauten, also in den Buchstabenverbindungen шь, жь, чь, щь, *keinerlei lautliche Funktion* (da ja [ш], [ж] stets hart und [ч'], [щ':] stets weich sind), z. B.:
  (ты) рабо́таешь: рабо́тае[ш], лечь *v.*: ле[ч'].
  Gelegentlich hat ь nach Zischlaut eine orthografisch differenzierende Funktion; vgl. z. B.:
  мышь, рожь, ночь, по́мощь – Substantive der III. Deklination (*f.*) (↗ 273.1),
  aber каранда́ш, нож, врач, това́рищ – Substantive der I. Deklination (*m.*).
  In der Stellung nach Zischlaut vor weichem Vokalbuchstaben wirkt ь lediglich als Trennungszeichen, z. B.:
  (я) шью: [шjу], (ты) шьёшь: [шjош] (*Präs. von* шить).

51 Laute und Buchstaben

51 Der Buchstabe ъ (auch *hartes Zeichen* genannt)
– tritt nur nach Konsonant- vor weichem Vokalbuchstaben auf (vornehmlich an der Fuge zwischen Präfix und Wurzel sowie in Fremdwörtern), bezeichnet häufig die *Härte des vor ihm stehenden Konsonanten* und wirkt gleichzeitig als *Trennungszeichen*, d. h., ъ trennt den vor ihm stehenden Konsonanten von der folgenden Lautgruppe [j + Vokal], z. B.:
подъе́хать *v.*: по[дjэ́]хать, отъе́хать *v.*: о[тjэ́]хать, объе́кт: о[бjэ́]кт.
Stehen die Präfixe с-, из-, раз- vor ъ, so kann für с bzw. з sowohl ein weicher wie auch ein harter Konsonant gesprochen werden; vgl. z. B.:
съесть *v.*: [с'jэ́]сть oder [сjэ́]сть, разъе́зд: ра[з'jэ́]зд oder ра[зjэ́]зд.

Besondere Buchstabenverbindungen

Zur Angleichung der Stimme ↗ 27, zur Angleichung der Weichheit ↗ 30.

52 Die folgenden Buchstabenverbindungen bezeichnen *lange Konsonanten*:

сш, зш   bezeichnen [ш:], z. B.: бесшу́мный: бе[ш:]у́мный, вёзший (*Part. von* везти́).

сж, зж   bezeichnen an der Fuge von Morphemen [ж:], sonst gewöhnlich [ж':] , z. B.:
сжать *v.*: [ж:]ать, безжа́лостный: бе[ж:]а́лостный;
(я) е́зжу: е́[ж':]у (*Präs. von* е́здить), по́зже: по́[ж':и] oder по́[ж:ə].

жж   bezeichnet gewöhnlich [ж':], z. B.: жужжа́ть: жу[ж':]а́ть.

сч, зч   bezeichnen [щ':], z. B.: гру́зчик: гру́[щ':]ик, бесчи́сленный.

тч, дч   bezeichnen [т':ш'], z. B.: лётчик: лё[т':ш']ик, нахо́дчивый.

тц, дц   bezeichnen [т:с], z. B.: (письмо́) отца́: о[т:с]а́, два́дцать.

-ться, -тся   bezeichnen [т:сə], z. B.: смея́ться: смея́[т:сə], (он) смеётся: смеё[т:сə].

53 Auch für die lautliche Wiedergabe folgender Buchstabenverbindungen gelten Besonderheiten:
– Für г in den adjektivischen Deklinationsendungen -ого bzw. -его wird [в] gesprochen, z. B.: но́вого (*G. Sg. m., n. von* но́вый): но́в[əвə], большо́го: больш[о́вə], моего́: мо[jиᵊво́].
[в] für г wird auch in den Wörtern сего́дня, итого́ gesprochen.

– Für чн wird [ш]н gesprochen, insbesondere in den weiblichen Vaternamen auf -ичн-(а), z. B.: Ильи́нична: Ильи́ни[ш]на, Ники́тична: Ники́ти[ш]на; коне́чно: коне́[ш]но, ску́чно: ску́[ш]но, яи́чница: яи́[ш]ница.

– Für чт wird in dem Wort что und seinen Zusammensetzungen [ш]т gesprochen, z. B.: что: [што], что́бы, что́-нибудь, aber не́что: не́[ч']то.

– Für гк, гч wird [х]к oder [х]ч gesprochen in den Wortformen von лёгкий, мя́гкий, z. B.: лёгкая (атле́тика): лё[хк]ая, мя́гкий (знак): мя́[хк']ий, ле́гче (*Kompr.*): ле́[хч']е.

54 Für die lautliche Wiedergabe folgender Buchstabenverbindungen ist der *Ausfall eines Konsonanten* charakteristisch:
– т oder д in den Verbindungen стн, здн, стл, рдц wird in der Regel nicht gesprochen, z. B.: че́стный: че́[сн]ый, по́здно: по́[зн]о, счастли́вый: сча[с'л']и́вый, се́рдце: се́[рц]е.

– Das erste в in der Verbindung вств wird in einigen Wörtern nicht gesprochen, z. B.: здра́вствуйте: здра́[ств]уйте, чу́вство: чу́[ств]о; aber нра́вственный: нра́[фс'т'в']енный.

– л in der Verbindung лнц wird nicht gesprochen, z. B.: со́лнце: со́[нц]е.

Form- und Wortbildung

So unterschiedlichen Wörtern wie челове́к, большо́й, интере́сно, пять, мой, прийти́/ 55
приходи́ть, по́сле, е́сли, бы, ах ist gemeinsam, dass sie jeweils einen Lautkomplex darstellen (dem in der Schrift eine bestimmte Buchstabenfolge entspricht), eine lexikalische oder Wortbedeutung haben und als Baustein für die Satzbildung dienen.

In der Kommunikation treten viele Wörter in unterschiedlichen Wortformen auf, mit deren Hilfe sie – zusätzlich zur unveränderten Wortbedeutung – in der Wortgruppe und im Satz grammatische oder Beziehungsbedeutungen ausdrücken.
Die Bildung verschiedener Formen ein und desselben Wortes bezeichnet man als *Formbildung*; die lexikalische Bedeutung des Wortes bleibt dabei unverändert; vgl. z. B.:

ка́рт<u>а</u>	– die Karte *N. Sg.*		чита́<u>ть</u>	– lesen *Inf.*
ка́рт<u>ы</u>	– der Karte *G. Sg.*; die Karten *N., A. Pl.*	(он)	чита́<u>ет</u>	– (er) liest *Präs.*
ка́рт<u>у</u>	– die Karte *A. Sg.*	(она́)	чита́<u>ла</u>	– (sie) las, hat gelesen *Prät.*

Die Bildung neuer Wörter mit neuer lexikalischer Bedeutung bezeichnet man als *Wortbildung*; vgl. z. B.:

изда́ть *v.*	– herausgeben, verlegen	восто́к	– Osten
изда́<u>тель</u>	– der Herausgeber, der Verleger	се́веро-восто́к	– Nordosten
изда́<u>тельство</u>	– der Verlag		

Das Wort und seine Bestandteile

Ein Wort kann in seine Bestandteile, in kleinste bedeutungstragende Einheiten – *Morpheme* – 56
zerlegt werden. Zu den Morphemen gehören die Wurzel und die Affixe: Präfix, Suffix, Endung, Postfix, Interfix. Außerdem ist im Wort die Abtrennung des Stammes möglich.

Die *Wurzel* ist der Grundbestandteil eines Wortes, der die lexikalische Grundbedeutung dieses 57
Wortes und der zum Wortnest gehörenden, miteinander verwandten Wörter trägt. Vgl. z. B.
Wurzel -жи- (von dieser Wurzel können rund 200 Wörter gebildet werden):

<u>жи</u>ть	– leben, wohnen
пере<u>жи</u>ть/пере<u>жи</u>ва́ть	– erleben, durchleben
<u>жи</u>знь *f.*	– Leben
<u>жи</u>зненный	– lebensecht, Lebens-
при<u>жи</u>зненный	– zu Lebzeiten erfolgt
<u>жи</u>ло́й	– Wohn-, bewohnt

Form- und Wortbildung

58 Das *Präfix* ist der Bestandteil eines Wortes, der vor der Wurzel steht und in der Regel eine zusätzliche lexikalische Bedeutung trägt. Mithilfe von Präfixen werden vorwiegend neue Wörter mit neuer lexikalischer Bedeutung gebildet. Vgl. z. B.:
Präfix при- (hier in der Bedeutung: herbei-, an-):
прибежа́ть/прибега́ть – herbeilaufen
прие́хать/приезжа́ть – ankommen, anreisen
прилете́ть/прилета́ть – mit dem Flugzeug ankommen

Gelegentlich drückt ein sogenanntes bedeutungsleeres Präfix auch nur eine bestimmte grammatische Bedeutung aus und dient der Formbildung; vgl. z. B.:
Präfix на- (hier nur zur Kennzeichnung des vollendeten Aspekts):
написа́ть: vollendete Aspektform zu писа́ть – schreiben
нарисова́ть: vollendete Aspektform zu рисова́ть – zeichnen

59 Das *Suffix* ist der Bestandteil eines Wortes, der hinter der Wurzel steht. Man unterscheidet
– wortbildende Suffixe, mit deren Hilfe neue Wörter mit neuer lexikalischer Bedeutung gebildet werden; vgl. z. B.:
Suffix -ость- (zur Ableitung abstrakter Substantive):
глу́пый   – dumm: глу́пость f.   – Dummheit
сме́лый   – kühn: сме́лость f.   – Kühnheit
хи́трый   – listig: хи́трость f.   – List

Suffix -н- (zur Ableitung von Adjektiven):
вода́   – Wasser: во́дный   – Wasser-
гора́   – Berg: го́рный   – Berg-, bergig
желе́зо   – Eisen: желе́зный   – eisern, Eisen-

– formbildende Suffixe, mit deren Hilfe bestimmte grammatische Formen bzw. Formenreihen (Komparativ von Adjektiven und Adverbien, Infinitiv, Präteritum, Partizipien und Adverbialpartizipien von Verben) ein und desselben Wortes gebildet werden; vgl. z. B.:
Suffix -ее- (-ей-) (zur Bildung des Komparativs von Adjektiven):
ва́жный   – wichtig: важне́е   (важне́й)
ве́рный   – treu: верне́е   (верне́й)
у́мный   – klug: умне́е   (умне́й)

Suffix -л- (zur Bildung des Präteritums von Verben):
чита́ть – lesen: он   чита́л
                  она́   чита́ла
                  они́   чита́ли

60 Die *Endung* ist der veränderliche formbildende Bestandteil eines Wortes, der gewöhnlich am Wortende steht und im Satz das Verhältnis dieses Wortes zu anderen Wörtern ausdrückt. Durch Endungen werden die grammatischen Kategorien des Genus, des Numerus, des Kasus und der Person ausgedrückt, und zwar gewöhnlich komplex; vgl. z. B.:
Ausdruck von Person und Numerus in einer Endung: (я) говорю́   *1. Pers. Sg.*
Ausdruck von Genus und Numerus in einer Endung: говори́ла   *f., Sg.*
Ausdruck von Genus, Numerus und Kasus in einer Endung: ка́рта   *f., Sg., N.*

Beachte: Einige Wortformen sind endungslos (sie haben eine «Nullendung»); vgl. z. B.:
друг⌀   *N. Sg.*   gegenüber   дру́га   *G. Sg.*
подру́г⌀   *G. Pl.*   gegenüber   подру́га   *N. Sg.*
гото́вь⌀!   *Imp. Sg.*   gegenüber   говори́!   *Imp. Sg.*

Das *Postfix* ist der gelegentlich auftretende Bestandteil eines Wortes, der hinter der Endung **61**
steht und wortbildende oder formbildende Bedeutung hat; es sind dies
- die wortbildenden Morpheme -либо, -нибудь und -то der Indefinitpronomen,
- das formbildende Morphem -те (zur Bildung der Pluralform des Imperativs),
- das Morphem -ся (-сь) (zur Bildung von Verben und Verbformen). Z. B.:

кто́-<u>либо</u>, что́-<u>нибудь</u>, скажи́<u>те</u> *Imp. Pl.*,
заня́<u>ться</u>/занима́<u>ться</u>, стро́и<u>тся</u> (но́вый теа́тр) *Pass. Präs. des uv. Verbs* стро́ить

Das *Interfix* ist ein zwischen zwei Wortstämmen eines zusammengesetzten Wortes auftretendes **62**
Bindeglied mit wortbildender Funktion, insbesondere der Bindevokal -o- oder -e-. Vgl. z. B.:
Bindevokal -o- (oft bei Auslaut des ersten Stammes auf harten Konsonanten):
вод<u>о</u>провод – Wasserleitung   снег<u>о</u>па́д – Schneefall

Bindevokal -e- (oft bei Auslaut des ersten Stammes auf weichen Konsonanten, ш, ж und ц):
стал<u>е</u>ва́р – Stahlgießer   птиц<u>е</u>во́дство – Geflügelzucht

Gelegentlich treten *Morphemvarianten* auf; vgl. z. B.: **63**
Morphemvarianten друг-, друж- der Wurzel der Wörter <u>друг</u>, <u>дру́ж</u>ный
Morphemvarianten -ой, -ою der Endung des *I. Sg.* von ро́дина: ро́дин<u>ой</u>, ро́дин<u>ою</u>

Der *Stamm* ist der unveränderliche Teil eines Wortes oder eines bestimmten Formenkreises, der **64**
die lexikalische Bedeutung dieses Wortes trägt. Man erhält ihn, wenn man die Endung und
gegebenenfalls das formbildende Suffix abtrennt. Z. B.:

Stamm стран-:   <u>страна́</u>   *N. Sg.*
                  <u>страны́</u>   *G. Sg.*
                  <u>стра́ны</u>   *N. u. A. Pl.*
                  <u>стран</u>   *G. Pl.*

Infinitivstamm организова-:   организова́ть   *v. und uv. Inf.*
                              они́   организова́ли   *Prät.*
                                     организо́ванный   *Part. Prät. Pass.*

Präsensstamm организу[j]-:   они́   организу́ют: организу́[j-у]т   *Präs.*
                                     организу́й: организу́[j]   *Imp.*
                                     организу́ющий: организу́[j-у]щий   *Part. Präs. Akt.*

Einen Wortstamm, der die Basis für die Ableitung eines neuen Wortes bildet, bezeichnet man
als Ableitungsstamm, einen durch Ableitung erhaltenen Stamm eines neuen Wortes als abge-
leiteten Stamm, z. B.:
гро́мкий – гро́мкость: Ableitungsstamm громк-, abgeleiteter Stamm громкость-.

Der Lautwechsel

Sowohl bei der Form- wie bei der Wortbildung tritt oft ein so genannter historischer (d. h. nicht **65**
phonetisch bedingter) Lautwechsel auf, der Veränderungen teils im Stammauslaut, teils inner-
halb des Wortstammes bewirkt.
Man unterscheidet den Konsonanten- und den Vokalwechsel.

66 Die Hauptarten des Konsonantenwechsels

Wechsel der Konsonant-buchstaben	Beispiele aus der Formbildung	Beispiele aus der Wortbildung
г – ж	дорого́й – доро́же *Komp.*	друг – дру́жный
д ⟨ ж / жд	води́ть – (я) вожу́ *Präs.* освободи́ть *v.* – освобождённый *Part.*	проходи́ть – прохо́жий роди́ться *v./uv.* – рожде́ние
з – ж	вози́ть – (я) вожу́ *Präs.*	близ – бли́жний
к – ч	гро́мкий – гро́мче *Komp.*	рука́ – ручно́й
т ⟨ ч / щ	шути́ть – (я) шучу́ *Präs.* посети́ть *v.* – (я) посещу́ *Fut.*	студе́нт – студе́нчество
ц – ч		оте́ц – оте́ческий
с – ш х – ш ск – щ ст – щ	писа́ть – (я) пишу́ *Präs.* ти́хий – ти́ше *Komp.* иска́ть – (я) ищу́ *Präs.* прости́ть *v.* – (я) прощу́ *Fut.*	гаси́ть – гаше́ние успе́х – успе́шный то́лстый – толщина́
б – бл в – вл м – мл п – пл ф – фл	люби́ть – (я) люблю́ *Präs.* дешёвый – деше́вле *Komp.* корми́ть – (я) кормлю́ *Präs.* купи́ть *v.* – (я) куплю́ *Fut.* графи́ть – (я) графлю́ *Präs.*	осуществи́ть *v.* – осуществле́ние офо́рмить *v.* – оформле́ние отопи́ть *v.* – отопле́ние

Mitunter tritt der Wechsel eines harten Konsonanten mit dem entsprechenden weichen oder auch der Wechsel eines weichen mit dem entsprechenden harten Konsonanten auf; vgl. z. B.:

[д] – [д'] сосе́д: сосе́ди, сосе́дей *Pl.*; идти́: (я) иду́, (ты) идёшь *Präs.*
[н':] – [н:] и́скренний – и́скренность

Zum Konsonantenwechsel wird auch der in einzelnen Fällen zu beobachtende Ausfall von Konsonanten gerechnet; vgl. z. B.: дви́гать: дви́нуть *v.*; кида́ть: ки́нуть *v.*

67 Die Hauptarten des Vokalwechsels

Wechsel der Vokal-buchstaben	Beispiele aus der Formbildung	Beispiele aus der Wortbildung	
о – а е – ё[1]	достро́ить/достра́ивать нести́ – (он) нёс *Prät.*	разгова́ривать – разгово́р наде́жда – надёжный	
о(ё) ⟩ ø е	рот – рта *G. Sg.* солове́й – соловья́ *G. Sg.*	актёр – актри́са день – дневно́й	Vokalausfall[2]
ø ⟨ о (ё) / е	окно́ – о́кон *G. Pl.* ру́чка – ру́чек *G. Pl.*	игла́ – иго́льный по́льза – поле́зный	Vokaleinschub[2]

[1] Betontes e wird häufig zu ё, wenn es vor hartem Konsonanten steht. (Zur Schreibung von ё ↗ 1.)
[2] Bei Vokalausfall oder Vokaleinschub spricht man auch von *flüchtigem* Vokal.

Über die genannten Beispiele hinaus gibt es bei der Form- oder der Wortbildung einzelner Wörter einen vielgestaltigen Vokalwechsel; vgl. z. B.:

ø – и – о	собра́ть/собира́ть – сбор
и – е	лить – ле́йка
о – ы	вздохну́ть *v.* – вздыха́ть
ы – о	мыть – (они́) мо́ют *Präs.*

Die Hauptarten der Form- und der Wortbildung

Im Russischen gibt es folgende Hauptarten der *Formbildung*:
– die Bildung mit Endungen, z. B.:
  на́ша страна́ *N. Sg.* нести́: я несу́ *1. Pers. Sg. Präs.*
  на́шей страны́ *G. Sg.* они́ несу́т *3. Pers. Pl. Präs.*
– die Bildung mit formbildenden Suffixen (und häufig mit Endungen), z. B.:
  но́вый: нове́е *Komp.*   чита́ть: он чита́л ⎫
              она́ чита́ла ⎬ *Prät.*
              они́ чита́ли ⎭
– die Zusammensetzung von Wortformen, z. B.:
  интере́сный: бо́лее интере́сный *Komp.* чита́ть: он бу́дет чита́ть *uv. Fut.*

Die mit Endungen und mit formbildenden Suffixen gebildeten Formen werden als einfache oder synthetische Formen, die durch Zusammensetzung gebildeten Formen werden als zusammengesetzte oder analytische Formen bezeichnet.
Die Bildung von Wortformen erfolgt nach bestimmten Mustern; man spricht von Deklinations- und von Konjugationstypen oder -paradigmen (↗ 282, 342; 153, 154).

Beachte: Bei der Formbildung tritt oft ein Lautwechsel auf (↗ 65).

Man unterscheidet folgende Hauptarten der *Wortbildung*:
– die Suffigierung, d. h. die Bildung mit wortbildenden Suffixen, z. B.:
  сме́лый: сме́лость *f.*   вода́: во́дный
– die Präfigierung, d. h. die Bildung mit wortbildenden Präfixen, z. B.:
  бежа́ть: прибежа́ть/прибега́ть; убежа́ть/убега́ть
– die Prä- und Suffigierung, d. h. die Bildung mit wortbildenden Präfixen und Suffixen, z. B.:
  свеча́: подсве́чник   забо́та: беззабо́тный
– die Zusammensetzung von Wortstämmen, Wörtern und Wortteilen, z. B.:
  водопрово́д, сталева́р; телефо́н-автома́т, же́нщина-врач; физкульту́ра, вуз.

Die mit Suffixen und Präfixen gebildeten Wörter werden als abgeleitete Wörter, die durch Zusammensetzung gebildeten Wörter als zusammengesetzte Wörter oder Komposita bezeichnet.
Die Wortbildung folgt bestimmten Mustern: Ein Typ der Wortbildung umfasst diejenigen Wörter einer Wortart, die auf die gleiche Weise gebildet sind und eine gemeinsame Grundbedeutung haben. Dient ein solcher Typ in der Gegenwartssprache als Vorbild für die Bildung neuer Wörter, spricht man von einem produktiven Wortbildungstyp; ist diese Vorbildwirkung heute nicht mehr wirksam, spricht man von einem unproduktiven.

Beachte: Auch bei der Wortbildung tritt oft ein Lautwechsel auf (↗ 65).

Die Wortarten

71 Die russischen Wörter können nach Wortarten geordnet werden. Eine Wortart umfasst die Wörter, die eine gleiche lexikalische Allgemeinbedeutung haben, gleiche Merkmale der Formbildung aufweisen und im Satz gleiche Funktionen ausüben.

Aufgrund ihrer lexikalischen Bedeutung können Wörter bestimmter Wortarten zu so genannten Begriffswörtern (oder Autosemantika), andere zu so genannten Hilfswörtern (oder Synsemantika) zusammengefasst werden. Im Hinblick auf die Formbildung unterscheidet man flektierbare (d. h. konjugier- oder deklinierbare) und nicht flektierbare (d. h. keine unterschiedlichen Wortformen bildende) Wortarten. Die deklinierbaren Wortarten – Substantive, Adjektive, Zahlwörter und Pronomen – werden auch als Nomen den Verben gegenübergestellt.

Die Wortarten im Überblick

72

	Flektierbare Wortarten	Nicht flektierbare Wortarten
Begriffs- wörter	– Verben (➚ 75 ff.), z. B.: чита́ть, говори́ть – Substantive (➚ 255 ff.), z. B.: заво́д, де́вочка – Adjektive (➚ 333 ff.), z. B.: краси́вый, де́тский – Zahlwörter (➚ 402 ff.), z. B.: три, пя́тый – Pronomen (➚ 443 ff.), z. B.: кто, тако́й	– Adverbien (➚ 503 ff.), z. B.: ве́село, тепе́рь – Zustandswörter (oder prädikative Adverbien, ➚ 530 ff.), z. B.: ве́село, мо́жно – Schaltwörter (➚ 536 ff.), z. B.: вероя́тно, по-мо́ему
Hilfs- wörter		– Präpositionen (➚ 540 ff.), z. B.: без, к – Konjunktionen (➚ 581 ff.), z. B.: и, потому́ что – Partikeln (➚ 601 ff.), z. B.: бы, вот
Isolierte Wörter		– Interjektionen (➚ 618 ff.), z. B.: ах, увы́

73 Zum Unterschied vom Deutschen gibt es im Russischen keinen Artikel; vgl. z. B. die verschiedenen Übersetzungsmöglichkeiten: ма́льчик – der Junge oder: ein Junge oder: Junge. Ob bei der Übersetzung ins Deutsche der bestimmte, der unbestimmte oder gar kein Artikel zu setzen ist, ergibt sich aus dem Sinn der sprachlichen Äußerung (➚ z. B. 791 f.).

74 Mitunter treten Wörter einer Wortart in eine andere Wortart über; vgl. z. B.:
Übergang vom Adjektiv zum Substantiv:
Он зашёл к <u>больно́му</u> колле́ге.   – Er besuchte den kranken Kollegen.
Он зашёл к <u>больно́му</u>.   – Er besuchte den Kranken.

Übergang vom Adverb zur Präposition:
<u>Вокру́г</u> ни души́.   – Ringsherum ist niemand da.
<u>Вокру́г</u> да́чи большо́й сад.   – Rings um das Wochenendhaus ist ein großer Garten.

Das Verb

Zu Wortbedeutung und Formenbestand

> Verben bezeichnen Handlungen – Tätigkeiten, Vorgänge und Zustände – in ihrem zeitlichen Ablauf, in ihrem Prozess.
> Diese Bedeutung wird in den Kategorien des Aspekts, des verbalen Genus, des Modus, des Tempus, der Person, des Numerus und des Genus ausgedrückt. Alle russischen Verbformen sind durch den Aspekt und das verbale Genus gekennzeichnet.
> Indikativformen (des Präsens, des Präteritums, des Futurs), Konjunktiv- und Imperativformen bilden die *konjugierten* (auch: finiten) *Verbformen*; die Infinitivformen, die Partizipien und die Adverbialpartizipien gehören zu den *nichtkonjugierten* (auch: infiniten) Formen.
> Die Nenn- oder Wörterbuchform des Verbs ist der Infinitiv.

Die konjugierten Verbformen werden unterschieden
– nach dem *Aspekt*, d. h. nach dem Verhältnis der durch das Verb ausgedrückten Handlung zu bestimmten Merkmalen ihres Vollzugs (➚ 85):
  • Formen des vollendeten Aspekts, z. B.:
  Ви́ктор прочита́л рома́н А. Рыбако́ва «Де́ти Арба́та» за три дня.
  • Formen des unvollendeten Aspekts, z. B.:
  Ве́чером Андре́й чита́л расска́зы Л. Толсто́го.

– nach dem *verbalen Genus*, d. h. nach dem Verhältnis der durch das Verb ausgedrückten Handlung zu dem Gegenstand, der durch das grammatische Subjekt bezeichnet wird (➚ 115):
  • Aktivformen, z. B.: Андре́й чита́ет газе́ту.
  • Passivformen, z. B.: Ле́кция была́ прочи́тана профе́ссором Ивано́вым.
  В англи́йском языке́ «а» ча́сто чита́ется как «э».

– nach dem *Modus*, d. h. nach dem Verhältnis der durch das Verb ausgedrückten Handlung zur Wirklichkeit:
  • Indikativformen, z. B.:
  Андре́й чита́ет рома́н Ф. Достое́вского.
  • Konjunktivformen, z. B.:
  Ви́ктор с удово́льствием чита́л бы э́тот рома́н, но у него́ нет вре́мени.
  • Imperativformen, z. B.:
  Обяза́тельно чита́й э́тот рома́н!

- nach dem *Tempus*, d. h. nach dem Verhältnis der durch das Verb ausgedrückten Handlung zum Sprechzeitpunkt (d. h. zum Zeitpunkt der Äußerung des Sprechers bzw. Schreibers – so genannter absoluter Zeitbezug):
  - Präsensformen, z. B.: – Что ты де́лаешь, Андре́й? – (Я) чита́ю.
  - Präteritalformen, z. B.: Ви́ктор (про-)чита́л э́ти слова́ гро́мко.
  - Futurformen, z. B.: – Что ты бу́дешь де́лать в воскресе́нье? – (Я) бу́ду чита́ть.

  Die Kategorie des Tempus wird nur in den Formen des Indikativs ausgedrückt, nicht in den Konjunktiv- und den Imperativformen. Zum so genannten relativen Zeitbezug ↗ 77.

- nach der *Person*, d. h. nach dem Verhältnis der durch das Verb ausgedrückten Handlung zu den an der Kommunikation Beteiligten (↗ 123):
  - 1. Person (Singular und Plural), z. B.:
  Я чита́ю (мы чита́ем) журна́л «Огонёк».
  - 2. Person (Singular und Plural), z. B.:
  Ты чита́ешь (вы чита́ете) э́тот журна́л?
  - 3. Person (Singular und Plural), z. B.:
  Он(-а́) чита́ет (они́ чита́ют) еженеде́льник «Аргуме́нты и фа́кты».

  Die Kategorie der Person wird nur in den Präsens- und in den Futurformen des Indikativs und im Imperativ ausgedrückt, nicht in den Präterital- und in den Konjunktivformen.

- nach dem *Numerus*, d. h. nach dem Verhältnis der durch das Verb ausgedrückten Handlung zur Anzahl der Gegenstände, die durch das grammatische Subjekt bezeichnet wird:
  - Singularformen, z. B.: По вечера́м я чита́л(-а) газе́ты.
  - Pluralformen, z. B.: Мы (про-)чита́ли об э́том в газе́те.

- nach dem *Genus*, d. h. nach dem Verhältnis der durch das Verb ausgedrückten Handlung zum grammatischen bzw. natürlichen Geschlecht des Wortes, das das grammatische Subjekt darstellt:
  - maskuline Formen, z. B.: Ве́чером Андре́й чита́л газе́ту.
  - feminine Formen, z. B.: Ве́чером Ни́на чита́ла кни́гу.
  - neutrale Formen, z. B.: На столе́ лежа́ло письмо́.

  Die Kategorie des Genus wird nur in den Präteritalformen des Indikativs und in den Konjunktivformen ausgedrückt, nicht in den Präsens- und Futurformen und im Imperativ.

77 Die nichtkonjugierten Partizipien und Adverbialpartizipien werden zusätzlich zu *Aspekt* und *verbalem Genus* unterschieden

- nach dem *Tempus:* Dabei wird die durch das Verb ausgedrückte Handlung gewöhnlich nicht zum Sprechzeitpunkt, sondern zum Zeitpunkt der durch ein anderes Verb bezeichneten Haupthandlung des Satzes in Beziehung gesetzt (so genannter relativer Zeitbezug). Durch die Tempusformen der nichtkonjugierten Verbformen kann ausgedrückt werden
  - die Gleichzeitigkeit mit der Haupthandlung, z. B.:
  Тури́сты проезжа́ли ми́мо цвету́щих фрукто́вых дере́вьев.
  - die Vorzeitigkeit gegenüber der Haupthandlung, z. B.:
  Стихи́, прочи́танные с выраже́нием сами́м поэ́том, име́ли большо́й успе́х.
  - die Nachzeitigkeit gegenüber der Haupthandlung, z. B.:
  Сестра́ усади́ла больно́го в кре́сло, прикры́в его́ но́ги одея́лом.

- nach *Genus* und *Numerus* (nur bei den Lang- und den Kurzformen der Partizipien),

- nach dem *Kasus* (nur bei den Langformen der Partizipien), z. B.:
  Молоды́е лю́ди ещё до́лго говори́ли о не́которых стиха́х, прочи́танных актёром Ма́лого теа́тра.

Die Infinitive werden ausschließlich nach *Aspekt* und *verbalem Genus* bestimmt, z. B.:
Ви́ктор лю́бит чита́ть Пу́шкина.

Der Formenbestand der Verben im Überblick

Muster: про-/чита́ть[1]

Verbales Genus: Aktiv

		Unvollendeter Aspekt	Vollendeter Aspekt	Deutscher Gegenwert
Infinitiv		чита́ть	прочита́ть	lesen
Präsens	я ты он(-а́, -о́) мы вы они́	чита́ю чита́ешь чита́ет чита́ем чита́ете чита́ют	– –	ich lese
Futur	я ты он она́ оно́ мы вы они́	бу́ду бу́дешь бу́дет } чита́ть бу́дем бу́дете бу́дут	прочита́ю прочита́ешь прочита́ет прочита́ем прочита́ете прочита́ют	ich werde lesen (… werde gelesen haben)
Präteritum	я, ты, он я, ты, она́ оно́ мы, вы, они́	чита́л чита́ла чита́ло чита́ли	прочита́л прочита́ла прочита́ло прочита́ли	ich las (… habe gelesen, hatte gelesen)
Konjunktiv	я, ты, он я, ты, она́ оно́ мы, вы, они́	чита́л чита́ла чита́ло } бы чита́ли	прочита́л прочита́ла прочита́ло } бы прочита́ли	ich läse (… würde lesen, hätte gelesen)
Imperativ		чита́й! чита́йте!	прочита́й! прочита́йте!	lies! lest! lesen Sie!
Partizip Präsens		чита́ющий	– –	lesend (jemand, der liest)
Präteritum		чита́вший	прочита́вший	gelesen habend (jemand, der gelesen hat)
Adverbial- partizip		чита́я чита́в(ши)	– – прочита́в(ши)	lesend (beim Lesen) gelesen habend (nach dem Lesen)

Das Verb

Verbales Genus: Passiv

		Unvollendeter Aspekt	Vollendeter Aspekt	Deutscher Gegenwert
Infinitiv		читáться	быть прочи́тан	gelesen werden
Präsens		— —	— —	
	он(-á, -ó)	читáется	— —	er (sie, es) wird gelesen
	они́	читáются	— —	sie werden gelesen
Futur		— —	— —	
	он / онá / онó	бýдет читáться	бýдет { прочи́тан / прочи́тана / прочи́тано	er / sie / es } wird gelesen (… wird gelesen worden sein)
		— —	— —	
	они́	бýдут читáться	бýдут прочи́таны	sie werden gelesen werden (… werden gelesen worden sein)
Präteritum	он	читáлся	был прочи́тан	er) wurde gelesen
	онá	читáлась	былá прочи́тана	sie } (… ist gelesen
	онó	читáлось	бы́ло прочи́тано	es) worden)
	они́	читáлись	бы́ли прочи́таны	sie wurden gelesen (… sind gelesen worden)
Konjunktiv	он	читáлся ⎫	был ⎫ прочи́тан	er) würde gelesen
	онá	читáлась ⎬ бы	былá ⎬ бы прочи́тана	sie } (… wäre gelesen
	онó	читáлось ⎬	бы́ло ⎬ прочи́тано	es) worden)
	они́	читáлись ⎭	бы́ли ⎭ прочи́таны	sie würden gelesen (… wären gelesen worden)
Imperativ		— —	— —	
Partizip Präsens		читáемый	— —	gelesen werdend (etwas, das gelesen wird)
Präteritum		чи́танный	прочи́танный	gelesen
Adverbialpartizip		— —	— —	

[1] Das Aspektpaar про-/читáть gehört zu den transitiven Verben (↗ 114 f.), die Aktiv- und Passivformen bilden. Die reflexiven, stets intransitiven Verben auf -ся (-сь) bilden ausschließlich Aktivformen; diese entsprechen den Aktivformen der nichtreflexiven Verben, sind jedoch um das Postfix -ся (-сь) erweitert. Vgl. z. B.:

		готóвить – vor-, zubereiten	готóвиться – sich vorbereiten
Präs.	я	готóвлю	готóвлю<u>сь</u>
Fut.	я	бýду готóвить	бýду готóвить<u>ся</u>
Prät.	я, ты, он	готóвил	готóвил<u>ся</u>
	я, ты, онá	готóвила	готóвила<u>сь</u>

80 Die russischen Verben weisen einen reichen Formenbestand auf.
Die meisten Verbformen werden mithilfe formbildender Morpheme (Suffixe, Endungen, Postfix -ся bzw. -сь) gebildet; zu den mit dem Hilfsverb быть zusammengesetzten Formen gehören die Formen des unvollendeten Futurs und des vollendeten Passivs.
Nicht von allen Verben werden sämtliche Formen gebildet. So werden beispielsweise Passivformen in der Regel nur von transitiven Verben gebildet (➚ 116). Unpersönlich gebrauchte Verben weisen lediglich die 3. Person Singular des Präsens bzw. Futurs oder die neutrale Form des Präteritums bzw. Konjunktivs auf (➚ 126 f.).

Zur Funktion im Satz

81 In *zweigliedrigen Sätzen* tritt eine konjugierte Verbform in prädikativer Funktion auf, und zwar
– als einfaches verbales Prädikat, z. B.:
Верони́ка Ивано́ва откры́ла ча́стную шко́лу секретаре́й-референ́тов.
Э́та шко́ла финанси́руется не́сколькими фи́рмами.
Шко́ла была́ откры́та в 1992 году́.

– als Bestandteil eines zusammengesetzten verbalen Prädikats (Phasenverb, Modalverb oder Verb der Bewegung in Verbindung mit einem Verb im Infinitiv)
  • Phasenverben bezeichnen eine Phase – Beginn, Fortsetzung oder Beendigung – der Handlung, die durch das Verb im Infinitiv ausgedrückt ist, z. B.:
Шко́ла ста́ла рабо́тать в 1992 году́.
Она́ продолжа́ет выпуска́ть хоро́ших специали́стов.
  • Modalverben modifizieren die Handlung, die durch das Verb im Infinitiv ausgedrückt ist; sie charakterisieren diese Handlung als möglich, leistbar, erwünscht oder befürchtet, z. B.:
Мно́гие но́вые фи́рмы не мо́гут найти́ хоро́ших секретаре́й.
Верони́ка не хоте́ла рабо́тать в шко́ле.
  • Verben der Bewegung deuten Richtung und Ziel der Handlung an, die durch das Verb im Infinitiv ausgedrückt ist, z. B.:
Молоды́е лю́ди прие́хали учи́ться в Москву́.
Андре́й пое́хал лечи́ться в санато́рий.

– als Bestandteil eines zusammengesetzten nominalen Prädikats (Kopulaverb in Verbindung mit einem Prädikatsnomen – Substantiv oder Adjektiv, ➚ 713), z. B.:
Роди́тели Верони́ки бы́ли учителя́ми.
Оте́ц Ната́ши неда́вно стал безрабо́тным.

Die Langform eines Partizips tritt als kongruierendes Attribut auf, z. B.:
Нужны́ секретари́, самостоя́тельно принима́ющие реше́ния, уме́ющие рабо́тать с оргте́хникой, зна́ющие иностра́нные языки́.
Ищу́ хорошо́ опла́чиваемую рабо́ту социо́лога.

Ein Adverbialpartizip tritt in der Funktion einer Adverbialbestimmung auf, z. B.:
Око́нчив педагоги́ческий институ́т, Ма́ша ста́ла учи́тельницей.

Der Infinitiv eines Verbs kann im zweigliedrigen Satz in vielfältigen Funktionen auftreten:
– als Bestandteil eines zusammengesetzten verbalen Prädikats (➚ 713),
– als einfaches verbales Prädikat, z. B.:
Ва́ша зада́ча – вы́полнить э́ту рабо́ту за две неде́ли.
Я к нему́ – а он бежа́ть. (*ugs.*)   – Ich ging zu ihm – da lief er plötzlich los.

– als Subjekt, z. B.:
Руководи́ть – зна́чит проверя́ть.
– als Objekt (konjugierte Verbform und Infinitiv haben verschiedene Handlungsträger), z. B.:
Мы попроси́ли сосе́да помо́чь. Врач запрети́л больно́му встава́ть.

82 In *eingliedrigen Sätzen* kann eine konjugierte Verbform oder ein Infinitiv als wesentliches Satzglied auftreten, z. B.:
Зда́ние шко́лы стро́или два го́да. (Unbestimmt-persönlicher Satz, ↗ 725)
Про́шлого не воро́тишь. (Allgemein-persönlicher Satz, ↗ 726)
Ло́дку снесло́ тече́нием. (Unpersönlicher Satz, ↗ 727 ff.)
Как нам попа́сть в центр го́рода? (Unpersönlicher Infinitivsatz, ↗ 729)

Die Aspekte der Verben

Die Funktion

83 Im Russischen werden (wie in anderen slawischen Sprachen) alle Verben – und zwar sowohl die konjugierten wie die nichtkonjugierten Formen – nach dem Aspekt bestimmt. Diese Kategorie, die für das Verbalsystem von grundlegender Bedeutung ist, kennt das Deutsche nicht.
Im Russischen werden zwei Aspekte unterschieden:
– der *vollendete* oder *perfektive* Aspekt,
– der *unvollendete* oder *imperfektive* Aspekt.

84 Einem deutschen Verb stehen häufig zwei russische Verben (meist mit gleicher Wurzel) gegenüber:
– ein Verb des vollendeten Aspekts (im Folgenden auch kurz vollendetes Verb genannt) und
– ein Verb des unvollendeten Aspekts (im Folgenden auch kurz unvollendetes Verb genannt).*
Diese beiden Verben haben ein und dieselbe lexikalische Bedeutung und unterscheiden sich nur durch die grammatische Bedeutung des jeweiligen Aspekts; es handelt sich um Aspektpartner, die ein *Aspektpaar* bilden. Vgl. z. B. die folgenden Aspektpaare:
рассказа́ть/расска́зывать – erzählen; на-/писа́ть (lies: написа́ть/писа́ть) – schreiben; изучи́ть/изуча́ть – lernen; по-/стро́ить (lies: постро́ить/стро́ить) – bauen.

Außer Aspektpaaren gibt es im Russischen auch *einaspektige Verben*, die aufgrund ihrer lexikalischen Bedeutung nur in einem Aspekt – entweder nur im vollendeten oder nur im unvollendeten Aspekt – auftreten, z. B.:
очути́ться *v.* – sich (unerwartet) befinden; пое́хать *v.* – abfahren, losfahren;
разгова́ривать – sich unterhalten; сиде́ть – sitzen.

---

* In der vorliegenden Grammatik werden die Aspekte wie folgt gekennzeichnet:
– Aspektpaare werden stets in der Reihenfolge vollendeter Aspekt/unvollendeter Aspekt aufgeführt.
  Ist der vollendete Aspektpartner mit einem Präfix vom unvollendeten Aspektpartner abgeleitet (und ändert sich dabei die Betonung nicht), so wird nur das Präfix ausgewiesen, z. B.: написа́ть ist ein vollendetes Verb, писа́ть ein unvollendetes Verb; beide bilden ein Aspektpaar: на-/писа́ть.
– Einaspektige vollendete Verben werden durch nachgestelltes *v.* gekennzeichnet; einaspektige unvollendete Verben bleiben unbezeichnet.
– Zweiaspektige Verben, die die Funktion sowohl des vollendeten wie auch des unvollendeten Aspekts annehmen können, werden durch nachgestelltes *v./uv.* gekennzeichnet.

Ferner gibt es eine Reihe *zweiaspektiger Verben*, die beide Aspektbedeutungen – sowohl die des vollendeten wie die des unvollendeten Aspekts – ausdrücken können (ihre aktuelle Aspektbedeutung ergibt sich jeweils aus dem Textzusammenhang), z. B.:
обеща́ть *v./uv.* – versprechen; телеграфи́ровать *v./uv.* – telegrafieren

> Durch die Aspekte werden bestimmte Merkmale des Handlungsvollzugs unterschieden. **85**
> Dabei ist der vollendete Aspekt durch ausgeprägte Merkmale charakterisiert: Er kennzeichnet die betreffende Handlung als ganzheitliches Geschehen, das darauf gerichtet ist, seinen Endpunkt – häufig den Abschluss oder das Ergebnis der Handlung – zu erreichen. Diesen Merkmalen des vollendeten Aspekts gegenüber verhält sich der unvollendete Aspekt neutral: Er bezeichnet die betreffende Handlung als solche, ihren Verlauf – häufig ihre unbegrenzte Dauer oder Wiederholung; ob die Handlung ihren Endpunkt erreicht hat oder erreichen wird, wird (als unwesentlich für die betreffende Äußerung) offen gelassen.

Vgl. die folgenden Beispiele des Gebrauchs vollendeter und unvollendeter Verben im Präteritum – in allen Fällen hat die betreffende Handlung vor dem Sprechzeitpunkt stattgefunden: **86**
на-/писа́ть – schreiben:
Вчера́ ве́чером я написа́л(-а) письмо́ своему́ дру́гу. – Gestern Abend habe ich meinem Freund einen Brief geschrieben.
Die ganzheitlich betrachtete Handlung hat ihren Endpunkt (den Abschluss des Briefschreibens) erreicht: Der Brief ist abgeschlossen → Gebrauch des vollendeten Aspekts.

Вчера́ ве́чером я писа́л(-а) пи́сьма. – Gestern Abend habe ich Briefe geschrieben.
Die Handlung wird in ihrem Verlauf betrachtet; ob sie ihren Endpunkt (den Abschluss des Briefeschreibens) erreicht hat, wird offen gelassen → Gebrauch des unvollendeten Aspekts.

вспо́мнить/вспомина́ть – sich erinnern:
Я вспо́мнил(-а), что обеща́л(-а) позвони́ть Та́не. – Ich erinnerte mich (Mir fiel ein), dass ich versprochen hatte, Tanja anzurufen.
Die ganzheitlich betrachtete Handlung hat ihren Endpunkt, ihr Ziel (das Sich-Erinnern) erreicht → Gebrauch des vollendeten Aspekts.

Я до́лго вспомина́л(-а) э́ту мело́дию. – Ich habe diese Melodie lange im Ohr behalten.
Die Handlung wird in ihrem Verlauf, in ihrer Fortdauer betrachtet → Gebrauch des unvollendeten Aspekts.

изучи́ть/изуча́ть – lernen, studieren:
За пять лет он изучи́л ру́сский язы́к. – Innerhalb von fünf Jahren hat er Russisch erlernt.
Die ganzheitlich betrachtete Handlung hat ihren Endpunkt (die Beherrschung des Russischen) erreicht → Gebrauch des vollendeten Aspekts.

Он изуча́л ру́сский язы́к пять лет. – Er hat fünf Jahre lang Russisch gelernt.
Die Handlung wird in ihrer Dauer betrachtet; ob sie ihren Endpunkt (die Beherrschung des Russischen) erreicht hat, wird offen gelassen → Gebrauch des unvollendeten Aspekts.

зацвести́/зацвета́ть – anfangen zu blühen, aufblühen:
Уже́ зацвели́ я́блони. – Die Apfelbäume haben schon zu blühen begonnen (stehen schon in Blüte).
Die ganzheitlich betrachtete Handlung (in diesem Fall der Beginn eines Geschehens) hat ihren Endpunkt (das Aufblühen) erreicht → Gebrauch des vollendeten Aspekts.

Бы́ло без пяти́ мину́т три. За гори- — Es war fünf Minuten vor drei. Am Horizont
зо́нтом зацвета́ло у́тро. begann das Morgenrot aufzuleuchten.
Betrachtet wird der Verlauf der Handlung (der Vorgang des erwachenden Morgens) → Gebrauch des unvollendeten Aspekts.

87 Die treffende Wahl des Aspekts ergibt sich aus einem Bedingungsgefüge, das insbesondere von der Redeabsicht des Sprechers, von dem mitzuteilenden Sachverhalt und von der Redesituation abhängt.
Hierzu siehe Näheres in den Abschnitten zu den einzelnen Verbformen: zu den Präsensformen ↗ 158 ff., zu den Futurformen ↗ 162 ff., zu den Präteritalformen ↗ 171 ff., zu den Konjunktivformen ↗ 178 ff., zu den Imperativformen ↗ 188 ff., zum abhängigen Infinitiv ↗ 201.

88 Der Gebrauch der Aspekte kann im Text durch *Adverbialbestimmungen* gestützt sein, die den Handlungsvollzug zusätzlich näher bestimmen.
Zu den **Adverbialbestimmungen**, die in der Regel mit dem **vollendeten Aspekt** verbunden sind, gehören z. B.:
– Adverbien, die auf den plötzlichen, unverzüglichen oder vollständigen Eintritt einer Handlung verweisen, wie
вдруг – plötzlich; внеза́пно – plötzlich, jäh; мгнове́нно, момента́льно – augenblicklich; неожи́данно – unerwartet; сейча́с – gleich, sofort; сра́зу – sogleich, sofort; то́тчас – sogleich, auf der Stelle; по́лностью, целико́м – vollständig, ganz;
– Wortgruppen, die einen Zeitabschnitt kennzeichnen, innerhalb dessen die Handlung ihren Endpunkt erreicht hat oder erreichen wird, wie
в одну́ мину́ту|секу́нду, в оди́н моме́нт – im Nu;
за *mit A*.: за два часа́ – in(nerhalb von) zwei Stunden, за неде́лю, за три го́да *usw*.

Zu den **Adverbialbestimmungen**, die gewöhnlich mit dem **unvollendeten Aspekt** verbunden sind, gehören z. B.:
– Adverbien und Wortgruppen, die auf die Dauer einer Handlung hinweisen, wie
ве́чно – ewig, ständig; всё – immer, ständig; дли́тельно – lang anhaltend; до́лго-до́лго – sehr lange; постоя́нно – ständig, fortwährend; продолжи́тельно – lang anhaltend;
A.: два часа́ – zwei Stunden (lang), две неде́ли, три го́да *usw*.;
– Adverbien und Wortgruppen, die auf die Wiederholung einer Handlung hinweisen, wie
еженеде́льно – (all)wöchentlich; ежеме́сячно *usw*.; иногда́ – manchmal; неоднокра́тно – mehrfach, mehrmals; обыкнове́нно, обы́чно – gewöhnlich; регуля́рно – regelmäßig; ре́дко – selten; ча́сто – oft; ка́ждый день – jeden Tag, ка́ждое у́тро *usw*.;
по *mit D. Pl*.: по утра́м – morgens, in den Morgenstunden, по вечера́м *usw*.; опя́ть и опя́ть, сно́ва и сно́ва – immer wieder.

Entscheidend für die Wahl des Aspekts ist jedoch stets seine Funktion innerhalb der Äußerung des Sprechers bzw. Schreibers. Vgl. hierzu die beiden Beispiele mit der Adverbialbestimmung
ме́дленно – langsam:
Они́ ме́дленно шли по доро́ге. — Sie gingen langsam den Weg entlang.
Die Handlung wird in ihrem Verlauf betrachtet → Gebrauch des unvollendeten Aspekts.

Он верну́лся, ме́дленно разде́лся и — Er kam zurück, zog sich langsam aus und legte
лёг спать. sich schlafen.
Im Satz werden drei aufeinander folgende Handlungen genannt, von denen jede ihren Endpunkt erreicht hat, bevor die nächste Handlung erfolgt → Gebrauch des vollendeten Aspekts.

Von den vollendeten und den unvollendeten Verben werden konjugierte und nichtkonjugierte Formen gebildet; dabei besteht zwischen den Kategorien des *Aspekts* und des *Tempus* eine enge Wechselbeziehung.

Für die Bildung der aktivischen Tempusformen des Indikativs (Präsens, Präteritum, Futur) gilt:
– Das Präsens kann nur von unvollendeten Verben gebildet werden; Gleiches hat für die Partizipien des Präsens (Aktiv und Passiv) Gültigkeit.
  Dass vollendete Verben keine Präsensformen haben, erklärt sich aus den Merkmalen des vollendeten Aspekts – Ganzheitlichkeit der Handlung, Erreichen des Endpunktes der Handlung.

– Das Präteritum wird auf die gleiche Weise von vollendeten und von unvollendeten Verben gebildet.

– Das Futur wird ebenfalls von vollendeten und von unvollendeten Verben gebildet. Dabei entspricht die Bildeweise von Futurformen vollendeter Verben der von Präsensformen unvollendeter Verben; die Futurformen unvollendeter Verben werden durch Zusammensetzung gebildet.

Aspekte und Tempusformen im Indikativ (Aktiv)

	Vollendeter Aspekt	Unvollendeter Aspekt	Deutscher Gegenwert
Präsens	– –	он читáет	er liest
Präteritum	он прочитáл	он читáл	er las, hat (hatte) gelesen
Futur	он прочитáет	он бýдет читáть	er wird lesen, wird gelesen haben

Die Bildung

Die Mehrzahl der russischen Verben weist Formmerkmale auf, die ihre Aspektzugehörigkeit kennzeichnen. Es lassen sich folgende Bildeweisen der Aspekte unterscheiden:

1. Die *Präfigierung* des Verbalstammes
In der Regel werden aus nichtpräfigierten unvollendeten Verben durch die Präfigierung *vollendete* Verben gebildet, und zwar
– entweder Verben, durch deren (so genanntes bedeutungsleeres) Präfix nur der vollendete Aspekt gekennzeichnet wird, die die gleiche lexikalische Bedeutung wie das unvollendete Ausgangsverb aufweisen und mit diesem ein Aspektpaar bilden (➚ 92), z. B.:
стрóить: пострóить *v.* – bauen (Angabe in vorliegender Grammatik: по-/стрóить);
дéлать: сдéлать *v.* – machen, tun (с-/дéлать);
писáть: написáть *v.* – schreiben (на-/писáть);

– oder (häufiger) Verben, durch deren Präfix sowohl der vollendete Aspekt wie auch eine Veränderung der lexikalischen Bedeutung gekennzeichnet wird, die also nicht mit dem unvollendeten Ausgangsverb ein Aspektpaar, sondern vielmehr ein neues Verb mit neuer lexikalischer Bedeutung bilden (➚ 864 ff.); vgl. z. B.:
стрóить – bauen: достpóить *v.* – fertig bauen, zu Ende bauen; надстрóить *v.* – aufstocken; перестрóить *v.* – umbauen, umstrukturieren;
писáть – schreiben: вы́писать *v.* – herausschreiben, exzerpieren; записáть *v.* – aufschreiben, notieren; подписáть *v.* – unterschreiben.

2. Die *Suffigierung* des Verbalstammes
- Aus (meist präfigierten) vollendeten Verben werden mithilfe der Suffixe **-ыва- | -ива-**, **-я- | -а-, -ва-** *unvollendete* Verben gebildet, die die gleiche lexikalische Bedeutung wie das vollendete Ausgangsverb aufweisen und mit diesem ein Aspektpaar bilden (↗ 94 ff.), z. B.: рассказа́ть/расска́зывать – erzählen; повтори́ть/повторя́ть – wiederholen; откры́ть/открыва́ть – öffnen.

- Aus nichtpräfigierten unvollendeten Verben werden mithilfe des Suffixes -ну- *vollendete* Verben gebildet, die dem Ausgangswort die lexikalische Bedeutung des momentanen Charakters der Handlung hinzufügen (↗ 102.2); vgl. z. B.: крича́ть – schreien, rufen: кри́кнуть v. – aufschreien, einen Schrei ausstoßen.

Im Überblick kann die Bildung der Aspekte wie folgt zusammengefasst werden:

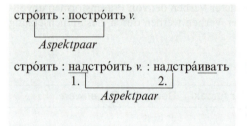

Präfigierung eines *uv.* Verbs durch bedeutungsleeres Präfix, Ergebnis: *v.* Aspektpartner

1. Präfigierung eines *uv.* Verbs durch bedeutungsveränderndes Präfix, Ergebnis: *v.* Verb mit neuer lexikalischer Bedeutung
2. Suffigierung des *v.* Verbs, Ergebnis: *uv.* Aspektpartner

Beachte: In einigen Fällen liegen Aspektpaaren verschiedene Wortwurzeln zugrunde: взять/брать – nehmen; пойма́ть/лови́ть – fangen; положи́ть/класть – legen; сказа́ть/говори́ть – sprechen; лечь/ложи́ться – sich hinlegen; сесть/сади́ться – sich setzen; стать/станови́ться – werden; sich stellen.
Selten werden vollendete Aspektpartner durch Präfigierung und Suffigierung gebildet, z. B.: посади́ть/сажа́ть – setzen; pflanzen.

Die Bildung vollendeter Aspektpartner

91 Nichtpräfigierte Verben sind in der Regel unvollendet.
Eine Reihe nichtpräfigierter Verben sind jedoch vollendet; hierzu gehören (die unvollendeten Aspektpartner sind jeweils hinzugefügt)
- alle Momentanverben, die mit dem Suffix -ну- *vollendet* gebildet sind (III. Klasse, ↗ 138), z. B.: кри́кнуть v. – aufschreien (vgl. крича́ть), толкну́ть v. – einen Stoß versetzen (vgl. толка́ть);

- einige Verben auf **-ить**, z. B.: бро́сить/броса́ть, ко́нчить/конча́ть, купи́ть/покупа́ть, лиши́ть/лиша́ть, прости́ть/проща́ть, пусти́ть/пуска́ть, реши́ть/реша́ть, хвати́ть/хвата́ть, яви́ться/явля́ться;

- einige einsilbige Verben: дать/дава́ть, деть/дева́ть, лечь/ложи́ться, пасть/па́дать, сесть/сади́ться, стать/станови́ться.

92 Aus nichtpräfigierten unvollendeten Verben werden durch Vorsetzen bedeutungsleerer, d. h. nur aspektbildender, Präfixe vollendete Aspektpartner gebildet. Bei dieser Bildeweise handelt es sich in der Regel um produktive Typen der Aspektbildung (zu den unproduktiven Typen gehören lediglich die Verben mit den Präfixen из-, от-, под- und при-).

Die folgende Tabelle bietet eine Übersicht über die Präfixe, die der Bildung vollendeter Aspektpartner dienen; dabei stehen die gebrauchshäufigsten am Anfang, die anderen folgen in alphabetischer Reihenfolge.

Zu beachten ist, dass alle aufgeführten Präfixe auch – als bedeutungsverändernde Präfixe – zur Bildung vollendeter Verben mit neuer lexikalischer Bedeutung verwendet werden können (↗ 864 ff.).

Präfixe zur Bildung vollendeter Aspektpartner

Präfix	Beispiele für Aspektpartner
по-	по-/обе́дать – zu Mittag essen; по-/сове́товать – raten, einen Rat geben; по-/знако́миться – sich kennen lernen; по-/мы́ть – waschen
с- | со-[1]	с-/де́лать – machen, tun; с-/группирова́ть – gruppieren; с-/вари́ть – kochen; с-/мочь – können; со-/лга́ть – lügen
за-	за-/плати́ть – zahlen; за-/регистри́ровать – registrieren
о- | об-	о-/слабе́ть – schwächer werden; о-/публикова́ть – veröffentlichen; об-/учи́ть – unterrichten; об-/ра́доваться – sich freuen
на-	на-/печа́тать – drucken; на-/корми́ть – füttern, zu essen geben; на-/писа́ть – schreiben
вз- | вс-[2]	вз-/волнова́ть – bewegen, erregen; вс-/кипяти́ть – kochen, sieden *intrans.*
воз- | вос-[2]	воз-/мужа́ть – mannbar werden, sich entwickeln; вос-/по́льзоваться – (be)nutzen
вы́-	вы́копать/копа́ть – graben; вы́учить/учи́ть – lernen, sich einprägen
из- | ис-[2]	из-/расхо́довать – ausgeben, verausgaben; ис-/тра́тить – ausgeben, verbrauchen
от- | ото-[1]	от-/ремонти́ровать – reparieren; ото-/мстить – sich rächen
пере-	пере-/зимова́ть – überwintern; пере-/ночева́ть – übernachten
под-	под-/мести́ – kehren, fegen
при-	при-/мири́ть – versöhnen; при-/стыди́ть – beschämen
про-	про-/чита́ть – lesen; про-/сверли́ть – bohren
раз- | рас-[2]	раз-/буди́ть – wecken; рас-/та́ять – tauen
у-	у-/тону́ть – sinken; у-/комплектова́ть – komplettieren, vervollständigen

[1] со-, ото- zur Vermeidung einer Konsonantenhäufung.
[2] вс-, вос-, ис-, рас- vor stimmlosem Konsonanten.

Einzelne vollendete Aspektpartner weisen (in allen oder nur in bestimmten Bedeutungen) Varianten auf; vgl. z. B.:
завя́нуть und увя́нуть/вя́нуть – (ver)welken;
постро́ить und вы́строить/стро́ить (дом) – (ein Haus) bauen.

Präfigierte Verben sind in der Regel vollendet.
Eine Reihe präfigierter Verben sind jedoch unvollendet; hierzu gehören
– einige Verben mit dem Präfix co- in der Bedeutung *gemeinsam, mit-*, z. B.: соболе́зновать, сострада́ть, сосуществова́ть, сочу́вствовать; auch die unabgeleiteten Verben содержа́ть, соотве́тствовать, состоя́ть;

– einige Verben mit dem Präfix пред- in der Bedeutung *voraus-, vorher-*, z. B.: предви́деть, предчу́вствовать;

- einige Verben mit dem Präfix без- in der Bedeutung *nicht(s)*, z. B.: бездéйствовать, бездéльничать;
- einige Verben, von denen Präfixe nur bei sprachhistorischer Betrachtung ableitbar sind, z. B.: зави́сеть, наблюда́ть, облада́ть, преоблада́ть, ожида́ть, отрица́ть, отсу́тствовать, прису́тствовать, подража́ть, пресле́довать, принадлежа́ть, управля́ть, уча́ствовать.

Die Bildung unvollendeter Aspektpartner

94 Aus präfigierten und einigen nichtpräfigierten vollendeten Verben werden mithilfe der Suffixe -ыва-|-ива-, -я-|-а- oder -ва- unvollendete Aspektpartner gebildet. Die beiden erstgenannten Suffixe sind produktiv, das Suffix -ва- unproduktiv. Sie werden in der Regel an die Verbalwurzel angefügt, d. h., die wortbildenden Suffixe (↗ 59) werden vorher abgetrennt. Die unvollendeten Aspektpartner auf -ыва-|-ива-, -я-|-а- und meist auch auf -ва- gehören zur I. produktiven Klasse (↗ 136), z. B.:

зараба́тывать – verdienen: *Präs.* я зараба́тываю, ты зараба́тываешь, …
повторя́ть – wiederholen: *Präs.* я повторя́ю, ты повторя́ешь, …
помога́ть – helfen: *Präs.* я помога́ю, ты помога́ешь, …
успева́ть – zurechtkommen: *Präs.* я успева́ю, ты успева́ешь, …
aber: дава́ть – geben: *Präs.* я даю́, ты даёшь, …

95 Das Suffix -ыва-|-ива-

Das Suffix wird an die Wurzel des Ausgangsverbs angefügt: Nach hartem Konsonanten (außer ш, ж) steht -ыва-, in allen anderen Fällen (d. h. nach weichem Konsonanten, ш, ж oder Vokal) -ива-.
Mit diesem Suffix werden unvollendete Aspektpartner von Verben aller produktiven Klassen und einer Reihe unproduktiver Gruppen (z. B. der 1., 6. und 10. Gruppe) gebildet (↗ 136 ff.).

Dabei ist zu beachten:
- Bei der Ableitung unvollendeter Aspektpartner von Verben der IV. produktiven Klasse tritt – wie bei der Bildung des vollendeten Futurs – gelegentlich Konsonantenwechsel im Wurzelauslaut auf; hierzu ↗ 139.
- Enthält die Verbalwurzel des vollendeten Aspekts ein о, so tritt im unvollendeten Aspektpartner in der Regel Vokalwechsel о : а auf.

Unvollendete Verben auf -ыва-|-ива- sind auf der Silbe vor dem Suffix betont.

Beispiele:
вы́играть/вы́игрывать – gewinnen; зарабо́тать/зараба́тывать – verdienen, erarbeiten; основа́ть/осно́вывать – gründen; вспы́хнуть/вспы́хивать – aufflammen; перестро́ить/перестра́ивать – umbauen, umgestalten; око́нчить/ока́нчивать – beenden; усво́ить/усва́ивать – sich aneignen; уполномо́чить/уполномо́чивать – bevollmächtigen; останови́ть/остана́вливать – anhalten *trans.*; заморо́зить/замора́живать – einfrieren *trans.*; рассказа́ть/расска́зывать – erzählen; подписа́ть/подпи́сывать – unterschreiben; расколо́ть/раска́лывать – spalten; осмотре́ть/осма́тривать – besichtigen

Einzelne Verben weisen Varianten unvollendeter Aspektpartner auf, z. B.:
обусло́вить/обусло́вливать und обусла́вливать *ugs.* – abhängig machen; bedingen;
пригото́вить/пригота́вливать und приготовля́ть – vorbereiten.

Das Suffix -я-|-а-

Das Suffix wird an die Wurzel des Ausgangsverbs angefügt: Nach weichem Konsonanten (außer ч, щ) steht -я-, in allen anderen Fällen (d. h. nach hartem Konsonanten, ч und щ) -а-. Mit diesem Suffix werden unvollendete Aspektpartner insbesondere von Verben der IV. produktiven Klasse und von einer Reihe unproduktiver Gruppen gebildet.
Das Suffix -я-|-а- der unvollendeten Verben ist stets betont.

1. Aspektpartner von Verben auf -ить

Zahlreiche vollendete Verben der IV. produktiven Klasse auf -ить bilden ihren unvollendeten Aspektpartner mit dem Suffix -я-|-а-. Dabei tritt häufig – wie bei der Bildung des vollendeten Futurs – Konsonantenwechsel im Wurzelauslaut auf; hierzu ↗ 139 – beachte jedoch den Wechsel [д'] : жд.

Beispiele:
вы́полнить/выполня́ть – erfüllen, ausführen; дове́рить/доверя́ть – vertrauen; объедини́ть/объединя́ть – verein(ig)en; повтори́ть/повторя́ть – wiederholen; приземли́ть/приземля́ть – landen *trans.*; ко́нчить/конча́ть – beenden; реши́ть/реша́ть – beschließen, entscheiden; награди́ть (я награжу́)/награжда́ть – belohnen; освободи́ть (освобожу́)/освобожда́ть – befreien; отве́тить/отвеча́ть – antworten; поздра́вить/поздравля́ть – beglückwünschen; посети́ть/посеща́ть – besuchen; пригласи́ть/приглаша́ть – einladen; яви́ться/явля́ться – erscheinen, sich einfinden, sein

Keinen Konsonantenwechsel weisen z. B. auf:
бро́сить/броса́ть – werfen; вы́ступить/выступа́ть – hervor-, auftreten.

2. Aspektpartner von konsonantstämmigen Verben

Von einer Reihe vollendeter Verben mit konsonantischem Stammauslaut (8. und 9. unproduktive Gruppe) wird der unvollendete Aspektpartner mit dem Suffix -а- gebildet; der Konsonant im Wurzelauslaut stimmt dabei mit dem Konsonanten im Stammauslaut des entsprechenden vollendeten Verbs überein.

Beispiele:
спасти́ (они́ спасу́т)/спаса́ть – retten; вы́лезти (вы́лезут)/вылеза́ть – herauskriechen; приобрести́ (приобрету́т)/приобрета́ть – erwerben; соблюсти́ (соблюду́т)/соблюда́ть – beachten; помо́чь (помо́гут)/помога́ть – helfen; сбере́чь (сберегу́т)/сберега́ть – (auf)bewahren; привле́чь (привлеку́т)/привлека́ть – anlocken; вы́печь (вы́пекут)/выпека́ть – ausbacken

3. Aspektpartner mit unregelmäßigem Lautwechsel

Von einer Reihe vollendeter Verben aus unproduktiven Gruppen (z. B. der 1., 3., 7. Gruppe) werden unvollendete Aspektpartner mit dem Suffix -а- gebildet, wobei zugleich ein (historisch bedingter) unregelmäßiger Lautwechsel in der Verbalwurzel stattfindet.

Beispiele:

v. Inf.:	(Fut.):	uv. Inf.	
ø	(е)	и	избра́ть (они́ изберу́т)/избира́ть – wählen
ø	(о)	ы	назва́ть (назову́т)/называ́ть – (be)nennen
ø	(ø)	ы	вы́рвать (вы́рвут)/вырыва́ть – herausreißen
я	(им)	им	подня́ть (подни́мут)/поднима́ть – hochheben
я|а	(м)	им	сжа́ть (сожму́т)/сжима́ть – zusammendrängen, verdichten
я|а	(н)	ин	нача́ть (начну́т)/начина́ть – beginnen *trans.*
е	(ø)	и	запере́ть (запру́т)/запира́ть – verschließen

97 Das Verb

Beachte: Einzelne mit dem Suffix -a- gebildete unvollendete Aspektpartner unterscheiden sich von ihren vollendeten Ausgangsverben in Infinitiv und Präteritum nur in ihrer Betonung; vgl. z. B.:

отре́зать (*v. Fut.* они́ отре́жут, *Prät.* они́ отре́зали)/
отреза́ть (*Präs.* они́ отреза́ют, *Prät.* они́ отреза́ли) – abschneiden;
засы́пать (*v. Fut.* они́ засы́плют, *Prät.* они́ засы́пали)/
засыпа́ть (*Präs.* они́ засыпа́ют, *Prät.* они́ засыпа́ли) – zuschütten.

97 Das Suffix -ва-

Das Suffix -ва- wird an den vokalisch auslautenden Infinitivstamm des vollendeten Ausgangsverbs angefügt. Mit diesem Suffix werden unvollendete Aspektpartner beispielsweise von Verben der 5. unproduktiven Gruppe und von isolierten Verben gebildet.
Die unvollendeten Verben auf -ва- gehören zur I. produktiven Klasse, die Verben auf -ава- jedoch zur 2. unproduktiven Gruppe (➚ 136, 141).
Das Suffix -ва- der unvollendeten Verben ist stets betont.

Beispiele:
заболе́ть/заболева́ть (они́ заболева́ют) – erkranken; успе́ть/успева́ть – zurechtkommen; откры́ть/открыва́ть – öffnen; разви́ть/развива́ть – entwickeln;
забы́ть/забыва́ть – vergessen; пережи́ть/пережива́ть – erleben, überleben;
aber: дать/дава́ть (они́ даю́т) – geben; созда́ть/создава́ть (создаю́т) – schaffen, gründen; встать/встава́ть (встаю́т) – aufstehen; оста́ться/остава́ться (остаю́тся) – bleiben; призна́ть/признава́ть (признаю́т) – anerkennen

98 Einaspektige Verben

Eine größere Zahl von Verben kann aufgrund ihrer lexikalischen Bedeutung keine Aspektpaare bilden.

Zu den *nur im vollendeten Aspekt* auftretenden Verben gehören
- Verben mit dem Präfix по- und meist mit dem Präfix за- zum Ausdruck des Beginns einer Handlung (➚ 102.1), z. B.:
побежа́ть *v.* – loslaufen; пое́хать *v.* – an-, ab-, losfahren; поползти́ *v.* – zu kriechen beginnen; закрича́ть *v.* – anfangen zu schreien, aufschreien; запла́кать *v.* – anfangen zu weinen; *aber*: зацвести́/зацвета́ть – aufblühen;

- Verben mit dem Präfix по- zum Ausdruck der begrenzten Dauer einer Handlung (➚ 102.1), z. B.:
поговори́ть *v.* – eine Weile reden; поспа́ть *v.* – ein wenig schlafen; почита́ть *v.* – ein wenig lesen;

- Verben mit dem Suffix -ну- zum Ausdruck des einmaligen kurzen Ablaufs einer Handlung (Momentanverben, ➚ 102.2), z. B.:
кри́кнуть *v.* – einen Schrei ausstoßen; сту́кнуть *v.* – einmal klopfen; толкну́ть *v.* – einen Stoß versetzen;

- einige Verben wie z. B. воспря́нуть *v.*, *schr.* – sich wieder aufraffen; очну́ться *v.* – erwachen, zu sich kommen; очути́ться *v.* – geraten, sich befinden; ри́нуться *v.* – (sich) stürzen; стать *v.* – *in der Bedeutung* beginnen.

Zu den *nur im unvollendeten Aspekt* vorkommenden Verben gehören
- die nichtpräfigierten Verben der Bewegung (↗ 103 f.), z. B.:
  везти́; вози́ть; идти́; ходи́ть; плыть; пла́вать;

- Verben zum Ausdruck wiederholt oder gewohnheitsmäßig ablaufender Handlungen (↗ 102.2), z. B.:
  гова́ривать – öfter sagen, zu sagen pflegen; ха́живать – öfter gehen; чи́тывать – zu lesen pflegen; посту́кивать *ugs.* – mehrmals klopfen; разду́мывать – lange nachdenken, zaudern;

- Verben, die einen physischen oder psychischen Zustand, die Existenz oder eine Beziehung ausdrücken, z. B.:
  лежа́ть, сиде́ть, стоя́ть; грусти́ть, люби́ть, скуча́ть; быть, находи́ться, существова́ть; име́ть, принадлежа́ть, соотве́тствовать;

- eine Reihe präfigierter Verben wie z. B.:
  безде́йствовать – untätig sein; зави́сеть – abhängig sein; отсу́тствовать – abwesend sein; предви́деть – voraussehen (↗ 93).

Zweiaspektige Verben

Eine Reihe von Verben – die so genannten zweiaspektigen Verben – können sowohl die Bedeutung des vollendeten Aspekts wie auch die des unvollendeten Aspekts ausdrücken.
Vgl. beispielsweise die Funktion des zweiaspektigen Verbs госпитализи́ровать *v./uv.* – *in ein Krankenhaus einweisen / aufnehmen* in den folgenden Sätzen:

Как то́лько больно́го госпитализи́-руют (*v. Fut.*), сообщи́те мне об э́том.	Benachrichtigen Sie mich bitte gleich, wenn der Kranke ins Krankenhaus aufgenommen wird (werden soll).
Врач госпитализи́рует (*uv., Präs.*) больно́го и отправля́ет его́ на маши́не ско́рой по́мощи.	Der Arzt weist den Kranken ins Krankenhaus ein und lässt ihn mit einem Krankenwagen hinbringen.

Zu den zweiaspektigen Verben gehören
- einige Verben auf -овать sowie auf -ировать, -изировать, -фицировать (darunter insbesondere Lehn- und Fremdwörter), z. B.:
  ассигнова́ть *v./uv..* – bewilligen, bereitstellen; возде́йствовать *v./uv.* – einwirken; испо́льзовать *v./uv.* – ausnutzen; иссле́довать *v./uv.* – untersuchen; импорти́ровать *v./uv.*; экспорти́ровать *v./uv.*; автоматизи́ровать *v./uv.*; демократизи́ровать *v./uv.*; стабилизи́ровать / стабилизова́ть *v./uv.*; электрифици́ровать *v./uv..*;

- einzelne Verben wie бежа́ть *v./uv.* – *nur in der Bedeutung* fliehen; веле́ть *v./uv.* – befehlen; жени́ться *v./uv.* – (eine Frau) heiraten; обеща́ть *v./uv.* – versprechen; ра́нить *v./uv.* – verwunden, verletzen.

In der Gegenwartssprache ist bei einigen zweiaspektigen Verben eine Tendenz zur Aspektdifferenzierung zu beobachten: Mit Präfixen werden vollendete Verben und mit Suffixen unvollendete Verben abgeleitet und auf diese Weise potenzielle Aspektpartner gebildet.

Beispiele für Präfigierung:
демонстри́ровать *v./uv.*: продемонстри́ровать *v.* – *in der Bedeutung* vorführen, zeigen
ориенти́ровать *v./uv.*: сориенти́ровать *v.* – orientieren, ausrichten
рекомендова́ть *v./uv.*: порекомендова́ть *v.* – empfehlen, anraten

101 Das Verb

Beispiele für Suffigierung:
образова́ть *v./uv.*: образо́вывать – bilden, schaffen
организова́ть *v./uv.*: организо́вывать – gründen, einrichten
роди́ться *v./uv.* (*Prät. v.* роди́лся, роди́ла́сь; роди́ли́сь): рожда́ться – geboren werden; entstehen

Beachte: Das Präteritum der zweiaspektigen Verben веле́ть, образова́ть, организова́ть ist stets vollendet, z. B.: Мы организова́ли (*v.*) конфере́нцию.

Die Aktionsarten

101 Unter der Bezeichnung Aktionsarten werden Verbgruppen zusammengefasst,
– die von meist nichtpräfigierten Verben mithilfe von Affixen (Präfixen, Suffixen, Prä- und Postfixen) gebildet sind und
– die *die lexikalische Bedeutung* des Ausgangsverbs durch einen zusätzlichen Hinweis auf die Art und Weise der Handlungsausführung (auf einen bestimmten Zeitabschnitt, auf die Bestimmung der Handlung in quantitativer Hinsicht, auf das Ergebnis der Handlung) *modifizieren, präzisieren.*

Durch die Affixe werden also neue Verben mit abgewandelter Bedeutung – nicht Aspektpartner zu den Ausgangsverben – gebildet. Das Verhältnis der Aktionsarten zu den Aspekten ist unterschiedlich; nicht selten ist der Aspekt durch die lexikalische Bedeutung vorgegeben.

102 Nach ihrer lexikalischen Bedeutung lassen sich zahlreiche Aktionsarten unterscheiden, deren wichtigste im Folgenden aufgeführt werden.

1. Verben, die einen bestimmten Zeitabschnitt der Handlung kennzeichnen
– Verben insbesondere mit den **Präfixen за- und по-**, die den *Beginn* der Handlung kennzeichnen: *anfangen zu* …; die Verben dieser (so genannten ingressiven) Aktionsart sind vollendet, unvollendete Aspektpartner selten. Z. B.:
забе́гать *v.* – anfangen umherzulaufen; заходи́ть *v.* – anfangen hin und her zu gehen; заболе́ть/заболева́ть – erkranken; anfangen zu schmerzen; закрича́ть *v.* – aufschreien; запе́ть/запева́ть – (ein Lied) anstimmen; зарабо́тать *v.* – zu arbeiten beginnen, anspringen (z. B. Motor);
пойти́ *v.* – losgehen, sich auf den Weg machen; abfahren; помча́ться *v.* – losrennen, losstürzen.

– Verben mit dem **Präfix по-**, die einen begrenzten, gewöhnlich *unbedeutenden Zeitabschnitt der Handlung kennzeichnen: eine Weile, ein wenig* …; die Verben dieser (so genannten delimitativen) Aktionsart sind vollendet. Z. B.:
походи́ть *v.* – eine Weile, ein wenig herumgehen; погуля́ть *v.* – ein wenig spazieren gehen; поговори́ть *v.* – eine Weile sprechen | reden; поспа́ть *v.* – ein wenig schlafen.

– Verben mit dem **Präfix про-**, die einen begrenzten, gewöhnlich *längeren Zeitabschnitt* der Handlung kennzeichnen: *längere Zeit hindurch* … (die zeitliche Dauer wird in der Regel durch zusätzliche lexikalische Mittel präzisiert); die Verben dieser (so genannten perdurativen) Aktionsart sind vollendet, unvollendete Aspektpartner selten. Z. B.:
проходи́ть *v.* (весь день) – (den ganzen Tag) herumlaufen; пропла́вать *v.* (до́лго) – (lange) schwimmen; пробы́ть *v.* (всё ле́то в дере́вне) – (den ganzen Sommer auf dem Lande) verbringen; прорабо́тать *v.* (три дня) – (drei Tage) durcharbeiten;

- Verben mit dem Präfix от-, die den *Abbruch* der Handlung kennzeichnen: *aufhören zu* …; die Verben dieser (so genannten egressiven) Aktionsart sind vollendet, unvollendete Aspektpartner selten. Z. B.:
отъе́здить *v.*, *ugs.* – aufhören, irgendwohin zu fahren; отшуме́ть *v.* – aufhören zu lärmen; отцвести́/отцвета́ть – abblühen, verblühen.

2. Verben, die die Handlung in quantitativer Hinsicht näher bestimmen
- Verben mit dem an ein nichtpräfigiertes Verb angefügten Suffix -ну-, die die *Einmaligkeit und eine kurze Zeitspanne* der Handlung kennzeichnen: *einmal kurz* …; die Verben dieser (so genannten momentanen) Aktionsart, auch Momentanverben genannt, sind stets vollendet. Vgl. z. B.:

Ausgangsverb	*Verb der momentanen Aktionsart*
дёргать – zupfen, zerren:	дёрнуть *v.* – einmal kurz zupfen
зева́ть – gähnen:	зевну́ть *v.* – einmal kurz gähnen
крича́ть – schreien, rufen:	кри́кнуть *v.* – aufschreien, einen Schrei ausstoßen
маха́ть – winken:	махну́ть *v.* – einmal kurz winken
мелька́ть – durchschimmern, flimmern:	мелькну́ть *v.* – einmal aufblitzen
мига́ть – blinzeln, zuzwinkern:	мигну́ть *v.* – einmal zuzwinkern
свисте́ть – pfeifen:	сви́стнуть *v.* – einen Pfiff ausstoßen
стуча́ть – klopfen:	сту́кнуть *v.* – einmal klopfen
хло́пать – schlagen, knallen:	хло́пнуть *v.* (две́рью) – (die Tür) zuschlagen
шага́ть – schreiten:	шагну́ть *v.* – einen Schritt tun

Beachte: Einige der mit dem Suffix -ну- gebildeten vollendeten Verben sind echte Aspektpartner des Ausgangsverbs, z. B.: дви́нуть/дви́гать – bewegen; ки́нуть/кида́ть – werfen. Von den vollendeten Momentanverben auf -ну- sind die (so genannten inchoativen) Verben auf -ну- (↗ 143) zu unterscheiden, deren nichtpräfigierte Formen unvollendet sind, z. B.: кре́пнуть – erstarken (vollendeter Aspektpartner: окре́пнуть); со́хнуть – trocknen *intrans.* (vollendeter Aspektpartner: вы́сохнуть).

- Verben insbesondere mit den Präfixen при- und под-, die eine *verminderte Intensität* der Handlung kennzeichnen: *nur ein wenig, nur etwas, leicht* …; die Verben dieser Aktionsart sind vollendet, unvollendete Aspektpartner mitunter gebräuchlich. Z. B.:
приглуши́ть/приглуша́ть – leicht dämpfen; привста́ть/привстава́ть – sich ein wenig erheben; приукра́сить/приукра́шивать, приукраша́ть *ugs.* – ein wenig schmücken; beschönigen; приоткры́ть/приоткрыва́ть – ein wenig (einen Spalt weit) öffnen; подкра́сить/подкра́шивать – leicht färben, nachstreichen; подта́ять *v.* – ein wenig (leicht) tauen; подвы́пить *v.*, *ugs.* – sich einen leichten Rausch antrinken.
• In gleicher Bedeutung treten mitunter Präfixe (при-, вз-|вс-, с-) in Verbindung mit dem Suffix -ну- auf; die in der Umgangssprache gebrauchten Verben sind stets vollendet. Z. B.: припугну́ть *v.*, *ugs.* (mit A.) – (jemandem) einen leichten Schreck versetzen; всплакну́ть *v.*, *ugs.* – ein paar Tränen vergießen; струхну́ть *v.*, *ugs.* – etwas Angst bekommen.

- Verben mit den Suffixen -ыва-|-ива-, -я-|-а-, -ва-, die eine *mehrmalige Wiederholung* der Handlung kennzeichnen: *öfter, wiederholt* …; die Verben dieser (so genannten iterativen) Aktionsart sind ausnahmslos unvollendet und werden gewöhnlich im Präteritum gebraucht. Vgl. z. B.:

Ausgangsverb	*Verb der iterativen Aktionsart*
(сказа́ть)/говори́ть:	гова́ривать *ugs.* – öfter sagen, zu sagen pflegen
сиде́ть:	си́живать *ugs.* – des Öfteren sitzen, zu sitzen pflegen
е́здить:	езжа́ть *ugs.*, е́зживать *ugs.* – öfter fahren|reisen

жить: живать ugs. – zeitweise wohnen
петь: певать ugs. – wiederholt singen, zu singen pflegen
(зайти)/заходить: захаживать – öfter hingehen | besuchen
- Verben mit dem Präfix по- und den genannten Suffixen können eine gelegentlich unterbrochene Handlung verminderter Intensität kennzeichnen: *von Zeit zu Zeit, ab und zu …*, z. B.: покашливать – ab und zu husten, hüsteln; посматривать – von Zeit zu Zeit einen Blick werfen; похаживать ugs. – ab und zu kommen | vorbeikommen.
- Verben mit dem Präfix раз- | рас- und den genannten Suffixen können eine langsam verlaufende Handlung kennzeichnen: *lange, hin und her …*, z. B.: раздумывать – (lange) nachdenken, hin und her überlegen; расхаживать – (langsam) hin und her gehen.
- Verben mit dem Präfix пере-, den genannten Suffixen und dem Postfix -ся können eine sich wiederholende Handlung kennzeichnen, die zwischen zwei oder mehreren Personen vor sich geht: *untereinander, gegenseitig …*, z. B.: переговариваться – sich unterhalten, miteinander plaudern; пересмеиваться – einander zulächeln.

3. Verben, die das Ergebnis der Handlung näher kennzeichnen
- Verben insbesondere mit dem Präfix до-, die das *Zu-Ende-Führen* der Handlung hervorheben: *zu Ende, fertig …*; die Verben dieser (so genannten resultativen) Aktionsart sind vollendet, unvollendete Aspektpartner gebräuchlich. Z. B.:
дожарить/дожаривать – fertig braten; дописать/дописывать – zu Ende schreiben;
дочитать/дочитывать (до конца) – zu Ende lesen, auslesen;
дождаться/дожидаться (известия) – nach langem Warten (eine Nachricht) erhalten.

- Verben mit Präfixen wie z. B. вы- *ganz, völlig*, из- | ис- *völlig*, на- *zur Genüge*, про- *völlig, durch-*, раз- | рас- *übermäßig*, die die *Ausschöpfung des Inhalts* der Handlung kennzeichnen:
вызреть/вызревать – ausreifen; выспаться/высыпаться – ausschlafen;
изломать/изламывать – zerbrechen, kurz und klein schlagen;
наесться/наедаться – sich satt essen; наплакаться v. – sich ausweinen;
просушить/просушивать (одежду) – (Kleidung) durchtrocknen lassen;
расхвалить/расхваливать – übermäßig loben, in den Himmel heben.

Unterscheide: Eine Reihe der oben angeführten präfigierten Verben weist mehrere Bedeutungen und dementsprechend unterschiedliche Aspektverhältnisse auf; vgl. z. B.: заработать *v., ingressive Aktionsart* – zu arbeiten beginnen; anspringen *tech.* (kein unvollendeter Aspektpartner); заработать/зарабатывать – verdienen, erarbeiten (Aspektpaar).

Die Verben der Bewegung

Die nichtpräfigierten Verben

103 Im Russischen gibt es 17 nichtpräfigierte Verbpaare, die eine Fortbewegung im Raum bezeichnen und deren beide Glieder unvollendet sind. Ein solches Verbpaar weist die gleiche lexikalische Grundbedeutung auf, seine Glieder unterscheiden sich jedoch hinsichtlich der Angabe der Richtung, in der die Fortbewegung erfolgt:
– Die eine Gruppe dieser Verben, die so genannten bestimmten (oder determinierten) Verben, bezeichnen eine Handlung, die *nur in einer* Richtung erfolgt;
– die andere Gruppe, die so genannten unbestimmten (oder indeterminierten) Verben, bezeichnen Handlungen, die *nicht nur in einer* Richtung verlaufen oder überhaupt keine Richtungsangabe enthalten.

Die nichtpräfigierten Verben der Bewegung

Bestimmte Verben	Unbestimmte Verben	Lexikalische Grundbedeutung
бежа́ть (бегу́, бежи́шь, бегу́т)	бе́гать (бе́гаю, -аешь)	laufen, rennen
брести́ (бреду́, бредёшь; *Prät.* брёл, брела́)	броди́ть (брожу́, бро́дишь)	sich schleppen; schlendern
везти́ (везу́, везёшь; *Prät.* вёз, везла́)	вози́ть (вожу́, во́зишь)	fahren *trans.*, bringen
вести́ (веду́, ведёшь; *Prät.* вёл, вела́)	води́ть (вожу́, во́дишь)	führen, bringen
гнать (гоню́, го́нишь; *Prät.* гнал, гнала́, гна́ло)	гоня́ть (гоня́ю, -яешь)	treiben, jagen
гна́ться (гоню́сь, го́нишься; *Prät.* гна́лся, гнала́сь, гна́ло́сь)	гоня́ться (гоня́юсь, -яешься)	nachjagen, verfolgen
е́хать (е́ду, е́дешь; *Imp.* поезжа́й, -те)	е́здить (е́зжу, е́здишь; *Imp.* е́зди, -те; поезжа́й, -те)	fahren *intrans.*
идти́ (иду́, идёшь; *Prät.* шёл, шла; шли)	ходи́ть (хожу́, хо́дишь)	gehen
кати́ть (качу́, ка́тишь)	ката́ть (ката́ю, -аешь)	rollen *trans.*, schieben
кати́ться (качу́сь, ка́тишься)	ката́ться (ката́юсь, -аешься)	rollen *intrans.*
лезть (ле́зу, ле́зешь; *Prät.* лез, ле́зла)	ла́зить (ла́жу, ла́зишь), ла́зать *ugs.* (ла́заю, -ешь)	klettern
лете́ть (лечу́, лети́шь)	лета́ть (лета́ю, -аешь)	fliegen
нести́ (несу́, несёшь; *Prät.* нёс, несла́)	носи́ть (ношу́, но́сишь)	tragen
нести́сь (несу́сь, несёшься; *Prät.* нёсся, несла́сь)	носи́ться (ношу́сь, но́сишься)	dahineilen
плыть (плыву́, плывёшь; *Prät.* плыл, плыла́, плы́ло)	пла́вать (пла́ваю, -аешь)	schwimmen
ползти́ (ползу́, ползёшь; *Prät.* полз, ползла́)	по́лзать (по́лзаю, -аешь)	kriechen
тащи́ть *ugs.* (тащу́, та́щишь)	таска́ть *ugs.* (таска́ю, -аешь)	schleppen, ziehen

Zum Gebrauch

Die *bestimmten Verben* bezeichnen eine Bewegung, die – gleichgültig, ob ein- oder mehrmals – nur in einer Richtung erfolgt. Die Richtungsangabe kann zusätzlich durch lexikalische Mittel wie вперёд, наза́д, обра́тно, вниз по, вверх по u. a. präzisiert werden. Z. B.:

– Куда́ вы идёте?
– (Я иду́) к остано́вке авто́буса.
Иди́ к доске́.
Ка́ждый день он шёл в шко́лу ми́мо на́шего до́ма.
Навстре́чу нам е́хал грузови́к. Он вёз о́вощи.
Обра́тно мы е́хали на трамва́е.
О́сенью перелётные пти́цы летя́т на юг.
Мы плы́ли на ло́дке вниз по реке́.

– „Wohin gehen Sie?"
„(Ich gehe) zur Bushaltestelle."
– Geh an die Tafel.
– Jeden Tag ging er auf dem Weg zur Schule an unserem Haus vorbei.
– Uns entgegen kam ein Lkw. Er transportierte Gemüse.
– Zurückgefahren sind wir mit der Straßenbahn.
– Im Herbst fliegen die Zugvögel in den Süden.
– Wir fuhren mit dem Boot flussabwärts.

106 Die *unbestimmten Verben* bezeichnen

– eine Bewegung, die in verschiedenen Richtungen, nicht zielgerichtet verläuft: *hin und her* … Zusätzliche lexikalische Mittel, die dies verdeutlichen, sind u. a. взад и вперёд, туда и сюда. Z. B.:

Мы долго ходили по музею и осматривали его.	– Wir gingen lange durch das Museum und besichtigten es.
Он ходил взад и вперёд по кабинету.	– Er ging im Arbeitszimmer auf und ab.
Я очень люблю этот старый район города и часто брожу здесь по вечерам.	– Ich liebe diesen alten Stadtteil sehr und schlendere hier abends oft umher.
Лёгкие снежинки летали в морозном воздухе.	– Leichte Schneeflocken tanzten in der frostigen Luft.
Я люблю кататься на коньках.	– Ich laufe gern Schlittschuh.

– eine Bewegung, die zunächst in einer bestimmten Richtung und dann in der Gegenrichtung verlaufen ist: *hin und zurück* … . In dieser Bedeutung werden unbestimmte Verben nur im Präteritum verwendet; ihnen entsprechen Sätze mit den Präteritalformen был(-а, -о; -и) oder побывал(-а, -о; -и). Z. B.:

В среду мы с братом ходили в театр. (*Vgl.*: В среду мы с братом были в театре.)	– Am Mittwoch waren mein Bruder und ich im Theater.
Вчера Николай ездил на вокзал встречать своих друзей.	– Gestern fuhr Nikolai zum Bahnhof (… war Nikolai auf dem Bahnhof), um seine Freunde zu begrüßen.
Вы летали когда-нибудь на Камчатку?	– Sind Sie irgendwann einmal nach Kamtschatka geflogen (waren Sie … auf Kamtschatka)?
Утром Алёша бегал в аптеку: заболела сестра.	– Am Morgen ist Aljoscha in die Apotheke gelaufen: Seine Schwester ist erkrankt.

– eine *sich wiederholende*, häufig gewohnheitsmäßige *Bewegung* zu einem Ziel und zurück. Zusätzliche lexikalische Mittel, dies zu verdeutlichen, sind u. a. иногда, часто, обычно, всегда, каждый год, по средам. Z. B.:

– Сегодня я ходил(-а) к Андрею Алексеевичу.	– „Heute war ich bei Andrei Alexejewitsch."
– Вы часто ходите к нему?	– „Besuchen Sie ihn oft?"
Летом бабушка всегда ездила с внуками на дачу.	– Im Sommer ist Großmutter immer mit ihren Enkelkindern zum Wochenendhaus gefahren.
Иногда мы плаваем на моторной лодке на другой берег залива.	– Manchmal fahren wir mit einem Motorboot zum anderen Ufer der Bucht.
Летайте самолётами «Аэрофлот»!	– Fliegen Sie mit der Luftfahrtgesellschaft „Aeroflot"!

– die *Fähigkeit*, eine Handlung durchzuführen. Z. B.:

Вова уже ходит.	– Wowa läuft schon (… kann schon laufen).
Я езжу на велосипеде.	– Ich fahre Rad (… kann Rad fahren).
А вы умеете ходить на лыжах?	– Können Sie denn Ski laufen? (Laufen Sie …?)
Наши деды ездили на лошадях и боялись автомобилей.	– Unsere Großväter konnten reiten und fürchteten sich vor Autos.
Наши дети летают на реактивных самолётах, но боятся лошадей.	– Unsere Kinder fliegen mit Düsenflugzeugen, haben aber Angst vor Pferden.

Verneinte Imperativformen werden meist von unbestimmten Verben gebildet; sie drücken einen Rat oder eine Warnung aus. Z. B.:

Не пла́вайте туда́: там о́чень глубоко́! – Schwimmt nicht dorthin, dort ist es sehr tief!
Не води́ в кварти́ру соба́ку: тут ма́ленькие де́ти! – Lass den Hund nicht in die Wohnung, hier sind kleine Kinder!

Werden Formen der bestimmten Verben gebraucht, so drücken diese eine dringende Aufforderung aus, etwas bereits Begonnenes nicht fortzusetzen, z. B.:

Не иди́ по со́лнцу: тебе́ вре́дно! – Bleib nicht in der Sonne, das schadet dir!

In *übertragener Bedeutung* werden in der Regel die bestimmten Verben gebraucht, z. B.:
вести́ перегово́ры – Verhandlungen führen, вести́ перепи́ску – in Briefwechsel stehen, вести́ торго́влю – Handel treiben;
идти́: идёт весна́ – es ist Frühling, идёт гроза́ – es gewittert, идёт фильм – es läuft ein Film;
лезть не в своё де́ло *ugs.* – sich in fremde Angelegenheiten einmischen;
нести́ отве́тственность – die Verantwortung tragen, нести́ расхо́ды – die Kosten bestreiten, нести́ убы́тки – Verluste erleiden, нести́ вое́нную слу́жбу – den Militärdienst leisten.
Unbestimmte Verben werden jedoch beispielsweise in folgenden Fällen verwendet:
носи́ть костю́м – einen Anzug tragen (anhaben), носи́ть пла́тье, носи́ть очки́;
ходи́ть за детьми́ – sich um die Kinder kümmern.

Die präfigierten Verben

Von den oben genannten unvollendeten Verben der Bewegung werden
- mit Präfixen *räumlicher* Bedeutung neue vollendete Verben und ihre unvollendeten Aspektpartner, also Aspektpaare, gebildet,
- mit Präfixen *zeitlicher* Bedeutung einaspektige vollendete Verben gebildet, die das Ausgangsverb modifizieren.

Verben mit Präfixen räumlicher Bedeutung

Werden die bestimmten Verben der Bewegung mit Präfixen räumlicher Bedeutung verbunden, so entstehen neue *vollendete Verben*; die besondere Bedeutung der Ausgangsverben (Handlung nur in einer Richtung) entfällt.

Präfixe räumlicher Bedeutung

Präfixe	Grundbedeutung	Beispielwörter des Ausgangsverbs бежа́ть
в- | во-[1] вы́-	hinein-, herein- hinaus-, heraus-	вбежа́ть *v.* (в ко́мнату) вы́бежать *v.* (из ко́мнаты)
вз- | взо-[1] | вс-[2] с- | со-[1]	hinauf-, herauf- hinunter-, herab-	взбежа́ть *v.* (на тре́тий эта́ж) сбежа́ть *v.* (с горы́)
при- у-	herbei-, herein- weg-, fort-	прибежа́ть *v.* (в апте́ку) убежа́ть *v.* (из до́ма)
под- | подо-[1] от- | ото-[1]	heran-, herbei- weg-, fort-, los-	подбежа́ть *v.* (к до́му) отбежа́ть *v.* (от до́ма)

с-|со-¹ (+ -ся)	zusammen-	сбежа́ться v. (со всех сторо́н)
раз-|разо-¹|рас-² (+ -ся)	auseinander-	разбежа́ться v. (в ра́зные сто́роны)
до-	hin- zu, bis	добежа́ть v. (до до́ма)
за-	hinaus-, weit weg-	забежа́ть v. (далеко́ в лес)
на-	auf-, darauf-, an-	набежа́ть v. (на прохо́жего)
о-|об-|обо-¹	herum- um, ab-	обежа́ть v. (вокру́г до́ма; весь го́род)
пере-	hinüber-, herüber-	перебежа́ть v. (у́лицу|через у́лицу)
про-	vorbei-, vorüber-	пробежа́ть v. (ми́мо до́ма)

¹ во-, взо-, со-, подо-, ото-, разо-, обо- zur Vermeidung einer Konsonantenhäufung.
² вс-, рас- vor stimmlosem Konsonanten.

111 Zu den vollendeten präfigierten Verben werden *unvollendete Aspektpartner* gebildet, und zwar
– durch die Präfigierung des entsprechenden unbestimmten Ausgangsverbs bei

везти́ : вози́ть	привезти́/привози́ть (гру́зы)
вести́ : води́ть	привести́/приводи́ть (ребёнка домо́й)
гнать : гоня́ть	пригна́ть/пригоня́ть (ста́до в село́)
идти́ : ходи́ть	прийти́/приходи́ть (в го́сти)
лете́ть : лета́ть	прилете́ть/прилета́ть (в столи́цу)
нести́ : носи́ть	принести́/приноси́ть (газе́ту)

– durch die Suffigierung des vollendeten präfigierten Verbs (mit -ыва-\|-ива-, -а-, -ва-) bei

бежа́ть	прибежа́ть (*Fut.* прибегу́)/прибега́ть (в апте́ку)
брести́	забрести́ (*Fut.* забреду́)/забреда́ть *ugs.* (на незнако́мую у́лицу)
е́хать (: е́здить)	прие́хать/приезжа́ть (домо́й)
кати́ть	прикати́ть/прика́тывать (колесо́)
лезть	зале́зть/залеза́ть (на де́рево)
плыть	приплы́ть/приплыва́ть (к бе́регу)
ползти́	приползти́/приполза́ть
тащи́ть (:таска́ть)	притащи́ть/прита́скивать *ugs.* (бревно́)

Zur inhaltlichen Differenzierung von Aspektpartnern wie прийти́/приходи́ть im Präteritum ↗ 174.

Verben mit Präfixen zeitlicher oder anderer Bedeutung

112 Werden Verben der Bewegung mit Präfixen zeitlicher Bedeutung verbunden, so entstehen *vollendete einaspektige Verben*, die die Bedeutung des unvollendeten Ausgangsverbs modifizieren (↗ 98).

– Durch Präfigierung der bestimmten Verben mit по- entstehen vollendete einaspektige Verben, die den Beginn der Handlung kennzeichnen: *anfangen zu* …; z. B.:
побежа́ть v. – losrennen, loslaufen; пое́хать v. – abfahren, losfahren; пойти́ v. – losgehen, sich auf den Weg machen.

– Durch Präfigierung unbestimmter Verben mit за- *anfangen zu* …; по- *eine Weile, ein wenig* und про- *längere Zeit hindurch* entstehen vollendete einaspektige Verben, die einen bestimmten Zeitabschnitt der Handlung kennzeichnen; z. B.:
забе́гать v. – anfangen umherzulaufen; заходи́ть v. – anfangen umherzugehen;
поводи́ть v. – eine Weile umherführen; полета́ть v. – eine Weile umherfliegen;
прое́здить v. – (längere Zeit hindurch) fahren; проноси́ть v. – (längere Zeit hindurch) tragen.

Vollendete einaspektige Verben entstehen auch, wenn unbestimmte Verben mit dem Präfix с- – *(kurz)* *hin und zurück* oder mit dem Präfix из-|ис- – *durch-, ab-* verbunden werden, z. B.:
сбе́гать *v.*, *ugs.* (в магази́н) – (mal schnell) hinlaufen; своди́ть *v.* (дете́й в теа́тр) – (hin- und zurück)bringen; сходи́ть *v.* (в го́сти; за хле́бом) – gewesen sein, holen gehen; съе́здить *v.* (к родны́м; за поку́пками) – einen Abstecher machen, *etw.* erledigen; избе́гать *v.*, *ugs.* (весь го́род) – ablaufen; изла́зить *v.*, *ugs.* (все углы́) – durchstöbern; исходи́ть *v.* (все окре́стные леса́) – durchwandern; изъе́здить *v.* (всю страну́) – bereisen.

Einige vollendete Verben, die durch Präfigierung unbestimmter Verben entstanden sind, weisen eine vom Ausgangsverb stark abweichende Bedeutung auf und bilden unvollendete Aspektpartner, z. B.: **113**
вы́ходить/выха́живать *ugs.* (больно́го; де́ревце) – gesund pflegen; aufziehen; заноси́ть/ зана́шивать (руба́шку) – abtragen; проводи́ть/провожа́ть (дру́га на вокза́л) – begleiten.

Durch die Präfigierung von Verben der Bewegung entstehen mitunter gleich lautende Wörter mit unterschiedlicher Bedeutung, z. B.:
зайти́/<u>заходи́ть</u> *uv.*! – hingehen, vorbeikommen : <u>заходи́ть</u> *v.*! – anfangen umherzugehen; провести́/<u>проводи́ть</u> *uv.*! – durchführen, verbringen : <u>проводи́ть</u> *v.*!/провожа́ть – begleiten.

Das Genus der Verben

Die Aktiv- und die Passivformen

Für das verbale Genus spielt die Unterscheidung *transitiver* und *intransitiver* Verben eine wichtige Rolle: Transitive Verben können mit einem direkten Objekt, d. h. einem Nomen im präpositionslosen Akkusativ, verbunden werden (dem bei verneintem Verb und in partitiver Bedeutung gewöhnlich ein Genitiv entspricht); alle anderen Verben, darunter sämtliche Verbformen auf -ся (-сь), sind intransitiv. **114**
Transitive Verben sind z. B.
чита́ть (кни́гу : не чита́ть кни́ги), купи́ть/покупа́ть (велосипе́д : купи́ть *v.* хле́ба), по-/стро́ить (дом), люби́ть (дете́й), чу́вствовать (боль);
intransitive Verben sind z. B.
избежа́ть/избега́ть (неприя́тностей), об-/ра́доваться (успе́хам), владе́ть (приро́дными бога́тствами), сомнева́ться (в успе́хе), по-/влия́ть (на здоро́вье), узна́ть/узнава́ть (о прие́зде).

> Im Russischen werden – wie im Deutschen – Aktiv- und Passivformen der Verben unterschieden: **115**
> – Bezeichnet das grammatische Subjekt eines Satzes den Urheber der Handlung oder den Träger des Zustands, so steht das entsprechende verbale Prädikat in der *Aktivform* (daher wird das Aktiv gelegentlich auch als „täterzugewandt" charakterisiert).
> – Bezeichnet das grammatische Subjekt eines Satzes den Gegenstand, auf den die Handlung gerichtet ist, so steht das verbale Prädikat in der *Passivform* (daher wird das Passiv gelegentlich auch als „täterabgewandt" bezeichnet).
> Wird in einem solchen Satz der Urheber der Handlung genannt, dann wird er in der Regel durch ein Instrumentalobjekt bezeichnet.

Vgl. die Satzpaare, in denen das Prädikat jeweils durch ein transitives Verb ausgedrückt wird:
Aktivkonstruktion:
Профе́ссор Ивано́в прочита́л ле́кцию о тво́рчестве Фёдора Достое́вского.
gramm. Subjekt   Prädikat   gramm. Objekt im A.
– Professor Iwanow hat eine Vorlesung über das Schaffen Fjodor Dostojewskis gehalten.
Passivkonstruktion:
Ле́кция о тво́рчестве Фёдора Достое́вского была́ прочи́тана профе́ссором Ивано́вым.
gramm. Subjekt   Prädikat   gramm. Objekt im I.
– Die Vorlesung über das Schaffen Dostojewskis wurde von Professor Iwanow gehalten.

Aktivkonstruktion:
Банк   кредиту́ет строи́тельство гости́ницы.
gramm. Subjekt Prädikat   gramm. Objekt im A.
– Die Bank gewährt für den (einen) Hotelneubau ein Darlehen.
Passivkonstruktion:
Строи́тельство гости́ницы кредиту́ется ба́нком.
gramm. Subjekt   Prädikat   gramm. Objekt im I.
– Für den Hotelneubau wird von der (einer) Bank ein Darlehen gewährt.

Aktivkonstruktion (subjektloser unbestimmt-persönlicher Satz, ↗ 725.1):
На на́шей у́лице стро́ят   де́тскую больни́цу.
              Prädikat gramm. Objekt im A.
– In unserer Straße baut man ein Kinderkrankenhaus (... wird ein Kinderkrankenhaus gebaut).
Passivkonstruktion:
На на́шей у́лице стро́ится де́тская больни́ца.
              Prädikat gramm. Subjekt
– In unserer Straße wird ein Kinderkrankenhaus gebaut.

In beiden Sätzen der oben angeführten Paare wird ein vergleichbarer Sachverhalt dargestellt; der Sprecher bzw. Schreiber kann jedoch mit ihnen unterschiedliche inhaltliche Akzente setzen: So kann er (in Abhängigkeit vom Kontext) beispielsweise mit dem ersten Satz des ersten Paares die Aufmerksamkeit auf den Gegenstand der Äußerung, den Inhalt der Vorlesung, lenken, im zweiten Satz dagegen auf den Autor der Vorlesung (↗ auch 790 ff.).

116 *Passivformen* können in der Regel nur von transitiven Verben gebildet werden; sie weisen stets eines der folgenden formbildenden Morpheme auf:
– ein Suffix des Partizips des Präsens Passiv unvollendeter Verben oder des Partizips des Präteritums Passiv meist vollendeter Verben (zu Bildung und Gebrauch der Partizipien des Passivs ↗ 203 ff.), z. B.:
  выпуска́ть: выпуска́емые заво́дом маши́ны – die Maschinen, die vom Werk hergestellt werden;
  прочита́ть *v.*: прочи́танная профе́ссором ле́кция; Ле́кция была́ прочи́тана профе́ссором;
  постро́ить *v.*: постро́енная рабо́чими больни́ца; Больни́ца была́ постро́ена рабо́чими моско́вской фи́рмы;

– das Postfix -ся (-сь), das an die Aktivformen meist unvollendeter Verben angefügt wird, z. B.:
  кредитова́ть *v./uv.*: Строи́тельство кредиту́ется ба́нком;
  стро́ить: Больни́ца стро́илась два го́да.

Zu Bildung und Gebrauch der konjugierten Passivformen ↗ 193 ff., zum Formenbestand ↗ 79.

Die reflexiven Verben

Von den Passivformen auf -ся (-сь) sind die *reflexiven Verben auf -ся* (nach Konsonant) **117**
oder *-сь* (nach Vokal) zu unterscheiden: Bei ihnen handelt es sich um vollendete und unvollendete Verben, die grundsätzlich eine auf ihren Urheber zurückgerichtete Handlung ausdrücken. Die reflexiven Verben sind in der Regel von transitiven oder intransitiven Verben gebildet und selbst stets intransitiv; ihre Formen sind *Aktivformen*.

Nach ihrer Bedeutung unterscheidet man mehrere Gruppen reflexiver Verben. **118**
Zu den *aus transitiven Verben* gebildeten reflexiven Verben gehören vor allem folgende Bedeutungsgruppen:
– die eigentlich-reflexiven Verben, die eine Handlung bezeichnen, die unmittelbar auf ihren Urheber zurückgerichtet ist: *sich selbst ...*, z. B.:
по-/бри́ться, вы́купаться/купа́ться, по-/мы́ться, оде́ться/одева́ться, причеса́ться/причёсываться, гото́виться, заня́ться/занима́ться, успоко́иться/успока́иваться;
– die reziprok-reflexiven Verben, die eine Handlung mehrerer Personen bezeichnen, die gegenseitig aufeinander einwirken: *sich gegenseitig, einander ...*, z. B.:
встре́титься/встреча́ться, обня́ться/обнима́ться (auch: обня́ть/обнима́ть друг дру́га), по-/целова́ться (auch: по-/целова́ть друг дру́га), по-/сове́товаться, по-/ссо́риться, по-/мири́ться;
– die allgemein-reflexiven Verben, die physische oder psychische Prozesse des Handlungsträgers (etwa seine Fortbewegung im Raum oder seine Gemütsbewegung) bezeichnen, z. B.:
дви́нуться/дви́гаться, отпра́виться/отправля́ться, пересели́ться/переселя́ться, подня́ться/поднима́ться, останови́ться/остана́вливаться;
об-/ра́доваться, удиви́ться/удивля́ться, беспоко́иться, рас-/серди́ться;
– die objektlos-reflexiven Verben, die lediglich das Fehlen eines direkten Objekts kennzeichnen, z. B.:
нача́ться/начина́ться – beginnen *intrans.*, anfangen *intrans.*; ко́нчиться/конча́ться – enden; продолжа́ться – (an)dauern.
Спекта́кль начина́ется через час. – Die Vorstellung beginnt in einer Stunde.
Продолжа́ется набо́р уча́щихся – Anmeldungen für die Fachschule können noch
в те́хникум. eingereicht werden.
Zu dieser Verbgruppe gehören auch einige unvollendete Verben, die eine ständige, für den Gegenstand charakteristische Eigenschaft bezeichnen, z. B.:
би́ться – (leicht) zerbrechen, zerbrechlich sein; рва́ться – (leicht) reißen; куса́ться – beißen, bissig sein.
Посу́да легко́ бьётся. – Das Geschirr zerbricht leicht (... ist zerbrechlich).
Ни́тки плохи́е, рву́тся. – Das Garn ist schlecht, es reißt leicht.
Э́та соба́ка куса́ется. – Dieser Hund beißt (... ist bissig).

Zu den reflexiven Verben auf -ся (-сь), die *aus intransitiven Verben* gebildet sind, gehören vor **119**
allem folgende Bedeutungsgruppen:
– die intensiv-reflexiven Verben, die eine von ihrem Urheber nachdrücklich und zielgerichtet betriebene Handlung bezeichnen. Einige dieser Verben stehen bedeutungsmäßig den nichtreflexiven Verben nahe, von denen sie gebildet sind; vgl. z. B.:
стуча́ть – (an)klopfen: стуча́ться – (an)klopfen, um eingelassen zu werden;
грози́ть – drohen: по-/грози́ться *ugs.* (па́льцем) – drohen.

Andere reflexive Verben dieser Gruppe sind präfigiert; vgl. z. B.:
жить – leben, wohnen: вжи́ться/вжива́ться (в свою́ роль) – sich einleben;
ду́мать – denken: заду́маться/заду́мываться (над зада́чей) – nachzudenken beginnen;

– die unpersönlich-reflexiven Verben, die ein Geschehen bezeichnen, das sich unabhängig vom Willen oder ohne Zutun des Zustandsträgers vollzieht. Das unpersönlich gebrauchte Verb (das häufig verneint ist) tritt ausschließlich in der 3. Person Singular des Präsens bzw. vollendeten Futurs bzw. im Präteritum in der neutralen Form auf; wird ein Zustandsträger genannt, so wird er durch ein Nomen im Dativ bezeichnet (↗ 728.2). Vgl. z. B.:

дыша́ть – atmen: дыша́ться:	
В лесу́ легко́ ды́шится.	– Im Wald atmet es sich leicht.
спать – schlafen: спа́ться ugs.:	
Больно́му не спи́тся.	– Der Kranke kann nicht schlafen.
сиде́ть – sitzen: сиде́ться ugs.:	
Ему́ не сиде́лось до́ма.	– Er konnte nicht lange zu Hause sitzen (Es hielt ihn nicht lange zu Hause).
ве́рить – glauben, trauen: ве́риться:	
(Мне) не ве́рится, что э́то так.	– Ich kann kaum glauben, dass das so ist.

120 Einigen reflexiven Verben stehen keine nichtreflexiven Verben gegenüber, z. B.:
боя́ться, по-/наде́яться, по-/нра́виться, по-/смея́ться, по-/стара́ться, труди́ться.

Andere reflexive Verben unterscheiden sich in ihrer Bedeutung grundsätzlich von den entsprechenden nichtreflexiven Verben; vgl. z. B.:
заня́ть/занима́ть – borgen; einnehmen:
занима́ться *mit I.* – sich beschäftigen; lernen, studieren;
найти́/находи́ть – finden : находи́ться – sich befinden;
положи́ть/класть – (hin)legen : положи́ться/полага́ться на *mit A.* – sich verlassen auf;
приня́ть/принима́ть – annehmen, empfangen :
приня́ться/принима́ться – anfangen, in Angriff nehmen;
прости́ть/проща́ть – verzeihen : прости́ться/проща́ться – sich verabschieden;
состоя́ть из *mit G.* – bestehen aus : состоя́ться *v.* – stattfinden.

121 Russische reflexive Verben (auf -ся, -сь) und deutsche reflexive Verben (*sich …*) entsprechen sich oft, aber nicht immer; vgl. z. B.:
оде́ться/одева́ться – <u>sich</u> anziehen; встре́титься/встреча́ться – <u>sich</u> treffen;
останови́ться/остана́вливаться – (an)halten *intrans.*, stehen bleiben;
тоскова́ть по *mit D.* – <u>sich</u> sehnen nach.

122 Einzelne gleich lautende Verbformen auf -ся (-сь) können in Abhängigkeit vom Kontext unterschiedliche Funktionen erfüllen: -ся (-сь) kann als Kennzeichen reflexiver Verben Aktivformen oder als Kennzeichen nichtreflexiver Verben Passivformen signalisieren; vgl. z. B.:

Ива́н уже́ два го́да <u>стро́ится</u>.	– Iwan baut schon zwei Jahre an seinem Haus.
(*Aktivform des Verbs стро́иться*)	
Э́тот дом <u>стро́ится</u> рабо́чими из сосе́днего го́рода.	– Dieses Haus wird von Arbeitern aus der Nachbarstadt errichtet.
(*Passivform des Verbs стро́ить*)	

Persönliche und unpersönliche Verben

Persönliche Verben

123 Persönliche Verben werden als Prädikat in zweigliedrigen Sätzen (in bestimmter Bedeutung auch in eingliedrigen Sätzen, ↗ 725 f.) gebraucht; in der Regel können sie in allen drei Personen des Singulars und des Plurals verwendet werden. Z. B.:
1. *Pers. Sg. (Pl.):* Я рабо́таю (мы рабо́таем) над прое́ктом уже́ три ме́сяца.
2. *Pers. Sg. (Pl.):* Почему́ ты рабо́таешь (вы рабо́таете) не по специа́льности?
3. *Pers. Sg. (Pl.):* Андре́й рабо́тает (Ни́на и Андре́й рабо́тают) в институ́те.

Beachte: Von einigen persönlichen Verben werden nicht alle Formen verwendet, z. B.:
победи́ть *v.:* 1. Pers. Sg. ungebr., победи́шь – (be)siegen;
произойти́/происходи́ть: *1. u. 2. Pers. ungebr.,* произойдёт/происхо́дит, произойду́т/происхо́дят – sich ereignen, geschehen.

124 Die *2. Person Singular* (seltener die 1. oder 3. Person Plural) persönlicher Verben kann mitunter – vor allem in Sprichwörtern – eine *allgemein-persönliche Bedeutung* ausdrücken, d. h. verallgemeinert für jede beliebige Person gelten (deutsche Wiedergabe oft: *man*). Die russische Verbform wird in dieser Bedeutung gewöhnlich ohne Subjekt gebraucht (↗ 726). Z. B.:

Что посе́ешь, то и пожнёшь. – Was der Mensch sät, das wird er ernten.
Хвали́ день по ве́черу. – Man soll den Tag nicht vor dem Abend loben.
Даёному коню́ в зу́бы не смо́трят. – Einem geschenkten Gaul sieht man nicht in's Maul.

Die 2. Person Singular ohne Subjekt kann umgangssprachlich auch verwendet werden, um eine Aussage des Sprechers in verallgemeinernder Form wiederzugeben, z. B.:
Ве́чно с тобо́ю опа́здываешь. – Immer kommt man (statt: komme ich) mit dir zu spät!

125 Die *3. Person Plural* des Präsens bzw. Futurs oder die Pluralform des Präteritums persönlicher Verben kann eine *unbestimmt-persönliche Bedeutung* ausdrücken, d. h. sich auf einen ungenannten, unbestimmten Handlungsträger beziehen (deutsche Wiedergabe oft: *man* oder Passivkonstruktion). Die russische Verbform wird in dieser Bedeutung ohne Subjekt gebraucht (↗ 725). Z. B.:
Про́сят не кури́ть. – Es wird gebeten, nicht zu rauchen. (Bitte nicht rauchen.)
Мне сообщи́ли неприя́тную но́вость. – Man teilte mir eine unangenehme Neuigkeit mit.
Umgangssprachlich kann die 3. Person Plural ohne Subjekt auch verwendet werden, um einer Aufforderung des Sprechers Nachdruck zu verleihen, z. B.:
Тебе́ говоря́т, прекрати́ шуме́ть! – Ich hab dir doch gesagt, hör auf, solchen Lärm zu machen!

Zur Verwendung der 1. Person Plural als „Autorenplural" ↗ 451.

Unpersönliche Verben

126 Unpersönliche Verben werden ausschließlich in eingliedrigen Sätzen ohne Subjekt gebraucht (↗ 728); sie können nur in der 3. Person Singular des Präsens bzw. Futurs, in der neutralen Form des Präteritums bzw. Konjunktivs oder im Infinitiv verwendet werden (deutsche Wiedergabe oft: *es* oder *man*).

127 Zu den unpersönlichen Wörtern gehören eine Reihe von Verben,
– die einen Naturzustand bezeichnen, z. B.:
вечере́ть – Abend werden: О́сенью ра́но вечере́ет.
света́ть – Tag werden, hell werden:
Ста́ло света́ть. – Es begann hell zu werden.
сме́ркнуться/смерка́ться – dunkel werden: Начина́ет смерка́ться. На дворе́ сме́рклось.

– die den physischen oder psychischen Zustand eines Menschen bezeichnen, z. B.:
по-/везти́ *ugs., mit D.* – Glück haben:
Ему́ во всём везёт. – Ihm glückt alles.
взгрустну́ться *v., ugs., mit D.* – traurig werden:
Мне взгрустну́лось. – Mir wurde wehmütig ums Herz.
зноби́ть *mit A.* – frösteln: Меня́ зноби́т.
вы́рвать/рвать *ugs., mit A.* – sich erbrechen, sich übergeben: Больно́го рвёт.
с-/тошни́ть *mit A.* – übel sein: Его́ тошни́т.
Mitunter werden unpersönliche Verben von persönlichen mithilfe des Postfixes -ся gebildet, z. B.:
(не) ве́риться *mit D.* – (nicht) glauben können:
Мне не ве́рится, что э́то так. – Ich glaube nicht, dass das so ist.
(не) спа́ться *ugs., mit D.* – (nicht) schlafen können: Мне пло́хо спало́сь но́чью.

– die ein Müssen oder ein Wollen ausdrücken (↗ auch **728.2**), z. B.:
надлежа́ть *schr., mit D.* – müssen, haben zu …: Вам надлежи́т яви́ться в ука́занный срок.
прийти́сь/приходи́ться *mit D.* – müssen, sollen: Вам придётся подожда́ть.
сто́ить – wert sein, sich lohnen: Об э́том предложе́нии сто́ит поду́мать.
хоте́ться *mit D.* – gern mögen, Lust haben: Хо́чется ча́ю. Нам о́чень хоте́лось спать.

– die ein (Nicht-)Vorhandensein ausdrücken, z. B.:
недоста́ть/недостава́ть *mit G.* – fehlen, mangeln: Недостаёт о́пыта.
Э́того ещё недостава́ло! – Das fehlte gerade noch!
хвати́ть/хвата́ть *mit G.* – (aus)reichen: Забо́т хвата́ет.
Мне не хвата́ет вре́мени. – Mir fehlt es an Zeit.

128 Viele persönliche Verben werden in bestimmten Bedeutungen unpersönlich gebraucht; vgl. z. B.:

	Persönlicher Gebrauch	*Unpersönlicher Gebrauch*
дуть:	Сего́дня ду́ет си́льный ве́тер.	Ду́ет от окна́. – Vom Fenster her zieht es.
по-/тепле́ть:	Во́здух потепле́л.	Сего́дня потепле́ло. – Heute ist es wärmer geworden.
тяну́ть:	Он тяну́л това́рища за́ руку.	Его́ тя́нет к друзья́м. – Er fühlt sich zu den Freunden hingezogen.
снести́ *v.*:	Она́ снесла́ письмо́ на по́чту.	Ло́дку снесло́ тече́нием. – Das Boot wurde durch die Strömung abgetrieben.

Die Klassifizierung der Verben

Die Stämme des Verbs

Für die meisten russischen Verben ist die Zweistämmigkeit charakteristisch: Sie verfügen über einen Infinitiv- und einen Präsensstamm. Jeder dieser beiden unterschiedlichen Stämme ist Ausgangspunkt für die Bildung bestimmter konjugierter und nichtkonjugierter Formen des betreffenden Verbs.
Da die Aktivformen des Präsens unvollendeter Verben und des Futurs vollendeter Verben in gleicher Weise gebildet werden, wird im Folgenden der Kürze halber stets vom Präsensstamm gesprochen – unabhängig von der Aspektzugehörigkeit der Verben.

Den *Infinitivstamm* erhält man, indem man von der Infinitivform das Suffix -ть oder -ти (und gegebenenfalls das Postfix -ся bzw. -сь) abstreicht.
Den *Präsensstamm* erhält man, indem man von der 3. Person Plural des Präsens bzw. vollendeten Futurs die Schreibendungen -ут | -ют oder -ят | -ат (und gegebenenfalls das Postfix -ся) abstreicht.
Beachte, dass die Schreibendungen -ют oder -ят nach Vokal den Stammauslaut auf -[j]- und die Endung -[ут] oder -[ат] bezeichnen (⌐ 153, 154).

Beispiele für zweistämmige Verben

Infinitiv	Infinitivstamm	3. Pers. Pl. Präs. (v. Fut.)	Präsensstamm	Klassifizierung	
чита́ть:	чита-	чита́ют:	чита[j]-	I. Klasse	⌐ 136
уме́ть:	уме-	уме́ют:	уме[j]-		
тре́бовать:	требова-	тре́буют:	требу[j]-	II. Klasse	⌐ 137
пры́гнуть v.:	прыгну-	пры́гнут:	прыгн-	III. Klasse	⌐ 138
говори́ть:	говори-	говоря́т:	гово[р']-	IV. Klasse	⌐ 139
писа́ть:	писа-	пи́шут:	пиш-	1. Gruppe	⌐ 140
се́ять:	сея-	се́ют:	се[j]-		
дава́ть:	дава-	даю́т:	да[j]-	2. Gruppe	⌐ 141
жать:	жа-	жнут:	жн-	3. Gruppe	⌐ 142
мо́кнуть:	мокну-[1]	мо́кнут:	мокн-	4. Gruppe	⌐ 143
мыть:	мы-	мо́ют:	мо[j]-	5. Gruppe	⌐ 144
пить:	пи-	пьют:	пь[j]-		
коло́ть:	коло-	ко́лют:	ко[л']-	6. Gruppe	⌐ 145
тере́ть:	тере-[2]	трут:	тр-	7. Gruppe	⌐ 146
смотре́ть:	смотре-	смо́трят:	смот[р']-	10. Gruppe	⌐ 149
лежа́ть:	лежа-	лежа́т:	леж-	11. Gruppe	⌐ 150

[1] Die Verben dieser Gruppe weisen einen gesonderten Präteritalstamm (ohne -ну-) auf: *Prät.* он мок | мо́кнул, она́ мо́кла.
[2] Auch diese Verben weisen einen gesonderten Präteritalstamm (auf -ёр- | -ер-) auf: *Prät.* он тёр, она́ тёрла.

Nur *einen* Stamm, von dem alle Formen gebildet werden, haben einige Verben mit konsonantischem Stammauslaut auf -с- oder -з-, -б-, -т- oder -д-, -к- oder -г-. Im Infinitiv ist der Stammauslaut zum Teil verdeckt.

Beispiele für einstämmige Verben

Infinitiv	Prät. (m., f.)	3. Pers. Pl. Präs. (v. Fut.)	Stamm	Klassifizierung
везти́:	вёз[1], везла́	везу́т:	вез-	8. Gruppe ↗ 147
грести́:	грёб[1], гребла́	гребу́т:	греб-	
вести́:	вёл, вела́[2]	веду́т:	вед-	
мочь:	мог[1], могла́	мо́гут:	мог-	9. Gruppe ↗ 148

[1] Die maskuline Form des Präteritums dieser Verben wird ohne -л- gebildet.
[2] Das Präteritum dieser Verben wird ohne stammauslautendes -т- oder -д- gebildet.

132 Vom *Infinitivstamm* eines Verbs werden in der Regel folgende Formen gebildet:
- der Infinitiv;
- das Präteritum;
- der Konjunktiv;
- die Partizipien des Präteritums Aktiv und Passiv;
- das Adverbialpartizip auf -в(ши) | -ши.

Vom *Präsensstamm* eines Verbs werden folgende Formen gebildet:
- das Präsens der unvollendeten Verben bzw. das Futur der vollendeten Verben;
- der Imperativ;
- die Partizipien des Präsens Aktiv und Passiv;
- das Adverbialpartizip auf -я | -а.

Beachte, dass das Futur der unvollendeten Verben und sämtliche konjugierten Passivformen der vollendeten Verben zusammengesetzte Formen sind (↗ 79).

Die Grundlagen der Klassifizierung

133 Unter der Klassifizierung der Verben versteht man ihre Einteilung nach bestimmten Merkmalen der Konjugation. Für diese Einteilung sind maßgebend:
1. die Unterscheidung *produktiver* und *unproduktiver* Konjugationstypen:
Ein Konjugationstyp ist produktiv, wenn nach seinem Muster in der Gegenwartssprache neue Verben gebildet werden; er ist unproduktiv, wenn er in der Gegenwartssprache nicht mehr als Muster für neu entstehende Verben dient.
Im Folgenden werden 4 produktive Verbalklassen unterschieden, nach denen viele tausende von Verben konjugiert werden. Ihnen stehen 11 unproduktive, nicht mehr erweiterungsfähige Verbalgruppen gegenüber, die – ohne Ableitungen – nur rund 300 Verben umfassen, von denen allerdings viele zum häufig gebrauchten Grundwortbestand des Russischen gehören.
2. das Verhältnis des Auslauts des *Infinitivstammes* eines Wortes zum Auslaut seines *Präsensstammes*:
Von jedem der beiden Stämme wird ein bestimmter Formenkreis gebildet (↗ 132).
Einige unproduktive Gruppen (die Gruppen 8 und 9) weisen nur *einen* (und zwar konsonantischen) Stammauslaut auf; bei einigen anderen (den Gruppen 4 und 7) ist neben dem Infinitiv- und dem Präsensstamm ein gesonderter Präteritalstamm zu beachten.
Bei einer Reihe von Verben tritt im Auslaut des Präsensstammes ein Konsonantenwechsel auf (↗ 156).
3. die Zugehörigkeit der Verben zur *-e-Konjugation* oder zur *-и-Konjugation*:
Im Präsens der unvollendeten Verben bzw. im Futur der vollendeten Verben unterscheidet man zwei Konjugationsarten, die nach dem Vokal in den Endungen der 2., 3. Person Singular und

der 1., 2. Person Plural als -e-Konjugation oder als -и-Konjugation bezeichnet werden.
Die Verben der IV. Klasse und der 10. und 11. Gruppe gehören zur -и-Konjugation, alle anderen zur -e-Konjugation.

Außerhalb der produktiven Klassen und der unproduktiven Gruppen steht eine Reihe isolierter Verben, die besondere Stammverhältnisse und teilweise eine unregelmäßige Formbildung aufweisen; sie sind in einer alphabetisch angeordneten Liste zusammengefasst (➚ 151).

134

Die folgende Darstellung der produktiven Verbalklassen und der unproduktiven Verbalgruppen konzentriert sich auf die nichtpräfigierten Verben; die Aussagen gelten in gleicher Weise für die entsprechenden *präfigierten Verben*; vgl. z. B.:
Das Verb читáть gehört zur I. produktiven Klasse; Gleiches gilt für die präfigierten Verben вы́читать *v.*, дочитáть *v.*, зачитáть *v.*, перечитáть *v.* u. a.

135

Beachte: Die mit dem Präfix вы- abgeleiteten vollendeten Verben haben in allen Formen den Akzent auf diesem Präfix; vgl. z. B.:
рабóтать: зарабóтать/зарабáтывать, обрабóтать/обрабáтывать, aber: вы́работать/вы́рабатывать;
идти́: войти́/входи́ть, зайти́/заходи́ть, перейти́/переходи́ть, aber: вы́йти/вы́ходить.

Die produktiven Klassen

136

Die I. Klasse		-e-Konjugation	Muster: читáть, умéть
I.1 Infinitiv auf:	-ать	Präsens (3. Pers. Pl.): -ают	читáть: я читáю
Infinitivstamm auf: -а-		**Präsensstamm auf: -а[j]-**	ты читáешь
			они́ читáют
Orthografische Variante:			
Infinitiv auf:	-ять¹	Präsens (3. Pers. Pl.): -яют	теря́ть: я теря́ю
Infinitivstamm auf: -я-		**Präsensstamm auf: -я[j]-**	ты теря́ешь
			они́ теря́ют
I.2 Infinitiv auf:	-еть	Präsens (3. Pers. Pl.): -еют	умéть: я умéю
Infinitivstamm auf: -е-		**Präsensstamm auf: -е[j]-**	ты умéешь
			они́ умéют

¹ Nach weichem Konsonanten (außer ч, щ) einschließlich [j], vgl. теря́ть : те[р'á]ть, влия́ть : вли[já]ть.

Die I. produktive Klasse umfasst die Verben
– auf -ать | -ять mit Infinitivstamm auf -а- | -я- und Präsensstamm auf -а[j]- | -я[j]- sowie
– auf -еть mit Infinitivstamm auf -е- und Präsensstamm auf -е[j]-.

Beispiele:
– unabgeleitete Verben wie дéлать (дéлаю, дéлаешь), дýмать, знать, игрáть, рабóтать, толкáть; влия́ть (влия́ю, влия́ешь), гуля́ть, сия́ть, стреля́ть;

– unvollendete Verben, die mithilfe der Suffixe -ыва- | -ива-, -я- | -а- oder -ва- von vollendeten Verben abgeleitet sind (➚ 94 ff.), z. B.:
расскáзывать, спрáшивать, выполня́ть, получáть, принимáть, одевáть;

– Verben, die mit den Suffixen -(н)ича-, -а-, -ка- von Substantiven, Adjektiven, Pronomen, Interjektionen abgeleitet sind, z. B.: столя́рничать *ugs.* (*vgl.* столя́р) – tischlern, нéрвничать (*vgl.* не́рвный) – nervös werden, nervös sein, за́втракать (*vgl.* за́втрак), ты́кать *ugs.* (*vgl.* ты) – duzen: ты́каю, ты́каешь und ты́чу, ты́чешь; хихи́кать *ugs.* (*vgl.* хи-хи́) – kichern;

– unabgeleitete Verben wie владе́ть (владе́ю, владе́ешь), име́ть, уме́ть, успе́ть *v.*;

– Verben auf -еть, die von Adjektiven oder Substantiven abgeleitet sind und häufig ein Werden bezeichnen, z. B.:
беле́ть (*vgl.* бе́лый) – weiß werden, weiß schimmern, боле́ть (боле́ю, боле́ешь, *vgl.* боль, больно́й) – krank sein*, молоде́ть (*vgl.* молодо́й) – jünger werden, sich verjüngen, камене́ть (*vgl.* ка́мень) – versteinern, erstarren.

Die Betonung der Verben der I. Klasse ist fest: Sie liegt auf dem Stamm. Nur im Partizip des Präteritums Passiv (vornehmlich vollendeter Verben) wird der Akzent um eine Silbe zurückgezogen, z. B.:
прочита́ть *v.*: я прочита́ю, ты прочита́ешь; он прочита́л; aber: прочи́танный.

137

Die II. Klasse		-e-Konjugation		Muster: тре́бовать	
Infinitiv auf:	-овать	Präsens (3. Pers. Pl.):	-уют	тре́бовать:	я тре́бую
Infinitivstamm auf:	-ова-	Präsensstamm auf:	-у[j]-		ты тре́буешь
					они́ тре́буют
Orthografische Variante:					
Infinitiv auf:	-евать[1]	Präsens (3. Pers. Pl.):	-юют	горева́ть:	я горю́ю[2]
Infinitivstamm auf:	-ева-	Präsensstamm auf:	-ю[j]-		ты горю́ешь
					они́ горю́ют

[1] Nach weichem Konsonanten einschließlich [j] und ш, ж, ц.
[2] Schreibe nach Zischlaut oder ц: -ую, -уешь, z. B. танцева́ть: я танцу́ю, ты танцу́ешь.

Die II. produktive Klasse umfasst die Verben auf -овать | -евать mit Infinitivstamm auf -ова- | -ева- und Präsensstamm auf -у[j]- | -ю[j]-.

Beispiele:
– Verben, die mithilfe von Suffixen wie -ова- | -ева-, -ирова-, -изирова- u. a. von Substantiven und von Adjektiven abgeleitet sind (häufig von entlehnten Wörtern, d. h. Wörtern fremden Ursprungs), z. B.:
бесе́довать (*vgl.* бесе́да), ночева́ть (*vgl.* ночь *f.*), пра́здновать (*vgl.* пра́здник), комплектова́ть (*vgl.* компле́кт), кредитова́ть *v./uv.*, протестова́ть, асфальти́ровать *v./uv.*, финанси́ровать *v./uv.*, стабилизи́ровать *v./uv.* und стабилизова́ть *v./uv.* (*vgl.* стаби́льный), электрифици́ровать *v./uv.*;

– einzelne Verben, bei denen kein Suffix -ова- vorliegt und die als einzige dieser Klasse auf der Personalendung betont sind, z. B.:
основа́ть *v.* – (be)gründen: я осную́, ты оснуёшь; сова́ть – (ein)stecken: я сую́, ты суёшь; жева́ть – kauen: я жую́, ты жуёшь; плева́ть – spucken: я плюю́, ты плюёшь.

Die Verben auf -ова́ть betonen im Präsensstamm das Suffix -у́-; im Partizip des Präteritums Passiv wird der Akzent um eine Silbe zurückgezogen, z. B.: организова́ть *v./uv.*: я организу́ю, ты организу́ешь; он организова́л; aber: организо́ванный.

Die Betonung der anderen Verben der II. Klasse ist fest: Sie liegt auf dem Stamm.

* Unterscheide hiervon: боле́ть (*3. Pers. Sg. Präsens* боли́т) – schmerzen, wehtun (↗ 149).

Die III. Klasse	-e-Konjugation	Muster: пры́гнуть v.	**138**
Infinitiv auf: -нуть Infinitivstamm auf: -ну-	Präsens (3. Pers. Pl.): -нут Präsensstamm auf: -н-	пры́гнуть v.: я пры́гну ты пры́гнешь[1] они́ пры́гнут	

[1] Bei betonter Endung: -ну́, -нёшь, -нёт, z. B. махну́ть v.: я махну́, ты махнёшь, он махнёт.

Die III. produktive Klasse umfasst die Verben auf -нуть mit Infinitivstamm auf -ну- und Präsensstamm auf -н-. Bei der Bildung des Präteritums wird -ну- stets beibehalten, z. B.: кри́кнуть v.: он кри́кнул, она́ кри́кнула; они́ кри́кнули (↗ jedoch **143**).

Beispiele:
– vollendete Verben, die vor allem mithilfe des Suffixes -ну- von unvollendeten Verben abgeleitet sind und die Einmaligkeit einer Verbhandlung bezeichnen (so genannte Momentanverben, ↗ auch **102.2**), z. B.:
кри́кнуть v. (vgl. крича́ть) – aufschreien, einen Schrei ausstoßen,
махну́ть v. (махну́, махнёшь, vgl. маха́ть) – einmal winken,
пры́гнуть v. (vgl. пры́гать) – (auf)springen, einen Sprung machen;

– einige unabgeleitete vollendete Verben, die nicht die Bedeutung der Einmaligkeit der Verbhandlung haben, z. B.:
верну́ть v. (верну́, вернёшь) – zurückgeben, вспы́хнуть v. – auflodern, вы́нуть v. – herausnehmen, обману́ть v. (обману́, обма́нешь) – täuschen, betrügen, ру́хнуть v. – zusammenstürzen;

– einzelne unvollendete Verben, z. B.:
гнуть (гну, гнёшь) – biegen, тону́ть (тону́, то́нешь) – ertrinken, (ver)sinken, тяну́ть (тяну́, тя́нешь) – ziehen.

Die Betonung der Verben der III. Klasse ist in der Regel fest; Ausnahmen (mit Zurückziehung des Akzents von der 2. Person Singular des Präsens bzw. vollendeten Futurs an) sind u. a. обману́ть v., тону́ть, тяну́ть (vgl. oben).

Die IV. Klasse	-и-Konjugation	Muster: говори́ть	**139**
Infinitiv auf: -ить Infinitivstamm auf: -и-	Präsens (3. Pers. Pl.): -ят Präsensstamm: ø	говори́ть: я говорю́[1] ты говори́шь они́ говоря́т[1]	

[1] Schreibe bei Stammauslaut auf Zischlaut: -у bzw. -ат, z. B. служи́ть: я служу́, они́ слу́жат.

Die IV. produktive Klasse umfasst die Verben auf -ить mit Infinitivstamm auf -и-, das im Präsensstamm entfällt.

Beispiele:
– unabgeleitete Verben wie вари́ть (варю́, ва́ришь) – kochen, плати́ть (плачу́, пла́тишь) – (be)zahlen, прости́ть v. (прощу́, прости́шь) – verzeihen;

– Verben, die von Substantiven oder Adjektiven, gelegentlich auch von Zahlwörtern oder Pronomen abgeleitet sind, z. B.:
соли́ть (солю́, со́лишь, vgl. соль) – salzen, бели́ть (белю́, бе́лишь, vgl. бе́лый) – weißen, bleichen, ускори́ть v. (vgl. ско́рый) – beschleunigen, удво́ить v. (vgl. дво́е) – verdoppeln, усво́ить v. (vgl. свой) – sich aneignen.

140 Das Verb

Bei der Bildung des Präsens (vollendeten Futurs) tritt im Stammauslaut – und zwar nur in der 1. Person Singular – in folgenden Fällen Konsonantenwechsel auf:

[д']	: ж	буди́ть: бужу́, бу́дишь; води́ть: вожу́, во́дишь; сади́ться: сажу́сь, сади́шься; ходи́ть: хожу́, хо́дишь
[з']		возить: вожу́, во́зишь; вы́разить v.: вы́ражу, вы́разишь
[с']	: ш	носи́ть: ношу́, но́сишь; проси́ть: прошу́, про́сишь; спроси́ть v.: спрошу́, спро́сишь
[т']	: ч	плати́ть: плачу́, пла́тишь; тра́тить: тра́чу, тра́тишь; шути́ть: шучу́, шу́тишь
	: щ[1]	возврати́ть v.: возвращу́, возврати́шь; посети́ть v.: посещу́, посети́шь
[с'т']	: щ	прости́ть v.: прощу́, прости́шь; пусти́ть v.: пущу́, пу́стишь
[б']	: б[л']	люби́ть: люблю́, лю́бишь
[в']	: в[л']	лови́ть: ловлю́, ло́вишь
[м']	: м[л']	корми́ть: кормлю́, ко́рмишь
[п']	: п[л']	купи́ть v.: куплю́, ку́пишь
[ф']	: ф[л']	графи́ть: графлю́, графи́шь

[1] Zu den Verben der IV. Klasse mit dem Wechsel [т'] : щ gehören u. a.: возмути́ть v. – empören; воплоти́ть v. – verkörpern; восхити́ть v. – entzücken; защити́ть v. – (be)schützen; обрати́ть v. – (zu)wenden; освети́ть v. – beleuchten; посвяти́ть v. – widmen; похи́тить v. – rauben; преврати́ть v. – verwandeln; прекрати́ть v. – aufhören; просвети́ть v. – aufklären (aber: просвети́ть v.: просвечу́, просве́тишь – durchleuchten, röntgen); сократи́ть v. – kürzen; смути́ть v. – verwirren; укроти́ть v. – bändigen.

Zu den einsilbigen Verben бить, вить, лить, пить, шить ↗ 144, zu брить, гнить, жить, -шиби́ть, чтить ↗ 151.

Die Betonung vieler Verben auf -и́ть ist beweglich: Der Akzent zweisilbiger Verben wird von der 2. Person Singular des Präsens häufig um eine Silbe zurückgezogen.
Die Betonung der anderen Verben der IV. Klasse (insbesondere der Verben auf unbetontes -ить) ist fest.

Die unproduktiven Gruppen

140 Die 1. Gruppe   -e-Konjugation   Muster: писа́ть, дрема́ть, се́ять

1.1 Infinitiv auf: -ать Infinitivstamm auf: -a-	Präsens (3. Pers. Pl.): -ут Präsensstamm: ∅ – mit Konsonantenwechsel	писа́ть:	я пишу́ ты пи́шешь они́ пи́шут
	– ohne Konsonantenwechsel	ждать:	я жду ты ждёшь они́ ждут
1.2 Infinitiv auf: -ать Infinitivstamm auf: -a-	Präsens (3. Pers. Pl.): -ют Präsensstamm auf: -[л']- – mit Konsonantenwechsel	дрема́ть:	я дремлю́ ты дре́млешь они́ дре́млют
1.3 Infinitiv auf: -ять Infinitivstamm auf: -[ja]-	Präsens (3. Pers. Pl.): -ют Präsensstamm auf: -[j]-	се́ять:	я се́ю ты се́ешь они́ се́ют

Die 1. unproduktive Gruppe umfasst (ohne Ableitungen) rund 100 Verben der -e-Konjugation auf -ать|-ять mit Infinitivstamm auf -а-|-я-, das im Präsensstamm entfällt.

Beispiele zur *Gruppe 1.1 mit Konsonantenwechsel*:
Bei der Bildung des Präsens (vollendeten Futurs) tritt im Stammauslaut – und zwar in allen Personen des Singulars und des Plurals – folgender Konsonantenwechsel auf:

г ⎫
д ⎬ : ж
з ⎭

дви́гать – bewegen: дви́гаю, дви́гаешь und (vorwiegend *übertr.*) – in Bewegung setzen; fördern: дви́жу, дви́жешь;
глода́ть – nagen: гложу́, гло́жешь;
вяза́ть – binden: вяжу́, вя́жешь;
-каза́ть: каза́ться – zu sein scheinen: кажу́сь, ка́жешься; показа́ть v. – zeigen: покажу́, пока́жешь; сказа́ть v. – sagen: скажу́, ска́жешь;
лиза́ть – lecken: лижу́, ли́жешь; ма́зать – schmieren, streichen: ма́жу, ма́жешь;
ре́зать – schneiden: ре́жу, ре́жешь; обяза́ть v. – verpflichten: обяжу́, обя́жешь;

к : ч
кли́кать – herbeirufen: кличу́, кли́чешь; пла́кать – weinen: пла́чу, пла́чешь; скака́ть – springen: скачу́, ска́чешь;

с ⎫
⎬ : ш
х ⎭

писа́ть – schreiben, malen: ↗ 140 (Tabelle); пляса́ть – tanzen: пляшу́, пля́шешь;
чеса́ть – kämmen: чешу́, че́шешь;
маха́ть – winken: машу́, ма́шешь und *ugs.* маха́ю, маха́ешь; паха́ть – pflügen: пашу́, па́шешь;
услыха́ть v. – hören, vernehmen: услы́шу, услы́шишь

т : ⎧ ч
⎨
⎩ щ

бормота́ть – murmeln: бормочу́, бормо́чешь; пря́тать – verstecken: пря́чу, пря́чешь; хлопота́ть – geschäftig sein: хлопочу́, хлопо́чешь; хохота́ть – laut lachen: хохочу́, хохо́чешь; шепта́ть – flüstern: шепчу́, ше́пчешь; щебета́ть – zwitschern: щебечу́, щебе́чешь
клевета́ть – verleumden: клевещу́, клеве́щешь; ропта́ть – murren: ропщу́, ро́пщешь; скрежета́ть – knirschen: скрежещу́, скреже́щешь; трепета́ть – zittern: трепещу́, трепе́щешь;

ск ⎫
⎬ : щ
ст ⎭

иска́ть – suchen: ищу́, и́щешь; плеска́ть – spritzen: плещу́, пле́щешь und *ugs.* плеска́ю, плеска́ешь; полоска́ть – spülen: полощу́, поло́щешь und *ugs.* полоска́ю, полоска́ешь
свиста́ть – pfeifen: свищу́, сви́щешь

Liegt der Akzent im Infinitiv auf der letzten Silbe, wird er von der 2. Person Singular des Präsens (vollendeten Futurs) um eine Silbe zurückgezogen; sonst ist die Betonung fest.

Beispiele zur *Gruppe 1.1 ohne Konsonantenwechsel*:
врать *ugs.* – lügen: вру, врёшь; *Prät.* врал, врала́, вра́ло; жа́ждать – Durst haben: жа́жду, жа́ждешь; ждать – warten: ↗ 140 (Tabelle); *Prät.* ждал, ждала́, жда́ло; жрать *salopp* – fressen: жру, жрёшь; *Prät.* жрал, жрала́, жра́ло; рвать – reißen: рву, рвёшь; *Prät.* рвал, рвала́, рва́ло; ржать – wiehern: ржу, ржёшь; соса́ть – saugen: сосу́, сосёшь; стона́ть – stöhnen: стону́, сто́нешь und *alt* стона́ю, стона́ешь; ткать – weben: тку, ткёшь, ткут; *Prät.* ткал, ткала́, тка́ло.

Beachte Vokaleinschub bei:
брать – nehmen; leihen: беру́, берёшь; *Prät.* брал, брала́, бра́ло;
драть – zerreißen: деру́, дерёшь; *Prät.* драл, драла́, дра́ло;
звать – rufen; nennen: зову́, зовёшь; звал, звала́, зва́ло.

Die Betonung ist im Präsens in der Regel fest; im Präteritum ist gewöhnlich die feminine Form endbetont.

141 Das Verb

Beispiele zur *Gruppe 1.2*:
Bei der Bildung des Präsens (vollendeten Futurs) tritt im Stammauslaut folgender Konsonantenwechsel auf:

б : б[л'] колеба́ть – rütteln, bewegen: коле́блю (Akzent!), коле́блешь

м : м[л'] дрема́ть – schlummern: ↗ 140 (Tabelle); внима́ть *geh.* – (er)hören: внима́ю, внима́ешь und *alt* вне́млю, вне́млешь

п : п[л'] ка́пать – tropfen: ка́паю, ка́паешь und *alt* ка́плю, ка́плешь;
сы́пать – schütteln: сы́плю, сы́плешь und *ugs.* сы́пешь, сы́плют und *ugs.* сы́пят;
трепа́ть – ziehen, zerren: треплю́, тре́плешь und *ugs.* тре́пешь, тре́плют und *ugs.* тре́пят;
щипа́ть – kneifen: щиплю́, щи́плешь und *ugs.* щи́пешь, щи́плют und *ugs.* щи́пят

Beispiele zur *Gruppe 1.3*:
ве́ять – wehen: *1. u. 2. Pers. ungebr.*, ве́ет; зате́ять *v., ugs.* – sich vornehmen: зате́ю, зате́ешь; ка́яться – bereuen; Buße tun: ка́юсь, ка́ешься; ла́ять – bellen: ла́ю, ла́ешь; леле́ять – hegen: леле́ю, леле́ешь; наде́яться – hoffen: наде́юсь, наде́ешься; се́ять – säen: ↗ 140 (Tabelle); смея́ться – lachen: смею́сь, смеёшься; та́ять – tauen: *1. u. 2. Pers. ungebr.*, та́ет; чу́ять – wittern; spüren: чу́ю, чу́ешь.

Die Betonung der Verben ist fest.

141 Die 2. Gruppe — -e-Konjugation — Muster: дава́ть

Infinitiv auf: -ава́ть	Präsens (3. Pers. Pl.): -аю́т	дава́ть:	я	даю́
Infinitivstamm auf: **-ава-**	Präsensstamm auf: **-а[j]-**		ты	даёшь
			они́	даю́т
	2. Präsensstamm auf: -ава[j]-	Imp.		дава́й(-те)!

Die 2. unproduktive Gruppe umfasst (ohne Ableitungen) 4 unvollendete Verben der -e-Konjugation auf -ава́ть mit Infinitivstamm auf -ава- und Präsensstamm auf -а[j]-.

Beispiele:
дава́ть – geben: ↗ 141 (Tabelle); создава́ть – schaffen; gründen: создаю́, создаёшь;
-знава́ть: признава́ть – anerkennen: признаю́, признаёшь;
-става́ть: встава́ть – aufstehen: встаю́, встаёшь; остава́ться – bleiben: остаю́сь, остаёшься.

Die Betonung ist fest: Der Akzent liegt im Präsens auf der Endung.
Beachte, dass sich die von -знава́ть abgeleiteten Verben nur durch die Betonung von ihren Aspektpartnern unterscheiden; vgl.
узна́ть *v.*: *Fut.* узна́ю, узна́ешь / узнава́ть *uv.*: *Präs.* узнаю́, узнаёшь – erfahren.

142 Die 3. Gruppe — -e-Konjugation — Muster: жать*, жать**

Infinitiv auf: -ять / -ать[1]	Präsens (3. Pers. Pl.): -нут oder -мут	я	жну	жму
Infinitivstamm auf: **-я- / -а-**	Präsensstamm auf: **-н-** oder **-м-**	ты	жнёшь	жмёшь
		они́	жнут	жмут

[1] Nach weichem Konsonanten -ять, nach Zischlaut -ать.

Die 3. unproduktive Gruppe umfasst (ohne Ableitungen) 6 Verben der -e-Konjugation (die so genannten Nasalstämme) auf -ять / -ать mit Infinitivstamm auf -я- / -а- und Präsensstamm auf -н- oder -м-.

Beispiele:
жать* – mähen, ernten: жну, жнёшь; жать** – drücken: жму, жмёшь;
нача́ть v. – anfangen, beginnen: начну́, начнёшь;
мять – (zer)knittern: мну, мнёшь; распя́ть v. – kreuzigen: распну́, распнёшь;
-ня́ть : -ним- (nach *konsonantisch* auslautendem Präfix): обня́ть v. – umarmen: обниму́ und *alt, ugs.* обойму́, обни́мешь; *Prät.* о́бнял, обняла́, о́бняло; отня́ть v. – wegnehmen: отниму́, отни́мешь und *salopp* отыму́, оты́мешь; *Prät.* о́тнял, отняла́, о́тняло; подня́ть v. – (auf-)heben: подниму́, подни́мешь und *ugs.* подыму́, поды́мешь; *Prät.* по́днял, подняла́, по́дняло;
-ня́ть : -йм- (nach *vokalisch* auslautendem Präfix): заня́ть v. – borgen; einnehmen: займу́, займёшь; *Prät.* за́нял, заняла́, за́няло; наня́ть v. – mieten: найму́, наймёшь; *Prät.* на́нял, наняла́, на́няло; поня́ть v. – verstehen: пойму́, поймёшь; *Prät.* по́нял, поняла́, по́няло; приня́ть v. – an-, entgegennehmen: приму́, при́мешь; *Prät.* при́нял, приняла́, при́няло.
Zu взять v., изъя́ть v. ↗ 151.

Die Betonung ist im Präsens (vollendeten Futur) in der Regel fest, und zwar auf der Endung; nur die mit konsonantisch auslautendem Präfix abgeleiteten Verben auf -нять ziehen den Akzent von der 2. Person Singular um eine Silbe zurück. Im Präteritum ist für die Verben auf -нять die Endbetonung der femininen Form charakteristisch.

Die 4. Gruppe		-e-Konjugation		Muster: мо́кнуть	
Infinitiv auf:	-нуть	Präsens (3. Pers. Pl.):-нут		мо́кнуть:	я мо́кну
Infinitivstamm auf:	-ну-	Präsensstamm auf:	-н-		ты мо́кнешь
					они́ мо́кнут
Präteritalstamm:	ø			Prät.	он мок(-нул)
					она́ мо́кла
					они́ мо́кли

Die 4. unproduktive Gruppe umfasst (ohne Ableitungen) rund 50 Verben der -e-Konjugation auf -нуть mit Infinitivstamm auf -ну- und Präsensstamm auf -н-:
Das Präsens (vollendete Futur) wird in gleicher Weise wie das der Verben der III. produktiven Klasse, das Präteritum jedoch von einem Stamm ohne das Suffix -ну- gebildet (zu Varianten in der maskulinen Singularform des Präteritums siehe Beispiele).

Beispiele:
– (so genannte inchoative) Verben, die von Adjektiven abgeleitet sind, ein Werden, eine Zustandsveränderung bezeichnen und in den nichtpräfigierten Formen unvollendet sind:
гло́хнуть (*vgl.* глухо́й) – taub werden: гло́хну, гло́хнешь; *Prät.* глох | гло́хнул, гло́хла; гло́хли; кре́пнуть (*vgl.* кре́пкий) – erstarken: *Prät.* креп | кре́пнул, кре́пла; мо́кнуть (*vgl.* мо́крый) – nass werden: ↗ 143 (Tabelle); сле́пнуть (*vgl.* слепо́й) – erblinden: *Prät.* слеп; со́хнуть (*vgl.* сухо́й) – trocknen: *Prät.* сох | со́хнул, со́хла;

– Verben wie возни́кнуть v. – entstehen: *Prät.* возни́к; воскре́снуть v. – auferstehen: *Prät.* воскре́с; га́снуть – erlöschen: *Prät.* гас | га́снул, га́сла; исче́знуть v. – verschwinden: *Prät.* исче́з;
-бегнуть: прибе́гнуть v. – Zuflucht nehmen: *Prät.* прибе́г | прибе́гнул, прибе́гла;
-вергнуть: подве́ргнуть v. – unterziehen: *Prät.* подве́рг | подве́ргнул, подве́ргла;
-выкнуть: отвы́кнуть v. – sich abgewöhnen: *Prät.* отвы́к;
-двигнуть: воздви́гнуть v., *geh.* – errichten: *Prät.* воздви́г | воздви́гнул, воздви́гла;

144 Das Verb

-стигнуть: дости́гнуть | дости́чь *v.* – erreichen: *Prät.* дости́г | дости́гнул, дости́гла;
-тихнуть: ути́хнуть *v.* – nachlassen; sich beruhigen: *Prät.* ути́х | ути́хнул, ути́хла;
-торгнуть: вто́ргнуться *v.* – eindringen; *Prät.* вто́ргся | вто́ргнулся, вто́рглась.

Die Betonung ist fest: Der Akzent liegt immer auf der Silbe vor dem Suffix -ну-.

144 Die 5. Gruppe — -e-Konjugation — Muster: мыть, пить

5.1 Infinitiv auf: -ыть Infinitivstamm auf: -ы-	Präsens (3. Pers. Pl.): -оют Präsensstamm auf: -о[j]-	мыть: я мо́ю ты мо́ешь они́ мо́ют
5.2 Infinitiv auf: -ить Infinitivstamm auf: -и-	Präsens (3. Pers. Pl.): -ьют Präsensstamm auf: -[j]-	пить: я пью ты пьёшь они́ пьют

Die 5. unproduktive Gruppe umfasst je 5 einsilbige Verben der -e-Konjugation
– auf -ыть mit Infinitivstamm auf -ы- und Präsensstamm auf -о[j]- sowie
– auf -ить mit Infinitivstamm auf -и- und Präsensstamm auf -[j]-.

Beispiele:
выть – heulen: во́ю, во́ешь; крыть – decken (откры́ть *v.* – öffnen; закры́ть *v.* – schließen);
мыть – waschen: ↗ 144 (Tabelle); ныть – schmerzen, wehtun; jammern; рыть – graben;
бить – schlagen: бью, бьёшь (изби́ть *v.* – verprügeln: изобью́, изобьёшь);
вить – winden; flechten: вью, вьёшь; *Prät.* вил, вила́, ви́ло;
лить – gießen: лью, льёшь; *Prät.* лил, лила́, ли́ло;
пить – trinken: ↗ 144 (Tabelle); *Prät.* пил, пила́, пи́ло (вы́пить *v.* – austrinken: вы́пью, вы́пьешь);
шить – nähen: шью, шьёшь.
Sind diese Verben mit einem konsonantisch auslautenden Präfix verbunden, so wird in den Formen des Präsens (vollendeten Futurs) – um Konsonantenhäufung zu vermeiden – hinter dem Präfix ein -о- eingeschoben; z. B.: сбить *v.* – herunterschlagen: со<u>б</u>ью́, со<u>б</u>ьёшь, со<u>б</u>ью́т; разли́ть *v.* – ausgießen: раз<u>о</u>лью́, раз<u>о</u>льёшь, раз<u>о</u>лью́т.

Die Betonung ist fest: Der Akzent im Präsens (vollendeten Futur) liegt bei den Verben auf -ыть auf dem Stamm, bei den einsilbigen Verben auf -ить auf der Endung.

145 Die 6. Gruppe — -e-Konjugation — Muster: коло́ть

Infinitiv auf: -оть Infinitivstamm auf: -о-	Präsens (3. Pers. Pl.): -ют Präsensstamm: ∅[1]	коло́ть: я колю́ ты ко́лешь они́ ко́лют

[1] Im Präsensstamm sind die auslautenden Konsonanten weich, vgl. z. B. коло́ть : я ко[л']у́.

Die 6. unproduktive Gruppe umfasst (ohne Ableitungen) 4 unvollendete Verben der -e-Konjugation auf -оть mit Infinitivstamm auf -о-, das im Präsensstamm entfällt.

Beispiele:
боро́ться – kämpfen: борю́сь, бо́решься; коло́ть – stechen: ↗ 145 (Tabelle); поло́ть – jäten: полю́, по́лешь; поро́ть – (auf)trennen: порю́, по́решь. Zu моло́ть ↗ 151.

Der Akzent wird von der 2. Person Singular des Präsens an um eine Silbe zurückgezogen.

Die 7. Gruppe   -e-Konjugation   Muster: тере́ть   **146**

Infinitiv auf:	-ереть	Präsens (3. Pers. Pl.): -рут	тере́ть:	я тру
Infinitivstamm auf:	**-ере-**	**Präsensstamm auf: -р-**		ты трёшь
				они́ трут
Präteritalstamm auf: -ёр- | -ер-			Prät.	он тёр
				она́ тёрла
				они́ тёрли

Die 7. unproduktive Gruppe umfasst (ohne Ableitungen) 4 Verben der -e-Konjugation auf -ереть mit Infinitivstamm auf -ере- und Präsensstamm auf -р- und Präteritalstamm auf -ёр- \| -ер-.

Beispiele:
-мереть: умере́ть *v.* – sterben: умру́, умрёшь; *Prät.* у́мер, умерла́, у́мерло; у́мерли;
-переть: запере́ть *v.* – abschließen: запру́, запрёшь; *Prät.* за́пер, заперла́; за́перли;
тере́ть – reiben: ↗ 146 (Tabelle);
простере́ть *v.* – ausstrecken: *alt* простру́, прострёшь; *Prät.* простёр, простёрла.

Die Betonung ist fest: Der Akzent liegt im Präsens (vollendeten Futur) auf der Endung.

Die 8. Gruppe   -e-Konjugation   Muster: везти́, грести́, вести́   **147**

8.1 Infinitiv auf: -сти, -сть   Präsens (3. Pers. Pl.): -сут   везти́: я везу́
         oder: -зти, -зть   oder: -зут   ты везёшь
                                            ein Stamm auf: -с- oder -з-   они́ везу́т
maskuline Form des Präteritums ohne -л   он вёз
                                                                                                        она́ везла́

8.2 Infinitiv auf: -сти   Präsens (3. Pers. Pl.): -бут   грести́: я гребу́
                                               ein Stamm auf: -б-   ты гребёшь
                                                                                          они́ гребу́т
maskuline Form des Präteritums ohne -л   он грёб
                                                                                                        она́ гребла́

8.3 Infinitiv auf: -сти, -сть   Präsens (3. Pers. Pl.): -тут   вести́: я веду́
                                                                     oder: -дут   ты ведёшь
                                              ein Stamm auf: -т- oder -д-   они́ веду́т
Präteritum ohne stammauslautendes -т- oder -д-   он вёл
                                                                                                       она́ вела́

Die 8. unproduktive Gruppe umfasst (ohne Ableitungen) rund 25 Verben der -e-Konjugation auf -сти oder -зти (-сть oder -зть) und mit konsonantischem Stammauslaut auf -с- oder -з-, -б-, -т- oder -д-.

Beispiele:
везти́ – fahren, befördern: ↗ 147 (Tabelle); грызть – nagen: грызу́, грызёшь; *Prät.* грыз, гры́зла; лезть – klettern: ле́зу, ле́зешь; *Prät.* лез, ле́зла; нести́ – tragen: несу́, несёшь; *Prät.* нёс, несла́; пасти́ – weiden: пасу́, пасёшь; *Prät.* пас, пасла́; ползти́ – kriechen: ползу́, ползёшь; *Prät.* полз, ползла́; спасти́ *v.* – retten: спасу́, спасёшь; *Prät.* спас, спасла́; трясти́ – schütteln: трясу́, трясёшь; *Prät.* тряс, трясла́;

Das Verb

грести́ – rudern: ↗ 147 (Tabelle); скрести́ – kratzen: скребу́, скребёшь; *Prät.* скрёб, скребла́; блюсти́ *schr.* – wahren, hüten: блюду́, блюдёшь; *Prät.* блюл, блюла́; брести́ – schlendern: бреду́, бредёшь; брёл, брела́; вести́ – führen, lenken: ↗ 147 (Tabelle); гнести́ – bedrücken: гнету́, гнетёшь; *Prät. ungebr.*; класть – (hin)legen: кладу́, кладёшь; *Prät.* клал, кла́ла; красть – stehlen: краду́, крадёшь; *Prät.* крал, кра́ла; мести́ – fegen: мету́, метёшь; *Prät.* мёл, мела́; обрести́ *v., schr.* – finden: обрету́, обретёшь; *Prät.* обрёл, обрела́; пасть *v.* – fallen: паду́, падёшь; *Prät.* пал, па́ла; плести́ – flechten: плету́, плетёшь; *Prät.* плёл, плела́; прясть – spinnen: пряду́, прядёшь; *Prät.* прял, пря́ла; цвести́ – blühen: цвету́, цветёшь; *Prät.* цвёл, цвела́.

Zu расти́, сесть *v.* und -честь ↗ 151.

Die Betonung im Präsens (vollendeten Futur) ist fest: Der Akzent liegt auf der Endung; Stammbetonung hat nur лезть.

148 Die 9. Gruppe — -e-Konjugation — Muster: мочь

Infinitiv auf: -чь	Präsens (3. Pers. Pl.): -кут oder -гут	мочь: я могу́	мы мо́жем
ein Stamm auf: -к- oder -г-		ты мо́жешь	вы мо́жете
– mit Konsonantenwechsel		он мо́жет	они́ мо́гут
maskuline Form des Präteritums ohne -л		он мог	
		она́ могла́	

Die 9. unproduktive Gruppe umfasst (ohne Ableitungen) rund 15 Verben der -e-Konjugation auf -чь und mit konsonantischem Stammauslaut auf -к- oder -г-.
Bei der Bildung des Präsens tritt in der 2. und 3. Person Singular und der 1. und 2. Person Plural Konsonantenwechsel auf:

г : ж бере́чь – hüten, beschützen: берегу́, бережёшь; *Prät.* берёг, берегла́; мочь – können: ↗ 148 (Tabelle); помо́чь *v.* – helfen: помогу́, помо́жешь; *Prät.* помо́г, помогла́; пренебре́чь *v.* – gering schätzen: пренебрегу́, пренебрежёшь; *Prät.* пренебрёг, пренебрегла́; стере́чь – hüten, bewachen: стерегу́, стережёшь; *Prät.* стерёг, стерегла́; стричь – (be)schneiden: стригу́, стрижёшь; *Prät.* стриг, стри́гла; -прячь: запря́чь *v.* – anspannen: запрягу́, запряжёшь; *Prät.* запря́г, запрягла́

к : ч влечь – ziehen, schleppen: влеку́, влечёшь, влечёт, влечём, влечёте, влеку́т; *Prät.* влёк, влекла́; печь – backen: пеку́, печёшь; *Prät.* пёк, пекла́; -речь: обре́чь *v., schr.* – verurteilen, verdammen: обреку́, обречёшь; *Prät.* обрёк, обрекла́; течь – fließen: *1. u. 2. Pers. ungebr.*, течёт, теку́т; тёк, текла́

Zu жечь, лечь und толо́чь ↗ 151.

Die Betonung ist fest: Der Akzent liegt auf der Endung des Präsens (vollendeten Futurs); nur bei мо́чь, помо́чь *v.* wird er von der 2. Person Singular um eine Silbe zurückgezogen.

149 Die 10. Gruppe — -и-Konjugation — Muster: ви́деть, смотре́ть

Infinitiv auf: -еть	Präsens (3. Pers. Pl.): -ят	ви́деть: я ви́жу
Infinitivstamm auf: -e-	Präsensstamm: ∅	ты ви́дишь
	– mit Konsonantenwechsel	они́ ви́дят
	– ohne Konsonantenwechsel	смотре́ть: я смотрю́
		ты смо́тришь
		они́ смо́трят

Die 10. unproduktive Gruppe umfasst (ohne Ableitungen) rund 40 Verben der -и-Konjugation auf -еть mit Infinitivstamm auf -e-, das im Präsens ausfällt.

Beispiele *mit Konsonantenwechsel*:
Bei der Bildung des Präsens (vollendeten Futurs) tritt im Stammauslaut – und zwar nur in der 1. Person Singular – folgender Konsonantenwechsel auf:

[д'] : ж   ви́деть – sehen, blicken: ↗ 149 (Tabelle); гляде́ть – schauen: гляжу́, гляди́шь; ненави́деть – hassen: ненави́жу, ненави́дишь; оби́деть *v.* – beleidigen: оби́жу, оби́дишь; сиде́ть – sitzen: сижу́, сиди́шь

[с'] : ш   висе́ть – (herab)hängen: вишу́, виси́шь; зави́сеть – abhängen: зави́шу, зави́сишь

[т'] : ч   верте́ть – drehen: верчу́, ве́ртишь; лете́ть – fliegen: лечу́, лети́шь; пыхте́ть – keuchen, schnaufen: пыхчу́, пыхти́шь

[с'т'] : щ   блесте́ть – glänzen, schimmern: блещу́, блести́шь und (meist *übertr.*) бле́щешь; свисте́ть – pfeifen: свищу́, свисти́шь; хрусте́ть – knirschen: хрущу́, хрусти́шь

[б'] : б[л']   скорбе́ть *geh.* – trauern: скорблю́, скорби́шь

[п'] : п[л']   скрипе́ть – knarren: скриплю́, скрипи́шь; сопе́ть – schnaufen: соплю́, сопи́шь; шипе́ть – zischen: шиплю́, шипи́шь; терпе́ть – ertragen, erdulden: терплю́, те́рпишь; хрипе́ть – krächzen: хриплю́, хрипи́шь

[м'] : м[л']   греме́ть – donnern, dröhnen: гремлю́, греми́шь; шуме́ть – lärmen: шумлю́, шуми́шь

Beispiele *ohne Konsonantenwechsel*:
боле́ть – schmerzen, wehtun: *1. u. 2. Pers. ungebr.*, боли́т*; веле́ть *v./uv.* – befehlen: велю́, вели́шь; горе́ть – brennen: горю́, гори́шь; звене́ть – (er)klingen: звеню́, звени́шь; смотре́ть – (an)schauen: ↗ 149 (Tabelle)

Die Betonung ist fest; nur bei верте́ть, смотре́ть, терпе́ть wird der Akzent von der 2. Person Singular an um eine Silbe zurückgezogen.

Die 11. Gruppe	-и-Konjugation	Muster: лежа́ть, стоя́ть		
Infinitiv auf: Zischlaut + -ать	Präsens (3. Pers. Pl.): Zischlaut + -ат	лежа́ть:	я	лежу́
Infinitivstamm auf: Zischlaut + -а-	**Präsensstamm auf:** Zischlaut + ø		ты	лежи́шь
			они́	лежа́т
Infinitiv auf: -ять	Präsens (3. Pers. Pl.): -ят	стоя́ть:	я	стою́
Infinitivstamm auf: -[ja]-	**Präsensstamm auf: -[j]-**		ты	стои́шь
			они́	стоя́т

Die 11. unproduktive Gruppe umfasst (ohne Ableitungen) rund 30 Verben der -и-Konjugation auf -ать | -ять mit Infinitivstamm auf -а- | -я-, das im Präsens ausfällt.

Beispiele:
бренча́ть – klirren, klimpern: бренчу́, бренчи́шь; визжа́ть – winseln: визжу́, визжи́шь; ворча́ть – brummen, knurren: ворчу́, ворчи́шь; держа́ть – halten: держу́, де́ржишь; дребез-

---

* Unterscheide hiervon: боле́ть (боле́ю, боле́ешь) – krank sein (↗ 136).

жать – klirren: *1. u. 2. Pers. ungebr.*, дребезжи́т; дрожа́ть – zittern: дрожу́, дрожи́шь; дыша́ть – atmen: дышу́, ды́шишь; жужжа́ть – summen: жужжу́, жужжи́шь; журча́ть – rauschen: *1. u. 2. Pers. ungebr.*, журчи́т; звуча́ть – (er)klingen: *1. u. 2. Pers. ungebr.*, звучи́т; крича́ть – schreien: кричу́, кричи́шь; лежа́ть – liegen: ↗ 150 (Tabelle); молча́ть – schweigen: молчу́, молчи́шь; мча́ться – dahinjagen: мчусь, мчи́шься; мыча́ть – brüllen, muhen: мычу́, мычи́шь; рыча́ть – brüllen: рычу́, рычи́шь; слы́шать – hören, vernehmen: слы́шу, слы́шишь; стуча́ть – klopfen: стучу́, стучи́шь; торча́ть – herausragen: торчу́, торчи́шь; треща́ть – krachen, knistern: *1. u. 2. Pers. ungebr.*, трещи́т; шурша́ть – rascheln: шуршу́, шурши́шь;

боя́ться – (sich) fürchten: бою́сь, бои́шься; стоя́ть – stehen: ↗ 150 (Tabelle).

Die Betonung ist fest: Der Akzent liegt auf der Endung; nur bei держа́ть, дыша́ть wird der Akzent von der 2. Person Singular um eine Silbe zurückgezogen.

Isolierte Verben

151 Die isolierten Verben, die teilweise besondere Stammverhältnisse und unregelmäßige Formbildung aufweisen, werden im Folgenden in alphabetischer Reihenfolge aufgeführt.

Infinitiv		Präsens oder vollendetes Futur	Präteritum
1. бежа́ть	laufen	бегу́, бежи́шь, бегу́т	бежа́л
2. брить	rasieren	бре́ю, бре́ешь, бре́ют	брил
3. быть	sein	*Präs.* (*Sg.* есть, *Pl.* суть) *Fut.* бу́ду, бу́дешь, бу́дут	был, была́, бы́ло
4. взять *v.*	nehmen	возьму́, возьмёшь, возьму́т	взял, взяла́, взя́ло
5. гнать	jagen	гоню́, го́нишь, го́нят	гнал, гнала́, гна́ло
6. гнить	faulen	гнию́, гниёшь, гнию́т	гнил, гнила́, гни́ло
7. дать *v.*	geben	дам, дашь, даст, дади́м, дади́те, даду́т	дал, дала́, да́ло́; да́ли
8. деть *v., ugs.*	hintun	де́ну, де́нешь, де́нут	дел
ebenso z. B.: наде́ть *v.* – *etw.* anziehen, оде́ть *v.* – *jmdn.* anziehen			
9. дуть	blasen, wehen	ду́ю, ду́ешь, ду́ют	дул
10. есть	essen; fressen	ем, ешь, ест, еди́м, еди́те, едя́т	ел
11. е́хать	fahren, reisen	е́ду, е́дешь, е́дет, е́дем, е́дете, е́дут	е́хал
12. жечь	verbrennen	жгу, жжёшь, жжёт, жжём, жжёте, жгут	жёг, жгла, жгло
ebenso z. B.: сжечь *v.*	verbrennen	сожгу́, сожжёшь, сожгу́т	сжёг, сожгла́
13. жить	leben, wohnen	живу́, живёшь, живу́т	жил, жила́, жи́ло
14. идти́	gehen	иду́, идёшь, иду́т	шёл, шла, шло
ebenso z. B.: пойти́ *v.*	losgehen	пойду́, пойдёшь, пойду́т	пошёл, пошла́, пошло́

	вы́йти v.	hinausgehen	вы́йду, вы́йдешь, вы́йдут	вы́шел, вы́шла, вы́шло
	прийти́ v.	ankommen	приду́, придёшь, приду́т	пришёл, пришла́, пришло́
15.	изъя́ть v., schr.	herausnehmen	изыму́, изы́мешь, изы́мут	изъя́л
16.	клясть	verwünschen	кляну́, клянёшь, кляну́т	клял, кляла́, кля́ло
	кля́сться	schwören	кляну́сь, клянёшься, кляну́тся	кля́лся, кляла́сь, кляло́сь
17.	лгать	lügen	лгу, лжёшь, лгут	лгал, лгала́, лга́ло
18.	лечь v.	sich legen	ля́гу, ля́жешь, ля́гут	лёг, легла́, легло́
19.	моло́ть	mahlen	мелю́, ме́лешь, ме́лют	моло́л
20.	надое́сть v.	langweilen	надое́м, надое́шь, надое́ст, надоеди́м, надоеди́те, надоедя́т	надое́л
21.	обу́ть v.	Schuhe anziehen	обу́ю, обу́ешь	обу́л
	ebenso: разу́ть v. – Schuhe ausziehen			
22.	ошиби́ться v.	sich irren	ошибу́сь, ошибёшься, ошибу́тся	оши́бся, оши́блась, оши́блось
	ebenso: ушиби́ться v. – sich stoßen, sich verletzen			
23.	петь	singen	пою́, поёшь, пою́т	пел
24.	плыть	schwimmen	плыву́, плывёшь, плыву́т	плыл, плыла́, плы́ло
25.	расти́	wachsen	расту́, растёшь, расту́т	рос, росла́, росло́
26.	реве́ть	brüllen, heulen	реву́, ревёшь, реву́т	реве́л
27.	сесть v.	sich setzen	ся́ду, ся́дешь, ся́дут	сел
28.	слать	schicken	шлю, шлёшь, шлют	слал
29.	слыть	gelten (als)	слыву́, слывёшь, слыву́т	слыл, слыла́, слы́ло
30.	созда́ть v.	schaffen	созда́м, созда́шь, созда́ст, создади́м, создади́те, создаду́т	со́здал, создала́, со́здало
31.	спать	schlafen	сплю, спишь, спят	спал, спала́, спа́ло
32.	стать v.	werden; beginnen	ста́ну, ста́нешь, ста́нут	стал
33.	стлать und стели́ть ugs.	ausbreiten; verlegen	стелю́, сте́лешь, сте́лют	стлал und стели́л
34.	стыть und сты́нуть	kalt werden, erstarren	сты́ну, сты́нешь, сты́нут	стыл und сты́нул, сты́ла, сты́ло
35.	толо́чь	zerstoßen	толку́, толчёшь, толку́т	толо́к, толкла́, толкло́
36.	хоте́ть	wollen	хочу́, хо́чешь, хо́чет, хоти́м, хоти́те, хотя́т	хоте́л
37.	-честь, z. B.:			
	предпоче́сть v.	bevorzugen	предпочту́, предпочтёшь, предпочту́т	предпочёл, предпочла́, предпочло́
	счесть v.	zählen; rechnen	сочту́, сочтёшь, сочту́т	счёл, сочла́, сочло́
38.	чтить geh.	(ver)ehren	чту, чтишь, чтят und чтут	чтил

Die konjugierten Verbformen

Im Folgenden werden Bildung und Gebrauch der Aktivformen des Präsens, des Futurs, des Präteritums, des Konjunktivs und des Imperativs sowie der Passivformen behandelt.

Bei der Beschreibung der Formbildung wird vom Schriftbild ausgegangen; zugleich wird erforderlichenfalls auf den jeweiligen Stammauslaut aufmerksam gemacht.

Das Präsens und das vollendete Futur

Die Formbildung

152 Das Präsens unvollendeter und das Futur vollendeter Verben (auch einfaches Futur genannt) werden auf die gleiche Weise gebildet: An den Präsensstamm (↗ 130) werden die Personalendungen der -e-Konjugation oder der -и-Konjugation angefügt. Mitunter findet im Auslaut des Präsensstammes ein Konsonantenwechsel statt.

153 Die Verben der -e-Konjugation

An den Präsensstamm werden folgende Personalendungen angefügt:

Personalendungen der -e-Konjugation

	Person		Nichtreflexive Verben		Reflexive Verben	
Sg.	1. Pers.	я	-у | -ю[1]		-усь | -юсь	
	2. Pers.	ты	-ешь[2] *bet.*	-ёшь[2]	-ешься *bet.*	-ёшься
	3. Pers.	он, она́, оно́	-ет[2]	-ёт[2]	-ется	-ётся
Pl.	1. Pers.	мы	-ем[2]	-ём[2]	-емся	-ёмся
	2. Pers.	вы	-ете[2]	-ёте[2]	-етесь	-ётесь
	3. Pers.	они́	-ут | -ют		-утся | -ются	

[1] Nach Vokal bezeichnet -ю den Stammauslaut auf -[j]- und die Endung -[у], vgl. z. B. (я) чита́ю : чита́[j-у].
[2] Ein Konsonant vor diesen Endungen wird weich gesprochen, vgl. z. B. (я) веду́ : ве[ду́], aber (ты) ведёшь : ве[д'о́ш].

Für die Schreibung der Endungen der 1. Person Singular und der 3. Person Plural gilt:
-у bzw. -ут stehen, wenn der Präsensstamm auf harten Konsonanten auslautet;
-ю bzw. -ют stehen, wenn der Präsensstamm auf [Vokal + j] oder auf [л'] oder [р'] auslautet.

Beispiele für die (jeweils in Klammern angegebenen) produktiven Klassen und unproduktiven Gruppen (↗ 133 ff.):

тяну́ть: я тяну́, ты тя́нешь, он (она́) тя́нет,
       мы тя́нем, вы тя́нете, они́ тя́нут (III. Klasse)
писа́ть: я пишу́, ты пи́шешь, он (она́) пи́шет,
       мы пи́шем, вы пи́шете, они́ пи́шут (1. Gruppe, mit Konsonantenwechsel)
жать: я жну, ты жнёшь, они́ жнут (3. Gruppe)
дости́гнуть v.: я дости́гну, ты дости́гнешь, они́ дости́гнут (4. Gruppe)
тере́ть: я тру, ты трёшь, они́ трут (7. Gruppe)
везти́: я везу́, ты везёшь, они́ везу́т (8. Gruppe)

вести́: я веду́, ты ведёшь, они́ веду́т (8. Gruppe)
мочь: я могу́, ты мо́жешь, они́ мо́гут (9. Gruppe, mit besonderem Konsonantenwechsel)
чита́ть, Präsensstamm чита[j]-: я чита́ю, ты чита́ешь, он (она́) чита́ет,
   мы чита́ем, вы чита́ете, они́ чита́ют (I. Klasse)
занима́ться: я занима́юсь, ты занима́ешься, он (она́) занима́ется,
   мы занима́емся, вы занима́етесь, они́ занима́ются
уме́ть, Präsensstamm уме[j]-: я уме́ю, ты уме́ешь, они́ уме́ют (I. Klasse)
тре́бовать, Präsensstamm тре́бу[j]-: я тре́бую, ты тре́буешь, они́ тре́буют (II. Klasse)
се́ять, Präsensstamm се[j]-: я се́ю, ты се́ешь, они́ се́ют (1. Gruppe)
дава́ть, Präsensstamm да[j]-: я даю́, ты даёшь, они́ даю́т (2. Gruppe)
мыть, Präsensstamm мо[j]-: я мо́ю, ты мо́ешь, они́ мо́ют (5. Gruppe)
пить, Präsensstamm [п'j]-: я пью, ты пьёшь, они́ пьют (5. Gruppe)
entsprechend bei Auslaut des Präsensstammes auf [л'] und [р']:
дрема́ть: я дремлю́, ты дре́млешь, они́ дре́млют (1. Gruppe, mit Konsonantenwechsel)
коло́ть: я колю́, ты ко́лешь, они́ ко́лют (6. Gruppe)

Die Verben der -и-Konjugation   154

An den Präsensstamm werden folgende Personalendungen angefügt:

Personalendungen der -и-Konjugation

	Person		Nichtreflexive Verben	Reflexive Verben
Sg.	1. Pers.	я	-ю[1] | -у	-юсь | -усь
	2. Pers.	ты	-ишь	-ишься
	3. Pers.	он		
		она́	-ит	-ится
		оно́		
Pl.	1. Pers.	мы	-им	-имся
	2. Pers.	вы	-ите	-итесь
	3. Pers.	они́	-ят | -ат	-ятся | -атся

[1] -ю bezeichnet den Stammauslaut auf weichen Konsonanten bzw. auf -[j]- und die Endung -[у], vgl. z. B. (я) говорю́ : гово[р'-у́]; (я) стою́ : сто[j-у́].

Für die Schreibung der Endungen der 1. Person Singular und der 3. Person Plural gilt:
-ю bzw. -ят stehen, wenn der Stamm auf weichen Konsonanten einschließlich [j] auslautet;
-у bzw. -ат stehen, wenn der Präsensstamm auf Zischlaut ausgeht.

Beispiele für die (jeweils in Klammern angegebenen) produktiven Klassen und unproduktiven Gruppen (↗ 133 ff.):
говори́ть: я говорю́, ты говори́шь, он (она́) говори́т,
   мы говори́м, вы говори́те, они́ говоря́т (IV. Klasse)
стро́ить: я стро́ю, ты стро́ишь, они́ стро́ят (IV. Klasse)
включи́ть v.: я включу́, ты включи́шь, они́ включа́т (IV. Klasse)
ходи́ть: я хожу́, ты хо́дишь, он (она́) хо́дит,
   мы хо́дим, вы хо́дите, они́ хо́дят (IV. Klasse, mit Konsonantenwechsel)
встре́титься v.: я встре́чусь, ты встре́тишься, он встре́тится, мы встре́тимся,
   вы встре́титесь, они́ встре́тятся (IV. Klasse, mit Konsonantenwechsel)
смотре́ть: я смотрю́, ты смо́тришь, они́ смо́трят (10. Gruppe)

ви́деть: я ви́жу, ты ви́дишь, они́ ви́дят (10. Gruppe, mit Konsonantenwechsel)
лежа́ть: я лежу́, ты лежи́шь, они́ лежа́т (11. Gruppe)
боя́ться: я бою́сь, ты бои́шься, они́ боя́тся (11. Gruppe)

155 Isolierte Verben

Einzelne Verben und ihre Ableitungen weisen Besonderheiten bei der Bildung des Präsens (vollendeten Futurs) auf; so wird beispielsweise хоте́ть teils nach der -e- und teils nach der -и-Konjugation gebeugt. Näheres hierzu und zu weiteren isolierten Verben ↗ 151.

156 Der Konsonantenwechsel

Bei der Bildung der Formen des Präsens (vollendeten Futurs) findet mitunter im Auslaut des Präsensstammes ein Konsonantenwechsel statt: siehe Tabelle.

Der Konsonantenwechsel im Stammauslaut des Präsensstammes tritt auf:
– bei bestimmten Verben der -e-Konjugation in *allen Personen des Singulars und des Plurals*,
– bei bestimmten Verben der -и-Konjugation nur in der *1. Person Singular*.

Möglicher Wechsel der Konsonantbuchstaben im Stammauslaut

г			ск	
д	:	ж	ст	: щ
з				
к	:	ч	б	: бл
т	:	ч oder щ	в	: вл
с			м	: мл
ст	:	щ	п	: пл
х			ф	: фл

Beachte:
Bei den wenigen Verben auf -чь, die nach der -e-Konjugation gebeugt werden, tritt ein Konsonantenwechsel in der 2. und 3. Person Singular und in der 1. und 2. Person Plural auf (9. Gruppe, ↗ 148).

Zu den Verbgruppen, die im Auslaut des Präsensstammes Konsonantenwechsel aufweisen, gehören:
– bei der -e-Konjugation zahlreiche Verben auf -ать (1. Gruppe) und die Verben auf -чь (9. Gruppe),
– bei der -и-Konjugation zahlreiche Verben auf -ить (IV. Klasse) und auf -еть (10. Gruppe).

		Beispiele der -e-Konjugation:		*Beispiele der -и-Konjugation:*	
Inf.		сказа́ть v.	помо́чь v.	вози́ть	сиде́ть
Präs.	я	скажу́	помогу́	вожу́	сижу́
oder	ты	ска́жешь	помо́жешь	во́зишь	сиди́шь
v. Futur	он	ска́жет	помо́жет	во́зит	сиди́т
	мы	ска́жем	помо́жем	во́зим	сиди́м
	вы	ска́жете	помо́жете	во́зите	сиди́те
	они́	ска́жут	помо́гут	во́зят	сидя́т

Weitere Beispiele für den Konsonantenwechsel ↗ 139, 140, 148, 149.

Zur Betonung

157

Die Betonung der meisten Verben im Präsens (vollendeten Futur) ist *fest*. Hierzu gehören:
- die zwei- und mehrsilbigen Verben, die im Infinitiv nicht endbetont sind, z. B.:
  ду́мать: ду́маю, ду́маешь; бесе́довать: бесе́дую, бесе́дуешь;
  пры́гнуть v.: пры́гну, пры́гнешь; ви́деть: ви́жу, ви́дишь;

- zahlreiche zwei- und mehrsilbige Verben, die im Infinitiv endbetont sind und deren Akzent im Präsens (vollendeten Futur) durchgehend auf dem Stamm oder durchgehend auf der Endung liegt, z. B.:
  • Akzent durchgehend auf dem Stamm:
  чита́ть: чита́ю, чита́ешь; гуля́ть: гуля́ю, гуля́ешь;
  организова́ть v./uv.: организу́ю, организу́ешь; мыть: мо́ю, мо́ешь;
  • Akzent durchgehend auf der Endung:
  говори́ть: говорю́, говори́шь; дава́ть: даю́, даёшь;
  везти́: везу́, везёшь; бере́чь: берегу́, бережёшь.

Die Betonung einiger Verben im Präsens (vollendeten Futur) ist *beweglich*: Infinitiv und 1. Person Singular sind auf der letzten Silbe betont, von der 2. Person Singular an wird der Akzent um eine Silbe zurückgezogen.
Hierzu gehören zweisilbige Verben auf -и́ть (IV. Klasse), die Verben auf -а́ть mit Konsonantenwechsel (1. Gruppe) und die wenigen Verben auf -о́ть (6. Gruppe), z. B.:
вари́ть: варю́, ва́ришь; люби́ть: люблю́, лю́бишь;
сказа́ть v.: скажу́, ска́жешь; боро́ться: борю́сь, бо́решься.

Beachte:
- Einzelne Verben können (von der 2. Person Singular an) auf zweifache Weise betont werden; vgl. z. B.: грузи́ть: гружу́, гру́зишь und грузи́шь, гру́зят und грузя́т.

- Die mit dem Präfix вы- abgeleiteten vollendeten Verben haben in allen konjugierten und nichtkonjugierten Formen den Akzent auf dem Präfix, z. B.:
  вы́работать v.: вы́работаю, вы́работаешь; *Prät.* вы́работал, вы́работала; *Imp.* вы́работай(-те); *Part.* вы́работанный;
  вы́полнить v.: вы́полню, вы́полнишь; *Prät.* вы́полнил, вы́полнила; *Imp.* вы́полни(-те); *Part.* вы́полненный.

Nähere Hinweise zur Betonung ↗ 136 ff.

Zum Gebrauch der Präsensformen

158

Präsensformen bezeichnen grundsätzlich eine Handlung, die in der *Gegenwart* – also in dem Zeitpunkt, in dem sich der Sprecher oder Schreiber äußert, – abläuft; sie können nur von unvollendeten Verben gebildet werden.
Präsensformen werden insbesondere gebraucht, um eine Handlung zu bezeichnen,
- die gleichzeitig mit dem Sprechakt abläuft, z. B.:
  Ли́да чита́ет, а Са́ша рабо́тает с компью́тером. – Lida liest und Sascha arbeitet am Computer.
  – А где Во́ва? – „Und wo ist Wowa?"
  – Он, наве́рное, смо́трит телеви́зор. „Er wird wohl fernsehen."
  (Eine im Russischen mithilfe eines Schaltwortes ausgedrückte Vermutung wird im Deutschen oft durch eine Futurform wiedergegeben.)

– die allgemein Gültiges, allgemein Übliches oder eine Befähigung zum Ausdruck bringt, z. B.:

Во́лга впада́ет в Каспи́йское мо́ре.	– Die Wolga mündet ins Kaspische Meer.
Земля́ враща́ется вокру́г свое́й о́си.	– Die Erde dreht sich um ihre Achse.
Посёлок окружа́ют го́ры.	– Das Dorf ist von Bergen umgeben.
Обы́чно мы гуля́ем по па́рку.	– Gewöhnlich gehen wir im Park spazieren.
Моя́ сестра́ говори́т по-ру́сски.	– Meine Schwester spricht Russisch.
Э́та жи́дкость хорошо́ мо́ет.	– Diese Flüssigkeit reinigt gut.

159 Zum Unterschied vom Deutschen können Präsensformen nur in eng begrenzten Fällen für *zukünftige* Handlungen verwendet werden: Der Sprecher gebraucht solche Formen nur, wenn die Handlung bereits fest geplant ist (meist handelt es sich um Verben der Bewegung). Z. B.:

Сего́дня ве́чером мы идём в теа́тр.	– Heute Abend gehen wir ins Theater.
Ле́том я е́ду в дере́вню.	– Im Sommer fahre ich aufs Land.
– Когда́ вы уезжа́ете? – За́втра.	– „Wann reisen Sie ab?" „Morgen."

160 Gelegentlich werden Präsensformen – dem Deutschen vergleichbar – auch verwendet, um der Schilderung eines bereits *vergangenen* Geschehens mehr Lebendigkeit zu verleihen, z. B.:

В 1858 году́ Ф. И. Буслáев создаёт пе́рвую истори́ческую грамма́тику ру́сского языка́.	– 1858 verfasst F. I. Buslajew die erste historische Grammatik des Russischen.
Иду́ я вчера́ по у́лице …	– Gehe ich doch gestern die Straße entlang …

Zum Gebrauch der Futurformen des vollendeten Aspekts ↗ 163.

Das unvollendete Futur

Die Formbildung

161 Das Futur unvollendeter Verben (auch zusammengesetztes Futur genannt) wird – dem deutschen Futur I vergleichbar – durch die Zusammensetzung der Futurformen von быть mit dem unvollendeten Infinitiv gebildet.

Zusammengesetzte Formen des unvollendeten Futurs

	Person		Nichtreflexive und reflexive Verben	
Sg.	1. Pers.	я	бу́ду	
	2. Pers.	ты	бу́дешь	
	3. Pers.	он она́ оно́ }	бу́дет	} + unvollendeter Infinitiv
Pl.	1. Pers.	мы	бу́дем	
	2. Pers.	вы	бу́дете	
	3. Pers.	они́	бу́дут	

Beispiele:
За́втра я бу́ду рабо́тать в библиоте́ке. Серге́й бу́дет занима́ться ру́сской литерату́рой XIX ве́ка. Мы бу́дем говори́ть с преподава́телем то́лько по-ру́сски.

Zum Gebrauch der vollendeten und der unvollendeten Futurformen

162 Futurformen bezeichnen grundsätzlich Handlungen, die in der *Zukunft* – also nach dem Zeitpunkt, in dem sich der Sprecher oder Schreiber äußert, – ablaufen werden; sie können von vollendeten und von unvollendeten Verben gebildet werden. Merkmale des vollendeten Aspekts sind die Einmaligkeit und die Ganzheitlichkeit der betreffenden Handlung, die Orientierung auf ihren Endpunkt; der unvollendete Aspekt bezeichnet die betreffende Handlung als solche, ihren Verlauf.

Im Deutschen werden die Futurformen des Russischen gewöhnlich durch das Futur I oder das Präsens (mit Bezug auf Zukünftiges) wiedergegeben; mitunter können Futurformen vollendeter Verben auch mithilfe deutscher Modalverben (können, wollen) übersetzt werden.

163 Futurformen *vollendeter Verben* werden insbesondere gebraucht,
– um eine ganzheitliche Einzelhandlung zu bezeichnen, die auf ihren Endpunkt, ihren Abschluss oder ihr Ergebnis, gerichtet ist, z. B.:

Брат <u>приéдет</u> зáвтра.	– Mein Bruder kommt morgen.
Я <u>передáм</u> емý вáши запи́ски.	– Ich werde ihm Ihre Notizen übergeben.
Не волнýйтесь, вéчером он <u>позвони́т</u>.	– Seien Sie unbesorgt, er wird Sie am Abend (bestimmt) anrufen.

Die ganzheitlich betrachtete Handlung kann zum Sprechzeitpunkt bereits begonnen haben, z. B.:

Он сейчáс <u>одéнется</u> и <u>вы́йдет</u> во двор.	– Er wird gleich fertig angezogen sein und auf den Hof kommen.

Sie werden ferner gebraucht,
– um eine unmittelbar bevorstehende Handlung anzukündigen, z. B.:

Я <u>остановлю́сь</u> в своём докла́де на сле́дующих вопро́сах: …	– Ich werde | will in meinem Vortrag auf folgende Fragen eingehen: …

– um die (Un-)Möglichkeit eines Handlungsergebnisses zu bezeichnen, z. B.:

Любо́й жи́тель <u>ска́жет</u>, где нахо́дится э́та у́лица.	– Jeder Einwohner wird | kann Ihnen sagen, wo sich diese Straße befindet.
То́лько он <u>поймёт</u> меня́.	– Nur er wird mich verstehen (können).
Вале́рий <u>не реши́т</u> э́ту зада́чу.	– Waleri wird diese Aufgabe nicht lösen (können).

– um in anschaulicher Weise mehrere aufeinander folgende Handlungen zu bezeichnen, die wiederholt oder gewohnheitsmäßig auftreten, z. B.:

Я там эле́ктриком бу́ду рабо́тать: <u>приду́</u>, прибо́ры <u>прове́рю</u>, <u>испра́влю</u>, е́сли что не так.	– Ich werde dort als Elektriker arbeiten: Ich komme, überprüfe die Geräte und repariere sie, wenn etwas nicht in Ordnung ist.

164 Futurformen *unvollendeter Verben* werden insbesondere gebraucht,
– um eine Handlung in ihrem Verlauf, ihrer unbegrenzten Dauer oder Wiederholung, zu bezeichnen, z. B.:

– Чем ты <u>бу́дешь</u> занима́ться в воскресе́нье?	– „Was machst du am Sonntag?" („Was wirst du … machen?")
– Бу́ду чита́ть.	„Ich werde lesen."
Мы ка́ждый день <u>бу́дем</u> ходи́ть на лы́жах.	– Wir werden jeden Tag Ski fahren.

– um zu erfragen oder festzustellen, ob eine Handlung überhaupt stattfinden wird, z. B.:
- Вы бу́дете обе́дать? — „Werden Sie zu Mittag essen?"
- Спаси́бо, нет. „Nein, danke."
- Ты бу́дешь сего́дня звони́ть Шу́ре? — „Wirst | Willst du heute Schura anrufen?"
- Да, обяза́тельно бу́ду. „Ja, unbedingt."

165 Gelegentlich werden Futurformen auch für Handlungen gebraucht,
– die sich auf *Gegenwärtiges* beziehen (ausgedrückt durch Futurformen von быть), z. B.:
У вас спи́чек не бу́дет? (*ugs.*) — Sie haben wohl keine Streichhölzer?
(Vgl. *neutr.*: У вас нет спи́чек?)
Ему́ лет 40 бу́дет. (*ugs.*) — Er wird wohl etwa 40 (Jahre alt) sein.

– die zum Sprechzeitpunkt nicht ausgeführt werden können (ausgedrückt durch verneinte Futurformen vollendeter Verben), z. B.:
Прости́те, но я не вспо́мню ва́шего и́мени. — Verzeihen Sie, aber ich kann mich nicht an Ihren Namen erinnern.

– die Typisches, sich Wiederholendes bezeichnen (ausgedrückt durch vollendete Futurformen, oft durch das Schaltwort быва́ет eingeleitet), z. B.:
Быва́ет, вста́нет и заговори́т о чём-нибудь горячо́. — Es kommt vor, dass er aufsteht und über irgendetwas hitzig zu reden anfängt.
In Verbindung mit быва́ло bezeichnen vollendete Futurformen Handlungen, die sich wiederholt in der Vergangenheit abgespielt haben, z. B.:
Ся́дет, быва́ло, и начнёт расска́зывать. — Er setzte sich mitunter hin und begann zu erzählen.

– deren Vollzug vom Sprecher nachdrücklich gefordert wird (Verwendung vollendeter Futurformen anstelle des Imperativs, charakteristisch für die Umgangssprache), z. B.:
За́втра придёшь ко мне! — Morgen kommst du zu mir!

Das Präteritum

Die Formbildung

166 Die Präteritalformen unvollendeter und vollendeter Verben werden in gleicher Weise gebildet: An den Infinitivstamm wird das Suffix -л- und die Endung angefügt, die das Genus und den Numerus kennzeichnet.

Den einheitlich gebildeten russischen Formen des Präteritums entsprechen im Deutschen die Formen des Präteritums, des Perfekts und des Plusquamperfekts; die treffende Wiedergabe legt der Kontext nahe. Vgl. z. B.: он чита́л – er las *oder:* er hat gelesen *oder:* er hatte gelesen.

Formen des Präteritums

	Genus		Nichtreflexive Verben	Reflexive Verben
Sg.	m.	я, ты, он	-л	-лся
	f.	я, ты, она́	-ла	-лась
	n.	оно́	-ло	-лось
Pl.	alle Genera	мы, вы, они́	-ли	-лись

Beispiele:
игра́ть: я (ты, он, ма́льчик) игра́л, я (ты, она́, де́вочка) игра́ла, оно́ (дитя́) игра́ло,
      мы (вы, они́, де́ти) игра́ли
бесе́довать: бесе́довал, бесе́довала; бесе́довали
пры́гнуть v.: пры́гнул, пры́гнула; пры́гнули
говори́ть: говори́л, говори́ла; говори́ли
писа́ть: писа́л, писа́ла; писа́ли
жать: жал, жа́ла; жа́ли
дава́ть: дава́л, дава́ла; дава́ли
мыть: мыл, мы́ла; мы́ли
пить: пил, пила́, пи́ло; пи́ли
боро́ться: боро́лся, -ла́сь; -ли́сь
ви́деть: ви́дел, ви́дела; ви́дели
стоя́ть: стоя́л, стоя́ла; стоя́ли

167 Eine Reihe von Verben unproduktiver Gruppen (die im Präsens alle nach der -e-Konjugation abgewandelt werden) bilden Formen des Präteritums auf besondere Weise:

1. Das Präteritum der Verben der 4. unproduktiven Gruppe auf -нуть wird nicht vom Infinitiv-, sondern von einem Präteritalstamm *ohne das Suffix -ну-* abgeleitet; in der maskulinen Singularform entfällt außerdem das Suffix -л-. Neben dieser maskulinen Form existiert häufig eine Variante auf -нул. Z. B.:
привы́кнуть v.: он привы́к_, она́ привы́кла; они́ привы́кли;
промо́кнуть v.: он промо́к_, она́ промо́кла; они́ промо́кли;
кре́пнуть: он креп_ | кре́пнул, она́ кре́пла; они́ кре́пли;
дости́гнуть v. | *ugs.* дости́чь v.: он дости́г_ | дости́гнул, она́ дости́гла; они́ дости́гли.

2. Die maskuline Form des Präteritums wird *ohne das Suffix -л-* gebildet von den Verben
– auf -ереть (Gruppe 7), z. B.:
тере́ть: он тёр_, она́ тёрла; они́ тёрли;
умере́ть v.: он у́мер_, она́ умерла́; они́ у́мерли;

– auf -сти oder -зти, -сть oder -зть mit konsonantischem Stammauslaut auf -с-,-з- oder -б- (Gruppen 8.1 und 8.2), z. B.:
нести́: он нёс_, она́ несла́; они́ несли́;
ползти́: он полз_, она́ ползла́; они́ ползли́;
грести́: он грёб_, она́ гребла́; они́ гребли́;

– auf -чь mit konsonantischem Stammauslaut auf -к- oder -г- (Gruppe 9), z. B.:
течь: он тёк_, она́ текла́; они́ текли́;
помо́чь v.: он помо́г_, она́ помогла́; они́ помогли́.

3. Das Präteritum der Verben auf -сти oder -сть mit (im Infinitiv verdecktem) Stammauslaut auf -т- oder -д- (Gruppe 8.3) wird *ohne* diese *Konsonanten* gebildet, z. B.:
мести́ (*Präs.* я мету́, ты метёшь): он мёл_, она́ мела́; они́ мели́;
вести́ (*Präs.* я веду́, ты ведёшь): он вёл_, она́ вела́; они́ вели́.

4. Das Präteritum von идти́ wird von einer anderen Wurzel gebildet; vgl. z. B.:
идти́ (*Präs.* я иду́, ты идёшь): он шёл_, она́ шла; они́ шли.
Hierzu und zu anderen isolierten Verben ↗ 151.

Zur Betonung

168 Die Betonung der meisten Verben im Präteritum ist *fest*: Der Akzent liegt auf dem Stamm. Hierzu gehören unter anderen die Verben der produktiven Klassen, Verben auf -ать mit Konsonantenwechsel im Präsens (Gruppe 1.1 und 1.2), auf -нуть mit Ausfall des Suffixes -ну- im Präteritum (Gruppe 4), Verben der -и-Konjugation auf -еть (Gruppe 10) und -ать | -ять (Gruppe 11), z. B.:

Muster знать: зна́л, зна́ла, зна́ло; зна́ли; entsprechend:
игра́ть; бесе́довать, плева́ть; кри́кнуть v., верну́ть v.; плати́ть, стро́ить, усво́ить v.;
иска́ть, дрема́ть; промо́кнуть v.: промо́к, промо́кла; гляде́ть, сиде́ть; крича́ть, мча́ться.

169 Die Präteritalformen einer Reihe einsilbiger Verben und von Verben mit konsonantischem Stammauslaut sowie ihrer Ableitungen haben *bewegliche Betonung*; dabei weisen die neutrale Singular- und die Pluralform den Akzent stets auf der gleichen Silbe auf.
Es lassen sich unterscheiden:
– vornehmlich einsilbige Verben, die *nur auf der femininen Endung betont* sind, so mehrere unproduktive Verben auf -ать ohne Konsonantenwechsel (Gruppe 1.1), auf -ить (Gruppe 5.2) und einige isolierte Verben, z. B.:
Muster брать: бра́л, брала́, бра́ло; бра́ли; entsprechend:
врать, драть, ждать, звать; вить, лить, пить;
быть, взять v., гнать, дать v., жить, плыть, созда́ть v.: со́здал, создала́, со́здало; со́здали; спать.
Ableitungen von быть, дать v. und auf -ереть, -нять ziehen im Präteritum (außer der endungsbetonten femininen Form) den Akzent häufig auf das Präfix vor, z. B.:
Muster прибы́ть v.: при́был, прибыла́, при́было; при́были; entsprechend:
переда́ть v.: пе́редал; запере́ть: за́пер, заперла́; умере́ть v.: у́мер, умерла́; заня́ть v.: за́нял; приня́ть v.; поня́ть v.; нача́ть v.: на́чал;

– mehrere Verben mit konsonantischem Stammauslaut (8. und 9. Gruppe), die *auf allen Endungen des Präteritums betont* sind, z. B.:
Muster нести́: нёс, несла́, несло́; несли́; entsprechend:
везти́: вёз, везла́; спасти́ v.: спас, спасла́; цвести́: цвёл, цвела́; мочь: мог, могла́.
Von Wörtern wie брать, взять v., дать v., рвать, -нять abgeleitete reflexive Verben sind ebenfalls in der Regel auf allen Endungen des Präteritums betont; einzelne dieser Verben haben in der maskulinen Singularform den Akzent auf dem Postfix -ся. Mitunter sind Betonungsvarianten zu beobachten. Z. B.:
Muster бра́ться: бра́лся, брала́сь, брало́сь; брали́сь; entsprechend:
разда́ться v.: разда́лся, раздала́сь, раздало́сь; разда́лись;
оторва́ться v.: оторва́лся, оторвала́сь, оторва́лось; оторва́лись;
подня́ться v.: подня́лся́, подняла́сь, подня́ло́сь; подня́ли́сь;
нача́ться v.: начался́, начала́сь, начало́сь; начали́сь.

170 Wird die Wortgruppe не быть im Präteritum gebraucht, liegt der Akzent in der maskulinen und der neutralen Singular- sowie in der Pluralform auf der Partikel не:
не быть: не́ был, не была́, не́ было; не́ были; entsprechend (aber mit Varianten):
не дать v.: не́ дал und не да́л, не дала́, не́ дало und не да́ло; не́ дали und не да́ли;
не жить: не́ жил und не жи́л, не жила́, не́ жило und не жи́ло; не́ жили und не жи́ли.

Zur Betonung der mit dem Präfix вы- abgeleiteten vollendeten Verben ↗ 135.

Zum Gebrauch der Präteritalformen

171 Präteritalformen bezeichnen grundsätzlich Handlungen, die in der *Vergangenheit* – also vor dem Zeitpunkt, in dem sich der Sprecher oder Schreiber äußert, – vollzogen worden sind; sie können von vollendeten und von unvollendeten Verben gebildet werden. Merkmale des vollendeten Aspekts sind die Ganzheitlichkeit der betreffenden Handlung, das Erreichen ihres

Endpunktes – häufig ihres Abschlusses oder Ergebnisses; der unvollendete Aspekt bezeichnet die betreffende Handlung als solche, ihren Verlauf – häufig ihre unbegrenzte Dauer oder Wiederholung.
Im Deutschen werden die Präteritalformen des Russischen gewöhnlich durch das Präteritum oder (z. B. zum Ausdruck des Ergebnisses einer Handlung) durch das Perfekt wiedergegeben; gelegentlich können Präteritalformen auch (z. B. zum Ausdruck der Vorzeitigkeit einer Handlung) durch das Plusquamperfekt übersetzt werden.

Präteritalformen *vollendeter Verben* werden insbesondere gebraucht, **172**
- um eine ganzheitliche Einzelhandlung zu bezeichnen, die ihren Endpunkt erreicht hat und abgeschlossen ist, z. B.:

Ночью неожиданно кто-то постучал в дверь.	– In der Nacht klopfte überraschend jemand an die Tür.
Сегодня утром Зоя позвонила Тане.	– Heute Morgen hat Soja Tanja angerufen.
Извините, что я вам помешал(-а).	– Entschuldigen Sie, dass ich Sie gestört habe (störe).

Hier ordnen sich auch vollendete Verben auf за-, по-, вз-|вс- ein, die die lexikalische Bedeutung des Beginns einer Handlung haben (↗ 102.1) und deren Aspektmerkmal ebenfalls das Erreichen des Endpunktes, hier des Abschlusses des Anfangsstadiums der Handlung, ist, z. B.:

Она заболела гриппом.	– Sie war (ist) an Grippe erkrankt.
Посмотрев на фотографию, Сергей засмеялся.	– Sergei betrachtete das Foto und lachte auf.
Олег пошёл в библиотеку за книгой.	– Oleg ist wegen eines Buches in die Bibliothek gegangen.
Он повернул ключ зажигателя: мотор взревел.	– Er drehte den Zündschlüssel um: Der Motor heulte auf.

- um eine ganzheitliche Einzelhandlung zu bezeichnen, die abgeschlossen ist und deren Ergebnis einen für die Gegenwart bedeutungsvollen Zustand darstellt, z. B.:

Я потерял(-а) шариковую ручку и пишу теперь карандашом.	– Ich habe meinen Kugelschreiber verloren und schreibe jetzt mit Bleistift.
Смотри, какие книги я купил(-а).	– Schau dir an, welche Bücher ich gekauft habe.
Здание дворца отреставрировали, сейчас там детская библиотека.	– Das Schlossgebäude hat man restauriert, jetzt ist dort eine Kinderbibliothek untergebracht.

- um eine Handlung von nur begrenzter Dauer zu bezeichnen: Dabei handelt es sich um vollendete Verben, die mit по- in der Bedeutung – *eine Weile, ein wenig* präfigiert sind (↗ 102.1), z. B.:

– Чем ты вчера занимался?	– „Was hast du gestern gemacht?"
– Почитал, порисовал немного.	„Ich habe ein bisschen gelesen, etwas gezeichnet."

- um zu verdeutlichen, dass mehrere Einzelhandlungen aufeinander gefolgt sind (jede einzelne Handlung hat ihren Endpunkt erreicht, bevor die nächste Handlung erfolgt ist), z. B.:

Ребята вышли из поезда, сели в автобус и поехали на озеро.	– Die jungen Leute verließen den Zug, stiegen in den Bus und fuhren zum See.
Туристка подошла к милиционеру и спросила, как пройти на Красную площадь.	– Eine Touristin trat an den Polizisten heran und fragte ihn, wie sie zum Roten Platz käme.

173 Präteritalformen *unvollendeter Verben* werden insbesondere gebraucht,
- um eine Einzelhandlung in ihrem Verlauf, in ihrer unbegrenzten Dauer zu bezeichnen, z. B.:

Больно́й ме́дленно встава́л и поднима́лся по ле́стнице.	– Der Kranke stand langsam auf und ging die Treppe hinauf.
Мы це́лый день осма́тривали центр го́рода.	– Wir haben den ganzen Tag das Stadtzentrum besichtigt.
Он рассерди́лся (*v.*) и до́лго не разгова́ривал со мной.	– Er hatte sich geärgert und sprach lange Zeit nicht mit mir.

- um eine sich unbegrenzt wiederholende oder gewohnheitsmäßige Handlung zu bezeichnen, z. B.:

Во вре́мя о́тпуска Зо́я ка́ждый день звони́ла Та́не.	– Im Urlaub hat Soja jeden Tag Tanja angerufen.
Во вре́мя боле́зни её ча́сто навеща́ли друзья́.	– Während ihrer Krankheit besuchten ihre Freunde sie oft.
По утра́м густо́й тума́н покрыва́л поля́.	– Morgens hüllte (gewöhnlich) dichter Nebel die Felder ein.

- um zu erfragen oder mitzuteilen, ob eine bestimmte Handlung überhaupt stattgefunden hat und wer sie gegebenenfalls (wo und wann) durchgeführt hat (bei diesen für die Umgangssprache charakteristischen Äußerungen wird als unwesentlich außer Acht gelassen, ob oder dass die betreffende Handlung ihren Endpunkt erreicht hat), z. B.:

– Ты чита́л э́ту статью́?	– „Hast du diesen Artikel gelesen?"
– Да, чита́л.	– „Ja (, das habe ich getan)."
– Ты лови́л когда́-нибудь ры́бу?	– „Hast du jemals geangelt?"
– Нет, не лови́л.	– „Nein (, das habe ich nie getan)."
– Пётр Серге́ич перехо́дит на другу́ю рабо́ту.	– „Pjotr Sergejitsch wechselt die Arbeitsstelle."
– Я зна́ю. Он мне говори́л.	– „Ich weiß. Er hat es mir gesagt."
Кто покупа́л э́ти биле́ты?	– Wer hat diese Karten gekauft?
Где вы сего́дня за́втракали?	– Wo haben Sie (denn) heute gefrühstückt? Unsere Imbissstube ist geschlossen.
Наш буфе́т закры́т.	

- um zu verdeutlichen, dass mehrere einzelne Handlungen zu gleicher Zeit abgelaufen sind, z. B.:

Ребя́та сиде́ли в авто́бусе и смотре́ли в окно́.	– Die jungen Leute saßen im Bus und schauten aus dem Fenster.

174 Unterscheide:
- *Verneinte aspektpaarige Verben* stehen gewöhnlich im unvollendeten Aspekt, insbesondere wenn ausgedrückt werden soll, dass die betreffende Handlung (überhaupt) nicht stattgefunden hat, oder wenn der Sprecher die Handlung nachdrücklich verneint, z. B.:

Ива́н Петро́вич не расска́зывал нам об э́том слу́чае.	– Iwan Petrowitsch hat uns von diesem Vorfall nicht erzählt.
– Вы не получи́ли телегра́мму?	– „Haben Sie das Telegramm nicht erhalten?"
– Мы никако́й телегра́ммы не получа́ли.	– „Wir haben keinerlei Telegramm erhalten."
Серге́й не приходи́л к нам.	– Sergei war nicht bei uns.
– Кто сказа́л ему́ об э́том?	– „Wer hat ihm das gesagt?"
– Не зна́ю, я не говори́л(-а).	– „Ich weiß nicht, *ich* habe es ihm nicht gesagt."

Das verneinte Verb steht im vollendeten Aspekt, wenn ausgedrückt werden soll, dass das (mitunter erwartete) Ergebnis der betreffenden Handlung nicht eingetreten ist, z. B.:

– Вы получи́ли телегра́мму? – „Haben Sie das Telegramm erhalten?"
– Нет, не получи́л(-а). „Nein, ich habe es nicht erhalten."
Серге́й не пришёл, хотя́ и обеща́л. – Sergei ist nicht gekommen, obwohl er es versprochen hatte.

– Für einige *aspektpaarige Verben*, die eine *ergebnisorientierte Handlung* ausdrücken (z. B. вспо́мнить/вспомина́ть, реши́ть/реша́ть, сдать/сдава́ть), gilt:
Während das Präteritum des vollendeten Verbs das (positive oder negative) Ergebnis der Handlung kennzeichnet, kann das Präteritum des unvollendeten Aspektpartners ausdrücken, dass versucht worden ist, ein Ergebnis zu erreichen; vgl. z. B.:

– Са́ша сдава́л экза́мен по фи́зике? – „Hat Sascha die Physikprüfung abgelegt?"
– Да, сдава́л и сдал на пять. „Ja, er hat sie abgelegt und mit 'sehr gut' bestanden."
Ко́ля до́лго реша́л зада́чу, но не реши́л её. – Kolja hat lange versucht, die Aufgabe zu lösen, sie jedoch nicht gelöst (nicht lösen können).

– Für eine Reihe *aspektpaariger Verben*, die eine bestimmte *Bewegungsrichtung* der betreffenden Handlung ausdrücken (z. B. прийти́/приходи́ть, уе́хать/уезжа́ть, откры́ть/открыва́ть, взять/брать), gilt:
Während das Präteritum des vollendeten Verbs den Vollzug der Handlung kennzeichnet, kann das Präteritum des unvollendeten Aspektpartners ausdrücken, dass die Handlung vor dem Sprechzeitraum ausgeführt und anschließend wieder rückgängig gemacht worden ist; vgl. z. B.:

К вам кто́-то пришёл. – Es ist jemand zu Ihnen gekommen.
(Die Person ist zum Sprechzeitpunkt anwesend.)
К вам кто́-то приходи́л. – Es war jemand bei Ihnen.
(Die Person ist gekommen und wieder gegangen, sie ist zum Sprechzeitpunkt nicht mehr anwesend.)
Я взял(-а́) у Ю́рия кни́гу. – Ich habe mir von Juri ein Buch ausgeliehen.
(Das Buch ist zum Sprechzeitpunkt bei mir.)
Я брал(-а́) у Ю́рия кни́гу. – Ich hatte mir von Juri ein Buch ausgeliehen.
(Das Buch ist zum Sprechzeitpunkt nicht mehr bei mir: Es ist zurückgegeben.)

Gelegentlich können Formen des vollendeten und des unvollendeten Aspekts in gleicher sprachlicher Umgebung verwendet werden, ohne dass sich der Sinn der Äußerung ändert. Das ist z. B. dann möglich, wenn sich die Aufmerksamkeit des Sprechers nicht auf die (ihm bereits bekannte) Handlung, sondern auf den Urheber oder auf nähere Umstände der Handlung richtet:

Кто тебя́ туда́ посыла́л | посла́л? – *Wer* hat dich dorthin geschickt?
– Ильи́н сказа́л, что он не смо́жет пое́хать, у него́ мно́го дел. – „Iljin hat gesagt, dass er nicht kommen kann, er hat viel zu tun."
– Это он сам тебе́ говори́л | сказа́л? „Hat *er* dir das *selbst* gesagt?"
– Сам. „Ja (, er selbst)."
Где вы покупа́ли | купи́ли э́ту вещь? – Wo haben Sie das gekauft?

Zum Aspektgebrauch in Adverbialsätzen der Zeit ↗ 777.

Der Konjunktiv

Die Formbildung

176 Die Konjunktivformen unvollendeter und vollendeter Verben werden in gleicher Weise gebildet: durch Zusammensetzung der Präteritalformen mit der Partikel бы (nach Vokal gelegentlich zu б verkürzt).

Den einheitlich gebildeten russischen Konjunktivformen entspricht im Deutschen ein ganzer Formenkreis; die treffende Wiedergabe legt der Kontext nahe. Vgl. z. B.:
он читáл бы – er lese *oder:* er läse *oder:* er würde lesen *oder:* er habe gelesen *oder:* er hätte gelesen.

Éсли бы он пришёл!	– Wenn er doch käme! (Hinweis auf eine erwünschte zukünftige Handlung) *Oder:* – Wenn er doch gekommen wäre! (Hinweis auf eine erwünschte, aber nicht durchgeführte Handlung)
Ты прилёг (прилеглá) бы.	– Du solltest dich ein wenig hinlegen. (Ratschlag für eine Handlung) *Oder:* – Du hättest dich ein wenig hinlegen sollen! (Hinweis auf eine erwünschte, aber nicht durchgeführte Handlung)

Formen des Konjunktivs

	Genus		Nichtreflexive Verben	Reflexive Verben
Sg.	m.	я, ты, он	-л ⎫	-лся ⎫
	f.	я, ты, онá	-ла ⎬ бы	-лась ⎬ бы
	n.	онó	-ло ⎪	-лось ⎪
Pl.	alle Genera	мы, вы, они́	-ли ⎭	-лись ⎭

Beispiele:
читáть: он читáл бы, онá читáла бы; они́ читáли бы
верну́ться *v.*: он верну́лся бы, онá верну́лась бы; они́ верну́лись бы

177 Gewöhnlich steht бы hinter der Verbform, zu der es gehört. Бы kann aber auch jedem anderen Wort nachgestellt werden, wenn dieses hervorgehoben werden soll, und nimmt dann in der Regel die zweite Stelle im Satz ein. Vgl. z. B.:

Я э́того не сдéлал(-а) бы.	– Ich hätte das nicht getan.
Я бы э́того не сдéлал(-а).	– *Ich* hätte das nicht getan.
Э́того бы я не сдéлал(-а).	– *Das* hätte ich nicht getan.

Auf Konjunktionen wie z. B. éсли, хотя́, auf Interrogativpronomen folgt бы gewöhnlich unmittelbar; mit der Konjunktion что verschmilzt бы zu einem Wort: чтóбы. Z. B.:

| Éсли бы он пришёл ко мне, то я рассказáл(-а) бы ему́ интерéсную истóрию. | – Wenn er zu mir gekommen wäre, hätte ich ihm eine interessante Geschichte erzählt (… erzählen können). |
| Скажи́те ему́, чтóбы он пришёл ко мне. | – Sagen Sie ihm, dass er zu mir kommen möchte | soll. |

entweder steht бы an 2. Satzstelle, um das 1. Wort zu betonen, oder nach dem Verb im Präteritum

Zum Gebrauch der Konjunktivformen

178 Konjunktivformen bezeichnen grundsätzlich eine *nichtwirkliche* Handlung, die in der Zukunft vor sich gehen könnte oder in der Vergangenheit hätte vor sich gehen können; der konkrete Zeitbezug ergibt sich in der Regel aus dem Kontext. Die betreffende Handlung wird
– als *möglich, erfüllbar* oder als *nicht (mehr) erfüllbar* charakterisiert,
– als *erwünscht, empfohlen* oder *befürchtet* gekennzeichnet.

Konjunktivformen treten sowohl in Haupt- wie in Nebensätzen auf; sie können von vollendeten und von unvollendeten Verben gebildet werden. Der vollendete Aspekt hebt die Ganzheitlichkeit der betreffenden (nichtwirklichen) Einzelhandlung oder die Aufeinanderfolge mehrerer Einzelhandlungen hervor, der unvollendete Aspekt drückt Verlauf, Dauer oder Wiederholung der (nichtwirklichen) Handlung oder den gleichzeitigen Ablauf mehrerer Einzelhandlungen aus.

Verneinte Konjunktivformen drücken den Wunsch aus, dass die genannte Handlung in der Zukunft nicht eintreten möge oder in der Vergangenheit nicht eingetreten wäre; verneinte Formen vollendeter Verben drücken diesen Wunsch im Hinblick auf ein befürchtetes Handlungsergebnis aus.

Konjunktivformen im Hauptsatz

179 Konjunktivformen bezeichnen eine mögliche, mutmaßliche oder eine erwünschte bzw. befürchtete Handlung – letztere oft eingeleitet durch Partikeln wie etwa éсли бы – *wenn doch*, тóлько бы, хоть бы, лишь бы – *wenn doch (nur)*, z. B.:

Шýра бы приéхал, да опоздáл на пóезд.	– Schura wäre gekommen, hat jedoch den Zug verpasst.
Я с э́тим не спрáвлюсь, а ты бы спрáвился.	– Ich werde damit nicht fertig, aber du würdest es schaffen.
При налúчии минерáльных удобрéний удалóсь бы получúть бóлее высóкие урожáи.	– Mit Mineraldünger könnte man höhere Ernteerträge erzielen (oder: ... hätte man ... erzielen können).
Вы бы сказáли ему об э́том.	– Sie sollten ihm das sagen (oder: Sie hätten ... sagen sollen).
Сходúл бы ты к врачý!	– Du solltest zum Arzt gehen (oder: Du hättest ... gehen sollen)!
Éсли бы вы знáли, как я благодáрен (благодáрна) вам за письмó.	– Wenn Sie wüssten, wie dankbar ich Ihnen für Ihren Brief bin!
Хоть бы онá извинúлась.	– Wenn sie sich doch (wenigstens) entschuldigte (oder: ... entschuldigt hätte)!
Тóлько бы он не простудúлся!	– Wenn er sich nur nicht erkältete (oder: ... nicht erkältet hätte)!

Eine erwünschte oder geforderte Handlung kann auch durch ein Zustandswort in Verbindung mit einem Kopulaverb (z. B. быть) im Konjunktiv ausgedrückt werden, z. B.:

Неплóхо бы́ло бы сообщúть ему наш нóвый áдрес.	– Es wäre gut, ihm unsere neue Anschrift mitzuteilen.
Порá (бы́ло) бы отвéтить на егó письмó.	– Es wäre an der Zeit, auf seinen Brief zu antworten.
Не занимáться бы мне э́тим дéлом, вот бы́ло бы хорошó!	– Wenn ich mich mit all dem nicht zu befassen brauchte, das wäre schön!

Häufig werden bestimmte Konjunktivformen zum höflichen Ausdruck einer Bitte oder eines Wunsches verwendet, so z. B. Fügungen wie
я хотéл(-а) бы..., мне хотéлось бы ... – *ich möchte ...,*
(не) хотéли бы вы ...? – *möchten Sie (nicht) ...?*
(не) моглú бы вы ...? – *könnten Sie (nicht) ...?*
Ещё раз я хотéл(-а) бы (мне хотéлось бы) вас поблагодарúть за всё.
Не хотéли бы вы навестúть нас на э́той неде́ле?
Вы моглú бы мне помо́чь? Вы не моглú бы зайтú ко мне?

180 Konjunktivformen in Haupt- und Nebensatz

Wird im Hauptsatz eines Satzgefüges über einen möglichen Sachverhalt ausgesagt, dessen Verwirklichung an eine im Nebensatz genannte, tatsächlich jedoch nicht erfüllte oder nicht (mehr) erfüllbare (irreale) Bedingung geknüpft ist, so stehen – dem Deutschen vergleichbar – die beiden Prädikate in Haupt- und *Bedingungs-* oder *Konditionalsatz* im Konjunktiv. Der Nebensatz wird gewöhnlich durch éсли бы – *wenn* eingeleitet; er kann aber auch uneingeleitet sein. Der Hauptsatz beginnt oft mit то – *so, dann.* Z. B.:

Ты решúл бы э́ту задáчу, éсли бы подýмал.	– Du hättest diese Aufgabe gelöst (lösen können), wenn du nachgedacht hättest.
Мы моглú бы зáвтра пойтú на концéрт, éсли бы достáли билéты.	– Wir könnten morgen ins Konzert gehen, wenn wir Karten bekommen hätten.
Éсли бы он знал о вáшем приéзде, то он встрéтил бы вас.	– Wenn er von Ihrer Ankunft gewusst hätte, hätte er Sie empfangen (abgeholt).
Éсли бы э́тот человéк был твой друг, (oder: Был бы э́тот человéк твой друг,) он бы так не сдéлал.	– Wenn dieser Mann dein Freund wäre, hätte er nicht so gehandelt.
Пóмните, что наýка трéбует от человéка всей его́ жúзни. И éсли бы у вас бы́ло две жúзни, то и их бы не хватúло вам. (И. П. Пáвлов)	– Denken Sie immer daran, dass die Wissenschaft den ganzen Menschen, sein ganzes Leben fordert. Und wenn Sie zwei Leben hätten, würden auch sie nicht ausreichen.

Beachte:
Ist die im Bedingungssatz genannte Bedingung erfüllt oder erfüllbar (real), so wird im Russischen – wie im Deutschen – gewöhnlich der Indikativ gebraucht. Z. B.:

Éсли он приéхал вчерá, то почемý не позвонúл?	– Wenn er gestern angekommen ist, warum hat er nicht angerufen?
Скажú емý, éсли он позвонúт, что я всё сдéлал(-а).	– Sag ihm (bitte), wenn | falls er anruft, dass ich alles erledigt habe.

Gelegentlich wird in dem Satzgefüge (als Ausdruck der Höflichkeit) jedoch auch bei einer realen Bedingung der Konjunktiv verwendet, z. B.:

Я был(-á) бы рад(-а), éсли бы вы мне позвонúли.	– Ich würde mich freuen, wenn Sie mich anriefen.

181 Konjunktivformen im Nebensatz

1. Der Konjunktiv steht in Verbindung mit der Konjunktion (для того́) чтóбы – *damit* in *Zweck-* oder *Finalsätzen,* mit denen ein Zweck oder eine Absicht ausgedrückt wird – im Deutschen steht in den entsprechenden Sätzen gewöhnlich der Indikativ.
Weisen Haupt- und Finalsatz ein und dasselbe Subjekt auf, wird чтóбы – *um zu* mit dem Infinitiv verbunden. Z. B.:

Докла́дчик говори́л (говори́т) гро́мко, что́бы все его́ слы́шали.

Я повторя́ю э́то тебе́ для того́, что́бы ты об э́том не забы́л | забыва́л.

Поторопи́сь, что́бы мы не опозда́ли.

Я прие́хал(-а), что́бы учи́ться.
Он вошёл ти́хо, что́бы не разбуди́ть спя́щих.
Что́бы помо́чь пострада́вшим от наводне́ния, при́были спаса́тельные отря́ды из сосе́дних райо́нов.
На́до быть худо́жником, что́бы в обы́денном уви́деть красоту́.

– Der Referent sprach laut, damit alle ihn hören konnten (… spricht laut, damit alle ihn hören können).
– Ich sage dir das noch einmal, damit du es nicht vergisst.
– Beeile dich, damit wir nicht zu spät kommen.
– Ich bin hierher gekommen, um zu studieren.
– Er ging leise hinein, um die Schlafenden nicht zu wecken.
– Um den von der Überschwemmung Betroffenen zu helfen, trafen Rettungsmannschaften aus den Nachbarbezirken ein.
– Man muss Künstler sein, um im Alltäglichen die Schönheit zu erkennen.

2. Der Konjunktiv steht in Verbindung mit der Konjunktion что́бы – *dass* in *Objektsätzen*
– nach Verben und Zustandswörtern, die einen Wunsch oder ein Bestreben, eine Bitte, einen Ratschlag oder eine Forderung ausdrücken, den Inhalt des Nebensatzes zu erfüllen, z. B. хоте́ть, по-/жела́ть, стреми́ться, по-/проси́ть, по-/сове́товать, по-/тре́бовать, веле́ть v./uv. (*Prät. v.*); ва́жно, ну́жно, необходи́мо:

Я хочу́, что́бы ты рассказа́л мне всё.
Я прошу́, что́бы ты пришла́ помо́чь мне.
Он сове́товал, что́бы я прочита́л(-а) э́ту статью́.
(Oder: Он сове́товал мне прочита́ть …)
Ва́жно (Ну́жно), что́бы в скла́де был поря́док.

– Ich will, dass du mir alles erzählst.
– Ich bitte dich zu kommen und mir zu helfen.
– Er riet mir, diesen Artikel durchzulesen.

– Es ist wichtig (notwendig), dass im Lagerraum Ordnung herrscht.

– nach Verben, die mitteilen, dass der Inhalt des Nebensatzes erwünscht, erbeten oder erforderlich ist, z. B. сказа́ть/говори́ть, телеграфи́ровать v./uv.:

Скажи́те ему́, что́бы он пришёл ко мне.
На́дя сде́лала знак, что́бы я молча́л(-а).

– Sagen Sie ihm (bitte), dass er zu mir kommen möchte.
– Nadja gab zu verstehen, dass ich schweigen sollte.

– nach Verben und Zustandswörtern, die einen Zweifel oder eine Befürchtung ausdrücken oder die eine (im Nebensatz ausgedrückte) Vermutung verneinen, z. B. сомнева́ться, по-/боя́ться; сомни́тельно:

Сомнева́юсь в том, что́бы он пришёл.
(Oder: …, что он придёт.)
Бою́сь, что́бы он не пришёл.
(Oder: …, что он придёт.)
Vgl. demgegenüber:
Бою́сь, что он не придёт.

Не ве́рю, что́бы э́то была́ пра́вда.
Мы никогда́ не слы́шали, что́бы она́ жа́ловалась.

– Ich bezweifle, dass er kommt.

– Ich befürchte, dass er kommt (d. h., dass ein nicht gewünschtes Ereignis eintritt).

– Ich befürchte, dass er nicht kommt (d. h., dass ein erwünschtes Ereignis nicht eintritt).
– Ich glaube nicht, dass das die Wahrheit ist.
– Wir haben niemals gehört, dass sie sich beschwert hätte.

3. In Verbindung mit хотя́ бы, хоть бы – *wenn auch, selbst wenn* kann der Konjunktiv auch in *Einräumungs-* oder *Konzessivsätzen* stehen, in denen eine für den Inhalt des Hauptsatzes unzureichende Begründung ausgedrückt wird. Z. B.:

Писа́тель мо́жет по́льзоваться не ка́ждым сло́вом, <u>хотя́ бы</u> оно́ и <u>каза́лось</u> о́чень уда́чным. (Пауст.)	– Ein Schriftsteller kann nicht jedes Wort verwenden, selbst wenn es ihm besonders treffend erschiene.

Hierher gehören auch Konstruktionen mit verallgemeinernder Bedeutung wie z. B. кто бы ни – *wer auch immer*, что бы ни – *was auch immer*, како́й бы ни – *was für ein ... auch immer*, как бы ни – *wie auch immer*, где бы ни – *wo auch immer*, куда́ бы ни – *wohin auch immer*.

<u>Кто бы ни</u> позвони́л, неме́дленно сообщи́те.	– Wer auch immer anruft, teilen Sie es mir (bitte) unverzüglich mit.
<u>Како́е бы</u> пла́тье она́ <u>ни наде́ла</u>, ей всё к лицу́.	– Was für ein Kleid sie auch immer anzieht, ihr steht alles.

Zum Konjunktiv in der indirekten Rede ↗ 786 f.

Der Imperativ

Die Formbildung

182 Im Russischen werden unterschieden:
- Imperativformen der 2. Person Singular und Plural (die eigentlichen Imperativformen, mit denen ein Sprecher einen oder mehrere Gesprächspartner zu einer Handlung auffordert);
- Imperativformen der 1. Person Plural (der so genannte Imperativ der gemeinsamen Handlung), mit denen ein Sprecher einen oder mehrere Gesprächspartner auffordert, mit ihm gemeinsam zu handeln;
- Imperativformen der 3. Person Singular und Plural, mit denen ein Sprecher eine oder mehrere Personen, die nicht unmittelbar am Gespräch beteiligt sind, zu einer Handlung auffordert.

Die Imperativformen der 2. Person

183 Die Imperativformen der 2. Person Singular und Plural werden von unvollendeten und vollendeten Verben in gleicher Weise gebildet: Die entsprechende Endung wird an den Auslaut des Präsensstammes angefügt.

Endungen des Imperativs der 2. Person Singular und Plural

Auslaut des Präsensstammes auf:	Endungen: Nichtreflexive Verben		Reflexive Verben	
			Sg.	Pl.
– Vokal + [j]	(й)¹		(й)ся	(й)тесь
– einen Konsonanten (1. Pers. Sg. Präs. stamm<u>be</u>tont)	(ь)¹	-те	(ь)ся	(ь)тесь
– einen Konsonanten (1. Pers. Sg. Präs. <u>en</u>dungbetont)	-<u>и</u>		-и́сь	-и́тесь
– mehrere Konsonanten				

¹ Durch den Einschluss in Klammern wird angedeutet, dass der betreffende Buchstabe den Stammauslaut kennzeichnet; die Imperativform ist endungslos.

Die Imperativform der 2. Person Singular ist *endungslos*, wenn der (von der 3. Person Plural des Präsens bzw. vollendeten Futurs abgeleitete) Präsensstamm
– auf Vokal + [j] auslautet (insbesondere I. und II. Klasse, Gruppen 1.3, 5.1): Schriftbild endet auf й;
– auf einen Konsonanten auslautet und die 1. Person Singular des Präsens (vollendeten Futurs) stammbetont ist: Schriftbild endet auf ь.

Die Imperativform der 2. Person Singular hat die *Endung* -и, wenn der Präsensstamm
– auf einen Konsonanten auslautet und die 1. Person Singular des Präsens (vollendeten Futurs) endungsbetont ist oder
– auf mehrere Konsonanten auslautet.

Zur Kennzeichnung des Plurals (Aufforderung an mehrere Personen oder höfliche Anrede einer Person) wird das Postfix -те angefügt.
Reflexive Verben weisen (nach Vokal) das Postfix -сь oder (nach Konsonant) das Postfix -ся auf (↗ 117).

Beispiele:
читать: 3. Pers. Pl. Präs. читают (читá[j-у]т); *Imp.* читáй – lies!, читáйте – lest! lesen Sie!
терять: (не) теряй, (не) теряйте; успеть v.: успей, успейте;
требовать: 3. Pers. Pl. Präs. требуют (требу[j-у]т); *Imp.* требуй, требуйте;
надеяться: надейся, надейтесь; закрыть v.: закрой, закройте;
строить: строй, стройте; стоять: стой, стойте
бросить v.: Fut. брошу, бросишь, бросят (бро[с'-ат]); *Imp.* брось, бросьте;
плакать: Präs. плачу, плачешь, плачут; *Imp.* (не) плачь, (не) плачьте;
резать: Präs. режу, режешь, режут; *Imp.* режь, режьте
говорить: Präs. говорю, говоришь, говорят (гово[р'-áт]); *Imp.* говори, говорите
купить v.: Fut. куплю, купишь, купят; *Imp.* купи, купите; садиться: садись, садитесь;
писать: пиши, пишите; сказать v.: скажи, скажите;
поднять v.: подними, поднимите; бороться: борись, боритесь;
спасти v.: спаси, спасите; помочь v.: помоги, помогите; кричать: (не) кричи, (не) кричите
прыгнуть v.: 3. Pers. Pl. Fut. прыгнут; *Imp.* прыгни, прыгните
держаться: держись, держитесь; отдохнуть v.: отдохни, отдохните;
исполнить v.: исполни, исполните; кончить v.: кончи, кончите;
начать v.: Fut. начну, начнёшь, начнут; *Imp.* начни, начните

Einige Verben weisen bei der Bildung der Imperativformen der 2. Person *Besonderheiten* auf; hierzu gehören:
– die einsilbigen Verben auf -ить und ihre Ableitungen (Gruppe 5.2), die im endungslosen Imperativ Singular Vokaleinschub aufweisen, z. B.:
пить: Präs. пью, пьёшь, пьют ([п'j-ут]); *Imp.* пей ([п'еj]), пейте; entsprechend:
бить: бей, бейте; развить v.: развей, развейте; налить v.: налей, налейте;
– die Verben auf -авать und ihre Ableitungen (2. Gruppe), die den endungslosen Imperativ der 2. Person unter Beibehaltung des Suffixes -ва- von einem Stamm auf -ава[j]- ableiten, z. B.:
давать: Präs. даю, даёшь, дают; *Imp.* давай, давайте; entsprechend:
признавать: признавай, признавайте; вставать: вставай, вставайте;

- die Verben доить – melken, поить – zu trinken geben, кроить – zuschneiden, таить – verheimlichen, die – wie auch ihre Ableitungen – den Imperativ auf -и bilden, z. B.: напоить v.: напой, напойте;

- isolierte Verben und ihre Ableitungen wie z. B.: дать v.: дай, дайте; есть – essen: ешь, ешьте; ехать: (Ersatzform) поезжай, поезжайте; лечь v.: ляг, лягте; сыпать: сыпь, сыпьте.

Beachte:
- Die mit dem stets betonten Präfix вы- abgeleiteten vollendeten Verben bilden den Imperativ wie die entsprechenden nichtabgeleiteten Verben; vgl. z. B.: идти: иди, идите; выйти v.: выйди, выйдите; выучить v.: выучи, выучите.

- Bei einzelnen Verben sind Varianten des Imperativs zu beobachten, so z. B. bei портить, чистить und ihren Ableitungen wie auch bei mit вы- abgeleiteten vollendeten Verben: чистить: чисти|чисть, чистите|чистьте; портить: (не) порти|порть, (не) портите|портьте; выбросить v.: выброси|выбрось, выбросите|выбросьте; выставить v.: выстави|выставь, выставите|выставьте.

- Von einigen Verben werden keine Imperativformen der 2. Person gebildet; hierzu gehören z. B.: видеть, мочь, слышать, хотеть.

185 Die *Betonung* der Imperativformen der 2. Person richtet sich nach der Betonung der 1. Person Singular des Präsens (vollendeten Futurs); Beispiele ↗ 184.
Im Russischen wird nach einem Aufforderungssatz in der Regel ein Punkt gesetzt; ein Ausrufezeichen steht nur bei nachdrücklichen Aufforderungen.

186 Die Imperativformen der 1. Person Plural

Die Imperativformen der 1. Person Plural (wegen des Einschlusses des Sprechers in die Aufforderung auch als Imperativ der gemeinsamen Handlung bezeichnet) werden von unvollendeten und von vollendeten Verben gebildet. Gebraucht werden in dieser Bedeutung
- *einfache Formen* der 1. Person Plural des Präsens (insbesondere der bestimmten Verben der Bewegung) bzw. des Futurs, und zwar ohne Personalpronomen, z. B.:

Идём. – Lass uns gehen. Gehen wir.
Едем. – Lass uns (los)fahren. Fahren wir los.
Пойдём в кино. – Lass uns ins Kino gehen.
Возьмём билеты на завтра. – Lass uns Karten für morgen nehmen.
Останемся ещё на один день. – Lass uns noch einen Tag bleiben!

- mit der Partikel *давай zusammengesetzte Formen* der 1. Person Plural des vollendeten Futurs oder des Infinitivs unvollendeter Verben, z. B.:

Давай купим эту вазу. – Komm, lass uns diese Vase kaufen. Kaufen wir doch diese Vase.
Давай танцевать. – Komm, lass uns tanzen.

Wendet sich der Sprechende an mehrere Personen oder an eine Person, die er siezt, dann fügt er den oben genannten Formen das Postfix -те hinzu, z. B.:
Идёмте. – Lasst (Lassen Sie) uns gehen.
Давайте сходим в театр. – Kommt, lasst uns (Kommen Sie, lassen Sie uns) ins Theater gehen.

Давайте не будем об этом говорить. — Lasst uns (Lassen Sie uns) darüber nicht (mehr) reden.
Давайте играть в волейбол. — Kommt, lasst uns Volleyball spielen!

Umgangssprachlich wird auch die Pluralform des Präteritums einzelner vollendeter Verben zum Ausdruck einer nachdrücklichen Aufforderung zu gemeinsamer Handlung gebraucht, z. B.:

Начали! — Also los, fangen wir an! Nun lass(t) uns (endlich) anfangen!
Пошли домой! — Los, lass(t) uns nach Hause gehen! Gehen wir (endlich) nach Hause!

Die Imperativformen der 3. Person

187

Die Imperativformen, mit denen ein Sprecher eine oder mehrere am Gespräch nicht unmittelbar beteiligte Personen zu einer Handlung auffordern möchte, werden gebildet durch die 3. Person Singular oder Plural des Futurs vollendeter Verben (seltener des Präsens unvollendeter Verben) in Verbindung
- mit der Partikel пусть (umgangssprachlich пускай) oder
- (meist in gehobener Sprache) mit der Partikel да. Z. B.:

Пусть Валерий придёт завтра. — Waleri soll | möge (bitte) morgen kommen.
Пусть он подождёт. — Soll er (bitte) warten.
Пускай все выйдут – я хочу побыть один. — Es sollen (bitte) alle hinausgehen, ich will allein sein.
Да будет мир. — Möge Friede herrschen.
Да будет вам известно, что Новиков давно уже у нас не работает. — Wollen Sie (bitte) zur Kenntnis nehmen, dass (der) Herr Nowikow schon seit langem nicht mehr bei uns arbeitet.

Zum Gebrauch der Imperativformen der 2. Person Sg/Pl

188

Imperativformen der 2. Person bezeichnen grundsätzlich *Aufforderungen* – z. B. Bitten, Wünsche, Ratschläge, Anweisungen, Befehle – eines Sprechers oder Schreibers, die genannte Handlung zu vollziehen (oder nicht zu vollziehen); sie können von vollendeten und von unvollendeten Verben gebildet werden.

Nichtverneinte Imperativformen werden (wegen der Erwartung eines Handlungsergebnisses) insbesondere von vollendeten Verben gebraucht; ihre Verwendung ist für die Anrede fremder Personen wie auch für das Erteilen von Anweisungen charakteristisch. Z. B.:

189

Позвоните мне завтра. — Rufen Sie mich (bitte) morgen an!
Будьте добры, откройте окно. — Seien Sie so gut und öffnen Sie das Fenster!
Сходите (v.) на выставку молодых художников. Она очень интересна. — Besuchen Sie die Ausstellung junger Maler. Sie ist sehr interessant.
(In einem Verkehrsmittel:)
Разрешите пройти. — Gestatten Sie (lassen Sie mich bitte durch).
(Beim Arzt:) Разденьтесь до пояса. — Machen Sie den Oberkörper frei.
(Aufschrift auf einem Automaten:)
Опустите деньги и оторвите билет. — Bitte Geld einwerfen und Fahrschein abreißen.

Unvollendete Verben werden verwendet, wenn Dauer oder Wiederholung der betreffenden Handlung oder ihre Inangriffnahme, Fortsetzung oder Beendigung im Blickfeld des Sprechers liegt; oft sind es **Bitten oder Ratschläge,** die an vertraute Personen übermittelt werden. Z. B.:

Регуля́рно принима́йте лека́рство.	– Nehmen Sie die Arznei regelmäßig ein!
Приходи́те к нам в го́сти.	– Besuchen Sie uns (Besucht uns) doch einmal.
(Bei einem Besuch:)	
Раздева́йтесь, пожа́луйста.	– Legen Sie bitte (Ihre Garderobe) ab.
Проходи́те.	– Gehen Sie weiter | durch.
Вы слу́шаете му́зыку? Продолжа́йте, продолжа́йте, я не бу́ду вам меша́ть.	– Ihr hört Musik? Hört weiter, ich werde | will euch nicht stören.
Зака́нчивайте контро́льную рабо́ту и сдава́йте тетра́ди.	– Beendet die Kontrollarbeit und gebt eure Hefte ab!

In bestimmten Situationen verleiht der vollendete Aspekt der Aufforderung größeren Nachdruck; vgl. z. B.:

Приходи́те в четы́ре часа́.	– Kommen Sie (bitte) um vier Uhr.
Приди́те в четы́ре часа́.	– Seien Sie um vier Uhr hier.

Mitunter reagiert ein Sprecher auf eine ihm in Frageform vorgetragene Bitte zustimmend mit einer Aufforderung; die entsprechende Imperativform kann sowohl im unvollendeten wie im vollendeten Aspekt stehen. Z. B.:

– Мо́жно войти́?	– „Darf ich hereinkommen?"
– Входи́те | Войди́те.	– „Bitte(, kommen Sie herein)."
– Мо́жно взять у вас каранда́ш?	– „Darf ich Ihren Bleistift benutzen?"
– Бери́те | Возьми́те.	– „Ja(, bitte)."

190 *Verneinte Imperativformen* des vollendeten Aspekts drücken eine Warnung vor einer unerwünschten Handlung aus; in der Umgangssprache wird die Warnung häufig durch смотри́(-те) verstärkt. Z. B.:

Здесь ско́льзко, не упади́.	– Hier ist es glatt, fall nicht hin!
Смотри́, не обре́жься (не обожги́сь).	– Pass auf, dass du dich nicht schneidest (nicht verbrennst)!
Смотри́те, не опозда́йте.	– Seht zu, dass ihr nicht zu spät kommt.

Verneinte Imperativformen des unvollendeten Aspekts drücken eine **dringende Aufforderung, etwas nicht zu tun,** ein **direktes Verbot** aus, z. B.:

Пожа́луйста, не меша́й мне чита́ть.	– Bitte stör mich nicht beim Lesen!
Не говори́те ему́ об э́том!	– Sagen Sie ihm nichts davon! (Sprechen Sie nicht mit ihm darüber!)

Zu verneinten Imperativformen nichtpräfigierter Verben der Bewegung ↗ 107.

191 Gelegentlich wird durch Hinzutreten des Personalpronomens der 2. Person zum Imperativ eine **dringliche Bitte** ausgedrückt, z. B.:

Ты сади́сь вот на э́тот стул.	– Setz dich doch bitte auf diesen Stuhl!
То́лько вы отвеча́йте мне сра́зу.	– Nur antworten Sie mir doch bitte sofort!

Durch Anfügen der Partikel -ка an die Imperativform wird eine **mildere Aufforderung** ausgedrückt, z. B.:

Да́й-ка мне слова́рь.	– Gib mir bitte mal das Wörterbuch.
Встава́йте-ка, пора́ собира́ться в доро́гу.	– Steht bitte auf, es ist Zeit aufzubrechen.

Imperativformen der 2. Person Singular werden in der Umgangssprache mitunter auch *anstelle des Indikativs oder des Konjunktivs* verwendet.

Statt des Indikativs können Imperativformen gebraucht werden,
- um ein Müssen (verneint: Nicht-Dürfen) auszudrücken, z. B.:

  Все ушли́, а я сиди́ до́ма. — Alle sind weggegangen, nur ich muss zu Hause sitzen.

  Я и сло́ва ему́ не скажи́ | говори́. — Ich darf ihm kein einziges Wort sagen.

- um den unerwarteten, gewöhnlich unerwünschten Eintritt einer Handlung in der Vergangenheit auszudrücken (meist durch и oder возьми́ и verstärkt), z. B.:

  Она́ упади́ и сломай́ себе́ но́гу. — Da fiel sie plötzlich und brach sich ein Bein.

  Я ему́ на́чал (начала́) говори́ть, а он вдруг возьми́ и побеги́. — Ich begann mit ihm zu reden, und da lief er plötzlich weg.

  Его́ ждут, а он и опозда́й на це́лый час. — Da wartet man auf ihn, und er kommt eine ganze Stunde zu spät!

Statt des Konjunktivs können Imperativformen in einem konjunktionslosen Nebensatz gebraucht werden, um eine unerfüllte Bedingung anzuführen; vgl. z. B.:

Приди́ я домо́й ра́ньше, ничего́ не случи́лось бы.
Éсли бы я пришёл (пришла́) ра́ньше, то ничего́ не случи́лось бы.
— Wäre ich früher nach Hause gekommen, wäre nichts passiert.

Die Passivformen

Die Formbildung

Die konjugierten Passivformen werden in der Regel nur von transitiven Verben (↗ 114) gebildet. Ihre Bildeweise ist – je nachdem, ob die Formen von unvollendeten oder von vollendeten Verben abgeleitet werden – unterschiedlich:
- Die Passivformen *unvollendeter Verben* werden gebildet, indem an die Aktivformen (des Infinitivs, des Präsens, des Futurs, des Präteritums oder des Konjunktivs) das Postfix -ся (nach Konsonant) oder -сь (nach Vokal) angefügt wird. Diese Verbformen werden gewöhnlich nur in der 3. Person (Singular und Plural) gebraucht, und als Subjekt treten nur unbelebte Substantive auf. Z. B.:

  Inf. стро́иться – gebaut werden
  Präs. Здесь стро́ится де́тская больни́ца. – ... wird ... gebaut.
  Fut. Здесь бу́дет стро́иться де́тская больни́ца. – ... wird ... gebaut werden.
  Prät. Здесь стро́илась де́тская больни́ца. – ... wurde ... gebaut (... ist ... gebaut worden).

- Die zusammengesetzten Passivformen *vollendeter Verben* werden gebildet, indem die Kurzformen des Partizips des Präteritums Passiv (↗ 221) mit den entsprechenden Formen des Hilfsverbs быть verbunden werden; dabei stimmen die Passivformen mit ihrem Bezugswort, dem Subjekt des Satzes, in Person und Numerus oder in Genus und Numerus überein. Z. B.:

  Inf. быть постро́ен – gebaut werden
  Fut. Здесь бу́дет постро́ена де́тская больни́ца. – ... wird ... gebaut werden.
  Prät. Здесь была́ постро́ена де́тская больни́ца. – ... wurde ... gebaut (ist gebaut worden).

Zum Formenbestand der konjugierten Passivformen ↗ 79.

194 Zu der geringen Zahl intransitiver Verben, von denen Passivformen gebildet werden können, gehören z. B.:
руководи́ть *mit I.*:
руководи́мый арти́стом кружо́к – der von einem Künstler geleitete Zirkel;
управля́ть *mit I.*:
Самолёт управля́ется же́нщиной. – Das Flugzeug wird von einer Frau gesteuert.

Von einigen transitiven Verben werden gewöhnlich keine konjugierten Passivformen gebildet; hierzu gehören z. B.:
ви́деть, слы́шать, чу́вствовать, заста́ть/застава́ть, перейти́/переходи́ть, обня́ть/обнима́ть.

Zum Gebrauch der Passivformen

195 Passivkonstruktionen treten häufiger in der Schriftsprache, insbesondere in wissenschaftlichen Texten und in amtlichen Schriftstücken, auf.
Merkmale des vollendeten Aspekts sind auch bei den Passivformen die Ganzheitlichkeit der Handlung, das Erreichen ihres Endpunktes – häufig ihres Abschlusses oder Ergebnisses; der unvollendete Aspekt bezeichnet die Handlung als solche, ihren Verlauf – häufig ihre unbegrenzte Dauer oder Wiederholung, z. B.:

Э́тот ме́тод применя́ется для изуче́ния проце́ссов обме́на веще́ств в органи́зме. – Diese Methode wird zum Studium von Stoffwechselvorgängen im Organismus angewandt.

В после́днее вре́мя э́тот вопро́с широко́ обсужда́лся в литерату́ре. – In letzter Zeit wurde diese Frage in der Fachliteratur umfassend diskutiert.

В результа́те иссле́дований бы́ли полу́чены о́чень интере́сные све́дения. – Durch die Untersuchungen sind sehr interessante Daten gewonnen worden.

(Aus einem Kaufvertrag:)
Платёж за това́р бу́дет произведён прямы́м ава́нсовым перево́дом. – Die Bezahlung der Ware erfolgt durch direkte Vorauszahlung.

Zum Gebrauch der Partizipien des Passivs sowie zur Unterscheidung von Vorgangs- und Zustandspassiv ↗ 231 ff.

196 Passivkonstruktionen mit konjugierten Verbformen stehen inhaltlich mitunter Aktivkonstruktionen in Gestalt der so genannten unbestimmt-persönlichen Sätze (↗ 725) nahe; vgl. z. B.
Passivkonstruktion:
Здесь продаю́тся биле́ты (*N. Pl.*) на конце́рты. – Hier werden Konzertkarten verkauft.

Aktivkonstruktion (unbestimmt-persönlicher Satz):
Здесь продаю́т биле́ты (*A. Pl.*) на конце́рты. – Hier werden Konzertkarten verkauft.

Die nichtkonjugierten Verbformen

Zu den nichtkonjugierten Verbformen gehören die Infinitive, die Partizipien und die Adverbialpartizipien; ihre Bildung und ihr Gebrauch werden im Folgenden behandelt.

Der Infinitiv

Infinitive werden nach ihrer Zugehörigkeit zum Aspekt (vollendeter oder unvollendeter Aspekt) und zum verbalen Genus (Aktiv oder Passiv) unterschieden. **197**

Die Formbildung

Kennzeichen des *Infinitivs im Aktiv* ist das Suffix -ть; es wird an den vokalisch auslautenden Infinitivstamm angefügt, z. B.: **198**
про-/читáть, умéть, по-/трéбовать, прыгнуть *v.*, по-/стрóить;
на-/писáть, вымыть/мыть, терéть, у-/вйдеть, лежáть.

Für die konsonantisch auslautenden Stämme gilt:
– Lautet der Stamm auf -с-, -з-, -т-, -д- oder -б- aus (8. unproduktive Gruppe), so wird -ти oder (seltener) -ть angefügt; dabei wechseln -т-, -д- und -б- mit -с-, z. B.:
спастй *v.*, везтй, лезть;
местй (vgl. метý, метёшь), класть (vgl. кладý, кладёшь), грестй (vgl. гребý, гребёшь).
In der Regel ist das Infinitivsuffix -ти betont; nur die mit dem Präfix вы- gebildeten vollendeten Verben (↗ 135) haben in allen Formen den Akzent auf diesem Präfix; vgl. z. B.:
везтй, aber: вывезти/вывозйть; нестй, aber: вынести/выносйть.

– Lautet der Stamm auf -к- oder -г- aus (9. unproduktive Gruppe), so hat der Infinitiv das Kennzeichen -чь, z. B.:
печь (vgl. пекý, печёшь), мочь (vgl. могý, мóжешь).

Der Infinitiv reflexiver Verben wird durch Anfügen des Postfixes -ся (-сь) an das Infinitivsuffix gebildet, z. B.: одéться/одевáться, встрéтиться/встречáться, нестйсь, берéчься.

Die *Passivform des Infinitivs* **199**
– unvollendeter Verben wird durch Anfügen von -ся (-сь) an das Infinitivsuffix gebildet,
– vollendeter Verben wird durch eine zusammengesetzte Form, bestehend aus dem Infinitiv des Hilfsverbs быть und aus der entsprechenden Kurzform des Partizips des Präteritums Passiv, gebildet (↗ auch 79). Vgl. z. B.:
стрóить: стрóиться – errichtet werden; пострóить *v.*: быть пострóен – errichtet werden.

Zum Gebrauch der Infinitivformen

Im Satz ist der Infinitiv eines Verbs entweder einem anderen Wort, z. B. einem Verb oder einem Zustandswort, untergeordnet (man spricht dann von einem abhängigen Infinitiv), oder er tritt in einem Infinitivsatz als unabhängiges Glied auf. **200**

Der *Aspekt eines abhängigen Infinitivs* hängt häufig von der Bedeutung des übergeordneten Wortes ab. **201**

- In Verbindung mit *Phasenverben*, die Beginn, Fortsetzung oder Abschluss einer Handlung bezeichnen, wird stets der unvollendete Infinitiv gebraucht.
Zu Phasenverben gehören u. a. нача́ть/начина́ть, стать *v.*, приня́ться/принима́ться; продолжа́ть; ко́нчить/конча́ть, прекрати́ть/прекраща́ть, переста́ть/перестава́ть, бро́сить/броса́ть. Z. B.:

У На́ди на́чал боле́ть зуб.	– Nadja bekam Zahnschmerzen.
Я сра́зу же стал(-а) расска́зывать о случи́вшемся.	– Ich begann sofort von dem Geschehenen zu erzählen.
Брат продолжа́ет рабо́тать над э́той те́мой.	– Mein Bruder arbeitet an diesem Thema weiter.
Они́ не прекраща́ли спо́рить.	– Sie hörten nicht auf zu streiten.

Ein unvollendeter Infinitiv steht auch bei Verben, die die Befähigung zu einer Handlung, eine Gewöhnung oder einen Verdruss bezeichnen, u. a. bei учи́ть, на-/учи́ться, уме́ть; привы́кнуть/привыка́ть, отвы́кнуть/отвыка́ть, люби́ть; уста́ть/устава́ть, надое́сть/надоеда́ть, наску́чить *v.*; z. B.:

Оте́ц учи́л меня́ ходи́ть на лы́жах.	– Mein Vater hat mir das Skilaufen beigebracht.
Я совсе́м не уме́ю танцева́ть.	– Ich kann überhaupt nicht tanzen.
Мы привы́кли ра́но встава́ть.	– Wir haben uns angewöhnt, früh aufzustehen.
Мне надое́ло повторя́ть одно́ и то же.	– Ich habe es satt, immer dasselbe zu sagen.

- In Verbindung mit *Modalwörtern* (Modalverben oder modalen Zustandswörtern) steht teils der vollendete, teils der unvollendete Infinitiv. Orientierung bietet die folgende Übersicht.

  • Modalwörter zum Ausdruck der Möglichkeit oder Unmöglichkeit: *können, nicht können*

  мочь
  мо́жно | + vollendeter Inf.

  не мочь
  нельзя́, невозмо́жно | + vollendeter Inf.

  Z. B.:

Вы мо́жете немно́го подожда́ть?	Вале́рий не смо́жет сего́дня прийти́.
Э́то мо́жно легко́ объясни́ть.	Здесь нельзя́ прое́хать – мост разру́шен.
Реши́ть зада́чу тру́дно, но мо́жно.	Его́ нельзя́ заста́ть до́ма.

  • Modalwörter zum Ausdruck der Erlaubnis oder des Verbots: *dürfen, nicht dürfen*

  мочь
  мо́жно | + vollendeter/ unvollendeter[1] Inf.

  не мочь
  нельзя́
  не до́лжен | + unvollendeter Inf.

  Z. B.:

Могу́ ли я взять э́ту кни́гу?	Вы не должны́ э́того де́лать.
Мо́жно войти́?	Вам нельзя́ чита́ть без очко́в.

  Aber *uv.*: Здесь мо́жно кури́ть.

  • Modalwörter zum Ausdruck von Notwendigkeit, Entbehrlichkeit: *müssen, nicht brauchen*

  до́лжен
  на́до, ну́жно | + vollendeter/ unvollendeter[1] Inf.

  не до́лжен
  не на́до, не ну́жно | + unvollendeter Inf.

  Z. B.:

Вы должны́ отве́тить на э́то письмо́.	Он не до́лжен э́того ви́деть.
Мне на́до встре́титься с ва́ми.	Вам не на́до об э́том расска́зывать.
Вам ну́жно обрати́ться к врачу́.	Сего́дня тебе́ не ну́жно приходи́ть.

  Vgl.: Мне на́до выходи́ть (*uv.*) из до́ма в 8 часо́в.
  Сего́дня мне на́до вы́йти (*v.*) из до́ма в 7 часо́в.

---

[1] Bei Aspektpaaren dient der vollendete Aspekt dem Ausdruck ergebnisorientierter oder einmaliger Handlungen; sich wiederholende oder andauernde Handlungen werden durch den unvollendeten Aspekt bezeichnet.

- Modalwörter zum Ausdruck der Erwünschtheit (Unerwünschtheit): *wollen, nicht wollen*

  хотéть   + vollendeter/   не хотéть   + unvollendeter Inf.
           unvollendeter¹ Inf.

Z. B.:
Я хочý изучи́ть рýсский язы́к.   Он не захотéл со мной разгова́ривать.
Ли́да хóчет стать врачóм.
Aber *uv.*: Ма́льчик óчень хотéл пить.
Vgl.: Я надéюсь встреча́ться (*uv.*) с ва́ми ча́сто.
      Я надéюсь скóро встрéтиться (*v.*) с ва́ми.

- In Verbindung mit unbestimmten *Verben der Bewegung* steht der unvollendete Infinitiv, in Verbindung mit bestimmten Verben teils der vollendete, teils der unvollendete Infinitiv, z. B.:

  Вчера́ мы ходи́ли собира́ть грибы́.   – Gestern waren wir Pilze sammeln.
  Молодóй человéк подошёл спроси́ть   – Ein junger Mann kam (zu mir), um sich nach
  а́дрес.   der Adresse zu erkundigen.
  Он ушёл обéдать.   – Er ist Mittag essen gegangen.

- In Verbindung mit einigen vollendeten Verben, die das Erreichen eines (positiven oder negativen) Ergebnisses ausdrücken, steht der vollendete Infinitiv; hierzu gehören смочь *v.*, сумéть *v.*, уда́ться *v.*, успéть *v.*, ferner забы́ть *v.*, z. B.:

  Я (не) сумéл(-а) реши́ть зада́чу.   – Ich konnte die Aufgabe (nicht) lösen.
  Емý удалóсь доста́ть билéты на   – Es gelang ihm, Konzertkarten zu bekommen.
  концéрт.
  Я забы́л(-а) спроси́ть об э́том.   – Ich habe vergessen, danach zu fragen.

Zu Sätzen wie Я к немý – а он бежа́ть ↗ 713.

Der *Aspekt eines unabhängigen Infinitivs* (↗ 729) hängt vom Sinn der Äußerung ab. Unterscheiden lassen sich insbesondere:

- Infinitivsätze zum Ausdruck der Möglichkeit oder der Unmöglichkeit einer Handlung: *können, nicht können:* vollendeter Inf.

  К комý нам обрати́ться?   – An wen können (sollen) wir uns wenden?
  Вам здесь не пройти́!   – Sie können hier nicht durchgehen!
  Где мне узна́ть а́дрес э́того институ́та? – Wo kann ich die Anschrift dieses Instituts
                                          erfahren?
  От своéй судьбы́ не уйти́.   – Seinem Schicksal kann man nicht entrinnen.

- Infinitivsätze zum Ausdruck der Notwendigkeit oder der Entbehrlichkeit einer Handlung: *müssen, nicht brauchen:* unvollendeter Inf.

  За́втра нам ра́но встава́ть.   – Morgen müssen wir früh aufstehen.
  Емý не сдава́ть экза́менов.   – Er braucht keine Prüfungen abzulegen.
  Э́тот вопрóс не мне реша́ть.   – Diese Frage brauche nicht ich zu entscheiden.

- Infinitivsätze zum Ausdruck der Erwünschtheit oder der Unerwünschtheit einer Handlung: *wollen:* vollendeter/unvollendeter Inf. + бы, *nicht wollen:* unvollendeter/vollendeter² Inf. + бы

  Тебé бы поговори́ть с ней.   – Du solltest mit ihr sprechen.
  Не опа́здывать бы нам!   – Wir wollen uns nicht verspäten!

---

¹ Bei Aspektpaaren dient der vollendete Aspekt dem Ausdruck ergebnisorientierter oder einmaliger Handlungen; sich wiederholende oder andauernde Handlungen werden durch den unvollendeten Aspekt bezeichnet.
² Durch die Verwendung des vollendeten Aspekts drückt der Sprecher die Befürchtung aus, dass die nicht gewollte Handlung doch eintreten könnte.

Die Partizipien

203 Partizipien sind Verbformen, die einen Prozess als Merkmal eines Gegenstandes (einer Person oder einer Sache) bezeichnen. Vgl. z. B.:
– Satzgefüge mit einem *Attributsatz*
  Самолёт, который вы́летел в 10 часо́в, опозда́л.
– Einfacher Satz mit einer *Partizipialkonstruktion* in attributiver Funktion
  Самолёт, вы́летевший в 10 часо́в, опозда́л.

In allen Partizipien sind einerseits die verbalen Kategorien des Aspekts (vollendeter oder unvollendeter Aspekt), des verbalen Genus (Aktiv oder Passiv) und des Tempus (Präsens oder Präteritum) ausgedrückt, andererseits die für Nomen charakteristischen Kategorien des Genus, des Numerus und – eingegrenzt auf die Langformen – des Kasus.

Gebildet werden die Partizipien vom Präsens- oder vom Infinitivstamm mithilfe bestimmter Suffixe und daran angefügter adjektivischer Endungen.

204 Im Russischen werden (zum Unterschied vom Deutschen, das nur zwei Partizipien kennt) vier Partizipien unterschieden, zwei des Aktivs und zwei des Passivs:
– das Partizip des *Präsens Aktiv*, gebildet nur von unvollendeten Verben, erkennbar an den Suffixen -ущ-|-ющ- oder -ящ-|-ащ-,
– das Partizip des *Präteritums Aktiv*, gebildet von vollendeten und unvollendeten Verben, erkennbar an den Suffixen -вш- oder -ш-,
– das Partizip des *Präsens Passiv*, gebildet nur von unvollendeten transitiven Verben, erkennbar an den Suffixen -ем- oder -им-,
– das Partizip des *Präteritums Passiv*, gebildet vorzugsweise von vollendeten transitiven Verben, erkennbar an den Suffixen -нн-, -енн- (betont -ённ-) oder -т-.

Von den Partizipien des Passivs können sowohl Lang- wie auch Kurzformen gebildet werden.

Der Formenbestand der Partizipien im Überblick

Muster: про-/чита́ть

	Aktiv		Passiv	
Part. Präs.	чита́ющий, -ая, -ее; -ие	lesend (jemand, der liest)	чита́емый, -ая, -ое; -ые[1]	gelesen werdend (etwas, das gelesen wird)
Kurzform	—		чита́ем, -а, -о; -ы	wird (werden) gelesen
Part. Prät.	про-/чита́вший, -ая, -ее; -ие	gelesen habend (jemand, der gelesen hat)	про-/чи́танный, -ая, -ое; -ые[1]	gelesen
Kurzform	—		прочи́тан, -а, -о; -ы	ist (sind) gelesen worden

[1] Zu Passivpartizipien auf -ся (z. B. чита́ющийся oder чита́вшийся) ↗ 218, 226.

205 Partizipien reflexiver Verben weisen – zum Unterschied von den konjugierten Verbformen – stets (sowohl nach Konsonant wie nach Vokal) das Postfix -ся auf, z. B.:
студе́нт, занима́ющийся ру́сским языко́м; студе́нтка, занима́ющаяся ру́сской литерату́рой XIX века.

Die Verwendung von Partizipien im Satz ist der von Adjektiven vergleichbar: **206**
– Ihre *Langformen* werden in der Regel *in attributiver Funktion* gebraucht. Sie werden wie Adjektive dekliniert (↗ 344) und stimmen mit ihrem Bezugswort, einem Substantiv, in Genus, Numerus und Kasus überein. Z. B.:

игра́ющие во дворе́ де́ти	– die auf dem Hof spielenden Kinder
маши́ны, выпуска́емые э́тим заво́дом	– die Maschinen, die in diesem Betrieb hergestellt werden (oder: die in diesem Betrieb hergestellten …)
прибы́вшая в Москву́ гру́ппа тури́стов	– die in Moskau eingetroffene Touristengruppe
напи́санная журнали́стом статья́	– der von einem Journalisten verfasste Artikel
экипа́ж вы́летевшего самолёта	– die Crew des gestarteten Flugzeuges

– Ihre (nur von Partizipien des Passivs gebildeten) *Kurzformen* werden – in Verbindung mit den Formen des Hilfsverbs быть – gewöhnlich *in prädikativer Funktion* gebraucht; sie stimmen wie die Kurzformen von Adjektiven (↗ 340) mit ihrem Bezugswort, dem Subjekt des (Teil-)Satzes, in Genus und Numerus überein. Z. B.:

Он уважа́ем все́ми сотру́дниками институ́та.	– Er wird von allen Institutsmitarbeitern geachtet.
Э́та статья́ была́ напи́сана 10 лет тому́ наза́д.	– Dieser Artikel wurde vor 10 Jahren geschrieben (oder: Dieser Artikel ist … geschrieben worden).
Зака́з бу́дет вы́полнен к сро́ку.	– Der Auftrag wird termingerecht ausgeführt (werden).

Nicht von jedem Verb können alle Partizipien gebildet werden; die Möglichkeit der Formbildung ist vom Aspekt, von der Transitivität und von der lexikalischen Bedeutung des jeweiligen Verbs abhängig: **207**
– Partizipien des Präsens werden nur von unvollendeten Verben, Partizipien des Präteritums Passiv meist von vollendeten Verben gebildet.
– Nur von transitiven Verben können sowohl Aktiv- wie Passivpartizipien gebildet werden; intransitive Verben, darunter die reflexiven Verben, bilden nur Partizipien des Aktivs.

Die Bildung der Partizipien des Aktivs

Das Partizip des Präsens Aktiv

Partizipien des Präsens Aktiv werden vom Präsensstamm unvollendeter Verben gebildet, und zwar **208**
– bei Verben der -e-Konjugation mit dem Suffix -ущ- | -ющ-,
– bei Verben der -и-Konjugation mit dem Suffix -ящ- | -ащ-
und der entsprechenden adjektivischen Endung.
Praktisch bedeutet das, dass man das Partizip von der 3. Person Plural des Präsens ableiten kann, indem man -т- der Endung durch -щ- ersetzt und die adjektivische Endung anfügt. Z. B.:
чита́ть (они́ чита́ют): чита́ющий, -ая, -ее; -ие
занима́ться (занима́ются): занима́ющийся, -аяся, -ееся; -иеся
прису́тствовать (прису́тствуют): прису́тствующий, -ая, -ее; -ие
танцева́ть (танцу́ют): танцу́ющий, -ая, -ее; -ие
писа́ть (пи́шут): пи́шущий, -ая, -ее; -ие
иска́ть (и́щут): и́щущий, -ая, -ее; -ие

дава́ть (даю́т): даю́щий, -ая, -ее; -ие
боро́ться (бо́рются): бо́рющийся, -аяся, -ееся; -иеся
нести́ (несу́т): несу́щий, -ая, -ее; -ие
мочь (мо́гут): могу́щий, -ая, -ее; -ие (Betonung!)
жить (живу́т): живу́щий, -ая, -ее; -ие
петь (пою́т): пою́щий, -ая, -ее; -ие

говори́ть (они́ говоря́т): говоря́щий, -ая, -ее; -ие
стро́ить (стро́ят): стро́ящий, -ая, -ее; -ие
происходи́ть (происхо́дят): происходя́щий, -ая, -ее; -ие
труди́ться (тру́дятся): трудя́щийся, -аяся, -ееся; -иеся
горе́ть (горя́т): горя́щий, -ая, -ее; -ие
ви́деть (ви́дят): ви́дящий, -ая, -ее; -ие
лежа́ть (лежа́т): лежа́щий, -ая, -ее; -ие
стоя́ть (стоя́т): стоя́щий, -ая, -ее; -ие

209 Einzelne Partizipien weisen – bedingt durch Varianten im Präsens – *Doppelformen* auf, z. B.:
ка́пать (ка́пают und *alt* ка́плют): ка́пающий und ка́плющий
маха́ть (ма́шут und *ugs.* маха́ют): ма́шущий und маха́ющий
Das Verb дви́гать weist zwei Partizipien auf, die sich bedeutungsmäßig unterscheiden:
дви́гать (дви́гают) – bewegen: дви́гающий (челове́к, дви́гающий ме́бель) und
дви́гать (дви́жут) – (vorwiegend *übertr.*) in Bewegung setzen; fördern: дви́жущий (дви́жущая си́ла).

210 Die *Betonung* der Partizipien des Präsens Aktiv entspricht
 – bei Verben der -e-Konjugation der Betonung der 3. Person Plural des Präsens,
 – bei Verben der -и-Konjugation in der Regel der Betonung des Infinitivs. (Beispiele ↗ 208)
Einzelne Verben auf -и́ть ziehen den Akzent im Partizip um eine Silbe zurück oder weisen Betonungsvarianten auf, z. B.:
люби́ть (лю́бят): лю́бящий, служи́ть (слу́жат): слу́жащий, ebenso дыша́ть (ды́шат): ды́шащий
дружи́ть (дру́жат): дру́жащий und дружа́щий
учи́ть (у́чат): у́чащий und уча́щий (учи́ться: nur уча́щийся)

Das Partizip des Präteritums Aktiv

211 Partizipien des Präteritums Aktiv werden vom Infinitiv- oder (selten) vom Präteritalstamm vollendeter und unvollendeter Verben abgeleitet, und zwar
 – mit dem Suffix -вш-, wenn der Stamm auf Vokal auslautet,
 – mit dem Suffix -ш-, wenn der Stamm auf Konsonant auslautet (das ist nur bei Verben einiger unproduktiver Gruppen der Fall),
und der entsprechenden adjektivischen Endung.
Praktisch bedeutet das, dass man das Partizip von der maskulinen Form des Präteritums ableiten kann, indem man -л- durch -вш- ersetzt oder an eine ohne -л- gebildete Präteritalform -ш- anfügt und die adjektivische Endung hinzufügt. Z. B.:
про-/чита́ть (*Prät.* он про-/чита́л): про-/чита́вший, -ая, -ее; -ие
рабо́тать: рабо́тавший, -ая, -ее; -ие
прису́тствовать: прису́тствовавший, -ая, -ее; -ие
существова́ть: существова́вший, -ая, -ее; -ие
сту́кнуть *v.*: сту́кнувший, -ая, -ее; -ие

вернуться *v.*: верну́вшийся, -аяся, -ееся; -иеся
вы́полнить/выполня́ть: вы́полнивший/выполня́вший, -ая, -ее; -ие
на-/писа́ть *v.*: на-/писа́вший, -ая, -ее; -ие
показа́ть *v.*: показа́вший, -ая, -ее; -ие
подня́ться *v.*: подня́вшийся, -аяся, -ееся; -иеся
боро́ться: боро́вшийся, -аяся, -ееся; -иеся
уви́деть *v.*: уви́девший, -ая, -ее; -ие
закрича́ть *v.*: закрича́вший, -ая, -ее; -ие
отда́ть *v.*: отда́вший, -ая, -ее; -ие
прибы́ть *v.*: прибы́вший, -ая, -ее; -ие

Verben auf -сти oder -зти, -сть oder -зть mit Stammauslaut auf -с- oder -з- (Gruppe 8.1):
принести́ *v.* (*Prät.* он принёс): принёсший, -ая, -ее; -ие
привезти́ *v.* (он привёз): привёзший, -ая, -ее; -ие
спасти́ *v.* (он спас): спа́сший, -ая, -ее; -ие

Verben auf -чь mit Stammauslaut auf -к- oder -г- (9. Gruppe):
влечь (*Prät.* он влёк): влёкший, -ая, -ее; -ие
помо́чь *v.* (он помо́г): помо́гший, -ая, -ее; -ие

Verben auf -ереть und Präteritalstamm auf -ёр-|-ер- (7. Gruppe):
умере́ть *v.* (*Prät.* он у́мер): уме́рший, -ая, -ее; -ие

Einzelne isolierte Verben:
расти́ (он рос): ро́сший, -ая, -ее; -ие
лечь *v.* (он лёг): лёгший, -ая, -ее; -ие

Die Partizipien des Präteritums Aktiv einiger Verben weisen *Besonderheiten* auf.
Verben mit Infinitiv auf -сти oder -сть und Stammauslaut auf -т- oder -д- (erkennbar an den Präsensformen – Gruppe 8.3) bilden das Partizip ebenfalls auf -ш-, z. B.:
цвести́ (*Präs.* они́ цвету́т): цве́тший, -ая, -ее; -ие
приобрести́ *v.* (приобрету́т): приобре́тший, -ая, -ее; -ие
мести́ (мету́т): мётший, -ая, -ее; -ие (mit Vokalwechsel e : ё)
вести́ (веду́т): ве́дший, -ая, -ее; -ие
привести́ *v.* (приведу́т): приве́дший, -ая, -ее; -ие
Ausnahmen: класть (vgl. они́ кладу́т): кла́вший, красть (vgl. краду́т): кра́вший, упа́сть *v.* (vgl. упаду́т): упа́вший, сесть *v.* (vgl. ся́дут): се́вший.

Das Verb идти́ und seine präfigierten Ableitungen bilden das Partizip von der Wurzel шед- mithilfe des Suffixes -ш-:
идти́ (vgl. *Prät.* шёл): ше́дший, -ая, -ее; -ие
войти́ *v.* (vgl. *Prät.* вошёл): воше́дший, -ая, -ее; -ие
произойти́ *v.* (vgl. *Prät.* произошёл): происше́дший | произоше́дший, -ая, -ее; -ие

Verben auf -нуть (4. Gruppe) bilden das Partizip gewöhnlich vom Infinitivstamm auf -вш-, seltener vom Präteritalstamm (ohne -ну-) auf -ш-, oder sie weisen Doppelformen auf:
исче́знуть *v.* (*Prät.* он исче́з): исче́знувший, -ая, -ее; -ие
возни́кнуть *v.* (*Prät.* он возни́к): возни́кший, -ая, -ее; -ие
проки́снуть *v.* (*Prät.* он проки́с): проки́сший, -ая, -ее; -ие
дости́гнуть | дости́чь *v.* (*Prät.* он дости́г | дости́гнул): дости́гший | дости́гнувший, -ая, -ее; -ие
со́хнуть (*Prät.* он сох | со́хнул): со́хший | со́хнувший, -ая, -ее; -ие

213 Die *Betonung* der Partizipien des Präteritums Aktiv
– mit dem Suffix -вш- entspricht der Betonung des Infinitivs,
– mit dem Suffix -ш- liegt auf der Silbe vor dem Suffix. (Beispiele ↗ 211 ff.)
Eine Ausnahme bilden nur die mit dem Präfix вы- gebildeten vollendeten Verben (↗ 135), z. B.:
вы́работать *v.*: вы́работавший; вы́вести *v.*: вы́ведший; вы́йти *v.*: вы́шедший.

Zum Gebrauch der Partizipien des Aktivs

214 Die Partizipien des Aktivs werden vorwiegend in der Schriftsprache gebraucht. Sie stehen im Satz *in attributiver Funktion* und stimmen mit dem Substantiv, auf das sie sich beziehen, in Genus, Numerus und Kasus überein.
Ein *einfaches Partizip* steht in der Regel vor seinem Bezugswort, z. B.:
чита́ющий студе́нт, игра́ющие де́ти, заболе́вшая же́нщина.
Ist ein Partizip mit einem Objekt oder einer Adverbialbestimmung verbunden, so spricht man von einer *Partizipialkonstruktion*. Eine solche Konstruktion kann vor ihrem Bezugswort oder – als isoliertes und damit hervorgehobenes Attribut (↗ 721) – hinter ihrem Bezugswort stehen; die Hervorhebung erfolgt in mündlicher Rede durch die Intonation, im Schriftbild durch Einschluss in Kommas. Vgl. z. B.:

чита́ющий каку́ю-то кни́гу студе́нт …	– der ein Buch lesende Student
студе́нт, чита́ющий каку́ю-то кни́гу, …	
игра́ющие во дворе́ де́ти …	– die auf dem Hof spielenden Kinder
де́ти, игра́ющие во дворе́, …	
тяжело́ заболе́вшая же́нщина …	– die schwer erkrankte Frau
же́нщина, тяжело́ заболе́вшая, …	

Die *Tempusformen* der Aktivpartizipien – des Präsens oder des Präteritums – haben meist relativen Zeitbezug (↗ 77): Sie drücken (zusammen mit den Aspektmerkmalen) das Verhältnis der durch das Partizip bezeichneten Handlung zum Zeitpunkt der durch das Prädikat bezeichneten Haupthandlung des Satzes aus.
– Die unvollendeten Partizipien des *Präsens Aktiv* bezeichnen eine Handlung, die *zu gleicher Zeit* wie die Handlung des Prädikats abläuft (abgelaufen ist, ablaufen wird); nur selten bezeichnet ein solches Partizip eine Handlung, die sich unmittelbar auf den Sprechzeitpunkt bezieht, also absoluten Zeitbezug ausdrückt.
Im Deutschen kann ein solches Partizip durch das 1. Partizip (auf -(e)nd) oder durch einen aktivischen Attributsatz wiedergegeben werden.
– Die Partizipien des *Präteritums Aktiv* bezeichnen meist eine Handlung, die *zeitlich vor* der Handlung des Prädikats abgelaufen ist (durch ein Partizip vollendeter Verben wird ausgedrückt, dass das Ergebnis dieser Handlung erreicht ist).
Steht das verbale Prädikat im Präteritum, kann ein unvollendetes Partizip des Präteritums Aktiv die Gleichzeitigkeit mit der Handlung des Prädikats ausdrücken (es hat dann die gleiche Bedeutung wie das entsprechende Partizip des Präsens).
Im Deutschen kann ein solches Partizip durch das 2. Partizip eines intransitiven Verbs (auf -(e)t oder -en) oder durch einen aktivischen Attributsatz wiedergegeben werden.

215 Beispiele zum Gebrauch des Partizips des Präsens Aktiv:
Gleichzeitigkeit mit Handlung des Prädikats im Präsens

Тури́сты проезжа́ют ми́мо цвету́щих фрукто́вых дере́вьев.	– Die Touristen fahren an blühenden Obstbäumen vorüber.

Gleichzeitigkeit mit Handlung des Prädikats im Präteritum
Туристы проезжали мимо зеленеющих под лучами солнца полей.
– Die Touristen fuhren an Feldern vorbei, die unter den Sonnenstrahlen in frischem Grün leuchteten.

… даже Петрушка сидел спокойно, точно отец с матерью и дети боялись нарушить нечаянным словом тихое счастье вместе сидящей семьи. (Плат.)
– … sogar Petruschka saß ruhig, als ob Eltern und Kinder fürchteten, durch ein unbedachtes Wort das stille Glück der zusammensitzenden Familie zu zerstören.

И Чонкин, будучи человеком добрым, не умеющим никому и ни в чём отказывать, сдался. (Войн.)
– Und Tschonkin, ein guter Mensch, der niemandem irgendetwas abschlagen konnte, gab nach.

Gleichzeitigkeit mit Handlung des Prädikats im Futur
Мы увидим цветущие луга.
– Wir werden blühende Wiesen sehen.

Handlung des Partizips bezieht sich auf Sprechzeitpunkt
Я получил(-а) письмо от друзей, живущих в Новосибирске.
– Ich habe einen Brief von meinen (gegenwärtig) in Nowosibirsk lebenden Freunden erhalten.

Beispiele zum Gebrauch des Partizips des Präteritums Aktiv:
Vorzeitigkeit in Bezug auf Handlung des Prädikats im Präteritum
Тяжело заболевшую женщину положили в больницу.
– Die schwer erkrankte Frau wurde ins Krankenhaus eingewiesen.

Говорил он обо всём этом голосом человека, собравшегося переехать на новую, более удобную квартиру. (Гросс.)
– Er sagte das alles im Ton eines Mannes, der beschlossen hatte, in eine neue, geeignetere Wohnung umzuziehen.

Vorzeitigkeit in Bezug auf Handlung des Prädikats im Präsens
Сейчас … я с какой-то завистью вспоминаю о Лёшке, умевшем с такой лёгкостью абстрагироваться от всего окружающего. (Некр.)
– Heute … erinnere ich mich mit gewissem Neid an Ljoschka, der mit solcher Leichtigkeit seine ganze Umgebung vergessen konnte.

Gleichzeitigkeit: 1. Beispiel, Vorzeitigkeit: 2. Beispiel
… Настя, лежавшая на деревянном диване, долго смотрела из-под одеяла на отца, а Петрушка, легший на русскую печь, где он всегда спал, и зимой и летом, ворочался там … (Плат.)
– … Nastja, die auf dem hölzernen Sofa lag, schaute unter der Bettdecke hervor lange auf den Vater, und Petruschka, der sich auf den russischen Ofen gelegt hatte, wo er stets, sommers wie winters, schlief, wälzte sich dort hin und her …

Gleichzeitigkeit mit Handlung des Prädikats im Präteritum, ausgedrückt durch Partizipien des unvollendeten Präteritums und des Präsens
И глаза у женщин были тихие, не выражавшие ни горя, ни отчаяния, а какую-то застывшую мысль, тяжкую и безнадёжную, выражающие долгий-долгий безмолвный упрёк … (Берг.)
– Die Augen der Frauen waren still in sich gekehrt: Sie drückten weder Kummer noch Verzweiflung aus, vielmehr einen irgendwie erstarrten Gedanken der Qual und Hoffnungslosigkeit, einen abgrundtiefen stummen Vorwurf …

Die Bildung der Partizipien des Passivs

Das Partizip des Präsens Passiv

217 Lang- und Kurzformen der Partizipien des Präsens Passiv werden vom Präsensstamm unvollendeter transitiver Verben gebildet, und zwar
– bei Verben der -e-Konjugation mit dem Suffix -ем-,
– bei Verben der -и-Konjugation mit dem Suffix -им-
und mit der entsprechenden adjektivischen Endung (-ый, -ая, -ое; -ые in der Langform bzw. -ø, -а, -о; -ы in der Kurzform).
Praktisch bedeutet das, dass man das Partizip von der 1. Person Plural des Präsens ableiten kann, indem man die adjektivische Endung anfügt. Z. B.:

Infinitiv	Langformen (Nominativ)	Kurzformen
обсужда́ть (мы обсужда́ем):	обсужда́емый, -ая, -ое; -ые	обсужда́ем, -а, -о; -ы
выполня́ть (выполня́ем):	выполня́емый, -ая, -ое; -ые	выполня́ем, -а, -о; -ы
иссле́довать (иссле́дуем):	иссле́дуемый, -ая, -ое; -ые	иссле́дуем, -а, -о; -ы
организова́ть (организу́ем):	организу́емый, -ая, -ое; -ые	организу́ем, -а, -о; -ы
переводи́ть (мы перево́дим):	переводи́мый, -ая, -ое; -ые	переводи́м, -а, -о; -ы
привози́ть (привози́м):	привози́мый, -ая, -ое; -ые	привози́м, -а, -о; -ы
люби́ть (лю́бим):	люби́мый, -ая, -ое; -ые	люби́м, -а, -о; -ы
терпе́ть (те́рпим):	терпи́мый, -ая, -ое; -ые	терпи́м, -а, -о; -ы

218 Die Partizipien des Präsens Passiv einiger Verben weisen *Besonderheiten* auf.
Einzelne Verben mit Infinitiv auf -авать (дава́ть und seine präfigierten Ableitungen sowie die von -знавать und -ставать abgeleiteten Verben – 2. Gruppe) bilden das Partizip von einem Stamm auf -ава[j]-, d. h. unter Beibehaltung des Suffixes -ва-, z. B.:

дава́ть (vgl. мы даём):	дава́емый, -ая, -ое; -ые	дава́ем, -а, -о; -ы
издава́ть (vgl. издаём):	издава́емый, -ая, -ое; -ые	издава́ем, -а, -о; -ы
узнава́ть (vgl. узнаём):	узнава́емый, -ая, -ое; -ые	узнава́ем, -а, -о; -ы

Einzelne Verben auf -сти, -зти mit konsonantischem Stammauslaut auf -с-, -з-, -т- oder -д- (8. Gruppe) bilden das Partizip mit dem Suffix -ом-, z. B.:

нести́ (vgl. мы несём):	несо́мый, -ая, -ое; -ые	несо́м, -а, -о; -ы
вести́ (vgl. ведём):	ведо́мый, -ая, -ое; -ые	ведо́м, -а, -о; -ы
isoliert иска́ть (vgl. и́щем):	иско́мый, -ая, -ое; -ые	иско́м, -а, -о; -ы

Das Verb дви́гать weist zwei Partizipien auf, die sich bedeutungsmäßig unterscheiden:
дви́гать (дви́гаем) – bewegen: дви́гаемый und
дви́гать (дви́жем) – (vorwiegend *übertr.*) in Bewegung setzen; fördern: дви́жимый.

Gelegentlich werden Passivpartizipien auch von unvollendeten nichtreflexiven Verben durch Anfügen des Postfixes -ся an das entsprechende Partizip des Aktivs gebildet; vgl. z. B.:
издава́ть: *Part. Präs. Akt.* издаю́щий – herausgebend (jemand, der herausgibt);
Part. Präs. Pass. издаю́щийся – herausgegeben werdend (etwas, das herausgegeben wird).

219 Der *Bildungsbereich* der Partizipien des Präsens Passiv ist sehr eingegrenzt: Sie werden von unvollendeten transitiven Verben gebildet, vor allem von Verben auf -ать|-ять (I. Klasse), von nichtpräfigierten Verben auf -овать (II. Klasse), von präfigierten Verben der Bewegung auf -ить (IV. Klasse), von einzelnen Verben unproduktiver Gruppen – Beispiele ↗ 217 f.
Zu den wenigen intransitiven Verben, die ein solches Partizip bilden können, gehören z. B.: руководи́ть *mit I.* (руководи́мый) und управля́ть *mit I.* (управля́емый).

Die *Betonung* der Partizipien des Präsens Passiv entspricht der Betonung des Infinitivs, bei den Verben auf -овать jedoch der Betonung des Präsens. **220**

Das Partizip des Präteritums Passiv

Lang- und Kurzformen des Partizips des Präteritums Passiv werden von vollendeten, selten von unvollendeten transitiven Verben gebildet, und zwar mit einem der drei Suffixe: **221**

1. mit dem vom Infinitivstamm abgeleiteten Suffix -нн- (in der Langform) bzw. -н- (in der Kurzform) und der entsprechenden adjektivischen Endung:

Infinitivstamm:	*Langformen (Nominativ):*	*Kurzformen:*
auf Vokal auslautend	-нный, -нная, -нное; -нные	-н, -на, -но; -ны

Hierher gehören insbesondere die zahlreichen Verben auf -овать (II. Klasse) und auf -ать | -ять (I. Klasse, 1. Gruppe) – nicht jedoch die so genannten Nasalstämme (3. Gruppe).

2. mit dem vom Präsensstamm (!) abgeleiteten Suffix -енн-, betont -ённ- (in der Langform) bzw. -ен-, betont -ён- (in der Kurzform) und der entsprechenden adjektivischen Endung:

Präsensstamm:	*Langformen (Nominativ):*	*Kurzformen:*
auf Konsonant auslautend	2.1 -енный, -енная, -енное; -енные	-ен, -ена, -ено; -ены oder
	2.2 -ённый, -ённая, -ённое; -ённые	-ён, -ена́, -ено́; -ены́

Hierher gehören insbesondere
- die zahlreichen Verben der -и-Konjugation auf -ить (IV. Klasse),
- die Verben auf -сти oder -сть, -зти oder -зть (8. Gruppe) sowie auf -чь (9. Gruppe) mit konsonantischem Stammauslaut, erkennbar an der 1. Person Singular des Präsens (v. Futurs),
- die Verben auf -еть, die nach der -и-Konjugation gebeugt werden (10. Gruppe).

Beachte, dass die Partizipien dieser Verben den gleichen Konsonantenwechsel wie bei der 1. Person Singular des Präsens (vollendeten Futurs) aufweisen (↗ 156); bei den Verben auf -чь ist der Konsonantenwechsel an der 1. und an der 2. Person Singular erkennbar.

3. mit dem vom Infinitivstamm abgeleiteten Suffix -т- und der adjektivischen Endung:

Infinitivstamm:	*Langformen (Nominativ):*	*Kurzformen:*
auf Vokal auslautend	-тый, -тая, -тое; -тые	-т, -та, -то; -ты

Hierher gehören insbesondere
- die Verben auf -нуть (III. Klasse und 4. Gruppe),
- die Verben auf -ять | -ать mit Präsensstamm auf -н- oder -м- (so genannte Nasalstämme – 3. Gruppe),
- die Verben der -e-Konjugation auf -ыть und auf -ить (5. Gruppe), die Verben auf -оть (6. Gruppe), auf -ереть (7. Gruppe, Partizip abgeleitet vom konsonantisch auslautenden Präteritalstamm).

Beispiele zu 1: Partizipien auf -нн- bzw. -н- **222**
Infinitiv: Langformen (Nominativ) – Kurzformen
про-/чита́ть: про-/чи́танный, -ая, -ое; -ые – про-/чи́тан, про-/чи́тана, -о; -ы
сде́лать v.: сде́ланный, -ая, -ое; -ые – сде́лан, -а, -о; -ы
организова́ть v./uv.: организо́ванный, -ая, -ое; -ые – организо́ван, -а, -о; -ы
основа́ть v.: осно́ванный, -ая, -ое; -ые – осно́ван, -а, -о; -ы

завоева́ть v.: завоёванный, -ая, -ое; -ые – завоёван, -а, -о; -ы
сказа́ть v.: ска́занный, -ая, -ое; -ые – ска́зан, -а, -о; -ы
на-/писа́ть: на-/пи́санный, -ая, -ое; -ые – на-/пи́сан, -а, -о; -ы
назва́ть v.: на́званный, -ая, -ое; -ые – на́зван, -а | alt -á, -о; -ы
убра́ть v.: у́бранный, -ая, -ое; -ые – у́бран, -а | alt -á, -о; -ы
поддержа́ть v.: подде́ржанный, -ая, -ое; -ые – подде́ржан, -а, -о; -ы
auch: прода́ть v.: про́данный, -ая, -ое; -ые – про́дан, -á | -а, -о; -ы
посла́ть v.: по́сланный, -ая, -ое; -ые – по́слан, -а, -о; -ы

Die Verben, die im Infinitiv nicht endbetont sind, weisen in allen Formen des Partizips die gleiche *Betonung* wie beim Infinitiv auf.

Die Verben, deren Infinitiv endbetont ist, ziehen den Akzent in der Regel in allen Formen des Partizips um eine Silbe zurück; gelegentlich ist die feminine Kurzform endbetont.

223 Beispiele zu **2.1**: Partizipien auf unbetontes -енн- bzw. -ен- (zum Konsonantenwechsel ↗ 156)
Infinitiv (Fut./Präs.): Langformen (Nominativ) – Kurzformen

по-/дари́ть v. (*Fut./Präs.* я по-/дарю́, ты по-/да́ришь): по-/да́ренный, -ая, -ое; -ые – по-/да́рен, -а, -о; -ы
предложи́ть v. (предложу́): предло́женный, -ая, -ое; -ые – предло́жен, -а, -о; -ы
постро́ить v. (постро́ю): постро́енный, -ая, -ое; -ые – постро́ен, -а, -о; -ы
посади́ть v. (посажу́): поса́женный, -ая, -ое; -ые – поса́жен, -а, -о; -ы
вы́разить v. (вы́ражу): вы́раженный, -ая, -ое; -ые – вы́ражен, -а, -о; -ы
покра́сить v. (покра́шу): покра́шенный, -ая, -ое; -ые – покра́шен, -а, -о; -ы
заплати́ть v. (заплачу́): запла́ченный, -ая, -ое; -ые – запла́чен, -а, -о; -ы
вы́пустить v. (вы́пущу): вы́пущенный, -ая, -ое; -ые – вы́пущен, -а, -о; -ы
установи́ть v. (установлю́): устано́вленный, -ая, -ое; -ые – устано́влен, -а, -о; -ы

осмотре́ть v. (*Fut.* осмотрю́): осмо́тренный, -ая, -ое; -ые – осмо́трен, -а, -о; -ы
оби́деть v. (оби́жу): оби́женный, -ая, -ое; -ые – оби́жен, -а, -о; -ы
верте́ть (верчу́): ве́рченный, -ая, -ое; -ые – ве́рчен, -а, -о; -ы
aber ohne Konsonantenwechsel:
уви́деть v. (vgl. уви́жу): уви́денный, -ая, -ое; -ые – уви́ден, -а, -о; -ы

Die Verben weisen Formen des Partizips auf *unbetontes* -енн- bzw. -ен- auf,
– wenn sie im Infinitiv nicht endbetont sind – alle Formen des Partizips entsprechen der Betonung des Infinitivs,
– wenn sie im Infinitiv endbetont sind, der Akzent im Präsens (vollendeten Futur) jedoch von der 2. Person Singular an um eine Silbe zurückgezogen wird – alle Formen des Partizips entsprechen der Betonung der 2. Person Singular.

224 Beispiele zu **2.2**: Partizipien auf betontes -ённ- bzw. -ён-
(zum Konsonantenwechsel ↗ 156; beachte den Wechsel [д'] : ж[д'] oder [д'] : ж)
Infinitiv (Fut.): Langformen (Nominativ) – Kurzformen

реши́ть v. (*Fut.* я решу́, ты реши́шь): решённый, -ая, -ое; -ые – решён, решена́, решено́; решены́
утверди́ть v. (vgl. утвержу́): утверждённый, -ая, -ое; -ые – утверждён, утверждена́, -о́; -ы́
сооруди́ть v. (сооружу́): сооружённый, -ая, -ое; -ые – сооружён, сооружена́, -о́; -ы́
изобрази́ть v. (изображу́): изображённый, -ая, -ое; -ые – изображён, изображена́, -о́; -ы́
пригласи́ть v. (приглашу́): приглашённый, -ая, -ое; -ые – приглашён, приглашена́, -о́; -ы́
вскипяти́ть v. (вскипячу́): вскипячённый, -ая, -ое; -ые – вскипячён, вскипячена́, -о́; -ы́

прекрати́ть v. (прекращу́): прекращённый, -ая, -ое; -ые – прекращён, прекращена́, -о́; -ы́
угости́ть v. (угощу́): угощённый, -ая, -ое; -ые – угощён, угощена́, -о́; -ы́
употреби́ть v. (употреблю́): употреблённый, -ая, -ое; -ые – употреблён, употреблена́, -о́; -ы́
осуществи́ть v. (осуществлю́): осуществлённый, -ая, -ое; -ые – осуществлён, осуществлена́, -о́; -ы́

внести́ v. (*Fut.* я внесу́): внесённый, -ая, -ое; -ые – внесён, внесена́, -о́; -ы́
привезти́ v. (привезу́): привезённый, -ая, -ое; -ые – привезён, привезена́, -о́; -ы́
провести́ v. (проведу́): проведённый, -ая, -ое; -ые – проведён, проведена́, -о́; -ы́
изобрести́ v. (изобрету́): изобретённый, -ая, -ое; -ые – изобретён, изобретена́, -о́; -ы́

стере́чь (*Präs.* я стерегу́, ты стережёшь): стережённый, -ая, -ое; -ые – стережён, стережена́, -о́; -ы́
привле́чь v. (привлеку́, привлечёшь): привлечённый, -ая, -ое; -ые – привлечён, привлечена́, -о́; -ы́
auch: жечь (*Präs.* жгу, жжёшь): жжённый, -ая, -ое; -ые – жжён, жжена́, -о́; -ы́

Die Verben weisen Formen des Partizips auf *betontes* -ённ- bzw. -ён- auf, wenn sie im Infinitiv endbetont sind und der Akzent im gesamten Präsens (vollendeten Futur) auf der Endung liegt. Die Kurzformen des Femininums, des Neutrums sowie des Plurals sind stets auf der Endung betont.

Beispiele zu 3: Partizipien auf -т-

Infinitiv: Langformen (Nominativ) – Kurzformen
дви́нуть v.: дви́нутый, -ая, -ое; -ые – дви́нут, -а, -о; -ы
обману́ть v.: обма́нутый, -ая, -ое; -ые – обма́нут, -а, -о; -ы
подве́ргнуть v.: подве́ргнутый, -ая, -ое; -ые – подве́ргнут, -а, -о; -ы
подчеркну́ть v.: подчёркнутый, -ая, -ое; -ые – подчёркнут, -а, -о; -ы
дости́гнуть | дости́чь v.: дости́гнутый, -ая, -ое; -ые – дости́гнут, -а, -о; -ы

приня́ть v. (vgl. *Fut.* я приму́): при́нятый, -ая, -ое; -ые – при́нят, принята́, при́нято; при́няты
распя́ть v. (vgl. распну́): распя́тый, -ая, -ое; -ые – распя́т, -а, -о; -ы
нача́ть v. (vgl. начну́): на́чатый, -ая, -ое; -ые – на́чат, начата́, на́чато; -ы
auch: взять v. (vgl. возьму́): взя́тый, -ая, -ое; -ые – взят, взята́, взя́то; -ы
прокля́сть v. (vgl. прокляну́): про́клятый, -ая, -ое; -ые – про́клят, проклята́, про́клято; -ы

откры́ть v.: откры́тый, -ая, -ое; -ые – откры́т, -а, -о; -ы
разви́ть v. (vgl. *Fut.* разовью́) – entwickeln: ра́звитый, -ая, -ое; -ые – ра́звит, развита́, ра́звито; ра́звиты
auch: прожи́ть v. (vgl. проживу́): про́житый, -ая, -ое; -ые – про́жит, прожита́, про́жито; про́житы
коло́ть: ко́лотый, -ая, -ое; -ые – ко́лот, -а, -о; -ы
запере́ть v. (*Prät.* он за́пер): за́пертый, -ая, -ое; -ые – за́перт, заперта́, за́перто; -ы

Die Verben, die im Infinitiv nicht endbetont sind, weisen in allen Formen des Partizips die gleiche *Betonung* wie beim Infinitiv auf.
Verben, deren Infinitiv endbetont ist, ziehen den Akzent in den Formen des Partizips gewöhnlich um eine Silbe zurück; die feminine Kurzform ist häufig auf der Endung betont.

226 Beachte:
- die Bildung des Partizips des Präteritums Passiv von Ableitungen der Verben есть und идти́:
  съесть *v*.: съе́денный, -ая, -ое; -ые – съе́ден, -а, -о; -ы
  пройти́ *v*.: про́йденный, -ая, -ое; -ые – про́йден, -а, -о; -ы
  auch: найти́ *v*.: на́йденный, -ая, -ое; -ые – на́йден, -а, -о; -ы
  aber: обойти́ *v*.: обойдённый, -ая, -ое; -ые – обойдён, обойдена́, -о́; -ы́
     перейти́ *v*.: перейдённый, -ая, -ое; -ые – перейдён, перейдена́, -о́; -ы́

- einige Besonderheiten der Betonung des Partizips, z. B.:
  обсуди́ть *v*. (*Fut*. ты обсу́дишь): обсуждённый, -ая, -ое; -ые – обсуждён, обсуждена́, -о́; -ы́
  раздели́ть *v*. (разде́лишь): разделённый, -ая, -ое; -ые – разделён, разделена́, -о́; -ы́
  прину́дить *v*. (прину́дишь): принуждённый, -ая, -ое; -ые – принуждён, -ждена́, -о́; -ы́
  ушиби́ть *v*. (ушибёшь): уши́бленный, -ая, -ое; -ые – уши́блен, -а, -о; -ы
  стричь *v*. (стрижёшь): стри́женный, -ая, -ое; -ые – стри́жен, -а, -о; -ы

- die gelegentliche Bildung von Passivformen unvollendeter nichtreflexiver Verben durch Anfügen des Postfixes -ся an das entsprechende Partizip des Aktivs; vgl. z. B.:
  издава́ть: *Part. Prät. Akt.* издава́вший – herausgegeben habend (jemand, der herausgegeben hat); *Part. Prät. Pass.* издава́вшийся – herausgegeben.

227 Zur Schreibung der mit не verbundenen Partizipien

Wird die durch ein Partizip in der *Langform* ausgedrückte Handlung verneint, so wird не mit dem Partizip gewöhnlich zusammengeschrieben (Wiedergabe im Deutschen durch *un-*). Beachte jedoch Getrenntschreibung, wenn das Partizip durch ein Objekt näher bestimmt wird oder durch не eine Gegenüberstellung eingeleitet wird. Vgl. z. B.:

Э́то был (о́чень) необду́манный посту́пок.	– Das war eine (sehr) unbedachte Handlung.
На столе́ лежа́ли непрочи́танные кни́ги.	– … lagen die ungelesenen Bücher.
На столе́ лежа́ли не прочи́танные ещё мно́ю кни́ги.	– … lagen die von mir noch nicht gelesenen Bücher.
Он рос в семье́ нелюби́мым ребёнком.	– Er wuchs in der Familie als ungeliebtes Kind auf.
Он рос без отца́ и ма́тери, не люби́мым ни дя́дей, ни тётей.	– Er wuchs ohne Vater und Mutter auf, weder vom Onkel noch von der Tante geliebt.
Э́то не зако́нченная статья́, а то́лько чернови́к.	– Das ist kein abgeschlossener Artikel, sondern nur eine Rohfassung.

In Verbindung mit einem Partizip in der *Kurzform* wird не stets getrennt geschrieben, z. B.:
Зада́ча ещё не вы́полнена.   – Die Aufgabe ist noch nicht erfüllt | erledigt.

Zum Gebrauch der Partizipien des Passivs

Die Langformen

228 Die Langformen der Partizipien des Passivs werden – wie die Partizipien des Aktivs – in der Regel in der Schriftsprache gebraucht. Wie jene stehen sie als einfaches Partizip oder als Partizipialkonstruktion (➚ **214**) im Satz *in attributiver Funktion* und stimmen mit ihrem Bezugswort in Genus, Numerus und Kasus überein.
Wird ein Handlungsträger genannt, von dem die Partizipialhandlung ausgeführt wird (worden ist), so steht das entsprechende Substantiv oder Pronomen im Instrumental (➚ auch **640.4**).

Die *Tempusformen* der Passivpartizipien – des Präsens oder des Präteritums – haben gewöhnlich relativen Zeitbezug (↗ 77):
- Die Langformen der unvollendeten Partizipien des *Präsens Passiv* bezeichnen eine Handlung, die *zu gleicher Zeit* wie die Handlung des Prädikats vollzogen wird (vollzogen wurde oder werden wird). Im Deutschen kann eine solche Langform durch das 2. Partizip eines transitiven Verbs oder durch einen passivischen Attributsatz wiedergegeben werden.

- Die Langformen der Partizipien des *Präteritums Passiv* bezeichnen eine Handlung, die *zeitlich vor* der Handlung des Prädikats vollzogen worden ist; durch ein Partizip vollendeter Verben wird stets ausgedrückt, dass das Ergebnis dieser Handlung vorliegt.
  Im Deutschen kann eine solche Langform durch das 2. Partizip eines transitiven Verbs oder durch einen passivischen Attributsatz wiedergegeben werden.

229 Beispiele zum Gebrauch der Langformen des Partizips des Präsens Passiv:

Гранитные берега, омываемые рекой Невой, придают Санкт-Петербургу красивый вид.	– Die Granitufer, die vom Newafluss umspült werden, verleihen Sankt Petersburg einen herrlichen Anblick.
(Aus einem Geschäftsbrief:) Сообщаем, что предлагаемые вами цены для нас приемлемы.	– Wir teilen Ihnen mit, dass die von Ihnen vorgeschlagenen Preise für uns annehmbar sind.
Кто скажет, как живёт тихая, пьющая женщина со своим ребёнком, никому не видимая, в однокомнатной квартире. (Петр.)	– Wer kann sagen, wie eine stille Frau, eine Trinkerin, mit ihrem Kind, für niemanden erkennbar, in einer Einzimmerwohnung lebt.
Он поместил ... объявление в «Справочник по обмену жилой площади», издающийся в нашем городе тиражом 8 тыс. экземпляров. (Поп.)	– Er veröffentlichte eine ... Anzeige im „Wohnungstauschanzeiger", der in unserer Stadt in einer Auflage von 8000 Exemplaren herausgegeben wird (... erscheint).

(Handlung des Partizips bezieht sich auf den Sprechzeitpunkt)

230 Beispiele zum Gebrauch der Langformen des Partizips des Präteritums Passiv:

Книга, написанная писателем, не есть прямая иллюстрация к взглядам политических и революционных вождей. (W. S. Grossman 1962 in einem Brief an N. S. Chruschtschow)	– Ein von einem Schriftsteller verfasstes Buch ist eben nicht eine reine Illustration zu Ansichten politischer und revolutionärer Führer.
Улицы, созданные пешеходами, перешли во власть автомобилистов. (Ильф и Петров)	– Die von Fußgängern geschaffenen Straßen sind unter die Herrschaft der Autofahrer geraten.
Стаи снегирей сидели, нахохлившись, на засыпанных снегом рябинах. (Пауст.)	– Schwärme von Gimpeln saßen aufgeplustert auf den Ebereschen, die vom Schnee zugeschüttet waren.
Он ещё раз хотел поглядеть на оставленный дом ... (Плат.)	– Er wollte noch einmal auf das (von ihm) verlassene Haus schauen ...
... наколотые дрова Петрушка обыкновенно приносил на ночь домой и складывал их за печь ... (Плат.)	– ... das kleingehackte Holz brachte Petruschka gewöhnlich vor dem Schlafengehen nach Hause und stapelte es hinter dem Ofen.

Nur ganz vereinzelt treten Langformen *in prädikativer Funktion* auf, z. B.:
Цветы стояли увядшие. – Die Blumen standen verwelkt da.

Die Kurzformen

231 Die Kurzformen des Partizips des Präteritums Passiv werden sowohl schriftlich wie mündlich gebraucht; dagegen sind Kurzformen des Partizips des Präsens Passiv äußerst selten.
Mit den Tempusformen von быть bilden die Kurzformen vollendeter Verben zusammengesetzte Passivformen oder Formen des Zustandspassivs (↗ 233); sie werden *prädikativ gebraucht* und stimmen mit ihrem Bezugswort, dem Subjekt des Satzes, in Person, Genus und Numerus oder in Genus und Numerus überein.
Wird ein Handlungsträger genannt, von dem die durch das Passiv bezeichnete Handlung ausgeführt worden ist (ausgeführt werden wird), so steht das entsprechende Substantiv oder Pronomen im Instrumental (↗ 640.4).

232 *Zusammengesetzte Passivformen* vollendeter Verben (so genanntes *Vorgangspassiv*): Sie bezeichnen eine Handlung, die auf das Subjekt des Satzes gerichtet ist. Die Wiedergabe im Deutschen erfolgt durch das 2. Partizip in Verbindung mit den Formen des Hilfsverbs *werden*. Z. B.:

Наша фирма была основана совсем недавно.	– Unsere Firma wurde erst vor kurzem gegründet.
Все условия договора будут выполнены в срок.	– Alle Bedingungen des Vertrages werden fristgerecht erfüllt (werden).
… (я) пошёл в курятник и выпил там два свежих яйца, а на третьем был внезапно застигнут матерью. (Гавр.)	– … ich ging in den Hühnerstall und trank dort zwei frische Eier aus; beim dritten dann wurde ich plötzlich von der Mutter erwischt.
Я был воспитан на «шестидесятниках» – на Вознесенском, Евтушенко, Ахмадулиной, Аксёнове … (Фил.)	– Ich wurde durch die „Sechziger" geprägt: durch Wosnessenski, Jewtuschenko, Achmadulina, Axjonow …

233 *Formen des Zustandspassivs:* Sie bezeichnen einen Zustand als Ergebnis einer vollzogenen Handlung. Die Wiedergabe im Deutschen erfolgt durch das 2. Partizip in Verbindung mit den Formen des Hilfsverbs *sein*. Z. B.:

Музей закрыт на ремонт.	– Das Museum ist wegen Renovierung geschlossen.
Входная дверь была открыта.	– Die Eingangstür war geöffnet	offen.
Думаю, что вопрос решён.	– Ich denke, dass diese Frage gelöst ist.
(Aus einem Kaufvertrag:) Все изменения по настоящему договору имеют силу только в том случае, если они совершены в письменном виде и подписаны обеими сторонами.	– Änderungen zum Vertrag sind nur dann rechtswirksam, wenn sie schriftlich und im beiderseitigen Einverständnis erfolgen.
Это одна женщина рядом со мной так шептала. Глаза её были устремлены на что-то впереди, и я поглядела туда же. (Берг.)	– Auch eine Frau neben mir flüsterte so. Ihre Augen waren auf irgendetwas vor uns gerichtet, und ich blickte ebenfalls dorthin.
Ольге Берггольц принадлежат слова, высеченные на граните Пискарёвского мемориального кладбища: «Никто не забыт, и ничто не забыто».	– Von Olga Bergholz stammen die Worte, die in die Granitplatte des Piskarjow-Gedenkfriedhofes eingemeißelt sind: „Niemand ist vergessen, und nichts ist vergessen."

Zum Gebrauch neutraler Kurzformen von Passivpartizipien in unpersönlichen Sätzen (z. B.: Закрыто на учёт. – Wegen Inventur geschlossen.) ↗ 730.

Der Übergang von Partizipien in andere Wortarten

234 Partizipien können ihre verbalen Merkmale (des Aspekts, des verbalen Genus und des Tempus) verlieren und zu Adjektiven oder Substantiven werden. Vgl. z. B.:

образо́ванная (*Partizip*) прави́тельством коми́ссия – eine von der Regierung gebildete Kommission
образо́ванный (*Adjektiv*) челове́к – ein gebildeter Mensch

уча́щаяся (*Partizip*) молодёжь – die studierende Jugend
уча́щиеся (*Substantiv*) те́хникума – die Studenten der Fachschule

В честь го́стя был дан (*mit Partizip zusammengesetzte Passivform*) обе́д. – Zu Ehren des Gastes wurde ein Essen gegeben.
в да́нный (*Adjektiv*) моме́нт – im gegebenen Augenblick
статисти́ческие да́нные (*Substantiv*) – statistische Werte

Aus Partizipien entstandene Adjektive

235 Adjektive, die aus Partizipien entstanden sind, bezeichnen diesen gegenüber ein *ständiges* Merkmal; sie haben oft eine veränderte (z. B. übertragene) Bedeutung und gehen mitunter mit einem Substantiv eine feste Fügung ein (der im Deutschen nicht selten ein zusammengesetztes Substantiv entspricht).

Beispiele für Adjektive, entstanden aus
– Partizipien des Präsens Aktiv (häufige Bildeweise):
 блестя́щий успе́х – ein glänzender Erfolg, выдаю́щийся учёный – ein bedeutender Wissenschaftler, подходя́щий моме́нт – ein geeigneter Augenblick, теку́щие собы́тия – aktuelle Ereignisse; нержаве́ющая сталь – rostfreier Stahl, пи́шущая маши́нка – Schreibmaschine, торгу́ющая организа́ция – Handelsorganisation;

– Partizipien des Präteritums Passiv (häufige Bildeweise):
 в да́нном слу́чае – im vorliegenden Fall, и́збранные произведе́ния – ausgewählte Werke, откры́тое мо́ре – das offene Meer, оживлённый разгово́р – ein lebhaftes Gespräch, рассе́янный челове́к – ein zerstreuter Mensch, свящённая у́тварь – geweihte Gegenstände; квалифици́рованный рабо́тник – Facharbeiter, вя́заная ко́фточка – Strickjacke, жа́реная ры́ба – Bratfisch, сгущённое молоко́ – Kondensmilch;

– Partizipien des Präsens Passiv (öfter verneint):
 люби́мый писа́тель – Lieblingsschriftsteller, так называ́емый – so genannter, (не)зави́симые стра́ны – (un)abhängige Länder, непроница́емый тума́н – undurchdringlicher Nebel;

– Partizipien des Präteritums Aktiv:
 бы́вший дире́ктор – der ehemalige Direktor, проше́дшее ле́то – der vergangene Sommer, бу́дущий ме́сяц – der kommende | nächste Monat.

Eine Reihe solcher Adjektive weisen Merkmale von Qualitätsadjektiven (↗ 338) auf: Von ihnen können Kurzformen und Steigerungsstufen gebildet sowie Adverbien abgeleitet werden. Z. B.:
Ли́да иногда́ о́чень рассе́янна. – Lida ist manchmal sehr zerstreut.
Разгово́р станови́лся всё оживлённее. – Das Gespräch wurde immer lebhafter.
Дела́ иду́т блестя́ще. – Die Arbeit (das Geschäft) läuft glänzend.

236 Aus Partizipien entstandene Substantive

Substantive, die aus Partizipien entstanden sind, haben im Singular ein eigenständiges Genus; sie werden wie Adjektive dekliniert. Wie andere Substantive können sie durch Attribute näher bestimmt werden. Z. B.:

заве́дующий (*G. Sg.* -его, *m.*) отде́лом сбы́та – der Absatzleiter
заве́дующая (-ей, *f.*) ка́федрой – die Lehrstuhlinhaberin
слу́жащий (-его, *m.*) – der Angestellte, слу́жащая (-ей, *f.*) – die Angestellte
прису́тствующие (-их, *Pl.*) – die Anwesenden
бу́дущее (-его, *n.*) страны́ – die Zukunft des Landes
вспомина́ть проше́дшее (*n.*) – sich an Vergangenes erinnern
поле́зные ископа́емые (поле́зных ископа́емых, *Pl.*) – Bodenschätze

Beispiele für gelegentliche Substantivierungen sind:
всё прочи́танное – alles Gelesene; всё происходи́вшее – alles Geschehene.

237 Zur Schreibung mit zwei oder einem н

Von Partizipien auf -нн- oder -енн- bzw. -ённ- gebildete Adjektive und Substantive weisen gegenüber der entsprechenden Partizipialform folgende Besonderheiten der Schreibung auf:

– Adjektive und Substantive werden in der *Langform* nur mit *einem н* geschrieben, wenn sie nicht präfigiert und nicht von Verben auf -овать|-евать abgeleitet sind; vgl. z. B.:
ра́ненный (*Partizip*) пу́лей зверь – das durch eine Kugel verletzte Tier,
ра́неные (*Adjektiv*) солда́ты – verwundete Soldaten,
ра́неные (*Substantiv, Pl.*) – Verletzte;

жа́ренные (*Partizip*) на ма́сле отбивны́е котле́ты – die in Öl gebratenen Koteletts,
жа́реный (*Adjektiv*) карто́фель *Sg.* – Bratkartoffeln,
жа́реное (*Substantiv*) – Gebratenes.
Aber stets mit zwei н: да́нный (моме́нт), жела́нный (друг), свяще́нный (долг).

– Adjektive werden in der *Kurzform* (mit Ausnahme der maskulinen Singularform) mit *zwei н* geschrieben; vgl. z. B.:

Мо́ре бы́ло взволно́вано (*mit Partizip zusammengesetzte Passivform*) бу́рей.	– Das Meer wurde durch den Sturm aufgewühlt (… war … aufgewühlt worden).
Ли́ца слу́шателей бы́ли взволно́ванны (*Adjektiv*).	– Die Gesichter der Zuschauer waren erregt.
Ту́чи бы́ли рассе́яны (*mit Partizip zusammengesetzte Passivform*) ве́тром.	– Die Wolken wurden durch den Wind vertrieben (… waren … vertrieben worden).
Во́ва был рассе́ян (*Adjektiv*).	– Wowa war zerstreut.
Ученики́ бы́ли рассе́янны (*Adjektiv*).	– Die Schüler waren zerstreut.

Die Adverbialpartizipien

238

Adverbialpartizipien (mitunter auch *Gerundien* genannt) sind unveränderliche Verbformen, über die das Deutsche nicht verfügt: Im Satz bezeichnen sie einen Prozess als eine Nebenhandlung, die nähere Umstände der durch das Prädikat ausgedrückten Haupthandlung bestimmt; sie erfüllen also – einem Adverb vergleichbar – die Funktion einer Adverbialbestimmung. Dabei haben Haupt- und Nebenhandlung ein und denselben Handlungsträger, der im Satz als Subjekt auftritt.

Vgl. z. B. folgende Sätze:
- Satz mit einer Prädikatreihe, d. h. mit *zwei* verbalen *Prädikaten* (сидéл, покýривал)
  Дед сидéл за столóм и покýривал трýбку.
- Satz mit einem verbalen *Prädikat* zum Ausdruck der Haupthandlung (сидéл) und einem (erweiterten) *Adverbialpartizip* zum Ausdruck der Nebenhandlung (покýривая)
  Дед сидéл за столóм, покýривая трýбку.   – Großvater saß am Tisch und zog von Zeit zu Zeit an seiner Tabakspfeife.

- Satz mit einer Prädikatreihe, d. h. mit *zwei* verbalen *Prädikaten* (кóнчила писáть, протянýла)
  Мать кóнчила писáть и протянýла   – Mutter hörte auf zu schreiben und gab
  письмó Сáше.   Sascha den Brief.
- Satz mit einem verbalen *Prädikat* zum Ausdruck der Haupthandlung (протянýла) und einem *Adverbialpartizip* zum Ausdruck der Nebenhandlung (кóнчив писáть)
  Кóнчив писáть, мать протянýла   – Als Mutter mit dem Schreiben fertig war,
  письмó Сáше.   gab sie Sascha den Brief.

> In den Adverbialpartizipien sind die *verbalen Kategorien* des Aspekts (vollendeter oder unvollendeter Aspekt) und des verbalen Genus (nur Aktiv) ausgedrückt; der relative Tempusbezug der Verbformen (Ausdruck der Gleichzeitigkeit mit der Haupthandlung oder der Vor- bzw. Nachzeitigkeit gegenüber der Haupthandlung) ist entscheidend durch den Aspekt bestimmt. Mit den *Adverbien* haben die Adverbialpartizipien die Unveränderlichkeit der Form und die syntaktische Funktion (Adverbialbestimmung) gemeinsam.

239 Gebildet werden die Adverbialpartizipien vom Präsens- oder vom Infinitivstamm mithilfe bestimmter Suffixe. Nach ihrer *Bildeweise* unterscheidet man
- Adverbialpartizipien auf -я | -а meist unvollendeter Verben, abgeleitet vom Präsensstamm,
- Adverbialpartizipien auf -в(ши) | -ши meist vollendeter Verben, abgeleitet vom Infinitiv- bzw. (selten) vom Präteritalstamm.

Der Formenbestand der Adverbialpartizipien im Überblick   Muster: про-/читáть

Adverbialpartizip auf:	Aktiv	Deutscher Gegenwert
-я	-а	читáя	lesend, beim Lesen; während er (sie)¹ liest (las)
-в(ши)	-ши	прочитáв(ши) *v.*	nach dem Lesen; nachdem er (sie)¹ gelesen hat(te)

¹ In Abhängigkeit vom Subjekt des Satzes kann sich das Adverbialpartizip auf alle Personen des Singulars und des Plurals beziehen.

240 Adverbialpartizipien reflexiver Verben weisen stets das Postfix -сь auf, z. B.:
возвращáться: возвращáясь – zurückkehrend, bei der Rückkehr
вернýться *v.*: вернýвшись – zurückgekehrt, nach der Rückkehr (↗ auch 245)

Die Bildung der Adverbialpartizipien

Adverbialpartizipien auf -я|-а

241 1. Adverbialpartizipien auf -я | -а werden vornehmlich von *unvollendeten Verben*, und zwar vom Präsensstamm, gebildet. Für die Schreibung gilt:
-я (reflexiv: -ясь) steht, wenn der Präsensstamm auf weichen Konsonanten einschließlich [j] auslautet; -а (reflexiv: -ась) steht, wenn der Präsensstamm auf Zischlaut auslautet.

Beispiele:

читáть (*Präs.* они́ читáют – читá[j-ут]): читáя
занимáться (занимáются): занимáясь
имéть (имéют): имéя
прису́тствовать (прису́тствуют): прису́тствуя
интересовáться (интересу́ются): интересу́ясь
танцевáть (танцу́ют): танцу́я
говори́ть (говоря́т): говоря́
проси́ть (прóсят): прося́
вноси́ть (внóсят): внося́
плáкать (они́ плáчут): плáча
искáть (и́щут): ища́

дремáть (дрéмлют): дремля́
надéяться (надéются): надéясь
мыть (мóю): мóя
борóться (бóрются): боря́сь
везти́ (везу́т): везя́
вести́ (веду́т): ведя́
ви́деть (ви́дят): ви́дя
смотрéть (смóтрят): смотря́
жить (живу́т): живя́
держáть (дéржат): держá
дышáть (ды́шат): дыша́

242 Einzelne Verben mit Infinitiv auf -авать (давáть und seine präfigierten Ableitungen sowie die von -знавать und -ставать abgeleiteten Verben – 2. Gruppe) bilden das Adverbialpartizip von einem Stamm auf -ава[j]-, d. h. unter Beibehaltung des Suffixes -ва-, z. B.:

давáть (они́ даю́т): давáя; узнавáть (узнаю́т): узнавáя

Einzelne Verben mit Infinitiv auf -ать und Doppelformen im Präsens (Gruppen 1.1 und 1.2) bilden auch Varianten des Adverbialpartizips, z. B.:

махáть (они́ мáшут | *ugs.* махáют): машá | махáя
сы́пать (сы́плют | *ugs.* сы́пят): сы́пля | сы́пя
aber: дви́гать (дви́гают und *übertr.* дви́жут): Adverbialpartizip nur дви́гая

Ein Adverbialpartizip auf -учи bilden lediglich: быть (они́ бу́дут): бу́дучи; éхать (éдут): *geh.* éдучи
Einzelne weitere Formen auf -учи werden in der Gegenwartssprache nur als Adverbien gebraucht, z. B.:

игрáючи *ugs.* (реши́ть *v.* задáчу) – spielend, leicht
(дéлать) умéючи *ugs.* – mit Sachkenntnis, mit Köpfchen

243 Von mehreren unvollendeten Verben werden in der Regel *keine Adverbialpartizipien* auf -я | -а gebildet; hierzu gehören vor allem

– Verben auf -нуть (III. Klasse und 4. Gruppe), z. B.: тону́ть; сóхнуть;
– eine Reihe von Verben auf -ать, deren Präsensstamm ohne -а- gebildet ist (Gruppe 1.1), z. B.: вязáть, писáть; врать, ждать;
– Verben auf -чь (9. Gruppe), z. B.: влечь, мочь;
– einzelne Verben mit einsilbigem Präsensstamm, z. B.: лить, пить; терéть; слать, спать.

244 2. Von einer Reihe *vollendeter Verben* können neben den regelmäßigen Formen auf -в(ши) | -ши auch Adverbialpartizipien auf -я | -а gebildet werden. Hierzu gehören insbesondere

– zahlreiche reflexive Verben der и-Konjugation auf -иться (IV. Klasse), z. B.:
возврати́ться *v.*: возврати́вшись | возвратя́сь
обрати́ться *v.*: обрати́вшись | обратя́сь
отличи́ться *v.*: отличи́вшись | отличáсь
познакóмиться *v.*: познакóмившись | познакóмясь
преврати́ться *v.*: преврати́вшись | превратя́сь
прости́ться *v.*: прости́вшись | простя́сь
реши́ться *v.*: реши́вшись | решáсь

– Verben der e-Konjugation mit konsonantischem Stammauslaut (8. Gruppe) und Ableitungen von идти́; bei diesen Verben dominiert die Bildung der Adverbialpartizipien auf -я | -a, z. B.:

привезти́ *v.* (*Fut.* они́ привезу́т): привезя́
вы́вести *v.* (они́ вы́ведут): вы́ведя
произнести́ *v.* (произнесу́т): произнеся́
aber z. B.:
спасти́ *v.*: спасши́

войти́ *v.* (войду́т): войдя́
вы́йти *v.* (вы́йдут): вы́йдя
найти́сь *v.* (найду́тся): найдя́сь

вы́расти *v.* (*Prät.* вы́рос): вы́росши

Adverbialpartizipien auf -в(ши) | -ши

1. Adverbialpartizipien auf -в(ши) | -ши werden meist von *vollendeten Verben*, und zwar vom Infinitiv- bzw. (selten) vom Präteritalstamm, gebildet. Für die Verteilung der Suffixe gilt: **245**
-в oder *ugs.* -вши (reflexiv: stets -вшись) steht, wenn der Stamm auf Vokal auslautet;
-ши (reflexiv: -шись) steht, wenn der Stamm auf Konsonant auslautet.
Beispiele:

прочита́ть *v.*: прочита́в(ши)
побесе́довать *v.*: побесе́довав(ши)
сту́кнуть *v.*: сту́кнув(ши)
верну́ться *v.*: верну́вшись
вы́полнить *v.*: вы́полнив(ши)
встре́титься *v.*: встре́тившись

написа́ть *v.*: написа́в(ши)
нача́ть *v.*: нача́в(ши)
подня́ться *v.*: подня́вшись
откры́ть *v.*: откры́в(ши)
уви́деть *v.*: уви́дев(ши)
закрича́ть *v.*: закрича́в(ши)

Verben auf -чь mit Stammauslaut auf -к- oder -г- (9. Gruppe):

помо́чь *v.* (*Prät.* он помо́г): помо́гши

испе́чь *v.* (он испёк): испёкши

Adverbialpartizipien vollendeter Verben mit Stammauslaut auf -с-, -з-, -т- oder -д- (8. Gruppe) und von Ableitungen des Verbs идти́ werden in der Regel mit dem Suffix -я | -a gebildet: **246**
↗ 244.
Ausnahme: упа́сть *v.*: упа́в(ши)

Vollendete Verben auf -нуть der 4. unproduktiven Gruppe bilden das Adverbialpartizip gewöhnlich vom Infinitivstamm (also mit -ну-), z. B.:
засо́хнуть *v.* (*Prät.* засо́х): засо́хнув(ши); aber:
вто́ргнуться *v.* (*Prät.* вто́ргнулся | вто́ргся): вто́ргшись.

Einzelne vollendete Verben auf -ереть (7. Gruppe) bilden ebenfalls Varianten des Adverbialpartizips, z. B.:
умере́ть *v.* (*Prät.* у́мер): умере́в | умёрши; запере́ть *v.* (*Prät.* за́пер): заперёв | за́перши

2. Von einigen *unvollendeten* (gewöhnlich verneinten) *Verben* können neben den regelmäßigen **247**
Formen auf -я | -a auch Adverbialpartizipien auf -в(ши) gebildet werden, z. B.:
(не) бы́в(ши), (не) име́в(ши). Diese Formen gelten als umgangssprachlich.

Die *Betonung* der Adverbialpartizipen auf -я | -a entspricht der der 1. Person Singular des Präsens (vollendeten Futurs); Beispiele ↗ 241. **248**
Ausnahmen: Adverbialpartizipien der Verben auf -авать (2. Gruppe) haben die gleiche Betonung wie im Infinitiv, z. B.: узнава́ть: узнава́я.
Beachte гляде́ть: гля́дя, лежа́ть: лёжа, сиде́ть: си́дя, стоя́ть: сто́я.

Die Betonung der Adverbialpartizipien auf -в(ши), -ши entspricht der des Infinitivs; Beispiele ↗ 245. Abweichungen zeigen nur einige Variantenformen der Verben auf -ереть; ↗ 246.

Zum Gebrauch der Adverbialpartizipien

249 Die Adverbialpartizipien werden vorwiegend in der Schriftsprache gebraucht. Sie stehen im Satz in der Funktion einer *Adverbialbestimmung*.

Ist ein Adverbialpartizip mit einem Objekt oder einer Adverbialbestimmung verbunden, so spricht man von einer *Adverbialpartizipialkonstruktion*.

Adverbialpartizipien und entsprechende Konstruktionen können sowohl vor wie auch nach dem Prädikat des Satzes stehen; vom übrigen Teil des Satzes werden sie durch Kommas getrennt. Z. B.:

Расставáясь, онá пожáла емý рýку.	– Beim Abschied reichte sie ihm die Hand.
Закóнчив рабóту, он пошёл домóй.	– Nachdem er die Arbeit beendet hatte, ging er nach Hause.
Онá сидéла, тяжелó дышá, …	– Sie saß schwer atmend …
Он стоя́л, склонив гóлову, …	– Er stand mit gesenktem Kopf …

Die Adverbialpartizipien haben *relativen Zeitwert*; sie drücken das Verhältnis der durch sie bezeichneten Nebenhandlung zum Zeitpunkt der durch das Prädikat bezeichneten Haupthandlung des Satzes aus:

– *Unvollendete* Adverbialpartizipien bezeichnen gewöhnlich die *Gleichzeitigkeit* der durch sie ausgedrückten Handlung mit der Prädikatshandlung, d. h., sie geben an, dass die Nebenhandlung (mitunter auch wiederholt) zu gleicher Zeit wie die Prädikatshandlung abläuft (abgelaufen ist, ablaufen wird).

– *Vollendete* Adverbialpartizipien bezeichnen
  • gewöhnlich die *Vorzeitigkeit* der durch sie ausgedrückten Handlung gegenüber der Prädikatshandlung, d. h., sie geben an, dass die Nebenhandlung ihren Abschluss bzw. ihr Ergebnis zeitlich vor der Prädikatshandlung erzielt hat (erzielt haben wird);
  • relativ selten die *Nachzeitigkeit* der Handlung gegenüber der Prädikatshandlung, d. h., sie geben an, dass die Nebenhandlung unmittelbar nach der Prädikatshandlung erfolgt ist (in solchen Fällen steht das Adverbialpartizip stets hinter dem Prädikat).

Beachte den Zeitbezug zwischen Adverbialpartizip und Prädikat bei unterschiedlichem Aspekt:

– Ist ein *unvollendetes* Adverbialpartizip im Satz mit einem Prädikat verbunden, dessen Verbform vollendet ist, so bezeichnet das Adverbialpartizip einen Handlungsverlauf, innerhalb dessen die Prädikatshandlung ihren Abschluss bzw. ihr Ergebnis erzielt hat – Ausdruck *partieller Gleichzeitigkeit*.

– Ist ein *vollendetes* Adverbialpartizip mit einem Prädikat verbunden, dessen Verbform unvollendet ist, so bezeichnet das Adverbialpartizip das erzielte Handlungsergebnis als einen Zustand, der zur Zeit der Haupthandlung vorliegt (vorgelegen hat) – Ausdruck eines *erreichten Zustands*.

250 Die *Wiedergabe* von Adverbialpartizipien *im Deutschen* kann auf vielfältige Weise erfolgen, insbesondere
  – durch eine Adverbialbestimmung (z. B. ein Adverb, eine präpositionale Wortgruppe: Präposition + Substantiv, ein adverbial gebrauchtes Partizip),
  – durch einen Adverbialsatz der Art und Weise (z. B. eingeleitet durch *indem*, *wobei*, verneint *ohne zu*), der Zeit (eingeleitet durch *während*, *als*, *wenn*, *nachdem*), des Grundes (eingeleitet

durch *weil, da*), des Zwecks (eingeleitet durch *damit, um zu*), der Bedingung (eingeleitet durch *wenn*), der Einräumung (eingeleitet durch *obwohl*, verneint *ohne zu*),

– durch ein zweites Prädikat in einer Prädikatreihe.

Die treffende Übersetzung ergibt sich gewöhnlich aus dem Textzusammenhang.

Beispiele zum Gebrauch unvollendeter Adverbialpartizipien   **251**
Ausdruck der Gleichzeitigkeit oder partieller Gleichzeitigkeit

Ссыла́ясь на Ва́ше письмо́ от 3 декабря́ 2001 го́да, сообща́ем Вам, что …
– Mit Bezug (Bezug nehmend) auf Ihren Brief vom 3. Dezember 2001 teilen wir Ihnen mit, dass …

Петру́шка ещё у́чит сестру́ счёту, скла́дывая и вычита́я перед не́ю ты́квенные семена́. (Плат.)
– Petruschka bringt seiner Schwester auch das Rechnen bei, indem er vor ihren Augen Kürbiskerne zulegt und wegnimmt.

Я тяжело́ вздыха́ю и, не ве́ря в успе́х, принима́юсь за де́ло. (Ток.)
– Ich seufze tief auf und mache mich, ohne an einen Erfolg zu glauben, ans Werk.

… он вообще́ не люби́л спо́ров, счита́я, что чём-то обижа́ет меня́, не соглаша́ясь со мной. (Некр.)
– … überhaupt mochte er keine Streitgespräche, weil er annahm, er könnte mich irgendwie kränken, wenn er mir nicht zustimmte.

Не́сколько дней лил, не перестава́я, холо́дный дождь. (Пауст.)
– Einige Tage lang ging unaufhörlich ein kalter Regen nieder.

Встава́я на рассве́те, она́ бежа́ла к реке́.
– (Immer) wenn sie bei Tagesanbruch aufstand, lief sie zum Fluss.

Проща́ясь, я протяну́л (*v.*) ему́ кни́жку … (Некр.)
– Beim Abschied überreichte ich ihm ein kleines Buch …

Са́ша … лёг (*v.*) на ко́йку, не раздева́ясь. (Рыб.)
– Sascha … legte sich auf die Schlafstelle, ohne sich auszuziehen.

Ивано́в закры́л (*v.*) глаза́, не жела́я ви́деть и чу́вствовать бо́ли упа́вших, обесси́левших дете́й … (Плат.)
– Iwanow hatte die Augen geschlossen, da er die Schmerzen der gestürzten, entkräfteten Kinder weder sehen noch fühlen wollte …

Ещё бу́дучи студе́нтом, он написа́л (*v.*) свой пе́рвый нау́чный труд.
– Noch als Student schrieb er seine erste wissenschaftliche Arbeit.

Beispiele zum Gebrauch vollendeter Adverbialpartizipien   **252**
Ausdruck der Vorzeitigkeit oder eines erreichten Zustands

Оттолкну́в меня́, ба́бушка бро́силась к две́ри.
– Großmutter stieß mich zurück und stürzte zur Tür.

Перецелова́вшись со все́ми прису́тствующими, Шено́пин сел в по́езд и уе́хал в Пари́ж. (Поп.)
– Nachdem Schenopin mit allen Anwesenden Küsse ausgetauscht hatte, setzte er sich in den Zug und fuhr nach Paris.

… а Петру́шка, оста́вшись дово́лен, что всё исполня́ется по поря́дку, наде́л ма́терин ва́тник и пошёл во двор коло́ть дрова́ … (Плат.)
– … Petruschka aber zog, zufrieden, dass alles seinen ordnungsgemäßen Gang ging, Mutters wattierte Jacke an und ging auf den Hof, um Holz zu hacken …

Войдя́ в ко́мнату, он поздоро́вался со все́ми.
– Er betrat das Zimmer und begrüßte alle.

А он сиде́л (*uv.*) себе́, поджа́вши но́гу, и чита́л. (Некр.)
– Er aber saß seelenruhig da, ein Bein untergeschlagen, und las.

Óчень стрáнно, но, <u>прожи́в</u> в дерéвне три мéсяца, я почти́ никогó не <u>знал</u> (*uv.*). (В. Кавéрин)	– Es ist schon sehr seltsam, aber obwohl ich drei Monate auf dem Lande gelebt hatte, kannte ich fast niemanden.
… и бóльший, <u>взяв</u> зá руку мéньшего, бы́стро <u>увлекáл</u> (*uv.*) егó за собóю. (Плат.)	– … der Größere hatte den Kleineren an die Hand genommen und zog ihn schnell hinter sich her.
Кот <u>спал</u> (*uv.*) весь день, <u>сверну́вшись</u> на стáром крéсле, … (Пáуст.)	– Der Kater schlief den ganzen Tag zusammengerollt auf einem alten Sessel …
Но он … говори́л, что иногдá нóчью, <u>откры́в</u> глазá, <u>чу́вствует</u> (*uv.*) зáпах цвету́щих каштáнов … (Поп.)	– Aber er … sagte, dass er nachts manchmal, wenn er die Augen öffne, den Duft blühender Kastanienbäume spüre …

Ausdruck der Nachzeitigkeit

Мать <u>уложи́ла</u> ребёнка, <u>накры́в</u> егó одея́лом.	– Die Mutter legte das Kind schlafen und deckte es mit einer Bettdecke zu.

253 Adverbialpartizipien können auch in *unpersönlichen* (also subjektlosen) Sätzen gebraucht werden. Die durch den Infinitiv des wesentlichen Satzgliedes und durch das Adverbialpartizip bezeichneten Handlungen haben ein und denselben Handlungsträger, der entweder ungenannt bleibt (deutsche Wiedergabe durch *man*) oder durch ein Personalpronomen in einem abhängigen Kasus ausgedrückt wird. Z. B.:

Тру́дно суди́ть о человéке, не зна́я егó лицó.	– Man kann nur schwer über einen Menschen urteilen, wenn man ihn nicht von Angesicht kennt.
Не постáвив прáвильного диáгноза, нельзя́ вы́лечить больнóго.	– Ohne eine treffende Diagnose (gestellt zu haben,) kann man einen Kranken nicht heilen.
Не бу́дучи специали́стом по стихосложéнию, мне тру́дно установи́ть «тéхнику» э́того твóрчества. (Е. Извóльская)	– Da ich kein Fachmann auf dem Gebiet der Dichtkunst bin, fällt es mir schwer, die „Technik" dieses Schaffensprozesses zu bestimmen.

254 Der Übergang von Adverbialpartizipien in andere Wortarten

Adverbialpartizipien können ihre verbalen Merkmale (des Aspekts, des verbalen Genus und des Tempus) verlieren und zu Adverbien werden; vgl. z. B.:

Худóжник рисовáл, <u>стóя</u> (*Adverbialpartizip*) на подмóстках.	– Der Künstler malte auf einem Gerüst stehend.
Худóжник рисовáл <u>стóя</u> (*Adverb*).	– Der Künstler malte im Stehen.

Einige der so entstandenen Adverbien treten in festen Fügungen auf, z. B.:
(бежáть) вы́сунув язы́к – mit hängender Zunge, in atemlosem Tempo; сидéть сложá ру́ки – die Hände in den Schoß legen; (бежáть) сломя́ гóлову – Hals über Kopf; (расскáзывать) не спешá – gemächlich, in aller Ruhe; (рабóтать) спустя́ рукавá – nachlässig; откровéнно говоря́ – offen gesagt.

Auch einzelne Präpositionen (↗ 578) sind aus Adverbialpartizipien entstanden, z. B.: благодаря́ *mit D.* – dank; несмотря́ на *mit A.* – trotz, ungeachtet; спустя́ *mit A.* – nach, später.

Das Substantiv

Zur Wortbedeutung

Substantive bezeichnen Gegenstände im weiten Sinne dieses Wortes.
Es lassen sich gegenüberstellen:
- Konkreta und Abstrakta,
- Eigennamen und Gattungsbezeichnungen,
- belebte und unbelebte Substantive.

Substantive werden nach Genus, Numerus und Kasus bestimmt und in der Regel dekliniert.

Konkreta und Abstrakta

Konkreta bezeichnen sinnlich fassbare Gegenstände: Personen, Tiere, Pflanzen, Dinge der Umwelt, z. B.:
мужчи́на *m.*, А́нна, пти́ца, ло́шадь *f.*, де́рево, карто́шка, у́голь, песо́к, дом, автомаши́на.

Abstrakta bezeichnen sinnlich nicht fassbare, ideelle Gegenstände, z. B. Eigenschaften, Vorgänge, Zustände, Beziehungen, menschliche Vorstellungen:
че́стность *f.*, красота́, движе́ние, электрифика́ция, ра́дость *f.*, здоро́вье, милосе́рдие, бли́зость *f.*, гумани́зм.
Abstrakta werden gewöhnlich nur im Singular, seltener nur im Plural gebraucht (↗ 279 f.).

Eigennamen und Gattungsbezeichnungen

Eigennamen benennen Einmaliges, Individuelles, z. B. eine bestimmte Einzelperson, ein bestimmtes Einzelding.
Zu den Eigennamen gehören:
- männliche und weibliche Personennamen (Vor-, Vater- und Familiennamen), Beinamen, Pseudonyme, z. B.:
Пётр Ильи́ч Чайко́вский, Макси́м Го́рький (Pseudonym für Алексе́й Макси́мович Пе́шков);

- Rufnamen für Tiere, z. B.:
Бо́бик (Rufname für einen Hund), Му́рка (Rufname für eine Katze);

– geografische und astronomische Namen, z. B.:
Россия, Москва, Сибирь *f.*, Урал, Волга, Чёрное море, Марс;
– Namen von Organisationen, Firmen usw., z. B.:
(фирма) «Русская книга», (спортивная команда) «Динамо»;
– Namen kultureller Leistungen, z. B.:
«Новый мир» (журнал), «Война и мир» (роман Л. Н. Толстого).

Eigennamen werden gewöhnlich nur im Singular oder nur im Plural gebraucht (↗ 279 f.). Sie werden *großgeschrieben*. Besteht ein Eigenname aus einer Wortgruppe, so gilt:
– In der Regel wird nur das erste Wort (und ein Eigenname) großgeschrieben, z. B.:
Русский музей, Московский университет имени М. В. Ломоносова.
– Namen von besonderer Bedeutung werden in allen Teilen großgeschrieben, z. B.:
Российская Федерация, Организация Объединённых Наций.
– Gattungsbezeichnungen wie озеро, улица u. a. werden stets kleingeschrieben, z. B.:
озеро Байкал, улица Чехова, площадь Маяковского.

259 *Gattungsbezeichnungen* benennen Lebewesen oder Dinge einer Gattung; sie sind in der Regel zählbar, z. B.:
девочка, собака, роза; планета, камень, город, площадь *f.*, колесо, ножницы *Pl.*;
vgl. две девочки …, два камня …, двое ножниц.
Gattungsbezeichnungen werden gewöhnlich im Singular und im Plural gebraucht. Sie werden (zum Unterschied vom Deutschen) *kleingeschrieben*.

260 Besondere Gruppen innerhalb der Gattungsbezeichnungen sind:
1. *Sammelbezeichnungen* (oder *Kollektiva*); sie bezeichnen eine Gesamtheit von Lebewesen oder Dingen als unteilbares Ganzes und werden nur im Singular gebraucht (↗ 279), z. B.:
студенчество – Studentenschaft, аристократия, листва – Laub.

2. *Stoffbezeichnungen*; sie sind nicht zählbar, z. B.:
железо, нефть *f.*, сахар, цемент; дрова *Pl.*, щи *Pl.*
Stoffbezeichnungen werden gewöhnlich nur im Singular oder nur im Plural gebraucht (↗ 279 f.).

261 Beachte den Übergang eines Substantivs von einer Bedeutungsgruppe zu einer anderen:
– Ein Eigenname kann zur Gattungsbezeichnung werden, z. B.:
Рентген – Röntgen (deutscher Physiker) → рентген – Röntgenaufnahme.

– Eine Gattungsbezeichnung kann zum Eigennamen werden, z. B.:
здоровье – Gesundheit → (газета) «Здоровье».

Belebte und unbelebte Substantive

262 Zu den *belebten* (*beseelten*) Substantiven gehören die Bezeichnungen für Personen und Tiere; alle anderen Substantive gelten in grammatischer Beziehung als *unbelebt* (*unbeseelt*).
Beispiele:
– belebte Substantive: человек, девушка, прохожий; собака, лошадь *f.*, щука, животное;
– unbelebte Substantive: стол, завод, растение, природа, производство, доброта.
Die Unterscheidung belebter und unbelebter Substantive ist für die Deklination, und zwar für die Bildung des Akkusativs, von Bedeutung (↗ 288 f.).

263
Als *unbelebt* gelten:
– Sammelbezeichnungen für Gruppen von Menschen und Tieren wie наро́д, толпа́, во́йско, студе́нчество; ста́я, ста́до, табу́н, z. B.:
у-/ви́деть то́лпы гуля́ющих, – Massen von Spaziergängern,
табу́н лошаде́й – eine Herde Pferde sehen;

– Personenbezeichnungen in Wendungen wie
идти́ в (ученики́ столяра́) – zu (einem Tischler in die Lehre) gehen;
взять/брать кого́-нибудь в (доя́рки) – jemanden als (Melkerin) nehmen, einstellen;
произвести́/производи́ть кого́-нибудь в (майо́ры) – jemanden zum (Major) befördern.
Der Akkusativ Plural der Substantive, die Personen nach ihrem Beruf, ihrer Tätigkeit oder Dienststellung bezeichnen, ist in diesen Wendungen – abweichend von der Grundregel – dem Nominativ Plural gleich.

– das Wort труп – die Leiche.

264
Als *belebt* gelten:
– Substantive wie ку́кла, марионе́тка;

– einige Bezeichnungen für Spielfiguren wie коро́ль, слон – der Läufer (beim Schach), туз – das Ass (beim Skat), z. B.:
взять/брать слона́, коня́ – den Läufer, das Pferd nehmen;
сбро́сить/сбра́сывать туза́ – das Ass abwerfen;

– das Wort поко́йник – der Verstorbene.

265
Varianten
– Bezeichnungen für mikroskopisch kleine Lebewesen wie бакте́рия, ви́рус, микро́б gelten häufiger als unbelebte, seltener als belebte Substantive, z. B.:
изучи́ть/изуча́ть бакте́рии | бакте́рий – Bakterien untersuchen.

– Einige mehrdeutige Substantive gelten teils als belebt, teils als unbelebt – in Abhängigkeit von der Bedeutung, in der sie verwendet werden, z. B.:
дво́рник – Hausmeister *belebt*; Scheibenwischer *ugs. unbelebt*;
спаса́тель – Rettungsschwimmer *belebt*; Rettungsschiff *unbelebt*;
лицо́ – Gesicht *unbelebt*; Person, Persönlichkeit *belebt*;
тип – Typ, Art *unbelebt*; Typ, Kerl *ugs. belebt*;
тря́пка – Lappen *unbelebt*; Schlappschwanz *ugs. belebt*.
Vgl.:
у-/ви́деть дво́рника, aber: по-/ста́вить дво́рник (*ugs.* auch дво́рника);
знать э́тот тип автомоби́ля, aber: знать э́того стра́нного ти́па;
у-/ви́деть знако́мые ли́ца, aber: встре́тить/встреча́ть официа́льных лиц го́рода.

– Personennamen als Titel von Kunstwerken werden wie belebte Substantive verwendet, wenn ihnen keine Gattungsbezeichnung vorangestellt wird; vgl. z. B.:
чита́ть «Евге́ния Оне́гина», aber: чита́ть рома́н «Евге́ний Оне́гин».
Bei Personenbezeichnungen als Firmennamen gibt es im gegenwärtigen Sprachgebrauch Schwankungen; vgl. z. B.:
от-/ремонти́ровать «Москви́ч» | «Москвича́».

Zur Funktion im Satz

266 Grundsätzlich kann ein Substantiv in einem *zweigliedrigen Satz* (↗ 709) in der Funktion eines jeden Satzgliedes wie auch in der eines Attributs auftreten:
– als Subjekt (und zwar im Nominativ), z. B.:
Ребя́та провели́ в Москве́ не́сколько дней.
Москва́ – театра́льный го́род.
В э́том зда́нии нахо́дится моско́вская мэ́рия.
Зда́ние постро́ено ру́сским архите́ктором.

– als Prädikatsnomen (und zwar vor allem im Nominativ oder im Instrumental), z. B.:
М. В. Ломоно́сов – знамени́тый ру́сский учёный.
Москва́ явля́ется столи́цей Росси́йской Федера́ции.

– als Objekt (und zwar in einem abhängigen Kasus ohne oder mit Präposition), z. B.:
Тури́сты посети́ли Кремль.
Произведе́ния ру́сского изобрази́тельного иску́сства мо́жно осмотре́ть в Третьяко́вской галере́е.
Гости́ница нра́вится гостя́м столи́цы.
Моско́вский худо́жественный теа́тр осно́ван режиссёрами Станисла́вским и Немиро́вичем-Да́нченко.

– als Adverbialbestimmung, z. B.:
Мы встре́тились ра́нним у́тром.
Напро́тив музе́я стои́т па́мятник.

– als Attribut, und zwar
  • als nichtkongruierendes Attribut (in einem abhängigen Kasus ohne oder mit Präposition, insbesondere im Genitiv), z. B.:
  дире́ктор музе́я; люби́мое ме́сто москвиче́й; тво́рчество теа́тра; толпа́ люде́й;
  • als Apposition (↗ 720), z. B.:
  акаде́мик Смирно́в; о́зеро Байка́л; магази́н «Ру́сский лён»; же́нщина-вра́ч.

Ein Substantiv kann auch in einem *eingliedrigen Nominativsatz* als wesentliches Satzglied auftreten (↗ 733), z. B.:
Зима́. Двена́дцать часо́в. Вот кни́га.

Die grammatischen Kategorien

Das Genus

Man unterscheidet im Russischen – wie im Deutschen – drei Genera: das Maskulinum, das Femininum und das Neutrum.
Alle Substantive (mit Ausnahme der nur im Plural gebräuchlichen Substantive, die kein Genus haben, und der Substantive zweierlei Genus) gehören einem der drei Genera an.
Zum Genus von Substantiven mit adjektivischen Endungen ↗ 277.

Personenbezeichnungen

Das Genus der Substantive, die Personen bezeichnen, entspricht in der Regel ihrem natürlichen Geschlecht.

1. Deklinierte und nichtdeklinierte Substantive, die männliche Personen bezeichnen, sind *Maskulina*, z. B.:
(мой) брат, (новый) учитель; (наш) папа, дядя; (молодой) подмастерье;
Игорь, Вова, (дорогой) Володя; Иванов;
(военный) атташе, маэстро, (знакомый) конферансье, (мой) визави.

2. Deklinierte und nichtdeklinierte Substantive, die weibliche Personen bezeichnen, sind *Feminina*, z. B.:
(моя) мама, (молодая) учительница;
Татьяна, Майя, (дорогая) Керстин; Иванова;
мадам, фрау (Шульце), (моя) визави.

Beachte: Das Wort дитя ist ein Neutrum.

Zum Gebrauch von Berufsbezeichnungen

1. Häufig existieren zur Personenbezeichnung nach Beruf oder Tätigkeit ein *maskulines* und ein (mithilfe von Suffixen abgeleitetes) *feminines* Substantiv, z. B.:
журналист – журналистка, тракторист – трактористка, спортсмен – спортсменка, студент – студентка, лётчик – лётчица, преподаватель – преподавательница.

Im Plural kann sich die maskuline Form auf beide Geschlechter beziehen, z. B.:
студенты университета – die Studenten (die Studentinnen und Studenten) der Universität.

Beachte, dass mit den Suffixen -их-(а) und -ш-(а) gebildete Substantive eine weibliche Berufsangehörige oder die Ehefrau eines Berufsangehörigen bezeichnen können; vgl. z. B.:
повар: повариха *ugs.* – die Köchin, aber купец: купчиха – die Frau des Kaufmanns; кассир: кассирша *ugs.* – die Kassiererin, aber генерал: генеральша *ugs.* – die Frau des Generals.

2. Mitunter ist zur Personenbezeichnung nach Beruf o. ä. nur ein *maskulines* Substantiv gebräuchlich, das auch zur Bezeichnung weiblicher Personen verwendet wird; z. B.:
автор, архитектор, врач, депутат, директор, инженер, министр, начальник, педагог, секретарь, экскурсовод.
Aus dem Widerspruch zwischen dem Genus des Substantivs und dem Geschlecht der bezeichneten Person ergeben sich Schwankungen bei der Kongruenz.

Bezeichnet ein solches maskulines Wort eine weibliche Person und steht es im Nominativ Singular, so weist ein entsprechendes Prädikat in der Umgangssprache und in der Publizistik häufig die feminine Form auf, z. B.:

Врач прие́хала (больна́).	– Die Ärztin ist gekommen (ist krank).
Продаве́ц | Продавщи́ца показа́ла мне нару́чные часы́.	– Die Verkäuferin zeigte mir Armbanduhren.
Неда́вно здесь побыва́ла корреспонде́нт «Вече́рней Москвы́».	– Kürzlich weilte hier eine Korrespondentin der "Wetschernjaja Moskwa".
А́втор Н. Петро́ва, уже́ изве́стная чита́телям, предложи́ла но́вую статью́.	– Die unseren Lesern bereits bekannte Autorin N. Petrowa hat einen neuen Artikel vorgelegt.

Demgegenüber ist für ein adjektivisches Attribut die Übereinstimmung mit dem grammatischen Geschlecht des Substantivs charakteristisch; vgl. z. B.:

Он хоро́ший врач.	– Er ist ein guter Arzt.
Она́ хоро́ший (seltener: хоро́шая) врач.	– Sie ist eine gute Ärztin.
наш (auch: на́ша) врач Ивано́ва – unsere Ärztin Iwanowa	

Für die abhängigen Kasus ist stets das grammatische Geschlecht maßgebend, z. B.:

Мы встре́тили на́шего врача́ Ивано́ву.	– Wir trafen unsere Ärztin Iwanowa.

270 **Zum Gebrauch von Substantiven zweierlei Genus**

Einige Substantive, die Personen (meist expressiv gefärbt) nach einer für sie charakteristischen Eigenschaft bezeichnen und im Nominativ Singular auf -a | -я enden, können *sowohl Maskulina als auch Feminina* sein – je nachdem, ob sich das Substantiv auf eine männliche oder eine weibliche Person bezieht. Z. B.:

бедня́га – armer Schlucker, бродя́га – Landstreicher(in), левша́ – Linkshänder(in), пья́ница – Trinker(in), работя́га – „Arbeitspferd", со́ня – „Schlafmütze"; hierher gehören in der Gegenwartssprache auch Wörter wie глава́ – Chef(in), Leiter(in), колле́га – Kollege (Kollegin), судья́ – Richter(in).

Ein mit einem solchen Substantiv kongruierendes Wort (Adjektiv, Verb) richtet sich gewöhnlich nach dem Geschlecht der bezeichneten Person; vgl.:

кру́глый сирота́, кру́глая сирота́ – die Vollwaise (bezogen auf eine männliche und eine weibliche Person)

Бедня́га захоте́ла легко́ пошути́ть с незнако́мым челове́ком.	– Die Ärmste wollte mit dem Unbekannten nur ein wenig scherzen.
Назна́чили но́вую судью́.	– Man setzte eine neue Richterin ein.

271 **Tierbezeichnungen**

Das Genus von Tierbezeichnungen ist in der Regel aus der Endung im Nominativ Singular ersichtlich, z. B.:

m.: кот, лев, пету́х; воробе́й; о́кунь (*G. Sg.* о́куня);
f.: ко́шка, льви́ца, ку́рица; соба́ка; ло́шадь (*G. Sg.* ло́шади).

Nichtdeklinierte Tierbezeichnungen sind gewöhnlich Maskulina, z. B.:
m.: кенгуру́, по́ни, шимпанзе́.

Soll jedoch hervorgehoben werden, dass es sich um ein weibliches Tier handelt, kann das nichtdeklinierte Substantiv als Femininum gebraucht werden, z. B.:

Шимпанзе́ корми́ла детёныша.	– Das Schimpansenweibchen nährte das Junge.

Sachbezeichnungen

Deklinierte Substantive

Das Genus der deklinierten Substantive, die konkrete Dinge oder Abstrakta bezeichnen, ist in der Regel aus der Endung im Nominativ Singular ersichtlich. **272**

Genus	Endung im N. Sg.		Beispiele
Maskulina	endungslos:	-ø (ь) *G. Sg.:* -я (й)	заво́д, универма́г, ме́сяц, эта́ж; вуз рубль, дви́гатель музе́й, бой, комменита́рий
Feminina		-a -я	ка́рта, кни́га, гости́ница, переда́ча неде́ля, статья́, гимна́зия
	endungslos:	(ь) *G. Sg.:* -и	тетра́дь, ночь
Neutra		-o -ё, -e	сло́во, кольцо́ бельё, учи́лище, уще́лье, зда́ние

Beachte: **273**
1. Die im Nominativ Singular endungslosen Substantive, deren Schriftbild auf ь ausgeht, sind entweder Maskulina oder Feminina.
Zu den Feminina gehören u. a.:
– alle Substantive, die mit dem Suffix -ость gebildet sind, z. B.:
сме́лость, ли́чность, доброжела́тельность;

– alle Substantive, deren Schriftbild auf -жь, -шь, -чь, -щь ausgeht, z. B.:
рожь, ро́скошь, ночь, по́мощь;

– alle Substantive, die konkrete Dinge oder Abstrakta bezeichnen und deren Schriftbild auf -вь, -бь,-пь, -знь, -сь, -сть ausgeht, z. B.:
бровь, дробь, степь, жизнь, за́пись, власть.

2. Substantive der subjektiven Wertung, die mithilfe der Suffixe -ин-(а), -ищ-(е) und -ишк-(о) von maskulinen Substantiven abgeleitet sind, sind Maskulina, z. B.:
голоси́на – die kräftige Stimme (zu го́лос); доми́ще – das große Gebäude (zu дом); городи́шко – das elende Städtchen (zu го́род).

3. Das Substantiv путь (*G. Sg.* пути́) ist ein Maskulinum.

4. Substantive auf мя sind Neutra, z. B.: (моё) и́мя, (моско́вское) вре́мя.

Nichtdeklinierte Substantive

Die meisten nichtdeklinierten Substantive, die konkrete Dinge oder Abstrakta bezeichnen, sind Neutra. **274**

Z. B.: (информацио́нное) бюро́, кино́, (зи́мнее) пальто́, ра́дио, кафе́, (отде́льное) купе́, тире́, жюри́, такси́ (свобо́дно), (интере́сное) интервью́, меню́.

275 Das Substantiv

275 Beachte:

1. Einzelne nichtdeklinierte Substantive weisen das Genus eines ihnen bedeutungsmäßig nahe stehenden Wortes auf, z. B.:
авеню́ *f.* (vgl. у́лица), кольра́би *f.* (капу́ста), саля́ми *f.* (колбаса́); ко́фе *m.* (*alt* ко́фей).

2. Nichtdeklinierte *geografische Eigennamen* (für Städte, Berge, Flüsse, Seen, Inseln) und Namen von Presseerzeugnissen weisen das Genus des entsprechenden Gattungsnamens auf, z. B.:
прекра́сный Сан-Франци́ско (vgl. го́род), широ́кая Миссиси́пи (vgl. река́), полново́дное Э́ри (vgl. о́зеро), живопи́сный Ка́при (vgl. о́стров); ло́ндонская «Таймс» (vgl. газе́та).

3. Nichtdeklinierte *Kurzwörter des Initialtyps* richten sich im Genus gewöhnlich nach dem Kernwort der entsprechenden Wortgruppe, z. B.:
РФ [эр-эф] *f.* (vgl. Росси́йская Федера́ция),
СНГ [эс-эн-гэ́] *n.* (vgl. Содру́жество Незави́симых Госуда́рств),
МГУ [эм-гэ-у́] *m.* (vgl. Моско́вский госуда́рственный университе́т),
ООН [оо́н] *f.* (vgl. Организа́ция Объединённых На́ций),
РИА [р'иа] *n.* (vgl. Росси́йское информацио́нное аге́нтство).

Demgegenüber weisen Kurzwörter des Initialtyps, die nach ihrem Lautwert gesprochen werden und auf einen Konsonanten ausgehen, aufgrund ihrer morphologischen Gestalt in der Regel das maskuline Genus auf und werden dekliniert, z. B.:
вуз [вус] *m.* (vgl. вы́сшее уче́бное заведе́ние): прекра́сный вуз, учи́ться в моско́вском ву́зе;
загс [закс] *m.* (vgl. отде́л за́писи а́ктов гражда́нского состоя́ния): за-/регистри́роваться в за́гсе;
ВАК [вак] *m.* (vgl. вы́сшая аттестацио́нная коми́ссия): ВАК рассмотре́л диссерта́цию; реше́ние ВА́Ка.

276 Substantive mit verschiedenem Genus

Einige Substantive weisen Genusvarianten auf, von denen eine stilistisch markiert sein kann:
банкно́т *m.* und банкно́та *f.*
ста́вень *m.* und ста́вня *f.*
ле́бедь, -я *m.* und ле́бедь, -и *f.* (in der Volksdichtung)
зал *m.* und за́ла *f.*, *alt*
санато́рий *m.* und санато́рия *f.*, *alt*

277 Substantive mit Adjektivendungen

Das Genus von Substantiven mit Adjektivendungen ergibt sich aus der Endung im Nominativ Singular (↗ 343), z. B.:
(мой) знако́м<u>ый</u> *m.*; (на́ша) столо́в<u>ая</u> *f.*; (э́то) живо́тн<u>ое</u> *n.*

Der Numerus

278 Man unterscheidet – wie im Deutschen – zwei Numeri: den Singular und den Plural.
Von Substantiven, die etwas Zählbares bezeichnen, können in der Regel sowohl Singular- als auch Pluralformen gebildet werden. Verschiedene Substantive werden nur im Singular (Singulariatantum), andere nur im Plural (Pluraliatantum) gebraucht.

Zu den Substantiven, die gewöhnlich *nur im Singular* gebraucht werden, gehören: **279**
– die meisten Abstrakta, z. B.:
   бли́зость *f.*, вмеша́тельство, здоро́вье, сла́ва, спасе́ние, тишина́.
   Einige Abstrakta werden in differenzierender Bedeutung auch im Plural gebraucht, z. B.:
   возмо́жность *f.*: широ́кие возмо́жности – vielfältige Möglichkeiten, красота́: красо́ты
   приро́ды – die Schönheiten der Natur, моро́з: си́льные моро́зы – starke Fröste.

– die meisten Stoffbezeichnungen, z. B.:
   желе́зо, молоко́, мука́, нефть *f.*, са́хар.
   Einige Stoffbezeichnungen werden auch im Plural gebraucht: Sie dienen dann zur Bezeichnung verschiedener Arten und Sorten oder zur Bezeichnung einer Menge. Z. B.:
   вино́: дороги́е ви́на – erlesene Weinsorten, сталь: высокока́чественные ста́ли – hochwertige Stähle, вода́: во́ды океа́на – die Wassermassen des Ozeans.
   Umgangssprachlich können einige Stoffbezeichnungen auch mit einer Grundzahl verbunden werden, während die Maßangabe selbst weggelassen wird, z. B.:
   Купи́ три молока́ (statt: ... три буты́лки | паке́та молока́).

– die meisten Sammelbezeichnungen, z. B.:
   бельё – die Wäsche, (све́жая) зе́лень *f.* – (frisches) Gemüse, листва́ – das Laub,
   молодёжь *f.* – die Jugend, профессу́ра – die Professorenschaft, челове́чество – die Menschheit;

– die meisten Eigennamen, z. B.:
   Алекса́ндр Серге́евич Пу́шкин, Москва́, Ура́л, Во́лга.
   Werden Personennamen im Plural gebraucht, so bezeichnen diese Formen mehrere Personen gleichen Namens oder mehrere Mitglieder einer Familie, z. B.:
   В на́шем кла́ссе не́сколько Светла́н. – In unserer Klasse gibt es einige Swetlanas.
   Серге́й и Ни́на Ивано́вы *(Pl.!)* – Sergei und Nina Iwanow

Zu den *nur im Plural* gebrauchten Substantiven ohne grammatisches Geschlecht gehören **280**
– einige Abstrakta, z. B.: имени́ны, кани́кулы, перегово́ры, су́мерки, су́тки;

– einige Substantive, die aus zwei oder mehreren Teilen bestehende Gegenstände bezeichnen,
   z. B.: брю́ки, воро́та, но́жницы, очки́, са́ни;

– einige Stoffbezeichnungen, z. B.: дрова́, консе́рвы, черни́ла, щи;

– einige geografische Eigennamen, z. B.: А́льпы, Карпа́ты, Минера́льные Во́ды.

Der Kasus **281**

Man unterscheidet im Russischen in Singular und Plural sechs Kasus (↗ auch **633** ff.):
den Nominativ   als unabhängigen Kasus,
den Genitiv
den Dativ
den Akkusativ   } als abhängige Kasus: {   sowohl *ohne* als auch *mit* Präpositionen
den Instrumental
den Präpositiv   → nur *mit* Präpositionen

Die Deklination

282 Die meisten Substantive werden dekliniert.
Die Kasus der deklinierten Substantive werden durch Endungen ausgedrückt, die an den Wortstamm angefügt werden (↗ 60). Innerhalb eines Deklinationstyps ist mindestens eine Kasusform endungslos, und zwar entweder der Nominativ (Akkusativ) Singular oder der Genitiv Plural.
In der russischen Gegenwartssprache unterscheidet man – nach den unterschiedlichen Endungen im Singular – *drei Haupttypen* der Deklination von Substantiven.

Die I. Deklination

– der *Maskulina* mit endungslosem Nominativ Singular (Schriftbild geht auf Konsonantbuchstaben einschließlich й oder auf ь aus) und Genitiv Singular auf -a | -я, z. B.:
  N. Sg.   завóд_   рубль_   музéй_
  G. Sg.   завóда   рубля́   музéя

– der *Neutra* und einiger Maskulina mit den Endungen -o | -ë | -e im Nominativ Singular, z. B.:
  N. Sg.   слóво   бельë   здáние
  G. Sg.   слóва   белья́   здáния

Die II. Deklination

der *Feminina*, einiger Maskulina und der Substantive zweierlei Genus mit den Endungen -a | -я im Nominativ Singular, z. B.:
  N. Sg.   кáрта   недéля   гимнáзия   дя́дя *m.*   коллéга *m. u. f.*
  G. Sg.   кáрты   недéли   гимнáзии   дя́ди   коллéги

Die III. oder и-Deklination

der *Feminina* und weniger Neutra mit endungslosem Nominativ Singular (Schriftbild der Feminina geht auf ь, der Neutra auf мя aus) und Genitiv Singular auf -и, z. B.:
  N. Sg.   тетрáдь_   ночь_   и́мя_ *n.*
  G. Sg.   тетрáди   нóчи   и́мени

283 Besondere Deklinationsarten

– die Deklination der Substantive mit Adjektivendungen (↗ 401), z. B.:
  N. Sg.   больнóй *m.*   вáнная *f.*   бýдущее *n.*
  G. Sg.   больнóго   вáнной   бýдущего

– die Deklination der Familiennamen auf -ов-(а) | -ёв-(а) | -ев-(а), -ин-(а) | -ын-(а) (↗ 321.2), z. B.:
  N. Sg.   Платóнов_   Цветáева   Замя́тин_   (брáтья) Карамáзовы
  G. Sg.   Платóнова   Цветáевой   Замя́тина   (брáтьев) Карамáзовых

Zur Deklination der mit пол- zusammengesetzten Substantive ↗ 322 ff.
Zur Deklination der nur im Plural gebräuchlichen Substantive ↗ 326.
Zu den nichtdeklinierten Substantiven ↗ 327 f.

Die regelmäßigen Deklinationsendungen

Die folgende Darstellung der Substantivendungen gründet sich auf das *Schriftbild*. **284**
Beachte, dass entsprechend den Aussprachenormen einige unbetonte Endungen trotz unterschiedlicher Schreibung gleich gesprochen werden; vgl. z. B.:

N.|A. Sg. сло́в<u>о</u> ⎫
  } Aussprache: сло́в[ə]
G. Sg. сло́в<u>а</u> ⎭

I. Sg. заво́д<u>ом</u> ⎫
  } Aussprache: заво́д[əм]
D. Pl. заво́д<u>ам</u> ⎭

Innerhalb der Haupttypen der Substantivdeklination sind zu unterscheiden: **285**
– Substantive mit *Stammauslaut* auf *harten Konsonanten* (mit hartem Stammauslaut) und
– Substantive mit *Stammauslaut* auf *weichen Konsonanten* (mit weichem Stammauslaut).
Da ein weicher Stammauslaut in der Schrift durch den nachfolgenden Buchstaben (ь, besondere Vokalbuchstaben oder й) bezeichnet wird, werden gleiche Deklinationsendungen – je nach hartem oder weichem Stammauslaut – mit verschiedenen Vokalbuchstaben geschrieben.

Mögliche Folge von Vokalbuchstaben auf stammauslautende Konsonanten   **286**

Stammauslaut auf:	Mögliche Vokalbuchstaben			
harten Konsonanten (außer к, г, х; ш, ж; ц)	а	о	у	ы
weichen Konsonanten (außer ч, щ)	я	ё|е[1]	ю	и
к, г, х	а	о	у	и
ш, ж; ч, щ	а	ó|е[1]	у	и
ц	а	ó|е[1]	у	ы

[1] Buchstabe vor |: Schreibung in betonter Stellung, Buchstabe hinter |: Schreibung in unbetonter Stellung.

Die regelmäßigen Endungen der Substantivdeklination   **287**

		I. Deklination		II. Deklination	III. Deklination
		Maskulina	Neutra		Feminina
Sg.	N.	-ø|(ь, й)	-о|-(ё̈)	-а|-я	(ь) -ø
	G.	-а|-я		-ы|-и	-и
	D.	-у|-ю		-е	-и
	A.	wie N. oder G.	wie N.	-у|-ю	wie N.
	I.	-ом|-(ё̈)м		-ой|-(ё̈)й	(ь) -ю
	P.	-е		-е	-и
Pl.	N.	-ы|-и	-а|-я	-ы|-и	-и
	G.	-ов|-(ё̈)в, -ей	-ø|(й)	-ø|(ь, й)	-ей
	D.		-ам|-ям		
	A.		wie N. oder G.		
	I.		-ами|-ями		
	P.		-ах|-ях		

(ё̈) = ё in betonter, е in unbetonter Stellung.

Im Folgenden sind die *grundlegenden Deklinationsmuster* durch Rasterunterlegung hervorgehoben, davon abweichende (Schreib-)Endungen unterstrichen.

Die Bildung des Akkusativs

288 Der *Akkusativ Plural*
 - der belebten Substantive stimmt überein mit dem Genitiv Plural;
 - der unbelebten Substantive stimmt überein mit dem Nominativ Plural.

Beispiele für belebte Substantive:
N. Pl.	журнали́сты	же́нщины	прохо́жие	ло́шади	живо́тные
G. Pl.	журнали́сто<u>в</u>	же́нщин_	прохо́ж<u>их</u>	лошад<u>е́й</u>	живо́тн<u>ых</u>
A. Pl.	журнали́сто<u>в</u>	же́нщин_	прохо́ж<u>их</u>	лошад<u>е́й</u>	живо́тн<u>ых</u>

Beispiele für unbelebte Substantive:
N. Pl.	заво́д<u>ы</u>	расте́ни<u>я</u>	неде́л<u>и</u>	сте́п<u>и</u>	имен<u>а́</u>
G. Pl.	заво́дов	расте́ний	неде́ль	степе́й	имён
A. Pl.	заво́д<u>ы</u>	расте́ни<u>я</u>	неде́л<u>и</u>	сте́п<u>и</u>	имен<u>а́</u>

Entsprechendes gilt für die mit einem belebten oder unbelebten Substantiv *kongruierenden Attribute*: Adjektive und Partizipien, adjektivische Pronomen, einige Zahlwörter:
Я ви́жу иностра́нн<u>ых</u> журнали́сто<u>в</u>, свои́<u>х</u> бра́тьев, молоды́<u>х</u> же́нщин_, дв<u>ух</u> друзе́й_, ре́дк<u>их</u> живо́тн<u>ых</u>, огро́мн<u>ых</u> шимпанзе́_;
но́в<u>ые</u> заво́д<u>ы</u>, краси́в<u>ые</u> расте́ни<u>я</u>; (люблю́) огро́мн<u>ые</u> сте́п<u>и</u>, э́т<u>и</u> цвет<u>ы́</u>.

289 Der *Akkusativ Singular*
 - der belebten Maskulina der I. Deklination stimmt überein mit dem Genitiv Singular;
 - der Substantive der II. Deklination hat eine besondere Endung: -у | -ю;
 - aller übrigen Substantive stimmt überein mit dem Nominativ Singular.

Beispiele für belebte Substantive:
N. Sg.	журнали́ст	волк	же́нщина	неде́ля
G. Sg.	журнали́ст<u>а</u>	во́лк<u>а</u>	же́нщины	неде́ли
A. Sg.	журнали́ст<u>а</u>	во́лк<u>а</u>	же́нщин<u>у</u>	неде́л<u>ю</u>

Beispiele für alle übrigen Substantive:
N. Sg.	заво́д_	расте́ние	ло́шадь_	степь_	и́мя_
G. Sg.	заво́да	расте́ния	ло́шади	сте́пи	и́мени
A. Sg.	заво́д_	расте́ние	ло́шадь_	степь_	и́мя_

290 Beachte die Substantive mit Adjektivendungen: Der Akkusativ Singular
 - der belebten Maskulina ist gleich dem Genitiv Singular;
 - der Feminina hat eine besondere Endung: -ую | -юю;
 - aller übrigen Substantive ist gleich dem Nominativ Singular.

	Belebte Maskulina:	Feminina:	Alle übrigen Substantive:
N. Sg.	прохо́жий	заве́дующая	живо́тное
G. Sg.	прохо́ж<u>его</u>	заве́дующей	живо́тн<u>ого</u>
A. Sg.	прохо́ж<u>его</u>	заве́дующ<u>ую</u>	живо́тн<u>ое</u>

Entsprechendes gilt für die mit einem belebten oder unbelebten Substantiv *kongruierenden Attribute*: Adjektive und Partizipien, adjektivische Pronomen; vgl. z. B.:
Я ви́жу иностра́нн<u>ого</u> журнали́ста, своего́ бра́та, своего́ дя́дю, незнако́м<u>ого</u> прохо́ж<u>его</u>;
краси́в<u>ую</u> же́нщину, молод<u>у́ю</u> уча́щ<u>уюся</u>, огро́мную степь_;
но́в<u>ый</u> заво́д_, интере́сн<u>ое</u> расте́ние, ре́дк<u>ое</u> живо́тн<u>ое</u>; (люблю́) э́тот_ цвето́к_.

Die I. Deklination der Maskulina

Musterwörter (➚ 287)

		Stammauslaut auf: harte Konsonanten		Zischlaute
		к, г, х	ц	ш, ж; ч, щ
Sg.	N.	заво́д	универма́г	ме́сяц	эта́ж
	G.	заво́да	универма́га	ме́сяца	этажа́
	D.	заво́ду	универма́гу	ме́сяцу	этажу́
	A.	заво́д	универма́г	ме́сяц	эта́ж
	I.	заво́дом	универма́гом	ме́сяц<u>ем</u>[1]	этажо́м[1]
	P.	о заво́де	об универма́ге	о ме́сяце	об этаже́
Pl.	N.	заво́ды	универма́ги	ме́сяцы	этажи́
	G.	заво́дов	универма́гов	ме́сяц<u>ев</u>[2]	этаже́й
	D.	заво́дам	универма́гам	ме́сяцам	этажа́м
	A.	заво́ды	универма́ги	ме́сяцы	этажи́
	I.	заво́дами	универма́гами	ме́сяцами	этажа́ми
	P.	о заво́дах	об универма́гах	о ме́сяцах	об этажа́х

[1] endungsbetont: -о́м (дворе́ц – дворцо́м), stammbetont: -ем (това́рищ – това́рищем).
[2] endungsbetont: -о́в (дворе́ц – дворцо́в).

		Stammauslaut auf weiche Konsonanten:		
		(ь)	й	ий
Sg.	N.	рубль	музе́й	коммента́рий
	G.	рубля́	музе́я	коммента́рия
	D.	рублю́	музе́ю	коммента́рию
	A.	рубль	музе́й	коммента́рий
	I.	рублём[1]	музе́ем[1]	коммента́ри<u>ем</u>
	P.	о рубле́	о музе́е	о коммента́ри<u>и</u>
Pl.	N.	рубли́	музе́и	коммента́рии
	G.	рубле́й	музе́<u>ев</u>[2]	коммента́ри<u>ев</u>
	D.	рубля́м	музе́ям	коммента́риям
	A.	рубли́	музе́и	коммента́рии
	I.	рубля́ми	музе́ями	коммента́риями
	P.	о рубля́х	о музе́ях	о коммента́риях

[1] stammbetont: -ем (дви́гатель – дви́гателем), endungsbetont: -ём (ручёй – ручьём).
[2] endungsbetont: -ёв (бой – боёв).

Zum Akkusativ Singular und Plural ➚ 288 f.

Das Substantiv

292 Zum regelmäßigen Genitiv Plural

Grundsätzlich sind (in Abhängigkeit vom Stammauslaut) zwei Endungen zu unterscheiden: -ов | -ёв | -ев und -ей.
Es wird geschrieben bei Stammauslaut auf:
– *harten* Konsonanten (einschließlich ц, wenn Endung betont ist): -ов,
– й, wenn Endung betont ist: -ёв,
– й und auf ц, wenn Endung nicht betont ist: -ев,
– *weichen* Konsonanten und alle *Zischlaute*: -ей.

Zu Besonderheiten ↗ 297.

Besonderheiten

293 Vokalausfall ab Genitiv Singular

Bei verschiedenen Maskulina der I. Deklination fällt der im Nominativ Singular zwischen den beiden Endkonsonanten des Stammes stehende Vokal (-о-, -ё- oder -е-) in den abhängigen Kasus des Singulars und in allen Kasus des Plurals aus.

Beachte: Ist der erste der beiden Endkonsonanten
– ein [л'], so wird die Weichheit bei Vokalausfall durch den Buchstaben ь bezeichnet (↗ 50);
– ein [j], so wird dieser Laut bei Vokalausfall durch й bezeichnet (↗ 48).

Zu den Substantiven mit flüchtigem Vokal gehören:
– einige einsilbige Wörter, z. B.: день – *G. Sg.* дня, лев – льва, лёд – льда, лён – льна, лоб – лба, пень – пня, пёс – пса, рот – рта, сон – сна;
– alle mit den Verkleinerungssuffixen -ок | -ёк -ек, -ёнок | -онок, -ец abgeleiteten Wörter, z. B.: лесо́к – леска́ (kleiner Wald, Wäldchen), ручеёк – ручейка́ (kleiner Bach, Bächlein), я́щичек – я́щичка (Kästchen); телёнок – телёнка (Kalb), медвежо́нок – медвежо́нка (Bärenjunges); бра́тец – бра́тца (lieber Bruder);
– zahlreiche Wörter, deren Endkonsonant häufig ein Sonor (↗ 23) ist, z. B.:

-ей	ручей – ручья́, соловей – соловья́, aber: еврей – евре́я
-ел, -ёл:	за́мысел – за́мысла, у́зел – узла́, орёл – орла́, aber: новосёл – новосёла
-ём:	наём – на́йма, aber: подъём – подъёма
-ень:	ка́мень – ка́мня, ко́рень – ко́рня, па́рень – па́рня, реме́нь – ремня́, aber: оле́нь – оле́ня, ячме́нь – ячменя́
-ер, -ёр:	ве́тер – ве́тра, ковёр – ковра́, костёр – костра́, aber: ликёр – ликёра, шофёр – шофёра
-ец	(einschließlich des Suffixes): дворе́ц – дворца́, коне́ц – конца́, оте́ц – отца́, па́лец – па́льца, пе́рец – пе́рца, люби́мец – люби́мца, aber: кузне́ц – кузнеца́, мудре́ц – мудреца́
-ок:	замо́к – замка́, за́мок – за́мка, кусо́к – куска́, переу́лок – переу́лка, песо́к – песка́, плато́к – платка́, стрело́к – стрелка́, aber: восто́к – восто́ка, игро́к – игрока́, уро́к – уро́ка, ходо́к – ходока́
-ол:	посо́л – посла́, у́гол – угла́
-оль:	у́голь – угля́
-онь:	ого́нь – огня́
-оть:	но́готь – но́гтя
-яц:	за́яц – за́йца

Genitiv Singular auf -у | -ю

Verschiedene unbelebte Maskulina der I. Deklination haben im Genitiv Singular – neben der regelmäßigen Endung -а | -я – die meist unbetonte Endung -у | -ю.

Zu den Substantiven mit der Endungsvariante -у | -ю gehören:

1. *Stoffbezeichnungen* (↗ 260), z. B.:

бензи́н: *G. Sg.* бензи́на | бензи́ну
горо́х: горо́ха | горо́ху
дым: ды́ма | ды́му
клей: кле́я | кле́ю
лёд: льда | льду
мёд: мёда | мёду
песо́к: песка́ | песку́
са́хар: са́хара | са́хару
снег: сне́га | сне́гу

сок: со́ка | со́ку
суп: су́па | су́пу
сыр: сы́ра | сы́ру
тво́рог: тво́рога | тво́рогу, auch:
творо́г: творога́ | творогу́
чай: ча́я | ча́ю
шёлк: шёлка | шёлку
шокола́д: шокола́да | шокола́ду
auch: наро́д: наро́да | наро́ду

Die Form auf -у | -ю wird oft verwendet, wenn die von einem transitiven Verb, einem unbestimmten Zahlwort oder einem Substantiv abhängige Stoffbezeichnung sich *nicht auf das ganze Objekt*, sondern nur auf einen Teil desselben bezieht (partitiver Genitiv, ↗ 634.2, 635.2), z. B.:
- купи́ть *(v.)* шёлку | шёлка; нали́ть *(v.)* ча́ю; доба́вить *(v.)* са́хару;
- мно́го (ма́ло) сне́гу | сне́га, побо́льше (поме́ньше) мёду | мёда, ско́лько наро́ду | наро́да;
- стака́н ча́я | ча́ю, па́чка са́хара | са́хару, буты́лка со́ка | со́ку, метр шёлка | шёлку, aber mit kongruierendem Attribut gewöhnlich:
  стака́н кре́пкого ча́я, буты́лка виногра́дного со́ка.

Charakteristisch sind die Formen auf -у für die mit dem Verkleinerungssuffix -о́к | -ёк abgeleiteten Stoffbezeichnungen, z. B.: доба́вить *(v.)* сахарку́, вы́пить *(v.)* кофейку́, завари́ть *(v.)* чайку́ (vgl. *N.* сахаро́к, кофеёк, чаёк).

Gegenwärtig ist insbesondere in der Schriftsprache ein Rückgang der Formen auf -у | -ю in quantitativer Bedeutung zu beobachten; hier dominieren die Formen auf -а | -я. In der mündlichen Umgangssprache sind Formen auf -у | -ю jedoch durchaus gebräuchlich.

Wird der Genitiv nicht in quantitativer Bedeutung gebraucht, steht die regelmäßige Endung -а | -я; z. B.: цена́ мёда, вкус ча́я, вы́пуск шёлка.

2. Verschiedene *Wörter in bestimmten*, zum Teil festen *Wendungen*, insbesondere nach Präpositionen (с, из, от; без) und verneinenden Partikeln (нет, не, ни), z. B.:

бой: взять/брать с бо́ю – im Kampf nehmen
бок: с бо́ку на́ бок – von einer Seite auf die andere
вид: упусти́ть/упуска́ть и́з виду – außer Acht lassen
глаз: с гла́зу на́ глаз (на глаз) – unter vier Augen
год: год от го́ду | го́да – jahraus, jahrein, aber nur: из го́да в год – von Jahr zu Jahr; бе́з году неде́ля *ugs.* – unlängst, vor kurzem
го́лод: умере́ть/умира́ть с го́лоду – verhungern
дом: до́ дому – bis nach Hause, aber: до до́ма – bis zum Haus; и́з дому – von zu Hause, aber: из до́ма – aus dem Haus
пол: с по́лу | по́ла – vom Fußboden
раз: ни ра́зу – kein einziges Mal; vgl.: не раз – mehrmals
смех: мне не до сме́ху *ugs.* – mir ist nicht zum Lachen zumute

счёт: нет счёту – zahllos
час: с часу на час – von Stunde zu Stunde,
vgl.: два часа – zwei Stunden, zwei Uhr; не прошло и часу | часа – es verging keine Stunde
шаг: прибавить *(v.)* шагу – einen Schritt zulegen
шум: много шуму из ничего – viel Lärm um nichts

295 Präpositiv Singular auf -ý | -ю́

Verschiedene unbelebte Maskulina der I. Deklination haben im Präpositiv Singular nach den Präpositionen в und на (vornehmlich zur Angabe des Ortes, seltener zur Angabe der Zeit oder eines Zustandes) die stets betonte Endung -ý | -ю́. Die meisten Wortstämme sind einsilbig, die Kasusformen des Singulars in der Regel stammbetont, die des Plurals endungsbetont.

Zu den Substantiven auf -ý | -ю́ gehören:
1. Wörter mit der *Endung -ý | -ю́ statt -e*, z. B.:

аэропорт: *P. Sg.* в аэропорту́, aber: об аэропо́рте
бе́рег: на берегу́
бой: в бою́
бок: в (на) боку́
год: в году́
лёд: во (на) льду
лес: в лесу́
мост: на мосту́
нос: в (на) носу́

плен: в плену́
пол: в (на) полу́
порт: в порту́
пруд: в (на) пруду́
рот: во рту
сад: в саду́
снег: в (на) снегу́
шаг: на каждом шагу́
шкаф: в (на) шкафу́

ebenso Eigennamen: Дон: на Дону́, Крым: в Крыму́, Клин: в Клину́.

Beachte: Besteht der Titel eines literarischen Werkes aus einem der oben genannten Substantive, so lautet die Form des Präpositivs nach в stets auf -e, z. B.:
в «Вишнёвом са́де» А. П. Чехова, в «Восемна́дцатом го́де» А. Н. Толсто́го.

2. Wörter mit *Endungsvarianten -e und -ý | -ю́*, z. B.:

ве́тер: на ветру́ | ве́тре
дым: в дыму́ | ды́ме
клей: на клею́ | кле́е
мёд: в меду́ | мёде

о́тпуск: в о́тпуске | отпуску́ *ugs.*
цех: в це́хе | цеху́ *ugs.*
чай: в ча́е | чаю́

Die Formen auf -ý | -ю́ gelten mitunter als umgangssprachlich.
Wird das Substantiv mit einem kongruierenden Attribut verbunden, so lautet die Substantivendung gewöhnlich -e, z. B.: на ветру́, aber: на си́льном ве́тре.

3. Wörter mit *bedeutungsmodifizierenden Endungen -e und -ý | -ю́*; vgl. z. B.:
бег: в бе́ге на 100 ме́тров – beim 100-Meter-Lauf; задыха́ться на бегу́ – beim Laufen keine Luft bekommen
век: в двадцать пе́рвом ве́ке – im 21. Jahrhundert; на моём веку́ – zeit meines Lebens
вид: в испра́вленном ви́де – in korrigierter Fassung; в ви́де исключе́ния – als Ausnahme; на виду́ у всех – vor aller Augen; име́ть в виду́ – im Sinne haben
край: на краю́ го́рода – am Rande der Stadt; на краю́ ги́бели – am Rande einer Katастрофе; на пере́днем кра́е – an vorderster Linie
круг: в за́мкнутом кру́ге – in einem geschlossenen Kreis; в кругу́ друзе́й – im Freundeskreis
мозг: опера́ция на мо́зге – Hirnoperation; мысль промелькну́ла в мозгу́ – ein Gedanke schoss durch den Kopf

пот: весь в поту́ – schweißgebadet; рабо́тать в по́те лица́ – im Schweiße seines Angesichts arbeiten

ряд: в пе́рвом ряду́ – in der ersten Reihe; в ря́де слу́чаев – in einigen Fällen

строй: в госуда́рственном стро́е – im Staatsaufbau; стоя́ть в строю́ – in Reih und Glied stehen, angetreten sein

счёт: отрази́ться/отража́ться на счёте ма́тча – sich auf das Spielergebnis auswirken; на теку́щем счету́ – auf dem laufenden Konto; быть на хоро́шем (плохо́м) счету́ – gut (schlecht) angeschrieben sein

у́гол: в тёмном углу́ – in einer dunklen Ecke; в прямо́м угле́ – im rechten Winkel *math.*

ход: на ходу́ по́езда – während der Fahrt des Zuges; в хо́де собы́тий – im Verlauf der Ereignisse

цвет: во цве́те лет – in den besten Jahren; я́блони в цвету́ – die Apfelbäume stehen in Blüte

час: в пе́рвом часу́ но́чи – nach Mitternacht; в академи́ческом ча́се 45 мину́т – eine akademische Stunde hat 45 Minuten

Nominativ Plural auf -á | -я́

296

Zahlreiche vorwiegend einsilbige Maskulina der I. Deklination, die im Singular stammbetont sind (bei mehrsilbigen auf der vorletzten Silbe), haben im Nominativ Plural die stets betonte Endung -á | -я́. Hierzu gehören:

1. Wörter mit der *Endung -á | -я́ statt -ы | -и*, z. B.:

а́дрес: *N. Pl.* адреса́
бе́рег: берега́
бок: бока́
век: века́
ве́чер: вечера́
глаз: глаза́
го́лос: голоса́
го́род: города́
дире́ктор: директора́
до́ктор: доктора́
дом: дома́
край: края́
лес: леса́
луг: луга́
ма́стер: мастера́

но́мер: номера́
о́стров: острова́
па́спорт: паспорта́
по́езд: поезда́
про́вод: (электри́ческие) провода́ – Leitungen
(vgl. про́воды *nur Pl.* – Abschied, Geleit)
профе́ссор: профессора́
снег: снега́ – Schneemassen
сорт: сорта́
счёт: счета́ – Rechnungen; Konten
(vgl. счёты *nur Pl.* – Rechenbrett)
том: тома́
цвет: цвета́ – Farben
(vgl. цветы́, *Sg.* цвето́к – Blumen)

2. Wörter mit *Endungsvarianten -ы | -и und -á | -я́*, z. B.:

ве́ксель: векселя́ | ве́ксели *alt*
год: го́ды (nur: 20-е го́ды) | года́
сле́сарь: сле́сари | слесаря́

реда́ктор: реда́кторы | редактора́ *ugs.*
тра́ктор: тра́кторы | трактора́
цех: це́хи | цеха́ *ugs.*

Die Formen auf -ы | -и gelten als stilistisch neutral, die Formen auf -á | -я́ als fach- oder umgangssprachlich. Gegenwärtig ist – vor allem bei Entlehnungen – ein verstärktes Eindringen fachsprachlich gebräuchlicher Formen auf -á | -я́ in die Umgangssprache zu beobachten, z. B.: конте́йнер: конте́йнеры | *fachspr.* und zunehmend *ugs.*: контейнера́.

3. Wörter mit *bedeutungsmodifizierenden Endungen -ы | -и und -á | -я́;* vgl. z. B.:

ко́рпус: ко́рпусы – Körper; корпуса́ – Gebäude(blöcke); Korps *mil.*

ла́герь: (тури́стские) лагеря́ – (Touristen-)Lager; (полити́ческие) ла́гери – (politische) Lager, Gruppierungen

о́браз: о́бразы – Gestalten, Bilder (z. B. in der Literatur); образа́ – Heiligenbilder
о́рден: ордена́ – Orden (Auszeichnungen); о́рдены – Orden *rel.*
про́пуск: пропуска́ – Passierscheine, Ausweise; про́пуски – Auslassungen, Versäumnisse
то́рмоз: тормоза́ – Bremsen *tech.*; то́рмозы – Hindernisse
учи́тель: учителя́ – Lehrer; учи́тели – Lehrmeister, Autoritäten
хлеб: хлеба́ – Getreide(sorten); хле́бы – Brote

297 Endungsloser Genitiv Plural

Einige Maskulina der I. Deklination sind im Genitiv Plural endungslos. Hierzu gehören:
1. einige Bezeichnungen für *Personen*, insbesondere nach ihrer Volks- oder Staatszugehörigkeit, z. B.:

Sg. N.	башки́р	грузи́н	румы́н	ту́рок	солда́т	партиза́н
Pl. N.	башки́ры	грузи́ны	румы́ны	ту́рки	солда́ты	партиза́ны
Pl. G.	башки́р	грузи́н	румы́н	ту́рок	солда́т	партиза́н

Einzelne mit dem Suffix -ин- gebildete Wörter verlieren dieses Suffix im Plural (und weisen mitunter weitere Unregelmäßigkeiten auf), z. B.:

Sg. N.	болга́рин	тата́рин	господи́н	хозя́ин
Pl. N.	болга́ры	тата́ры	господа́ (!)	хозя́ева (!)
Pl. G.	болга́р	тата́р	госпо́д	хозя́ев

Beachte: Die Mehrheit der Personenbezeichnungen nach Volks- oder Staatszugehörigkeit haben im Genitiv Plural die regelmäßige Endung -ов, z. B.:
ара́б: *G. Pl.* ара́бов, кирги́з: кирги́зов, монго́л: монго́лов, чех: че́хов;
Varianten: туркме́н: *G. Pl.* туркме́н | туркме́нов, каре́л: *G. Pl.* каре́л | каре́лов.

Beachte auch den endungslosen Genitiv Plural des Wortes челове́к nach Grundzahlwörtern und не́сколько: пять, ты́сяча, не́сколько челове́к (vgl. с пятью́ челове́ками, о пяти́ челове́ках).
In allen anderen Wortgruppen lautet der Plural von челове́к: лю́ди, люде́й: ма́сса, мно́жество люде́й.

Zum endungslosen Genitiv Plural der Substantive auf -янин | -анин ↗ 298.1, auf -ёнок | -онок ↗ 298.2.

2. einige Bezeichnungen für gewöhnlich *paarweise genutzte Gegenstände*, z. B.:

Sg. N.	боти́нок	глаз	сапо́г	чуло́к
Pl. N.	боти́нки	глаза́	сапоги́	чулки́
Pl. G.	боти́нок	глаз	сапо́г	чуло́к

3. einige Bezeichnungen für *Maßeinheiten* (nur in Verbindung mit Grundzahlwörtern), z. B.:
ампе́р: 10 ампе́р, ватт: 60 ватт, вольт: 220 вольт, герц: 800 герц.

Endungsvarianten weisen auf:
гекта́р: 100 гекта́р | гекта́ров, грамм: 100 грамм | гра́ммов,
килогра́мм: 50 килогра́мм | килогра́ммов;
die endungslose Variante ist für die mündliche Alltagsrede charakteristisch.

Substantive mit Stammveränderung im Plural

1. Substantive auf -янин | -анин, -чанин
Maskulina der I. Deklination auf -янин | -анин, -чанин, die vornehmlich Personen nach ihrer Herkunft bezeichnen, bilden den *Plural ohne -ин-*: der Nominativ Plural hat die Endung -e, der Genitiv Plural ist endungslos. Z. B.:

Sg. N.	крестья́нин	англича́нин
Sg. G.	крестья́нина	англича́нина
Pl. N.	крестья́не	англича́не
Pl. G.	крестья́н	англича́н
Pl. D.	крестья́нам	англича́нам

Ebenso: россия́нин: россия́не, россия́н; славяни́н: славя́не, славя́н; граждани́н: гра́ждане, гра́ждан; ростовча́нин – Einwohner von Rostow: ростовча́не, ростовча́н u. a.

2. Substantive auf -ёнок | -онок
Maskulina der I. Deklination auf -ёнок | -онок, die vornehmlich Tierjunge bezeichnen, ersetzen dieses Suffix in den *Pluralformen* durch *-ят- | -ат-*; der Nominativ Plural hat die Endung -a, der Genitiv Plural ist endungslos. Z. B.:

Sg. N.	телёнок	мышо́нок
Sg. G.	телёнка (↗ 293)	мышо́нка
Pl. N.	теля́та	мыша́та
Pl. G.	теля́т	мыша́т
Pl. D.	теля́там	мыша́там

Ebenso: цыплёнок: цыпля́та, цыпля́т; гусёнок: гуся́та, гуся́т; ребёнок: де́ти, дете́й – Kinder und *ugs.* ребя́та, ребя́т – Kinder; (junge) Leute; девча́та, девча́т *ugs.*, *nur Pl.* – Mädels.

3. Substantive mit Stammerweiterung um [j]
Einige Maskulina der I. Deklination, die im Singular gewöhnlich auf harten Konsonanten auslauten, weisen im Plural Stammerweiterung um [j] auf. Diese Wörter werden im Nominativ Plural mit ья, im Genitiv Plural mit ьев geschrieben (↗ 48). Z. B.:

Sg. N.	брат	
Pl. N.	бра́тья:	бра́[т'j-а]
Pl. G.	бра́тьев:	бра́[т'j-]ев
Pl. D.	бра́тьям	

Ebenso: ко́лос: коло́сья, коло́сьев; стул: сту́лья, сту́льев; сук: су́чья | суки́, су́чьев | суко́в.

Folgende im Plural endbetonte Substantive werden im endungslosen Genitiv Plural mit **-ей** geschrieben (zum Teil weisen sie weitere Unregelmäßigkeiten auf):

Sg. N.	друг		муж	князь
Pl. N.	друзья́:	дру[з'j-á]	мужья́	князья́
Pl. G.	друзе́й:	дру[з'éj]	муже́й	князе́й
Pl. D.	друзья́м	дру[з'j-áм]	мужья́м	князья́м

Einige Substantive weisen im Plural Doppelformen mit unterschiedlicher Bedeutung auf, und zwar Formen ohne und Formen mit Stammerweiterung; vgl. z. B.:
зуб: зу́бы, зубо́в – Zähne (von Lebewesen); зу́бья, зу́бьев – Zähne, Zinken *tech.*;
лист: листы́, листо́в – Blätter, Blatt (Papier); ли́стья, ли́стьев – Blätter (von Pflanzen);
сын: сыновья́, сынове́й – Söhne; сыны́, сыно́в – Söhne *geh.*, сыны́ оте́чества.

4.
Die Substantive сосе́д und чёрт weisen *im Plural Stammauslaut auf weichen Konsonanten* auf: сосе́д: *Pl.* сосе́ди, сосе́дей, сосе́дям; чёрт: *Pl.* че́рти, черте́й, черта́м.
Vgl. auch: Госпо́дь, Го́спода, Го́споду, Anrede: Го́споди поми́луй! – Gott, erbarme Dich!

Die I. Deklination der Neutra

Musterwörter (↗ 287)

	Stammauslaut auf: harte Konsonanten[1] -o	Zischlaute ж-е; щ-е	weiche Konsonanten (ь)-е | (ь)-ё	и-е
Sg. N.	сло́во	учи́лище	уще́лье[2]	зда́ние
G.	сло́ва	учи́лища	уще́лья	зда́ния
D.	сло́ву	учи́лищу	уще́лью	зда́нию
A.	сло́во	учи́лище	уще́лье[2]	зда́ние
I.	сло́вом	учи́лищем	уще́льем[2]	зда́нием
P.	о сло́ве	об учи́лище	об уще́лье	о зда́нии
Pl. N.	слова́	учи́лища	уще́лья	зда́ния
G.	слов	учи́лищ	уще́лий	зда́ний
D.	слова́м	учи́лищам	уще́льям	зда́ниям
A.	слова́	учи́лища	уще́лья	зда́ния
I.	слова́ми	учи́лищами	уще́льями	зда́ниями
P.	о слова́х	об учи́лищах	об уще́льях	о зда́ниях

[1] Stammbetonte Substantive auf ц-е haben die gleichen Schreibendungen wie Substantive, deren Stamm auf Zischlaut ausgeht; vgl.: кольцо́ – *I. Sg.* кольцо́м, aber: се́рдце – *I. Sg.* се́рдцем.

[2] endungsbetont: (ь)-ё bzw. *I. Sg.* (ь)-ём (бельё – бельём).

Zum Akkusativ Singular und Plural ↗ 288 f.

300 Zum regelmäßigen Genitiv Plural

Grundsätzlich ist der Genitiv Plural *endungslos*. (Zu Besonderheiten ↗ 302 f.)
Beachte bei Stammauslaut auf [j] die Schreibung ий:
зда́ние: зда́ни[j-]e, *G. Pl.* зда́ний: зда́ни[j] (endungslos),
уще́лье: уще́[л'j-]e, *G. Pl.* уще́лий: уще́[л'иj] (endungslos, mit Vokaleinschub von и).

Besonderheiten

301 Nominativ Plural auf -и

Einige Substantive der I. Deklination auf -o | -e haben im Nominativ Plural die Endung -и:
– die *Substantive auf -к-(о)* (einschließlich der Maskulina auf -ишк-(о), ↗ 305), z. B.:
  я́блоко: *N. Pl.* я́блоки; очко́: очки́; око́шко: око́шки; городи́шко *m.*: городи́шки;
  Ausnahmen: во́йско: *N. Pl.* войска́; о́блако: облака́;

– die *Maskulina auf -ищ-(е)* (↗ 305) mit den Endungsvarianten -и und -a, z. B.:
  волчи́ще *m.* (vgl. волк): *N. Pl.* волчи́щи | волчи́ща;
  доми́ще *m.* (vgl. дом): доми́щи | доми́ща.

– das Substantiv плечо́: пле́чи.

302 Vokaleinschub im endungslosen Genitiv Plural

Im endungslosen Genitiv Plural weisen eine Reihe von Neutra der I. Deklination, deren Stamm auf zwei Konsonanten ausgeht, gewöhnlich Einschub eines -o- oder -e- auf:

– Ist der letzte Konsonant ein Sonor (л, м, н, р), so wird nach к ein -о-, nach einem anderen Konsonanten -е- eingeschoben, z. B.:
окно́: N. Pl. о́кна, G. Pl. о́кон; стекло́: стёкла, стёкол; бревно́: брёвна, брёвен; кре́сло: кре́сла, кре́сел; письмо́: пи́сьма, пи́сем; число́: чи́сла, чи́сел.

– Ist der letzte der beiden Endkonsonanten ein к oder ц, so wird -е- eingeschoben, z. B.: око́шко: Pl. око́шки, око́шек; я́блочко: я́блочки, я́блочек; кольцо́: ко́льца, коле́ц; полоте́нце: полоте́нца, полоте́нец; се́рдце: сердца́, серде́ц.

– Isolierte Substantive, z. B.: питьё: Pl. питья́, пите́й (Einschub -е-); ружьё: ру́жья, ру́жей; яйцо́: я́йца, яи́ц (Einschub -и-).

Genitiv Plural auf -ов | -ев oder -ей 303

Einige Neutra der I. Deklination haben im Genitiv Plural eine Endung.
– *Die Endung -ов* haben die Substantive auf -к-(о́), -ик-(о), z. B.:
очко́: N. Pl. очки́, G. Pl. очко́в; ушко́: ушки́, ушко́в; пле́чико: пле́чики, пле́чиков; ebenso: о́блако: облака́, облако́в.

– *Die Endung -ев* haben einige Substantive mit Stammauslaut auf [j] (vgl. auch ↗ 304), z. B.: низо́вье: Pl. низо́вья, низо́вьев | низо́вий; пла́тье: пла́тья, пла́тьев; у́стье: у́стья, у́стьев.

– *Die Endung -ей* haben die Substantive мо́ре: Pl. моря́, море́й und по́ле: поля́, поле́й.

Substantive mit Stammveränderung im Plural 304

1. Substantive mit Stammerweiterung um [j]
Einige Neutra der I. Deklination, die im Singular auf harten Konsonanten auslauten, weisen im Plural Stammerweiterung um [j] auf. Diese Wörter werden im Nominativ Plural mit ья, im Genitiv Plural mit ьев geschrieben (↗ 298.3). Z. B.:

Sg. N.	перо́	
Sg. G.	пера́	Ebenso:
Pl. N.	пе́рья: пе́[р'j-а]	де́рево: дере́вья, дере́вьев;
Pl. G.	пе́рьев: пе́[р'j-]ев	звено́: зве́нья, зве́ньев;
Pl. D.	пе́рьям	крыло́: кры́лья, кры́льев	geh. крыла́, крыл.

2. Isolierte Substantive
– *Stammerweiterung* im Plural: не́бо: Pl. небеса́, небе́с, небеса́м; чу́до: чудеса́, чуде́с, чудеса́м.

– *Konsonantenwechsel* im Plural: у́хо: Pl. у́ши, уше́й, уша́м; о́ко geh.: о́чи, оче́й, оча́м.

– *Ausfall des* stammauslautenden *Konsonanten* im Plural: су́дно: Pl. суда́, судо́в, суда́м.

– Das Substantiv коле́но bildet – abhängig von der jeweiligen Bedeutung – *drei Pluralformen*: коле́но: Pl. коле́ни, коле́ней, коле́ням – Knie, Schoß; коле́на, коле́н, коле́нам (реки́) – Krümmungen; коле́нья, коле́ньев, коле́ньям (трубы́) – Gelenke, Knie *tech.*

Singular der Maskulina auf -ишко und -ище 305

Die unbelebten Maskulina auf -ишк-(о) und die belebten Maskulina auf -ищ-(е) weisen im Singular Endungsvarianten der I. und der II. Deklination auf, z. B.:
доми́шко *m.*: G. Sg. доми́шка | доми́шки, D. Sg. доми́шку | доми́шке, …
волчи́ще *m.*: G. Sg. волчи́ща | волчи́щи, A. Sg. волчи́ща | волчи́щу, …
Für die Schriftsprache sind die Formen der I. Deklination charakteristisch.

Die II. Deklination

Musterwörter (↗ 287)

306

		Stammauslaut auf: harte Konsonanten			Zischlaute
		-а	к-а, г-а, х-а	ц-а	ш-а, ж-а; ч-а, щ-а
Sg.	N.	ка́рта	кни́га	гости́ница	переда́ча
	G.	ка́рты	кни́ги	гости́ницы	переда́чи
	D.	ка́рте	кни́ге	гости́нице	переда́че
	A.	ка́рту	кни́гу	гости́ницу	переда́чу
	I.	ка́ртой | -ою	кни́гой | -ою	гости́ницей | -ею[1]	переда́чей | -ею[1]
	P.	о ка́рте	о кни́ге	о гости́нице	о переда́че
Pl.	N.	ка́рты	кни́ги	гости́ницы	переда́чи
	G.	карт	книг	гости́ниц	переда́ч
	D.	ка́ртам	кни́гам	гости́ницам	переда́чам
	A.	ка́рты	кни́ги	гости́ницы	переда́чи
	I.	ка́ртами	кни́гами	гости́ницами	переда́чами
	P.	о ка́ртах	о кни́гах	о гости́ницах	о переда́чах

[1] endungsbetont: -о́й \| -о́ю (овца́ – овцо́й \| овцо́ю; госпожа́ – госпожо́й \| госпожо́ю).

		Stammauslaut auf weiche Konsonanten:	
		-я	и-я
Sg.	N.	неде́ля	гимна́зия
	G.	неде́ли	гимна́зии
	D.	неде́ле	гимна́зии
	A.	неде́лю	гимна́зию
	I.	неде́лей | -ею[1]	гимна́зией | -ею
	P.	о неде́ле	о гимна́зии
Pl.	N.	неде́ли	гимна́зии
	G.	неде́ль	гимна́зий
	D.	неде́лям	гимна́зиям
	A.	неде́ли	гимна́зии
	I.	неде́лями	гимна́зиями
	P.	о неде́лях	о гимна́зиях

Zum Akkusativ Plural ↗ 288.

[1] endungsbetont: -ёй \| -ёю (статья́ – статьёй \| статьёю).

307 **Zum Instrumental Singular**

Die Endungsvarianten -ою \| -ею \| -ею sind für die gehobene Sprache, insbesondere die Dichtung, charakteristisch, z. B.:

... я зна́ю э́то сча́стье
Не мимохо́дом жизнь пройти́.
Не мимое́здом, стороно́ю
Её уви́деть без хлопо́т,
Но знать горбо́м и всей спино́ю
Её круто́й и жёсткий пот.   А. Твардо́вский (Aus: «За да́лью – даль»)

Zum regelmäßigen Genitiv Plural

308

Grundsätzlich ist der Genitiv Plural *endungslos*. (Zu Besonderheiten ↗ 310.) Beachte:
- bei Stammauslaut auf weichen Konsonanten die Schreibung mit ь,
- bei Stammauslaut auf [j] die Schreibung ий:
  гимна́зия: гимна́зи[j-а], *G. Pl.* гимна́зий: гимна́зи[j] (endungslos);
  го́стья: гос[т']-а], *G. Pl.* го́стий: го́с[т'иj] (endungslos, mit Vokaleinschub von -и-).

Besonderheiten

Vokaleinschub im Genitiv Plural

309

Im endungslosen Genitiv Plural weisen zahlreiche Substantive der II. Deklination, deren Stamm auf zwei Konsonanten ausgeht, Einschub eines -o- oder -e- auf:
- Ist der letzte der beiden Endkonsonanten des Stammes ein к, so wird nach hartem Konsonanten (außer ш, ж) -о-, nach weichem Konsonanten und Zischlaut -е- eingeschoben, z. B.: арти́стка: *N. Pl.* арти́стки, *G. Pl.* арти́сток; остано́вка: остано́вки, остано́вок; плёнка: плёнки, плёнок; поку́пка: поку́пки, поку́пок; ска́зка: ска́зки, ска́зок; де́вочка: де́вочки, де́вочек; кни́жка: кни́жки, кни́жек; мальчи́шка *m.*: мальчи́шки, мальчи́шек; стро́йка: стро́йки, стро́ек (Einschub von -е- zwischen [j] und к).

- Ist der letzte der beiden Endkonsonanten des Stammes ein harter oder weicher Sonor (Schriftbild: л, н, in Einzelfällen auch м, р) oder ц, so wird oft -е- eingeschoben, z. B.: земля́: *Pl.* зе́мли, земе́ль; ба́сня: ба́сни, ба́сен (hier und in folgenden Beispielen mit hartem н im Auslaut); до́мна: до́мны, до́мен; пе́сня: пе́сни, пе́сен; со́тня: со́тни, со́тен; тюрьма́: тю́рьмы, тю́рем; овца́: о́вцы, ове́ц; isoliert судьба́: су́дьбы, су́деб. Beachte jedoch: ку́кла: ку́клы, ку́кол; дере́вня: дере́вни, дереве́нь; ку́хня: ку́хни, ку́хонь; сестра́: сёстры, сестёр sowie ohne Vokaleinschub z. B. волна́: во́лны, волн.

- Einschub von -е- im endungslosen Genitiv Plural weisen auch wenige Substantive mit Stammauslaut auf [j] (Schriftbild im *N. Sg.*: ья) auf, z. B.: семья́: *Pl.* се́мьи, семе́й; статья́: статьи́, стате́й; судья́ (↗ 270): су́дьи, суде́й | су́дей.

Genitiv Plural auf -ей

310

Eine (oft betonte) Endung -ей haben im Genitiv Plural:
- einige Substantive mit weichem Stammauslaut (Schriftbild: Konsonantbuchstabe + я), z. B.: до́ля: *N. Pl.* до́ли, *G. Pl.* доле́й; западня́: западни́, западне́й; лыжня́: лыжни́, лыжне́й; простыня́: про́стыни, простыне́й | про́стынь; тётя: тёти, тётей; дя́дя *m.*: дя́ди, дя́дей;

- einzelne Substantive mit Stammauslaut auf Zischlaut, z. B.: вожжа́: во́жжи, вожже́й; ю́ноша *m.*: ю́ноши, ю́ношей (и); свеча́: све́чи, свече́й.

Isolierte Substantive

311

Plural von ку́рица: ку́ры, кур. Ersatzform des Genitivs Plural von мечта́: мечта́ний.

Besondere Anredeformen

312

Von weiblichen und männlichen Vornamen auf -а- | -я- wird neben der allgemein üblichen Anredeform (*N. Sg.*) in emotional gefärbter Rede auch eine endungslose Form gebraucht, z. B.: На́дя! oder Надь!, Серёжа! oder Серёж!, Фе́дя! oder Федь!, auch ма́ма! oder мам! Isolierte Anredeformen sind Бо́же! zu Бог, Го́споди! zu Господь.

Die III. Deklination

Musterwörter (↗ 287)

313

	Stammauslaut auf: weiche Konsonanten (ь) *f.*	Zischlaute шь, жь; чь, щь *f.*	мя | мен *n.*
Sg. N.	тетра́дь	ночь	и́мя
G.	тетра́ди	но́чи	и́мени
D.	тетра́ди	но́чи	и́мени
A.	тетра́дь	ночь	и́мя
I.	тетра́дью	но́чью	и́менем
P.	о тетра́ди	о но́чи	об и́мени
Pl. N.	тетра́ди	но́чи	имена́
G.	тетра́дей	ноче́й	имён
D.	тетра́дям	ноча́м	имена́м
A.	тетра́ди	но́чи	имена́
I.	тетра́дями	ноча́ми	имена́ми
P.	о тетра́дях	о ноча́х	об имена́х

Zum Akkusativ Singular und Plural ↗ 288 f.

314 **Zum regelmäßigen Genitiv Plural**

Der Genitiv Plural hat die Endung -ей; lediglich bei den Neutra auf мя ist er endungslos.

Besonderheiten der Feminina

315 **Ausfall von -о-**

Der im Nominativ | Akkusativ Singular zwischen den beiden Endkonsonanten des Stammes stehende Vokal -о- fällt in allen anderen Kasus außer dem Instrumental Singular bei folgenden Substantiven aus:
рожь: *G. D. P. Sg.* ржи, *I. Sg.* ро́жью; ebenso: вошь: вши, во́шью; ложь: лжи, ло́жью; любо́вь: любви́, любо́вью; aber Vorname Любо́вь ohne Vokalausfall: Любо́ви, Любо́вью; це́рковь: це́ркви, це́рковью, *Pl.* це́ркви, церкве́й, церква́м | церквя́м, …

316 **Präpositiv Singular auf -и́**

Einige Feminina der III. Deklination mit Stammbetonung im Singular haben im Präpositiv Singular nach в und на insbesondere zur Angabe des Ortes die betonte Endung -и́, z. B.:
кровь: *P. Sg.* в крови́, aber: о кро́ви (im Folgenden entsprechend);
связь: в связи́ (с чём-нибудь), в э́той связи́, aber: в неразры́вной свя́зи, о свя́зи;
печь: в печи́; пыль: в пыли́; степь: в степи́; тень: в тени́; цепь: в цепи́.

317 **Instrumental Plural auf (ь)-ми́**

Die folgenden Substantive haben im Instrumental Plural Endungsvarianten:
дверь: *I. Pl.* дверя́ми | дверьми́; дочь: дочерьми́ | *ugs.* дочеря́ми;
ло́шадь: лошадьми́ | *ugs.* лошадя́ми

Isolierte Substantive

318

– Die Substantive мать und дочь weisen in allen abgeleiteten Kasus Stammerweiterung auf:
N., A. Sg.	мать	дочь
G., D., P. Sg.	ма́тери	до́чери
I. Sg.	ма́терью	до́черью
Pl.	ма́тери, матере́й, матеря́м	до́чери, дочере́й, дочеря́м
		(zum I. Pl. ↗ 317)

– Das Maskulinum путь wird wie тетра́дь, jedoch durchgehend endbetont dekliniert; der Instrumental Singular lautet abweichend: путём.

Besonderheiten der Neutra

319

Die Zahl der Substantive auf мя ist gering.
Gegenüber dem Musterwort и́мя weisen Besonderheiten auf:
– das Substantiv зна́мя, das in allen Pluralformen auf der zweiten Silbe betont ist:
  Pl. знамёна, знамён, знамёнам;
– das Substantiv се́мя: Pl. семена́, семя́н, семена́м.

Die deklinierten Formen des Substantivs дитя́ (G., D., P. Sg. дитя́ти, I. Sg. дитя́тей | дитя́тею) werden heute kaum noch gebraucht; zu ребёнок: де́ти ↗ 298.2. **320**

Besondere Deklinationsarten

Die Deklination der Eigennamen auf -ов- | -ёв- | -ев- und -ин- | -ын-

321

1. *Ortsnamen* auf -ов-(о) | -ёв-(о) | -ев-(о) und -ин-(о) | -ын-(о) werden – soweit sie überhaupt dekliniert werden (↗ 328.4) – wie Substantive der I. Deklination (↗ 299) gebeugt; vgl. z. B.:
(го́род) Орло́в; жи́тели (го́рода) Орло́ва; (го́роду) Орло́ву о́коло 500 лет; люби́ть (го́род) Орло́в; жить под (го́родом) Орло́вом; рабо́тать в (го́роде) Орло́ве.

2. *Familiennamen* auf -ов-(а) | -ёв-(а) | -ев-(а) und -ин-(а) | -ын-(а) werden wie Possessivadjektive (↗ 355) dekliniert; der Präpositiv Singular der männlichen Namensform hat jedoch die Endung -e.

	Singular		Plural
	männlicher Name	weiblicher Name	Personen gleichen Namens
N.	Ивано́в	Ивано́ва	Ивано́вы
G.	Ивано́ва	Ивано́вой	Ивано́вых
D.	Ивано́ву	Ивано́вой	Ивано́вым
A.	Ивано́ва	Ивано́ву	Ивано́вых
I.	Ивано́вым	Ивано́вой	-ою	Ивано́выми
P.	об Ивано́ве	об Ивано́вой	об Ивано́вых

In dieser Tabelle sind die Deklinationsformen unterstrichen, die *nicht* mit den Substantivendungen der I. und II. Deklination, sondern mit Adjektivendungen (↗ 345) übereinstimmen.

Die Deklination der mit пол- zusammengesetzten Substantive

322 Die mit пол- – *halb* zusammengesetzten Substantive weisen das Genus und den Deklinationstyp des Grundwortes auf; пол- wird mit dem Genitiv des Grundwortes verbunden.
Z. B.:

m.: полго́да – ein halbes Jahr
     полкла́сса – die halbe Klasse
     пол-ли́тра – ein halber Liter
     полме́тра – ein halber Meter
     пол-оборо́та – eine halbe Umdrehung
     полпути́ – die Hälfte des Weges
     полчаса́ – eine halbe Stunde

n.: полведра́ – ein halber Eimer
     пол-я́блока – ein halber Apfel
f.: полжи́зни – das halbe Leben
     полмину́ты – eine halbe Minute
     пол-Москвы́ – halb Moskau

Beachte: пол- wird an das Grundwort mit einem Bindestrich angefügt, wenn dieses mit einem Vokalbuchstaben oder mit л beginnt oder ein Eigenname ist.

323 Der *Akkusativ* eines mit пол- zusammengesetzten Substantivs stimmt mit dem Nominativ überein.
In den *anderen Kasus* nimmt der erste Bestandteil des Wortes die Form полу- an oder bleibt unverändert, während der zweite entsprechend seinem Deklinationstyp abgewandelt wird.

N. полме́тра
G. полуме́тра | полме́тра
D. полуме́тру | полме́тру
A. полме́тра
I. полуме́тром | полме́тром
P. о полуме́тре | полме́тре

Für einige Substantive (meist Maskulina und Neutra) sind die *mit полу-* gebildeten Deklinationsformen charakteristisch, z. B.:
полве́ка: коне́ц полуве́ка;
полго́да: полуго́дом ра́ньше – ein halbes Jahr eher;
полчаса́: на расстоя́нии получа́са – eine halbe Stunde entfernt.

Andere Substantive weisen Doppelformen *mit полу- und mit пол-* auf, z. B.:
полме́тра: не хвата́ет полуме́тра | полме́тра си́тца – es fehlt ein halber Meter Kattun;
полсло́ва: переби́ть/перебива́ть кого́-нибудь на полусло́ве | полсло́ве – jemanden bei den ersten Worten unterbrechen;
полстака́на: по полустака́ну | полстака́ну – je(weils) ein halbes Glas.
In der Umgangssprache werden dabei die mit пол- gebildeten Formen bevorzugt.

Einige Substantive bilden *nur* Deklinationsformen *mit пол-*, darunter Zusammensetzungen mit Eigennamen und belebten Substantiven, z. B.:
пол-Москвы́, полку́рицы.

324 Für die *Kongruenz* gilt: Ein adjektivisches Attribut steht im Plural, ein verbales Prädikat in der (neutralen) Form des Singulars oder im Plural (vgl. auch **690**), z. B.:
пе́рвые полчаса́ – die erste halbe Stunde; ка́ждые полкиломе́тра – alle 500 Meter.
Прошло́ полчаса́. – Es verging eine halbe Stunde.
Оста́лось полведра́ воды́. – Es ist ein halber Eimer Wasser übrig geblieben.
Пе́рвые полчаса́ прошли́ незаме́тно. – Die erste halbe Stunde verging wie im Fluge.

Beachte: Außer den Zusammensetzungen mit пол- gibt es Substantive, die mit полу- – *die Hälf-* **325**
te, Halb- zusammengesetzt sind und regelmäßig dekliniert werden, z. B.:
полукру́г (*G.* полукру́га) – Halbkreis, полуо́стров, полуфабрика́т, полуфина́л.

Zu unterscheiden sind:
полдня́ (*G.* полдня́ | полу́дня) – ein halber Tag *und*
по́лдень (*G.* полу́дня | по́лдня) – Mittag, 12 Uhr;

полно́чи (*G.* полно́чи | полуно́чи) – eine halbe Nacht *und*
по́лночь (*G.* полу́ночи | по́лночи) – Mitternacht, 24 Uhr.

Die Deklination der nur im Plural gebräuchlichen Substantive   326

Die Deklination der nur im Plural gebräuchlichen Substantive korrespondiert mit der Deklination der im Singular und im Plural verwendeten Substantive (↗ 287, Tabelle); vgl. z. B. die Pluralformen:

перегово́р<u>ы</u>, перегово́р<u>ов</u>, перегово́р<u>ам</u> …
щ<u>и</u>, щ<u>ей</u>, щ<u>ам</u> …   mit der I. Deklination der Maskulina,

воро́т<u>а</u>, воро́т_, воро́т<u>ам</u> …
хло́пь<u>я</u>, хло́пь<u>ев</u>, хло́пь<u>ям</u> …   mit der I. Deklination der Neutra,

но́жниц<u>ы</u>, но́жниц_, но́жниц<u>ам</u>
су́тк<u>и</u>, су́т<u>ок</u>, су́тк<u>ам</u>   mit der II. Deklination.

Beachte, dass diese Substantive kein Genus haben (↗ 267).

Nichtdeklinierte Substantive

Die meisten russischen Substantive werden dekliniert. Eine Reihe von Substantiven sind jedoch **327**
nicht deklinierbar: Sie haben nur *eine* Form, keine Endungen und drücken Genus, Numerus
und Kasus sowie Belebtheit bzw. Unbelebtheit syntaktisch, d. h. durch ihre Verbindung mit anderen Wörtern in Wortgruppe und Satz, aus. Vgl. z. B.:
метро́ *n., undekl.*: находи́ться о́коло метро́; по́льзоваться метро́; е́хать на метро́;
Ка́рин *f., undekl.*: быть у Ка́рин; Ка́рин 20 лет; говори́ть с Ка́рин.

> Nicht dekliniert werden Wörter insbesondere nichtrussischer Herkunft, deren Auslaut **328**
> nicht dem Schema der Deklinationstypen von Substantiven (↗ 282) entspricht.

Im Einzelnen gehören zu den nichtdeklinierten Substantiven:
1. eine Reihe von *Gattungsbezeichnungen nichtrussischer Herkunft,*
– die auf einen Vokalbuchstaben (о, е, и, у, ю, á) ausgehen, z. B.:
депо́, кака́о, кино́, метро́, ра́дио; коммюнике́, ко́фе, купе́, фойе́, шоссе́; а́либи, жюри́; такси́; табу́, интервью́, меню́; буржуа́;

– die auf einen Vokal- oder Konsonantbuchstaben ausgehen und weibliche Personen bezeichnen, z. B.:
ле́ди, фрау; мада́м, мисс;

2. eine Reihe von *Kurzwörtern*,
– die aus den Anfangsbuchstaben von Wörtern einer Wortgruppe bestehen und buchstabiert werden (↗ 841.2), z. B.:
РФ: [эр-э́ф]; ФРГ: [фэ-эр-гэ́] oder [эф-эр-г'э́]; МГУ: [эм-гэ-у́];

– die aus den Anfangsbuchstaben von Wörtern einer Wortgruppe bestehen und nach dem Lautwert der Zusammensetzung gesprochen werden (↗ 841.1), z. B.:
ГАИ: [гай]; ФИФА: [ф'ифа́]; ООН: [оо́н]; ГОСТ: [гост]; ТЭЦ: [тэц].
Beachte jedoch: Einige gebräuchliche Wörter auf harten Konsonanten werden dekliniert oder weisen in abhängigen Kasus Doppelformen auf, z. B.:
вуз: учи́ться в ву́зе; загс: офо́рмить/оформля́ть брак в за́гсе;
МХАТ: арти́сты МХА́Та; ВАК: реше́ние ВА́Ка;

– deren 2. Bestandteil aus dem abhängigen Kasus eines vollständigen Wortes besteht, z. B.:
помма́стера (für: помо́щник ма́стера), завка́федрой (für: заве́дующий ка́федрой);

3. eine Reihe von *Personennamen*, und zwar
– weibliche Vor- und Familiennamen vorwiegend nichtrussischer Herkunft, die auf einen harten Konsonanten ausgehen; vgl. z. B.:
Ка́рин Шмидт, А́нна Якобсо́н, Ве́ра и Ка́тя Ры́бник: выступле́ние Ка́рин Шмидт, А́нны Якобсо́н, Ве́ры и Ка́ти Ры́бник;
aber (bei Bezug auf männliche Personen): выступле́ние Ха́нса Шми́дта, Рома́на Якобсо́на;

– nichtrussische Vor- und Familiennamen, die auf einen Vokalbuchstaben (außer auf unbetontes а) ausgehen; vgl. z. B.:
Джорда́но Бру́но, Иога́нн Во́льфганг Гёте, Викто́р Гюго́, Бе́рнард Шо́у: произведе́ния Джорда́но Бру́но, Иога́нна Во́льфганга Гёте, Викто́ра Гюго́, Бе́рнарда Шо́у;
Э́льке Шу́льце: у Э́льке Шу́льце, вме́сте с Э́льке Шу́льце;
aber (bei unbetontem а): Окуджа́ва: пе́сни Окуджа́вы;

– russische Familiennamen auf -ово́, -а́го, -ых, -их (erstarrte adjektivische Genitivformen), z. B.:
Дурново́: иссле́дования языкове́да Дурново́; Жива́го; Черны́х; Долги́х;

– ukrainische Familiennamen auf -ко, z. B.:
Франко́, Шевче́нко.
Beachte jedoch: Familiennamen auf -енко können auch dekliniert werden, und zwar die männlichen nach der II. oder I., die weiblichen nach der II. Deklination, z. B.:
Василе́нко: у Петра́ Василе́нко | Василе́нки | Василе́нка; у Ве́ры Василе́нко | Василе́нки;

4. eine Reihe von *geografischen Namen*, und zwar insbesondere
– nichtrussische Namen, die auf einen Vokalbuchstaben (außer а oder ы) ausgehen, z. B.:
Брно, О́сло, Кале́; Тбили́си, Хе́льсинки, Чи́ли; Баку́, Перу́.
Nichtrussische geografische Namen auf -а werden in der Regel dekliniert, z. B.:
Ве́на: быть в Ве́не; Жене́ва: жить под Жене́вой; Ку́ба: лете́ть на Ку́бу;
ebenfalls auf -ы: Ка́нны: фестива́ль в Ка́ннах.
Sie werden jedoch nicht dekliniert, wenn es sich um Namen wenig bekannter Orte, um zusammengesetzte Namen handelt oder wenn der Name (als Apposition, ↗ 695) mit einer Gattungsbezeichnung verbunden ist, z. B.:
находи́ться в Фукуо́ка, в Па́льма-де-Майо́рка, на о́строве Ку́ба.

– russische Namen auf -ово | -ёво | -ево und -ино | -ыно, wenn ihre exakte Namensform erkennbar sein soll oder diese Namen mit einer Gattungsbezeichnung (село, деревня, станция u. a.) verbunden sind, z. B.:
Иваново: мэр Иваново, глава администрации города Иваново;
Белкино: ехать к деревне Белкино; Голицыно: работать на станции Голицыно.
Beachte: Ohne Gattungsbezeichnung können diese Substantive nach der I. Deklination gebeugt werden; umgangssprachlich und in der Publizistik dominieren jedoch die nichtdeklinierten Formen; vgl. z. B.:
Абрамцево: побывать *(v.)* в Абрамцеве | Абрамцево;
Останкино: телебашня в Останкине | Останкино.

– russische Namen, die nur im Plural gebräuchlich und mit einer Gattungsbezeichnung (город, станция u. a.) verbunden sind; vgl. z. B.:
Великие Луки: побывать *(v.)* в Великих Луках, aber: в городе Великие Луки.
Beachte: Russische geografische Namen, die im Singular stehen, werden gewöhnlich auch in Verbindung mit einer Gattungsbezeichnung dekliniert; vgl. z. B.:
Москва: жители (города) Москвы; Суздаль: жить в (городе) Суздале; Москва-река: за Москвой-рекой, *ugs. auch* за Москва-рекой.

5. *Namen von Firmen, Organisationen oder kulturellen Leistungen*, wenn sie mit einer Gattungsbezeichnung verbunden sind; vgl. z. B.:
«Собеседник»: статья в «Собеседнике», aber: статья в журнале «Собеседник»;
«Енисей»: спортсмены «Енисея», aber: спортсмены команды «Енисей»;
«Мир»: космонавты на борту космического корабля «Мир».

Die Betonung

Mehr als 95 % der russischen Substantive haben in allen Kasus des Singulars und des Plurals *feste Betonung* entweder auf dem Stamm oder auf der Endung; vgl. z. B. Wörter mit

– Stammbetonung:
завод, универмаг, месяц, музей, комментарий (↗ 291);
училище, ущелье, здание (↗ 299);
карта, книга, гостиница, передача, неделя, гимназия (↗ 306);
тетрадь (↗ 313);

– Endbetonung:
этаж, рубль (↗ 291); вещество, очко; статья; путь.

Feste Betonung weisen auch zahlreiche Neuentlehnungen insbesondere aus dem fachsprachlichen Bereich auf, z. B.:
бартер, брокер, менеджер, спонсор, брифинг, холдинг, менеджмент;
beachte хит (endungsbetont): Хитом сезона была песня …

Beachte: Substantive, die stets auf der Endung betont sind, ziehen den Ton in einem endungslosen Kasus (z. B. *N. Sg.* oder *G. Pl.*) automatisch auf die letzte Silbe des Stammes zurück; vgl. z. B.:
N. Sg. (endungslos) этаж, *G. Sg.* этажа, *D. Sg.* этажу, …
N. Sg. вещество, *N. Pl.* вещества, *G. Pl.* (endungslos) веществ.

330 Die Zahl der Substantive mit *Betonungswechsel* ist begrenzt, die meisten dieser Wörter werden jedoch häufig gebraucht.
Folgende Arten des Betonungswechsels lassen sich unterscheiden:

		Typ A Sg. stammbetont Pl. endungsbetont	Typ A$_1$ Sg. u. N. (A.) Pl. stammbetont ab G. Pl. endungsbetont	Typ B Sg. endungsbetont Pl. stammbetont
Sg.	N.	сад	гость	страна́
	G.	са́да	го́стя	страны́
	D.	са́ду	го́стю	стране́
	A.	сад	го́стя	страну́[1,2]
	I.	са́дом	го́стем	страно́й
	P.	о са́де	о го́сте	о стране́
Pl.	N.	сады́	го́сти	стра́ны
	G.	садо́в	гостей	стран
	D.	сада́м	гостя́м	стра́нам[2]
	A.	сады́	гостей	стра́ны
	I.	сада́ми	гостя́ми	стра́нами[2]
	P.	о сада́х	о гостя́х	о стра́нах[2]

[1] bei einigen einstämmigen Substantiven auch *A. Sg.* stammbetont, z. B.: цена́, *A. Sg.* це́ну; *Pl.* це́ны, цен, це́нам.
[2] bei einigen Substantiven *A. Sg.* stamm-, ab *D. Pl.* endungsbetont, z. B.: рука́, *A. Sg.* ру́ку; *Pl.* ру́ки, рук, рука́м.

331 Für die drei Haupttypen der Substantivdeklination sind folgende Arten des Betonungswechsels charakteristisch:

I. Deklination der Maskulina
– Typ A (*Sg.* stamm-, *Pl.* endungsbetont): viele einstämmige Substantive, auch mit *N. Pl.* auf -á | -я́, z. B.: бой, *N. Pl.* бои́; круг, круги́; ряд, ряды́; глаз, глаза́; дом, дома́;
– Typ A$_1$ (*Sg.* u. *N.(A.) Pl.* stamm-, ab *G. Pl.* endungsbetont): einige ein- und zweistämmige Substantive, z. B.: вор, *Pl.* во́ры, воро́в; зверь, зве́ри, звере́й; па́рень, па́рни, парне́й.

I. Deklination der Neutra
– Typ B (*Sg.* endungs-, *Pl.* stammbetont): viele ein- und zweistämmige Substantive, z. B.: окно́, *N. Pl.* о́кна; письмо́, пи́сьма; село́, сёла; колесо́, колёса;
– Typ A (*Sg.* stamm-, *Pl.* endungsbetont): einige ein- und zweistämmige Substantive, z. B.: по́ле, *N. Pl.* поля́; сло́во, слова́; о́блако, облака́.

II. Deklination
Typ B (*Sg.* endungs-, *Pl.* stammbetont): viele ein- und zweistämmige Substantive, z. B.: война́, *N. Pl.* во́йны; жена́, жёны; глубина́, глуби́ны; кислота́, кисло́ты.

III. Deklination
Typ A$_1$ (*Sg.* u. *N.(A.) Pl.* stamm-, ab *G. Pl.* endungsbetont): viele ein- und zweistämmige Substantive, z. B.: речь, *Pl.* ре́чи, рече́й; часть, ча́сти, часте́й; но́вость, но́вости, новосте́й.

332 Eine Reihe von Substantiven weist *Schwankungen in der Betonung* auf, z. B.:
у́голь *(I. Dekl.)*: *G. Sg.* угля́ und угля́; *Pl.* у́гли und угли́, у́глей und угле́й;
доска́ *(II. Dekl.)*: *A. Sg.* до́ску und доску́; *Pl.* до́ски, досо́к und до́сок, доска́м und до́скам;
при́стань *(III. Dekl.)*: *Pl.* при́стани, пристане́й und *ugs.* при́станей.

Das Adjektiv

Zu Wortbedeutung und Formbildung

Adjektive bezeichnen Merkmale, Eigenschaften eines Gegenstandes (im weiten Sinne dieses Wortes). Man unterscheidet Lang- und Kurzformen von Adjektiven.
Die Langformen können dekliniert werden; in attributiver Funktion stimmen sie mit ihrem Bezugswort, in der Regel einem Substantiv, in Genus, Numerus und Kasus überein.
Die Kurzformen, die nur von bestimmten Adjektiven gebildet und ausschließlich prädikativ verwendet werden können, sind nach Genus und Numerus veränderlich.
Von Adjektiven können Steigerungsstufen (Komparationsformen) gebildet werden.

Vgl. ausgewählte Formen des Adjektivs ва́жный – wichtig:
– Langformen des Adjektivs (*N. Sg.* und *Pl.*): ва́жный *m.*, ва́жная *f.*, ва́жное *n.*; ва́жные *Pl.*
– Kurzformen des Adjektivs (*Sg.* und *Pl.*): ва́жен *m.*, важна́ *f.*, ва́жно *n.*; ва́жны́ *Pl.*
– Übereinstimmung der Langformen mit ihrem Bezugswort in Genus, Numerus und Kasus: ва́жная пробле́ма; обсуди́ть/обсужда́ть ва́жную пробле́му (ва́жные пробле́мы).
– Übereinstimmung der Kurzformen mit ihrem Bezugswort in Genus und Numerus: Э́то реше́ние ва́жно для всех. Э́ти иссле́дования о́чень ва́жны́.
– Komparativform: Э́та зада́ча важне́е всех други́х.

Nach ihrer Wortbedeutung unterscheidet man *Qualitätsadjektive* und *Beziehungsadjektive*.

Qualitätsadjektive

Sie benennen ein Merkmal, eine Eigenschaft eines Gegenstandes unmittelbar (häufig handelt es sich um nichtabgeleitete Adjcktive), z. B.:
дли́нный, молодо́й, пра́вильный, пусто́й, си́ний, слепо́й, тяжёлый, у́зкий, я́ркий.
Qualitätsadjektive bringen oft eine Wertung zum Ausdruck und können Gegensatzpaare bilden, z.B.: бе́дный : бога́тый, глу́пый : у́мный, молодо́й : ста́рый.

Beachte: Einem russischen Qualitätsadjektiv entspricht im Deutschen meist ein Adjektiv, z. B.: дли́нный стол – ein langer Tisch, тяжёлый чемода́н – ein schwerer Koffer.

Beziehungsadjektive

335 Sie benennen ein Merkmal, eine Eigenschaft mittelbar, d.h. durch Bezug auf einen Gegenstand oder eine Handlung, von deren Namen sie abgeleitet sind, z. B.:
деревя́нный: деревя́нный дом – Holzhaus (vgl. дом, постро́енный из де́рева)
де́тский: де́тская кни́га – Kinderbuch (vgl. кни́га, предназна́ченная для дете́й)

Beachte: Einem russischen Beziehungsadjektiv entspricht im Deutschen oft das Bestimmungswort eines zusammengesetzten Wortes (siehe Beispiele oben).

336 Besondere Gruppen innerhalb der Beziehungsadjektive sind:
- *Possessivadjektive* mit Stammauslaut auf -ов- | -ёв- | -ев-(а, -о; -ы) und -ин- | -ын-(а, -о; -ы), die ein Merkmal benennen, das einer Person eigen ist (zur Deklination ↗ 354 f.), z. B.:
отцо́в: отцо́ва ку́ртка (neben: ку́ртка отца́) – Vaters Jacke
ма́терин: ма́терин плато́к (neben: плато́к ма́тери) – Mutters Tuch

- *Gattungsadjektive* mit Stammauslaut auf -[j]- und Schriftbild auf ий (ь-я, ь-е; ь-и), die ein Merkmal benennen, das einer Art oder Gruppe von Lebewesen eigen ist (zur Deklination ↗ 354 f.), z. B.:
ли́сий: ли́сий след – Fuchsspur; ли́сья нора́ – Fuchsbau
пти́чий: пти́чья кле́тка – Vogelkäfig; пти́чьи голоса́ *Pl.* – Vogelstimmen

337 Die Grenze zwischen Beziehungs- und Qualitätsadjektiven ist nicht starr. Beziehungsadjektive können in übertragener, wertender Bedeutung zu Qualitätsadjektiven werden; vgl. z. B.:

Beziehungsadjektive …	… in übertragener, wertender Bedeutung
де́тский: де́тский сад – Kindergarten;	де́тская наи́вность – kindliche Naivität
желе́зный: желе́зная руда́ – Eisenerz;	желе́зная дисципли́на – eiserne Disziplin
во́лчий: во́лчья ста́я – Wolfsrudel;	во́лчий аппети́т – Bärenhunger

Auch von Partizipien abgeleitete Adjektive können wertende Bedeutung erlangen, z. B.:
(вызыва́ть – herausrufen, -bitten) вызыва́ющее поведе́ние – herausforderndes Verhalten
(разби́ть *v.* – zerschlagen) разби́тые мечты́ *Pl.* – zerstörte Träume

338 Besonderheiten von Qualitätsadjektiven

Qualitätsadjektive können häufig neben den Langformen besondere *Kurzformen* für den prädikativen Gebrauch bilden (↗ 357 ff.); vgl. z. B.:

В пе́рвом батальо́не … был знамени́тый связи́ст. Знамени́т он был тем, что мно́го чита́л. (Некр.)	– Im ersten Bataillon gab es einen berühmten Fernmelder. Berühmt war er dafür, dass er viel las.
Э́та зада́ча тру́дная.	– Diese Aufgabe ist schwierig.
Э́та зада́ча трудна́ для первоку́рсников.	– Diese Aufgabe ist für Studenten des ersten Studienjahres zu schwierig.

Qualitätsadjektive können in der Regel *Steigerungsstufen* (Komparativ- und Superlativformen) bilden (↗ 379 ff.), z. B.:
Во́лга длинне́е Днепра́. – Die Wolga ist länger als der Dnepr.
Байка́л – са́мое глубо́кое о́зеро в ми́ре. – Der Baikalsee ist der tiefste See der Erde.

Von Qualitätsadjektiven können häufig mithilfe der Suffixe -o und -e *Adverbien* abgeleitet werden (➚ 504); vgl. z. B.:

Мо́ре споко́йное | споко́йно (*Adj.*). — Das Meer ist ruhig.
Ю́рий споко́йно (*Adv.*) стоя́л у вхо́да в метро́. — Juri stand gelassen am U-Bahn-Eingang.
Его́ осторо́жность изли́шняя (*Adj.*). — Seine Vorsicht ist übertrieben.
Он изли́шне (*Adv.*) недове́рчив. — Er ist übertrieben misstrauisch.

Von Qualitätsadjektiven können mithilfe bestimmter Suffixe und Präfixe Adjektive abgeleitet werden, die einen höheren oder einen geringeren *Grad* einer Eigenschaft oder ihre emotionale Bewertung ausdrücken (➚ 854, 856); vgl. z. B.:
кра́сный: красноват́ый – rötlich; большо́й: больш́ущий *ugs.* – riesig, enorm; здоро́вый: здорове́нный *ugs.* – bärenstark, riesig; ми́лый: преми́лый – sehr lieb.

Die meisten Qualitätsadjektive können mit Gradadverbien (➚ 505) verbunden werden, z. B.:
о́чень краси́вый, чрезвыча́йно оригина́льный, необыкнове́нно симпати́чный.

Zur Funktion im Satz

Die *Langform* eines Adjektivs kann im Satz vor allem in folgenden Funktionen auftreten: **339**
– als mit dem Bezugswort in Genus, Numerus und Kasus *kongruierendes Attribut*, z. B.:
Была́ на ре́дкость ти́хая, моро́зная, о́чень звё́здная ночь. (Некр.) — Es war eine selten stille, frostige, sternklare Nacht.
…, а я сдаю́ после́дние шко́льные экза́мены и гото́влюсь к Но́вой жи́зни. (Гавр.) — …, ich aber lege meine letzten Schulprüfungen ab und bereite mich auf das Neue Leben vor.

Das Attribut kann durch Isolierung (und häufig Nachstellung hinter das Bezugswort) hervorgehoben werden (➚ 721), z. B.:
Осо́бую де́тскость ему́ придава́ли глаза́ – живы́е, вырази́тельные, совсе́м не взро́слые. (Некр.) — Einen besonders kindhaften Eindruck vermittelten seine Augen – sie waren lebhaft, ausdrucksvoll und entsprachen absolut nicht dem Erwachsenenalter.

– seltener als *nichtkongruierendes Attribut*, z. B.:
Я не по́мню ве́чера прекра́снее, чем э́тот. — Ich kann mich an keinen schöneren Abend als diesen erinnern.

– als *Prädikatsnomen*, das mit seinem Bezugswort, dem Subjekt, in Genus und Numerus übereinstimmt und im Nominativ oder Instrumental stehen kann, z. B.:
Она́ о́чень краси́вая, – сказа́ла она́. (Ток.) — „Sie ist sehr schön", sagte sie.
…, и зима́ показа́лась нам тако́й же прекра́сной, как ле́то. (Пауст.) — …, und der Winter erschien uns ebenso herrlich wie der Sommer.

Die *Kurzform* eines Adjektivs kann im Satz ausschließlich als Prädikatsnomen auftreten, das **340** mit seinem Bezugswort, dem Subjekt, in Genus und Numerus übereinstimmt, z. B.:
– А раз ты согла́сен, так и я согла́сен, наха́льно заяви́л Шенопи́н. (Поп.) — „Na wenn du einverstanden bist, bin ich es auch", erklärte Schenopin frech.
На́дя была́ счастли́ва. — Nadja war glücklich.

Die Deklination

Die Deklinationstypen im Überblick

341 Die Langformen der Adjektive werden *dekliniert*, d.h. nach Genus (*m., f., n.*), Numerus (*Sg., Pl.*) und Kasus (↗ **281**) abgewandelt.
Im Singular werden zwei Deklinationsparadigmen unterschieden: eines für die maskulinen und die neutralen Adjektivformen, ein weiteres für die femininen Adjektivformen.
Im Plural weisen die Adjektive für alle Genera nur *ein* Deklinationsparadigma auf; vgl. z. B.:
Sg. N. интере́сный докла́д *m.*, интере́сное предложе́ние *n.*, интере́сная бесе́да *f.*
Sg. G. интере́сного докла́да (предложе́ния), интере́сной бесе́ды
Pl. N. интере́сные докла́ды (предложе́ния, бесе́ды)
Pl. G. интере́сных докла́дов (предложе́ний, бесе́д)

Beachte:
1. Ist ein nichtdekliniertes Substantiv mit einem adjektivischen Attribut verbunden, so werden die Kategorien des Genus, Numerus und Kasus ausschließlich syntaktisch, d. h. durch die Adjektivform, zum Ausdruck gebracht; vgl. z. B.:
интервью́ *n., undekl.*: интере́сное интервью́ *N. Sg.*; (текст) интере́сного интервью́ *G. Sg.*; (переда́ть/передава́ть) интере́сные интервью́ *A. Pl.*

2. Ist ein nur im Plural gebräuchliches Substantiv mit einem adjektivischen Attribut (im Plural) verbunden, so ist aus der Form allein nicht erkennbar, ob ein oder mehrere Gegenstände bezeichnet werden; vgl. z. B.:
но́вые ворота́ – ein neues Tor oder: neue Tore
тупы́е но́жницы – eine stumpfe Schere oder: stumpfe Scheren

342 In der russischen Gegenwartssprache unterscheidet man
– den *Haupttyp* der Adjektivdeklination (↗ **351**):
  • mit Stammauslaut auf harten Konsonanten (stamm- oder endungsbetont), z. B.:
  но́вый *m.*, молодо́й *m.*
  • mit Stammauslaut auf weichen Konsonanten (stets stammbetont), z. B.:
  зи́мний *m.*

– zwei *Mischtypen* der Adjektivdeklination mit teils adjektivischen und teils substantivischen Endungen:
  • die Deklination der Possessivadjektive auf -ов- | -ёв- | -ев-, -ин- | -ын- (↗ **355**), z. B.:
  отцо́в *m.*, дя́дин *m.*
  • die Deklination der Gattungsadjektive mit Stammauslaut auf -[j]- und Schriftbild auf ий (↗ **355**), z. B.:
  ли́сий *m.*, ли́сья *f.*, ли́сье *n.*, ли́сьи *Pl.*

343 Die Nominativendungen des Haupttyps der Adjektivdeklination

		Singular			Plural
		m.	f.	n.	alle Genera
Stammauslaut auf:					
harten Konsonanten	(stammbetont)	-ый	-ая	-ое	-ые
	(endungsbetont)	-о́й	-а́я	-о́е	-ы́е
weichen Konsonanten	(stets stammbetont)	-ий	-яя	-ее	-ие

Die Nominativendungen der Mischtypen der Adjektivdeklination

	Singular			Plural
	m.	f.	n.	alle Genera
Stammauslaut auf: -ов- | -ёв- | -ев- und -ин- | -ын-	-ø	-а	-о	-ы
-[j]-	ий	ь-я	ь-е	ь-и

344

Nach dem Haupttyp der Adjektivdeklination werden auch abgewandelt:
- die Langformen der Partizipien (↗ 206), z. B.:
  вылета́ющий (самолёт), изуча́емый (вопро́с), прие́хавшая (делега́ция), зака́занный (биле́т);
- die Ordnungszahlwörter außer тре́тий und einige adjektivische Pronomen (↗ 445), z. B.:
  пя́тый (эта́ж), двадца́тая (шко́ла); кото́рый (час);
- die Substantive mit Adjektivendungen (↗ 283), z. B.:
  больно́й *m.*, ва́нная *f.*, живо́тное *n.*

Nach dem Muster der Gattungsadjektive werden auch das Ordnungszahlwort тре́тий (↗ 355) und das Pronomen чей (↗ 471) dekliniert.

Die Endungen des Haupttyps der Adjektivdeklination (bei hartem I weichem Stammauslaut)

345

	Singular			Plural
	m.	n.	f.	alle Genera
N.	-ый, -о́й | -ий	-ое | -ее	-ая | -яя	-ые | -ие
G.	-ого | -его		-ой | -ей	-ых | -их
D.	-ому | -ему		-ой | -ей	-ым | -им
A.	wie N. oder G.	wie N.	-ую | -юю	wie N. oder G.
I.	-ым | -им		-ой | -ей (-ою | -ею)	-ыми | -ими
	-ом | -ем		-ой | -ей	-ых | -их

Beachte die *Schreibregeln* zur möglichen Folge von Vokalbuchstaben auf stammauslautende Konsonanten (↗ 286). Für die adjektivische Deklination sind insbesondere von Bedeutung:
Nach к, г, х und Zischlauten (ш, ж; ч, щ) schreibe и (nicht ы).
Nach Zischlauten (ш, ж; ч, щ) und ц schreibe о (betont) bzw. e (unbetont).
Vgl. z. B.:

346

	Stammbetonte Adjektive	Endungsbetonte Adjektive
harter Stammauslaut:	но́вый, -ая, -ое; -ые	молодо́й, -а́я, -о́е; -ы́е
weicher Stammauslaut:	зи́мний, -яя, -ее; -ие	–
Stammauslaut auf к, г, х:	лёгкий, -ая, -ое; <u>-ие</u>	морско́й, -а́я, -о́е; -<u>и</u>́е
	стро́гий, -ая, -ое; <u>-ие</u>	дорого́й, -а́я, -о́е; -<u>и</u>́е
	ти́хий, -ая, -ое; <u>-ие</u>	плохо́й, -а́я, -о́е; -<u>и</u>́е
Stammauslaut auf Zischlaut:	хоро́ший, -ая, <u>-ее</u>; <u>-ие</u>	большо́й, -а́я, -о́е; -<u>и</u>́е
	све́жий, -ая, <u>-ее</u>; <u>-ие</u>	чужо́й, -а́я, -о́е; -<u>и</u>́е
	горя́чий, -ая, <u>-ее</u>; <u>-ие</u>	
	настоя́щий, -ая, <u>-ее</u>; <u>-ие</u>	
Stammauslaut auf ц:	темноли́цый, -ая, <u>-ее</u>; -ые	–

347 Die *Betonung* aller deklinierten Adjektivformen ist fest: Sie liegt entweder auf dem Stamm oder (nur bei hartem Stammauslaut) auf der Endung; vgl. z. B.:

– feste Betonung auf dem Stamm:

но́вый:	*G. Sg.*	но́вого, но́вой; ...	*N. Pl.*	но́вые, ...
зи́мний:	*G. Sg.*	зи́мнего, зи́мней; ...	*N. Pl.*	зи́мние, ...
отцо́в:	*G. Sg.*	отцо́ва, отцо́вой; ...	*N. Pl.*	отцо́вы, ...
ли́сий:	*G. Sg.*	ли́сьего, ли́сьей; ...	*N. Pl.*	ли́сьи, ...

– feste Betonung auf der Endung:

молодо́й: *G. Sg.* молодо́го, молодо́й; ... *N. Pl.* молоды́е, ...

Zu einzelnen Kasusformen

348 **Genitiv Singular**

In der maskulinen und neutralen adjektivischen Endung des Genitivs Singular -ого | -его wird г wie [в] gesprochen (↗ 53), z. B.:
но́во<u>г</u>о sprich: но́во[в]о; си́не<u>г</u>о sprich: си́не[в]о; ли́сье<u>г</u>о sprich: ли́сье[в]о.
Gleiches gilt für die entsprechenden Formen der unter **344** genannten Wörter.

349 **Akkusativ Singular und Plural**

Für die Akkusativform eines Adjektivs in einer substantivischen Wortgruppe ist maßgebend, ob das betreffende Substantiv belebt oder unbelebt ist (↗ **262** ff.).
Die maskuline Form des Akkusativs Singular und die Form des Akkusativs Plural aller Adjektive,
– die belebte Substantive charakterisieren, stimmen mit dem *Genitiv* (*Sg.* oder *Pl.*) überein;
– die unbelebte Substantive charakterisieren, stimmen mit dem *Nominativ* (*Sg.* oder *Pl.*) überein.
Die feminine Form des Akkusativs Singular weist eine besondere Endung auf (beim Haupttyp: -ую | -юю).
Die neutrale Form des Akkusativs Singular stimmt stets mit dem Nominativ (*Sg.*) überein.
Beispiele ↗ **288** ff.

350 **Instrumental Singular**

Die feminine Form des Instrumentals Singular weist neben der allgemein üblichen Endung -ой | -ей die stilistisch markierte Variante -ою | -ею auf. Diese Variante tritt gelegentlich in der Dichtung und nur selten in der Schriftsprache auf. Vgl. z. B.:
Же́нщина была́ равноду́шн<u>ой</u>. Мы ста́ли занима́ться ру́сск<u>ой</u> литерату́рой.

Ура́л! Невольн<u>ою</u> печа́лью
Я отдаю́ проща́нью дань...
   А. Твардо́вский (Aus: «За да́лью – даль»)

Быть тво<u>е́ю</u> сестр<u>о́ю</u> отра́дн<u>ою</u>
Мне заве́щано дре́вней судьбо́й,
А я ста́ла лука́вой и жа́дн<u>ою</u>
И сладча́йшей тво<u>е́ю</u> рабо́й.
   А. Ахма́това

Die Deklination des Haupttyps

Musterwörter (↗ 287)

351

	Stammauslaut auf: harte Konsonanten		weiche Konsonanten	
		к, г, х; ш-о́й, ж-о́й		ч-ий, щ-ий[2]
Sg. m.				
N.	но́вый[1]	ру́сский[1]	зи́мний	о́бщий
G.	но́вого	ру́сского	зи́мнего	о́бщего
D.	но́вому	ру́сскому	зи́мнему	о́бщему
A.	*wie N. oder G.*		*wie N. oder G.*	
I.	но́вым	ру́сским	зи́мним	о́бщим
P.	о но́вом	о ру́сском	о зи́мнем	об о́бщем
Sg. f.				
N.	но́вая	ру́сская	зи́мняя	о́бщая
G.	но́вой	ру́сской	зи́мней	о́бщей
D.	но́вой	ру́сской	зи́мней	о́бщей
A.	но́вую	ру́сскую	зи́мнюю	о́бщую
I.	но́вой | -ою	ру́сской | -ою	зи́мней | -ею	о́бщей | -ею
P.	о но́вой	о ру́сской	о зи́мней	об о́бщей
Sg. n.				
N.	но́вое	ру́сское	зи́мнее	о́бщее
G.	но́вого	ру́сского	зи́мнего	о́бщего
...	*wie Sg. m.*		*wie Sg. m.*	
Pl. alle Genera				
N.	но́вые	ру́сские	зи́мние	о́бщие
G.	но́вых	ру́сских	зи́мних	о́бщих
D.	но́вым	ру́сским	зи́мним	о́бщим
A.	*wie N. oder G.*		*wie N. oder G.*	
I.	но́выми	ру́сскими	зи́мними	о́бщими
P.	о но́вых	о ру́сских	о зи́мних	об о́бщих

[1] endungsbetont: -о́й (родно́й, дорого́й, большо́й, чужо́й; ↗ 343).
[2] Nach diesem Muster werden auch die Adjektive auf ш-ий und ж-ий dekliniert (хоро́ший, све́жий).

Die Deklination der Mischtypen

Die Possessivadjektive auf -ов-|-ёв-|-ев- und -ин-|-ын-

352

Die Possessivadjektive auf *-ов- | -ёв- | -ев- (а, -о; -ы)* sind von belebten maskulinen Substantiven der I. Deklination, darunter auch Eigennamen, abgeleitet; auf harten Stammauslaut folgt -ов-, auf weichen (betont) -ёв- bzw. (unbetont) -ев-. Z. B.:

дед: де́дов, -а, -о; -ы де́дова изба́ – Großvaters Bauernhaus
оте́ц (*G. Sg.* отца́): отцо́в, -а, -о; -ы отцо́вы слова́ *Pl.* – Vaters | väterliche Worte

Formen auf -ов- | -ёв- | -ев-(а, -о; -ы) werden gelegentlich verwendet
- in ungezwungener mündlicher Rede, z. B.:
«Ива́ново де́тство» – „Iwans Kindheit" (Filmtitel);
- in der Schriftsprache als Bestandteil von Fachausdrücken, z. B.:
эйнште́йнова тео́рия относи́тельности – Einstein'sche Relativitätstheorie;
рентге́новы | (häufiger) рентге́новские лучи́ *Pl.* – Röntgenstrahlen;
Бе́рингово мо́ре – Beringmeer;
- in einigen festen Wendungen (mit wertender Bedeutung), z. B.:
крокоди́ловы слёзы *Pl.* – Krokodilstränen; сизи́фов труд – Sisyphusarbeit.

Die Possessivadjektive auf *-ин-|-ын-(а, -о; -ы)* sind vorwiegend von belebten Substantiven der II. Deklination, darunter auch Eigennamen, abgeleitet; auf den Stammauslaut folgt -ин-, nur nach ц -ын-. Z. B.:

ма́ма: ма́м<u>ин</u>, -а, -о; -ы   ма́мино пла́тье – Mutters Kleid
сестра́: сёстр<u>ин</u>, -а, -о; -ы   сёстрина любо́вь – Schwesterliebe
дя́дя *m.:* дя́д<u>ин</u>, -а, -о; -ы   дя́дина ку́ртка – die Jacke des Onkels
ку́рица: ку́риц<u>ын</u>, -а, -о; -ы   ку́рицын сын *salopp* – Hundesohn
Beispiele für Ableitungen von Vornamen:
На́дя: На́д<u>ин</u>, -а, -о; -ы; Воло́дя *m.*: Воло́д<u>ин</u>, -а, -о; -ы; Илья́ *m.*: Ильи́<u>н</u>, -а́, -о́; -ы́.

Einzelne Possessivadjektive weisen das Suffix -нин-(а, -о; -ы) auf, z. B.:
брат: бра́т<u>нин</u>, -а, -о; -ы *ugs.*   бра́тнина жена́ – die Ehefrau des Bruders, die Schwägerin

Diese Possessivadjektive auf -ов- | -ёв- | -ев- und -ин- | -ын- werden verhältnismäßig selten gebraucht. Üblicher ist in der Gegenwartssprache das entsprechende Substantiv als Genitivattribut, mitunter auch ein abgeleitetes Adjektiv auf -ск-(ий). Vgl. z. B.:
отцо́в дом: дом отца́, отцо́вский дом; ма́мино пла́тье: пла́тье ма́мы; бра́тнина жена́: жена́ бра́та.

353   Die Gattungsadjektive auf -[j]- (ий)

Die Gattungsadjektive auf ий (ь-я, ь-е; ь-и) sind von belebten maskulinen und femininen Substantiven abgeleitet; an den Stammauslaut ist das Suffix -[j]- angefügt. Vgl. z. B. die Ableitung von лиса́:
N. Sg. ли́сий *m.*: ли́[с'иj] (endungslos, mit flüchtigem и), ли́сья *f.*: ли́[с'j-а], ли́сье *n.*: ли́[с'j-е]
N. Pl. ли́сьи: ли́[с'j-и].
Weitere Beispiele (gegebenenfalls mit Konsonantenwechsel к, т, ц – ч; г, д – ж; х – ш im Auslaut des Ableitungsstammes):

коро́ва: коро́вий, -вья, -вье; -вьи   коро́вье молоко́ – Kuhmilch
ры́ба: ры́бий, -бья, -бье; -бьи   ры́бий жир – Lebertran
охо́тник: охо́тничий, -чья, -чье; -чьи   охо́тничье ружьё – Jagdgewehr
поме́щик: поме́щичий, -чья, -чье; -чьи   поме́щичья уса́дьба – Gutsherrensitz
пти́ца: пти́чий, -чья, -чье; -чьи   пти́чий корм – Vogelfutter
медве́дь: медве́жий, -жья, -жье; -жьи   медве́жья ла́па – Bärentatze
черепа́ха: черепа́ший, -шья, -шье; -шьи   черепа́шьим ша́гом – im Schneckentempo

Bei der Ableitung von Bezeichnungen für Tierjunge wird der Pluralstamm zugrunde gelegt:
телёнок, *Pl.* теля́та: теля́чий, -чья, -чье; -чьи   теля́чья ко́жа – Kalbsleder; vgl. auch
ребя́та, *Pl. ugs.*: ребя́чий, -чья, -чье; -чьи   ребя́чья | ребя́ческая вы́ходка – kindlicher Streich

Die Deklination der Possessiv- und der Gattungsadjektive

Die Possessiv- und die Gattungsadjektive weisen im Nominativ und im (nicht mit dem Genitiv übereinstimmenden) Akkusativ Singular und Plural substantivische, in den anderen Kasus adjektivische Endungen auf. Die adjektivischen Endungen stimmen mit den Endungen des Haupttyps (bei hartem bzw. weichem Stammauslaut) überein. **354**

Beachte: Lediglich die Possessivadjektive auf -ов- | -ёв- | -ев- haben auch im Genitiv und Dativ Singular der maskulinen und neutralen Formen substantivische Endungen.

Musterwörter **355**

	Possessivadjektive Stammauslaut auf:		Gattungsadjektive
	-ов- | -ёв- | -ев-	-ин- | -ын-	-[j]- (ий)
Sg. m.			
N.	отцо́в	сѐстрин	ли́сий
G.	отцо́ва	сѐстриного | -а¹	ли́сьего
D.	отцо́ву	сѐстриному | -у¹	ли́сьему
A.	wie N. oder G.		
I.	отцо́вым	сѐстриным	ли́сьим
P.	об отцо́вом	о сѐстрином	о ли́сьем
Sg. f.			
N.	отцо́ва	сѐстрина	ли́сья
G.	отцо́вой	сѐстриной	ли́сьей
D.	отцо́вой	сѐстриной	ли́сьей
A.	отцо́ву	сѐстрину	ли́сью
I.	отцо́вой | -ою	сѐстриной | -ою	ли́сьей | -ьею
P.	об отцо́вой	о сѐстриной	о ли́сьей
Sg. n.			
N.	отцо́во	сѐстрино	ли́сье
G.	отцо́ва	сѐстриного | -а¹	ли́сьего
...	wie Sg. m.		
Pl. alle Genera			
N.	отцо́вы	сѐстрины	ли́сьи
G.	отцо́вых	сѐстриных	ли́сьих
D.	отцо́вым	сѐстриным	ли́сьим
A.	wie N. oder G.		
I.	отцо́выми	сѐстриными	ли́сьими
P.	об отцо́вых	о сѐстриных	о ли́сьих

[1] Die substantivischen Endungen -a bzw. -y im Genitiv bzw. Dativ Singular (m. und n.) der Possessivadjektive auf -ин- | -ын- gelten heute als veraltet; sie treten nur noch in geografischen Namen auf, z. B.: Ка́нин Нос (Halbinsel): G. Ка́нина Но́са.

Zur Betonung der deklinierten Adjektivformen ↗ 347.
Zur Deklination der Orts-und der Familiennamen auf -ов- | -ёв- | -ев- und -ин- | -ын- ↗ 321.

356 Nichtdeklinierte Adjektive

Es gibt einige aus anderen Sprachen (z. B. dem Französischen und dem Italienischen) entlehnte Adjektive, die unveränderlich, nicht deklinierbar sind. Zu ihnen gehören die in den folgenden Beispielen unterstrichenen Adjektive, die gewöhnlich hinter ihrem Bezugswort stehen:
стиль барокко (модерн) – Barock-(Jugend-)stil
юбка макси (мини) – Maxi-(Mini-)rock
пальто реглан – Raglanmantel
туфли цвета беж – beigefarbene Schuhe
шоколад экстра – feinste Schokolade
картофель фри – Pommes frites
вес брутто (нетто) – Brutto-(Netto-)gewicht
часы пик – Hauptverkehrszeit

Beachte: Einige dieser Wörter (z. B. барокко, модерн, реглан, пик) können auch als Substantive auftreten.

Die Lang- und die Kurzformen

Die Bildung der Kurzformen

357 Zahlreiche *Qualitätsadjektive* weisen außer den deklinierten Langformen (↗ 341) Kurzformen auf, die nach Genus und Numerus veränderlich sind und ausschließlich prädikativ verwendet werden. Die entsprechenden Endungen, die Nominativendungen von Substantiven gleichen, werden an den Adjektivstamm angefügt.

Die Endungen der Kurzformen der Adjektive

		Singular			Plural
		m.	f.	n.	alle Genera
Stammauslaut auf:	harten Konsonanten	-ø	-а	-о	-ы
	weichen Konsonanten	(ь)	-я	-е	-и

358 Beachte die *Schreibregeln* (↗ 286), z. B.:

	Langform *m.*	Kurzformen			
harter Stammauslaut:	новый	нов,	нова,	ново;	новы
	молодой	молод,	молода,	молодо;	молоды
weicher Stammauslaut:	синий	синь,	синя,	сине;	сини
Stammauslaut auf к, г, х:	высокий	высок,	высока,	высоко;	высоки
	дорогой	дорог,	дорога,	дорого;	дороги
Stammauslaut auf Zischlaut:	горячий	горяч,	горяча,	горячо;	горячи
	хороший	хорош,	хороша,	хорошо;	хороши
	похожий	похож,	похожа,	похоже;	похожи

Besonderheiten

Vokaleinschub in der maskulinen Kurzform

359

Adjektive, deren Stamm auf zwei Konsonanten ausgeht, von denen der zweite ein к oder н ist, weisen in der endungslosen maskulinen Kurzform *Einschub eines flüchtigen -o- oder -e-* (betont -ё-) zwischen die beiden Endkonsonanten auf:

1. Nach vorausgehendem hartem Konsonanten (außer ш und ж) wird -o- vor к eingeschoben, nach vorausgehendem weichem Konsonanten und allen Zischlauten -e- vor к, z. B.:
лёгкий: лёгок, легка́, легко́; легки́
сла́дкий: сла́док, сладка́, сла́дко; сла́дки
бли́зкий: бли́зок, близка́, бли́зко; бли́зки
гро́мкий: гро́мок, громка́, гро́мко; гро́мки
то́нкий: то́нок, тонка́, то́нко; то́нки
кре́пкий: кре́пок, крепка́, кре́пко; кре́пки
жа́ркий: жа́рок, жарка́, жа́рко; жа́рки
кра́ткий: кра́ток, кратка́, кра́тко; кра́тки

го́рький: го́рек, горька́, го́рько; го́рьки
бо́йкий: бо́ек (бо́[jек]), бойка́ (бо[jк]а́), бо́йко; бо́йки
тя́жкий: тя́жек, тяжка́, тя́жко; тя́жки
nur Kurzf.: больнёхонек *ugs.* – schrecklich krank, больнёхонька, больнёхонько; больнёхоньки

2. Nach vorausgehendem Konsonanten wird -e- (betont -ё-) vor н eingeschoben, z. B.:
акти́вный: акти́вен, акти́вна, акти́вно; акти́вны
сло́жный: сло́жен, сложна́, сло́жно; сложны́
поле́зный: поле́зен, поле́зна, поле́зно; поле́зны
споко́йный: споко́ен, споко́йна, споко́йно; споко́йны
больно́й: бо́лен, больна́, больно́; больны́
у́мный: умён, умна́, умно́; умны́
дли́нный: дли́нен, длинна́, дли́нно; дли́нны
интере́сный: интере́сен, интере́сна, интере́сно; интере́сны
поня́тный: поня́тен, поня́тна, поня́тно; поня́тны
типи́чный: типи́чен, типи́чна, типи́чно; типи́чны
смешно́й: смешо́н (↗ 286), смешна́, смешно́; смешны́

Beachte jedoch:
по́лный: по́лон, полна́, по́лно; полны́
досто́йный: досто́ин, досто́йна, досто́йно; досто́йны

Zu den Kurzformen der Adjektive auf -енн-(ый) ↗ 360.

3. Bei anderen Konsonantengruppen im Stammauslaut findet in der Regel *kein Vokaleinschub* statt, z. B.:
до́брый: добр, добра́, до́бро; добры́ чи́стый: чист, чиста́, чи́сто; чи́сты
бы́стрый: быстр, быстра́, бы́стро; быстры́ кру́глый: кругл, кругла́, кру́гло; кру́глы

Beachte jedoch:
до́лгий: до́лог, долга́, до́лго; до́лги тёплый: тёпел, тепла́, тепло́; теплы́
злой: зол, зла, зло; злы ки́слый: ки́сел, кисла́, ки́сло; ки́слы
хи́трый: хитёр, хитра́, хи́тро; хи́тры све́тлый: све́тел, светла́, светло́; светлы́
о́стрый: остёр | остр, остра́, о́стро; о́стры

360 -н oder -нен im Ausgang der maskulinen Kurzform

1. Bei den mit dem Suffix -енн-(ый) abgeleiteten Adjektiven fällt in der maskulinen Kurzform gewöhnlich das zweite н aus, z. B.:
боле́зненный: боле́знен_, боле́зненна, боле́зненно; боле́зненны
бессмы́сленный: бессмы́слен_, бессмы́сленна, …
суще́ственный: суще́ствен_, суще́ственна, …

Das Gleiche gilt für die (aus Partizipien entstandenen) Adjektive auf -анн-(ый), -ованн-(ый), z. B.:
опра́вданный – berechtigt: опра́вдан_, опра́вданна, …
образо́ванный – gebildet, kultiviert: образо́ван_, образо́ванна, …
взволно́ванный – aufgeregt: взволно́ван_, взволно́ванна, …

Zur durchgängigen Schreibung der entsprechenden Kurzformen der Partizipien mit nur einem н ↗ 221 f.

2. Eine Reihe von Adjektiven vorwiegend auf -ственн-(ый) weist in der maskulinen Kurzform Varianten auf, und zwar Formen mit Ausfall des zweiten н (wie oben) und Formen mit Einschub eines flüchtigen -е- zwischen die beiden im Stammauslaut stehenden н (d. h. mit Erweiterung um eine Silbe), z. B.:
дру́жественный: дру́жествен_ | дру́жествене̲н, дру́жественна, дру́жественно; дру́жественны
есте́ственный: есте́ствен_ | есте́ствене̲н, есте́ственна, …
иску́сственный: иску́сствен_ | иску́сствене̲н, иску́сственна, …
сво́йственный: сво́йствен_ | сво́йствене̲н, сво́йственна, …

3. Bei einigen Adjektiven auf betontes -éнн-(ый) (darunter solchen, die mithilfe des Suffixes -н- abgeleitet sind) wird in der maskulinen Kurzform zwischen die beiden im Stammauslaut stehenden н ein flüchtiges -е- eingeschoben (d. h. Erweiterung um eine Silbe), z. B.:
второстепе́нный (vgl. сте́пень *f.*): второстепе́не̲н, второстепе́нна, …
несомне́нный (vgl. сомне́ние): несомне́не̲н, несомне́нна, …
одновре́менный (vgl. вре́мя *n.*, *G.* вре́мени): одновре́мене̲н, одновре́менна, …
ähnlich: постоя́нный: постоя́не̲н, постоя́нна, …

361 Verhärtung des Stammauslauts in der maskulinen Kurzform

Einige Adjektive mit Stammauslaut auf [н']: -н-(ий) weisen in der maskulinen Kurzform Einschub eines flüchtigen -е- zwischen die beiden Endkonsonanten des Stammes und zugleich Verhärtung des Stammauslauts auf, z. B.:
всесторо́нний: всесторо́не̲н, всесторо́ння, всесторо́нне; всесторо́нни
изли́шний: изли́ше̲н, изли́шня, изли́шне; изли́шни
и́скренний: и́скрене̲н, и́скренна, и́скренне | и́скренно; и́скренни | и́скренны

362 Von anderen Wortstämmen abgeleitete Kurzformen

большо́й: вели́к, велика́, велико́; велики́
ма́ленький: мал, мала́, мало́; малы́

Deklinierte Kurzformen   363

Die Kurzformen der Adjektive werden in der Gegenwartssprache nicht dekliniert. Vom früheren attributiven Gebrauch deklinierter Kurzformen zeugen heute eine Reihe feststehender Wendungen, vor allem in der Volksdichtung, z. B.:

средь бе́ла дня – am helllichten Tage; по бе́лу све́ту – durch die weite Welt;
наде́ть *(v.)* ту́фли на бо́су но́гу – Schuhe ohne Strümpfe anziehen;
Не по́ хорошу мил, а по́ милу хоро́ш. (Sprichwort) – Liebe geht über Schönheit.

Der Bildungsbereich der Kurzformen

Von mehreren Qualitätsadjektiven werden in der Regel (bedingt durch ihre Wortbildungs-   364
struktur oder ihre lexikalische Bedeutung) *keine Kurzformen* gebildet. Hierzu gehören vor
allem:

– Adjektive mit dem Suffix -ск- und seinen Ableitungen, Adjektive auf -ов-(о́й) | -ев-(о́й), häufig auf -н-(о́й) und -н-(ий), z. B.:
  бра́тский, дру́жеский; делово́й, передово́й; родно́й, цветно́й; да́льний, после́дний;

– Adjektive, die mithilfe form- oder wortbildender Elemente einen besonders hohen Grad einer Eigenschaft ausdrücken, z. B.:
  умне́йший (zu у́мный), глубоча́йший (zu глубо́кий) (➚ 392);
  большу́щий *ugs.* – riesig, enorm (vgl. большо́й);
  здорове́нный *ugs.* – bärenstark, riesig (vgl. здоро́вый);
  пренепри́ятный *ugs.* – äußerst unangenehm; развесёлый *ugs.* – sehr lustig, mordsfidel;
  Gleiches gilt für Komparativformen auf -ш-(ий) (➚ 388): мла́дший, ста́рший.

– von Partizipien abgeleitete Adjektive auf -щий(ся), -вший(ся), z. B.:
  выдаю́щийся, бы́вший;

– einige abgeleitete Farbadjektive, z. B.:
  вороно́й (vgl. вороная́ ло́шадь – Rappe); голубо́й, кофе́йный, кре́мовый, ора́нжевый.

Von zahlreichen Qualitätsadjektiven, die mehrere Bedeutungen aufweisen, ist die Ableitung   365
von *Kurzformen* möglich, ihr Gebrauch aber auf bestimmte Bedeutungen *eingegrenzt*. Keine
Kurzformen haben Adjektive oft in übertragener Bedeutung (etwa als Bestandteil einer feststehenden Wendung oder eines Fachausdrucks), z. B.:

Lang- und Kurzformen	Keine Kurzformen in übertragener Bedeutung
больно́й – krank	больно́й вопро́с – brennende Frage, wunder Punkt
глухо́й – taub	глуха́я прови́нция – entlegene	tiefste Provinz
прямо́й – gerade	прямо́й у́гол – rechter Winkel *math.*
зво́нкий – hell klingend	зво́нкий согла́сный звук – stimmhafter Konsonant *ling.*

Mitunter sind bestimmte Kurzformen ungebräuchlich, so beispielsweise Singularformen von Adjektiven auf -л- (wegen ihres Zusammenfalls mit Präteritalformen von Verben):
быва́лый, отста́лый, устаре́лый (aber mit Kurzform im Plural: Э́ти взгля́ды устаре́лы).

Beachte: In individueller Rede und in der schöngeistigen Literatur werden die oben genannten Beschränkungen gelegentlich aufgehoben. So werden mitunter Kurzformen von Beziehungsadjektiven gebildet, wenn diese übertragene, wertende Bedeutung haben. Vgl. z. B.:
стекля́нный – Glas-, gläsern:
Во́здух свеж, стекля́нен. (В. Шишко́в) — Die Luft ist frisch, glasklar.

Das Adjektiv

366 Folgende Adjektive haben ausschließlich Kurz-, also *keine Langformen*:

гора́зд, -а, -о; -ы (на что) *ugs.* –	jmd. ist geschickt (im)
Он гора́зд пляса́ть.	– Er tanzt gut.
люб, -а́, -о; -ы (кому́) *ugs.* –	jmd. gefällt
Жени́х ей люб.	– Sie mag den jungen Mann.
рад, -а, -о; -ы (кому́ | чему́) –	jmd. ist froh (über)
Я ему́ о́чень рад(-а).	– Ich freue mich sehr über ihn.

Gleiches gilt für die mit den Suffixen -ёхонек oder -ёшенек gebildeten Adjektive, z. B.: здоровёхонек, -нька, -нько oder здоровёшенек, -нька, -нько *ugs.* – (jmd. ist) kerngesund.

367 Andere Adjektive weisen Lang- und Kurzformen auf; die prädikativ gebrauchten *Kurzformen* haben jedoch gegenüber den Langformen eine *eigenständige lexikalische Bedeutung* erlangt; vgl. z. B.:

Langformen	Kurzformen
ви́дный – sichtbar; bedeutend	ви́ден, видна́, ви́дно; видны́ – ist zu sehen | spüren
на-/печа́тать статью́ на ви́дном ме́сте	Дом ви́ден издалека́.
ви́дный учёный	В его́ слова́х видна́ ложь.
вла́стный – herrisch; gebieterisch	вла́стен, вла́стна́, -тно; -тны – jmd. hat Macht
вла́стный хара́ктер	В э́том она́ не вла́стна.
	– Das steht nicht in ihrer Macht.
	Он не вла́стен над собо́й.
	– Er hat sich nicht in der Gewalt.
до́лжный – gebührend (nur in Wendungen)	до́лжен, -жна́, -жно́; -жны́ – jmd. muss, soll; jmd. schuldet
с до́лжным внима́нием	Я до́лжен | должна́ зако́нчить э́ту рабо́ту.
на до́лжном у́ровне	Он мне до́лжен большу́ю су́мму.
ну́жный – notwendig; dringend gebraucht	ну́жен, нужна́, ну́жно; нужны́ (↗ 746) – jmd. braucht etw. | jmdn.
ну́жная су́мма	Нам ну́жен поле́зный сове́т.
пра́вый – gerecht; unschuldig	прав, права́, пра́во; пра́вы – jmd. hat Recht
пра́вый суд	Вы соверше́нно пра́вы.
Суд призна́л его́ пра́вым.	Она́ была́ права́.
хоро́ший – gut	хоро́ш, хороша́, -шо́; -ши́ – jmd. ist hübsch
хоро́шая ба́бушка	Она́ удиви́тельно хороша́.

Die Betonung der Kurzformen

368 Die Kurzformen zahlreicher Adjektive haben *feste Betonung* auf dem Stamm. Dies gilt für alle Adjektive mit drei- und mehrsilbigem Stamm sowie für einige Adjektive mit ein- und zweisilbigem Stamm. Z. B.:

	интере́сный:	безрезульта́тный:	ло́жный:	ве́жливый:
Sg. m.	интере́сен	безрезульта́тен	ло́жен	ве́жлив
Sg. f.	интере́сна	безрезульта́тна	ло́жна	ве́жлива
Sg. n.	интере́сно	безрезульта́тно	ло́жно	ве́жливо
Pl.	интере́сны	безрезульта́тны	ло́жны	ве́жливы

Für die meisten Adjektive mit ein- und zweisilbigem Stamm ist *Betonungswechsel* in den Kurzformen und damit Betonung der femininen Endung charakteristisch. Dabei lassen sich zwei Typen unterscheiden:

Betonungswechsel in den Kurzformen

	Typ A Sg. m. stamm-, sonst endungsbetont			Typ B Sg. f. endungs-, sonst stammbetont		
	све́тлый	большо́й	хоро́ший	це́лый	свято́й	дорого́й
Sg. m.	све́тел	бо́лен	хоро́ш	це́л	свя́т	до́рог
f.	светла́	больна́	хороша́	цела́	свята́	дорога́
n.	светло́	больно́	хорошо́	це́ло	свя́то	до́рого
Pl.	све́тлы́	больны́	хороши́	це́лы	свя́ты	до́роги

Bei einer Reihe von Adjektiven mit ein- und zweisilbigem Stamm sind Schwankungen in der Betonung der Kurzformen zu beobachten. Diese Schwankungen beziehen sich vor allem auf Kurzformen des Betonungstyps B, und zwar auf die Plural-, gelegentlich auch auf die neutrale Singularform; vgl. z. B.:
ва́жный: ва́жен, важна́, ва́жно; важны́ | ва́жны
прямо́й: прям, пряма́, пря́мо; прямы́ | пря́мы
широ́кий: широ́к, широка́, широко́ | широ́ко; широки́ | широ́ки

Zum Gebrauch der Lang- und der Kurzformen

Die Langformen werden sowohl in attributiver wie in prädikativer Funktion, die Kurzformen ausschließlich prädikativ verwendet.

Langformen in attributiver Funktion

In attributiver Funktion stimmen die Langformen mit ihrem Bezugswort, in der Regel einem Substantiv, in Genus, Numerus und Kasus überein, z. B.:

- Ру́сский язы́к_ отно́сится к восто́чнославя́нской гру́ппе славя́нских языко́в.
– Russisch gehört zur ostslawischen Gruppe der slawischen Sprachen.
- Па́мятники древнеру́сской архитекту́ры свиде́тельствуют о высо́кой культу́ре Дре́вней Руси́.
– Die Denkmäler der altrussischen Architektur zeugen von der hohen Kultur Altrusslands.
- Па́па (*m.*) Ри́мский – верхо́вный глава́ (*m.*) католи́ческой це́ркви.
– Der römische Papst ist das Oberhaupt der katholischen Kirche.
- И. Ивано́в – журнали́ст_, бли́зкий к театра́льным круга́м.
– I. Iwanow ist ein Theaterkreisen nahe stehender Journalist.
(*Adj.* durch Isolierung hervorgehoben!)
- Нева́ – широ́кая и глубо́кая река́.
– Die Newa ist ein breiter und tiefer Fluss.
- Ру́сский и украи́нский языки́ (*Pl.!*) явля́ются близкоро́дственными языка́ми.
– Russisch und Ukrainisch sind eng verwandte Sprachen.

Zum Numerus eines Substantivs, das mit mehreren adjektivischen Attributen verbunden ist,
↗ 693.

Das Adjektiv

Lang- und Kurzformen in prädikativer Funktion

372 Beziehungsadjektive und eine Reihe von Qualitätsadjektiven (↗ 364) bilden keine Kurzformen; von ihnen können in prädikativer Funktion also *nur Langformen* verwendet werden. Z. B.:

Эта блу́зка полотня́ная.	– Diese Bluse ist aus Leinen.
В э́том году́ зима́ ра́нняя.	– In diesem Jahr haben wir einen zeitigen Winter.
Он оказа́лся после́дним.	– Er war der Letzte (er bildete das Schlusslicht).
Лицо́ каза́лось совсе́м де́тским.	– Das Gesicht wirkte ganz kindlich.
Пла́тье как но́венькое.	– Das Kleid ist wie neu.

373 Von zahlreichen Qualitätsadjektiven können in prädikativer Funktion (als Prädikatsnomen) *sowohl Langformen* (im Nominativ oder im Instrumental) *wie auch Kurzformen* verwendet werden. Dabei stimmen die Adjektivformen mit ihrem Bezugswort in Genus (nur im Singular) und Numerus überein; ohne Kopula steht die Langform stets im Nominativ, mit einem Kopulaverb kann sie im Nominativ oder Instrumental stehen.

Varianten des nominalen Prädikats

Präs.	Экску́рсия интере́сная	интере́сна.
Prät. *Fut.*	Экску́рсия { была́ / бу́дет } интере́сная	интере́сной	интере́сна.

Eine Wahl zwischen Lang- und Kurzformen ist nur möglich, wenn diese Formen die gleiche lexikalische Bedeutung haben. Meist ist die Wahl der Variante stilistisch bedingt:
Die *Langformen* werden in Verbindung mit Kopulaverben in mündlicher Rede oft im Nominativ, in der Schriftsprache häufiger im Instrumental verwendet.
Die *Kurzformen* sind wegen der durch sie ausgedrückten Prägnanz vor allem für die Sprache der Wirtschaft und den wissenschaftlichen Stil charakteristisch; auch werden sie wegen ihrer Ausdrucksstärke in der schöngeistigen Literatur, insbesondere in der Dichtung, verwendet.
In der Alltagssprache ist die Tendenz verstärkter Anwendung der Langformen zu beobachten.

Beispiele für die Verwendung von Langformen:

Друзья́ у меня́ хоро́шие.	– Ich habe gute Freunde.
Приро́да здесь прекра́сная	прекра́сна!	– Die Natur hier ist herrlich!
Боле́знь у неё была́ неопа́сная.	– Ihre Krankheit war nicht Besorgnis erregend.
Ско́ро сад бу́дет зелёным.	– Bald wird der Garten grün sein.
– Я поняла́, что то́лько с тобо́ю могу́ быть споко́йной, счастли́вой … (Плат.)	– „Ich habe begriffen, dass ich nur mit dir ruhig und glücklich sein kann …"
Сни́мок получи́лся хоро́ший.	– Das Foto ist gut geworden.
Во́здух стал чи́стый.	– Die Luft wurde sauber.
… э́то сча́стье на одного́ стано́вится невыноси́мым. (Шкляр.)	– … Dieses Glück für einen allein wird unerträglich.
(Vgl. auch die Überschrift des entsprechenden Zeitschriftartikels: «Сча́стье на одного́ – невыноси́мо»)	
А́ня вдруг сде́лалась гру́стной, заду́мчивой.	– Anja wurde plötzlich traurig und nachdenklich.
Мой репертуа́р стал каза́ться мне заи́гранным, неинтере́сным. (Ф. Шаля́пин)	– Mein Repertoire erschien mir allmählich abgedroschen, uninteressant.

Beispiele für die Verwendung von Kurzformen:
Наш банк надёжен, ваши вклады в нём тоже.
— Unsere Bank ist sicher, Ihre Einlagen sind es auch.

Любые дополнения к договору действительны лишь при условии, если они совершены в письменной форме. *wirt*.
— Ergänzungen zum Vertrag bedürfen der Schriftform.

Эти линии параллельны.
— Diese Linien verlaufen parallel.

Определить площадь круга, если диаметр его равен двадцати сантиметрам.
— Zu bestimmen ist die Fläche eines Kreises, dessen Durchmesser zwanzig Zentimeter beträgt.

Я часто уезжаю туда, где нет людей. На Север. Я там счастлив. И не одинок. (Шкляр.)
— Ich fahre oft dahin, wo keine Menschen sind: in den hohen Norden. Ich bin dort glücklich. Und nicht einsam.

… С алым соком ягоды на коже, Нежная, красивая, была На закат ты розовый похожа И, как снег, лучиста и светла. (С. Есенин)
— (… Mit dem Schimmer roten Beerensafts auf deiner Haut warst du, zart und schön, dem rosa Sonnenuntergang verwandt und strahltest hell wie Schnee.)

Mitunter können Langformen ein ständiges Merkmal, Kurzformen einen zeitlich begrenzten Zustand des Subjekts bezeichnen; vgl. z. B.: **374**

Девочка весёлая.
— Das Mädchen ist fröhlich | ein fröhliches Kind.

Девочка весела.
— Das Mädchen ist (jetzt, gerade) fröhlich.

Бабушка больная.
— Die Großmutter ist krank | leidend.

Бабушка больна.
— Die Großmutter ist (zur Zeit) krank.

Beachte jedoch, dass (insbesondere in mündlicher Rede) auch Langformen einen zeitlich begrenzten Zustand bezeichnen können, z. B.:

– Мама, дай чего-нибудь поесть, я такая голодная.
— „Mutter, gib mir irgendetwas zu essen, ich bin so hungrig."

Mitunter werden in prädikativer Funktion *nur Kurzformen* von Qualitätsadjektiven verwendet (➚ auch **366** f.). **375**
Kurzformen werden gewöhnlich gebraucht, wenn der Geltungsbereich des durch das Adjektiv bezeichneten Merkmals durch ein Objekt oder eine Adverbialbestimmung näher bestimmt (d. h. eingegrenzt) wird; z. B.:

благодарен кому за что:
Я вам очень благодарен (-рна).
— Ich bin Ihnen sehr dankbar.

близок кому (чему), с кем:
Андрей близок матери.
— Andrei steht der Mutter nahe.

В то время я была с ним очень близка.
— Damals war ich mit ihm sehr eng befreundet.

виноват в чём, перед кем (перед чем):
Кто в этом виноват?
— Wer ist daran schuld?

Я очень виноват(-а) перед отцом.
— Ich bin tief in Vaters Schuld.

готов к чему, на что:
Наш корабль был готов к отплытию.
— Unser Schiff war seeklar.

Мы готовы пойти вам навстречу.
— Wir sind bereit, Ihnen entgegenzukommen.

знаком с кем, кому (чему):
Мы знакомы с ним с детства.
— Wir kennen uns von Kindheit an.

Это место мне было знакомо.
— Dieser Ort war mir bekannt.

Das Adjektiv

изве́стен кому́, где:
Вам изве́стен э́тот челове́к? — Kennen Sie diesen Menschen?
Фёдор Достое́вский изве́стен во всём ми́ре. — Fjodor Dostojewski ist in der ganzen Welt bekannt.
похо́ж на кого́ (на что):
Сын о́чень похо́ж на отца́. — Der Sohn ist dem Vater sehr ähnlich.
согла́сен на что, с кем (с чем):
– Согла́сны ли вы на моё предложе́ние? — „Sind Sie mit meinem Vorschlag einverstanden?"
✗ – Согла́сен (-сна). — „Ja."
Я с тобо́й не согла́сен (-сна). — Ich bin mit dir nicht einverstanden.
спосо́бен к чему́, на что:
Де́вочка о́чень спосо́бна к матема́тике. — Das Mädchen ist sehr mathematikbegabt.

Beachte: In Verbindung mit einem Objekt kann auch die Langform eines Qualitätsadjektivs gebraucht werden, um ein ständiges Merkmal auszudrücken, z. B.:
Он со все́ми до́брый. Она́ к лю́дям внима́тельная.

376 Kurzformen werden gebraucht, um das Übermaß einer Eigenschaft auszudrücken (deutsche Wiedergabe: zu …). Häufig in dieser Bedeutung verwendete Adjektive sind:

дли́нен, длинна́, дли́нно; дли́нны – zu lang
ко́роток, -тка́, ко́ротко́; ко́ротки́ – zu kurz
вели́к, велика́, велико́; велики́ – zu groß
мал, мала́, мало́; малы́ – zu klein

широ́к, широка́, широко́; широки́ – zu breit
у́зок, узка́, у́зко; узки́ – zu eng
свобо́ден, -дна, -дно; -дны – zu weit
те́сен, тесна́, те́сно́; тесны́ – zu eng

Beispiele:
Джи́нсы ему́ длинны́. — Die Jeans sind ihm zu lang.
Ю́бка ей свобо́дна. — Der Rock ist ihr zu weit.
Э́та кварти́ра для нас велика́. — Diese Wohnung ist für uns zu groß.
Пробле́ма сли́шком сложна́, что́бы реши́ть её с хо́ду. — Die Fragestellung ist zu kompliziert, um sie nebenbei lösen zu können.
Я стар, что́бы старе́ть, старе́ют то́лько молоды́е. (В. Ключе́вский) — Ich bin zu alt, um zu altern, alt werden nur die Jungen.

377 Kurzformen werden gewöhnlich gebraucht, wenn die Adjektive von Partizipien abgeleitet sind:
О́стров обита́ем ча́йками. — Die Insel wird von Möwen bevölkert.
Го́род стал неузнава́ем. — Die Stadt war nicht wiederzuerkennen.
Мы (бы́ли) обя́заны помо́чь. — Wir sind (waren) verpflichtet zu helfen.
В связи́ с э́тим Вы обя́заны уплати́ть нам штраф за опозда́ние в поста́вке това́ра. *wirt.* — Damit im Zusammenhang sind Sie verpflichtet, uns für die verspätete Warenlieferung eine Geldstrafe zu zahlen.
Он спра́вится, бу́дьте уве́рены. *ugs.* — Er wird es schaffen, seien Sie davon überzeugt (verlassen Sie sich darauf).

378 Kurzformen werden gebraucht, wenn als Subjekt des Satzes э́то, всё oder что auftritt, z. B.:
Э́то ва́жно (интере́сно, необходи́мо). — Das ist wichtig (interessant, unbedingt nötig).
Мне всё я́сно. — Mir ist alles klar.

Согла́сны | Согла́сна сестра́ и брат. — Einverstanden sind Schwester und Bruder.
Zum Numerus eines adjektivischen Prädikatsnomens bei einem mehrteiligen Subjekt ↗ 688.

Die Komparation

Von zahlreichen Qualitätsadjektiven können Steigerungsstufen ausgedrückt werden. Man unterscheidet:
- den *Positiv* (die Grundstufe, auch zum Ausdruck des gleichen Grades einer Eigenschaft),
- den *Komparativ* (die Mehrstufe, zum Ausdruck eines ungleichen Grades),
- den *Superlativ* (die Meiststufe, zum Ausdruck des höchsten oder eines sehr hohen Grades).

Nach der Bildungsweise unterscheidet man im Russischen einfache und zusammengesetzte Formen des Komparativs und des Superlativs, nach ihrem Gebrauch Formen, die (vorwiegend) prädikativ verwendet werden, und Formen, die sowohl attributiv wie auch prädikativ verwendet werden können.

379

Die Steigerungsformen der Adjektive im Überblick

Steigerungs-stufe		(vorwiegend) prädikativer Gebrauch	attributiver und prädikativer Gebrauch	deutscher Gegenwert
Positiv		интере́сен	интере́сный	interessant
Komp.	einf.	интере́снее | -е́й		interessanter
	zus.	бо́лее интере́сен	бо́лее интере́сный	
Superl.	zus.	интере́снее всего́ | всех	са́мый интере́сный	(am) interessantest(en)
	einf.		интере́снейший	sehr interessant

Die Bildung der Komparativformen

Der einfache Komparativ

Der einfache Komparativ wird durch Anfügen des produktiven Suffixes -ee \| -ей oder der unproduktiven Suffixe -е, -ше an den Stamm eines Qualitätsadjektivs gebildet; die Formen sind *unveränderlich*.

380

1. -ee \| -ей wird an den Stamm des Adjektivs angefügt (wenn dieser nicht auf к, г, х oder ст ausgeht, ↗ 380.2). Die Form auf -ee gilt als stilistisch neutral, die Variante -ей tritt in der Umgangssprache und in der Dichtung auf. Z. B.:

ва́жный: важне́е \| важне́й – wichtiger
ве́рный: верне́е \| верне́й
весёлый: веселе́е \| веселе́й
дли́нный: длинне́е \| длинне́й
краси́вый: краси́вее \| краси́вей \| geh. кра́ше
кру́пный: крупне́е \| крупне́й
лю́тый: люте́е \| люте́й
мо́дный: модне́е \| модне́й
о́стрый: остре́е \| остре́й

све́тлый: светле́е \| светле́й
си́льный: сильне́е \| сильне́й
сла́бый: слабе́е \| слабе́й
сло́жный: сложне́е \| сложне́й
счастли́вый: счастли́вее \| счастли́вей
сы́тый: сыте́е \| сыте́й
тёмный: темне́е \| темне́й
тёплый: тепле́е \| тепле́й
у́мный: умне́е \| умне́й
худо́й – hager: худе́е \| худе́й (↗ auch 380.2)

2. **-e** wird an den Stamm des Adjektivs angefügt, wenn dieser auf к, г, х oder ст, z. T. auch auf т oder д ausgeht; dabei tritt Konsonantenwechsel ein: к, (т) : ч; г, (д) : ж; х : ш; ст : щ. Z. B.:

к : ч
ги́бкий: ги́бче
го́рький: го́рче; *übertr.* го́рше
гро́мкий: гро́мче
жа́ркий: жа́рче
жёсткий: жёстче (sprich: ж[о́щ':]е)
кра́ткий: кра́тче
кре́пкий: кре́пче
лёгкий: ле́гче
ме́лкий: ме́льче
мя́гкий: мя́гче
ре́зкий: ре́зче (sprich: ре́[щ':]е)
я́ркий: я́рче
mit Varianten:
бо́йкий: бойче́е | бо́йче
ло́вкий: ловче́е | ло́вче

г : ж
дорого́й: доро́же
стро́гий: стро́же

х : ш
сухо́й: су́ше
ти́хий: ти́ше

ст : щ
просто́й: про́ще
ча́стый: ча́ще
чи́стый: чи́ще

т : ч
бога́тый: бога́че
круто́й: кру́че

д : ж
молодо́й: моло́же
худо́й – schlecht: ху́же (↗ auch 380.1)

Einige Adjektive bilden den einfachen Komparativ ohne das im Positiv enthaltene Suffix -к- bzw. -ок-; es tritt auch Konsonantenwechsel з : ж ein. Z. B.:

бли́зкий: бли́же
высо́кий: вы́ше
га́дкий: га́же
гла́дкий: гла́же
жи́дкий: жи́же

коро́ткий: коро́че
ни́зкий: ни́же
ре́дкий: ре́же
у́зкий: у́же
широ́кий: ши́ре

Isolierte Bildungen:
глубо́кий: глу́бже
по́здний: поздне́е | по́зже (Aussprache ↗ 52)

дешёвый: деше́вле
плохо́й: ху́же

3. **-ше** wird an den Stamm weniger Adjektive angefügt; teilweise sind diese einfachen Komparativformen auch von anderen Wortstämmen gebildet:

большо́й: бо́льше
далёкий: да́льше
до́лгий: до́льше | до́лее
ма́лый, ма́ленький: ме́ньше

ста́рый: ста́рше | старе́е
то́нкий: то́ньше
хоро́ший: лу́чше

381 Neben den unveränderlichen Formen des einfachen Komparativs gibt es folgende *deklinierte Formen* auf -ш-(ий, -ая, -ее; -ие). Die vier Gegensatzpaare weisen teils Komparativ-, teils Superlativbedeutung auf oder sind Bestandteile von Mehrwortbenennungen (↗ 388):

большо́й: бо́льший – größerer
ма́лый, ма́ленький: ме́ньший – kleinerer, geringerer
высо́кий: вы́сший – höherer; höchster, oberster, bester
ни́зкий: ни́зший – niedrigerer, niederer; niedrigster, unterster
хоро́ший: лу́чший – besserer; bester
плохо́й, худо́й: ху́дший – schlechterer, schlimmerer; schlechtester
(молодо́й): мла́дший – jüngerer, (rang)niederer; jüngster, Unter-
    hierzu auch unveränderlicher Komparativ мла́дше (по зва́нию)
(ста́рый): ста́рший – älterer, (rang)höherer; ältester, Ober-
    hierzu auch unveränderlicher Komparativ ста́рше (по зва́нию)

Die *Betonung* der einfachen Komparativformen auf -ee | -ей liegt gewöhnlich auf dem Suffix, **382**
wenn die feminine Kurzform des Adjektivs endungsbetont ist; vgl. z. B.:

Langform Sg. m.	Kurzform Sg. f.	Komparativform
ва́жный:	важна́	важне́е	важне́й
тёмный:	темна́	темне́е	темне́й
aber: здоро́вый:	здоро́ва (!)	здорове́е	здорове́й (!)

Die Betonung aller anderen einfachen Komparativformen liegt auf der Silbe vor dem Suffix:
интере́сный:	интере́сна	интере́снее	интере́сней
далёкий:	(далека́)	да́льше
высо́кий:	(высока́)	вы́сший

Der *Bildungsbereich* der einfachen Komparativ- und Superlativformen ist eingegrenzt; von **383**
mehreren Qualitätsadjektiven werden diese Formen in der Regel nicht gebildet. Hierzu gehören
vor allem die Wörter, die auch keine Kurzformen bilden: ↗ 364.

Der zusammengesetzte Komparativ **384**

Der zusammengesetzte Komparativ wird durch Vorsetzen der unveränderlichen Wörter бо́лее
(zum Ausdruck der Verstärkung eines Merkmals) oder ме́нее (zum Ausdruck der Abschwächung eines Merkmals) vor den Positiv eines Qualitätsadjektivs gebildet; das Adjektiv kann in
der (deklinierten) Lang- und in der Kurzform stehen. Z. B.:
бо́лее ва́жный вопро́с – eine wichtigere Frage;
э́тот вопро́с бо́лее ва́жен – diese Frage ist wichtiger;
(не) ме́нее ва́жная пробле́ма – ein (nicht) weniger wichtiges Problem;
пробле́ма (не) ме́нее важна́ – das Problem ist (nicht) weniger wichtig.

Ein zusammengesetzter Komparativ kann von allen Qualitätsadjektiven gebildet werden. Mitunter gibt es *Varianten* der Formbildung: einfache (unveränderliche) und zusammengesetzte
(veränderliche) Komparativformen. Vgl. z. B.:
ва́жный: важне́е | бо́лее ва́жный (-ая, -ое; -ые) | бо́лее ва́жен (важна́, ва́жно; ва́жны́);
entsprechend про́чный: прочне́е | бо́лее про́чный; высо́кий: вы́ше | бо́лее высо́кий.

Zum Gebrauch der Komparativformen

Der einfache Komparativ

Die Komparativformen auf -ee | -ей, -e, -ше werden *vorwiegend prädikativ* gebraucht, z. B.: **385**

– Старики́ мудре́е молоды́х, – сказа́л   – „Die Alten sind klüger als die Jungen",
Сла́вик.   sagte Slawik.
– Старики́ ста́рше молоды́х, – сказа́л   „Die Alten sind älter als die Jungen", sagte
Алекса́ндр. (Ток.)   Alexander.
У́гол α бо́льше угла́ β.   – Winkel α ist größer als Winkel β.
Вода́ ста́ла тепле́е.   – Das Wasser wurde wärmer (erwärmte sich).
Никогда́ не позволя́й ситуа́ции стать   – Lass niemals zu, dass eine Situation dich
вы́ше себя́. (Ток.)   beherrscht.

386 Der durch den Komparativ ausgedrückte Vergleich kann durch verschiedene Wörter verstärkt werden:

Разгово́р станови́лся всё интере́сней.	– Das Gespräch wurde immer interessanter.
Э́тот сни́мок получи́лся ещё контра́стнее.	– Diese Aufnahme ist noch schärfer geworden.
Э́то гора́здо ле́гче.	– Das ist weitaus leichter.

Beachte: как мо́жно ..., как нельзя́ ..., по возмо́жности ... – *so ... wie möglich* werden im Russischen mit dem Komparativ des Adjektivs bzw. Adverbs (im Deutschen dagegen mit dem Positiv) verbunden.

Э́то как нельзя́ лу́чше.	– Das ist so gut wie nur möglich (könnte nicht besser sein).
Приезжа́й как мо́жно скоре́е (*Adv.*).	– Komm so bald wie möglich.

Der Vergleich kann auch durch bestimmte Wörter oder durch die Präfigierung der einfachen Komparativform mit по- etwas abgeschwächt werden:

Он немно́го моло́же меня́.	– Er ist etwas jünger als ich.
Одно́ ле́звие побо́льше, друго́е – поме́ньше. (Солов.)	– Die eine Klinge ist etwas größer, die andere etwas kleiner.

387 Einfache unveränderliche Komparativformen werden – vor allem in mündlicher Rede – *gelegentlich auch attributiv* gebraucht; sie sind dann dem Substantiv, auf das sie sich beziehen, nachgestellt. Durch das Präfix по- kann der Vergleich etwas abgeschwächt werden. Z. B.:

Я не по́мню ве́чера прекра́снее, чем э́тот.	– Ich kann mich an keinen schöneren Abend als diesen erinnern.
Да́йте мне кни́гу поинтере́снее.	– Geben Sie mir ein etwas interessanteres Buch.

388 Die einfachen deklinierten Komparativformen auf -ш-(ий) werden in *attributiver* Funktion verwendet; sie weisen teils Komparativ-, teils Superlativbedeutung auf oder sind Bestandteile von Mehrwortbenennungen. Z. B.:

Оди́н (ребёнок) был побо́льше, а друго́й – поме́ньше, и бо́льший, взяв за́ руку ме́ньшего, бы́стро увлека́л его́ за собо́ю. (Плат.)	– Das eine Kind war etwas größer, das andere etwas kleiner; das größere hatte das kleinere an die Hand genommen und zog es schnell hinter sich her.

Beispiele für gebräuchliche Wortgruppen:
бо́льшая (ме́ньшая) часть – der größere (kleinere) Teil
бо́льшей ча́стью – größtenteils, meistens
са́мое бо́льшее (ме́ньшее) – höchstens (wenigstens)
ме́ньшее зло – das kleinere Übel
по ме́ньшей ме́ре – mindestens
вы́сшая матема́тика – höhere Mathematik
вы́сшая не́рвная де́ятельность – höhere Nerventätigkeit
вы́сшее образова́ние – Hochschulbildung
вы́сший сорт – Spitzenqualität, erste Wahl
в вы́сшей сте́пени – in höchstem Grade
ни́зшие органи́змы – niedere Organismen
в лу́чшем (ху́дшем) слу́чае – bestenfalls (schlimmstenfalls)
мла́дший (ста́рший) брат – der jüngere (ältere) Bruder
студе́нты ста́рших ку́рсов – Studenten der höheren Semester
ста́рший врач – Oberarzt
мла́дший (ста́рший) лейтена́нт – Unterleutnant (Oberleutnant)

Der zusammengesetzte Komparativ

Die mit более oder менее zusammengesetzten Langformen werden sowohl attributiv wie auch prädikativ, die Kurzformen nur prädikativ gebraucht. **389**

Zur Übereinstimmung der Lang- und der Kurzformen mit ihrem Bezugswort ↗ 371, 373.

Beispiele für attributiven Gebrauch:

Сего́дня был бо́лее тёплый день, чем вчера́.	– Heute war ein wärmerer Tag als gestern.
Он прие́хал с бо́лее ра́нним по́ездом.	– Er kam mit einem früheren Zug.
На пло́щади слы́шались ещё бо́лее гро́мкие кри́ки.	– Auf dem Platz waren noch lautere Rufe zu hören.
На э́том предприя́тии сейча́с применя́ются бо́лее эффекти́вные ме́тоды организа́ции труда́.	– In diesem Betrieb werden jetzt effektivere Methoden der Arbeitsorganisation genutzt.

Beispiele für prädikativen Gebrauch:

Дере́вья там бо́лее высо́кие, чем у нас в па́рке.	– Die Bäume sind dort höher als bei uns im Park.
Э́тот ме́тод счита́ется бо́лее эффекти́вным, чем други́е.	– Diese Methode wird für effektiver als andere gehalten.
Не ме́нее ва́жен (*Kurzf.!*) вопро́с о социа́льном положе́нии крестья́н.	– Nicht weniger bedeutsam ist die Frage nach der sozialen Lage der Bauern.

Im Deutschen können Komparativformen auch gebraucht werden, um gegenüber dem Positiv **390** nicht einen höheren, sondern einen geringeren Grad der benannten Eigenschaft auszudrücken; derartige „unechte" Komparative werden im Russischen gewöhnlich durch lexikalische Mittel wiedergegeben. Vgl. z. B.:
ein älterer Mensch (nicht mehr jung, aber auch noch nicht alt) – немолодо́й челове́к;
eine kleinere Erzählung – небольшо́й расска́з;
eine größere Summe – доста́точно значи́тельная су́мма.

„als" beim Komparativ **391**

Deutschem „als" beim Komparativ entspricht im Russischen
– der Genitiv des Vergleichs (↗ 636), der vorwiegend bei einfachen Komparativformen steht,
– die Konjunktion чем in Verbindung mit dem Nominativ des Vergleichs oder mit einem Nebensatz; diese Konstruktion steht bei zusammengesetzten wie auch bei einfachen Komparativformen. Vor чем wird stets ein Komma gesetzt. Vgl. z. B.:

Во́лга длинне́е Днепра́.	– ... als der Dnepr.
Старики́ мудре́е молоды́х.	– ... als die Jungen.
У́гол α бо́льше угла́ β.	– ... als Winkel β.
Он немно́го моло́же меня́.	– ... als ich.
Я не по́мню ве́чера прекра́снее, чем э́тот.	– ... als diesen.
Зада́ча оказа́лась про́ще, чем мы ду́мали.	– ..., als wir gedacht hatten.
Э́тот ме́тод счита́ется бо́лее эффекти́вным, чем други́е.	– ... als andere.
эффекти́внее други́х (эффекти́внее, чем други́е).	

Das Adjektiv

Die Bildung der Superlativformen

Der einfache Superlativ

392 Der einfache Superlativ wird durch Anfügen des Suffixes -ейш-(ий, -ая, -ее; -ие) oder -айш-(ий, -ая, -ее; -ие) an den Stamm eines Qualitätsadjektivs gebildet. -айш-(ий) wird angefügt, wenn der Stamm auf к, г oder х ausgeht; dabei tritt Konsonantenwechsel ein: к : ч, г : ж, х : ш.
Diese einfachen Formen werden nach dem Haupttyp der Adjektivdeklination gebeugt, z. B.:

-ейш-(ий)
богáтый: богатéйший – der reichste
быстрый: быстрéйший
вáжный: важнéйший
глáвный: главнéйший
интерéсный: интереснéйший
крýпный: крупнéйший

мáлый: малéйший
нóвый: новéйший
сильный: сильнéйший
счастливый: счастливейший
тяжёлый: тяжелéйший
ýмный: умнéйший

-айш-(ий)
великий: величáйший
высóкий: высочáйший
глубóкий: глубочáйший
крáткий, корóткий: кратчáйший
Besondere Bildungen:
близкий: ближáйший (Ausfall von -к-)
низкий: нижáйший

лёгкий: легчáйший
стрóгий: строжáйший
тихий: тишáйший
ширóкий: широчáйший

тяжкий: тягчáйший

-ш-(ий): Hierzu ↗ 381.

Die Bedeutung des Superlativs kann noch verstärkt werden durch
– Präfigierung mit наи-: aller-, z. B.:
наибóльший – der allergrößte, наимéньший, наивысший, наилýчший; наиэлегáнтнейший *ugs.*, наимоднéйший *ugs.*;

– Zusammensetzung mit сáмый (-ая, -ое; -ые) (vornehmlich in der Umgangssprache), z. B.: сáмый лýчший, сáмый кратчáйший *ugs.*, сáмый новéйший (auch: самоновéйший) *ugs.*

393 Die *Betonung* der Superlativformen auf -ейш-(ий) liegt auf dem Suffix, wenn der entsprechende einfache Komparativ auf betontes -ée | -éй oder auf -e gebildet wird; sonst stimmt die Betonung mit der des Positivs überein. Z. B.:

Langform *Sg. m.*	einfache Komparativform	einfache Superlativform *Sg. m.*
быстрый:	быстрée	быстрéйший
богáтый:	богáче	богатéйший
интерéсный:	интерéснее	интереснéйший

Die Formen auf -áйш-(ий) sind stets auf dem Suffix betont; vgl. z. B.:
крéпкий: (крéпче) крепчáйший

394 Der *Bildungsbereich* der einfachen Superlativformen ist – ebenso wie derjenige der einfachen Komparativformen – eingegrenzt: Von mehreren Qualitätsadjektiven werden diese Formen in der Regel nicht gebildet (↗ 364).

Der zusammengesetzte Superlativ

Es sind zwei Bildeweisen des zusammengesetzten Superlativs zu unterscheiden.

1. Ein zusammengesetzter Superlativ wird durch Vorsetzen von са́мый (-ая, -ое; -ые) vor den Positiv eines Qualitätsadjektivs gebildet; са́мый stimmt mit der Langform in Genus, Numerus und Kasus überein. Beide Teile der zusammengesetzten Form werden dekliniert. Z. B.:
са́мая высо́кая гора́ (Кавка́за) – der höchste Berg (des Kaukasus);
са́мое актуа́льное интервью́ – das aktuellste Interview.

In der Schriftsprache treten auch Formen auf, die durch Vorsetzen der unveränderlichen Wörter наибо́лее (zum Ausdruck des höchsten Grades eines Merkmals) oder наиме́нее (zum Ausdruck des geringsten Grades) vor den Positiv eines Adjektivs gebildet werden; das Adjektiv kann in der Lang- und in der Kurzform stehen. Z. B.:
наибо́лее ва́жный вопро́с – die (aller)wichtigste Frage; наиме́нее уда́чный вы́ход из положе́ния – der am wenigsten geeignete (der ungünstigste) Ausweg aus einer (der) Lage.

2. Ein zusammengesetzter Superlativ wird durch die Verbindung des einfachen unveränderlichen Komparativs (auf -ee | -ей, -е, -ше) mit dem Genitiv des Vergleichs всего́ (in der Bedeutung: чем всё) oder всех (in der Bedeutung: чем все) gebildet. Z. B.:
важне́е всего́ – (etwas ist) am wichtigsten; интере́снее всего́ – (ist) am interessantesten; умне́е всех – (jemand ist) am klügsten; моло́же всех – (ist) am jüngsten.

Zum Gebrauch der Superlativformen

Der einfache Superlativ

Die deklinierten Superlativformen auf -ейш-(ий), -а́йш-(ий) und -ш-(ий) werden *vorwiegend in attributiver Funktion* verwendet; sie bezeichnen mitunter den höchsten Grad, häufiger einen sehr hohen Grad eines Merkmals (im letzteren Fall Wiedergabe im Deutschen durch Gradadverbien wie z. B. *sehr, ganz, außerordentlich, äußerst* in Verbindung mit dem Positiv).

Beispiele zur Bezeichnung des *höchsten* Grades:

Ла́дожское о́зеро – велича́йшее о́зеро в Евро́пе.	– Der Ladogasee ist der größte See Europas.
Важне́йшие города́ Росси́йской Федера́ции – Москва́ и Санкт-Петербу́рг.	– Die bedeutendsten Städte der Russischen Föderation sind Moskau und Sankt Petersburg.

Beispiele zur Bezeichnung eines *sehr hohen* Grades:

К моему́ велича́йшему изумле́нию ...	– Zu meiner größten Verwunderung ...
Ива́н Петро́вич Па́влов был крупне́йшим учёным.	– Iwan Petrowitsch Pawlow war ein sehr | außerordentlich bedeutender Gelehrter (*nicht:* der bedeutendste Gelehrte).
Когда́ спроси́ли у Бро́дского о состоя́нии совреме́нной ру́сской поэ́зии, он отве́тил, что она́ нахо́дится на высоча́йшем у́ровне. (Шкляр.)	– Als man Brodski nach dem Zustand der modernen russischen Dichtung fragte, antwortete er, dass sie sich auf einem sehr | äußerst hohen Niveau befände (*nicht:* auf dem höchsten Niveau).

398 Ein sehr hoher Grad eines Merkmals kann auch durch die Präfigierung von Adjektiven ausgedrückt werden; hierzu ↗ 856.

Der zusammengesetzte Superlativ

399 Die mit са́мый (schriftsprachlich auch mit наибо́лее, наиме́нее) zusammengesetzten deklinierten Superlativformen werden *vorwiegend in attributiver*, aber auch in prädikativer *Funktion* gebraucht; sie bezeichnen – in Abhängigkeit vom Textzusammenhang – häufig den höchsten, gelegentlich aber auch einen sehr hohen Grad eines Merkmals.

Beispiele zur Bezeichnung des *höchsten* Grades:

Во́лга – <u>са́мая дли́нная</u> река́ в Евро́пе.	– Die Wolga ist der längste Fluss Europas.
Был коне́ц ноября́ – <u>са́мое гру́стное</u> вре́мя в дере́вне. (Плат.)	– Es war Ende November, die traurigste Zeit auf dem Lande.
<u>Са́мая отврати́тельная</u> кра́йность – самоуниже́ние. (Шкляр.)	– Das widerwärtigste Extrem ist die Selbsterniedrigung.

Beispiele zur Bezeichnung eines *sehr hohen* Grades:

Э́ти оши́бки <u>наибо́лее типи́чны</u> для начина́ющих.	– Diese Fehler sind äußerst charakteristisch für Anfänger.
Путь был <u>са́мый ужа́сный</u>. Откры́тая степь, без воды́…	– Die Reise war ganz fürchterlich. Rundherum nur Steppe, kein Wasser…

400 Die Superlativformen mit всего́ oder всех werden *ausschließlich prädikativ* gebraucht:

И́ра <u>умне́е всех</u>.	– Ira ist am klügsten	die Klügste (von allen).
Во́ва был <u>моло́же всех</u>.	– Wowa war am jüngsten	der Jüngste.
<u>Интере́снее всего́</u> во вре́мя путеше́ствия была́ пое́здка на о́зеро Байка́л.	– Am interessantesten während der Reise war die Fahrt zum Baikalsee.

401 Der Übergang von Adjektiven zu Substantiven

Adjektive können zu Substantiven werden:
– Sie bezeichnen dann *Gegenstände* (im weitesten Sinne des Wortes).

– Sie nehmen (im Singular) ein *eigenständiges Genus* an und werden wie die (diesem Genus entsprechende) Adjektivform dekliniert.

– Sie können in allen *Funktionen eines Substantivs* (↗ 266) verwendet und – wie andere Substantive – durch Attribute näher bestimmt werden. Vgl.:

Adjektiv	Substantiv
знако́мый, -ая, -ое; -ые – bekannt, vertraut	знако́мый *m., G. Sg.* -ого – (ein) Bekannter
	знако́мая *f., G. Sg.* -ой – (eine) Bekannte
знако́мый по́черк, знако́мая мело́дия; Мы знако́мы с де́тских лет.	мой знако́мый, моя́ да́вняя знако́мая; Я встре́тил(-а) знако́мого (знако́мую).
живо́тный, -ая, -ое; -ые – tierisch, Tier- живо́тный органи́зм, живо́тная пи́ща	живо́тное *n., G. Sg.* -ого – (ein) Tier дома́шнее живо́тное, хи́щное живо́тное
лёгкий, -ая, -ое; -ие – leicht лёгкий за́втрак, лёгкое вино́	лёгкие *Pl., G. Pl.* -их – (die) Lunge обсле́довать (*v./uv.*) лёгкие

Das Zahlwort

Zu Wortbedeutung, Wort- und Formbildung

> Die Zahlwörter (Numeralien) bezeichnen:
> – eine Zahl oder (in Verbindung mit Substantiven) eine bestimmte Anzahl von Gegenständen: *Grundzahlwörter*;
> – den Bruchteil einer ganzen Zahl oder (in Verbindung mit Substantiven) einen bestimmten Teil eines Gegenstandes: *Bruchzahlwörter*;
> – einen bestimmten Platz innerhalb einer Reihe von Gegenständen: *Ordnungszahlwörter*;
> – in Verbindung mit Substantiven eine unbestimmte Anzahl von Gegenständen: *unbestimmte Zahlwörter*.

402

In Hinsicht auf die *Wortbildung* (↗ 70) lassen sich unterscheiden:
– einfache Zahlwörter, z. B.: оди́н, пять, сто, ты́сяча;
– abgeleitete Zahlwörter, z. B. mithilfe der Suffixe -надцать-, -дцать-, -о[j]-, -ер-: двена́дцать, три́дцать, дво́е, пя́теро;
– zusammengesetzte Zahlwörter, z. B.: пятьдеся́т, восемьсо́т;
– mehrgliedrige Zahlwörter, z. B.:
  сто два́дцать пять, две ты́сячи, две пя́тых, сто два́дцать пя́тый.

Von Zahlwörtern werden Wörter anderer Wortarten abgeleitet, z. B.:
– Substantive:	едини́ца	дво́йка	тро́йка	пятёрка	со́тня
– Adverbien (↗ 505):	одна́жды	два́жды	три́жды	пя́тью	–
	—	вдвоём	втроём	впятеро́м	–
– Schaltwörter (↗ 537):	во-пе́рвых	во-вторы́х	в-тре́тьих	в-пя́тых	–

Die Zahlwörter werden dekliniert:
– Die meisten *Grundzahlwörter* und die *unbestimmten Zahlwörter* werden nur nach dem Kasus (nicht nach Genus oder Numerus) abgewandelt.
  In Verbindung mit einem Substantiv bestimmt das Grundzahlwort teilweise den Kasus des Substantivs, teilweise stimmt es mit seinem Substantiv im Kasus überein. Gleiches gilt für die Verbindung eines unbestimmten Zahlwortes mit seinem Bezugswort.
  In der Gegenwartssprache sind – insbesondere im mündlichen Sprachgebrauch – Tendenzen einer gewissen Vereinfachung des Deklinationssystems der Grundzahlwörter zu erkennen.

– Die *Ordnungszahlwörter* stimmen – wie die Langformen der Adjektive – mit ihrem Substantiv in Genus, Numerus und Kasus überein.

403 Die Zahlwörter im Überblick (Beispiele)

Grundzahlwörter (Frage: сколько?)	один *m.* одна *f.* одно *n.* одни *Pl.*	два *m., n.* две *f.*	три	пять	сто
Sammelzahlwörter[1]	—	двое	трое	пятеро	—
Bruchzahlwörter	—	(одна) вторая	(две) третьих	(три) пятых	(семь) сотых
Ordnungszahlwörter (Frage: который?)	первый *m.* первая *f.* первое *n.* первые *Pl.*	второй *m.* вторая *f.* второе *n.* вторые *Pl.*	третий *m.* третья *f.* третье *n.* третьи *Pl.*	пятый *m.* пятая *f.* пятое *n.* пятые *Pl.*	сотый *m.* сотая *f.* сотое *n.* сотые *Pl.*
Unbestimmte Zahlwörter	сколько? сколько-то сколько-нибудь	столько столько-то	несколько	много немного	мало немало

[1] Sammelzahlwörter werden als eine besondere Gruppe der Grundzahlwörter behandelt.

Zu den mit пол- zusammengesetzten Substantiven ↗ 322 ff.

Die Grundzahlwörter

404

0 – ноль *m.* | нуль *m.*

1 – один, одна, одно[1]	11 – одиннадцать[2]	10 – десять	100 – сто
2 – два *m., n.*, две *f.*	12 – двенадцать	20 – двадцать	200 – двести
3 – три	13 – тринадцать	30 – тридцать	300 – триста
4 – четыре	14 – четырнадцать[2]	40 – сорок	400 – четыреста
5 – пять	15 – пятнадцать	50 – пятьдесят	500 – пятьсот
6 – шесть	16 – шестнадцать	60 – шестьдесят	600 – шестьсот
7 – семь	17 – семнадцать	70 – семьдесят[2]	700 – семьсот
8 – восемь	18 – восемнадцать	80 – восемьдесят[2]	800 – восемьсот
9 – девять	19 – девятнадцать	90 – девяносто	900 – девятьсот

1 1/2 – полтора *m., n.*, полторы *f.*   150 – полтораста

1 000 – тысяча *f.*	1 000 000 – миллион *m.*	1 000 000 000 – миллиард *m.*[3]
2 000 – две тысячи	2 000 000 – два миллиона	2 000 000 000 – два миллиарда
5 000 – пять тысяч	5 000 000 – пять миллионов	5 000 000 000 – пять миллиардов

[1] Zur Bezeichnung des ersten Elements einer Zahlenreihe wird oft das nichtdeklinierte раз verwendet, z. B.: раз, два, три, …

[2] Achte auf die Betonung von
– одиннадцать und четырнадцать gegenüber двенадцать, тринадцать u. a.,
– von семьдесят und восемьдесят gegenüber пятьдесят und шестьдесят.

[3] Im russischen Sprachgebrauch sind миллиард *m.* und биллион *m.* bedeutungsgleich: 10^9; vgl. demgegenüber im Deutschen das Wort Billion: 10^{12} (russisch: триллион).

Die Grundzahlwörter

Abgeleitete Grundzahlwörter sind: 11 – 19 (gebildet mit dem Suffix -надцать-), 20 und 30 **405**
(gebildet mit dem Suffix -дцать-).

Aus zwei Wortstämmen zusammengesetzte Grundzahlwörter sind: 50 – 80, 200 – 900.

Mehrgliedrige Zahlwörter werden durch Aneinanderreihung zweier oder mehrerer Bestand- **406**
teile gebildet; diese Bestandteile werden getrennt geschrieben. Die Reihenfolge der Bestand-
teile ist (zum Unterschied vom Deutschen) stets: *Zehner – Einer*. Vgl. z. B.:

    31 (*einunddreißig*)   – три́дцать оди́н (одна́, одно́)
   365 (*dreihundertfünfundsechzig*) – три́ста шестьдеся́т пять
 25 000 (*fünfundzwanzig*tausend)   – два́дцать пять ты́сяч
82 000 000 (*zweiundachtzig* Millionen) – во́семьдесят два миллио́на

Die Deklination der Grundzahlwörter

Viele Grundzahlwörter werden wie Substantive, einige wie Pronomen, einzelne unregelmäßig **407**
dekliniert. Zusammengesetzte Zahlwörter (пятьдеся́т ... во́семьдесят, две́сти ... девятьсо́т)
werden in beiden Bestandteilen abgewandelt.
Nach dem Genus werden nur оди́н, одна́, одно́ und, begrenzt auf den Nominativ (Akkusa-
tiv), два, две sowie полтора́, полторы́ unterschieden, nach dem Numerus die Wörter ты́сяча,
миллио́н, миллиа́рд | биллио́н.

Das Zahlwort оди́н   **408**

Оди́н wird wie das Pronomen э́тот (↗ 465) dekliniert; es ist in allen Formen endungsbetont.

N.	оди́н *m.*	одно́ *n.*	одна́ *f.*	одни́ *Pl.*
G.	одного́[1]		одно́й	одни́х
D.	одному́		одно́й	одни́м
A.	*wie N. o. G.*[2]	одно́	одну́	*wie N. o. G.*[2]
I.	одни́м		одно́й	одни́ми
P.	об одно́м		об одно́й	об одни́х

[1] In dieser Form wird г wie [в] gesprochen (↗ 53).
[2] Für den Akkusativ Singular und Plural gilt sinngemäß das für Adjektive Gesagte (↗ 349); beachte die femini-
ne Form des Singulars auf -у.

Die Zahlwörter два, три, четы́ре   **409**

N.	два *m., n.*	две *f.*	три	четы́ре
G.	двух		трёх	четырёх
D.	двум		трём	четырём
A.	*wie N. o. G.*	две	*wie N. o. G.*	*wie N. o. G.*
I.	двумя́		тремя́	четырьмя́
P.	о двух		о трёх	о четырёх

410 Die Zahlwörter пять … двáдцать, трúдцать; пятьдесýт … вóсемьдесят

Пять … двáдцать, трúдцать werden nach der III. Deklination der Substantive gebeugt – siehe Musterwort пять. Dabei liegt die Betonung von пять … дéсять sowie двáдцать, трúдцать in allen abhängigen Kasus auf der Endung, die von одúннадцать … девятнáдцать auf dem Stamm.

Пятьдесýт … вóсемьдесят haben im Nominativ und Akkusativ Stammauslaut auf harten, in den anderen Kasus Stammauslaut auf weichen Konsonanten. Sie werden in beiden Bestandteilen nach der III. Deklination gebeugt – siehe Musterwort пятьдесýт. Die Betonung liegt in allen abhängigen Kasus auf der Endung des ersten Bestandteiles.

N.	пять	вóсемь	пятьдесýт	вóсемьдесят
G.	пятú	восьмú	пятúдесяти	восьмúдесяти
D.	пятú	восьмú	пятúдесяти	восьмúдесяти
A.	пять	вóсемь	пятьдесýт	вóсемьдесят
I.	пятью́	восьмью́ | ugs. вóсьмью	пятью́десятью¹	восьмью́десятью | ugs. восьмью́десятью
P.	о пятú	о восьмú	о пятúдесяти	о восьмúдесяти

¹ Umgangssprachlich werden im Instrumental der Zahlwörter пятьдесýт … вóсемьдесят auch die Formen пятúдесятью … восьмúдесятью verwendet.

411 Die Zahlwörter сóрок, девянóсто, сто; полторá, полторáста

Сóрок, девянóсто, сто sowie полторá, полторáста haben jeweils nur zwei unterschiedliche Kasusformen; полторá weist im Nominativ und Akkusativ Genusunterscheidung auf.

N., A.	сóрок	девянóсто¹	сто	полторá *m., n.*	полторы́ *f.*	полторáста
G., D., I., P.	сорокá	девянóста	ста	полýтора		полýтораста

¹ In der gesprochenen Sprache weist девянóсто keine Unterscheidung nach dem Kasus auf; die Aussprache lautet stets девянóст[ə].

412 Die Zahlwörter двéсти … девятьсóт

Двéсти … девятьсóт werden in beiden Bestandteilen dekliniert, der zweite mit dem Stamm ст- wie ein Substantiv im Plural. Das Musterwort пятьсóт steht für die folgenden Hunderter bis девятьсóт. Der Hauptton liegt in allen abhängigen Kasus auf dem zweiten Bestandteil.

N.	двéсти	трúста	четы́реста	пятьсóт
G.	двухсóт	трёхсóт	четырёхсóт	пятисóт
D.	двумстáм	трёмстáм	четырёмстáм	пятистáм
A.	двéсти	трúста	четы́реста	пятьсóт
I.	двумястáми	тремястáми	четырьмястáми	пятьюстáми¹
P.	о двухстáх	о трёхстáх	о четырёхстáх	о пятистáх

¹ Umgangssprachlich werden im Instrumental der Zahlwörter пятьсóт … девятьсóт auch die Formen пятистáми … девятистáми verwendet.

Die Zahlwörter тысяча, миллион, миллиард; ноль   413

Das Zahlwort тысяча wird wie ein Substantiv der II. Deklination, die Wörter миллион und миллиард werden wie Substantive der I. Deklination gebeugt; sie bilden Singular- und Pluralformen. Der Instrumental Singular von тысяча lautet тысячью | тысячей.

Das Zahlwort ноль *m.* | нуль *m.* wird ebenfalls wie ein Substantiv der I. Deklination abgewandelt; in den abhängigen Kasus ist das Wort endungsbetont; z. B.:
ноль градусов, 20 градусов ниже (выше) нуля.

Mehrgliedrige Grundzahlwörter   414

Bei der Deklination eines mehrgliedrigen Grundzahlwortes (in der Schrift gewöhnlich durch Ziffern wiedergegeben) wird jeder einzelne Bestandteil gebeugt, z. B.:

5633 (метра):							
N.	пять	тысяч	шестьсот	тридцать	три	(метра)
G.	пяти	тысяч	шестисот	тридцати	трёх	(метров)
D.	пяти	тысячам	шестистам	тридцати	трём	(метрам)
A.	пять	тысяч	шестьсот	тридцать	три	(метра)
I.	пятью	тысячами	шестьюстами	тридцатью	тремя	(метрами)
P.	о пяти	тысячах	шестистах	тридцати	трёх	(метрах)

In der mündlichen Gegenwartssprache sind Tendenzen zur Vereinfachung der Deklination mehrgliedriger Zahlwörter zu beobachten: Häufig wird nur der erste und der letzte oder nur der letzte Bestandteil gebeugt, z. B.: около пяти тысяч шестьсот тридцать трёх (метров). Diese Verwendungsweise entspricht allerdings nicht strenger literarischer Norm.

Zum Gebrauch der Grundzahlwörter

Die Wortgruppe „Grundzahlwort (+ Adjektiv) + Substantiv"

Das Zahlwort один   415

Das Zahlwort один stimmt – wie auch ein zusätzliches adjektivisches Attribut – mit seinem Substantiv in Genus, Numerus (Singular) und Kasus überein.

Für den Akkusativ der Wortgruppe gilt:
– Er ist dem Genitiv gleich, wenn das betreffende Substantiv der I. Deklination belebt ist;
– er ist dem Nominativ gleich, wenn das Substantiv der I. Deklination unbelebt ist (vgl. 289).

Vgl. z. B.: один процент, одна минута, одна новая книга, одно большое здание; проэкзаменовать (*v.*) одного студента (одну студентку); купить (*v.*) в киоске один журнал и две газеты (одну бутылку красного вина и две бутылки минеральной воды).

In gleicher Weise kongruiert один als Bestandteil eines *mehrgliedrigen Zahlwortes* mit seinem Substantiv (achte auf den unterschiedlichen Numerus im Deutschen), z. B.:
двести сорок один ученик – 241 Schüler, пятьдесят одна книга – 51 Bücher; шестьдесят один двухместный номер (в гостинице) – 61 Doppelzimmer; проэкзаменовать (*v.*) тридцать одного студента (тридцать одну студентку); находиться в двадцати одном километре от деревни.

Beachte:
- Pluralformen des Zahlwortes оди́н stehen nur in Verbindung mit einem Substantiv, das ausschließlich im Plural gebräuchlich ist, z. B.:
  одни́ но́жницы – eine Schere, одни́ су́тки – 24 Stunden, два́дцать одни́ су́тки – 21 Tage und Nächte.

- Оди́н kann auch gebraucht werden als
  • Adjektiv in der Bedeutung *allein* oder *ausschließlich, nur*:
  Он уже́ давно́ живёт оди́н. В гру́ппе одни́ ма́льчики.
  • Indefinitpronomen in der Bedeutung *ein, ein gewisser*:
  Был у меня́ оди́н друг, с кото́рым я учи́лся (-лась) вме́сте в шко́ле.
  • Demonstrativpronomen in der Bedeutung *ein und derselbe*:
  Мы живём с ним в одно́м до́ме.

416 Die Zahlwörter два, три, четы́ре; полтора́

Nach dem Nominativ der Grundzahlwörter два … четы́ре; полтора́ steht das zugehörige Substantiv im Genitiv Singular; bei два *m., n.*, две *f.* und полтора́ *m., n.*, полторы́ *f.* ist die Übereinstimmung im Genus zu beachten.
Ein zusätzliches adjektivisches Attribut steht
- im Genitiv Plural, wenn das Substantiv ein Maskulinum oder Neutrum ist,
- im Nominativ oder (seltener) im Genitiv Plural, wenn das Substantiv ein Femininum ist.

Für den Akkusativ der Wortgruppe gilt:
- Er ist dem Genitiv gleich, wenn das Substantiv belebt ist,
- er ist dem Nominativ gleich, wenn das Substantiv unbelebt ist.

Für alle anderen Kasus der Wortgruppe gilt:
Zahlwort und gegebenenfalls Adjektiv kongruieren mit dem Substantiv im Kasus; dabei stehen Adjektiv und Substantiv im Plural.

Vgl. z. B.: два студе́нта, четы́ре мину́ты, полторы́ то́нны, две но́вые | но́вых кни́ги, два больши́х зда́ния;
проэкзаменова́ть (*v.*) двух студе́нтов (трёх студе́нток);
купи́ть (*v.*) два све́жих журна́ла (две све́жие | све́жих газе́ты);
находи́ться в двух (в четырёх, в полу́тора) киломе́трах от дере́вни.

In gleicher Weise werden Wortgruppen mit einem *mehrgliedrigen Zahlwort* gebildet, dessen letzter Bestandteil два … четы́ре ist.

Beachte jedoch, dass der Akkusativ dieser Wortgruppen in der Regel ihrem Nominativ gleich ist – auch dann, wenn das betreffende Substantiv belebt ist. Z. B.:
две́сти со́рок три ученика́, пятьдеся́т четы́ре но́вые | но́вых кни́ги, шестьдеся́т два двухме́стных но́мера;
проэкзаменова́ть (*v.*) три́дцать два студе́нта (три́дцать три студе́нтки);
подожда́ть (*v.*) два́дцать две мину́ты;
находи́ться в двадцати́ трёх киломе́трах от дере́вни.

Beachte ferner: Ein Substantiv mit Adjektivendungen steht nach dem Nominativ von два … четы́ре im gleichen Kasus wie ein adjektivisches Attribut (vgl. oben), z. B.:

	дежу́рный *m.* – Diensthabender	парикма́херская *f.* – Friseursalon
N.	два дежу́рных	две парикма́херские | парикма́херских
G.	двух дежу́рных	двух парикма́херских

417 Die Zahlwörter пять ... девятьсо́т; полтора́ста

Nach dem Nominativ bzw. dem (mit dem Nominativ übereinstimmenden) Akkusativ der Grundzahlwörter ab пять steht das zugehörige Substantiv und gegebenenfalls das Adjektiv im Genitiv Plural.

Für alle anderen Kasus der Wortgruppe gilt:
Zahlwort und gegebenenfalls Adjektiv kongruieren mit dem Substantiv im Kasus; dabei stehen Adjektiv und Substantiv im Plural.

Vgl. z. B.: пять проце́нтов, двена́дцать мину́т, два́дцать больши́х зда́ний, сто но́вых книг; проэкзаменова́ть (v.) пятьдеся́т студе́нтов (со́рок студе́нток);
купи́ть (v.) де́сять килогра́ммов | килогра́мм карто́феля (две́сти гра́ммов | грамм сы́ра | сы́ру);
находи́ться в четы́рнадцати (в шести́десяти, в пятиста́х, в полу́тораста) киломе́трах от дере́вни.

In gleicher Weise werden Wortgruppen mit einem entsprechenden *mehrgliedrigen Zahlwort* gebildet, z. B.:
со́рок пять проце́нтов, пятьсо́т девяно́сто но́вых книг, шестьдеся́т семь двухме́стных номеро́в;
купи́ть (v.) две́сти пятьдеся́т гра́ммов | грамм колбасы́.

418 Die Zahlwörter ты́сяча, миллио́н, миллиа́рд

Nach allen Kasus der Wörter ты́сяча, миллио́н, миллиа́рд | биллио́н steht das zugehörige Substantiv und gegebenenfalls das Adjektiv im Genitiv Plural, z. B.:
две ты́сячи экземпля́ров но́вой кни́ги, пять миллио́нов рубле́й;
прода́ть (v.) две́сти ты́сяч экземпля́ров газе́ты;
вы́ступить (v.) перед двумя́ ты́сячами студе́нтов университе́та.

Beachte: Steht ты́сяча als Zahlwort im Singular, kann das zugehörige Substantiv in allen abhängigen Kasus mit ihm kongruieren; vgl. z. B.:
Он прие́хал с ты́сячью рубля́ми
(с одно́й ты́сячей рубле́й) в карма́не.   – ... mit 1000 Rubeln in der Tasche ...

419 Die Substantive челове́к und год

Das Substantiv челове́к (Plural: лю́ди) bildet als Bestandteil der Wortgruppe „Grundzahlwort + Substantiv" alle Kasusformen vom Stamm челове́к- (vgl. 297), z. B.:

N.	два челове́ка	*N., A.*	пять челове́к
G., A.	двух челове́к	*G.*	пяти́ челове́к
D.	двум челове́кам	*D.*	пяти́ челове́кам

Der Genitiv Plural des Substantivs год lautet als Bestandteil der Wortgruppe „Grundzahlwort + Substantiv" nicht годо́в, sondern лет:

N., A.	два го́да	*N., A.*	пять лет
G.	двух лет	*G.*	пяти́ лет
D.	двум года́м	*D.*	пяти́ года́м

Als Teil der Wortgruppe „Ordnungszahlwort + Substantiv" ist der Genitiv Plural von год regelmäßig: собы́тия тридца́тых годо́в – die Ereignisse der 30er-Jahre.

Das Zahlwort

Zur Stellung in der Wortgruppe „Grundzahlwort + Substantiv"

420 In der Wortgruppe „Grundzahlwort + Substantiv" steht das Zahlwort, das eine Anzahl exakt angibt, an erster Stelle.
Ein dem Substantiv *nachgestelltes Zahlwort* kennzeichnet eine *ungefähre* Zahlenangabe; vgl.:

Прошло́ пять мину́т.	– ... 5 Minuten.
Прошло́ мину́т пять.	– ... ungefähr 5 Minuten.
Он верну́лся в де́сять часо́в.	– ... um 10 Uhr.
Он верну́лся часо́в в де́сять.	– ... gegen 10 Uhr.

421 Bezieht sich ein *adjektivisches Attribut* auf die gesamte Wortgruppe „Grundzahlwort + Substantiv", steht es vor dieser; dabei stimmt das Adjektiv gewöhnlich mit dem Kasus der *Wortgruppe* überein, z. B.:

ка́ждые де́сять мину́т	– alle 10 Minuten;
по́лные | по́лных полтора́ часа́	– ganze anderthalb Stunden;
за после́дние пять ме́сяцев	– während der letzten fünf Monate.

422 По in Verbindung mit der Wortgruppe „Grundzahlwort + Substantiv"

Nach der Präposition по – *je, jeweils* stehen
– оди́н, ты́сяча ... миллиа́рд stets im Dativ,
– два ... четы́ре, полтора́, девяно́сто, сто ... четы́реста im (mit dem Nominativ übereinstimmenden) Akkusativ,
– пятьсо́т ... девятьсо́т im Genitiv oder (*ugs.*) im Akkusativ,
– alle anderen Grundzahlwörter im Dativ oder (*ugs.*) im Akkusativ.
In der Umgangssprache dominiert also der Akkusativ.

Das Substantiv der Wortgruppe
– stimmt mit оди́н im Kasus überein (steht also im Dativ),
– steht nach два ... четы́ре, полтора́ im Genitiv Singular,
– steht nach allen anderen Substantiven im Genitiv Plural.
Z. B.:

Мать дала́ де́тям	по (одному́) я́блоку.	– ... jedem Kind einen Apfel.
	по две конфе́ты.	– ... jedem Kind zwei Bonbons.
Это бы́ли три гру́ппы по десяти́ (*ugs.* по де́сять) челове́к.		– ... zu je 10 Personen.
Мы получи́ли	по две́сти рубле́й.	– ... jeder 200 Rubel.
	по пятисо́т (*ugs.* по пятьсо́т) рубле́й.	– ... jeder 500 Rubel.

423 Nichtdeklinierte Grundzahlwörter

Steht ein Grundzahlwort (auch in Verbindung mit einem Substantiv) in attributiver Funktion *hinter* dem Substantiv, das es näher bestimmt, so wird dieses Zahlwort in der Regel nicht dekliniert; z. B.:

жить в до́ме № 282	*lies:* ... в до́ме (но́мер) две́сти во́семьдесят два;
прие́хать (*v.*) по́ездом № 68	*lies:* ... по́ездом (но́мер) шестьдеся́т во́семь;
е́хать со ско́ростью 75 км/ч	*lies:* ... со ско́ростью се́мьдесят пять киломе́тров в час.

Zur Kongruenz zwischen dem durch ein Zahlwort oder eine Wortgruppe „Zahlwort + Substantiv" ausgedrückten Subjekt und dem Prädikat ↗ 690.

Die Sammelzahlwörter

			424
2 – дво́е	5 – пя́теро	8 – во́сьмеро	
3 – тро́е	6 – ше́стеро	9 – де́вятеро	
4 – че́тверо	7 – се́меро	10 – де́сятеро	

beide – о́ба *m., n.*, о́бе *f.*

Die Sammelzahlwörter sind eine besondere Gruppe von Grundzahlwörtern, die die entsprechende Zahl bezeichnen und auf die Zusammengehörigkeit der einzelnen Teile verweisen. Ihr Gebrauch (↗ 426) ist eingeschränkt; sie bilden keine mehrgliedrigen Zahlwörter.

Die Deklination der Sammelzahlwörter 425

Die Sammelzahlwörter werden wie Adjektive des Haupttyps im Plural dekliniert, und zwar дво́е, тро́е und о́ба wie Adjektive mit weichem, die anderen wie Adjektive mit hartem Stammauslaut. Nach dem Genus werden nur die Formen von о́ба unterschieden.

N.	дво́е	че́тверо	о́ба *m., n.*	о́бе *f.*
G.	двои́х	четверы́х	обо́их	обе́их
D.	двои́м	четверы́м	обо́им	обе́им
A.	*wie N. o. G.*	*wie N. o. G.*	*wie N. o. G.*	*wie N. o. G.*
I.	двои́ми	четверы́ми	обо́ими	обе́ими
P.	о двои́х	о четверы́х	об обо́их	об обе́их

Zum Gebrauch der Sammelzahlwörter

Der Anwendungsbereich der Sammelzahlwörter 426

Die Sammelzahlwörter дво́е ... де́сятеро können insbesondere verbunden werden
– mit Bezeichnungen männlicher Personen und von Personengruppen (z. B. де́ти *Pl.*, лю́ди *Pl.*, ли́ца *Pl. – Personen*) sowie mit Personalpronomen (мы, вы, они́), z. B.:
дво́е ма́льчиков, тро́е мужчи́н, пя́теро молоды́х люде́й, нас дво́е, их бы́ло тро́е;
– mit Substantiven, die nur im Plural gebraucht werden, z. B.:
очки́ *nur Pl.*: дво́е очко́в – zwei Brillen, но́жницы *nur Pl.*: тро́е но́жниц – drei Scheren, су́тки *nur Pl.*: пя́теро су́ток (häufiger: пять су́ток) – fünf Tage und fünf Nächte;
– mit Substantiven, die paarweise vorkommende Gegenstände bezeichnen, z. B.:
лы́жа: дво́е лыж (häufiger: две па́ры лыж) – zwei Paar Skier (vgl.: две лы́жи – zwei Skier).

Beachte: In Verbindung mit Substantiven, die nur im Plural gebräuchlich sind, kann der Zahlenwert 1 nur durch одни́ *Pl.* (↗ 408) wiedergegeben werden, die Zahlenwerte 2 bis 4 nur durch дво́е, тро́е, че́тверо; von 5 bis 10 sind sowohl die Wörter пять ... wie (seltener) auch die entsprechenden Sammelzahlwörter пя́теро ... möglich.

Das Zahlwort о́ба *m., n.*, о́бе *f.* wird zur Bezeichnung von Personen und von Sachen benutzt, z. B.: о́ба ма́льчика, о́бе де́вочки; о́ба до́ма, о́ба о́кна, о́бе ко́мнаты.

427 Die Wortgruppe „Sammelzahlwort + Substantiv"

Nach dem Nominativ der Sammelzahlwörter двое ... десятеро steht das zugehörige Substantiv im Genitiv Plural, nach оба, обе im Genitiv Singular.
Der Akkusativ der Wortgruppe ist dem Genitiv gleich, wenn das Substantiv belebt ist, und dem Nominativ gleich, wenn das Substantiv unbelebt ist.
In allen anderen Kasus kongruiert das Substantiv (im Plural) mit dem Sammelzahlwort, z. B.:

У меня двое сыновей (oder: ... два сына).	– Ich habe zwei Söhne.
Трое из присутствующих отказались отвечать на этот вопрос.	– Drei der Anwesenden weigerten sich, auf diese Frage zu antworten.
Мы ехали туда четверо суток.	– Wir waren dorthin vier Tage und vier Nächte unterwegs.
Мы пригласили только вас двоих.	– Wir haben nur euch zwei eingeladen.
В гостинице у них был номер на двоих.	– Im Hotel hatten sie ein Doppelzimmer.
Оба брата прекрасные спортсмены.	– Beide Brüder sind ausgezeichnete Sportler.
С обеих сторон деревни поля.	– Zu beiden Seiten des Dorfes liegen Felder.

Beachte: Meist werden die Sammelzahlwörter nur im Nominativ bzw. Akkusativ gebraucht; in den anderen Kasus werden die gewöhnlichen Grundzahlwörter bevorzugt; vgl. z. B.: Мы ехали четверо суток. Aber meist: Мы ехали около четырёх суток.

Die Bruchzahlwörter

428

1/2 – одна вторая
3/4 – три четвёртых
0,1 – ноль (целых) одна десятая
4,5 – четыре (целых) и пять десятых

Die Bildung der Bruchzahlwörter

429 Gemeine Brüche

Bruchzahlwörter werden durch die Verbindung von Grundzahlwörtern (zur Bezeichnung des Zählers) mit substantivierten femininen Ordnungszahlwörtern (zur Bezeichnung des Nenners) gebildet.
Der Zähler 1 wird durch одна, der Zähler 2 durch две ausgedrückt. Одна stimmt mit dem femininen Ordnungszahlwort in Genus, Numerus und Kasus überein; nach две und allen anderen Grundzahlwörtern steht das Ordnungszahlwort im Genitiv Plural.

1/2 – одна вторая
2/3 – две третьих
5/6 – пять шестых
7/25 – семь двадцать пятых

Umgangssprachlich werden für 1/2, 1/3, 1/4 auch половина f., треть f., четверть f. verwendet; половина wird wie ein Substantiv der II. Deklination, треть und четверть wie Substantive der III. Deklination abgewandelt. Z. B.:
1/2 – половина, 2/3 – две трети, 3/4 – три четверти.

Zu Bildung und Deklination der mit пол- zusammengesetzten Substantive ↗ 322 f.

Unechte Brüche

430

Ganze Zahlen werden gewöhnlich mit der erforderlichen Form des Substantivs це́лая *f.* – *(ein) Ganzes* verbunden: одна́ це́лая, две це́лых, пять це́лых.
Für die Bezeichnung des Bruchs gilt das oben Gesagte (↗ 429).

1 1/2 – одна́ це́лая и одна́ втора́я
2 2/3 – две (це́лых) и две тре́тьих
5 5/6 – пять (це́лых) и пять шесты́х

Umgangssprachlich werden für 1/2, 1/3, 1/4 auch полови́на *f.*, треть *f.*, че́тверть *f.* verwendet; sie können mit der Präposition с *mit I.* an die ganze Zahl angefügt werden, z. B.:
7 1/3 – семь (це́лых) и одна́ треть, 3 1/2 – три с полови́ной.
Zu Deklination und Gebrauch von полтора́ *m., n.*, полторы́ *f.* ↗ 411 und 416.

Dezimalbrüche

431

Dezimalbrüche werden wie unechte Brüche benannt:
0,1 – ноль (це́лых) одна́ деся́тая
1,2 – одна́ (це́лая) и две деся́тых
2,5 – две (це́лых) и пять деся́тых
5,75 – пять (це́лых) и се́мьдесят пять со́тых
21,946 – два́дцать одна́ (це́лая) и девятьсо́т со́рок шесть ты́сячных

Zu Deklination und Gebrauch der Bruchzahlwörter

Bruchzahlwörter werden in ihren einzelnen Bestandteilen dekliniert.

432

N.	одна́ втора́я	две тре́тьих	пять шесты́х	две тре́ти
G.	одно́й второ́й	двух тре́тьих	пяти́ шесты́х	двух трете́й
D.	одно́й второ́й	двум тре́тьим	пяти́ шесты́м	двум третя́м
A.	одну́ втору́ю	две тре́тьих	пять шесты́х	две тре́ти
I.	одно́й второ́й	двумя́ тре́тьими	пятью́ шесты́ми	двумя́ третя́ми
P.	об одно́й второ́й	о двух тре́тьих	о пяти́ шесты́х	о двух третя́х

Wird ein Bruchzahlwort mit einem Substantiv verbunden, so steht dieses stets im Genitiv Singular, z. B.:

433

5 3/4 Hektar   – пять и три четвёртых гекта́ра
10,2 Sekunden – де́сять и две деся́тых секу́нды
25,7 Prozent   – два́дцать пять и семь деся́тых проце́нта

Werden in einem unechten Bruch die Zahlenwerte 1/2, 1/4, 1/3 durch с полови́ной, с че́твертью, с тре́тью ausgedrückt, richtet sich der Kasus des betreffenden Substantivs nach der ganzen Zahl, z. B.:
два с полови́ной киломе́тра, пять с полови́ной киломе́тров.

Die Ordnungszahlwörter

434

1. – пе́рвый	11. – оди́ннадцатый	10. – деся́тый	100. – со́тый
2. – второ́й	12. – двена́дцатый	20. – двадца́тый	200. – двухсо́тый
3. – тре́тий	13. – трина́дцатый	30. – тридца́тый	300. – трёхсо́тый
4. – четвёртый	14. – четы́рнадцатый	40. – сороково́й	400. – четырёхсо́тый
5. – пя́тый	15. – пятна́дцатый	50. – пятидеся́тый	500. – пятисо́тый
6. – шесто́й	16. – шестна́дцатый	60. – шестидеся́тый	600. – шестисо́тый
7. – седьмо́й	17. – семна́дцатый	70. – семидеся́тый	700. – семисо́тый
8. – восьмо́й	18. – восемна́дцатый	80. – восьмидеся́тый	800. – восьмисо́тый
9. – девя́тый	19. – девятна́дцатый	90. – девяно́стый	900. – девятисо́тый

1 000. – ты́сячный	25 000. – двадцатипятиты́сячный	
2 000. – двухты́сячный	100 000. – стоты́сячный	
5 000. – пятиты́сячный	200 000. – двухсотты́сячный	
1 000 000. – миллио́нный	2 000 000. – двухмиллио́нный	5 000 000. – пятимиллио́нный

Die nach Genus, Numerus und Kasus veränderlichen Ordnungszahlwörter sind – mit Ausnahme von пе́рвый und второ́й – vom Stamm der Grundzahlwörter (bei zusammengesetzten Grundzahlwörtern vom Stamm des Genitivs) abgeleitet. Besonders zu beachten sind: тре́тий, четвёртый, седьмо́й, сороково́й, со́тый.
Zusammensetzungen mit -ты́сячный und -миллио́нный werden stets mit den Genitivformen der Grundzahlwörter gebildet (Ausnahmen: девяно́сто-, сто-).

435 In mehrgliedrigen Ordnungszahlwörtern hat nur der letzte Bestandteil die Form eines Ordnungszahlwortes; dabei ist die Reihenfolge der Bestandteile – wie bei den Grundzahlwörtern – stets *Zehner – Einer*. Z. B.:

21. – два́дцать пе́рвый
32. – три́дцать второ́й
95. – девяно́сто пя́тый
115. – сто пятна́дцатый
365. – три́ста шестьдеся́т пя́тый
2 500. – две ты́сячи пятисо́тый

Zu Deklination und Gebrauch der Ordnungszahlwörter

436 Die Ordnungszahlwörter werden wie Adjektive des Haupttyps dekliniert (➚ 351); nur das Wort тре́тий wird wie ein Gattungsadjektiv abgewandelt (➚ 355).
Bei mehrgliedrigen Ordnungszahlwörtern wird nur der letzte Bestandteil (der auch die Form eines Ordnungszahlwortes hat) dekliniert; die übrigen Bestandteile werden nicht verändert.

437 Ein Ordnungszahlwort stimmt mit seinem Bezugswort, einem Substantiv, in Genus, Numerus und Kasus überein.
Für den Akkusativ der Wortgruppe gilt:
– Er ist dem Genitiv gleich, wenn das betreffende Substantiv der I. Deklination belebt ist;
– er ist dem Nominativ gleich, wenn das betreffende Substantiv der I. Deklination unbelebt ist.

438 Ordnungszahlwörter werden in schriftlichen Texten häufig durch *Ziffern* wiedergegeben. Nach der Ziffer wird – zum Unterschied vom Deutschen – kein Punkt gesetzt.

Gewöhnlich werden Kasusendungen angedeutet
- durch den letzten Buchstaben des Wortes, wenn der vorletzte ein Vokalbuchstabe ist,
- durch die beiden letzten Buchstaben, wenn der vorletzte ein Konsonantbuchstabe ist.

Grundsätzlich werden jedoch keine Kasusendungen angedeutet, wenn es sich um eine Datumsangabe handelt, wenn das Ordnungszahlwort hinter seinem Bezugswort steht oder wenn es durch römische Ziffern wiedergegeben wird.

Vgl. z. B.:
жить в 50-й (в 63-й) квартире   *lies:* … в пятидесятой (в шестьдесят третьей) квартире
учащиеся 10-го класса   *lies:* … десятого класса
иллюстрация на стр. 25   *lies:* … на странице двадцать пятой
1 января 2000 года   *lies:* первое (oder: первого) января двухтысячного года
Вова родился в 1989 году.   *lies:* … в тысяча девятьсот восемьдесят девятом году.
XXI век   *lies:* двадцать первый век
русская литература
   20-х годов XX века   *lies:* … двадцатых годов двадцатого века

Die unbestimmten Zahlwörter

439

сколько	– wie viel(e)	столько	– so viel(e)
сколько-то	– einige; etwas	столько-то	– so und so viel(e)
сколько-нибудь	– ein paar, ein bisschen		
несколько	– einige, ein paar		

| много | – viel(e) | мало | – wenig(e) |
| немного | – wenig(e); etwas | немало | – nicht wenig(e), recht viel(e) |

Die Deklination der unbestimmten Zahlwörter

440

Die unbestimmten Zahlwörter сколько, сколько-то, сколько-нибудь, столько, столько-то, несколько, много, немного werden wie Adjektive des Haupttyps im Plural dekliniert (↗ 351 f.).
Die Zahlwörter мало, немало werden nur im Nominativ und im gleich lautenden Akkusativ gebraucht.

N.	сколько	многo[1]
G.	скольких	многих
D.	скольким	многим
A.	сколько *unbel.*, скольких	сколько *bel.*[2]	много *unbel.*, многих	много *bel.*[2]
I.	сколькими	многими
P.	о скольких	о многих

[1] Die Deklinationsformen von много stimmen mit den abhängigen Kasus des Adjektivs многие *Pl.* überein.
[2] Zum Akkusativ der deklinierbaren unbestimmten Zahlwörter ↗ 441.

Zum Gebrauch der unbestimmten Zahlwörter

441 Die Wortgruppe „unbestimmtes Zahlwort + Substantiv"

Nach dem Nominativ eines unbestimmten Zahlwortes steht das zugehörige Substantiv im Genitiv Plural oder – wenn es sich um ein nur im Singular gebräuchliches Substantiv handelt – im Genitiv Singular, z. B.:

Прошло́ не́сколько лет.	– Es sind einige Jahre vergangen.
У тебя́ мно́го друзе́й? – Нет, немно́го.	– „Hast du viele Freunde?" „Nein, nicht viele."
В за́ле бы́ло ма́ло зри́телей.	– Im Saal waren wenige Zuschauer.
Ско́лько сейча́с вре́мени?	– Wie spät ist es?

Der Akkusativ der Wortgruppe stimmt mit ihrem Nominativ überein, wenn das Substantiv unbelebt ist. Ist das Substantiv belebt, kann der Akkusativ des unbestimmten Zahlwortes sowohl mit dem Genitiv als auch mit dem Nominativ übereinstimmen (letztere Form gilt in der Gegenwartssprache als gebräuchlicher). Vgl.:

Она́ чита́ла мно́го книг.
Мы пригласи́ли не́скольких друзе́й. Oder: Мы пригласи́ли не́сколько друзе́й.

In allen anderen Kasus kongruiert das Substantiv (im Plural) mit dem unbestimmten Zahlwort, z. B.:

К ско́льким врача́м он обраща́лся – и никто́ не мо́жет ему́ помо́чь.	– An wie viele Ärzte hat er sich gewandt, und keiner kann ihm helfen.
В не́скольких киломе́трах отсю́да больша́я река́.	– In einigen Kilometern Entfernung von hier befindet sich ein großer Fluss.

442 По in Verbindung mit der Wortgruppe „unbestimmtes Zahlwort + Substantiv"

Nach der Präposition по – *je, jeweils* haben die unbestimmten Zahlwörter gewöhnlich die Endung -у; das zugehörige Substantiv steht im Genitiv Plural (oder – bei nur im Singular gebräuchlichen Substantiven – im Genitiv Singular); z. B.:

Ждать пи́сем приходи́лось по мно́гу дней.	– Auf Briefe musste man jeweils viele Tage warten.
Ка́ждому доста́лось по ма́лу конфе́т.	– Jeder bekam (nur) ein paar Bonbons.
По ско́льку | *ugs.* ско́лько рубле́й пришло́сь на ка́ждого в зарпла́ту?	– Wie viel Rubel sind als Arbeitslohn auf jeden entfallen?

Das Pronomen

Zu Wortbedeutung, Formbildung und Funktion im Satz

Die Pronomen im Überblick

Bedeutungs-gruppen	Substantivische Pronomen		Adjektivische Pronomen
Personal-pronomen	я, ты, он, она́, оно́; мы, вы, они́; себя́; друг дру́га		–
Possessiv-pronomen	–		мой, твой, его́, её, наш, ваш, их; свой
Demonstrativ-pronomen	(э́то)		э́тот, тот, сей *alt*; тако́й, таково́й *schr.*; тако́в; сле́дующий
Interrogativ- und Relativ-pronomen	кто,	что[1]	чей; кото́рый, како́й, какого́й *schr.*; како́в
Determinativ-pronomen	(всё; *Pl.* все)		весь, це́лый; сам, са́мый; ка́ждый, вся́кий, вся́ческий *ugs.*; любо́й, друго́й, ино́й
Indefinit-pronomen	кто́-то, кто́-нибудь, кто́-либо, ко́е-кто́, не́кто,	что́-то что́-нибудь что́-либо ко́е-что́ не́что	како́й-то; чей-то како́й-нибудь; чей-нибудь како́й-либо; чей-либо *(alle schr.)* ко́е-како́й не́кий *(alle schr.)* не́который
Negativ-pronomen	никто́, не́кого,	ничто́ не́чего	никако́й; ниче́й

[1] Zu что als Konjunktion ↗ 600.

444 Das Pronomen

444 Pronomen (Fürwörter) verweisen auf Gegenstände im weiten Sinne dieses Wortes oder auf ihre Merkmale; dementsprechend werden *substantivische* und *adjektivische* Pronomen unterschieden.
Pronomen werden dekliniert. Die meisten substantivischen Pronomen werden nach dem Kasus, die meisten adjektivischen Pronomen nach Genus, Numerus und Kasus bestimmt.
Im *Satz* treten substantivische Pronomen in den gleichen Funktionen wie Substantive, adjektivische Pronomen wie Adjektive auf (das heißt, letztere stimmen mit ihrem Bezugswort – in der Regel einem Substantiv – in Genus, Numerus und Kasus überein).

445 Eine Reihe von Pronomen (z. B. ка́ждый, како́й, кото́рый, са́мый) werden wie Adjektive des Haupttyps (↗ 351) dekliniert. Einige Pronomen (z. B. ваш, весь, сам, чей, э́тот) weisen eine gemischte Deklination mit teils adjektivischen, teils (im Nominativ und Akkusativ) substantivischen Endungen auf (↗ auch 354). Einzelne Pronomen (z. B. я, мы, не́кий) bilden besondere Deklinationsformen.
Die Pronomen тако́в, како́в werden ausschließlich prädikativ verwendet und nur nach Genus und Numerus abgewandelt.

Die Personalpronomen

446
я – ich   ты – du   он – er, она́ – sie *Sg.*, оно́ – es
мы – wir вы – ihr, Sie они́ – sie *Pl.*

себя́ *refl.* – sich; mich, dich; uns, euch
друг дру́га – einander, gegenseitig

Die Deklination der Personalpronomen

447 Personalpronomen der 1. und der 2. Person und das Reflexivpronomen себя́

	Singular		Plural		Singular und Plural
	1. Person	2. Person	1. Person	2. Person	alle Personen
N.	я	ты	мы	вы	–
G.	меня́	тебя́[3]	нас	вас	себя́
D.	мне[1]	тебе́[3]	нам	вам	себе́
A.	меня́	тебя́	нас	вас	себя́
I.	мной | мно́ю[1,2]	тобо́й | тобо́ю[2]	на́ми	ва́ми	собо́й | собо́ю[2]
P.	обо мне[1]	о тебе́	о нас	о вас	о себе́

[1] Konsonantisch auslautenden Präpositionen wird vor den Formen мне und мной \| мно́ю ein -о angefügt, z. B.: Вы ко мне? – Möchten Sie zu mir? Он пришёл со мной. Она́ сиди́т передо мной. На́до мной пролете́л самолёт. Die Präposition о nimmt vor мне die Form обо an: Обо мне не беспоко́йтесь.

[2] Die Endungsvarianten мно́ю, тобо́ю, собо́ю (auch éю; ↗ 448) treten mitunter in der Schriftsprache, seltener in der mündlichen Rede auf. Die Form éю ist wegen ihrer Eindeutigkeit (vgl. D. ей!) für Passivkonstruktionen charakteristisch: Э́то бы́ло сде́лано éю. – Das ist von ihr angefertigt worden.

[3] Salopp wird für G. тебя́ auch тя, für D. тебе́ auch те verwendet.

Personalpronomen der 3. Person

448

	Singular			Plural
	m.	n.	f.	alle Genera
N.	он	оно́	она́	они́
G.	его́[1] (у него́)[3] *seiner*		её (у неё)[3,4] *ihr*	их (у них)[3] *ihr*
D.	ему́ (к нему́) *ihm*		ей (к ней) *ihr*	им (к ним) *ihnen*
A.	его́[1,2] (в него́) *ihn*		её (в неё) *sie*	их[2] (в них) *sie*
I.	им (с ним)		ей	е́ю (с ней | не́ю)	и́ми (с ни́ми)
P.	о нём		о ней	о них

[1] In der Form (н)его́ wird г wie [в] gesprochen.
[2] Der Akkusativ der Personalpronomen der 3. Person stimmt stets mit dem Genitiv überein – unabhängig davon, ob das Substantiv, das durch das Pronomen vertreten wird, belebt oder unbelebt ist; vgl. z. B.:
– Ты не зна́ешь, где мой брат? – Я его́ не ви́дел(-а).   Bezugswort: belebtes Substantiv
Где мой портфе́ль? Дай его́ мне.   Bezugswort: unbelebtes Substantiv
[3] Hängt eine Form des Personalpronomens der 3. Person von einer Präposition ab, so wird dieser Form in der Regel ein н- vorgesetzt, z. B.: Э́то мой знако́мый. Я живу́ ря́дом с ним.
Я дружу́ с Ле́ной и Ви́ктором. У них дво́е дете́й.
Ausnahmen: вне; die von Adverbien gebildeten Präpositionen mit Dativrektion, z. B. вопреки́, навстре́чу, согла́сно (↗ 571); всле́дствие, благодаря́, z. B.:
Был прекра́сный день. Благодаря́ _ему́ мы хорошо́ отдохну́ли.
[4] Neben den regulären Formen у неё, от неё treten in der Umgangssprache auch die Varianten у ней, от ней auf.

Das Pronomen **друг дру́га** – *einander* hat keinen Nominativ. Flektiert, und zwar wie ein Substantiv, wird nur der zweite Bestandteil; Präpositionen werden in der Regel zwischengeschoben:

449

G. друг дру́га (друг у дру́га – beieinander)   z. B.: жить друг без дру́га
D. друг дру́гу (друг к дру́гу – zueinander)   помо́чь/помога́ть друг дру́гу
A. друг дру́га (друг за дру́га – füreinander)   люби́ть друг дру́га
I. друг дру́гом (друг с дру́гом – miteinander)   бежа́ть друг за дру́гом
P. друг о дру́ге   – voneinander   по-/забо́титься друг о дру́ге

Beachte: Einzelne Präpositionen können auch vor dem zweigliedrigen Pronomen stehen, z. B.:
друг про́тив дру́га oder про́тив друг дру́га; навстре́чу друг дру́гу.

Zum Gebrauch der Personalpronomen

Die Anredepronomen ты : вы

450

Zu den Anredepronomen gehören ты – *du* und вы – *ihr*, Höflichkeitsanrede *Sie* (zum Unterschied vom Deutschen das Pronomen der *2. Person* Plural):
Да ты не шу́тишь, Фома́? – Во-пе́рвых, я не «ты», Его́р Ильи́ч, а «вы» – не забу́дьте э́то; и не Фома́, а Фома́ Фоми́ч. (Ф. Достое́вский)
Ein verbales Prädikat wie auch die prädikativ verwendete Kurzform eines Adjektivs stehen nach вы im Plural, z. B.: Вы придёте за́втра? Вы о́чень любе́зны.
Die Langform eines Adjektivs steht als Prädikatsnomen jedoch im Singular, wenn sich вы auf *eine* Person bezieht, z. B.: Наде́юсь, что вы верну́лись здоро́вым и бо́дрым.

Die Formen von ты und вы wie auch von твой – *dein* und ваш – *euer, Ihr* werden kleingeschrieben; nur in offiziellen Briefen werden Вы und Ваш großgeschrieben, z. B.:
Де́вушка, вы не зна́ете, где здесь апте́ка? Прости́те, мы с ва́ми, ка́жется, не знако́мы.
(Briefauszug:) Сообща́ем Вам, что Ваш докла́д включён в програ́мму конфере́нции.

Beachte: Umgangssprachlich kann das Pronomen ты in verallgemeinerter Bedeutung einen beliebigen Gesprächspartner bezeichnen (im Deutschen oft *man*; vgl. auch **726**), z. B.:
Вот ты ду́маешь, что всё я́сно, а … – Da denkst du (Da denkt man), …

451 Die Wortgruppe мы с *mit I. – jmd. und ich*

Das Pronomen мы kann (in Verbindung mit der Präposition с *mit I.*) für die 1. Person *Singular*, das Pronomen вы in gleicher Verbindung für die 2. Person *Singular* stehen; vgl. z. B.:
мы с бра́том – mein Bruder und ich; мы с Ка́тей – Katja und ich; мы с тобо́й – du und ich; мы с ва́ми – Sie und ich; вы со мной – du und ich, вы с ним – du und er.

Beachte: In wissenschaftlichen und in publizistischen Texten wird die Position des Autors häufig im Plural vorgetragen (vgl. den auch im Deutschen üblichen „Autorenplural"), z. B.:
В предыду́щей рабо́те мы уже́ ука́зывали на не́которые тру́дности … – In einer früheren Arbeit hatten wir bereits auf einige Probleme … hingewiesen.

452 По mit Dativ oder Präpositiv des Personalpronomens

Steht ein von der Präposition по abhängiges Substantiv im Dativ (↗ **561**), so fordert die Präposition in der Regel auch den Dativ des entsprechenden Personalpronomens; vgl. z. B.:
ходи́ть по коридо́ру (по нему́), … по ко́мнате (по ней), … по магази́нам (по ним).
Мы und вы stehen jedoch nach по gewöhnlich im Präpositiv; im Dativ oder im Präpositiv können nach bestimmten Verben, die Sehnsucht oder Trauer ausdrücken (↗ **676**), он und кто stehen; z. B.:
Из окна́ по нас стреля́ли. Друзья́ скуча́ют по нас. Скуча́ем по вас.
Мы тоску́ем по Ива́ну (по нему́ oder *alt* по нём). По кому́ (oder *alt* по ком) вы тоску́ете?

453 Das Reflexivpronomen себя́

Das Pronomen себя́ (das keinen Nominativ hat) wird in einem Satz als Objekt gebraucht und bezieht sich gewöhnlich auf das *grammatische Subjekt* dieses Satzes. Zum Unterschied vom Deutschen steht себя́ für alle Personen des Singulars und des Plurals. Vgl. z. B.:
Я недово́лен (недово́льна) собо́й. – Ich bin mit mir unzufrieden.
Ты недово́лен (недово́льна) собо́й? – Bist du mit dir unzufrieden?
Он недово́лен (Она́ недово́льна) собо́й. – Er (Sie) ist mit sich unzufrieden.
Мы недово́льны собо́й. – Wir sind mit uns unzufrieden.
Вы недово́льны собо́й? – Seid ihr mit euch (Sind Sie mit sich) …?
Они́ недово́льны собо́й. – Sie sind mit sich unzufrieden.
Entsprechend:
Как ты себя́ чу́вствуешь? Как вы себя́ чу́вствуете?
Предста́вь себе́, … Предста́вьте себе́, …

Beachte: Gelegentlich bezieht sich себя́ nicht auf das grammatische Subjekt, sondern auf ein anderes Satzglied, das den Urheber (Träger) der Handlung bezeichnet – beispielsweise in Partizipial- und Infinitivkonstruktionen oder in unpersönlichen Sätzen:
Поду́май о лю́дях, не жале́ющих себя́ для други́х. – Denke an die Menschen, die sich um anderer willen nicht schonen.
Ему́ хоте́лось доста́вить себе́ удово́льствие. – Er wollte sich eine Freude bereiten.

Die Possessivpronomen

			454
мой – mein	твой – dein	егó – sein, её – ihr *Sg.*	
наш – unser	ваш – euer; Ihr	их – ihr *Pl.*	
свой *refl.* – sein, ihr *Sg.*; mein, dein; unser, euer, Ihr; ihr *Pl.*			

Die Deklination der Possessivpronomen

Die *flektierbaren* Possessivpronomen (besitzanzeigenden Fürwörter) werden einheitlich nach einer gemischten Deklination abgewandelt: Der Nominativ und der (nicht mit dem Genitiv übereinstimmende) Akkusativ weisen sowohl im Singular wie im Plural substantivische, die anderen Kasus adjektivische Endungen auf. Vgl. z. B.: **455**
N. Sg. мой: мо[j]- *endungslos*, моё: мо[j-ó], моя́: мо[j-á]; *A. Sg. f.* мою́: мо[j-ý].
Die Deklination der Pronomen твой und свой entspricht der des Musterwortes мой (Betonung stets auf der Endung), die Deklination von ваш der des Musterwortes наш (Betonung stets auf dem Stamm).

Possessivpronomen der 1. Person

	Singular m.	n.	f.	Plural alle Genera
N.	мой	моё	моя́	мои́
G.	моегó[1]		мое́й	мои́х
D.	моему́		мое́й	мои́м
A.	*wie N. oder G.*[2]	моё	мою́	*wie N. oder G.*[2]
I.	мои́м		мое́й | мое́ю[3]	мои́ми
P.	о моём		о мое́й	о мои́х

	Singular m.	n.	f.	Plural alle Genera
N.	наш	на́ше	на́ша	на́ши
G.	на́шего[1]		на́шей	на́ших
D.	на́шему		на́шей	на́шим
A.	*wie N. oder G.*[2]	на́ше	на́шу	*wie N. oder G.*[2]
I.	на́шим		на́шей | на́шею[3]	на́шими
P.	о на́шем		о на́шей	о на́ших

[1] In diesen Formen wird г wie [в] gesprochen.
[2] Für den Akkusativ Singular und Plural gilt sinngemäß das für Adjektive Gesagte (↗ 349).
[3] Für die Varianten auf -ею gilt sinngemäß das für Adjektive Gesagte (↗ 350).

Die als Possessivpronomen der 3. Person gebrauchten (Genitiv-)Formen егó *m.* und *n.*, её *f.* **456**
und их *Pl.* sind *nicht flektierbar.* Auch wenn sie unmittelbar vor einer Präposition stehen, wird ihnen kein н- vorgesetzt; vgl. z. B.:
Мы бы́ли у него́ (у неё, у них) до́ма.   Personalpronomen der 3. Person (↗ 448)
Мы бы́ли у _егó (у _её, у _их) друзе́й.   Possessivpronomen der 3. Person

Zum Gebrauch der Possessivpronomen

457 **Die Anredepronomen** твой : ваш

Zu den Anredepronomen gehören твой – *dein* und ваш – *euer*, Höflichkeitsanrede *Ihr* (zum Unterschied vom Deutschen das Possessivpronomen der *2. Person* Plural):
Как вáша фамúлия? Напишúте, пожáлуйста, вот здесь ваш áдрес.

Zur Klein- oder Großschreibung ↗ 450.

458 **Die Wortgruppe** наш с *mit I.* – *jmds. und mein*

Das Pronomen наш kann (in Verbindung mit der Präposition с *mit I.* des Personalpronomens) für die 1. Person *Singular*, das Pronomen ваш in gleicher Verbindung für die 2. Person *Singular* stehen; vgl. z. B.:

Нáши с вáми продýкты я переложúл(-а) в холодúльник.	– Eure (Ihre) und meine Lebensmittel habe ich in den Kühlschrank gelegt.
Я ясно слышал(-а) вáши с ней голосá.	– Ich habe deutlich deine und ihre Stimme gehört.

Die Possessivpronomen свой : егó, её; их

459 Bezieht sich ein Possessivpronomen auf das *grammatische Subjekt* desselben Satzes, so wird für alle Personen des Singulars und des Plurals das Reflexivpronomen свой verwendet. Für die 1. und die 2. Person können neben den deklinierten Formen von свой auch die entsprechenden Formen von мой bzw. наш und твой bzw. ваш gebraucht werden (die einen stärkeren Persönlichkeitsbezug des Sprechenden ausdrücken); in der Gegenwartssprache ist die Tendenz des Zurückdrängens dieser Pronomen durch свой zu beobachten. Vgl. z. B.:

Я чáсто пишý своемý / моемý дрýгу.	– Ich schreibe meinem Freund oft.
Ты чáсто пúшешь своемý / твоемý дрýгу?	– Schreibst du deinem Freund oft?
Он(-á) чáсто пúшет своемý дрýгу.	– Er schreibt seinem (Sie schreibt ihrem) Freund oft.
Мы чáсто пúшем своемý / нáшему дрýгу.	– Wir schreiben unserem Freund oft.
Вы чáсто пúшете своемý / вáшему дрýгу?	– Schreibt ihr eurem Freund oft? (Oder:) Schreiben Sie Ihrem Freund oft?
Онú чáсто пúшут своемý дрýгу.	– Sie (*Pl.*) schreiben ihrem Freund oft.

Entsprechend:
Об этом я узнáл(-а) от своúх друзéй. Люба далá вам свой телефóн.
Свою мать он не пóмнит, онá умерлá, когдá емý было два гóда.
Свой дом в деревне мы прóдали и теперь снимáем квартúру в Москвé.

460 Bezieht sich ein Possessivpronomen *nicht auf das grammatische Subjekt* desselben Satzes, so werden für die 1. und die 2. Person die deklinierten Formen von мой bzw. наш und твой bzw. ваш, für die 3. Person die unveränderlichen Formen
егó – *sein(e)* Bezug auf ein Maskulinum oder ein Neutrum,
её – *ihr(e)* Bezug auf ein Femininum,
их – *ihr(e)* Bezug auf ein Substantiv im Plural oder mehrere Substantive
verwendet. Vgl. z. B.:

На у́лице я ви́дел(-а) <u>его́</u> (<u>её</u>, <u>их</u>) отца́.	– Auf der Straße sah ich seinen (ihren, ihren *Pl.*) Vater.
От <u>его́</u> (<u>её</u>, <u>их</u>) до́ма до рабо́ты 10 мину́т ходьбы́.	– Von seinem (ihrem, ihrem *Pl.*) Haus bis zur Arbeitsstelle sind es 10 Minuten Fußweg.
В кни́ге расска́зывается о мета́ллах и <u>их</u> сво́йствах.	– In dem Buch wird über Metalle und ihre Eigenschaften berichtet.
Э́то Ли́да. <u>Её</u> муж архите́ктор.	– Das ist Lida. Ihr Mann ist Architekt. (*Bezug auf vorangegangenen Satz!*)
<u>Э́ти дома́</u> – истори́ческие па́мятники, и <u>их</u> разруше́ние явля́ется преступле́нием.	– Diese Häuser sind historische Denkmäler, und ihre Zerstörung ist ein Verbrechen.
Э́то не их (*salopp* auch: и́хнее) де́ло.	– Das geht sie (*Pl.*) nichts an.

Unterscheide:

Бо́ря поздоро́вался …	– Borja begrüßte …
… со <u>свои́ми</u> друзья́ми.	… seine (eigenen) Freunde.
… с <u>его́</u> друзья́ми.	… seine Freunde (die Freunde eines anderen).
На́дя говори́ла об э́том …	– Nadja sprach darüber …
… со <u>свое́й</u> сестро́й.	… mit ihrer (eigenen) Schwester.
… с <u>её</u> сестро́й.	… mit ihrer Schwester (der Schwester einer anderen).

461 Als Reflexivpronomen kann свой *nicht im Nominativ* stehen. Tritt ein Possessivpronomen der 3. Person als Attribut zum Subjekt oder zum nominalen Prädikat im Nominativ, so werden stets die Formen его́, её; их verwendet, z. B.:

Ве́ра и её сестра́ верну́лись из Владивосто́ка.	– Wera und ihre Schwester sind aus Wladiwostok zurückgekehrt.
Э́то пальто́ моё, а э́то – <u>его́</u>.	– (Dieser Mantel ist meiner, dieser seiner.) Dies ist mein Mantel, dies seiner.

Beachte: Das Pronomen свой kann die Bedeutung eines Qualitätsadjektivs annehmen: *eigen; besonder(er), eigenartig; passend; nahe stehend, vertraut*. In dieser Bedeutung kann свой auch im Nominativ auftreten. Z. B.:

У него́ свой мотоци́кл.	– Er hat ein eigenes (selbst ein) Motorrad.
В э́той му́зыке есть своя́ пре́лесть.	– Diese Musik hat ihren besonderen Reiz.
Всему́ своё вре́мя.	– Alles zu seiner Zeit.
Ско́ро ма́льчик стал свои́м в на́шей семье́.	– Der Junge wurde bald in unserer Familie heimisch.

462 Gelegentlich bezieht sich das Reflexivpronomen свой nicht auf das grammatische Subjekt des Satzes, sondern auf ein anderes Satzglied, das den Urheber (Träger) einer Handlung bezeichnet – beispielsweise in Partizipial- und Infinitivkonstruktionen oder in unpersönlichen Sätzen. Solche Konstruktionen gelten nicht als normgerecht, sind jedoch in der Gegenwartssprache zunehmend anzutreffen. Z. B.:

Литерату́рный язы́к спосо́бен вы́разить всё бога́тство зна́ний, нако́пленное челове́чеством за мно́гие века́ <u>свое́й</u> (statt: его́) исто́рии.	– Die Literatursprache ist in der Lage, den ganzen Wissensreichtum wiederzugeben, den die Menschheit in den vielen Jahrhunderten ihrer Geschichte angesammelt hat.
Благодаря́ <u>свои́м</u> (statt: его́) зна́ниям и отме́нному здоро́вью <u>ему́</u> удало́сь вы́жить.	– Dank seiner Kenntnisse und seiner ausgezeichneten Gesundheit gelang es ihm zu überleben.

463 Varianten ваш : у вас

Statt des Possessivpronomens beim Subjekt eines Satzes wird in der Umgangssprache gelegentlich die Wortgruppe y *mit G.* des entsprechenden Personalpronomens gebraucht; vgl. z. B.: Его отéц (auch: Отéц у негó) слéсарь. Ваш дом (auch: Дом у вас) красúвый. Нáши часы́ (auch: Часы́ у нас) остановúлись.

Die Demonstrativpronomen

464

этот – dieser
тот – jener; der (dort)
сей *alt* – dieser

такóй – solcher, so ein
таковóй *schr.* – solcher, so ein
такóв *präd.* – (ist) so
слéдующий – folgender

465 Die Deklination der Demonstrativpronomen

Die Demonstrativpronomen (hinweisenden Fürwörter) этот und тот werden nach einer gemischten Deklination abgewandelt: Der Nominativ und der (nicht mit dem Genitiv übereinstimmende) Akkusativ weisen sowohl im Singular wie im Plural substantivische, die anderen Kasus im Prinzip adjektivische Endungen auf.
Die Pronomen такóй und таковóй werden wie Adjektive des Haupttyps (Stammauslaut auf harte Konsonanten), слéдующий wie ein entsprechendes Adjektiv mit weichem Stammauslaut gebeugt; das ausschließlich prädikativ verwendete Pronomen такóв (такова́ *f.*, таково́ *n.*; таковы́ *Pl.*) wird nur nach Genus und Numerus verändert.
Das veraltete Pronomen сей (сия́ *f.*, сие́ *n.*; сии́ *Pl.*) tritt in der Gegenwartssprache nur noch in einigen Adverbien und in festen Wendungen auf (↗ 469).

Demonstrativpronomen этот **und** тот

	Singular			Plural
	m.	n.	f.	alle Genera
N.	этот	это	эта	эти
G.	этого[1]		этой	этих
D.	этому		этой	этим
A.	wie N. o. G.[2]	это	эту	wie N. o. G.[2]
I.	этим		этой | этою[3]	этими
P.	об этом		об этой	об этих
N.	тот	то	та	те
G.	того[1]		той	тех
D.	тому		той	тем
A.	wie N. o. G.[2]	то	ту	wie N. o. G.[2]
I.	тем		той | тою[3]	теми
P.	о том		о той	о тех

[1] In diesen Formen wird г wie [в] gesprochen.
[2] Für den Akkusativ Singular und Plural gilt sinngemäß das für Adjektive Gesagte (↗ 349).
[3] Für die Varianten auf -ою (этою, тою) gilt sinngemäß das für Adjektive Gesagte (↗ 350).

Zum Gebrauch der Demonstrativpronomen

Die Pronomen этот : тот

Das Pronomen этот – *dieser* weist häufig auf räumlich oder zeitlich Näherliegendes, **466**
das Pronomen тот – *jener, der (dort)* auf Fernerliegendes hin, z. B.:
Какая картина вам больше нравится, эта или та? – ..., dieses oder das dort (jenes)?
Переходить улицу не надо – станция метро на этой стороне. – ... ist auf dieser Seite.
Гастроном на той стороне улицы. – ... ist auf der anderen Straßenseite.
На той неделе были зачёты, а на этой начались экзамены. – In der vorigen Woche ...

In einem Text verweist этот oft auf bereits Erwähntes, тот mitunter auf Folgendes, z. B.:
На столе лежал русско-немецкий словарь. Этот словарь студент взял в библиотеке.
Я купил(-а) ту книгу, которую вы мне советовали. – ... das Buch, das | welches ...

Beachte:
- этот же (самый) – *dieser gleiche, derselbe*; тот же (самый) – *derselbe, der gleiche*:
  Встретимся на этом же месте.   – Treffen wir uns an diesem gleichen Ort.
  В ту же самую минуту он вошёл   – In ebendieser Minute betrat er das Zimmer.
  в комнату.
  На нём тот же самый костюм.   – Er hat den gleichen Anzug an.
- не тот – *nicht der richtige, der falsche*:
  Вы мне не ту книгу дали.   – Sie haben mir das falsche Buch gegeben.
  Здоровье у него не то.   – Mit seiner Gesundheit steht es nicht zum
    Besten.

Als *substantivisches* Pronomen hat это *n.* die Bedeutung *das*, z. B.: **467**
Как это случилось?   – Wie ist das passiert?
Этого забыть нельзя.   – Das kann man nicht vergessen.
Об этом мы уже говорили.   – Darüber haben wir schon gesprochen.

Unveränderliches это tritt auch als grammatisches Subjekt in Sätzen auf, die ein Substantiv (im Nominativ) als Prädikatsnomen haben, z. B.:
Кто это? – Это моя сестра.
Знакомьтесь. Это Юрий Иванов, а это Инго Шмидт.

Beachte: In solchen Sätzen stimmt eine Kopula mit dem Prädikatsnomen (nicht mit dem Subjekt это!) in Genus und Numerus überein, z. B.:
Это был_ приятный сюрприз_. Это была наша дача. Это были наши соседи.

Zu это als Partikel ↗ **605**, zu это als Kopula ↗ z. B. **722.2** und **722.3**.

Die Pronomen такой : таков   **468**

Das Pronomen такой – *solcher, so ein* wird attributiv und prädikativ, das Pronomen таков – *(ist) so* nur prädikativ verwendet.
Die Form таковой – *solcher, so ein* tritt nur gelegentlich in amtlichen Äußerungen auf. Z. B.:
Такой умный человек, а говорит   – So ein kluger Mensch, und redet solchen
глупости.   Unsinn.
Название книги такое: «...».   – Der Titel des Buches lautet (so): „...".

Авторитéт у негó <u>такóв</u>, что с ним все считáются.	– Seine Autorität ist so groß, dass alle sie in Rechnung stellen.
Онá не <u>таковá</u>, как вы дýмаете.	– Sie ist nicht (so), wie Sie denken.
Предъявúте докумéнты, éсли <u>таковы́е</u> имéются.	– Zeigen Sie Ihre Papiere, falls Sie solche haben.

Auch das Wort слéдующий kann als Demonstrativpronomen verwendet werden, z. B.:

| К кóнкурсу допýщены слéдующие лúца: Васúльев, Кóстин, Степáнов. | – Zum Wettbewerb sind folgende Personen zugelassen: … |

469 Formen des Pronomens сей

Das veraltete Pronomen сей – *dieser* tritt in der Gegenwartssprache nur noch in einigen Adverbien und in festen Wendungen auf, z. B.:
сегóдня (aus: сегó дня), сейчáс; сию́ секýнду (минýту) *ugs.* – sofort.

Die Interrogativpronomen

470

Substantivische Pronomen:
кто – wer
что – was

Adjektivische Pronomen:
чей – wessen
котóрый – welcher, der wievielte
какóй – welcher, was für ein
каковóй *schr.* – welcher, was für ein
какóв *präd.* – wie (ist)

471 Die Deklination der Interrogativpronomen

Die Deklination des Pronomens кто (Stamm: к-) stimmt mit der von тот überein; das Pronomen что (Stamm: [ч']-) weist die dem weichen Stammauslaut entsprechenden Endungen auf. Nach dem Muster der Gattungsadjektive (↗ 355) wird das Pronomen чей dekliniert (beachte jedoch die Betonung auf der Endung).
Die Pronomen котóрый, какóй, каковóй werden wie Adjektive des Haupttyps gebeugt; das ausschließlich prädikativ verwendete Pronomen какóв (каковá *f.*, каковó *n.*; каковы́ *Pl.*) wird nur nach Genus und Numerus verändert.

Interrogativpronomen кто, что und чей

	Singular		Singular			Plural
			m.	n.	f.	alle Genera
N.	кто	что	чей	чьё	чья	чьи
G.	когó[1]	чегó[1]	чьегó[1]		чьей	чьих
D.	комý	чемý	чьемý		чьей	чьим
A.	когó[1]	что	*wie N. o. G.*[2]	чьё	чью	*wie N. o. G.*[2]
I.	кем	чем	чьим		чьей | чьéю	чьúми
P.	о ком	о чём	о чьём		о чьей	о чьих

[1] In diesen Formen wird г wie [в] gesprochen.
[2] Für den Akkusativ Singular und Plural von чей gilt sinngemäß das für Adjektive Gesagte (↗ 349).

Zum Gebrauch der Interrogativpronomen

Mit Interrogativpronomen (Fragefürwörtern) können – wie im Deutschen – Ergänzungsfragen (mit denen nach einem Satzglied gefragt wird, ↗ 700, 702) und indirekte Fragen (↗ 787) gebildet werden.
Die gleichen Pronomen werden auch als Relativpronomen verwendet (↗ 476).

472

Die Pronomen кто : что

473

Mit dem Pronomen кто – *wer* wird nach Personen und größeren Tieren, mit что – *was* nach Gegenständen und Sachverhalten, auch nach kleineren Tieren gefragt. Nach кто als Subjekt steht ein Prädikat gewöhnlich in der maskulinen Singularform, nach что als Subjekt in der neutralen Form des Singulars. Z. B.:
Кто э́то? – Мой брат. Кто там? – Э́то Ли́да, откро́йте. С кем вы говори́ли? О ком вы говори́те?

Послу́шай, а кто тако́й Ю́рий Па́влович, о кото́ром ты всё вре́мя говори́шь?	– Hör mal, wer ist denn dieser Juri Pawlowitsch, von dem du die ganze Zeit sprichst?
Лю́ба спроси́ла, кто бу́дет чита́ть докла́д.	– Ljuba fragte, wer den Vortrag halten werde | wird.
Что случи́лось?	– Was ist passiert?
Чему́ вы так ра́дуетесь?	– Worüber freuen Sie sich so?
Чего́ вам (нали́ть), ча́ю и́ли ко́фе?	– Was möchten Sie (Was darf ich Ihnen eingießen), Tee oder Kaffee?
Милиционе́р обрати́лся ко мне с вопро́сом, что я могу́ сказа́ть по по́воду вчера́шнего происше́ствия.	– Der Polizist wandte sich an mich mit der Frage, was ich ihm zum gestrigen Vorfall sagen könnte.
Докла́дчика спроси́ли, в чём состоя́ла основна́я иде́я его́ экспериме́нта.	– Der Referent wurde gefragt, worin das Grundanliegen seines Experiments bestanden hätte.

Beachte (bei Bezug auf berufliche Tätigkeit) die Wiedergabe von кто im Deutschen als *was*:
Кто он (по профе́ссии)?	– Was ist er (von Beruf)?
Кем она́ хо́чет стать?	– Was will sie werden?

Das Pronomen чей

474

Mit dem Pronomen чей – *wessen* wird nach dem Besitzer oder Eigentümer eines Gegenstandes, nach dem Urheber eines Werkes o. Ä. gefragt. Zum Unterschied von deutschem unveränderlichem *wessen* stimmt чей in Genus, Numerus und Kasus mit seinem Bezugswort überein. Z. B.:
Чей э́то чемода́н_? – Wessen Koffer ist das? Чья э́то кни́га? Чьи э́то но́жницы?
В чьём саду́ вы бы́ли?

– Чья э́то по́весть?	– „Von wem ist diese Erzählung?"
– Распу́тина.	„Von Rasputin."
Я не зна́ю, чьё э́то пальто́.	– Ich weiß nicht, wessen Mantel das ist.
С чьим мне́нием вы не согла́сны?	– Mit wessen Meinung sind Sie nicht einverstanden?

475 Die Pronomen который : какой : каков

Mit dem Pronomen который – *welcher, der wievielte* wird nach dem Platz in einer Zahlenfolge oder nach einem Gegenstand unter mehreren zur Auswahl stehenden gefragt.
Das Pronomen какой – *welcher, was für ein* fragt nach der Eigenschaft, der Qualität eines Gegenstandes; das entsprechende Pronomen каков – *wie (ist)* wird wie таков nur in prädikativer Funktion gebraucht. Z. B.:

– Который час? — „Wie spät ist es?"
– Без десяти семь. — „Zehn (Minuten) vor sieben."
– Который год вы учите русский язык? — „Das wievielte Jahr lernen Sie Russisch?"
– Уже третий. — „Schon das dritte."
– Который из этих рассказов, по-вашему, интереснее? — „Welche dieser Erzählungen ist Ihrer Meinung nach interessanter?"
– Рассказ Гранина. — „Die Erzählung von Granin."

Какая сегодня погода? – Прекрасная. — „Was ist heute für ein Wetter?" „Herrliches."
Какой он человек? — Was ist er für ein Mensch?
Каковы ваши планы на сегодня? — Welche Pläne haben Sie für heute?

Beachte:
Какое сегодня число? — Was für ein Datum haben wir (Der Wievielte ist) heute?

В каком году это было? — In welchem Jahr war das?

Die Relativpronomen

476

Adjektivische Pronomen:
который – welcher, der
G. которого *m., n.*, которой *f.*; которых *Pl.* – dessen *m., n.*, deren *f.*; *Pl.*
какой – welcher, was für ein; wie
каковой *schr.* – welcher, was für ein; wie
каков *präd.* – wie (ist)
чей *schr.* – dessen, deren

Substantivische Pronomen:
кто – wer, der
что – was, das

477 Die Deklination der Relativpronomen

Die Deklination der Relativpronomen (bezüglichen Fürwörter) stimmt mit der der Interrogativpronomen überein (➚ 471).
Das Genitivattribut которого und das ausschließlich prädikativ verwendete Pronomen каков sind nur nach Genus und Numerus veränderlich.

Zum Gebrauch der Relativpronomen

Mit Relativpronomen werden *Nebensätze* eingeleitet, die die Funktion eines im Hauptteil des Satzes fehlenden Attributs oder eines Satzgliedes erfüllen. Mitunter kann die entsprechende Position im Hauptsatz durch einen Platzhalter (z. B. Formen von тот oder такóй) formal besetzt sein. Z. B.:

– Der Nebensatz bezeichnet oder konkretisiert das Attribut eines Satzgliedes im Hauptsatz (*Attributsatz*):

Он хорошó пóмнит гóрод, в котóром прошлó егó дéтство.	– Er hat die Stadt, in der er seine Kindheit verbrachte, gut in Erinnerung.
Это был такóй урагáн, какóго я никогдá не видáл(-а).	– Das war ein derartiger Orkan, wie ich noch keinen erlebt hatte.

– Der Nebensatz bezeichnet oder konkretisiert das Objekt des Hauptsatzes (*Objektsatz*):

Я не знáю, о ком вы говорúте.	– Ich weiß nicht, von wem Sie sprechen.
Я говорю́ не о том, что бы́ло вчерá, а о том, что бы́ло сегóдня.	– Ich spreche nicht davon, was gestern war, sondern davon, was heute war.

– Der Nebensatz konkretisiert das Subjekt des Hauptsatzes (*Subjektsatz*):

Кто хоть раз был в Москвé, тот никогдá её не забу́дет.	– Wer nur ein einziges Mal in Moskau war, (der) wird diese Stadt nie vergessen.
Случúлось то, чегó мы не ожидáли.	– Es passierte (das), was wir nicht erwartet hatten.

– Der Nebensatz bezeichnet oder konkretisiert das Prädikat des Hauptsatzes (*Prädikatsatz*):

Эта дорóга не та, по котóрой мы éхали вчерá.	– Dieser Weg ist nicht der (Dies ist nicht der Weg), den wir gestern entlanggefahren sind.

Das Pronomen котóрый

Das gebräuchlichste Relativpronomen ist котóрый – *welcher, der*; es stimmt mit seinem Bezugswort im Hauptsatz in Genus und Numerus überein, sein Kasus ist vom Satzgliedwert im Attributsatz abhängig. Z. B.:

Письмó, котóрое я получúл(-а) от негó вчерá, óчень вáжно.	– Der Brief, den ich von ihm gestern erhalten habe, ist sehr wichtig.
Кóмната, в котóрую мы вошлú, былá совершéнно темнá.	– Das Zimmer, das wir betraten, war vollkommen dunkel.
Нáши зарубéжные гóсти, с котóрыми мы позавчерá бы́ли в óпере, зáвтра уéдут.	– Unsere ausländischen Gäste, mit denen wir vorgestern in der Oper waren, fahren morgen weg.
Проблéма, над котóрой мы сейчáс рабóтаем, представляет интерéс как с теоретúческой, так и с практúческой тóчек зрéния.	– Das Problem, an dem wir gegenwärtig arbeiten, ist sowohl in theoretischer wie in praktischer Hinsicht von Interesse.
Ужé в течéние мнóгих лет дéлаются попы́тки воспроизвестú в лаборатóрии услóвия, котóрые, вероя́тно, существу́ют на планéте Марс.	– Schon seit vielen Jahren werden Versuche unternommen, im Laboratorium solche Bedingungen zu reproduzieren, wie sie wahrscheinlich auf dem Planeten Mars herrschen.

480 Die Pronominalformen кото́рого : чей

Deutschem *dessen, deren* im Nebensatz entsprechen im Russischen die attributiven Genitive
– кото́рого für ein maskulines oder ein neutrales Substantiv im Hauptsatz,
– кото́рой für ein feminines Substantiv im Hauptsatz,
– кото́рых für die Pluralform eines Substantivs oder für mehrere Substantive im Hauptsatz.
Zum Unterschied vom Deutschen steht ein solcher Genitiv im russischen Nebensatz stets an zweiter Stelle, das heißt *hinter* dem Substantiv, das dem Bezugswort im Hauptsatz zugeordnet wird. Vgl. z. B.:

Челове́к, фами́лии кото́рого я не зна́ю, рабо́тает инжене́ром на заво́де «Электроси́ла».	– Der Mann, dessen Namen ich nicht weiß, arbeitet als (Diplom-)Ingenieur im Werk „Elektrosila".
Мы шли по коридо́ру, о́кна кото́рого выходи́ли на двор.	– Wir durchschritten einen Korridor, dessen Fenster zum Hof hinausgingen.
Же́нщина, пла́тье кото́рой тебе́ так понра́вилось, живёт в сосе́днем до́ме.	– Die Frau, deren Kleid dir so gefallen hat, wohnt im Nachbarhaus.
Мы ви́дели круты́е го́ры, красоту́ кото́рых тру́дно вы́разить слова́ми.	– Wir erblickten schroffe Berge, deren Schönheit man kaum beschreiben kann.

Neben den genannten Genitivformen werden zur Wiedergabe von *dessen, deren* schriftsprachlich gelegentlich auch die Formen von чей gebraucht; чей stimmt dabei mit dem Wort im Nebensatz, das dem Bezugswort im Hauptsatz zugeordnet wird, in Genus, Numerus und Kasus überein (↗ 474). Z. B.:

Писа́тель, чьи произведе́ния вы так це́ните, написа́л но́вую кни́гу.	– Der Schriftsteller, dessen Werke Sie so schätzen, hat ein neues Buch geschrieben.

481 Die Pronomen како́й : како́в

Wie das Interrogativpronomen weist auch das Relativpronomen како́й – *welcher, was für ein; wie* auf die Eigenschaft, die Qualität eines Gegenstandes hin.
In einem Objekt- oder Subjektsatz stimmt das Relativpronomen mit seinem Bezugswort im Nebensatz in Genus, Numerus und Kasus überein. Für die Abhängigkeit von како́й im Attributsatz gilt das zu кото́рый Gesagte (↗ 479); als Platzhalter im Hauptsatz treten oft Formen von тако́й (же) oder тот (же) auf. Z. B.:

Я хоте́л(-а) бы узна́ть, како́й он челове́к.	– Ich möchte wissen, was er für ein Mensch ist.
Я не по́мню, на како́й спекта́кль он купи́л биле́ты.	– Ich kann mich nicht erinnern, für welche Aufführung er Karten besorgt hat.
Остаётся пока́ невы́ясненным, каки́е и́менно фа́кторы определя́ют ход да́нного проце́сса.	– Ungeklärt bleibt vorläufig noch, welche Faktoren den Verlauf dieses Prozesses bestimmen.
Он сказа́л э́ти слова́ таки́м го́лосом, како́го я никогда́ не слыха́л(-а).	– Er sprach diese Worte mit einer Stimme, wie ich sie (noch) nie gehört hatte.

Das Relativpronomen како́в – *wie (ist)* wird – wie das entsprechende Interrogativpronomen – nur in prädikativer Funktion verwendet; im Hauptsatz nimmt mitunter тако́в die Stelle des Platzhalters ein. Z. B.:

Я не зна́ю, како́в э́тот челове́к.	– Ich weiß nicht, was das für ein Mensch ist.
Како́в поп, тако́в и прихо́д. (Sprichwort)	– Wie der Herr, so's Gescherr.

Die Pronomen кто : что

Das Relativpronomen **кто** – *wer, der* verweist auf Personen. Als Platzhalter für кто können im Hauptsatz тот (*Pl.* те) oder все auftreten:
тот, кто – *derjenige, der | welcher*; те, кто – *diejenigen, die | welche*; все, кто – *alle, die*.
Ein vom Relativpronomen кто abhängiges Prädikat des Nebensatzes steht im Singular (im Präteritum in der maskulinen Form), und zwar gewöhnlich auch dann, wenn das Bezugswort im Hauptsatz den Plural aufweist. Z. B:

Пе́рвый, о ком я вспо́мнил(-а), был ты!	– Der Erste, an den ich mich erinnerte, warst du!
Не́ было никого́, кто мог бы помо́чь ему́.	– Es gab niemanden, der ihm hätte helfen können.
Нау́чные пробле́мы иногда́ привлека́ют большо́е внима́ние да́же тех, кто непосре́дственно не свя́зан с нау́чно-иссле́довательской рабо́той.	– Wissenschaftliche Fragestellungen erregen manchmal sogar bei denen große Aufmerksamkeit, die mit wissenschaftlicher Forschungsarbeit direkt nicht zu tun haben.

Das Relativpronomen что – *was, das* verweist auf Gegenstände und Sachverhalte. Als Platzhalter für что treten im Hauptsatz mitunter то oder всё auf:
то, что – *das, was*; всё, что – *alles, was*. Z. B.:

Дом, кото́рый	(*ugs. auch*) что стоя́л у реки́, сгоре́л.	– Das Haus, das am Fluss stand, ist abgebrannt.
То, о чём вы рассказа́ли, о́чень ва́жно.	– Das, was Sie erzählt haben, ist sehr wichtig.
Лабора́нт пригото́вил всё, что бы́ло ну́жно для практи́ческих заня́тий.	– Ein Laborant hatte alles vorbereitet, was für die praktischen Übungen erforderlich war.

Umgangssprachlich kann что auch auf Personen verweisen; vgl. z. B.:

Ко мне подошёл тот, кто (*ugs.* тот, что) стоя́л спра́ва.	– Zu mir kam der, der rechts gestanden hatte.

Die Determinativpronomen

весь – der ganze; *Pl.* alle
це́лый – ein ganzer
сам – selbst, selber
са́мый – unmittelbar

ка́ждый – jeder
вся́кий – jeder (mögliche)
вся́ческий *ugs.* – jeder (mögliche)
любо́й – jeder (beliebige)

друго́й – anderer; nächster
ино́й – (manch) anderer

Die Deklination der Determinativpronomen

Die Determinativpronomen (bestimmenden Fürwörter) весь und сам werden nach einer gemischten Deklination abgewandelt: Der Nominativ und der (nicht mit dem Genitiv übereinstimmende) Akkusativ weisen im Singular wie im Plural substantivische, die anderen Kasus im Prinzip adjektivische Endungen auf (↗ 354). Dabei entsprechen die Endungen von весь grundsätzlich denen von тот (beachte jedoch den weichen Stammauslaut [фс']-), die Endungen von сам denen von э́тот (beachte jedoch die Betonung aller abhängigen Kasus auf der Endung). Die anderen Pronomen werden wie Adjektive des Haupttyps gebeugt.

Das Pronomen

Determinativpronomen весь und сам

	Singular			Plural
	m.	n.	f.	alle Genera
N.	весь	всё	вся	все
G.	всего[1]		всей	всех
D.	всему		всей	всем
A.	wie N. o. G.[2]	всё	всю	wie N. o. G.[2]
I.	всем		всей | всею[3]	всеми
P.	обо всём		обо всей	обо всех
N.	сам	само	сама	сами
G.	самого[1]		самой	самих
D.	самому		самой	самим
A.	wie N. o. G.[2]	само	саму[4]	wie N. o. G.[2]
I.	самим		самой | самою[3]	самими
P.	о самом		о самой	о самих

[1] In diesen Formen wird г wie [в] gesprochen.
[2] Für den Akkusativ Singular und Plural gilt sinngemäß das für Adjektive Gesagte (↗ 349).
[3] Für die Varianten auf -ею, -ою gilt sinngemäß das für Adjektive Gesagte (↗ 350).
[4] Neben der femininen Akkusativform саму gibt es die Variante самоё, die z. T. in der Schriftsprache auftritt.

Zum Gebrauch der Determinativpronomen

Die Pronomen весь : целый

485 Dem *adjektivischen* Pronomen весь entsprechen im Deutschen: весь *Sg. – der ganze, ganz*; все *Pl. – alle*; z. B.:

весь мир, вся сумма, всё время A.	– die ganze Zeit; все люди.
Билеты продаются во всех театральных кассах.	– Karten werden an allen Theaterkassen verkauft.
Весь день шёл дождь.	– Den ganzen Tag über regnete es.
Он пришёл домой весь мокрый.	– Er kam ganz durchnässt nach Hause.
Beachte:	
Всего хорошего | доброго! (In Verbindung mit Grundzahlwörtern:)	– Alles Gute!
До города все сто километров.	– Bis zur Stadt sind es ganze 100 Kilometer.
Хлеб весь. (*ugs.*)	– Das Brot ist alle.

Bedeutungsmäßig nahe steht dem Pronomen весь das adjektivische Pronomen целый – *ein ganzer, ganz*, z. B.:

Он выпил целую бутылку сока.	– Er hat eine ganze Flasche Saft ausgetrunken.
Надя целый месяц (целую неделю) пролежала в больнице.	– Nadja hat einen ganzen Monat (eine ganze Woche) im Krankenhaus gelegen.
Мы делали это целых два дня.	– Wir haben das ganze zwei Tage lang getan.

486 Als *substantivisches* Pronomen wird gebraucht: всё *n. – alles*; все *Pl. – alle*; z. B.:
Всё в порядке. Всё было готово. Мы говорили обо всём. Вот и всё. – Das ist alles (d. h., mehr ist nicht zu sagen). Все смеялись. Он всех знает. Сейчас всем трудно.

Die Pronomen сам : самый

487

Das Pronomen сам – *selbst, selber; selbstständig, allein* ist häufig auf Personen bezogen, z. B.:

Он сам это видел.	– Er hat es selbst gesehen.
Позвоните ему самому.	– Rufen Sie ihn selbst an.
Поговорите с ней самой (с самим автором).	– Sprechen Sie mit ihr (mit dem Autor) selbst.
Не надо мне помогать, я сам(-á) справлюсь.	– Mir braucht niemand zu helfen, ich schaffe es allein.
Дверь сама закрылась.	– Die Tür ist von allein zugeschlagen.

Das Pronomen самый – *unmittelbar, direkt, ganz* steht vor einem Substantiv und verweist auf die unmittelbare Nähe von Raum oder Zeit oder auf das Wesentliche einer Sache, z. B.:

Турбаза находится на самом берегу небольшого озера.	– Die Touristenherberge befindet sich unmittelbar|direkt am Ufer eines kleinen Sees.
Мы живём в самом начале улицы.	– Wir wohnen ganz am Anfang der Straße.
Машина остановилась у самого подъезда.	– Das Auto hielt unmittelbar|direkt vor dem Hauseingang.
Дождь идёт с самого утра.	– Es regnet seit dem frühen Morgen.
Мы остались на концерте до самого конца.	– Wir blieben zum Konzert bis ganz zum Schluss.
Я тогда не понял (поняла) самую суть вопроса.	– Ich habe damals den eigentlichen Kern der Fragestellung nicht verstanden.

Zu этот же (самый), тот же (самый) ↗ 466, zu самый in Superlativformen ↗ 395.

In der Gegenwartssprache, insbesondere in mündlicher Rede, ist gelegentlich der parallele Gebrauch von самый und сам in verstärkender Bedeutung zu beobachten; vgl.:

Самая|(ugs.) Сама жизнь требует …	– Das wirkliche Leben erfordert …
Важен самый|(ugs.) сам факт …	– Wichtig ist allein die Tatsache …

Die Pronomen каждый : всякий : любой

488

Die adjektivischen Pronomen haben folgende Bedeutungen:
каждый – *jeder* (каждый steht gewöhnlich nur mit einem Bezugswort im Singular, im Plural nur in Verbindung mit einem Pluraletantum oder einer aus Grundzahlwort und Substantiv bestehenden Wortgruppe);
всякий (ugs. всяческий) – *jeder (mögliche), jeglicher; verschiedenartig, allerlei*;
любой – *jeder (beliebige)*. Z. B.:

Я бываю здесь каждый день (каждое лето).	– Ich bin hier jeden Tag (jeden Sommer).
Я захожу к ней каждый раз, как бываю в Москве.	– Ich besuche sie jedes Mal, wenn ich in Moskau bin.
Принимайте лекарство по одной таблетке каждые три часа (каждые сутки).	– Nehmen Sie von der Medizin alle drei Stunden (alle 24 Stunden) eine Tablette.
Всякий человек на моём месте поступил бы так же.	– Jeder an meiner Stelle hätte genauso gehandelt.
Он берётся за всякую работу.	– Er übernimmt jede Arbeit.
Здесь можно встретить всяких людей.	– Hier kann man die unterschiedlichsten Menschen antreffen.

Надое́ло мне слу́шать вся́ческую ерунду́. (ugs.)	– Ich habe es satt, mir allen möglichen Unsinn anzuhören.
Э́ту кни́гу мо́жно купи́ть в любо́м кни́жном магази́не.	– Dieses Buch kann man in jedem (beliebigen) Buchgeschäft kaufen.

Gelegentlich haben die drei Pronomen fast die gleiche Bedeutung und sind als Varianten auswechselbar, z. B.:

Ка́ждый | Вся́кий | Любо́й учени́к до́лжен знать э́то.	– Jeder Schüler muss das wissen.

489 Die Pronomen друго́й : ино́й

Es bedeuten: друго́й – *anderer, nächster, folgender*; ино́й – *(manch) anderer*, z. B.:

Бори́с тепе́рь живёт в друго́м го́роде.	– Boris wohnt jetzt in einer anderen Stadt.
Он стал совсе́м други́м челове́ком.	– Er ist ein ganz anderer Mensch geworden.
Мы переплы́ли на друго́й бе́рег.	– Wir schwammen an das andere Ufer.
На друго́й день он опя́ть пришёл.	– Am nächsten | folgenden Tag kam er wieder.
Ино́й | (*ugs. auch*) Друго́й челове́к ра́довался бы, а он опя́ть недово́лен.	– Manch anderer würde sich freuen, aber er ist wieder unzufrieden.
Звони́л по телефо́ну не кто ино́й, как Са́ша.	– Niemand anders als Sascha hat angerufen.

Bei Aufzählungen oder Gegenüberstellungen wird das Wortpaar оди́н …, (а) друго́й – *der eine …, der andere* verwendet, z. B.:

Одно́ де́ло жить в Москве́, а друго́е – в дере́вне.	– Es ist eine Sache, in Moskau zu wohnen, und eine (ganz) andere, auf dem Lande zu leben.

Die Indefinitpronomen

490

Substantivische Pronomen:
кто́-то – jemand
кто́-нибудь – (irgend)jemand
кто́-либо *schr.* – (irgend)jemand
ко́е-кто́ – dieser und jener; *Pl.* einige
не́кто *schr.* – jemand; ein gewisser

что́-то – etwas
что́-нибудь – (irgend)etwas
что́-либо *schr.* – (irgend)etwas
ко́е-что́ – dieses und jenes; einiges
не́что *schr.* – etwas, einiges

Adjektivische Pronomen:
како́й-то – (irgend)ein
како́й-нибудь – (irgend)ein
како́й-либо *schr.* – (irgend)ein
ко́е-како́й – (irgend)ein; *Pl.* einige
не́который – ein gewisser; *Pl.* einige, manche
не́кий *schr.* – ein gewisser, irgendein

чей-то – jemandes
чей-нибудь – (irgend)jemandes
чей-либо *schr.* – (irgend)jemandes

Als Indefinitpronomen wird auch оди́н – *ein* verwendet; darüber hinaus treten Wendungen auf wie z. B.:
всё равно́ кто – *gleichgültig wer*; кто попа́ло *ugs., abwertend* – *der erste Beste*;
кто придётся *ugs., abwertend* – *wer auch immer*.

Zu Bildung und Deklination der Indefinitpronomen

Indefinitpronomen (unbestimmte Fürwörter) werden von den Interrogativpronomen кто, что, какой, чей abgeleitet, und zwar mit den Postfixen -то, -нибудь | *schr.* -либо und den Präfixen кое- | *ugs.* кой- und не-. Außer не- werden alle Präfixe und Postfixe mit Bindestrich verbunden.

491

Die Indefinitpronomen werden wie Interrogativpronomen (↗ 471) dekliniert, z. B.:

492

N.	кто́-то	что́-нибудь	како́й-либо *m.*	кака́я-либо *f.*	че́й-то *m.*
G.	кого́-то	чего́-нибудь	како́го-либо	како́й-либо	чьего́-то
P.	о ко́м-то	о чём-нибудь	о како́м-либо	о како́й-либо	о чьём-то

Beachte:
- Werden Pronomen auf кое- | *ugs.* кой- mit einer Präposition verbunden, so tritt diese gewöhnlich zwischen Präfix und Ausgangspronomen; die Teile werden getrennt geschrieben:
  N. ко́е-кто́   ко́е-что́
  G. ко́е-кого́, ко́е для кого́   ко́е-чего́, ко́е от чего́

- Die vorwiegend in der Schriftsprache auftretenden Pronomen не́кто und не́что werden nicht dekliniert: не́кто wird nur im Nominativ, не́что nur im Nominativ und im Akkusativ verwendet. Das Pronomen не́который wird wie ein Adjektiv des Haupttyps dekliniert.

- Die Deklinationsformen des vorwiegend schriftsprachlich verwendeten Pronomens не́кий werden teils vom Stamm нек-, teils vom Stamm неко[j]- gebildet.

Indefinitpronomen не́кий

	Singular			Plural
	m.	n.	f.	alle Genera
N.	не́кий	не́кое	не́кая	не́кие
G.	не́коего[1]		не́коей | не́кой	не́ких | *alt* не́коих
D.	не́коему		не́коей | не́кой	не́ким | *alt* не́коим
A.	*wie N. o. G.*[2]	не́кое	не́кую	*wie N. o. G.*[2]
I.	не́ким | *alt* не́коим		не́коей | не́кой	не́кими | *alt* не́коими
P.	о не́коем		о не́коей | не́кой	о не́ких | *alt* не́коих

[1] In diesen Formen wird г wie [в] gesprochen.
[2] Für den Akkusativ Singular und Plural gilt sinngemäß das für Adjektive Gesagte (↗ 349).

Zum Gebrauch der Indefinitpronomen

Indefinitpronomen verweisen auf Personen, Gegenstände oder auf Merkmale, über die der Sprechende seinen Gesprächspartner im Ungewissen lässt. Der Sprecher tut dies,
- weil die betreffenden Personen, Gegenstände oder Merkmale auch ihm *unbekannt* sind oder sie ihm als *unwesentlich* für den Inhalt seiner Äußerungen erscheinen:
  → Pronomen auf -то und не-;

- weil ihm im Hinblick auf seine Äußerung *gleichgültig* ist, um welche Personen, Gegenstände oder Merkmale es sich tatsächlich handelt (unabhängig davon, ob ihm diese bekannt oder nicht bekannt sind):
  → Pronomen auf -нибудь | *schr.* -либо;

493

– weil er seine Äußerung gegenüber dem Gesprächspartner bewusst *offen halten* will (obwohl die betreffenden Personen, Gegenstände oder Merkmale ihm durchaus bekannt sind):
→ Pronomen auf кóе-|*ugs.* кой-.

Diese für das Russische charakteristische Unterscheidung von Indefinitpronomen – wie auch vergleichbarer Pronominaladverbien (↗ 518) – findet im Deutschen oft keine verbale Entsprechung; vergleiche etwa die Wiedergabe verschiedener russischer Indefinitpronomen durch ein und dasselbe deutsche Wort (↗ 490).

494 Die Pronomen auf -то : нé- – *unbekannt …; unwesentlich …*

Die Pronomen ктó-то und нéкто, чтó-то und нéчто, какóй-то und нéкий stehen sich bedeutungsmäßig sehr nahe. Die Formen нéкто, нéчто, нéкий sind jedoch stärker auf die Schriftsprache eingegrenzt; нéкто und нéкий können abwertende Bedeutung erlangen (*ein gewisser*). Das Pronomen нéкоторый wird in allen Stilbereichen gebraucht.
Die Pronomen auf -то stehen vor allem in Aussagesätzen (↗ demgegenüber 495). Z. B.:

– Вам ктó-то звонил.
– А что, этот ктó-то не предстáвился?

– „Jemand hat Sie angerufen."
 „Na und, hat sich dieser Jemand nicht vorgestellt?"

Никáк не могý найти книгу, навéрное, комý-то | комý-нибудь дал(-á) почитáть.

– Ich kann das Buch nirgends finden, wahrscheinlich habe ich es irgendjemandem zum Lesen gegeben.

В кóмнате чтó-то упáло.
Пришёл какóй-то человéк, спрáшивает вас.
Он хóчет сообщить вам чтó-то óчень вáжное.
Тут запи́сан чей-то телефóн, ты не знáешь, чей?

– Im Zimmer fiel (irgend)etwas herunter.
– Es ist jemand gekommen und fragt nach Ihnen.
– Er möchte Ihnen etwas sehr Wichtiges mitteilen.
– Hier ist irgendjemandes Telefonnummer notiert, weißt du nicht, wessen?

Нéкто в сéром костю́ме подошёл ко мне.
Это нéкто | нéкий Пáвлов, он когдá-то рабóтал на нáшем предприя́тии.
В нáшем гóроде случилось нéчто | чтó-то удивительное.
Лес был на нéкотором расстоя́нии от деревни.

– Jemand in einem grauen Anzug trat an mich heran.
– Das ist ein gewisser Pawlow; er hat irgendwann in unserem Betrieb gearbeitet.
– In unserer Stadt ist etwas Erstaunliches passiert.
– Der Wald befand sich in einiger Entfernung vom Dorf.

495 Die Pronomen auf -нибудь|*schr.* -либо – *gleichgültig …*

Die Pronomen auf -нибудь|-либо weisen die gleiche Bedeutung auf; die Formen auf -либо sind für die Schriftsprache charakteristisch.
Die Pronomen auf -нибудь|-либо stehen oft in Frage- und in Aufforderungssätzen sowie in bestimmten Nebensätzen, etwa zum Ausdruck einer Bedingung, z. B.:

Мне ктó-нибудь звонил?
Я возьмý словáрь у когó-нибудь в грýппе.

– Hat (irgend)jemand bei mir angerufen?
– Ich leihe mir das Wörterbuch bei (irgend)jemandem aus unserer Gruppe.

Дай мне чтó-нибудь поéсть.
– Gib mir irgendwas zu essen.

Если тебе что-нибудь нужно, приходи.	– Wenn du irgendetwas brauchst, komm zu mir.
У вас не найдётся какого-нибудь лекарства от головной боли?	– Hätten Sie nicht irgendein Mittel gegen Kopfschmerzen?
Не беспокойтесь, кто-либо из москвичей обязательно позвонит вам.	– Seien Sie unbesorgt, irgendjemand von den Moskauern wird Sie ganz bestimmt anrufen.
Я не нуждаюсь в чьей-либо помощи.	– Ich benötige niemandes Hilfe.

Die Pronomen auf кое-|*ugs.* кой- – *offen gelassen ...*   **496**

Die Pronomen auf кое-|*ugs.* кой- treten in der Regel nur in Aussagesätzen auf, z. B.:

Я кое-кого из вас знаю.	– Ich kenne einige (diesen und jenen) von Ihnen.
Я хочу рассказать тебе кое о чём.	– Ich möchte dir einiges erzählen.
Всё в принципе нормально, но кое над чем надо ещё подумать.	– Im Prinzip ist alles in Ordnung, aber über einiges (das eine oder andere) muss man noch nachdenken.
Мы побывали кое в каких местах.	– Wir waren an diesem und an jenem Ort (an einigen Orten).

Die Negativpronomen

Substantivische Pronomen:	*Adjektivische Pronomen:*	**497**
никто – niemand	никакой – kein, keinerlei	
ничто (*ugs. auch* ничего) – nichts	ничей – niemandes, keinerlei	
G., A. некого – (es ist niemand da, ...)		
G., A. нечего – (es ist nichts da, ...)		

Zu Bildung und Deklination der Negativpronomen

Negativpronomen (verneinende Fürwörter) werden von den Interrogativpronomen кто, что, какой, чей abgeleitet, und zwar mithilfe der Präfixe ни- und не-.   **498**

Die Negativpronomen auf ни- werden wie die entsprechenden Interrogativpronomen (↗ 471) dekliniert, z. B.:   **499**

N.	никто	ничто (*ugs. auch* ничего)	никакой *m.*	никакая *f.*	ничей *m.*
G.	никого	ничего	никакого	никакой	ничьего
P.	ни о ком	ни о чём	ни о каком	ни о какой	ни о чьём

Auch die beiden Negativpronomen auf не- werden wie die Interrogativpronomen dekliniert; sie haben jedoch keinen Nominativ:

N.	—	—
G., A.	некого	нечего
P.	не о ком	не о чем

Beachte: Werden Pronomen auf ни- und auf не- mit einer Präposition verbunden, so tritt diese zwischen Präfix und Ausgangspronomen; die Teile werden getrennt geschrieben. Beispiele ↗ 501 f.

Zum Gebrauch der Negativpronomen

500 Negativpronomen verweisen darauf, dass Personen, Gegenstände oder Merkmale nicht vorhanden sind, nicht existieren.
Die Pronomen auf ни- und die Pronomen auf не- werden in unterschiedlicher Weise angewendet (vgl. hierzu auch den Gebrauch der Pronominaladverbien auf ни- und auf не-, ↗ 519).

501 Die Pronomen auf ни-

Negativpronomen auf ни- können in allen Satztypen auftreten. Die Verneinung wird im Satz durch не (нет, нельзя́ о. Ä.) verstärkt, z. B.:

Никто́ не зна́ет об э́том.	– Niemand weiß davon.
Он ни к кому́ не обраща́лся за по́мощью.	– Er hat sich an niemanden um Hilfe gewandt.
Ни о ко́м из на́шей гру́ппы нельзя́ сказа́ть ничего́ плохо́го.	– Über niemanden aus unserer Gruppe kann man etwas Schlechtes sagen.
Его́ ничто́ | (*ugs.*) ничего́ не волну́ет.	– Ihn regt nichts auf (kann nichts aufregen).
Мы с ва́ми ни о чём не догова́ривались.	– Ich habe mit Ihnen nichts vereinbart.
В э́той зада́че нет ничего́ сло́жного.	– Diese Aufgabe bietet keinerlei Schwierigkeiten.
Никаки́е препя́тствия не смо́гут останови́ть его́.	– Keinerlei Hindernisse werden ihn aufhalten können.
Ему́ ничья́ по́мощь не нужна́.	– Er braucht niemandes | keinerlei Hilfe.
– Чей э́то каранда́ш?	– „Wessen Bleistift ist das?"
– Ниче́й, мо́жешь его́ взять.	– „Der gehört niemandem, den kannst du nehmen."

Beachte: Ничего́ kann auch gebraucht werden
– als Adverb (*ugs.*) in der Bedeutung *nicht schlecht, einigermaßen, ganz gut*, z. B.:
Дела́ иду́т ничего́. Сейча́с я чу́вствую себя́ ничего́.

– als Partikel in der Bedeutung *das macht nichts, das schadet nichts* (↗ 606), z. B.:
Прости́те, я вас побеспоко́ил(-а). – Ничего́.

502 Die Pronomen auf не-

Negativpronomen auf не- können nur in Infinitivsätzen, das heißt in Sätzen mit einem Infinitiv als wesentlichem Satzglied (↗ 729.2), auftreten. Eine Verstärkung der Verneinung (wie z. B. durch не, ↗ 501) erfolgt nicht.
Durch den Infinitiv wird eine Handlung bezeichnet, die nicht ausgeführt werden kann, weil bestimmte Bedingungen nicht erfüllt sind. Die Form des Negativpronomens wird durch die Verbrektion bestimmt. Wird ein Handlungsträger genannt, so weist das entsprechende Wort die Form eines Dativobjekts auf. Z. B.:

Не́кого спроси́ть.	– Es ist niemand da, den man fragen könnte.
Не́ с кем посове́товаться.	– Man kann niemanden um Rat fragen.
Не́чего де́лать. (Oder:) Де́лать не́чего.	– Da kann man nichts machen | ändern.
Мне не́чего рассказа́ть вам.	– Es gibt nichts, was ich Ihnen erzählen könnte.
Здесь так ду́шно, что про́сто не́чем дыша́ть.	– Hier ist es so stickig, dass man einfach nicht atmen kann.

Das Adverb

Zu Wortbedeutung und Form

> Adverbien bezeichnen vor allem Merkmale – die Art und Weise oder die näheren Umstände – einer Handlung; darüber hinaus können sie auch Eigenschaften und Umstände, seltener Gegenstände oder ganze Äußerungen näher bestimmen.
> Adverbien ordnen sich ihrem Bezugswort ohne formale Kennzeichnung unter: Sie sind nicht flektierbar. Von bestimmten Adverbien können jedoch Steigerungsstufen (Komparationsformen) gebildet werden.

503

Beispiele für Adverbien, die
- ein Verb näher bestimmen: читáть (как?) внимáтельно, быстро; (где?) дóма, там;
- ein Adjektiv näher bestimmen: óчень, весьмá *schr.*, чрезвычáйно полéзный;
- ein Adverb oder ein Zustandswort näher bestimmen:
  óчень, слишком, довóльно дóлго; (на дворé) óчень, стрáшно, ужáсно хóлодно;
- ein Substantiv näher bestimmen: прогýлка пешкóм, чтéние вслух – das laute Lesen;
- einen ganzen Satz näher bestimmen: Тепéрь Витáлий рéдко видится с друзьями.

Die Einteilung der Adverbien nach ihrer Bedeutung

Adverbien der Art und Weise – Fragen: как? каким óбразом?

504

Sie bestimmen gewöhnlich Verben näher. Zu ihnen gehören u. a.:
- zahlreiche Adverbien, die von Qualitätsadjektiven (↗ 338) mithilfe des Suffixes -о | -е abgeleitet sind (ihre Form stimmt mit der neutralen Kurzform des Adjektivs überein), z. B.:
  говорить грóмко, быстро, вéжливо, интерéсно, откровéнно, искренне | -о;
- Adverbien, die von Adjektiven auf -(е)ск- oder -цк- mithilfe des Suffixes -и abgeleitet und häufig mit dem Präfix по- (mit der Bedeutungsschattierung eines Vergleichs, einer Normvorstellung) verbunden sind, z. B.:
  рабóтать твóрчески – schöpferisch arbeiten;
  относиться к нему по-дрýжески, по-человéчески – sich ihm gegenüber als Freund (wie es sich für einen Freund gehört), menschlich verhalten;

– Adverbien, die von Adjektiven mithilfe des Präfixes по- und der neutralen Dativform -ому | -ему oder (bei Gattungsadjektiven, ↗ 353) der Form -и abgeleitet sind, z. B.:
всё остаётся по-ста́рому – alles bleibt beim Alten;
по-во́лчьи (zu во́лчий, -чья, -чье; -чьи) – in der Art eines Wolfes (wie ein Wolf).

505 Adverbien des Grades und des Maßes — Fragen: в како́й ме́ре | сте́пени? наско́лько?

Sie kennzeichnen die Intensität eines Merkmals und bestimmen häufig Adjektive, Adverbien und Zustandswörter, aber auch Verben näher.
Auf *höhere Intensität* verweisen z. B.:
дово́льно – ziemlich, доста́точно – ausreichend, нема́ло;
о́чень, значи́тельно, удиви́тельно – erstaunlich, весьма́ – überaus, гора́здо *mit Komp.* – bei weitem, мно́го, намно́го *mit Komp.* – um vieles, bedeutend;
кра́йне – äußerst, насто́лько – so sehr, сли́шком – zu (sehr), чересчу́р *ugs.* – übermäßig, абсолю́тно, преде́льно – bis zum Äußersten, совсе́м, соверше́нно, вполне́.

Auf *geringere Intensität* verweisen z. B.:
немно́го, не́сколько *mit Komp.* – etwas, ein wenig, ма́ло, не совсе́м – nicht ganz, едва́ | е́ле – mit Mühe und Not, kaum, чуть *ugs.* – kaum, чуть-чу́ть *ugs.* – ein ganz klein wenig.

Auf ein Maß verweisen auch Zahladverbien, z. B.:
два́жды – zweimal; втро́е *mit Komp.* – dreimal so; на́двое – in zwei Teile.

506 Adverbien des Ortes — Fragen: где? куда́? отку́да?

Sie bezeichnen den *Ort*, die *Richtung* oder den *Ausgangspunkt* einer Bewegung; vgl. z. B.:

где?	куда́?	отку́да?
сле́ва : спра́ва	нале́во : напра́во	сле́ва : спра́ва
впереди́ : сза́ди	вперёд : наза́д	спе́реди *ugs.* : сза́ди
наверху́, вверху́ : внизу́	наве́рх, вверх : вниз	све́рху : сни́зу
внутри́ : снару́жи	внутрь : нару́жу	изнутри́ : снару́жи
далеко́, вдали́	далеко́, вдаль	издалека́	*ugs.* издалёка, и́здали
до́ма	домо́й	и́з дому – von zu Hause

507 Adverbien der Zeit — Fragen: когда́? ско́лько вре́мени? на ско́лько вре́мени?

Sie bezeichnen einen *Zeitpunkt* oder einen *Zeitraum*. Zu ihnen gehören z. B.:
снача́ла : пото́м, ра́ньше : тепе́рь (↗ 514), ра́но : по́здно, сра́зу, во́время – zur rechten Zeit, весно́й : ле́том : о́сенью : зимо́й, одна́жды, позавчера́ : вчера́ : сего́дня : за́втра : послеза́втра, у́тром : днём : ве́чером : но́чью;
постоя́нно, подо́лгу – längere Zeit, часа́ми – stundenlang, ежедне́вно – täglich, ежего́дно; навсегда́ – für immer, auf ewig, надо́лго – auf lange Zeit, ненадо́лго – nur für kurze Zeit.

508 Adverbien des Grundes — Fragen: почему́? отчего́? по како́й причи́не?

Z. B.: сгоряча́ – im Jähzorn, unbedacht, сду́ру *ugs.* – aus Dummheit, törichterweise, неча́янно – versehentlich, ungewollt, понево́ле – notgedrungen; wider Willen.

509 Adverbien des Zwecks — Fragen: заче́м? для чего́? с како́й це́лью?

Z. B.: наро́чно [шн] – absichtlich, невзнача́й *ugs.* – zufällig, unerwartet, назло́ | *ugs.* на́зло – aus Trotz.

Die Pronominaladverbien

Einige Adverbien verweisen nur auf das jeweilige Merkmal, ohne es direkt zu benennen; sie werden als Pronominaladverbien bezeichnet (vgl. auch die Einteilung der Pronomen, ↗ 443).

Adverbien	Sie drücken aus:					
	Frage	Hinweis	Verallge-meinerung	Unbestimmtheit³		Verneinung
				unbekannt	gleichgültig	
der Art u. Weise	как?	так, э́так по-мо́ему¹	вся́чески	ка́к-то	ка́к-нибу́дь²	ника́к (не)
des Ortes wo?	где?	здесь, тут там	везде́ (по-)всю́ду	где́-то	где́-нибудь²	нигде́ (не) не́где
wohin?	куда́?	туда́ сюда́	всю́ду	куда́-то	куда́-нибудь²	никуда́ (не) не́куда
woher?	отку́да?	отту́да отсю́да	отовсю́ду	отку́да-то	отку́да-нибудь²	ниотку́да (не) не́откуда
der Zeit	когда́?	тогда́ тепе́рь	всегда́	когда́-то	когда́-нибудь²	никогда́ (не) не́когда
des Grundes	почему́? отчего́?	потому́ поэ́тому отто́го	— —	почему́-то отчего́-то	почему́-нибудь² отчего́-нибудь²	— —
des Zwecks	заче́м?	зате́м	—	заче́м-то	заче́м-нибудь²	— не́зачем

¹ Weitere Wörter zum Verweis auf eine persönliche Meinung: по-тво́ему, по-на́шему, по-ва́шему, reflexiv auch по-сво́ему: Я поступа́ю по-сво́ему, а ты – по-сво́ему. – Ich handle nach meinem Wunsch, du nach deinem.
² Vorwiegend schriftsprachliche Varianten auf -либо: ка́к-либо, где́-либо, куда́-либо, отку́да-либо …
³ Unbestimmtheit wird auch ausgedrückt durch die mit кое-|ugs. кой- gebildeten Pronominaladverbien
  – der Art und Weise: ко́е-ка́к | кой-ка́к – mit großer Mühe, irgendwie;
  – des Ortes: ко́е-где́ | кой-где́ – hier und da, ко́е-куда́ | кой-куда́ – irgendwohin.

Adverbien ähnlicher Bedeutung im Vergleich

так : э́так

так
1. so (und nicht anders), auf diese Weise
2. so, dermaßen
3. so einfach, ohne Folgen *ugs.*
4. so, ohne Absicht
э́так *ugs.*: ↗ так 1.

Так бы́ло напи́сано в письме́.
Сего́дня так хо́лодно. Э́то бы́ло так давно́!
Э́того я так не оста́влю.
Он сказа́л э́то про́сто так.
Э́так ничего́ не полу́чится.

здесь : тут

здесь
1. hier, an diesem Ort
2. hier, in diesem Fall
3. hier, jetzt
тут *ugs.* ↗ здесь 1. – 3.

Я живу́ здесь давно́.
Здесь вы непра́вы.
Здесь я перехожу́ к гла́вной те́ме.
Тут мно́го люде́й. Чем тут помо́жешь?

513 тогда : потом : затем

тогда
1. damals, in jener Zeit
2. dann, in dem Fall

Мы жили тогда в деревне.
Когда прочитаю книгу, тогда и отдам.
– Wenn ich das Buch gelesen habe, (dann) ...

потом
dann, nachher, danach

Поработаем, потом отдохнём.
Сначала ты, потом я.

затем
1. *Zeit* ↗ потом
2. *Zweck* darum, deshalb

Отдохнём, затем поговорим.
Поговорим, ведь затем и пришёл (пришла).

514 сейчас : теперь

сейчас
1. jetzt, in diesem Augenblick, zur Zeit
2. gerade, eben (erst) *verweist auf unmittelbar Vorangegangenes*
3. sofort, gleich, unverzüglich *verweist auf unmittelbar Folgendes*

Позвоните попозже, сейчас он занят.
Сейчас её нет дома, будет вечером.
Ты знаешь Валю? Она сейчас звонила.
Ты его не видела? Он сейчас заходил сюда.
Я сейчас вернусь, подождите меня здесь.
Иди сюда. – Сейчас!

теперь
1. jetzt, nun *im Vergleich zu früher, unter veränderten Umständen*
2. jetzt, dann, als nächstes

Весной он чувствовал себя совсем плохо, теперь ему гораздо лучше.
Дождь перестал, теперь можно идти.
Я кончил(-а), теперь ваша очередь.
Ну, а теперь обедать!

Сейчас 1. verweist oft auf einen Zeitpunkt, теперь 1. auf einen längeren Zeitraum; vgl. z. B.:
Где сейчас Катя? – Wo ist Katja jetzt | gerade?
Где теперь Катя? – Wo ist | lebt Katja zur Zeit?
Spielt die zeitliche Dauer für den Inhalt der Äußerung keine Rolle, werden сейчас 1. und теперь 1. als gleichberechtigte Varianten verwendet; vgl. z. B.:
Где вы сейчас | теперь работаете? Сейчас | Теперь такие пальто не в моде.

515 почему : отчего : зачем

почему
отчего } *Grund* warum, weshalb
зачем *Zweck* warum, weshalb, wozu

Почему ты плачешь?
Отчего ты такой грустный (такая грустная)?
Зачем ты это сделал(-а)?

516 поэтому : потому

поэтому deshalb, deswegen

потому *ugs.* ↗ поэтому

– Поезд опаздывает из-за заносов?
– Да, поэтому.
Тебя ждут, поэтому поторопись.
Мне некогда, потому я не могу прийти.
Потому я и приехал(-а).

517 везде : всюду : повсюду

везде überall, allerorts
всюду *häufiger schr.* ↗ везде
повсюду ↗ везде

Она уже везде была.
Его всюду знают.
Повсюду: в клубе, на улицах, в домах происходили шумные разговоры.

-то : -нибудь | *schr.* **-либо : кое-** | *ugs.* **кой-** 518
Die so gebildeten Pronominaladverbien drücken eine gewisse Unbestimmtheit aus, ebenso wie die (mit den gleichen Mitteln abgeleiteten) Indefinitpronomen (➚ 493). Vgl. z. B.:

где́-то
irgendwo *nicht genau bekannt wo*

Он живёт где́-то далеко́.
Я его́ уже́ где́-то ви́дел(-а).

где́-нибудь
irgendwo *gleichgültig wo*

Нам ну́жно где́-нибудь пообе́дать.
Есть здесь где́-нибудь побли́зости апте́ка?

ко́е-где́
hier und da, stellenweise *offen gelassen wo*

Ко́е-где́ горе́л свет.

ка́к-то
1. irgendwie *nicht genau bekannt wie*
2. irgendwie, auf irgendeine Weise
3. *ugs., Zeit* irgendwann

Он ка́к-то суме́л ула́дить де́ло.
Здесь ка́к-то неую́тно.
Мы ка́к-то уже́ говори́ли об э́том.

ка́к-нибудь
1. irgendwie *gleichgültig wie*
2. *ugs.* irgendwie flüchtig, oberflächlich
3. *ugs., Zeit* irgendwann, in nächster Zeit

На́до ка́к-нибудь помо́чь ему́.
Он всё де́лает ка́к-нибу́дь.
Я вам ка́к-нибу́дь звоню́.

ко́е-ка́к
1. mit großer Mühe, irgendwie
2. schlecht, nachlässig

Ко́е-ка́к он нашёл вы́ход.
Она́ одева́ется ко́е-ка́к.

ни- (не) : не́- 519
Die so gebildeten Pronominaladverbien drücken eine Verneinung aus, ebenso wie die – mit den gleichen Mitteln abgeleiteten – Negativpronomen (➚ 500 ff.).
Die Verneinung, die die mit ни- gebildeten Adverbien ausdrücken, wird im Satz stets durch не (нет, нельзя́) verstärkt, z. B.:

ника́к keineswegs, überhaupt nicht

Э́того я ника́к не понима́ю.
Ника́к нельзя́. – Es ist völlig unmöglich.

нигде́ nirgendwo, nirgends

Я ищу́ свои́ очки́ – их нигде́ нет.
Его́ нигде́ нельзя́ найти́.
– Er ist nirgends zu finden.

никуда́ nirgendwohin
ниоткуда nirgendwoher
никогда́ niemals, nie

Я сего́дня никуда́ не пойду́.
Ниоткуда нет известий.
Я никогда́ в жи́зни э́того не ви́дел(-а).

Die mit не́- gebildeten Adverbien treten in unpersönlichen Infinitivsätzen auf (➚ 729.2), z. B.:

не́где
es ist nicht möglich, irgendwo …

Ко́мната ма́ленькая, де́тям не́где игра́ть.
Здесь нам про́сто не́где споко́йно поговори́ть.
– Hier können wir einfach nicht in Ruhe sprechen.

не́куда
es ist nicht möglich, irgendwohin …

Все места́ за́няты, не́куда сесть.
Мне не́куда пойти́ ве́чером.
– Ich kann abends nirgendwohin gehen.

не́откуда
es ist nicht möglich, irgendwoher …
не́когда es ist keine Zeit

Не́откуда позвони́ть.
Не́откуда бы́ло получи́ть све́дения.
Ему́ всегда́ не́когда. – Er hat nie Zeit.
Мне не́когда бы́ло поговори́ть с ним.

не́зачем es hat keinen Zweck,
es lohnt sich nicht

Не́зачем отвеча́ть.

520 Zur Funktion im Satz

Adverbien können im Satz vor allem in folgenden Funktionen auftreten:
- als *Adverbialbestimmung* (in dieser Funktion treten Adverbien am häufigsten auf), z. B.:

И в то же вре́мя он чи́сто по-де́тски, эмоциона́льно и непосре́дственно, пережива́л всё, преподноси́мое ему́ кни́гами. (Некр.)	– Und zugleich durchlebte er alles, was ihm in den Büchern begegnete, ganz wie ein Kind, emotional und unmittelbar.
…, за два́ часа́ так необыкнове́нно измени́лась земля́, … (Пауст.)	– …, innerhalb von zwei Stunden hatte sich das Land so ungewöhnlich verändert, …
– У други́х по че́тверо дете́й остава́лось, а жи́ли непло́хо, и ребя́та вы́росли не ху́же на́ших. (Плат.)	– „Anderen sind vier Kinder geblieben, aber sie haben nicht schlecht gelebt, und auch ihre Kinder sind nicht schlechter als unsere aufgewachsen."
Генна́дий ужа́сно (ugs.) тала́нтлив.	– Gennadi ist außerordentlich talentiert.

- als *nichtkongruierendes Attribut* (selten, nur bei näherer Bestimmung eines Substantivs), z. B.:
Мой брат живёт в до́ме напро́тив. – Mein Bruder wohnt im Haus gegenüber.

- als *Prädikat* im zweigliedrigen Satz, z. B.:
Оте́ц до́ма. – Vater ist zu Hause.
(Vgl.: Он бу́дет до́ма ве́чером.)
Мы в го́роде прое́здом. – Wir sind in der Stadt auf der Durchreise.

Zur Funktion von Zustandswörtern im eingliedrigen unpersönlichen Satz ↗ 731.

Die Komparation

521 Von Adverbien, die von Qualitätsadjektiven mithilfe des Suffixes -о | -е abgeleitet sind, können in der Regel unveränderliche Komparationsformen gebildet werden.
Nach der Bildeweise unterscheidet man – wie bei den Adjektiven – einfache und zusammengesetzte Formen des Komparativs und des Superlativs; im Satz werden diese Formen als Adverbialbestimmung gebraucht.

Die Steigerungsformen der Adverbien im Überblick (↗ auch 379)

Steigerungsstufe	Formen	Gebrauch als Adverbialbestimmung	
Positiv		интере́сно	– interessant
Komparativ	einf. zus.	интере́снее | -ей бо́лее интере́сно	– interessanter
Superlativ	zus. einf.	интере́снее всего́ | всех —	– am interessantesten

Die Komparativformen

Die *einfachen* Komparativformen der Adverbien auf -o | -e stimmen mit den Formen des einfachen Komparativs der entsprechenden Adjektive völlig überein (➚ 380; vgl. z. B.: **522**

Adjektiv:	Adverb:	einfacher Komparativ (Adjektiv und Adverb):
сло́жный	сло́жно	сложне́е	сложне́й
тёплый	тепло́	тепле́е	тепле́й
гро́мкий	гро́мко	гро́мче
стро́гий	стро́го	стро́же
ти́хий	ти́хо	ти́ше
ча́стый	ча́сто	ча́ще
плохо́й	пло́хо	ху́же
хоро́ший	хорошо́	лу́чше

Wenige Adverbien auf -ше weisen Varianten auf -ее auf; die zuerst genannten Formen gelten als stilistisch neutral, die Formen auf -ее als schriftsprachlich, z. B.:
далеко́: да́льше | да́лее, до́лго: до́льше | до́лее, ма́ло: ме́ньше | ме́нее, мно́го: бо́льше | бо́лее, по́здно: по́зже | поздне́е, ра́но: ра́ньше | ра́нее.

Die *zusammengesetzten* Komparativformen der Adverbien werden durch Vorsetzen der unveränderlichen Wörter бо́лее oder ме́нее vor den Positiv des Adverbs gebildet, z. B.: **523**
слу́шать бо́лее (ме́нее) внима́тельно – aufmerksamer (weniger aufmerksam) zuhören.
Ein zusammengesetzter Komparativ kann von allen steigerungsfähigen Adverbien gebildet werden; mitunter gibt es Varianten der Formbildung (z. B.: интере́снее | бо́лее интере́сно).

Dem deutschen *„als" beim Komparativ* entspricht im Russischen **524**
– der Genitiv des Vergleichs (➚ 636),
– die Konjunktion чем in Verbindung mit dem Vergleichswort, und zwar im gleichen Kasus wie das Wort, auf das sich der Vergleich bezieht. Vor чем wird stets ein Komma gesetzt.

Beispiele für den *Gebrauch* der Komparativformen: **525**

Он э́то зна́ет лу́чше меня́.	– Er weiß das besser als ich.
Ни́на интересу́ется биоло́гией бо́льше, чем фи́зикой.	– Nina interessiert sich mehr für Biologie als für Physik.
– …, я пережи́л бо́льше, чем ты, – проговори́л оте́ц. (Плат.)	– „…, ich habe mehr durchgemacht als du", sagte Vater.
Чем лу́чше челове́к отно́сится к себе́, тем лу́чше он отно́сится к други́м. (Ток.)	– Je besser ein Mensch mit sich selbst umgeht, um so besser geht er mit anderen um.
Он узна́л вдруг всё, что знал пре́жде, гора́здо точне́е и действи́тельней. (Плат.)	– Er verstand plötzlich alles, was er schon früher gewusst hatte, viel genauer und klarer.
Он хоте́л бы́ло спроси́ть у жены́ бо́лее то́чно, кто же тако́й э́тот Семён Евсе́евич, … (Плат.)	– Er wollte eigentlich von seiner Frau genauer erfahren, wer denn dieser Semjon Jewsejewitsch war…

Der Vergleich kann durch Präfigierung mit по- etwas abgeschwächt werden, z. B.:
Он знал ма́ло, она́ побо́льше. – Er wusste wenig, sie etwas mehr.

Beachte: Adverbien können auch mithilfe wortbildender Elemente einen bestimmten Grad eines Merkmals (eine Abschwächung oder eine Verstärkung) ausdrücken; vgl. z. B.:
гру́стно *Adv.* – traurig: грустнова́то – etwas traurig;
ча́сто *Adv.* – oft: часте́нько *ugs.* – ziemlich oft.

Die Superlativformen

526 Der *zusammengesetzte* Superlativ wird durch die Verbindung des einfachen Komparativs mit dem Genitiv des Vergleichs всего́ (in der Bedeutung: чем всё) oder всех (in der Bedeutung: чем все) gebildet (↗ auch **396**).

In der Schriftsprache treten auch Formen auf, die durch Vorsetzen der unveränderlichen Wörter наибо́лее oder наиме́нее vor den Positiv des Adverbs gebildet sind (gewöhnlich drücken diese Formen einen sehr hohen oder einen sehr niedrigen Grad des Merkmals aus).

527 Beispiele für den *Gebrauch* der Superlativformen:

Во́ва написа́л сочине́ние лу́чше всех.	– Wowa hat den Aufsatz am besten geschrieben.
Он зна́ет англи́йский и ру́сский, но говори́т лу́чше всего́ по-англи́йски.	– Er kann Englisch und Russisch, aber am besten spricht er Englisch.
…, но бо́льше всего́ на све́те он лю́бит ходи́ть в похо́ды, … (Ток.)	– …, aber am allerliebsten unternimmt er Wanderungen, …
Наибо́лее интенси́вно учёный занима́лся вопро́сами …	– Besonders intensiv hat sich der Wissenschaftler mit Fragen …beschäftigt.

528 Selten werden einfache Superlativformen auf -ейше | -айше gebraucht (vgl. ↗ **392**), z. B.:
поко́рно *Adv.* – ergeben; demütig: поко́рнейше – ergebenst;
стро́го *Adv.* – streng: строжа́йше – strengstens.

529 Wortgruppen in adverbialer Funktion

Die folgende Liste bietet in alphabetischer Anordnung eine Auswahl gebrauchshäufiger fester Wendungen, die in der Funktion eines Adverbs verwendet werden können und deren Bedeutung nicht ohne weiteres aus den einzelnen Wortbestandteilen abgeleitet werden kann:

без ме́ры – maßlos; außerordentlich
без толку *ugs.* – sinnlos, vergebens
в большинстве́ (слу́чаев) – meist
в бу́дущем – künftig, später
в дальне́йшем – im Weiteren, im Folgenden
в заключе́ние – zum (Ab-)Schluss, abschließend
в ито́ге – im Endergebnis, letztlich
в конце́ концо́в – letzten Endes, letztlich
в кра́йнем слу́чае – äußerstenfalls
в ме́ру (↗ не в ме́ру) – angemessen; nicht zu …
в основно́м – im Wesentlichen
в осо́бенности – insbesondere
в пе́рвую о́чередь – vor allem
в про́шлом – früher
в са́мом де́ле – wirklich, tatsächlich
в своё вре́мя – seinerzeit; rechtzeitig
в свою́ о́чередь – seinerseits | ihrerseits *usw.*
в сре́днем – im Durchschnitt
в срок – rechtzeitig, termingerecht
в то вре́мя – damals

в то же время – zugleich
в целом – im Ganzen (gesehen)
вне очереди (↗ по очереди) – außer der Reihe
вне себя – außer sich, erregt
во всяком случае – jedenfalls
во главе – an der Spitze; vorne
во что бы то ни стало – unbedingt, um jeden Preis
вот как *ugs.* – (genau) so
вот почему – daher, deshalb
время от времени – von Zeit zu Zeit
всё время – fortwährend
всё ещё – immer noch
всё равно – trotzdem, sowieso
всякий раз – jedes Mal
где угодно – ganz gleich wo, überall
главным образом – hauptsächlich
для вида | виду – zum Schein
до отказа – bis zum Äußersten
до предела – bis zum Äußersten
до сих пор – bis jetzt; *ugs.* bis hierher
до тех пор – bis zu der Zeit, bis dahin
до того – so sehr
до чего …! *ugs.* – wie sehr…!
ещё раз – noch einmal
и впредь *schr.* – auch künftig
и тут – in diesem Augenblick
иной раз – manchmal
к месту (↗ не к месту) – angebracht, am Platz
к себе (↗ от себя) – zu sich, auf die eigene Person hin
к чему …? *ugs.* – wozu …? weswegen …?
каждый раз – jedes Mal
как можно *mit Adv. im Komp.* – so … wie möglich
как нельзя *mit Adv. im Komp.* – äußerst
как следует – wie es sich gehört, gut
как угодно – wie gewünscht; ganz gleich wie
как-то раз *ugs.* – eines Tages
когда угодно – ganz gleich wann, immer
куда угодно – ganz gleich wohin
мало ли *ugs.* – wer weiß; unwichtig
между прочим – unter anderem; nebenbei bemerkt
между тем – inzwischen, mittlerweile
на вид – dem Aussehen nach
на виду у *mit G.* – vor *jmds.* Augen, im Blickfeld
на днях – vor kurzem; in Kürze
на зависть – beneidenswert
на людях *ugs.* – im Beisein anderer, vor aller Augen
на первых порах – am Anfang, anfangs
на редкость – selten, außergewöhnlich
на самом деле – in der Tat, wirklich

на слова́х – mit Worten, mündlich
на ходу́ – beim Gehen, bei der Fahrt; in Betrieb
не в ме́ру (↗ в ме́ру) – maßlos, übermäßig
не в приме́р *ugs.* – unvergleichlich
не к ме́сту (↗ к ме́сту) – unangebracht, nicht am Platz
не ра́з (↗ aber ни ра́зу) – mehrmals, wiederholt
не та́к чтобы *ugs.* – nicht sehr, nicht gerade
ни в ко́ей | како́й ме́ре *ugs.* – überhaupt nicht
ни в ко́ем слу́чае – auf keinen Fall; niemals
ни за что́ *ugs.* – unter keinen Umständen, keinesfalls
ни ра́зу (↗ aber не ра́з) – nicht ein einziges Mal
ни с че́м *ugs.* – ohne irgendein Ergebnis
оди́н раз *ugs.* – eines Tages
от себя́ (↗ к себе́) – von sich, von der eigenen Person weg; im eigenen Namen
от си́лы – höchstens
по ви́ду – allem Anschein nach
по возмо́жности – möglichst
по времена́м – von Zeit zu Zeit, manchmal
по кра́йней ме́ре – wenigstens
по о́череди (↗ вне о́череди) – der Reihe nach; nacheinander
по приро́де – dem Wesen, Charakter nach
по пути́ – unterwegs
по сей де́нь – bis auf den heutigen Tag
по существу́ – zur Sache, zum Thema
пока́ что *ugs.* – vorerst, bisher
пре́жде всего́ – vor allem
при э́том – gleichzeitig
про запа́с – auf Vorrat; für alle Fälle
про себя́ – für sich; leise, nicht laut
с ви́ду *ugs.* – dem Aussehen nach
… с ли́шним – mehr als …, über …
… с небольши́м – etwas mehr als …, etwas über …
со стороны́ – von außerhalb
с те́х пор, с той поры́ – seitdem
с хо́ду – ohne anzuhalten; *ugs.* sofort
ско́лько уго́дно – so viel man will, nach Herzenslust
сра́зу же – sofort
та́к же – ebenso; gleich
та́к или ина́че – so oder so, irgendwie
та́к себе *ugs.* – einigermaßen, so lala
таки́м о́бразом – auf diese Weise, so
тем вре́менем – zur selben Zeit, inzwischen
тем са́мым – damit, dadurch
то и де́ло *ugs.* – in einem fort, immerzu
то́лько что – soeben, gerade
… тому́ наза́д – vor … *zeitl.*
туда́ же – an die gleiche Stelle, auch dorthin
у себя́ – bei sich (zu Hause); anwesend
что́ бы там ни́ было – auf jeden Fall

Das Zustandswort

Zu Wortbedeutung und Form

Zustandswörter (mitunter auch prädikative Adverbien genannt) bezeichnen ganz allgemein einen Zustand. Sie sind – wie Adverbien, mit denen sie häufig in der Form übereinstimmen, – nicht flektierbar; von bestimmten Zustandswörtern können Steigerungsstufen (Komparationsformen) gebildet werden.
Zum Unterschied von Adverbien treten Zustandswörter im Satz ausschließlich in prädikativer Funktion auf.

530

Vgl. die Zugehörigkeit der Wortform скучно zu unterschiedlichen Wortarten:
- neutrale Kurzform des Adjektivs скучный (in prädikativer Funktion, ↗ 340)
 Это занятие <u>скучно</u>. – Diese Beschäftigung ist langweilig.

- Adverb (in der Funktion einer Adverbialbestimmung, ↗ 520)
 Он рассказывал долго и <u>скучно</u>. – Er erzählte langatmig und langweilig.

- Zustandswort (in prädikativer Funktion)
 Мне (было) <u>скучно</u>. – Mir ist (war) langweilig.

Nach der *Bedeutung* der Zustandswörter unterscheidet man:

531

- Wörter, die einen Zustand in der Natur oder in der Umgebung bezeichnen, z. B.:
 ветрено – es ist windig, душно, светло, сыро, тепло, тихо, холодно.
 ... – уже <u>холодно</u> стало, осень во дворе. (Плат.) – ... es war schon kalt geworden, draußen war Herbst.
 В лесах было <u>торжественно</u>, <u>светло</u> и <u>тихо</u>. (Пауст.) – In den Wäldern war es feierlich, hell und still.
 Стало <u>тихо</u> в доме. (Плат.) – Es wurde still im Haus.

- Wörter, die einen psychischen oder physischen Zustand eines Menschen bezeichnen, z. B.:
 весело – es ist lustig, грустно, радостно, скучно, стыдно, трудно;
 душно, плохо, больно *mit A.* – es tut etw. weh;
 видно *mit A.* – man kann *jmd.*|*etw.* sehen, слышно *mit A.* – man kann *jmd.*|*etw.* hören.
 И <u>грустно</u>, что школа уже позади, и <u>радостно</u>, что впереди – Новая жизнь. (Гавр.) – Einerseits ist man traurig, dass die Schule schon hinter einem liegt, andererseits freut man sich, dass vor einem das Neue Leben lockt.

О, поду́мать об э́том бы́ло ужа́сно! ... (Сол.)	– Ach, daran zu denken war schrecklich! ...
– Ску́чно мне, Лю́ба, с тобо́ю, а я жить ещё хочу́. (Плат.)	– „Mir ist langweilig mit dir, Ljuba, ich will aber noch etwas vom Leben haben!"
Мне сты́дно за тебя́.	– Ich schäme mich für dich (deiner).
Отсю́да хорошо́ ви́дно доро́гу.	– Von hier aus ist der Weg gut einzusehen.
Говори́те гро́мче, вас не слы́шно.	– Sprechen Sie lauter, Sie sind nicht zu hören (man kann Sie nicht verstehen).

— Wörter, die eine (im Infinitiv genannte) Handlung in inhaltlicher, räumlicher oder zeitlicher Hinsicht bewerten, z. B.:

вре́дно – es ist schädlich, поле́зно – es ist nützlich, далеко́ – es ist weit, ра́но – es ist zu früh.

Вам кури́ть вре́дно.	– Rauchen ist für Sie schädlich.
Встава́ть бы́ло ещё ра́но.	– Es war noch zu früh, um aufzustehen.

— modale Zustandswörter, die Möglichkeit (Unmöglichkeit) oder Notwendigkeit (meist einer im Infinitiv genannten Handlung) ausdrücken, z. B.:

мо́жно *mit Inf.* – man kann; man darf
возмо́жно *mit Inf.* – es ist möglich, es kann sein
нельзя́ *mit uv. Inf.* – man darf | soll nicht; *mit v. Inf.* – man kann nicht (es ist unmöglich)
на́до | ну́жно | на́добно *alt, ugs., mit Inf.* – es ist nötig, man muss | soll;
  mit A., G. – man braucht
необходи́мо *mit Inf.* – es ist nötig | notwendig, man muss;
  mit A., ugs. – man braucht *etw.*
до́лжно *alt, mit Inf.* – man muss | soll

Мо́жно э́то сде́лать в два дня.	– Man kann das in (innerhalb von) zwei Tagen erledigen.
Здесь мо́жно кури́ть?	– Darf man hier rauchen?
Возмо́жно ли с э́тим согласи́ться?	– Kann man dem zustimmen?
Нельзя́ теря́ть ни мину́ты.	– Man darf keine Minute verlieren.
Тебе́ нельзя́ так волнова́ться.	– Du sollst	solltest dich nicht so aufregen.
Э́ту посло́вицу нельзя́ то́чно перевести́.	– Dieses Sprichwort kann man nicht wörtlich übersetzen.
Ну́жно торопи́ться.	– Man muss sich beeilen.
Мне необходи́мо уви́деть тебя́.	– Ich muss dich unbedingt sehen	treffen.
Мне ну́жно	необходи́мо сто рубле́й.	– Ich brauche 100 Rubel.
– Не ну́жно нам его́ любви́, – сказа́л оте́ц. (Плат.)	– „Wir brauchen seine Liebe nicht", sagte der Vater.
Вам до́лжно поду́мать о своём поведе́нии.	– Sie sollten über Ihr Verhalten nachdenken.

532 Nach ihrer *Form* lassen sich folgende Arten von Zustandswörtern unterscheiden:

— Die meisten Zustandswörter stimmen in ihrer Form mit Adverbien überein und können oft auch wie diese Komparationsformen (↗ 521) bilden, z. B.:

тепло́: *Kompr.* тепле́е, *Superl.* тепле́е всего́; тру́дно: трудне́е, трудне́е всего́; пло́хо: ху́же, ху́же всего́.

С тобо́й нам бу́дет веселе́е.	– Mit dir wird uns fröhlicher zumute sein.
В леса́х станови́лось всё су́мрачнее, всё ти́ше. (Пауст.)	– In den Wäldern wurde es immer dunkler und stiller.
Лу́чше всего́ бы́ло по вечера́м. (Пауст.)	– Am schönsten war es abends.

– Einige Zustandswörter stimmen formal mit der neutralen Kurzform von Passivpartizipien überein, z. B.:
заведенó – es hat sich eingebürgert, es ist Gewohnheit | üblich
закры́то – es ist geschlossen
поло́жено *ugs.* – es gehört sich, прика́зано – es ist angeordnet (worden)
решенó – es ist beschlossen (worden)

У нас так заведенó.	– Das ist bei uns so üblich.
Входи́те, не закры́то.	– Kommen Sie herein, es ist nicht geschlossen!
В ко́мнате наку́рено.	– Das Zimmer ist vollgeraucht	voll Rauch.

– Einzelne Zustandswörter mit modaler Bedeutungsschattierung stimmen in ihrer Form mit Substantiven überein, z. B.:
вре́мя | порá *mit Inf.* – es ist (an der) Zeit
грех *ugs., mit Inf.* – es ist eine Schande; не грех *ugs.* – es würde nicht schaden
досу́г *ugs., mit Inf.* – jmd. hat Zeit; недосу́г *ugs.* – jmd. hat keine Zeit
жаль *mit Inf. oder A., G.* – es ist schade | bedauerlich; *jmd.* tut einem Leid
лень *ugs., mit Inf.* – *jmd.* ist zu faul
охо́та *ugs., mit Inf.* – *jmd.* hat Lust; неохо́та *ugs.* – *jmd.* hat keine Lust, ist nicht aufgelegt

Порá (идти́) домо́й.	– Es ist an der Zeit, nach Hause zu gehen. Ich muss (wir müssen) nach Hause (gehen).
Не вре́мя сиде́ть сложá ру́ки.	– Es ist nicht die Zeit, die Hände in den Schoß zu legen. Man darf jetzt nicht die Hände in den Schoß legen.
Жаль потéрянного вре́мени.	– Es ist schade um die verlorene Zeit.
Нам вдруг стáло óчень жаль егó.	– Er tat uns plötzlich sehr Leid.
Мне бы́ло жаль расставáться с друзья́ми.	– Es tat mir Leid, mich von meinen Freunden verabschieden zu müssen.
Не грех бы отдохну́ть немно́го.	– Es wäre nicht übel, eine kleine Pause zu machen.
Ему́ бы́ло недосу́г прочитáть статью́.	– Er hatte keine Zeit, den Artikel zu lesen.
Ему́ лень подня́ться с крéсла.	– Er ist zu träge, sich aus dem Sessel zu erheben.

Zur Funktion im Satz

Ein Zustandswort kann ausschließlich in prädikativer Funktion auftreten, und zwar als *wesentliches Satzglied* in einem eingliedrigen unpersönlichen Satz (➚ 731).

Wird die Person genannt, die von einem Zustand betroffen oder Urheber einer möglichen oder notwendigen Handlung ist, so wird sie durch ein Nomen (Substantiv oder Pronomen) im Dativ bezeichnet (➚ 637.2), z. B.:

| Дéтям вéсело. | – Den Kindern ist froh zumute. (Die Kinder sind lustig.) |

Мне хóлодно. Нам бы́ло жаль расставáться. Мне ну́жно отпрáвить телегрáмму.

Der Zeitbezug wird durch Kopulaverben (in der 3. Person Singular des Präsens | Futurs bzw. in der neutralen Singularform des Präteritums) ausgedrückt, und zwar insbesondere durch Formen von быть (Präsens ohne Kopula) oder стать/станови́ться.

Zustandswörter in prädikativer Funktion: Zeitformen

Präs.
Prät. Сегóдня ⎧ (–) ⎫ хóлодно.   Мне нýжно ⎧ (–) ⎫ отпрáвить телегрáмму.
Fut. ⎨ бы́ло ⎬ ⎨ бы́ло ⎬
⎩ бýдет ⎭ ⎩ бýдет ⎭

Auch die Zustandswörter substantivischer Herkunft werden mit den Formen бы́ло und бýдет verbunden, z. B.:

Давнó порá бы́л<u>о</u> так поступáть. – Es war längst an der Zeit, so zu handeln.

Beachte die unterschiedliche Wiedergabe russischer unpersönlicher Sätze mit einem Zustandswort im Deutschen:
– Sätze, die einen Zustand bezeichnen, ohne eine betroffene Person zu benennen, werden im Deutschen häufig durch Sätze mit *es* als Subjekt wiedergegeben. Einem Dativ der Person entspricht im Deutschen oft ebenfalls ein Dativobjekt. Vgl. z. B.:

Сегóдня на ýлице óчень хóлодно. – Heute ist <u>es</u> draußen sehr kalt.
<u>Мне</u> стáло плóхо. – <u>Mir</u> wurde schlecht.

– Sätze mit einem modalen Zustandswort, in denen kein Urheber der Handlung genannt ist, werden im Deutschen häufig durch Sätze mit *man* als Subjekt wiedergegeben. Einem Dativ der Person entspricht im Deutschen gewöhnlich das Subjekt des Satzes. Vgl. z. B.:

Здесь нельзя́ кури́ть. – Hier darf <u>man</u> nicht rauchen.
<u>Мне</u> нáдо с ним поговори́ть. – <u>Ich</u> muss mit ihm sprechen.

Das Schaltwort

Zu Wortbedeutung, Form und Funktion im Satz

Schaltwörter (wegen ihrer modalen Bedeutung auch Modalwörter genannt) bezeichnen 536
die persönliche Einstellung des Sprechenden zum Inhalt der von ihm gemachten Äußerung. Diese nicht flektierbaren Wörter werden, ohne selbst Satzglieder zu sein, in einen Satz eingeschaltet, mit schwebender oder fallender Intonation gesprochen und in der Schrift stets durch Kommas vom übrigen Satzganzen abgetrennt.

Schaltwörter gehen auf Wörter oder Wortformen anderer Wortarten zurück, z. B. auf Adverbien, Verben, Substantive, auch auf Hilfswörter. Treten die gleichen Formen in einem Satz in ihrer ursprünglichen Funktion als Satzglieder auf, werden sie nicht durch Kommas getrennt. Vgl. die Zugehörigkeit der Wortform ве́рно zu unterschiedlichen Wortarten:
- Adverb (↗ 504)
  Он ве́рно реши́л зада́чу. – Er hat die Aufgabe richtig gelöst.
- Partikel (↗ 609)
  – Он прекра́сный рабо́тник. – „Er ist ein ausgezeichneter Mitarbeiter."
  – Ве́рно. „Das stimmt."
- Schaltwort
  Он, ве́рно, забы́л позвони́ть. – Er hat wohl vergessen anzurufen.

Nach ihrer *Bedeutung* unterscheidet man 537
1. Schaltwörter, die die Einstellung des Sprechers zum Inhalt seiner Äußerung kennzeichnen
- Wörter, mit denen der Grad der Zuverlässigkeit einer Mitteilung eingeschätzt wird (als gewiss, als wahrscheinlich, einschränkend, durch Verweis auf die Quelle der Äußerung), z. B.:
  безусло́вно – zweifellos, natürlich
  бесспо́рно – unbestreitbar, fraglos
  ве́рно *ugs.* – wahrscheinlich, wohl
  вероя́тно – wahrscheinlich
  ви́димо – augenscheinlich, offenbar
  по-ви́димому – anscheinend; voraussichtlich
  (как) ви́дно *ugs.* – augenscheinlich, offenbar
  возмо́жно *schr.* – möglicherweise, vielleicht
  говоря́т – wie man sagt, angeblich
  действи́тельно – wirklich, wahrhaftig

есте́ственно – selbstverständlich, natürlich
ка́жется – anscheinend, wahrscheinlich, wohl
коне́чно – natürlich, selbstverständlich
мо́жет *ugs.* – vielleicht, mag sein
наве́рно(е) – wahrscheinlich; *ugs.* vielleicht
несомне́нно – zweifellos, gewiss
одна́ко – doch, aber; jedoch
очеви́дно – augenscheinlich, offensichtlich
пожа́луй – vielleicht, wohl
по-мо́ему – meiner Meinung nach
по-на́шему – unserer Meinung nach
поня́тно *ugs.* – selbstverständlich, natürlich
похо́же *ugs.* – wahrscheinlich, wohl
пра́вда – wirklich, tatsächlich; freilich, allerdings
разуме́ется – selbstverständlich, natürlich
смотрю́ *ugs.* – augenscheinlich, offenbar

– Wörter, mit denen der Inhalt einer Äußerung als gewohnheitsmäßig, zufällig oder hypothetisch bewertet wird, z. B.:
быва́ло *ugs.* – (früher) manchmal, pflegte zu *mit Inf.*
допу́стим – angenommen
поло́жим – angenommen, gesetzt den Fall
предположим ↗ поло́жим
случа́йно *ugs.* (in verneintem Fragesatz) – zufällig
слу́чаем *ugs.* ↗ случа́йно

– Wörter, mit denen der Sprechende seine Mitteilung ordnet (gliedert, Akzente setzt, präzisiert, zusammenfasst), z. B.:
верне́е | верне́й *ugs.* (сказа́ть) – vielmehr, genauer gesagt
во-пе́рвых – erstens
во-вторы́х – zweitens
в-тре́тьих – drittens *usw.*
гла́вное (де́ло) – vor allem, tatsächlich
зна́чит – also, folglich
коро́че *ugs.* (говоря́), ко́ротко говоря́ – kurz gesagt
кста́ти – nebenbei | beiläufig gesagt, übrigens
лу́чше (сказа́ть) – besser gesagt
наконе́ц – schließlich, endlich
наприме́р – zum Beispiel, beispielsweise
пра́вильнее (сказа́ть | говоря́) – richtiger gesagt
сле́довательно – folglich, also
(одни́м) сло́вом – mit einem Wort
со́бственно (говоря́) – eigentlich, im Grunde genommen
точне́е (сказа́ть | говоря́) – genau genommen

– Wörter, mit denen der Sprechende seine durch die Äußerung bedingte Gefühlsregung wiedergibt, z. B.:
жа́лко *ugs.* | жаль – leider
поду́маешь *ugs.* – hast du gedacht! pah!
спаси́бо (ему́) – dafür gebührt (ihm) Dank, Gott sei Dank
увы́ – leider

2. Schaltwörter, die bestimmte Absichten des Sprechenden gegenüber seinem Gesprächspartner ausdrücken (etwa das Bestreben, die Aufmerksamkeit des Partners auf etwas zu lenken oder auf seine Meinungsbildung Einfluss zu nehmen), z. B.:
ви́дишь ли (вишь *ugs.*), ви́дите ли – verstehst du, verstehen Sie; doch
зна́ешь (ли), зна́ете (ли) – weißt du, wissen Sie
пове́рь, пове́рьте – glaub mir, glauben Sie mir; wirklich
понима́ешь (ли), понима́ете (ли) – verstehst du, verstehen Sie
предста́вь (себе́), предста́вьте (себе́) – stell dir vor, stellen Sie sich vor
смо́тришь – stell dir mal vor
согласи́сь, согласи́тесь – gib (doch) zu, geben Sie (doch) zu
Beispiele:

Он, коне́чно, согласи́тся.	– Er wird natürlich einverstanden sein.
Сего́дня, наве́рное, она́ уже́ не придёт.	– Heute wird sie wohl nicht mehr kommen.
Ка́жется, я не опозда́л(-а).	– Anscheinend bin ich nicht zu spät gekommen.
Во́ва, говоря́т, до сих пор не зна́ет об э́том.	– Wowa weiß angeblich bisher nichts davon.
Ся́дет, быва́ло, и сра́зу начнёт расска́зывать.	– Manchmal setzte er sich und begann sofort zu erzählen.
Прости́те, вы, случа́йно, не зна́ете, како́й авто́бус туда́ идёт?	– Entschuldigung, Sie wissen nicht zufällig, welcher Autobus dorthin fährt?
Ну допу́стим, вы вы́играли две́сти ты́сяч рубле́й, что бы вы с ни́ми ста́ли де́лать?	– Einmal angenommen, Sie hätten 200 000 Rubel gewonnen, was würden Sie mit ihnen anfangen?
Мно́гие спорти́вные те́рмины займствованы из англи́йского языка́, наприме́р, ре́гби, де́рби, те́ннис.	– Viele Fachausdrücke aus dem Sport sind dem Englischen entlehnt, so zum Beispiel Rugby, Derby, Tennis.
Сло́вом, всё обошло́сь благополу́чно.	– Mit einem Wort: Alles ist günstig ausgegangen.
Предста́вь, он звони́т ка́ждый день.	– Stell dir vor, er ruft jeden Tag an.

Wortgruppen und Teilsätze in der Funktion eines Schaltwortes

Die folgende Liste bietet in alphabetischer Anordnung eine Auswahl gebrauchshäufiger *Wortgruppen*, die in der Funktion eines Schaltwortes verwendet werden können und deren Bedeutung sich nicht ohne weiteres aus den einzelnen Wortbestandteilen ergibt:
бо́льше | бо́лее того́ – mehr noch, darüber hinaus
в конце́ концо́в – letzten Endes, schließlich
в о́бщем – zusammenfassend, kurz und gut
в са́мом де́ле – wahrhaftig, wirklich
в су́щности – eigentlich, im Grunde genommen
в ча́стности – insbesondere
должно́ быть – wahrscheinlich, anscheinend
и́наче говоря́ – anders ausgedrückt, mit anderen Worten
к сло́ву (сказа́ть) – übrigens, nebenbei gesagt
к сожале́нию – leider, bedauerlicherweise
к стыду́ своему́ – zu meiner Schande
как на грех *ugs.*, как назло́ *ugs.* – wie zum Trotz, ausgerechnet
как ни стра́нно – wie seltsam es auch scheinen mag
как оказа́лось – wie sich herausgestellt hat

как полага́ется | поло́жено – wie es sich gehört
как пра́вило – gewöhnlich
кро́ме того́ – außerdem, darüber hinaus
ме́жду на́ми говоря́ – unter uns (im Vertrauen) gesagt
ме́жду про́чим – übrigens
мо́жет быть, *geh.* быть мо́жет – vielleicht
на мой (наш) взгляд – meines (unseres) Erachtens
на́до полага́ть – es ist anzunehmen, wohl
не́чего де́лать, де́лать не́чего – da kann man nichts machen
не́чего сказа́ть *ugs.* – in der Tat
по моему́ мне́нию, *ugs.* по мне́ – meiner Meinung nach
по пра́вде говоря́, сказа́ть по пра́вде – ehrlich | offen gesagt
по слова́м *mit G.* – nach den Worten *von* …
по су́ти де́ла, *ugs.* по су́ти – eigentlich, im Grunde genommen
по существу́ – im Wesentlichen, im Grunde genommen
с одно́й стороны́, с друго́й стороны́ – einerseits, andererseits
с то́чки зре́ния *mit G.* – nach Ansicht *von* …
само́ собо́й разуме́ется, *ugs.* само́ собо́й – selbstverständlich, natürlich
сла́ва Бо́гу | Го́споди – Gott sei Dank
ста́ло быть *ugs.* – also, folglich
стра́нная вещь *ugs.*, стра́нное де́ло *ugs.* – so seltsam es klingt
сты́дно сказа́ть – man schämt sich zuzugeben
су́дя по всему́ – offensichtlich
чёрт возьми́ *ugs.* – hol's der Teufel
че́стно | открове́нно говоря́ – ehrlich gesagt
что | как ни говори́(-те) – was man auch sagen mag

Beispiele:

На соревнова́ние прие́хали сильне́йшие спортсме́ны. В о́бщем, борьба́ бу́дет упо́рной.	– Zum Turnier sind sehr starke Sportler gekommen. Kurz und gut, der Wettkampf wird hart werden.
Они́, должно́ быть, уже́ уе́хали.	– Sie sind anscheinend schon weggefahren.
Как оказа́лось, он был совсе́м не винова́т.	– Wie sich herausstellte, war er völlig unschuldig.
По слова́м ме́стных жи́телей, э́та река́ ча́сто выхо́дит из берего́в.	– Nach den Worten der Ortsansässigen tritt dieser Fluss oft über seine Ufer.
Меня́, че́стно говоря́, э́та но́вость огорчи́ла.	– Mich hat diese Neuigkeit ehrlich gesagt sehr geärgert.

539 In der Funktion eines Schaltwortes treten neben Wortgruppen auch *Teilsätze oder Schaltsätze* wie beispielsweise (я) ду́маю, я слы́шал(-а), ско́лько я по́мню, е́сли не ошиба́юсь auf. Solche Teilsätze werden wie die anderen Schaltwörter durch Kommas, seltener durch Gedankenstriche vom übrigen Satzganzen abgetrennt.

С ва́ми, я ду́маю, мы уже́ встреча́лись.	– Ihnen bin ich, glaube ich, schon begegnet.
Побыва́ть на э́той вы́ставке, я слы́шал(-а), интере́сно.	– Der Besuch dieser Ausstellung ist, wie ich höre, interessant.
Сюда́, как говоря́т, е́дет гру́ппа журнали́стов.	– Hierher kommt, wie es heißt, eine Gruppe Journalisten.
Прие́дет, е́сли не ошиба́юсь, челове́к де́сять.	– Es kommen, wenn ich mich nicht irre, etwa zehn Mann.

Die Präposition

Zu Form und Funktion im Satz

Präpositionen sind unveränderliche Hilfswörter, die ein Substantiv (oder ein substantivisches Pronomen) in einem bestimmten Kasus an sich binden und Beziehungen dieses Substantivs zu einem syntaktisch übergeordneten Begriffswort (Verb, Substantiv, Adjektiv) in der Wortgruppe oder im Satz ausdrücken.
Die durch Präpositionen ausgedrückten *Beziehungen* können vielfältiger Art sein: Es können Umstandsbeziehungen (z. B. des Ortes, der Zeit, der Art und Weise, des Grundes, des Zwecks), Objekt-, Attributbeziehungen sein.

Beispiele für Beziehungen, die durch Präpositionen ausgedrückt werden:
Ort: положи́ть/класть чертежи́ за шкаф; стоя́ть за две́рью
Zeit: хорошо́ отдохну́ть *(v.)* за ле́то; слу́шать за за́втраком после́дние изве́стия
Grund: по-/благодари́ть за по́мощь
Zweck: вы́ступить/выступа́ть за демокра́тию; ходи́ть в магази́н за хле́бом
Objektbeziehungen: говори́ть с сотру́дником; обрати́ться/обраща́ться к прохо́жему
Attributbeziehungen: дом в три этажа́; мост через ре́ку

Die meisten Präpositionen regieren nur *einen* Kasus, einzelne – in Abhängigkeit von ihrer Bedeutung – jedoch zwei (в, на, о; за, под) oder sogar drei (по; с).

Nach ihrer *Herkunft* unterscheidet man einfache (oder ursprüngliche) Präpositionen und Präpositionen, die von Adverbien, Substantiven oder Verben gebildet sind. Die einfachen Präpositionen bilden den Kern der Wortart und können jeweils vielfältige Beziehungen ausdrücken; ihre Zahl ist eng begrenzt (24 Wörter, ↗ **545 ff.**).
Demgegenüber wächst die Zahl der von anderen Wortarten gebildeten Präpositionen (mit jeweils geringerem Bedeutungsumfang) ständig (↗ **571, 574, 578**).

Nach ihrer *Form* lassen sich eingliedrige, d. h. aus einem Wort bestehende, und mehrgliedrige, d. h. zwei oder drei Bestandteile enthaltende, Präpositionen unterscheiden. Zweigliedrige Präpositionen enthalten stets eine einfache, dreigliedrige stets zwei einfache Präpositionen. Mehrgliedrige Präpositionen werden in der Regel getrennt geschrieben. Z. B.:
– eingliedrige Präpositionen: без, благодаря́, в, вокру́г und andere;
– mehrgliedrige Präpositionen: далеко́ от, ря́дом с; в слу́чае, в це́лях; исходя́ из, начина́я с; в зави́симости от, по сравне́нию с und viele andere.

Die einfachen Präpositionen

542 Die Rektion der einfachen Präpositionen im Überblick

	Präpositionen mit einem Kasus	mit zwei Kasus	mit drei Kasus
G.	без, для, до, из (из-за, из-под) кроме, от, ра́ди, у		с
D.	к		по
A.	про, через	в на о за под	по с
I.	ме́жду, над, перед	за под	с
P.	при	в на о	по

Zu Form und Betonung

543 Zur Erweiterung der Form einiger Präpositionen

Den konsonantisch auslautenden Präpositionen без, в, из, к, над, от, перед, под, с wird zuweilen ein -o angefügt, wenn das folgende Wort mit zwei Konsonanten anlautet.
Die Präposition o wird vor vokalischem Anlaut des folgenden Wortes zu об.
Näheres ↗ 545 ff.

544 Zum Betonungswechsel innerhalb einiger Wortgruppen

Eine Präposition bildet mit ihrem Bezugswort (einem Substantiv oder einem substantivischen Pronomen) eine Wortgruppe. Diese Wortgruppe wird zusammenhängend wie *ein* Wort ausgesprochen: Die Betonung liegt dabei in der Regel auf einer Silbe des Substantivs (oder des substantivischen Pronomens).
In einzelnen Fällen kann der *Akzent auf die Präposition* (за, из, на, по, под) vorgezogen werden; betroffen sind insbesondere ein- und zweisilbige Substantive, die bestimmte Körperteile (z. B. нога́, нос, рука́, спина́, auch голова́), Landschaften (z. B. бе́рег, гора́, го́род, лес, мо́ре, по́ле, река́) oder Zeiteinheiten (z. B. год, день, ночь, зима́) bezeichnen.
Betonungswechsel ist charakteristisch für Wortgruppen mit folgenden Präpositionen:
– ЗА *mit Akkusativ* zur Richtungsangabe (Betonungswechsel fakultativ) oder zur Zeitangabe, z. B.:
пойти́ (*v.*) за́ реку (auch: за реку́), заложи́ть/закла́дывать ру́ки за́ спину (за́ голову, auch: за го́лову); сде́лать (*v.*) что́-нибудь за́ день (за́ ночь, за́ год);

– НА *mit Akkusativ* zur Richtungsangabe (Betonungswechsel fakultativ), Zeit- oder Maßangabe, z. B.:
побежа́ть (*v.*) на́ берег (auch: на бе́рег), подня́ться/поднима́ться на́ гору (auch: на го́ру); отложи́ть/откла́дывать что́-нибудь на́ год (на́ день); на́ день по́зже;

– ПО *mit Dativ* zur Richtungsangabe (Betonungswechsel fakultativ), z. B.:
ходи́ть по́ полю (auch: по по́лю), бе́гать по́ лесу (auch: по ле́су), пла́вать по́ морю (auch: по мо́рю).

Zum Gebrauch der einfachen Präpositionen

БЕЗ | безо (oft vor den Kasusformen von весь, всякий, z. B.: безо | без всего) *mit Genitiv* **545**
– ohne (Antonym: с mit Instrumental)
  выйти/выходи́ть на у́лицу без зонта́, чита́ть без очко́в, вы́расти/расти́ без отца́, перевести́/переводи́ть текст без словаря́; чай без са́хара, пассажи́р без биле́та, челове́к без со́вести; тру́дно без дру́га.
– in Abwesenheit
  Без вас приходи́л молодо́й челове́к. – In Ihrer Abwesenheit war ein junger Mann hier.
– Без десяти́ (мину́т) двена́дцать (↗ 759).

В | во (vor einigen Wörtern mit zwei Konsonanten im Anlaut, z. B.: во вто́рник, во всём ми́ре, во́ сто крат) mit Akkusativ und mit Präpositiv (↗ auch 570): **546**
В *mit Akkusativ*
– *Ort (wohin?)*: in (… hinein), bei Ortsnamen: nach (Antonym: из mit Genitiv)
  войти́/входи́ть в ко́мнату, пове́сить/ве́шать костю́м в шкаф; ходи́ть в теа́тр, положи́ть/класть де́ньги в банк; е́хать в Уфу́ (во Фра́нцию); дверь в спа́льню
– *Zeit (wann?)*: um (Uhrzeit); an (Tag); in (unbestimmter Zeitraum); bei (Witterung)
  в шесть часо́в; во вто́рник, в э́тот день; в ночь на сре́ду, в ста́рое вре́мя; в дождь, в любу́ю пого́ду
– *Zweck, Ziel*: zu, als
  отда́ть/отдава́ть что́-нибудь в чи́стку, привести́/приводи́ть что́-нибудь в доказа́тельство – etwas als | zum Beweis anführen; Он сказа́л э́то в шу́тку.
– *Maß*: von
  длина́ в два ме́тра, ве́сом в два́дцать килогра́мм | килогра́ммов, моро́з в пятна́дцать гра́дусов, кварти́ра в три ко́мнаты
– *Gegenstand der Tätigkeit*:
  избра́ть/избира́ть кого́-нибудь в коми́ссию, вступи́ть/вступа́ть в разгово́р

В *mit Präpositiv*
– *Ort (wo?)*: in, an; in einer Entfernung von
  находи́ться в ко́мнате, висе́ть в шкафу́, жить в го́роде, учи́ться в те́хникуме; положе́ние в стране́, лече́ние в го́спитале; находи́ться в трёх киломе́трах от го́рода
– *Zeit (wann?)*: in (Monat, Jahr, Jahrhundert)
  в а́вгусте, в 2005 году́, в XXI ве́ке, в ю́ности; в нача́ле ле́та, в середи́не ма́я, в конце́ бесе́ды
– *Maß*: in
  собра́ние сочине́ний в десяти́ тома́х
– *Gegenstand der Tätigkeit*:
  помо́чь/помога́ть кому́-нибудь в рабо́те, уча́ствовать в бесе́де
– *Kleidung*: anhaben
  быть в но́вом пла́тье, быть в очка́х – eine Brille tragen; челове́к в шля́пе

ДЛЯ *mit Genitiv* **547**
– (bestimmt) für
  купи́ть/покупа́ть пода́рок для ребёнка; я́щик для пи́сем – Hausbriefkasten
– *Zweck, Ziel*: für, im Interesse von
  с-/де́лать что́-нибудь для семьи́ (для по́льзы де́ла); Это вре́дно для здоро́вья. Его́ мне́ние для меня́ мно́го зна́чит.

548 ДО *mit Genitiv*
- *Ort*: bis (zu)
плыть до бе́рега, е́хать до це́нтра, нести́ чемода́н до маши́ны; До вокза́ла недалеко́. От Москвы́ до Санкт-Петербу́рга 696 киломе́тров.
- *Zeit (wie lange?)*: bis (zu)
взять/брать кни́гу до вто́рника, рабо́тать до пяти́ часо́в ве́чера, чита́ть до глубо́кой но́чи; ждать от семи́ до девяти́ часо́в, жить за́ городом с весны́ до о́сени
- *Zeit (wann?)*: vor (Antonym: по́сле mit Genitiv)
встать/встава́ть до рассве́та, приня́ть/принима́ть лека́рство за полчаса́ до еды́ – … eine halbe Stunde vor dem Essen …; До институ́та она́ учи́лась в те́хникуме.

НЕ ДО *mit Genitiv*
- nicht aufgelegt (sein) zu: Мне не до шу́ток. – Ich bin nicht zum Scherzen aufgelegt.

549 ЗА mit Akkusativ und mit Instrumental:
ЗА *mit Akkusativ*
- *Ort (wohin?)*: hinter; aus (… heraus); an
положи́ть/класть чертежи́ за шкаф, заверну́ть (*v.*) за́ угол – um die Ecke biegen; вы́бросить/выбра́сывать что́-нибудь за окно́, пое́хать (*v.*) за́ город – aufs Land fahren; сесть/сади́ться за стол (за зада́чу, за подгото́вку к экза́менам), вести́ ребёнка за́ руку
- *Zeit*: im Laufe von, innerhalb von, in
прочита́ть (*v.*) статью́ за 40 мину́т, вы́полнить (*v.*) зада́ние за два дня (за́ день, за́ ночь), хорошо́ отдохну́ть (*v.*) за ле́то;
ЗА … ДО mit Genitiv – *Zeitspanne*: vor
прийти́ (*v.*) за 10 мину́т до нача́ла ле́кции – 10 Minuten vor Beginn …, верну́ться (*v.*) за полчаса́ до обе́да; Она́ вы́шла из авто́буса за две остано́вки до меня́.
- *Grund*: für, wegen
по-/благодари́ть дру́га за по́мощь, люби́ть де́вушку за её весёлый хара́ктер; Нам сты́дно за него́. – Wir schämen uns für ihn (seinetwegen).
- *Zweck, Ziel*: für (Antonym: про́тив mit Genitiv)
вы́ступить/выступа́ть за демокра́тию, про-/голосова́ть за кандида́та
- *Entgelt*: für
заплати́ть (*v.*) за биле́т, купи́ть (*v.*) кни́гу за 25 рубле́й; цена́ за това́р
- *Stellvertretung*: anstelle von, für
вы́полнить/выполня́ть зада́ние за больно́го това́рища, отвеча́ть за ребёнка – für das Kind verantwortlich sein; Сде́лайте э́то, пожа́луйста, за меня́.

ЗА *mit Instrumental*
- *Ort (wo?)*: hinter, jenseits von, außerhalb (Antonym: пе́ред mit Instrumental)
стоя́ть за две́рью (за други́м), сиде́ть за столо́м – am Tisch sitzen, находи́ться за угло́м – … um die Ecke herum …, жить за́ городом; дом за реко́й, кафе́ за угло́м
- *Abfolge*: hinter, nach
идти́ друг за дру́гом – hintereinander gehen; Иди́те за мной; *übertr*.: Что скрыва́ется за э́тими собы́тиями?
- *Zeit (wann?)*: während, bei: поговори́ть (*v.*) за обе́дом (за ча́ем)
- *Zweck, Ziel*: nach, um … zu holen
ходи́ть в магази́н за хле́бом, посла́ть/посыла́ть кого́-нибудь за лека́рством; Я зайду́ за тобо́й. – Ich werde dich abholen.
- *Hinderungsgrund*: wegen, infolge: за недоста́тком вре́мени

ИЗ|изо (vor einsilbigen Wörtern mit zwei Konsonanten im Anlaut, z. B.: изо рта; изо всех сил) *mit Genitiv*
- *Ort*: aus (… heraus) (Antonym: в mit Akkusativ)
взять/брать рубашку из шкафа, выйти/выходить из комнаты (из автобуса), приехать/приезжать из Саратова; вид из окна, переезд из деревни
ИЗ … В mit Akkusativ – aus (heraus) … in (hinein)
перенести/переносить вещи из комнаты в комнату
- *Quelle, Herkunft*: aus
взять/брать воду из колодца, узнать/узнавать что-нибудь из разговора; чай из Грузии, поезд из Москвы, информация из газеты
- *Material*: aus: получать бензин из нефти; салат из помидоров, сумка из кожи
- *aus einer Gesamtheit*: von
многие из нас, некоторые из студентов; глава из романа, случай из жизни; Из этих картин больше всего мне нравится вот эта.
- *Grund*: aus: с-/делать что-нибудь из благодарности (из осторожности)

ИЗ-ЗА *mit Genitiv*
- *Ort*: hinter … hervor
выйти/выходить из-за дома (из-за угла); Из-за облаков показалась луна. Встать/вставать из-за стола – vom Tisch aufstehen, вернуться/возвращаться из-за границы – aus dem Ausland zurückkehren
- *(negativ bewerteter) Grund*: wegen, infolge, durch
отсутствовать из-за болезни, остаться/оставаться дома из-за плохой погоды; спор из-за мелочи

ИЗ-ПОД *mit Genitiv*
- *Ort*: unter … hervor; bei Ortsnamen: aus der Umgebung von
вытащить/вытаскивать что-нибудь из-под дивана; Он родом из-под Смоленска.
- *früherer, jetzt nicht mehr erfüllter Zweck*:
банка из-под горчицы – leeres Senfglas, коробка из-под конфет – leere Konfektschachtel (vgl. коробка конфет – eine Schachtel Konfekt)

К | ко (oft vor Wörtern mit zwei Konsonanten im Anlaut, z. B.: ко мне, ко многим) *mit Dativ*
- *Ort*: (hin) zu (Antonym: от mit Genitiv)
бежать к дому, двигать диван к стене, по-/звать брата к телефону
- *Zeit*: gegen: прийти/приходить к шести часам; К утру больному стало лучше.
- *Zweck, Ziel*: zu, auf
купить/покупать что-нибудь к обеду, готовиться к экзаменам; подарок к свадьбе
- *Verhältnis*: zu, gegenüber, für
отношение к друзьям, интерес к музыке; внимательный к родителям
- *Adressat*: zu; an
обратиться/обращаться к врачу, перейти/переходить к следующему вопросу; письмо к другу

КРОМЕ (meist mit dem Substantiv vom übrigen Satz durch Komma getrennt) *mit Genitiv*
- außer, ausgenommen (Antonym: включая mit Akkusativ)
Музей работает каждый день, кроме вторника. Кроме вас, я никого здесь не знаю.
- außer, neben, zusätzlich zu
Кроме меня, было ещё два человека. Кроме музыки, он занимается плаванием.

555 МЕ́ЖДУ *mit Instrumental* (in Verbindung mit einem Substantiv im Plural *auch mit Genitiv, alt*)
- *Ort (wohin? und wo?)*: zwischen
по-/ста́вить кре́сло ме́жду шка́фом и крова́тью; сиде́ть ме́жду му́жем и бра́том; расстоя́ние ме́жду двумя́ города́ми; Доро́га идёт ме́жду гора́ми | (*alt*) гор.
- (in der Zeit) zwischen
Я бу́ду до́ма ме́жду пятью́ и шесты́о часа́ми. Ме́жду э́той встре́чей и про́шлой прошёл год.
- *Wechselbeziehungen*: zwischen, unter
отноше́ния ме́жду студе́нтами и преподава́телями, догово́р ме́жду двумя́ стра́нами; Ме́жду на́ми по́лное согла́сие.

556 НА mit Akkusativ und mit Präpositiv (↗ auch 570):
НА *mit Akkusativ*
- *Ort (wohin?)*: auf, an (... heran); zu, in; nach (Himmelsrichtung) (Antonym: с mit Genitiv)
положи́ть/класть кни́гу на стол, накле́ить/накле́ивать ма́рку на конве́рт, пове́сить/ве́шать карти́ну на́ стену, вы́йти/выходи́ть на све́жий во́здух; ходи́ть на вы́ставку, лете́ть на Ура́л; отпра́виться/отправля́ться на се́вер; по́езд на Москву́
- *Zeit*: für, auf (einen Zeitraum); auf (einen Zeitpunkt); an (einem Zeitpunkt)
плани́ровать рабо́ту на сле́дующий год, уе́хать (*v.*) на неде́лю (на́ день, на не́сколько дней); поста́вить (*v.*) буди́льник на семь часо́в, назна́чить (*v.*) встре́чу на сре́ду; Где вы бы́ли в ночь с пя́того на шесто́е ию́ля? На сле́дующее у́тро
- *Zweck, Ziel*: als, zu, für
взять/брать что́-нибудь на заку́ску; ткань на пла́тье, биле́т на спекта́кль
- *quantitativer Unterschied* (oft mit Komparativ): (um)
Она́ на пять лет моло́же меня́. Мы опозда́ли на де́сять мину́т. Повыше́ние зарабо́тной пла́ты на три проце́нта, продле́ние догово́ра на три го́да
- *Gegenstand der Tätigkeit*:
наде́ть/надева́ть пальто́ на де́вочку, перевести́/переводи́ть текст на ру́сский язы́к; отве́т на письмо́

НА *mit Präpositiv*
- *Ort (wo?)*: auf, an; in
сиде́ть на сту́ле, висе́ть на стене́, жить на пя́том этаже́ – im vierten (!) Stockwerk wohnen; рабо́тать на фа́брике, по-/гуля́ть на све́жем во́здухе, отдохну́ть/отдыха́ть на ю́ге
- *Zeit (wann?)*: in (Woche)
на э́той (про́шлой, бу́дущей) неде́ле, встать/встава́ть на рассве́те – bei Tagesanbruch aufstehen, учи́ться на тре́тьем ку́рсе – im dritten Studienjahr sein
- *Art und Weise*: mit (bei Verkehrsmitteln; bei Nahrungsmitteln)
е́хать на по́езде (на маши́не), лете́ть на самолёте, ката́ться на ло́дке, бе́гать на лы́жах; за-/жа́рить карто́фель на ма́сле, с-/вари́ть ка́шу на молоке́
- *Gegenstand der Tätigkeit*: игра́ть на гита́ре, жени́ться (*v./uv.*) на подру́ге

557 НАД | надо (oft vor einsilbigen Wörtern mit zwei Konsonanten im Anlaut, z. B.: надо мно́ю, надо лбом) *mit Instrumental*
- *Ort (wohin? und wo?)*: über (Antonym: под mit Akkusativ und Instrumental)
Ка́рту пове́сили над столо́м. Ка́рта виси́т над столо́м. Ла́мпа над столо́м.
- *Gegenstand der Tätigkeit*: über, an
ду́мать над пробле́мой, рабо́тать над статьёй, смея́ться над слова́ми дру́га

О|об (vor Wörtern mit Vokal im Anlaut, z. B.: об огоро́де)|обо (in einzelnen Fügungen, z. B.: обо мне, обо всём) *mit Akkusativ und mit Präpositiv*: **558**

O *mit Akkusativ*
– *Ort*: gegen, an
споткну́ться (*v.*) о ка́мень, уда́риться (*v.*) об у́гол, разби́ть (*v.*) яйцо́ о край стола́

O *mit Präpositiv*
– *Gegenstand (vorwiegend) intellektueller Tätigkeit*: über, von, an
говори́ть о фи́льме (о рабо́те, о жи́зни), по́мнить обо всём; репорта́ж о футбо́льном ма́тче, кни́га о жи́вописи

ОТ|ото (oft vor einsilbigen Wörtern mit zwei Konsonanten im Anlaut, z. B.: ото|от всех, ото сна) *mit Genitiv* **559**
– *Ort*: von (… weg) (Antonym: к mit Dativ)
отойти́/отходи́ть от окна́, дви́гать дива́н от стены́, оторва́ть/отрыва́ть пу́говицу от пальто́; сле́ва (спра́ва) от две́ри, недалеко́ от це́нтра; ухо́д от му́жа
ОТ … ДО *mit Genitiv – räumlicher Abstand*: von … bis
идти́ от остано́вки авто́буса до метро́, е́хать от Но́вгорода до Москвы́, прочита́ть (*v.*) журна́л от пе́рвой страни́цы до после́дней
ОТ … К *mit Dativ – Richtung*: von … (hin) zu
ходи́ть от две́ри к окну́, плыть от о́строва к о́строву; *übertr.:* перейти́/переходи́ть от слов к де́лу
– *Zeit*: von (… an)
В гру́ппе бы́ли де́ти от десяти́ лет. Письмо́ от 10 а́вгуста (*schr.*); слепо́й от рожде́ния
ОТ … ДО *mit Genitiv – zeitlicher Abstand*: von … bis
рабо́тать от девяти́ до шести́ часо́в; де́ти от трёх до шести́ лет
– *Quelle, Herkunft*: von
получи́ть (*v.*) письмо́ от знако́мого, узна́ть (*v.*) но́вость от бра́та; пода́рок от ба́бушки, шум от движе́ния автомоби́лей
– *Grund*: vor, von
петь от ра́дости, крича́ть от бо́ли; мо́крый от дождя́, бле́дный от стра́ха
– *Zweck, Ziel*: gegen, von, vor
за-/страхова́ть иму́щество от пожа́ра, о-/чи́стить пруд от гря́зи; лека́рство от гри́ппа
– *Zugehörigkeit zum Ganzen*: von
ключ от (на́шей) кварти́ры, 5 проце́нтов от о́бщей су́ммы

ПЕРЕД|передо (vor der Kasusform von я, oft auch von весь: передо мной, перед|*ugs.* передо всем) *mit Instrumental* **560**
– *Ort (wohin? und wo?)*: vor (Antonym: за mit Akkusativ und Instrumental)
по-/ста́вить стол перед до́мом; находи́ться перед до́мом, стоя́ть перед зе́ркалом; *übertr.:* страх перед тру́дностями
– *Zeit*: (unmittelbar) vor (Antonym: по́сле mit Genitiv)
занима́ться перед экза́менами, вз-/волнова́ться перед выступле́нием, принима́ть лека́рство перед едо́й
– *Beziehung*: vor, gegenüber
вы́ступить/выступа́ть перед аудито́рией, извини́ться/извиня́ться перед роди́телями; долг перед семьёй; Ему́ сты́дно перед друзья́ми.

561 ПО mit Dativ, mit Akkusativ und mit Präpositiv:
ПО *mit Dativ*
  – *Ort*: auf einer Oberfläche: entlang, auf
    е́хать по у́лице, спусти́ться/спуска́ться по ле́стнице – die Treppe hinuntergehen;
    innerhalb eines Raumes: durch, in (… umher)
    ходи́ть по ко́мнате (по коридо́ру, по магази́нам), по-/гуля́ть по го́роду (по́ лесу, auch: по лесу́), е́здить по стране́, смотре́ть по сторона́м – sich nach allen Seiten umsehen;
    in einer bestimmten Richtung: auf
    уда́рить/ударя́ть кого́-нибудь по плечу́, стреля́ть по за́йцу
  – *Art und Weise*: nach, entsprechend, gemäß; vermittels, durch, in; bei Personennamen: mit
    рабо́тать стро́го по гра́фику, одева́ться по мо́де; посла́ть (*v*.) письмо́ по по́чте, звони́ть дру́гу по телефо́ну, по-/смотре́ть фильм по телеви́зору; называ́ть кого́-нибудь по фами́лии (по и́мени), де́вушка по и́мени Ни́на; Как вас по и́мени-о́тчеству?
  – *Grund*: wegen, aus; auf
    отсу́тствовать по боле́зни, наде́ть (*v*.) чужо́е пальто́ по оши́бке (по рассе́янности); с-/де́лать что́-нибудь по про́сьбе колле́ги (по своему́ жела́нию)
  – *Merkmal, Beziehung*: in, für, zu; von (… her)
    заня́тия по хи́мии, уче́бник по исто́рии, замеча́ния по статье́, специали́ст по ру́сскому языку́; друзья́ по институ́ту, ро́дственники по ма́тери – Verwandte mütterlicherseits
  – *Zeit*: mit D. Pl. (!): (wiederholt) an …
    гуля́ть по вечера́м; Музе́й не рабо́тает по вто́рникам.

ПО *mit Akkusativ*
  – *räumliche oder zeitliche Ausdehnung*: bis (einschließlich)
    стоя́ть по коле́но в воде́, чита́ть кни́гу с пе́рвой страни́цы по после́днюю, жить в гости́нице со второ́го по шесто́е ма́я (с понеде́льника по пя́тницу)

ПО *mit Präpositiv*
  – *Zeit (schr.)*: nach
    по оконча́нии шко́лы, сра́зу же по прие́зде; По прибы́тии на ме́сто обяза́тельно позвони́те.

ПО *mit Dativ, Akkusativ* oder *Genitiv*
  – *Quantität*: je, jeweils (↗ 422, 442): по (одному́) я́блоку, по две конфе́ты

562 ПОД | подо (oft vor einsilbigen Wörtern mit zwei Konsonanten im Anlaut, z. B.: подо мной, подо льдом, подо | под всем) mit Akkusativ und mit Instrumental:
ПОД *mit Akkusativ*
  – *Ort (wohin?)*: unter; bei Ortsnamen: in die Nähe von (Antonym: над mit Instrumental)
    положи́ть/класть чемода́н под крова́ть; перее́хать/переезжа́ть под Москву́
  – *in Abhängigkeit kommen*: unter
    взять/брать что́-нибудь под контро́ль, попа́сть/попада́ть под суд – vor Gericht kommen
  – *Zeit*: (unmittelbar) vor; gegen, an: ночь под Но́вый год; Он засну́л то́лько под у́тро.
  – *Zweck*: für: ба́нка под варе́нье; Ма́ленькую ко́мнату отвели́ под спа́льню.
  – *Begleitgeräusch*: zu, bei: петь под гита́ру, спать под шум дождя́
  – *Imitation*: nach Art von
    под мра́мор – marmorartig; отде́лать/отде́лывать де́рево под дуб – Eichenholz imitieren

ПОД *mit Instrumental*
- *Ort (wo?)*: unter (Antonym: над mit Instrumental); bei Ortsnamen: in der Nähe von, bei
  стоя́ть под де́ревом, лежа́ть под одея́лом, пла́вать под водо́й; жить под Сара́товом; би́тва под Москво́й
- *in Abhängigkeit sein*: unter
  находи́ться под влия́нием бра́та, проводи́ть дие́ту под наблюде́нием врача́; та́ять под луча́ми со́лнца
- *Merkmal*: unter
  печа́таться под псевдони́мом; кни́га Е. Замя́тина под назва́нием «Мы»

ПРИ *mit Präpositiv* 563
- *Ort*: (unmittelbar) bei, an
  При до́ме был небольшо́й сад. Ни́жний Но́вгород стои́т при впаде́нии Оки́ в Во́лгу.
- *Zeit*: in der Zeit von, unter
  при Петре́ Пе́рвом; При пре́жнем дире́кторе тако́е бы́ло про́сто невозмо́жно.
- *Begleitumstand*: bei
  чита́ть при дневно́м све́те, помо́чь/помога́ть старику́ при перехо́де че́рез у́лицу; При пожа́ре звони́те 01.
- *in Anwesenheit von, im Beisein von*
  не говори́ть об э́том при де́тях; Э́то бы́ло при тебе́? – Да, я стоя́л(-а) тут же.
- *Zugehörigkeit zu einer Institution*: an, bei; zugehörig zu, in
  общежи́тие при институ́те, ку́рсы при акаде́мии; При кни́ге име́ется предме́тный указа́тель.

ПРО *mit Akkusativ* 564
- *Gegenstand der Kommunikation*: von, über
  говори́ть про друзе́й *ugs.* (*neutr.*: говори́ть о друзья́х), по́мнить про своё обеща́ние *ugs.* (*neutr.*: по́мнить о своём обеща́нии)
- *(bestimmt) für*: Э́то не про вас. *ugs.* – Das ist nicht für euch bestimmt.

РА́ДИ (kann vor oder hinter seinem Bezugswort stehen) *mit Genitiv* 565
- wegen, um ... willen, jemandem zuliebe
  с-/де́лать что́-нибудь ра́ди дру́га; Он сказа́л э́то про́сто так, шу́тки ра́ди.

С|со (oft vor Wörtern mit zwei Konsonanten im Anlaut, z. B.: со двора́, со стадио́на, со 566
мной, со все́ми) mit Genitiv, mit Akkusativ und mit Instrumental:
С *mit Genitiv*
- *Ort (woher?)*: von ... her(unter); von, aus (Antonym: на mit Akkusativ)
  пасть/па́дать с кры́ши, снять/снима́ть ва́зу со шка́фа, взять/брать кни́ги с по́лки; по-/звони́ть домо́й с рабо́ты, верну́ться (*v.*) с по́чты, прие́хать/приезжа́ть с Кавка́за; Ве́тер ду́ет с восто́ка.
- *Zeit*: von ... an, seit
  интересова́ться му́зыкой с де́тства, рабо́тать с восьми́ часо́в утра́, не ви́деть кого́-нибудь с про́шлого го́да;
  С ... ДО *mit Genitiv* – von ... bis
  с ле́та до зимы́, со среды́ до пя́тницы, с девяти́ часо́в утра́ до пяти́ часо́в ве́чера
  С ... ПО *mit Akkusativ* – von ... bis (einschließlich)
  отсу́тствовать со среды́ по пя́тницу – ... bis einschließlich Freitag
  С ... НА *mit Akkusativ* – von ... auf: ночь с четверга́ на пя́тницу

- *Quelle, Ursprung*: von
  перевести/переводить текст с русского языка на английский; копия с картины известного художника
- *Grundlage*: mit
  пойти (*v.*) в поход с согласия родителей (с разрешения врача)
- *Grund*: von, vor
  устать (*v.*) с дороги, закричать (*v.*) со страха, заплакать (*v.*) с горя

C *mit Akkusativ*
- *Vergleich*: (ungefähr so …) wie
  сын ростом с отца – der Sohn (ist) so groß wie der Vater, дерево высотой с дом – ein Baum so hoch wie ein Haus
- *Maß* (*ugs.*): etwa, ungefähr
  проехать/проезжать с километр, отдохнуть/отдыхать с полчаса, жить в гостинице с месяц

C *mit Instrumental* – mit
- *Gemeinsamkeit* (Antonym: без mit Genitiv):
  пойти (*v.*) в театр с подругой, приехать/приезжать с переводчиком, встретиться/встречаться с другом, есть хлеб с маслом; На улице ветер с дождём.
- *Merkmal*:
  девочка с длинными волосами, мужчина с портфелем, человек с характером, квартира с балконом, сумка с деньгами, суп с мясом
- *Art und Weise*:
  смотреть передачу с интересом (с большим вниманием), рассказывать со слезами на глазах; послать/посылать подарок со знакомым, перевести/переводить текст со словарём, мыть руки с мылом
- *Zweck, Ziel*:
  обратиться/обращаться к кому-нибудь с просьбой, отправиться/отправляться куда-нибудь с визитом
- *Zeit*:
  С отъездом гостей в доме наступила тишина. С годами он забыл об этом.

567 У *mit Genitiv*
- *Ort*: (unmittelbar) an, neben; an (Arbeitsplatz)
  сидеть у окна, ждать друга у входа в метро, отдыхать у моря; дом у самой реки; работать у станка, стоять у руля
- *Gemeinsamkeit mit Person(en)*: bei
  жить у бабушки, обедать у друзей, быть у врача; У нас так не принято. – Bei uns ist das nicht üblich.
- *Person(en) als Bezugsquelle*: von, bei
  взять/брать словарь у товарища, по-/просить помощи у друзей
- *Ausdruck des Besitzes oder der Zugehörigkeit*: jemand hat(te), wird … haben (➚ 743)
  У девушки красивые волосы. У дяди были очень ценные книги. Скоро у нас будет отпуск.
- *anstelle eines Possessivpronomens* (➚ 463)
  Дом у вас красивый. *ugs.* (*neutr.*: Ваш дом красивый.)

ЧЕРЕЗ *mit Akkusativ*   **568**
- *Ort*: über, durch
  перейти/переходить через улицу (auch ohne Präposition: улицу), ехать в Москву через Рязань, смотреть через окно автобуса; мост через реку, тропинка через поле
- *Zeit*: nach (Ablauf von), in
  Он приедет через неделю (месяц). Он вернулся через три дня. Выходите через одну остановку. – Steigen Sie an der übernächsten Haltestelle aus. Принимайте лекарство через час по столовой ложке. – Nehmen Sie stündlich einen Esslöffel dieser Arznei.
  ЧЕРЕЗ ... ПОСЛЕ *mit Genitiv* – nach
  Это случилось через несколько дней (два месяца) после его приезда. – Das geschah einige Tage (zwei Monate) nach seiner Ankunft.
- durch, mithilfe von
  сообщить/сообщать что-нибудь через газету, разговаривать через переводчика

Zur Wiedergabe räumlicher Beziehungen

Die Wiedergabe räumlicher Beziehungen durch einfache Präpositionen (Auswahl)   **569**

	wo?	wohin?	woher?
Inneres	в *mit P.* находиться в комнате	в *mit A.* входить[1] в комнату	из *mit G.* выходить из комнаты
Äußeres	на *mit P.* лежать на столе	на *mit A.* класть книгу на стол	с *mit G.* брать книгу со стола
Vorderseite	перед *mit I.* стоять перед домом	перед *mit I. (!)* ставить стол перед домом	– – –
Rückseite	за *mit I.* лежать за шкафом	за *mit A.* класть чертежи за шкаф	из-за *mit G.* вытаскивать их из-за шкафа
Oberseite	над *mit I.* висеть над столом	над *mit I. (!)* вешать карту над столом	– – –
Unterseite	под *mit I.* лежать под шкафом	под *mit A.* класть чемодан под шкаф	из-под *mit G.* вытаскивать его из-под шкафа
Nähe	у *mit G.* стоять у окна	к *mit D.* двигать диван к окну	от *mit G.* двигать диван от окна
Zwischenraum	между *mit I.* сидеть между Ниной и Вовой	между *mit I. (!)* садиться между Ниной и Вовой	– – –

[1] Aus Raumgründen werden in dieser Tabelle nur die unvollendeten Partner von Aspektpaaren angegeben.

570 Zu den Präpositionen в und на

Die Präpositionen в (↗ 546) und на (↗ 556) werden zum Ausdruck räumlicher Beziehungen auf die Frage *wo?* mit dem Präpositiv und auf die Frage *wohin?* mit dem Akkusativ verbunden. Auf die Frage *woher?* entspricht der Präposition в die Präposition из mit Genitiv, der Präposition на die Präposition с mit Genitiv (Beispiele ↗ 569).

Die folgenden Beispiele demonstrieren den *Gebrauch von в und von на* zum Ausdruck räumlicher Beziehungen (eingegrenzt auf die Frage: где? – *wo?*). Beachte, dass die Wiedergabe im Deutschen oft durch unterschiedliche Präpositionen erfolgt:

(жить)
в го́роде, в гости́нице, в дере́вне, в (но́вом) до́ме, в (высо́тном) зда́нии, в (двухко́мнатной) кварти́ре, в общежи́тии, в (Арба́тском) переу́лке, в посёлке, в прое́зде (Серо́ва), в како́м-нибудь райо́не, в це́нтре (го́рода); в Крыму́, в (Моско́вской) о́бласти, в Росси́и, в Сиби́ри, …
на (Дворцо́вой) алле́е, на (Цветно́м) бульва́ре, на окра́ине, на (Пу́шкинской) пло́щади, на проспе́кте (Ми́ра), на (Тверско́й) у́лице, на (пя́том) этаже́; на восто́ке (страны́), на ю́го-за́паде (столи́цы), на Да́льнем Восто́ке, на Кра́йнем Се́вере; на Алта́е, на Камча́тке, на Сахали́не, на Украи́не, на Ура́ле, …

(рабо́тать)
в ба́нке, в библиоте́ке, в больни́це, в (констру́кторском) бюро́, в го́спитале, в изда́тельстве, в (поли)кли́нике, в комбина́те, в магази́не, в мастерско́й, в (продукто́вом) отде́ле, в универма́ге, в (госуда́рственном) учрежде́нии, в (лите́йном) це́хе, …
на вокза́ле, на заво́де, на по́чте, на (большо́м) предприя́тии, на произво́дстве, на ры́нке, на строи́тельстве, на стро́йке, на како́м-нибудь уча́стке, на фа́брике, на фе́рме, …

(учи́ться)
в акаде́мии, в ву́зе, в институ́те, в (пя́том) кла́ссе, в кружке́, в те́хникуме, в университе́те, в шко́ле, …
на ка́федре (ру́сского языка́), на (пе́рвом) ку́рсе, на (юриди́ческом) факульте́те, на уро́ке (фи́зики), …

(быть)
в аудито́рии, в гардеро́бе, в (зри́тельном) за́ле, в кино́, в клу́бе, в ло́же, в музе́е, в о́пере, в парте́ре, в теа́тре, в ци́рке, …
на вы́ставке, на конфере́нции, на конце́рте, на ле́кции, на рабо́те, на собра́нии, на стадио́не, на съе́зде (како́й-нибудь па́ртии), на экску́рсии, …

(отдыха́ть)
в гора́х, в лесу́, в па́рке, в саду́, …
на берегу́ (о́зера), на (све́жем) во́здухе, на да́че, на куро́рте, на мо́ре, на пля́же, …

Einige Wortgruppen können in der gleichen Bedeutung sowohl mit der Präposition в wie auch mit der Präposition на gebraucht werden; vgl. z. B.:
(рабо́тать) в | *ugs.* на ку́хне, в | на огоро́де, в | на по́ле, в | на сту́дии.

Vereinzelt werden durch die Präpositionen в und на unterschiedliche Bedeutungen ausgedrückt; vgl. z. B.:
(быть) в селе́ – im Dorf (sein), на селе́ – auf dem Lande (sein);

(находи́ться) в во́здухе – (sich) in der Luft (befinden), на во́здухе – (sich) an der frischen Luft (befinden).

Die von Adverbien gebildeten Präpositionen

Viele der im Folgenden aufgeführten Präpositionen werden auch als Adverbien gebraucht. Vgl.: **571**
вблизи́ als Adverb: <u>Вблизи́</u> разда́лся крик. – In der Nähe ertönte ein Schrei.
вблизи́ als Präposition: Мы живём <u>вблизи́</u> вокза́ла. – Wir wohnen nahe am Bahnhof.

Die Rektion der von Adverbien gebildeten Präpositionen im Überblick

	Ausgewählte Präpositionen
G.	близ, вблизи́, вглубь, вдоль, взаме́н, вме́сто, вне, внутри́, внутрь, во́зле, вокру́г, впереди́, вро́де, ми́мо, наверху́, накану́не, напро́тив, о́коло, относи́тельно, пове́рх, по́дле, позади́, помимо, поперёк, по́сле, посреди́, пос(е)реди́не, пре́жде, про́тив, сбо́ку, сверх, свы́ше, сза́ди, спе́реди, среди́ – *zweigliedrige Präpositionen:* вблизи́ от, вдалеке́ от, вдали́ от, вплоть до, впредь до, далеко́ от, невдалеке́ от, недалеко́ от, незави́симо от
D.	вопреки́, вслед, навстре́чу, напереко́р, подо́бно, согла́сно, сообра́зно, соотве́тственно, соразме́рно – *zweigliedrige Präpositionen:* примени́тельно к
A.	сквозь
I.	– *zweigliedrige Präpositionen:* вме́сте с, вро́вень с, вслед за, наравне́ с, наряду́ с, ря́дом с, сле́дом за, совме́стно с, согла́сно с, сообра́зно с, соотве́тственно с, соразме́рно с, сравни́тельно с

Eingliedrige Präpositionen   **572**

близ *mit G.* – nahe an, in der Nähe von, bei: Близ ле́са – о́зеро.
вблизи́ *mit G.* – nahe an, unweit (Antonym: далеко́ от *mit G.*): жить вблизи́ вокза́ла
вглубь *mit G.* – *Richtung*: ins Innere, tief hinein in: с-/пря́тать (*v.*) кни́жку вглубь карма́на
вдоль *mit G.* – längs, entlang (Antonym: поперёк *mit G.*): идти́ вдоль бе́рега
взаме́н *mit G.* – statt, anstelle: Взаме́н по́мощи – одни́ (nur) обеща́ния.
вме́сто *mit G.* – statt, anstelle: взять/брать ру́чку вме́сто карандаша́
вне *mit G.* – außerhalb, außer: находи́ться вне до́ма, быть вне опа́сности; вне ко́нкурса
внутри́ *mit G.* – *Zustand*: innerhalb, im Innern: внутри́ страны́
внутрь *mit G.* – *Richtung*: in das Innere, in ... hinein: войти́/входи́ть внутрь до́ма
во́зле *mit G.* – neben, an (Antonym: далеко́ от *mit G.*)
  апте́ка во́зле вокза́ла; Он живёт во́зле нас.
вокру́г *mit G.* – um (... herum), rings um
  стоя́ть вокру́г преподава́теля, *übertr.*: спо́ры вокру́г э́той те́мы
вопреки́ *mit D.* – entgegen, zuwider; trotz, ungeachtet (Antonyme: согла́сно *mit D.*, согла́сно с *mit I.*, в согла́сии с *mit I.*)
  де́йствовать вопреки́ прика́зу (вопреки́ да́нному сло́ву)
впереди́ *mit G.* – vor (Antonym: позади́ *mit G.*): идти́ впереди́ всех
вро́де *mit G.* – ähnlich, in der Art von, so wie: Она́ вро́де тебя́. – Sie ist dir ähnlich.
вслед *mit D.* – nach, hinterher: смотре́ть вслед незнако́мому челове́ку

ми́мо *mit G.* – an … vorbei, vorüber; neben
Доро́га в шко́лу шла ми́мо ци́рка. *übertr.:* Ему́ каза́лось, что жизнь прохо́дит ми́мо него́. Стреля́ть ми́мо це́ли – das Ziel verfehlen
наверху́ *mit G.* – oben auf: гнездо́ наверху́ е́ли
навстре́чу *mit D.* – *zueinander:* entgegen (vor oder hinter seinem Bezugswort)
вы́йти/выходи́ть навстре́чу гостя́м; Си́льный ве́тер дул им навстре́чу.
накану́не *mit G.* – kurz vor; am Vorabend, tags zuvor
накану́не экза́мена; Э́та фи́рма накану́не банкро́тства. Накану́не прие́зда Лю́бы он не спал всю ночь.
напереко́р *mit D.* – entgegen, zuwider: Все его́ де́йствия – напереко́р ло́гике.
напро́тив *mit G.* – gegenüber: жить напро́тив гости́ницы, сесть напро́тив друг дру́га
о́коло *mit G.*
– *Ort:* neben, an, bei (Antonym: далеко́ от *mit G.*)
дом о́коло реки́; Сади́тесь тут, о́коло меня́.
– *Maß:* etwa, ungefähr
Ма́льчику о́коло десяти́ лет. Туда́ е́хать о́коло ча́са. – … etwa eine Stunde.
– *Zeit:* gegen: верну́ться (*v.*) о́коло ча́са. – … gegen ein Uhr.
относи́тельно *mit G., schr.* – in Bezug auf, hinsichtlich
Как у вас относи́тельно пла́нов на ле́то?
пове́рх *mit G.* – über (… hinweg), oberhalb (Antonym: под *mit I.*)
наде́ть/надева́ть сви́тер пове́рх руба́шки
по́дле *mit G., schr.* – neben, bei, an: по́дле до́ма; Он сиде́л по́дле неё.
подо́бно *mit D., schr.* – ebenso wie, gleich (Antonyme: в отли́чие от *mit G.*, в противополо́жность *mit D.*)
де́йствовать подо́бно свои́м предше́ственникам
позади́ *mit G.* – hinter (Antonym: впереди́ *mit G.*)
идти́ позади́ всех; Я сиде́л(-а) в теа́тре позади́ вас.
поми́мо *mit G.* – außer, abgesehen von; ohne jemandes Wissen
Поми́мо меня́, он ни с кем не говори́л. Всё э́то бы́ло сде́лано поми́мо меня́ и про́тив мое́й во́ли.
поперёк *mit G.* – quer über, quer durch, quer in (Antonym: вдоль *mit G.*)
идти́ поперёк у́лицы; поста́вить (*v.*) стол поперёк ко́мнаты
по́сле *mit G.*
– *Zeit:* nach (Antonyme: до *mit G.*, перед *mit I.*)
встре́титься/встреча́ться по́сле (оконча́ния) спекта́кля; встре́ча по́сле обе́да
– im Vergleich zu: По́сле неё други́е актри́сы э́той ро́ли ка́жутся бле́дными.
– *Ort, ugs.:* hinter (Antonym: перед *mit I.*): В о́череди за биле́тами он стоя́л по́сле меня́.
посреди́ *mit G.*
– *Ort:* in der Mitte, mitten in: стоя́ть посреди́ ко́мнаты; о́стров посреди́ о́зера
– *Zeit:* mitten in: Он прие́хал посреди́ неде́ли.
– *Umgebung, ugs.:* inmitten: оказа́ться/ока́зываться посреди́ друзе́й
пос(е)реди́не *mit G.* – in der Mitte, mitten in: поста́вить (*v.*) стол пос(е)реди́не ко́мнаты
пре́жде *mit G.* – *Zeit:* vor (Antonym: по́сле *mit G.*): Он пришёл пре́жде всех.
про́тив *mit G.*
– *Ort:* gegenüber
останови́ться/остана́вливаться пря́мо про́тив вхо́да в зда́ние; сквер про́тив до́ма
– *Zweck, Ziel:* gegen (Antonyme: за *mit A.*, в по́льзу *mit G.*)
про-/голосова́ть про́тив кандида́та, движе́ние про́тив войны́; Фа́кты бы́ли про́тив меня́.

- *Nichtübereinstimmung*: (ent)gegen: поступи́ть/поступа́ть про́тив со́вести
- im Vergleich zu: Э́та зада́ча про́тив той – пустя́к.

сбо́ку *mit G., ugs.:* seitlich, neben: стоя́ть сбо́ку стола́

сверх *mit G.*
- *Ort*: über (Antonym: под *mit I.*): наде́ть/надева́ть пальто́ сверх сви́тера
- *Maß*: über (… hinaus), mehr als: Пойми́те, э́то сверх мои́х сил.
- über … hinaus, zusätzlich zu: Сверх преподава́ния он занима́ется нау́чной рабо́той.

свы́ше *mit G.* – *Anzahl*: über, mehr als
Прие́хало свы́ше ста челове́к. В кни́ге свы́ше ты́сячи страни́ц.

сза́ди *mit G.* – hinter (Antonym: впереди́ *mit G.*): идти́ сза́ди всех; огоро́д сза́ди до́ма

сквозь *mit A.* – durch (… hindurch)
проб́раться/пробира́ться сквозь толпу́; смех сквозь слёзы – Lachen unter Tränen

согла́сно *mit D.* – gemäß, laut (Antonym: вопреки́ *mit D.*)
де́йствовать согла́сно предписа́нию

сообра́зно *mit D.*, соотве́тственно *mit D.*, соразме́рно *mit D.* – gemäß, entsprechend
поступи́ть/поступа́ть согла́сно пра́вилам, де́йствовать соотве́тственно прика́зу, ис-/тра́тить де́ньги соразме́рно дохо́дам

спе́реди *mit G., ugs.* – *Ort*: vor: пристро́йка спе́реди сара́я

среди́ *mit G.*
- *Ort*: mitten in | auf | durch, inmitten
стоя́ть среди́ ко́мнаты (среди́ у́лицы), о́стров среди́ о́зера; Доро́га шла среди́ холмо́в.
- *Zeit*: mitten in: встать/встава́ть среди́ но́чи, звони́ть кому́-нибудь среди́ неде́ли
- *mit G. Pl., Gemeinsamkeit*: (mitten) unter
оказа́ться/ока́зываться среди́ друзе́й, найти́/находи́ть что́-нибудь среди́ бума́г

Zweigliedrige Präpositionen

вблизи́ от *mit G.* – nahe an, unweit (Antonym: вдали́ от *mit G.*)
Шко́ла вблизи́ от на́шего до́ма.

вдалеке́ от *mit G.* – weit entfernt von (Antonym: невдалеке́ от *mit G.*)
жить вдалеке́ от Москвы́ (вдалеке́ от бли́зких)

вдали́ от *mit G.* – weit entfernt von (Antonym: вблизи́ от *mit G.*)
жить вдали́ от ро́дины (вдали́ от родны́х)

вме́сте с *mit I.*
- *Gemeinsamkeit*: zusammen mit
де́йствовать вме́сте с друзья́ми; Вме́сте с на́ми в гру́ппе бы́ло 10 челове́к.
- *Zeit*: zugleich mit: Вме́сте с телегра́ммой принесли́ письмо́.

вплоть до *mit G.*
- bis (unmittelbar) zu | an
дотяну́ть/дотя́гивать ка́бель вплоть до посёлка, ждать вплоть до са́мого ве́чера
- einschließlich, bis auf, selbst: На нём мо́крым бы́ло всё вплоть до ма́йки.

впредь до *mit G., schr.* – *Zeit*: bis zu | auf
Купа́ние здесь запрещено́ впредь до осо́бого распоряже́ния. – Das Baden ist hier bis auf Widerruf verboten.

вро́вень с *mit I.*
- in gleicher Höhe wie: Вода́ вро́вень с края́ми бо́чки.
- ebenso wie: рабо́тать вро́вень с молоды́ми

вслед за *mit I.* – unmittelbar hinter | nach: идти́ вслед за экскурсово́дом

далеко́ от *mit G.* – weit entfernt von (Antonym: недалеко́ от *mit G.*)
  находи́ться далеко́ от родны́х (далеко́ от до́ма), жить далеко́ от Москвы́
наравне́ с *mit I.* – genauso wie, in gleicher Weise wie: де́лать что́-нибудь наравне́ с отцо́м
наряду́ с *mit I.*
  – gemeinsam mit: Наряду́ с мастера́ми в бассе́йне трениру́ются шко́льники.
  – neben: Наряду́ с досто́инствами в рабо́те есть и серьёзные недоста́тки.
невдалеке́ от *mit G.* – unweit von (Antonym: вдалеке́ от *mit G.*)
  Де́тская поликли́ника – невдалеке́ от нас.
недалеко́ от *mit G.* – unweit von (Antonym: далеко́ от *mit G.*): жить недалеко́ от институ́та
незави́симо от *mit G.* – unabhängig von, ungeachtet, trotz (Antonym: в зави́симости от *mit G.*): бе́гать по утра́м незави́симо от пого́ды
примени́тельно к *mit D.*, *schr.* – in Bezug auf, unter Berücksichtigung, entsprechend
  де́йствовать примени́тельно к обстано́вке
ря́дом с *mit I.*
  – *Ort*: neben (Antonym: далеко́ от *mit G.*): Метро́ у нас совсе́м ря́дом с до́мом.
  – *ugs.* im Vergleich zu: Ря́дом с твое́й бедо́й мои́ забо́ты – ничто́.
сле́дом за *mit I.*, *schr.* – (gleich) hinter | nach
  вы́ступить/выступа́ть сле́дом за докла́дчиком
совме́стно с *mit I.* – gemeinsam mit
  обсуди́ть/обсужда́ть пробле́мы совме́стно с зарубе́жными колле́гами
согла́сно с *mit I.* – gemäß, laut (Antonym: вопреки́ *mit D.*)
  де́йствовать согла́сно с зако́ном
сообра́зно с *mit I.* – gemäß, entsprechend
  поступи́ть/поступа́ть сообра́зно с обстоя́тельствами
соотве́тственно с *mit I.* – gemäß, entsprechend
  соотве́тственно с Конститу́цией Росси́и
соразме́рно с *mit I.* – entsprechend, angemessen
  поступи́ть/поступа́ть соразме́рно со свои́ми возмо́жностями
сравни́тельно с *mit I.* – verglichen mit
  Сравни́тельно с про́шлым го́дом сейча́с значи́тельно тепле́е.

Die von Substantiven gebildeten Präpositionen

574 Präpositionen, die von Substantiven gebildet sind, sind zwei-, mitunter auch dreigliedrig; die Zahl eingliedriger Präpositionen ist gering.
Ein- und zweigliedrige Präpositionen regieren grundsätzlich den Genitiv.

575 Eingliedrige Präpositionen

и́мени *mit G.* – „namens" (Wiedergabe im Deutschen durch ein zusammengesetztes Wort)
  кана́л и́мени Москвы́ – Moskaukanal, шко́ла и́мени Ю́рия Гага́рина – Juri-Gagarin-Schule
поря́дка *mit G.*, *ugs.* – in der Größenordnung von, rund
  Тако́й фотоаппара́т сто́ит поря́дка ты́сячи.
посре́дством *mit G.*, *schr.* – mittels, durch: де́йствовать посре́дством перегово́ров
путём *mit G.*, *schr.* – mittels, durch: реши́ть/реша́ть зада́чу путём сло́жных вычисле́ний
ти́па *mit G.* – in der Art, wie: устро́йство ти́па центрифу́ги, лю́ди ти́па Ивано́ва

Zweigliedrige Präpositionen

в а́дрес *mit G.*, *schr.* – an (die Adresse)
 В а́дрес на́шей реда́кции пришло́ мно́го пи́сем. Ре́зкие замеча́ния в а́дрес но́вого руково́дства
в ви́де *mit G.* – in der Form; *übertr.* als
 медальо́н в ви́де серде́чка, предста́вить/представля́ть да́нные в ви́де табли́цы; в ви́де доказа́тельства, в ви́де исключе́ния – ausnahmsweise
в де́ле *mit G.*, *schr.* – im Bereich, bei
 роль иску́сства в де́ле воспита́ния подраста́ющего поколе́ния
в ду́хе *mit G.*, *schr.* – im Geist, im Sinne
 де́йствовать в ду́хе при́нятых реше́ний; Кни́га напи́сана в ду́хе вре́мени.
в знак *mit G.*, *schr.* – zum | als Zeichen: в знак согла́сия, в знак проте́ста
в интере́сах *mit G.*, *schr.* – im Interesse: де́йствовать в интере́сах де́ла
в направле́нии *mit G.* – in Richtung (auf)
 дви́гаться в направле́нии го́рода; *übertr.:* развива́ться в направле́нии всё бо́льшей интегра́ции
в о́бласти *mit G.* – auf dem Gebiet, im Bereich
 рабо́тать в о́бласти наро́дного образова́ния; специали́ст в о́бласти матема́тики
в обстано́вке *mit G.*, *schr.* – in einer Atmosphäre
 Перегово́ры проходи́ли в обстано́вке открове́нности.
в отноше́нии *mit G.*, *schr.* – gegenüber; bezüglich
 В отноше́нии вас э́то несправедли́во. В отноше́нии пое́здки ещё мно́го нея́сного.
в по́льзу *mit G.* – zugunsten, für (Antonym: про́тив *mit G.*)
 показа́ние в по́льзу подсуди́мого; Счёт ма́тча два – ноль в по́льзу москвиче́й.
в поря́дке *mit G.*, *schr.* – zu, als
 Мы э́то сде́лали в поря́дке контро́ля (в поря́дке исключе́ния).
в продолже́ние *mit G.* – im Laufe, während
 в продолже́ние пяти́ лет, в продолже́ние всей жи́зни
в противополо́жность *mit D.*(!) – im Gegensatz zu (Antonym: подо́бно *mit D.*)
 В противополо́жность бра́ту де́вочка о́чень споко́йна.
в проце́ссе *mit G.*, *schr.* – während: в проце́ссе перегово́ров
в райо́не *mit G.* – in der Gegend, in der Nähe: жить в райо́не вокза́ла (в райо́не метро́)
в ра́мках *mit G.*, *schr.* – im Rahmen: де́йствовать в ра́мках дозво́ленного
в результа́те *mit G.* – durch, infolge: по-/страда́ть в результа́те ава́рии
в ро́ли *mit G.* – als: вы́ступить/выступа́ть в ро́ли консульта́нта (в ро́ли адвока́та)
в све́те *mit G.*, *schr.* – im Licht, aus der Sicht
 пересмотре́ть/пересма́тривать реше́ние в све́те после́дних собы́тий
в си́лу *mit G.*, *schr.* – infolge, wegen; kraft
 Он сде́лал э́то в си́лу сложи́вшихся обстоя́тельств. В си́лу зако́на
в слу́чае *mit G.* – im Fall, bei
 в слу́чае боле́зни, в слу́чае опа́сности; В слу́чае пожа́ра звони́те по телефо́ну 01.
в смы́сле *mit G.* – hinsichtlich: неопределённость в смы́сле сро́ков
в сопровожде́нии *mit G.* – in Begleitung, mit
 В пала́ту вошёл хиру́рг в сопровожде́нии медсестры́.
в сто́рону *mit G.* – (wohin?) zu: поверну́ться (*v.*) в сто́рону говоря́щего
в сфе́ре *mit G.* – im Bereich, in: рабо́тать в сфе́ре торго́вли (в сфе́ре нау́ки)
в счёт *mit G.* – auf Rechnung, a conto
 5000 рубле́й в счёт бу́дущего гонора́ра, ава́нс в счёт за́работной пла́ты – Lohnabschlag

в течéние *mit G.* – im Verlauf
  в течéние послéдних двух лет; В течéние недéли я вам обязáтельно позвоню́.
в услóвиях *mit G.* – unter den Bedingungen: дéйствовать в услóвиях глáсности
в хóде *mit G.* – während: в хóде рабóты, в хóде вы́боров
в цéлях *mit G.* – mit dem Ziel, zwecks
  провести́/проводи́ть рефóрму в цéлях сокращéния бюрократи́ческого аппарáта
в честь *mit G.* – zu Ehren: в честь гóстя, приём в честь делегáции
во врéмя *mit G.* – während: во врéмя болéзни, во врéмя экзáменов
во главé *mit G.* – an der Spitze: быть во главé прави́тельства (во главé институ́та)
во и́мя *mit G., geh.* – um ... willen, für: рабóтать во и́мя высóкой цéли
вслéдствие *mit G., schr.* – infolge: Вслéдствие тумáна вы́лет самолёта задéрживается.
за предéлами *mit G.* – *Zustand*: über ... hinaus
  Его́ посту́пки за предéлами моего́ понимáния.
за предéлы *mit G.* – *Richtung*: über ... hinaus: Это выхóдит за предéлы его́ компетéнции.
на бáзе *mit G.* – auf der Grundlage: исслéдования на бáзе нóвых материáлов
на грáни *mit G., schr.* – am Rande: находи́ться на грáни катастрóфы
на и́мя *mit G.* – auf den Namen: чек на и́мя Е. А. Ивáнова
на основáнии *mit G.* – aufgrund, auf der Grundlage
  с-/дéлать вы́воды на основáнии анáлиза статисти́ческих дáнных
на оснóве *mit G.* – aufgrund, auf der Grundlage
  дéйствовать на оснóве взаи́много довéрия
наподóбие *mit G.* (Zusammenschreibung!) – ähnlich wie, in der Art von
  У неё пальтó наподóбие моегó.
на правáх *mit G.* – (in der Eigenschaft) als
  прису́тствовать на совещáнии на правáх наблюдáтеля; Кни́га и́здана на правáх ру́кописи.
на протяжéнии *mit G.* – im Verlauf, während
  на протяжéнии десяти́ лет, на протяжéнии всей поéздки
на пути́ *mit G.* – in Richtung, bei: с-/дéлать мнóгое на пути́ рационализáции
на сторонé *mit G.* – aufseiten: Прáвда на сторонé áвтора письмá.
насчёт *mit G., ugs.* – bezüglich, wegen: договори́ться/договáриваться насчёт óтпуска
не в пример́ *mit D.* (!) – zum Unterschied von (Antonym: подóбно *mit D.*)
  Онá – не в примéр тебé – никогдá не опáздывает.
от и́мени *mit G.* – im Namen: говори́ть от и́мени руковóдства фи́рмы
по áдресу *mit G.* – an die Adresse: замечáния по áдресу профкóма
по истечéнии *mit G., schr.* – nach Ablauf
  по истечéнии нéкоторого врéмени, по истечéнии срóка
по ли́нии *mit G., schr.* – im Bereich; unter der Verantwortung
  развивáть отношéния мéжду двумя́ стрáнами по ли́нии расширéния торгóвых свя́зей; Конферéнция провóдится по ли́нии Росси́йской акадéмии наýк.
по мéре *mit G.* – während, bei; nach Maßgabe
  По мéре приближéния к дóму беспокóйство уси́ливалось. Помóчь/помогáть дрýгу по мéре возмóжности
по пóводу *mit G.* – aus Anlass, anlässlich
  разговóр по пóводу нóвой кни́ги, по пóводу встрéчи друзéй
по причи́не *mit G., schr.* – infolge: не прису́тствовать на заня́тиях по причи́не болéзни
по пути́ *mit G., schr.* – auf dem Weg
  идти́ по пути́ разоружéния, шаг по пути́ расширéния сотру́дничества
по слу́чаю *mit G., schr.* – anlässlich; infolge, wegen
  поздрáвить/поздравля́ть коллéгу по слу́чаю юбилéя

по части *mit G.*, *ugs.* – im Bereich, auf dem Gebiet: По части тостов он большой специалист.
под видом *mit G.* – als; unter dem Vorwand | Deckmantel
  Он приехал под видом туриста. Под видом плохого самочувствия он остался дома.
под предлогом *mit G.* – unter dem Vorwand | Deckmantel
  отказаться/отказываться под предлогом занятости
при помощи *mit G.* – mithilfe, durch
  поднять/поднимать что-нибудь при помощи крана, достичь/достигать чего-нибудь при помощи переговоров
при посредстве *mit G.*, *schr.* – mithilfe, mit Unterstützung
  при посредстве мощного крана, только при посредстве адвоката
при условии *mit G.* – vorbehaltlich: Поедем при условии хорошей погоды.
с помощью *mit G.* – mithilfe, durch
  изучить/изучать что-нибудь с помощью компьютера; Он добился этого с помощью постоянных тренировок.
с целью *mit G.*, *schr.* – zum Zweck, zwecks; um ... zu
  провести/проводить опросы с целью изучения общественного мнения; визит с целью переговоров; Он пришёл с целью поговорить.
со стороны *mit G.* – seitens, vonseiten, von: возражения со стороны профсоюзов

Dreigliedrige Präpositionen

в дополнение к *mit D.* – ergänzend zu: в дополнение к сказанному
в зависимости от *mit G.* – je nach (Antonym: независимо от *mit G.*)
  в зависимости от обстоятельств, в зависимости от ситуации
в направлении к *mit G.* – in Richtung auf, zu: плыть в направлении к берегу
в ответ на *mit A.* – in Beantwortung
  В ответ на ваш запрос посылаем вам копию интересующей вас статьи.
в отличие от *mit G.* – zum Unterschied von (Antonym: подобно *mit D.*)
  В отличие от других он поступил решительно.
в связи с *mit I.* – im Zusammenhang mit; wegen, infolge
  В связи с этим я хочу сказать следующее: ... В связи с создавшимся положением отпуск пришлось перенести.
в согласии с *mit I.*, *schr.* – in Übereinstimmung mit (Antonym: вопреки *mit D.*)
  действовать в согласии с принятым решением
в сообществе с *mit I.*, *schr.* – gemeinsam mit: в сообществе с сотрудниками института
в соответствии с *mit I.*, *schr.* – entsprechend
  В соответствии с планом мы должны окончить эту работу через неделю.
в сравнении с *mit I.*, *schr.* – im Vergleich zu, verglichen mit
  В сравнении со своим братом она много читает.
в стороне от *mit G.* – *Zustand*: abseits von: Дом в стороне от дороги.
в сторону от *mit G.* – *Richtung*: abseits von: Он двинулся в сторону от толпы.
в унисон с *mit I.*, *ugs.* – in Übereinstimmung mit: действовать в унисон с товарищами
во главе с *mit I.* – unter Leitung von: делегация во главе с министром культуры
по направлению к *mit D.* – in Richtung auf: идти по направлению к дому
по отношению к *mit D.* – gegenüber
  заботливость по отношению к гостю; По отношению к прошлому году объём производства увеличился на 5 процентов.
по сравнению с *mit I.* – im Vergleich zu, verglichen mit
  Он очень много читает по сравнению со своими товарищами.

Die von Verben gebildeten Präpositionen

578 Im Vergleich zu den von Adverbien und von Substantiven gebildeten Präpositionen ist die Zahl der Präpositionen, die von Verben, und zwar von Adverbialpartizipien, gebildet sind, relativ gering.

579 Eingliedrige Präpositionen

благодаря́ *mit D.* – dank, durch, infolge
  Он спра́вился то́лько благодаря́ по́мощи друзе́й.
включа́я *mit A.* – einschließlich (Antonyme: исключа́я *mit A.*; кро́ме *mit G.*)
  Он хо́дит в библиоте́ку ка́ждый день включа́я и воскресе́нье.
исключа́я *mit A.* (verneint *mit G.*) – ausgenommen, außer (Antonym: включа́я *mit A.*)
  Об э́том никто́, исключа́я са́мых бли́зких друзе́й, не знал. Они́ рабо́тали всю неде́лю, исключа́я пра́здники. Они́ рабо́тали всю неде́лю, не исключа́я пра́здников. – ... einschließlich der Feiertage.
конча́я *mit I.* – bis einschließlich: Пробу́ду здесь неде́лю конча́я воскресе́ньем.
не доходя́ *mit G.* – *Ort*: kurz vor: Наш дом – не доходя́ апте́ки.
не счита́я *mit G.* – nicht mitgerechnet, abgesehen von, außer (Antonyme: счита́я *mit A.*, включа́я *mit A.*)
  Кварти́ра состои́т из трёх ко́мнат, не счита́я ку́хни. Пришли́ все, не счита́я Бори́са.
погодя́ *mit A.*, *ugs.* – nach (Ablauf von), später: Он пришёл погодя́ полчаса́.
спустя́ *mit A.* – nach (Ablauf von), später (kann vor oder hinter seinem Bezugswort stehen)
  Моя́ сестра́ уезжа́ет сего́дня, а я пое́ду три дня спустя́. Он прие́хал спустя́ неде́лю.
счита́я *mit A.* – mitgerechnet, einschließlich (Antonyme: не счита́я *mit G.*, кро́ме *mit G.*)
  Счита́я новичко́в, в кла́ссе 30 челове́к.

580 Zweigliedrige Präpositionen

гля́дя по *mit D.* – je nach: одева́ться гля́дя по пого́де
исходя́ из *mit G.*, *schr.* – ausgehend von
  де́йствовать исходя́ из обстоя́тельств; Исходя́ из ска́занного, мо́жно предположи́ть, что ...
начина́я с *mit G.* – *Zeit*: von ... an, seit
  Начина́я с за́втрашнего дня я бу́ду ка́ждое у́тро де́лать заря́дку. Он жил там начина́я с ию́ня и до са́мого конца́ а́вгуста.
начина́я с *mit G.* | от *mit G.* – angefangen mit, von
  Же́нщина была́ вся в чёрном, начина́я с платка́ и конча́я ту́флями.
не гля́дя на *mit A.* – ungeachtet: рабо́тать не гля́дя на тру́дности
не доходя́ до *mit G.* – *Ort*: kurz vor: Жди́те нас не доходя́ до остано́вки.
невзира́я на *mit A.* – ungeachtet, trotz, ohne Rücksicht auf
  рабо́тать невзира́я на боле́знь; невзира́я на ли́ца – ohne Ansehen der Person
несмотря́ на *mit A.* – ungeachtet, trotz: Несмотря́ на свою́ мо́лодость, он хоро́ший врач.
смотря́ по *mit D.* – je nach: де́йствовать смотря́ по обстоя́тельствам
су́дя по *mit D.* – nach ... zu urteilen, zufolge
  су́дя по вне́шности, су́дя по сообще́ниям печа́ти
счита́я от *mit G.* | с *mit G.* – gerechnet von
  Наш дом второ́й счита́я от угла́. Че́рез год счита́я от э́того дня они́ пожени́лись.

Die Konjunktion

Zu Form und Funktion im Satz

> Konjunktionen sind unveränderliche Hilfswörter, die Bestandteile von Wortgruppen oder Sätzen oder auch selbstständige Sätze miteinander verbinden und dabei bestimmte Beziehungen zwischen diesen Bestandteilen ausdrücken.
>
> Nach ihrer *Funktion* unterscheidet man:
> – koordinierende (nebenordnende) Konjunktionen, die gleichrangige syntaktische Einheiten miteinander verbinden,
> – subordinierende (unterordnende) Konjunktionen, die syntaktische Einheiten unterschiedlichen Ranges miteinander verbinden.

Beispiele[1] für Beziehungen, die durch *koordinierende* Konjunktionen ausgedrückt werden:
– innerhalb einer Wortgruppe:
  муж и жена́, петь и разгова́ривать, уме́ть хорошо́ и бы́стро чита́ть.
– innerhalb einer Satzverbindung:
  До́дин начина́ет говори́ть, и я ско́ро понима́ю, что э́то не бы́строе интервью́.
– zwischen gleichrangigen Nebensätzen:
  … Сама́ жизнь печа́льна, потому́ что конча́ется тем, чем конча́ется, и челове́ка что́-то влечёт к э́тому концу́.
– zwischen selbstständigen Sätzen:
  То́чен был Че́хов. И столь же то́чен До́дин, услы́шавший в «Плато́нове» э́хо на́ших дней.

Beispiele für Beziehungen, die durch *subordinierende* Konjunktionen ausgedrückt werden:
– zwischen Haupt- und Nebensatz im Satzgefüge:
  Когда́ Че́хов писа́л «Плато́нова», он ещё не знал, что бу́дет врачо́м.
– zwischen Nebensätzen unterschiedlichen Ranges (einem Attributsatz, eingeleitet mit кото́рый, ist hier ein Objektsatz zu- bzw. untergeordnet):
  Поэ́тому, счита́ет режиссёр, глубоко́ прав тот англича́нин, кото́рый по́нял на «Плато́нове», почему́ в Росси́и случи́лась револю́ция.

---

[1] Satzbeispiele aus einem Interview W. Simonows (↗ Сим.) mit dem russischen Regisseur L. Dodin über eine Londoner Theateraufführung des Tschechowstücks «Плато́нов, и́ли Пье́са без назва́ния».

582 Hinsichtlich ihrer *Form* lassen sich Konjunktionen einteilen in
- eingliedrige (nur aus einem Wort bestehende) Konjunktionen, z. B.: а, и, но; éсли, покá;
- mehrgliedrige (aus mehreren Wörtern bestehende) Konjunktionen, z. B.: а тáкже; всё же; не тóлько …, но и; как тóлько; пóсле тогó (,) как; потомý (,) что; для тогó (,) чтóбы; подóбно томý (,) как; несмотря́ на тó (,) что.

Eingliedrige Konjunktionen können häufig unterschiedliche Beziehungen ausdrücken; einigen von ihnen stehen gleichlautende Wörter anderer Wortarten gegenüber. Vgl. z. B.:

а	*vergleichend-anreihend*	– und: Брáту 25 лет, а сестрé – 23.
	vergleichend-gegenüberstellend	– aber: Мы назнáчили встрéчу на 5, а он опоздáл.
что?	*Interrogativpronomen*	– was?: Что случи́лось?
что	*subordinierende Konjunktion*	– dass: Я счáстлив(-а), что вы пришли́.
что?	*Fragepartikel*	– ja? was ist (los)?: – Ли́да! – Что? – Ты не брала́ у меня́ со столá кни́гу?
покá	*Adverb*	– vorläufig, einstweilen: Сын покá ещё у́чится.
покá	*subordinierende Konjunktion*	– solange: Покá он у́чится, нáдо емý помóчь.
покá!	*Interjektion, ugs.*	– bis dann! bis später! tschüs!: – Прости́, я спешý, покá!

Mehrgliedrige Konjunktionen können aus der Verbindung zweier unveränderlicher Wörter (z. B.: а тáкже, как бýдто, покá не, тóлько лишь) oder aus der Verbindung einer einfachen Konjunktion mit einer präpositionalen Wortgruppe (meist mit einer Wortform von то) bestehen, z. B.: рáди тогó(,) чтóбы; мéжду тéм как; в связи́ с тéм(,) что; несмотря́ на тó(,) что.

Die koordinierenden Konjunktionen

583 Nach dem *Inhalt* der durch sie ausgedrückten Beziehungen lassen sich koordinierende Konjunktionen einteilen in *anreihende* (kopulative), *entgegensetzende* (adversative), *ausschließende* (disjunktive) und *erläuternde*. Beispielsätze zu ausgewählten Konjunktionen ↗ 766 ff.

Anreihende Konjunktionen

584
и – und (↗ 585)
а – *vergleichend:* und (↗ 585)
да *ugs.* – und
дáже – sogar
тáкже – auch, ebenfalls, gleichfalls
тóже – auch, ebenfalls, gleichfalls

а вдобáвок *ugs.* – (und) außerdem
а ещё – (und) außerdem; *ironisch:* und dabei
а к томý же (und) außerdem, dazu noch
а крóме тогó – (und) außerdem, darüber hinaus
а тáкже – und auch, (und) außerdem
в том числé (и) – darunter (auch)
да ещё (и) – (und) darüber hinaus

да и *ugs.* – und auch, und außerdem
дáже не – nicht einmal, überhaupt nicht
(и) притóм – (und) dabei, (und) außerdem
(и) причём – (und) dabei, (und) außerdem
и тó – und dazu noch
к томý же – außerdem, zudem
мáло тогó что – nicht genug dass
при э́том – dabei
притóм ещё – und außerdem
и …, и – sowohl … als auch
как …, так и *schr.* – sowohl … als auch
не тóлько …, но и – nicht nur …, sondern auch
ни …, ни – weder … noch

Unterscheide: **585**
- и *aufzählend* – und (*im Sinne von* und auch)
- a *vergleichend-gegenüberstellend* – und (*etwa im Sinne von* während); vgl. z. B.:
  Мы разгова́ривали и танцева́ли. Мы разгова́ривали, а они́ танцева́ли.
  Мне 20 лет, и Ве́ре то́же 20. Мне 20 лет, а Во́ве – 18.

Entgegensetzende Konjunktionen

а – *vergleichend:* aber, jedoch (➚ 587);   а ведь *ugs.* – (und) dabei **586**
    nach Verneinung: sondern   а и то́ – (und) dabei, (und) trotzdem
но – *Gegensatz hervorhebend:* aber (➚ 587)   а между те́м – (und) dabei, (aber) inzwischen
впро́чем *schr.* – allerdings, jedoch, übrigens   а то́ – sonst, andernfalls
да – aber, doch, jedoch   в проти́вном слу́чае – andernfalls,
же | ж *dem Bezugswort nachgestellt* – aber,   widrigenfalls
    doch, jedoch, hingegen   всё же – doch, dennoch
ина́че | *ugs.* и́наче – sonst, andernfalls   да ведь *ugs.* – aber, doch
лишь – lediglich, bloß, nur   (да) и то́ – und trotzdem
одна́ко – jedoch, doch, aber   (и, а, но) всё-таки – (und, aber) dennoch
то́лько – nur, allein, aber   (но) зато́ – dafür aber
    ра́зве (что) *ugs.* – außer wenn, es sei denn
    тем не ме́нее – nichtsdestoweniger

Unterscheide: **587**
- а *vergleichend-gegenüberstellend* – aber (*etwa im Sinne von* während)
- но *einen Gegensatz hervorhebend* – aber (*im Sinne von* dagegen); vgl. z. B.:
  Ему́ се́мьдесят лет, а вы́глядит он ма́ксимум на пятьдеся́т. Извини́те, но я всё равно́
  э́то сде́лаю. День па́смурный, но (auch: а) дождя́ нет.

Ausschließende Konjunktionen

и́ли | *ugs., alt* иль – oder   не то́ …, не то́ *ugs.* – halb … halb, entweder **588**
ли́бо – oder   … oder
    то …, то – bald … bald, mal … mal
а то́ (и) – oder aber (gar)   то́ ли …, то́ ли *ugs.* – halb … halb, entweder
не то́ *ugs.* – sonst, oder   … oder

и́ли … (,) и́ли – entweder … oder   что …, что *ugs.* – ob … ob, ob … oder
ли́бо … (,) ли́бо – entweder … oder
не сто́лько …, ско́лько – nicht so sehr …
    als vielmehr

Erläuternde Konjunktionen

…, и́ли – oder, mit anderen Worten, das heißt   а и́менно – und zwar **589**
и́менно *schr.* – nämlich   то́ есть, *abgekürzt* т. е. – das heißt
ита́к – also, somit, nun; folglich   то́ бишь *ugs., alt* – das heißt, nämlich
    что (же) каса́ется *mit G.* – was … betrifft
    что до *mit G., ugs.* – was … betrifft

Die subordinierenden Konjunktionen

590 Auch subordinierende Konjunktionen lassen sich nach dem *Inhalt* der durch sie ausgedrückten Beziehungen, nach der Art der durch sie eingeleiteten Nebensätze, gliedern. Dementsprechend unterscheidet man vor allem Konjunktionen, die Adverbial- oder Objektsätze einleiten.

591 In der *Schrift* wird ein Satzteil, der durch eine subordinierende Konjunktion eingeleitet ist, vom übrigen Teil des Satzes durch Komma getrennt.
Mehrgliedrige Konjunktionen bilden in der Regel eine Einheit. Diese Einheit kann jedoch aufgegeben werden, wenn der Sprecher den ersten (pronominalen) Teil der Konjunktion hervorheben will: Dann wird dieser Teil dem Hauptsatz zugeordnet, und das Komma wird vor den zweiten Teil der Konjunktion (meist что oder так) gesetzt. Vgl. z. B. благодаря тому (,) что:
Благодаря тому что температу́ра во́здуха повы́силась, строи́тели смогли́ продо́лжить рабо́ту.
Мы не опозда́ли то́лько благодаря тому́, что е́хали на такси́.

592 Konjunktionen, die Adverbialsätze der Art und Weise einleiten (↗ 776)

как – (so) wie; *nach Komp. im Hauptsatz:* als
бу́дто *ugs.* – als ob, als wenn
сло́вно – wie; als ob, als wenn
…, чем *meist nach Komp. im Hauptsatz* – als;
  mit Inf. – anstatt zu

бу́дто бы – als ob, als wenn
вме́сто того́ (,) что́бы *mit Inf.* – anstatt zu
вро́де того́ (,) что – in der Art, dass

как бу́дто (бы) – als ob, als wenn
ка́к ни – wie auch
подо́бно тому́ (,) как *schr.* – ebenso wie, ähnlich wie
по ме́ре того́ (,) как – je mehr
та́к же (,) как (и) – ebenso wie (auch)
то́чно та́к же (,) как – genauso wie
как …, так и – wie …, so auch
чем …, тем – je …, desto

Konjunktionen, die Adverbialsätze der Zeit einleiten (↗ 777)

593 когда́ – *bei Gleichzeitigkeit der Nebensatzhandlung:* als, während; wenn; *bei Vorzeitigkeit:* als, nachdem; sobald, wenn
едва́ *schr.* – kaum, sobald
как – als, nachdem; wenn; seit, seitdem;
  ugs., mit Inf. – bevor
лишь – kaum, sobald
пока́ – während, solange; bis (↗ 594)
то́лько *ugs.* – kaum
чуть *ugs.* – sobald, kaum

в то вре́мя (,) как – als, während
до тех пор (,) пока́ – so lange wie;
  so lange, bis
до тех пор (,), пока́ не – so lange, bis

до того́ (,) как – bevor, ehe
как то́лько – sobald, kaum
лишь то́лько; то́лько лишь – kaum, sobald
ме́жду тем как – während, wohingegen
пе́ред тем (,) как – bevor, ehe
пока́ не – bis (↗ 594)
по́сле того́ (,) как – nachdem
пре́жде (,) чем – bevor, ehe
ра́ньше (,) чем – bevor, ehe
с тех пор (,) как – seitdem
тогда́ как – während, wohingegen

едва́ …, а – kaum …, schon
едва́ …, как – kaum …, als
то́лько …, а – kaum …, da

Unterscheide: **594**
пока́   1. *bei Gleichzeitigkeit der Nebensatzhandlung (uv.)* – während, solange;
         2. *bei Nachzeitigkeit der Nebensatzhandlung (v.)* – bis (schließlich)
пока́ не *nur bei Nachzeitigkeit der Nebensatzhandlung (v.)* – bis (schließlich)
Пока́ шёл дождь, мы сиде́ли до́ма. Пока́ мы бесе́довали, она́ пригото́вила ко́фе.
Прошло́ не́сколько дней, пока́ я суме́л(-а) ула́дить э́то де́ло.
Они́ гуля́ли по па́рку, пока́ не уста́ли (v.). Aber: Они́ ча́сто гуля́ли по па́рку, пока́ не устава́ли (*uv.* für sich wiederholende Handlungen).
Я подожду́, пока́ он не придёт (auch: ..., пока́ он придёт).

Konjunktionen, die Adverbialsätze des Grundes einleiten (↗ 778)   **595**

поско́льку *schr.* – weil, da
бла́го *ugs.* – da doch, zumal
ведь – (da) doch
и́бо *schr.* – weil, da

потому́ (,) что *nicht am Beginn des Satzgefüges* – weil, da
та́к как *schr., abgekürzt* т. к. – weil, da
благодаря́ тому́ (,) что – *bei positiver Wertung:* dadurch, dass
в результа́те того́ (,) что *schr.* – dadurch, dass; weil
в связи́ с те́м (,) что *schr.* – weil; dadurch, dass
в си́лу того́ (,) что *schr.* – weil, da
ввиду́ того́ что *schr.* – dadurch, dass; weil
всле́дствие того́ (,) что – dadurch, dass; weil
за счёт того́ (,) что – dadurch, dass; weil
из-за того́ (,) что – *gewöhnlich bei negativer Wertung:* weil
исходя́ из того́ (,) что *schr.* – ausgehend davon, dass
на основа́нии того́ (,) что *schr.* – aufgrund der Tatsache, dass
на том основа́нии (,) что *schr.* – aufgrund der Tatsache, dass
оттого́ (,) что – weil
по причи́не того́ (,) что *schr.* – deswegen, weil
по той причи́не (,) что *schr.* – deswegen, weil
под ви́дом того́ (,) что – unter dem Vorwand, dass
под тем предло́гом, что – unter dem Vorwand, dass
посто́льку (,) поско́льку *schr.* – insofern, als
тем бо́лее *ugs.*; тем бо́лее (,) что – umso mehr als, zumal
тем па́че *ugs.*; тем па́че (,) что *schr.* – umso mehr als, zumal

Konjunktionen, die Adverbialsätze des Zwecks einleiten (↗ 779)   **596**

что́бы | чтоб – damit; *mit Inf.:* um ... zu
дабы́ | да́бы *alt* – damit; um ... zu

для того́ (,) чтобы – damit; um ... zu
зате́м (,) чтобы – damit; um ... zu
лишь бы – wenn nur; nur um ... zu
ра́ди того́ (,) чтобы – damit; um ... zu

с тем (,) чтобы *schr.* – damit; um … zu
с той целью (,) чтобы *schr.* – mit der Absicht, dass; um … zu
только бы – wenn nur; nur um … zu

597 Konjunktionen, die Adverbialsätze der Bedingung einleiten (↗ 780)

если – wenn, falls
когда – wenn, falls
раз *ugs.* – wenn, wenn schon, wenn einmal
если бы | б – wenn *(mit Konj. in irrealen Bedingungssätzen)*

598 Konjunktionen, die Adverbialsätze der Einräumung einleiten (↗ 781)

хотя | хоть – obwohl, wenn auch
правда *ugs.* – obwohl; allerdings, freilich
пусть | *ugs.* пускай – wenn auch

вопреки тому (,) что *schr.* – ungeachtet dessen, dass; obwohl
даром что *ugs.* – auch wenn
как бы ни – wie auch immer
невзирая на то (,) что *schr.* – obwohl
несмотря на то (,) что – obwohl
разве только *ugs.* – außer; es sei denn
хотя | хоть бы (и) – selbst wenn

599 Konjunktionen, die Adverbialsätze der Folge einleiten (↗ 782)

чтобы | чтоб – dass; *mit Inf.:* um … zu
так что – sodass; also
в том смысле (,) что – dahin (gehend), dass
вплоть до того (,) что – selbst so weit, dass; dass sogar
вследствие чего *amtl.* – weswegen
до того что – so (sehr), dass
отчего (и) – weshalb, weswegen (auch); wovon (auch)
почему (и) – weshalb, weswegen (auch)

600 Konjunktionen, die Objekt- oder Subjektsätze einleiten (↗ 773 f.)

что – dass
чтобы | чтоб z. B. nach Ausdruck eines Wunsches, einer Bitte, eines Ratschlages oder einer Forderung im Hauptsatz – dass
будто – dass (angeblich); als ob
как – wie
ли – ob
якобы *schr.* – dass angeblich

будто бы – dass (angeblich); als ob
как будто – dass (angeblich); als ob

Die Partikel

Zu Form und Funktion

Partikeln sind unveränderliche Hilfswörter, die die Bedeutung eines Wortes, einer Wortgruppe oder eines Satzes modifizieren. Es lassen sich Modalpartikeln (z. B. вот, вряд ли, неужéли, нет) und formbildende Partikeln (z. B. бы, пусть) unterscheiden.

Durch *Modalpartikeln* wird die Beziehung des Sprechenden zum Inhalt einer Äußerung oder eines Teils derselben zum Ausdruck gebracht: Der Sprecher kann die Äußerung oder einen Teil von ihr durch eine Partikel bekräftigen oder einschränken, sie als wahrscheinlich oder zweifelhaft kennzeichnen, auf sie hinweisen oder sie in Frage stellen, sie bejahen oder verneinen. Diese Modalpartikeln haben *lexikalische* oder Wortbedeutung.

Einzelne Partikeln haben *formbildende* Bedeutung: Mit ihrer Hilfe wird die Beziehung der durch ein Verb bezeichneten Handlung zur Wirklichkeit ausgedrückt, das heißt, mit ihnen werden Konjunktiv- und bestimmte Imperativformen gebildet. Diese formbildenden Partikeln haben *grammatische* Bedeutung.

Partikeln sind häufig aus anderen Wortarten (z. B. Adverbien, Pronomen) entstanden; die gleiche Wortform kann mitunter die Funktion verschiedener Wortarten erfüllen.
Vgl. beispielsweise die Funktion von напрóтив in folgenden Sätzen:
– Adverb des Ortes
   Мой друг живёт напрóтив.   – Mein Freund wohnt gegenüber.
– Präposition mit Genitiv
   Останóвка автóбуса нахóдится   – Die Bushaltestelle befindet sich unserem
   напрóтив нáшего дóма.   Haus gegenüber.
– Modalpartikel
   – Вам нездорóвится?   – „Fühlen Sie sich nicht wohl?"
   – Напрóтив, я совсéм здорóв(-а).   „Im Gegenteil, ich bin völlig gesund."

Nach ihrer *Form* lassen sich eingliedrige, d. h. aus einem Wort bestehende, und mehrgliedrige, d. h. zwei oder mehr Bestandteile enthaltende, Partikeln unterscheiden, z. B.:
вот, лишь, бýдто – вот úменно, лишь бы, бýдто бы, едвá ли – едвá ли не.

Hinsichtlich der *Stellung* der Partikeln *im Satz* ist zu beachten, dass же und ли ihrem Bezugswort stets nachgestellt sind. Die anderen Partikeln stehen häufig vor ihrem Bezugswort oder der entsprechenden Wortgruppe, können aber auch eine andere Stellung einnehmen.

Die Modalpartikeln

603 Im Folgenden werden ausgewählte Modalpartikeln nach dem *Inhalt* der durch sie ausgedrückten Beziehungen aufgeführt und durch Beispiele belegt.
Manche Partikeln können verschiedene Beziehungen ausdrücken, also mehrfach zugeordnet werden. Vgl. beispielsweise Bedeutungen von (ну) ка́к же *ugs.*:
– *Ausdruck der Bejahung* – und ob:
 Ты пойдёшь в теа́тр? – Ка́к же, с удово́льствием.

– *Ausdruck von Zweifel* – wie denn:
 Он говори́т, что помо́жет тебе́. – Он помо́жет, ка́к же!

604 Hinweisende oder schlussfolgernde Partikeln

вон *Hinweis auf ferner Liegendes* – da, dort: Где здесь апте́ка? – Вон там. Да́йте мне вон ту́ кни́гу.
вот *Hinweis auf näher Liegendes* – da, hier: Вот ваш журна́л. Вот перед на́ми зда́ние университе́та. Вот идёт наш авто́бус.
 Verstärkender Hinweis auf Pron. oder Adv.: Вале́рий – вот кто мне помо́жет. – Waleri – der wird mir helfen. Вот здесь живу́т мои́ друзья́. Смотри́: вот так (– so) э́то де́лается.
вот и всё – das ist alles, das war's: В ко́мнате был стол, шкаф, не́сколько сту́льев, вот и всё. Мы немно́го пошути́ли, вот и всё.
вот и́менно – ganz recht; eben: Ме́ры не даду́т эффе́кта. – Вот и́менно, об э́том я и говорю́. Вот и́менно, так я и ду́мал(-а).
да и то́лько *ugs.* – und sonst nichts: Что он за челове́к – болту́н, да и то́лько!
ну – nun, na; (na) los, nun denn: Ты согла́сен? – Ну коне́чно! Ну отда́й скоре́е ключ, и пойдём.
ну что́ же | ж – na gut: Ну что́ ж, раз ты так реши́л, де́лай.
так – also, (also) dann: Вот карти́на Ре́пина. – Так э́ту карти́ну написа́л Ре́пин! Так е́дем за́втра за́ город?
так вот – (also) dann: Ребя́та уже́ свобо́дны? Так вот, пусть они́ иду́т со мной.

605 Verstärkende Partikeln

ведь – doch, ja: Вы ведь ви́дели но́вый спекта́кль? Ведь я вас предупрежда́л(-а).
(вот) то́-то *ugs.* – das ist es ja eben: Мо́жет быть, я и оши́бся (оши́блась), про́сто я его́ ма́ло зна́ю. – Вот то́-то.
во́т что *Erhöhung der Aufmerksamkeit* – Folgendes: Ты во́т что, приходи́ за́втра обяза́тельно.
всё – immer (noch): Он всё боле́ет. С ка́ждым днём больно́й чу́вствовал себя́ всё ху́же.
да́же – sogar: О своём реше́нии он не сказа́л да́же дру́гу. Она́ тебе́ понра́вилась? – О́чень да́же.
же | ж – doch, denn, ja: Я сра́зу же вам позвоню́. Как же всё э́то случи́лось? Вы же знако́мы с ним?
 тот же – derselbe (↗ auch 466), там же – ebenda, am gleichen Ort *nach Pron. oder Adv. zum Ausdruck der Gleichheit, Ähnlichkeit*: Они́ живу́т в том же до́ме. Мы встре́тимся там же.
и – auch, selbst, sogar; *verneint* nicht einmal: Я сде́лаю и э́то, е́сли вы хоти́те. Он не хоте́л и ду́мать об э́том.

и без того; и так – ohnedies, ohnehin: Не курите, здесь и без того душно. Было и так холодно, а тут ещё и форточку открыли.
именно – gerade, eben, genau: Всё было именно так, как я предполагал(-а).
как раз – gerade, eben: Я как раз вчера видел(-а) твоего брата. Ты говоришь неправду, факты говорят как раз об обратном.
просто – einfach, geradezu: Это просто возмутительно. Он не болен, он просто устал.
прямо – unmittelbar, direkt; *ugs.* einfach: Прямо перед нами был сад. У меня прямо сил нет.
ради Бога | Христа – um Gottes willen: Ради Бога, помогите ей!
-таки *ugs.* – (doch) noch: Он успел-таки на поезд.
-то – *nach Subst., Verben zur Hervorhebung*: Ночь-то какая тёплая! – Wie warm ist diese Nacht! Читать-то читал, да ничего не понял. – Ich habe immer wieder gelesen, aber nichts verstanden.
уж *ugs.* – wirklich, selbst; *in Ausrufesätzen* schon: Теперь уж дождь нам не страшен. Уж сколько раз я тебе говорил(-а): не ходи туда! Уж где он только не был!
уже – schon, bereits: Мы не встречались уже несколько лет. Об этом событии стало известно уже на следующий день.
хоть – selbst, sogar: Ради этого я готов(-а) идти хоть на край света.
это *Hervorhebung des folgenden Satzgliedes* – denn: Катя, это ты вчера звонила?
Hervorhebung auch eines Fragewortes – denn, bloß: Это кто вчера приходил?

Einschränkende Partikeln

всего – bloß, lediglich; erst: Прошло всего два часа. Ей всего 18 лет.
всё же | ж – doch, dennoch; immerhin: Это было нелегко, но Катя всё же добилась встречи.
всё-таки – doch, dennoch: Он очень спешил, но всё-таки опоздал.
единственно – einzig und allein, nur: Своим спасением мы обязаны единственно ему.
и всё *ugs.* – nur; und das ist alles, und damit basta! В этом ничего невозможного, надо очень захотеть и всё. Не буду я этого делать, и всё.
и только – nur; und das ist alles, und damit basta! Ничего трудного здесь нет, надо очень захотеть и только.
лишь – lediglich, bloß, nur: Он сказал об этом лишь мне. Это лишь начало.
не то чтобы – nicht direkt: Это не то чтобы трудно, а как-то непривычно.
ничего – (das ist) halb so schlimm, macht nichts: Тебе больно? – Ничего.
только – nur, bloß, allein: Прошёл только час. Ему только 20 лет.
только и *ugs.* – immer nur: Он только и делает, что отдыхает.

Beachte auch:
– было *mit Prät. oder Part.* – drückt aus, dass eine begonnene Handlung abgebrochen wurde oder die Folgen dieser Handlung aufgehoben wurden: zuerst, zunächst, eigentlich (wollte *oder* hatte, war):

Он пошёл было, но остановился.	– Er wollte eigentlich gerade gehen, blieb aber.
Прекратившийся было дождь вдруг опять пошёл.	– Der Regen, der zunächst aufgehört hatte, setzte plötzlich wieder ein.

– едва не; чуть не – fast, beinahe *mit Konj.*: Она едва не (чуть не) упала. Мы едва с ним не поссорились.

608 Partikeln zum Ausdruck von Wunsch, Vermutung oder Zweifel

авóсь *ugs.* – vielleicht: Попрóбуем, авóсь удáстся.
бýдто (бы) *ugs.* – anscheinend, wohl; als ob: Онá мне бýдто бы не говори́ла об э́том. Бýдто бы я ей не помогáл(-а)! – Als ob ich ihr nicht geholfen hätte!
вóт бы *mit Inf., ugs.* – wenn (man) doch (… könnte): Онá всё знáет, вóт бы её спроси́ть об э́том.
врóде (бы) *ugs.* – wohl, irgendwie: Посмотри́, врóде дождь собирáется. Лицó врóде бы знакóмое.
вряд ли – kaum, schwerlich: Ты придёшь зáвтра? – Вряд ли, я о́чень зáнят (занятá). Вряд ли э́то так.
едвá ли – kaum, schwerlich: Едвá ли мы сегóдня успéем кóнчить э́ту рабóту.
едвá ли не – wohl, vielleicht: Не пóмню кто, едвá ли не Валéрий говори́л мне об э́том.
éсли бы – wenn doch *mit Konj.*: Ах, éсли бы я не соверши́л(-а) э́той оши́бки!
-ка *Abschwächung einer Aufforderung* – doch (mal): Дай-ка мне словáрь. Пойдём-ка домóй, а то стано́вится хóлодно.
как бýдто – wohl, anscheinend; scheinbar: Я не знáю тóчно, где он, как бýдто на рабóте. Он лежáл и как бýдто спал, но не спал, а тóлько притворя́лся спя́щим.
как бы – als ob, scheinbar: Жилы́е домá как бы спря́тались за дерéвьями.
кáк же *ugs., Ausdruck von Zweifel* – wie denn: Пáвел обещáл зáвтра же вернýть мне э́ту кни́гу. – Он вернёт, кáк же!
лишь бы *mit Prät. oder Inf.* – wenn nur: Гóсподи, лишь бы он вы́здоровел! Лишь бы не опоздáть. – Nur nicht zu spät kommen!
тóлько бы | б – wenn … nur *mit Konj.*: Тóлько бы он оказáлся дóма!
хóть бы; хотя́ бы | б – wenn … doch wenigstens *mit Konj.*: Хóть бы отдохнýть немнóго! Так скýчно, хотя́ бы пришёл ктó-нибудь.
что ли | ль *ugs.* – vielleicht, wohl: Он заболéл, чтó ли? Чтó-то случи́лось, пожáр чтó ли.
чуть ли не *ugs.* – vielleicht, möglicherweise, wohl: Э́то произошлó чуть ли не в прóшлом годý. Онá позвони́ла óчень пóздно, чуть ли не в час нóчи.

609 Bejahende oder zustimmende Partikeln

агá *ugs.* – ja: Тебé нрáвится э́тот фильм? – Агá, а тебé?
безуслóвно – unbedingt: Ты считáешь, он чéстный человéк? – Безуслóвно.
вéрно *ugs.* – tatsächlich, richtig
да – *satzwertiges* ja: Вы бы́ли в Москвé? – Да. Хоти́те чáю? – Да, с удовóльствием.
действи́тельно *ugs.* – in der Tat: Лю́ба, э́то не твоя́ кни́га? – Ой, действи́тельно, а я-то её ищý!
естéственно – natürlich, selbstverständlich: А в Кремль вас води́ли? – Естéственно.
есть! *mil.* – zu Befehl! Выполня́йте прикáз! – Есть!
ещё бы *ugs.* – und ob; kein Wunder: И он согласи́лся поéхать с вáми? – Ещё бы.
идёт *ugs.* – gut, einverstanden, abgemacht: Закýсим? – Идёт.
(ну) кáк же *ugs.* – natürlich, und ob, aber sicher: А в Эрмитáже ты был? – Ну кáк же, был.
конéчно – natürlich, gewiss, selbstverständlich: Тáня знáет об э́том? – Конéчно. Надéюсь, вы не оби́делись? – Конéчно нет.
лáдно *ugs.* – gut, einverstanden, abgemacht: Ты мне позвони́шь? – Лáдно.
несомнéнно – zweifellos, unbedingt: Он умён? – Несомнéнно.
пожáлуй – meinetwegen: Схóдим на вы́ставку? – Пожáлуй.

(само собой) разумеется – selbstverständlich, natürlich: Так вы поможете нам? – Разумеется.
так и есть – tatsächlich: Голоса показались мне знакомыми. Так и есть: это мои друзья.
так точно! *mil.* – jawohl! Рядовой Попов, вы выполнили приказ? – Так точно, товарищ майор.
точно – ja(wohl): Вы и есть Иванов? – Точно.
хорошо – gut, einverstanden: Ты мне поможешь, хорошо?
что за вопрос – natürlich, klar: Ты мне поможешь? – Что за вопрос? Конечно помогу.

Verneinende oder ablehnende Partikeln

Zur Übersicht über verneinte Sätze ⤴ 706 f.

Die Partikel не

Durch die Partikel не – *nicht* wird entweder die ganze im Satz enthaltene Aussage oder nur ein Teil von ihr verneint: **610**
– Wird die *Aussage als Ganzes* verneint, so steht не – zum Unterschied vom Deutschen – vor dem Prädikat (bei einem zusammengesetzten Prädikat gewöhnlich vor der konjugierten Form), z. B.:
Я не люблю его. Я ещё не прочитал(-а) твою книгу. Не делай этого.
Я не стану ждать. Он не захотел со мной разговаривать. Я не могу зайти к вам. Мой брат не физик. Он не был человеком решительным. Этот фильм не документальный. Вы не правы.
Entsprechendes gilt für die Stellung von не vor dem wesentlichen Satzglied eines eingliedrigen Satzes, z. B.:
О вкусах не спорят (Sprichwort). Мне не хочется спорить с другом. У нас не было времени. По этой дороге вам не проехать.

– Wird *nur ein Teil der Aussage* verneint, so steht не unmittelbar vor dem verneinten Wort (sei es Subjekt, Objekt oder Adverbialbestimmung). Eine gegenüberstellende Aussage wird durch а eingeleitet. Z. B.:
Сегодня приехал не Сергей, а Володя. Это сказала не она. – Das hat nicht sie gesagt.
Брат встретил не Сергея, а Володю.
Вова приедет не сегодня, а завтра.

Steht in der Wortgruppe „konjugierte Verbform + Infinitiv" не vor dem Infinitiv, so wird nur ein Teil der Aussage verneint, was zur Veränderung ihres Sinns führen kann; vgl. z. B.:

Брат не может прийти.	– Mein Bruder kann nicht kommen.
Брат может не прийти.	– Mein Bruder kann vielleicht nicht kommen (kommt möglicherweise nicht).
Мать не просила звонить ей.	– Die Mutter hatte nicht gebeten, sie anzurufen.
Мать просила не звонить ей.	– Die Mutter hatte gebeten, sie nicht anzurufen.

Beachte:
– Durch eine *doppelte Verneinung* wird eine nachdrückliche Bejahung ausgedrückt. Charakteristische Verbindungen sind: не мочь не *mit Inf.* – nicht umhin können zu …, не иметь права не *mit Inf.* – verpflichtet sein zu …, нельзя не *mit v. Inf.* – man muss …, невозможно не *mit Inf.* – man kann nicht umhin zu … Z. B.:
Она не могла не улыбнуться.   – Sie musste lächeln.

Я не имéю прáва не вы́полнить своегó обещáния (auch: ... своё обещáние). — Ich bin verpflichtet, mein Versprechen zu halten.
С э́тим нельзя́ не согласи́ться. — Dem muss man zustimmen.

– Die Konjunktion покá не (↗ 594) und die Partikeln едвá не, чуть не (↗ 607) drücken keine Verneinung aus.

– Unterscheide: не раз – mehrmals; ни рáзу (не ...) – niemals, kein einziges Mal.

612 Zur Getrennt- und Zusammenschreibung:
1. Не wird (als Partikel) von konjugierten Verbformen, von Kurzformen der Partizipien und von Adverbialpartizipien stets getrennt geschrieben. Zur Schreibung der Langformen von Partizipien ↗ 227.

2. Не- wird (als Präfix) mit einem Adjektiv zusammengeschrieben, wenn es mit diesem ein eigenständiges Wort bildet; vgl. z. B.:

большóй – groß; erwachsen; stark : небольшóй – klein; gering; unbedeutend;
дорогóй – teuer; kostspielig; lieb : недорогóй – preiswert; niedrig; wenig wertvoll;
интерéсный – interessant; attraktiv : неинтерéсный – uninteressant; wenig attraktiv.

Не wird jedoch vom Adjektiv getrennt geschrieben, wenn eine Gegenüberstellung eingeleitet wird; vgl. z. B.:

Её кабинéт был небольшóй. — Ihr Arbeitszimmer war klein.
Её кабинéт был не большóй, а ую́тный. — Ihr Arbeitszimmer war nicht groß (war klein), aber gemütlich.

Конфéты бы́ли недорогúе. — Das Konfekt war billig (preiswert).
Конфéты бы́ли не дорогúе, а, наоборóт, óчень дешёвые. — Das Konfekt war nicht teuer, sondern im Gegenteil sehr billig.

613 **Die Partikel ни**

Die Partikel ни steht in einem (z. B. durch не, нет) verneinten Satz vor einem Substantiv und drückt eine *verstärkte Verneinung* aus, etwa in der Bedeutung – *kein*; eine zusätzliche Verstärkung kann durch ни оди́н, ни еди́ный – *kein einziger*, ни малéйший – *nicht der geringste* ausgedrückt werden. Z. B.:

Он не сказáл ни слóва. — Er sagte kein Wort.
За э́то врéмя ни однá кни́га не потéряна. — In dieser Zeit ist kein einziges Buch verloren gegangen.
В кóмнате нет ни однóй карти́ны. — Im Zimmer gibt es kein einziges Bild.
Я не давáл(-а) вам ни малéйшего пóвода для э́того. — Ich habe Ihnen nicht den geringsten Anlass hierfür gegeben.

Zu verneint-unpersönlichen Sätzen des Typs Ни звýка. – Es ist kein (einziger) Laut zu hören. ↗ 732.2.

Zu Adverbialsätzen der Einräumung mit Wortgruppen wie z. B. кто (бы) ни – *wer auch immer* ↗ 781.

Zum Genitiv nach verneintem transitivem Verb ↗ 717.3.

Zu den Negativpronomen auf ни- ↗ 501, zu den Adverbien auf ни- ↗ 519.

Die Partikel нет 614

Die Partikel нет wird vor allem in folgenden Funktionen gebraucht:
– als satzwertiges *nein* in Frage-Antwort-Einheiten, z. B.:
  • nichtverneinter Fragesatz : verneinender Antwortsatz mit *нет*
  Вы смотрéли э́тот спектáкль? – Нет (, не смотрéл | -а |).
  Ви́за полу́чена? – Нет (, не полу́чена).
  Э́то был худо́жественный фильм? – Нет, документáльный.
  • verneinter Fragesatz : verneinender oder bejahender Antwortsatz mit *нет* und Präzisierung, z. B.:
  Вы не смотрéли э́тот спектáкль? – Нет, не смотрéл(-а). Oder: – Нет, смотрéл(-а).
  Вы не знако́мы с Ири́ной Петро́вной? – Нет, не знако́м(-а). Oder: – Нет, знако́м(-а).

– bei Gegenüberstellungen als Ersatz für ein sonst zu wiederholendes verneintes Prädikat – deutscher Gegenwert: *nicht*, z. B.:
  Интерéсно, придёт он и́ли нет. Вы соглáсны и́ли нет?

– umgangssprachlich als satzeinleitendes Mittel zur Erhöhung der Aufmerksamkeit des Gesprächspartners – deutscher Gegenwert gewöhnlich: *(also) nein*, z. B.:
  Нет, вы то́лько попро́буйте, что э́то за арбу́з!

Zu нет als prädikativem Bestandteil eines verneint-unpersönlichen Satzes (deutsche Gegenwerte: jmd. (etw.) ist nicht; es gibt nicht; jmd. hat nicht) ↗ 740; 742; 744.

Weitere Partikeln zur Verneinung oder Ablehnung 615

где *mit Inf. im Ausrufesatz – Überzeugung von jmds. Unfähigkeit*:
  Где ему́ поня́ть! – Was versteht er schon davon!
какóе *ugs.* – ach wo! А что, Ли́да знáет об э́том? – Какóе знáет, конéчно нет!
наоборóт – im Gegenteil: Ты сéрдишься? – Наоборóт.
напро́тив – im Gegenteil: Вы что, возражáете? – Напро́тив, я по́лностью за.
никáк нéт! *mil.* – nein! Рядово́й Попо́в, вы вы́полнили прикáз? – Никáк нéт, товáрищ майо́р.
ничегó подóбного – nicht im Geringsten: Вы оби́делись? – Ничегó подóбного.
тáк и не *mit Prät.* – schließlich doch nicht: Он дóлго звони́л, но тáк и не дозвони́лся.

Fragepartikeln 616

а *ugs.* – ja? wie? Со́ня! – А? – Ты не бралá у меня́ со столá кни́гу? Поéдем на пляж, а?
а что́ если *ugs.* – wie wäre es, wenn …? А что́ если нам зáвтра поéхать зá город?
ведь *Ausdruck einer festen Annahme* – doch? Мы ведь спасёмся?
как *ugs., Ausdruck von Verwunderung* – etwa: was denn? wie (denn)? Как, ты э́того не знáешь?
  Дéнег ужé нет. – Как нет? Вчерá же ещё бы́ли!
ли | ль – *in Entscheidungsfragen* (↗ 701): Читáл ли ты э́ту кни́гу? Всё ли я́сно?
не прáвда ли – nicht wahr? Прекрáсная погóда, не прáвда ли?
не тáк ли *ugs.* – nicht wahr? Чудéсный вéчер, не тáк ли?
неужéли – wirklich? tatsächlich? Неужéли он согласи́лся?
(ну) кáк же *ugs.* – wie (… nur)? wieso (… nur)? Кáк же я тебя́ рáньше не замéтил(-а)?
прáвда – nicht wahr? Всё э́то стрáнно, прáвда?
рáзве – wirklich? denn? Рáзве он ужé уéхал?
что́ (же) | (ж) *ugs.* – *etwa*: was denn? wie (denn)? Что́ же, он ужé ушёл? – Да, недáвно.
что ли | ль *ugs.* – wohl? Онá заболéла, что ли?

617 Die formbildenden Partikeln

Zu den formbildenden Partikeln, mit deren Hilfe bestimmte Verbformen gebildet werden, gehören:
- бы | б zur Bildung von Konjunktivformen (➚ 176), z. B.:

  На твоём месте я поступи́л(-а) бы
  ина́че.
  — An deiner Stelle hätte ich anders gehandelt
  (oder: … würde ich anders handeln).

- пусть, пуска́й *ugs.* und да *geh.* zur Bildung von Imperativformen der 3. Person (➚ 187), z. B.:

  Пусть он пода́ст маши́ну ро́вно
  к шести́.
  — Er soll den Wagen pünktlich um sechs (Uhr) bereitstellen.

  Пуска́й себе́ говори́т, не перебива́й.
  — Soll er (sie) selbst reden, unterbrich ihn (sie) nicht.

  Да бу́дет вам изве́стно, что …
  — Wollen Sie bitte zur Kenntnis nehmen, dass …
  (oder: Nehmen Sie bitte zur Kenntnis, dass …)

- дава́й, дава́йте zur Bildung von Imperativformen der 1. Person Plural (➚ 186), z. B.:

  Дава́йте посиди́м, отдохнём.
  — Lassen Sie uns hinsetzen und ausruhen.

Beachte:
Die Partikel бы | б wird auch verwendet
- in Verbindung mit einem Infinitiv (in Infinitivsätzen, ➚ 729) zum Ausdruck der Erwünschtheit (verneint: der Unerwünschtheit) einer Handlung, z. B.:

  Сходи́ть бы тебе́ к врачу́.
  — Du solltest zum Arzt gehen.

  Не опозда́ть бы.
  — Wir dürfen nicht zu spät kommen (oder: Dass wir nur nicht zu spät kommen).

- in Verbindung mit einem Zustandswort (in Sätzen mit einem Zustandswort als wesentlichem Satzglied, ➚ 731) oder mit einem Substantiv im Genitiv zum Ausdruck der Erwünschtheit eines Zustandes, z. B.:

  Поти́ше бы!
  — Wenn es nur etwas ruhiger wäre!

  Чайку́ бы сейча́с!
  — Wenn man jetzt einen Tee bekäme!

Zur Modalpartikel бы́ло ➚ 607.

Die Interjektion

Zu Form und Bedeutung

> Interjektionen (Ausrufewörter) sind unveränderliche, im Satz gewöhnlich isoliert stehende Wörter, die in emotionaler Weise körperliche oder seelische Empfindungen oder Willensbekundungen ausdrücken, ohne diese konkret zu benennen.

Beachte, dass ein und dasselbe Wort zu verschiedenen Wortarten gehören kann; vgl. z. B. пока́:
- Adverb
  пока́ – einstweilen   Подожди́те пока́ здесь.
- Konjunktion
  пока́ – solange   Пока́ бы́ло светло́, ребя́та игра́ли на у́лице.
- Interjektion
  пока́ – tschüs!   Я пошёл (пошла́), пока́!

Nach ihrer *Form* lassen sich folgende Arten von Interjektionen unterscheiden:
- ursprüngliche (nicht abgeleitete) Interjektionen wie z. B.: а, ага́, ах, ну, ой, ух, эй,
- abgeleitete Interjektionen, die entstanden sind
  - aus Substantiven, z. B. бо́же, Го́споди, чёрт,
  - aus Verben, z. B. здра́вствуй(-те), поду́маешь, хва́тит (hierher gehören auch die so genannten Verbalinterjektionen wie z. B. прыг, стук, толк, хвать),
  - aus Pronomen, Adverbien, Konjunktionen, z. B. то́-то, ти́ше, одна́ко,
  - aus Wortgruppen wie z. B. а ну́, вот ещё, на́ тебе; бо́же мой, чёрт возьми́, я́ тебя.

Einige ursprüngliche Interjektionen können, um die Intensität einer Empfindung anzudeuten, wiederholt aneinander gereiht werden, z. B. ой: ой-о́й! ой-ой-о́й! а: а-а! а-а-а! (Aussprache: [а:]).

Interjektionen, die körperliche oder seelische Empfindungen ausdrücken

- Begeisterung, Zustimmung:
  бра́во – bravo! ypá – hurra! сла́ва Бо́гу – Gott sei Dank!
  во(т) даёт *ugs.* – sieh mal einer an!
  (вот) то́-то *ugs.* – na gut: Прости́, ма́ма, я бо́льше не бу́ду. – То́-то.
  вот это да́ *ugs.* – (einfach) toll! Посмотри́, како́е на ней пла́тье. – Вот это да́!
  наконе́ц-то – na endlich!

- Schmerz:
ай *ugs.*, ой *ugs.*, ох *ugs.* – ach! au! oh (weh)! Ай, бо́льно!
увы́! – ach! oh weh!

- Erstaunen, Verwunderung:
ба *ugs.* – sieh mal einer an! Ба, кого́ я ви́жу!
бо́же (мой), Го́споди (поми́луй) – oh mein Gott! Бо́же, как ты измени́лся!
во́н (оно́) что, во́н (оно́) как *ugs.* – so ist das also! Откуда он её зна́ет? – Как откуда, они́ же учи́лись вме́сте. – Во́н оно́ что!
во́т так шту́ка *ugs.* – da haben wir die Bescherung!
во́т те(бе и) на́ *ugs.*, во́т те(бе) ра́з *ugs.*, во́т так та́к *ugs.* – da haben wir's!
(да, ну) что́ ты (что́ вы) *ugs.* – aber ich bitte dich (Sie)! Спаси́бо вам за всё. – Ну что́ вы, не́ за что.
что́ ты говори́шь (что́ вы говори́те) – was du nicht sagst! (was Sie nicht sagen!)

- Zweifel:
бу́дто (бы) *ugs.* – wirklich? na? Он не знал об э́том. – Бу́дто бы?
гм *ugs.* – hm! не мо́жет быть – (das ist) unmöglich! undenkbar!
неуже́ли, о́й ли *ugs.*, ра́зве – wirklich? tatsächlich?
ну и ну́ – nanu!

- Ärger, Empörung:
ах чёрт (вот чёрт) *ugs.* – verdammt! Ах чёрт! Опя́ть забы́л ключи́ до́ма.
чёрт возьми́ *ugs.* – hol's der Teufel!
одна́ко – kaum zu glauben! da hört doch alles auf! Сейча́с он уже́ дире́ктор. – Одна́ко!
тьфу – pfui! фу *ugs.* – pfui! uff! Фу, как тебе́ не сты́дно!
хоро́шее | хоро́шенькое де́ло *ugs.*, *ironisch* – na wunderbar! das ist ja reizend!

- Ablehnung:
во́т ещё *ugs.* – das fehlte noch! Во́ва, позвони́ Ми́ше. – Во́т ещё, пусть снача́ла он мне позвони́т.
ду́дки *ugs.*, *scherzhaft* – Pustekuchen! prost Mahlzeit!

- Drohung:
я́ тебе́ (да́м) *ugs.*, (ну) я́ тебя́ *ugs.* – du wirst gleich was abkriegen!

621 Viele ursprüngliche Interjektionen können – in Abhängigkeit von der Textumgebung – unterschiedliche, ja teils gegensätzliche Empfindungen ausdrücken. Vgl. die Beispiele zu ой:
Ой, ма́мочка, ой, бо́льно! *Schmerz*
Ой-ой-о́й, переста́нь, бо́льно же! *Schmerz*
Ой, чуть не забы́л! Звони́л Леони́д Па́влович. *Plötzliche Erinnerung an Vergessenes*
Ой, что я вчера́ узна́л(-а)! *Erstaunen, Verwunderung*
Ой, как здесь краси́во! *Freude, Begeisterung*
Ой, как оби́дно! *Ärger, Empörung*
Ой, мерза́вец, что приду́мал! *Nachdrückliche Missbilligung*

622 Interjektionen, mit deren Hilfe Willensbekundungen ausgedrückt werden

- Erregen der Aufmerksamkeit des Gesprächspartners:
слу́шай(-те), послу́шай(-те) – höre(n Sie)! Слу́шайте, я, ка́жется, зна́ю, как вам помо́чь.
чу – da! horch! Чу, слы́шишь шаги́? эй *ugs.*, *familiär* – he! Эй, кто там?

– Reagieren auf Äußerungen des Gesprächspartners:
аллó, да, слýшаю – *Reaktionen z. B. am Telefon*
нé за что *ugs.* – keine Ursache! bitte sehr!
не стóит – das ist nicht der Rede wert!
о чём речь – das ist doch keine Frage! natürlich! Я могý взять э́ту кни́гу? – О чём речь!
пожáлуйста – bitte sehr! keine Ursache! Извини́те за беспокóйство. – Пожáлуйста.
спаси́бо, благодарю́ (благодари́м) – danke! Я принёс тебé то, что обещáл. – Благодарю́. – Нé за что.

– Auffordern zu energischer Handlung:
а нý *ugs.* – na los!
былá не былá *ugs.* – frisch gewagt! man muss es riskieren! «Эх, былá не былá», – воскли́кнул Вóва и пры́гнул в вóду.
на (нáте) *ugs.* – da, nimm! da hast du! (da, nehmen Sie! da haben Sie!) Нáте вам газéту.
караýл *ugs.* – Hilfe!
стоп *ugs.* – halt! Стоп, не бýдем бóльше ссóриться.

– Auffordern zur Ruhe:
ти́хо, ти́ше – still! Vorsicht! Ти́хо, ктó-то идёт. Ти́ше, здесь я́ма.
тсс, тш, цс, ш-ш (alle aus ти́ше) – pst! still!
(д)а нý тебя́ – lass mich in Ruhe! (д)а нý егó – er soll mich in Ruhe lassen! Вóва, подойди́ сюдá. – Нý тебя́, ви́дишь, я рабóтаю.
бай-бáй, бáю-бáй, (бáю-)бáюшки-баю́ (*zur Beruhigung eines Kleinkindes*) – eiapopeia! schlaf schön!

– Anlocken von Tieren:
кис-ки́с (aus ки́ска – Miez) – miez, miez, цып-цы́п (aus цыплёнок – Küken) – put, put

Interjektionen, die als herkömmliche Umgangsformen verwendet werden 623

– Begrüßung:
здрáвствуй(-те), *ugs.* здрáсьте
дóброе ýтро, дóбрый день, дóбрый вéчер
здорóво *ugs., familiär (vorwiegend unter Männern)* – grüß dich!
здрáвия желáю (… желáем) *mil.* – *Begrüßung des Vorgesetzten*
привéт *ugs., familiär (vorwiegend unter Jugendlichen)* – hallo! grüß dich!

– Verabschiedung:
до (скóрого) свидáния (*ugs., familiär auch nur:* до скóрого)
будь здорóв (бýдьте здорóвы) – alles Gute! (*ugs. auch beim Zutrunk:* prost!)
всегó дóброго | лýчшего | наилýчшего | хорóшего (*ugs. auch nur:* всегó) – alles Gute!
до (скóрой) встрéчи – bis bald!
покá *ugs., familiär* – bis dann! tschüs!
привéт *ugs., familiär (vorwiegend unter Jugendlichen)* – tschüs!
прощáй(-те) – leb(en Sie) wohl!
спокóйной | дóброй нóчи
счастли́во *ugs., familiär* – mach's gut!
счастли́во оставáться *ugs.* (*Verabschiedung von einem Zurückbleibenden*) – lass es dir gut gehen!
чáо *ugs., familiär* – ciao! tschau!

624 Wörter, die menschliche, tierische oder andere Laute nachahmen

Zu den Interjektionen werden gewöhnlich auch Wörter gezählt, die menschliche, tierische oder andere Laute nachahmen:
ха-ха-хá – haha! хи-хи-хи́, хо-хо-хó
гав-гáв – wau, wau! кукарекý – kikeriki! му-ý – muh! мя́у – miau!
бух – bums! plumps! трах – krach! шлёп – klatsch! щёлк – klatsch! schnapp! klick!

625 Zur Funktion im Satz

Eine Interjektion kann auftreten
– als relativ selbstständige Äußerung mit Satzcharakter, z. B.:
  Тсс. Все спят. Ну лáдно, мне нáдо бежáть, покá!
– als im Satz isoliert stehendes (meist durch Komma abgetrenntes) Element, das dem Satzganzen eine bestimmte emotionale Färbung verleiht, z. B.:
  Ах, как я устáл(-а)! Мы опоздáли, увы́.
– als ein mit dem Prädikat oder dem wesentlichen Satzglied verschmolzenes und seine Aussage emotional verstärkendes Element, z. B.:
  Ны́нче я ох и устáл(-а)! Мáльчик он ух какóй спосóбный. Ох как сты́дно!
– als Prädikat (nur unveränderliche Verbalinterjektionen – meist mit Vergangenheitsbezug – und lautnachahmende Wörter), z. B.:
  Он хвать меня́ зá руку. – Er packte mich (plötzlich) am Arm.
  Сижý без дéнег, вдруг – бац – перевóд! – Ich sitze ohne Geld da, plötzlich kommt – Knall und Fall – eine Überweisung!

Beachte: Auch Interjektionen können zu Substantiven werden und dann Attribute an sich binden, z. B.: грóмкое урá, многоголóсое брáво.

Die Wortgruppe

Sätze (↗ 696) bauen sich aus Wörtern (Wortformen) und Wortgruppen auf, die zueinander in bestimmten inhaltlichen und syntaktischen Beziehungen stehen. Wichtige sprachliche *Mittel zum Ausdruck der syntaktischen Beziehungen* innerhalb von Wortgruppen und von Sätzen sind
- flektierte Wortformen, insbesondere die Formen der Person, des Numerus und des Genus der Verben, die Kasusformen der Substantive und substantivischen Pronomen, die Genus-, Numerus- und Kasusformen der Adjektive,
- Präpositionen (mit Kasusformen der abhängigen Substantive und substantivischen Pronomen, ↗ 540 ff.),
- Konjunktionen (↗ 581 ff.) und Relativpronomen (↗ 476 ff.),
- (insbesondere im Satz) die Intonation (↗ 698 ff.),
- in bestimmten Fällen die Folge der Satzglieder (↗ 799).

626

Es lassen sich folgende aus Begriffswörtern (↗ 71) bestehende Wortgruppen unterscheiden:
- Die *prädikative* Wortverbindung
  Sie besteht aus den beiden für den Satzbau wesentlichen Satzgliedern, dem Prädikat und dem Subjekt, und bildet das prädikative Zentrum des Satzes.
  Für die Art der syntaktischen Verbindung dieser beiden Satzglieder ist die Kongruenz (in Person und Numerus, in Numerus und Genus oder nur im Numerus) charakteristisch. Z. B.:
  Во́ва чита́ет.   Kongruenz in Person (*3. Pers.*) und Numerus (*Sg.*)
  Зо́я чита́ла. Кни́га интере́сна. Kongruenz in Numerus (*Sg.*) und Genus (*f.*)
  Мы чита́ли. Кни́ги интере́сны.   Kongruenz im Numerus (*Pl.*)
  Beachte, dass es im Russischen – zum Unterschied vom Deutschen – zahlreiche Sätze gibt, die als prädikatives Zentrum nur *ein* wesentliches Satzglied enthalten (↗ 709).

627

- Die *subordinierende (unterordnende)* Wortverbindung
  Sie besteht aus zwei Begriffswörtern, von denen das eine Wort (das so genannte Kernwort der Wortverbindung, im Folgenden unterstrichen) dem anderen syntaktisch übergeordnet ist und die grammatische Form des abhängigen Wortes bestimmt.
  Für die Art der syntaktischen Verbindung dieser Wörter sind die Rektion (ohne Präpositionen oder mit Präpositionen), die Kongruenz (in Genus, Numerus und Kasus oder in Numerus und Kasus) oder auch der Anschluss ohne formale Kennzeichen charakteristisch. Z. B.:
  про-/чита́ть кни́гу   Rektion des Verbs ohne Präposition (*A.*)
  говори́ть с сестро́й   Rektion des Verbs mit Präposition (с *mit I.*)
  интере́сная кни́га   Kongruenz des Adjektivs in Genus (*f.*), Numerus (*Sg.*) und Kasus (*N.*)
  чита́ть вслух   Anschluss an das Verb ohne formale Kennzeichen
  Im Satz treten die Glieder dieser Wortverbindung als unterschiedliche Satzglieder oder als Satzglied mit einem präzisierenden Gliedteil auf.

- Die *koordinierende (nebenordnende)* Wortverbindung
  Sie besteht aus mindestens zwei Begriffswörtern, die grammatisch nebengeordnet sind und im Satz als gleichartige Satzglieder auftreten.
  Für die Art der syntaktischen Verbindung dieser Wörter sind koordinierende (nebenordnende) Konjunktionen (↗ 583) charakteristisch. Z. B.:

  Вóва и Кóля   Verbindung zweier Substantive durch eine anreihende Konjunktion
  Вóва и́ли Кóля   Verbindung zweier Substantive durch eine ausschließende Konjunktion

628 Eine besondere Art bildet die *präpositionale Wortgruppe*: Sie besteht aus nur einem Begriffswort (Substantiv oder Pronomen), dessen Kasus von einer Präposition regiert wird. Z. B.:
пóсле обéда, чéрез недéлю, от всей души́.

629 Beispiel für den Aufbau eines Satzes aus gegliederten Wortgruppen:
Мáша поздрáвила Ни́ну и Вóву с Нóвым гóдом.

	Wortgruppe:	Art der syntaktischen Verbindung:
Мáша поздрáвила ...	prädikative Wortverbindung	Kongruenz in Numerus und Genus
поздрáвить (*v.*) когó-нибудь с чéм-нибудь	subordinierende Wortverbindung mit Verb als Kernwort	Rektion ohne Präposition und mit Präposition
Ни́на и Вóва	koordinierende Wortverbindung	Verbindung mit anreihender Konjunktion
Нóвый год	subordinierende Wortverbindung mit Subst. als Kernwort	Kongruenz in Genus, Numerus, Kasus

Rektion, Kongruenz, Anschluss ohne formale Kennzeichen

630 Unter der *Rektion* versteht man ein syntaktisches Abhängigkeitsverhältnis, bei dem das Kernwort der unterordnenden Wortverbindung einen bestimmten Kasus des abhängigen Substantivs fordert: Das Kernwort – ein Verb, ein Adjektiv, ein Substantiv – regiert einen bestimmten Kasus (mitunter auch zwei).
Die Rektion kann unmittelbar durch einen Kasus oder mittelbar über eine Präposition ausgedrückt werden. Z. B.:
обучи́ть/обучáть *mit A. der Person* und *D. der Sache*: ... студéнтов ру́сскому языку́;
войти́/входи́ть в *mit A.*: ... в кóмнату, ... в автóбус, ... в вагóн.

Beachte, dass man auch bei präpositionalen Wortgruppen (↗ 628) gewöhnlich von der Rektion der betreffenden Präposition spricht.

631 Unter der *Kongruenz* versteht man ein syntaktisches Abhängigkeitsverhältnis, bei dem die beiden Glieder einer Wortverbindung in bestimmten grammatischen Kategorien – Person, Genus, Numerus, Kasus – übereinstimmen. Z. B.:
Сергéй рабóтает; Кáтя рабóтала; нóвое здáние, нóвые здáния.

632 Unter dem *Anschluss ohne formale Kennzeichen* versteht man ein syntaktisches Abhängigkeitsverhältnis, bei dem an das Kernwort der unterordnenden Wortverbindung ein nichtflektierbares Wort (eine unveränderliche Wortform) angeschlossen wird. Z. B.:
- Verb als Kernwort: говори́ть бы́стро, отвéтить (*v.*) срáзу; читáть лёжа, хотéть пить;
- Adjektiv als Kernwort: óчень дóбрый, готóв помóчь;
- Adverb als Kernwort: óчень хорошó, намнóго лу́чше;
- Substantiv als Kernwort: прогу́лка пешкóм, люби́тель пошути́ть.

Die Kasus im Überblick

Im Folgenden sind *wichtige Anwendungsmöglichkeiten* der Kasus ohne Präpositionen zusammengestellt, *die vom Deutschen abweichen*. Zum Gebrauch der Kasus mit Präpositionen ↗ 663.

Nicht näher vorgestellt wird im Folgenden der *Nominativ*. Er bezeichnet im Satz – wie im Deutschen – vor allem das grammatische Subjekt (↗ 714), die Anrede (↗ jedoch 312), mitunter das Prädikatsnomen (↗ 713); vgl. z. B.:

На́ша семья́ лю́бит путеше́ствовать.	– Unsere Familie reist gern.
Да́мы и господа́!..	– Meine Damen und Herren!..
Ки́ра – студе́нтка университе́та в Росто́ве-на-Дону́.	– Kira ist Studentin an der Universität in Rostow am Don.

Zum Gebrauch des Genitivs

... bei Verben

1. Der Genitiv steht als Objekt – zum Unterschied vom Deutschen – bei einigen *Verben des Bittens, Wünschens* und *Strebens*, des *Fürchtens* und *Meidens* (zur Verbrektion ↗ 643 ff.), z. B.: по-/жела́ть сча́стья – Glück wünschen; боя́ться просту́ды – sich vor Erkältung fürchten.

Zu Varianten wie ждать по́езда | по́езд ↗ 645.

2. Der Genitiv steht gewöhnlich – anstelle des Akkusativs – als Objekt nach einem transitiven, stets vollendeten Verb, wenn sich die durch dieses Verb ausgedrückte Handlung nicht auf das ganze Objekt, sondern *nur auf einen Teil* desselben erstreckt (partitiver Genitiv, ↗ 647), Wiedergabe im Deutschen ohne Artikel, z. B.:
купи́ть (*v.*) со́ли, са́хару – Salz, Zucker kaufen;
вы́пить (*v.*) молока́ – (etwas) Milch trinken;
aber: вы́пить (*v.*) всё молоко́ – die ganze Milch trinken; *und nur:* пить (*uv.*) молоко́.

3. Der Genitiv steht häufig – anstelle des Akkusativs – als Objekt nach einem *verneinten transitiven Verb* (Genitiv der Verneinung, ↗ 717.3); vgl. z. B.:

Я прочита́л(-а) э́ту статью́.	– Ich habe diesen Artikel gelesen.
Я не прочита́л(-а) ни одно́й статьи́.	– Ich habe keinen einzigen Artikel gelesen.
Она́ принима́ет уча́стие в рабо́те.	– Sie beteiligt sich an der Arbeit.
Она́ не принима́ет уча́стия в рабо́те.	– Sie beteiligt sich nicht an der Arbeit.

Zu Varianten wie Он не нашёл свою́ ру́чку. Он не купи́л себе́ ру́чки. ↗ auch 717.3.

Beachte: Mitunter steht der Genitiv – anstelle des Akkusativs – auch nach einem *verneinten intransitiven Verb* zur Angabe räumlicher oder zeitlicher Ausdehnung; vgl. z. B.:

Я сиде́л(-а) це́лый час.	– Ich saß eine ganze Stunde.
Я не сиде́л(-а) ни ча́су.	– Ich saß nicht einmal eine Stunde.

4. Der Genitiv steht in einem *verneint-unpersönlichen Satz* als Objekt zur Bezeichnung einer nicht vorhandenen Person oder Sache (↗ 732.1); vgl. z. B.:

Ви́ктор до́ма.	– Viktor ist zu Hause.
Ви́ктора нет до́ма.	– Viktor ist nicht zu Hause.
Ду́маю, что за́втра бу́дет дождь.	– Ich denke, dass es morgen Regen gibt.
Наде́юсь, что за́втра не бу́дет дождя́.	– Ich hoffe, dass es morgen keinen Regen gibt.

635 ... bei Substantiven

1. Der Genitiv steht nach einigen Substantiven, die von *Verben mit Genitivrektion* herleitbar sind (↗ 634.1), z. B.:
пожела́ние сча́стья – der Wunsch nach Glück; боя́знь просту́ды – die Angst vor Erkältung.

2. Der Genitiv steht nach einem Substantiv und bezeichnet einen Stoff oder Gegenstand, dessen *Teil, Maß* oder *Menge* durch das syntaktisch übergeordnete Substantiv angegeben wird (partitiver Genitiv, ↗ auch **294.1**), z. B.:
кусо́к хле́ба – ein Stück Brot; глото́к воды́ – ein Schluck Wasser;
стака́н ча́я | ча́ю – ein Glas Tee; литр молока́ – ein Liter Milch;
auch: толпа́ наро́ду – eine Menschenmenge; ста́до коро́в_ – eine Herde Kühe;
ма́сса дел_ – eine Menge Arbeit.

Zum Genitiv bei Zahlwörtern (z. B.: ты́сяча рубле́й) ↗ **416 ff.**

3. Der mit einem adjektivischen Attribut verbundene Genitiv steht nach einem Substantiv und bezeichnet eine *Beschaffenheit* (attributiver Genitiv), und zwar:
– das Material, z. B.:
 ме́бель кра́сного де́рева – Möbel aus Mahagoni;
 руба́шка высо́кого ка́чества – ein Hemd guter Qualität;

– eine Eigenschaft, z. B.:
 ма́льчик высо́кого ро́ста – ein hochgewachsener Junge;
 челове́к большо́го ума́ – ein Mensch von großem Verstand, ein kluger Mensch;
 места́ порази́тельной красоты́ – Stellen von erstaunlicher Schönheit;

– das Lebensalter, z. B.:
 же́нщина сре́дних лет_ – eine Frau in mittleren Jahren;
 ма́льчик семи́ лет_ – ein siebenjähriger Junge.

636 ... bei Adjektiven und Adverbien

Der Genitiv steht nach dem Komparativ eines Adjektivs, Adverbs oder Zustandsworts und bezeichnet die Person oder Sache, mit der jemand oder etwas verglichen wird, z. B.:
Во́лга длинне́е Днепра́. – Die Wolga ist länger als der Dnepr.
Нет ничего́ лу́чше Не́вского проспе́кта … – Es gibt nichts Schöneres als den Newski-Prospekt…
Он э́то зна́ет лу́чше меня́. – Er weiß das besser als ich.

Zu Varianten wie Ро́зы краси́вее гвозди́к_. Ро́зы краси́вее, чем гвозди́ки. ↗ **391**.

Zum Gebrauch des Dativs

637 ... bei Verben und Zustandswörtern

1. Der Dativ steht als Objekt – zum Unterschied vom Deutschen – bei einigen *Verben des Lehrens* und *Lernens, der positiven* und der *negativen Einstellung* (zur Verbrektion ↗ **649 ff.**), z. B.:
обучи́ть/обуча́ть шко́льников ру́сскому языку́ – die Schüler in Russisch unterrichten;
об-/ра́доваться встре́че с друзья́ми – sich über ein Treffen mit Freunden freuen;
измени́ть/изменя́ть дру́гу – den Freund betrügen.

2. Der Dativ steht mitunter als Objekt in einem *unpersönlichen Satz* und bezeichnet den Träger einer (beabsichtigten, erforderlichen) Handlung oder den von einem Zustand Betroffenen. Der Dativ ist abhängig von
- einem unpersönlich gebrauchten Verb (➚ 127), z. B.:
  Ве́ре не спи́тся. – Wera kann nicht schlafen.
  Нам хо́чется пойти́ домо́й. – Wir möchten nach Hause gehen.
- einem Zustandswort (➚ 531, 534), z. B.:
  Ма́льчику сты́дно. – Der Junge schämt sich.
  Ви́ктору на́до де́нег. – Viktor braucht Geld.
- einem unabhängigen Infinitiv (➚ 202), z. B.:
  Как нам дое́хать до вокза́ла? – Wie können wir zum Bahnhof kommen?

… bei Substantiven   638

Der Dativ steht nach einigen Substantiven, die teils von *Verben mit Dativrektion* herleitbar, teils nicht herleitbar sind (➚ 682), z. B.:
обуче́ние ру́сскому языку́ – der Russischunterricht;
благода́рность роди́телям – die Dankbarkeit gegenüber den Eltern (vgl. благодари́ть роди́телей).

Zum Gebrauch des Akkusativs   639

Der Akkusativ steht als *direktes Objekt* – zum Unterschied vom Deutschen – bei einigen Verben (zur Rektion der Verben ➚ 654), z. B.:
по-/благодари́ть подру́гу за письмо́ – der Freundin für den Brief danken; поздра́вить/поздравля́ть бра́та с днём рожде́ния – dem Bruder zum Geburtstag gratulieren.

Zum Gebrauch des Akkusativs oder des Genitivs in Fügungen wie
вы́пить (*v.*) (всё) молоко́ – вы́пить (*v.*) молока́ ➚ 647,
ждать по́езд_ – ждать по́езда ➚ 645, име́ть пра́во – не име́ть пра́ва ➚ 717.3.

Zum Gebrauch des Instrumentals

… bei Verben   640

1. Der Instrumental steht bei Verben und bezeichnet das *Mittel oder Werkzeug*, mit dessen Hilfe eine Handlung durchgeführt wird, z. B.:
уда́рить/ударя́ть кулако́м по́ столу́ – mit der Faust auf den Tisch schlagen; раз-/ре́зать но́жницами бума́гу – mit einer Schere Papier schneiden; отпра́вить/отправля́ть по́чтой – per Post schicken; убеди́ть/убежда́ть приме́ром – durch das Vorbild überzeugen.
Gelegentlich drückt der Instrumental einen Vergleich aus, z. B.:
упа́сть/па́дать ка́мнем – wie ein Stein hinunterfallen; лете́ть стрело́й – pfeilschnell fliegen.

2. Der Instrumental steht als Objekt bei einer Reihe von *Verben, z. B. des Leitens, eines Gefühlsausdrucks* (zur Rektion der Verben ➚ 655 ff.), z. B.:
руководи́ть учрежде́нием – ein Amt leiten; интересова́ться теа́тром.

3. Der Instrumental steht bei einigen Verben als *Prädikatsnomen* (↗ 661), z. B.:

Ра́ньше брат <u>был</u> врачо́<u>м</u>.	– Früher war mein Bruder Arzt.
Я <u>счита́ю</u> его́ свои́<u>м</u> дру́г<u>ом</u>.	– Ich halte ihn für meinen Freund.
Он <u>рабо́тает</u> продавцо́<u>м</u> в кни́жном магази́не.	– Er arbeitet als Verkäufer in einem Buchgeschäft.

Zu Varianten wie Он инжене́р_. Он здесь дире́ктор<u>ом</u>. ↗ 737.1.

4. Der Instrumental bezeichnet den *Urheber einer Handlung, den Handlungsträger*
   – in einer *Passivkonstruktion* (↗ 115), z. B.:

Э́ти маши́ны произво́дятся моско́вским заво́д<u>ом</u>.	– Diese Maschinen werden von einem Moskauer Werk hergestellt.
Э́та карти́на нарисо́вана неизве́стн<u>ым</u> худо́жник<u>ом</u>.	– Dieses Bild ist von einem unbekannten Künstler (gemalt worden).

   – in einem *unpersönlichen Satz* (↗ 728.1), z. B.:

Вод<u>о́й</u> за́лило луга́.	– Das Wasser hat die Wiesen überflutet.
Ве́тр<u>ом</u> сорва́ло кры́шу.	– Der Wind hat das Dach heruntergerissen.

5. Der Instrumental steht bei Verben zur Bestimmung der näheren Umstände einer Handlung, als *Adverbialbestimmung*, und zwar
   – zur Kennzeichnung eines Raumes, z. B.:
   идти́ ле́с<u>ом</u> | по́ ле́су – durch den Wald gehen;
   е́хать бе́рег<u>ом</u> | вдоль бе́рега реки́ – das Flussufer entlangfahren;

   – zur Kennzeichnung eines Zeitabschnittes, z. B.:
   верну́ться/возвраща́ться по́здн<u>им</u> ве́чер<u>ом</u> – am späten Abend zurückkehren;
   чита́ть ноч<u>а́ми</u> – nächtelang lesen.

641 ... bei Adjektiven

Der Instrumental steht bei einigen Adjektiven und schränkt den Geltungsbereich der durch das Adjektiv bezeichneten Eigenschaft ein, z. B.:
бога́тый ры́б<u>ой</u> – fischreich; недово́льный результа́т<u>ами</u> рабо́ты – unzufrieden mit den Arbeitsergebnissen; сла́бый во́л<u>ей</u> – willensschwach

642 ... bei Substantiven

1. Der Instrumental steht nach einer Reihe von Substantiven *in der gleichen Funktion wie nach den Verben*, von denen sie herleitbar sind (↗ 640), z. B.:
уда́р кулак<u>о́м</u> – ein Schlag mit der Faust;
увлече́ние совреме́нной му́зык<u>ой</u> – die Begeisterung für moderne Musik;
осуществи́ть/ осуществля́ть руково́дство предприя́тием – den Betrieb leiten (↗ 682);
назначе́ние Н. Ивано́ва дире́ктор<u>ом</u> институ́та – die Ernennung von N. Iwanow zum ...;
откры́тие Аме́рики Колу́мб<u>ом</u> – die Entdeckung Amerikas durch Kolumbus.

2. Der Instrumental steht nach einigen Substantiven *in der gleichen Funktion wie nach den Adjektiven*, von denen sie herleitbar sind, z. B.:
бога́тство иде́<u>ями</u> – der Ideenreichtum; недово́льство жи́знь<u>ю</u> – die Unzufriedenheit mit dem Leben.

Die Rektion

Im Folgenden werden ausgewählte Verben, Adjektive und Substantive vorgestellt, deren Rektion sich von der der entsprechenden deutschen Wörter unterscheidet.
Zu jedem Stichwort werden die Rektion, der deutsche Gegenwert und charakteristische Beispiele angegeben. Präpositionen werden nur in der Grundform angeführt; zu stellungsbedingten Varianten (z. B. в | во) ↗ 546 ff.

Zur Rektion der Verben ohne Präpositionen

Der Genitiv

Verben, die *Furcht, Abneigung* oder das *Streben nach Vermeidung unerwünschter Einflüsse* ausdrücken:
бере́чься *mit G.* – sich schützen, sich in Acht nehmen *vor jmdm.* | *etw.*: … воро́в, … просту́ды; Береги́сь автомоби́ля! – Achtung, Autoverkehr!
боя́ться *mit G.* oder *mit Inf.* – *jmdn.* | *etw.* fürchten, sich fürchten *vor jmdm.* | *etw.*: … соба́к, … грозы́, … просту́ды, … вопро́сов, не … тру́дностей, … выступа́ть перед аудито́рией; Расте́ние бои́тся за́морозков. – Die Pflanze verträgt keinen Nachtfrost.
по-/гнуша́ться *mit G.* oder *mit I.* – *jmdn.* | *etw.* verabscheuen, sich ekeln *vor jmdm.* | *etw.*: … нече́стного челове́ка, … лжи; не гнуша́ться никаки́ми за́работками – sich vor keiner Arbeit scheuen
избежа́ть/избега́ть *mit G.* – *jmdn.* | *etw.* meiden, *etw.* vermeiden, *jmdm.* | *etw.* aus dem Weg gehen: … знако́мых, … встре́чи, … ли́шних слов, … неприя́тностей
лиши́ть/лиша́ть *mit A. der Person* und *G. der Sache* – *jmdn. etw.* entziehen, aberkennen: … студе́нта стипе́ндии, … уча́стника совеща́ния сло́ва, … себя́ возмо́жности – sich um eine Möglichkeit bringen
лиши́ться/лиша́ться *mit G.* – *jmdn.* | *etw.* verlieren: … друзе́й, … наде́жды, … аппети́та, … зре́ния
опаса́ться *mit G.* oder *mit Inf.* – *etw.* befürchten, sich fürchten *vor jmdm.* | *etw.*: … неприя́тностей, … неи́скренних люде́й, … е́здить оди́н далеко́;
auch: … за ребёнка – sich um das Kind Sorgen machen
остере́чься/остерега́ться *mit G.* oder *mit Inf.* – sich hüten, sich in Acht nehmen *vor jmdm.* | *etw.*: … просту́ды, … огня́; Остерега́йся э́того челове́ка!
ис-/пуга́ться *mit G.* – sich fürchten, erschrecken *vor jmdm.* | *etw.*: … соба́ки, … незнако́мого челове́ка, … тру́дностей
по-/стесня́ться *mit G.* oder *mit Inf.* – sich genieren, sich scheuen *vor jmdm.* | *etw.*, sich nicht trauen: … незнако́мых, … прису́тствия же́нщин, … проси́ть по́мощи, … напо́мнить го́стю об обе́щанном
сторони́ться *mit G.* – *jmdn.* meiden, *jmdm.* aus dem Weg gehen: … незнако́мых люде́й, … засто́лий
страши́ться *mit G.* – sich fürchten *vor jmdm.* | *etw.*: … отве́тственности, … сме́рти
по-/стыди́ться *mit G.* oder *mit Inf* – sich schämen *vor jmdm.*, *(wegen) einer Sache*: … окружа́ющих, … своего́ поведе́ния, … попроси́ть что́-нибудь;
auch: … за сы́на – sich für den Sohn schämen
чужда́ться *mit G.* – *jmdn.* | *etw.* meiden, *jmdn.* | *etw.* aus dem Wege gehen, sich fern halten von *jmdm.* | *etw.*: … ста́рых друзе́й, *schr.*: … по́честей

644 Verben, die ein *Bitten*, *Wünschen* und *Streben*, *Erwarten* und *Gerichtetsein* ausdrücken:

держа́ться *mit G. – übertr.* sich halten *an etw., etw.* vertreten: … пра́вой стороны́, … стро́гих пра́вил, … своего́ мне́ния

доби́ться/добива́ться *mit G. – v.: etw.* erreichen; *uv.: etw.* zu erreichen suchen, streben *nach etw.*: … свобо́ды, … высо́ких результа́тов, … призна́ния, … свое́й це́ли

дожда́ться/дожида́ться *mit G. – v.:* warten, bis *jmd. | etw.* kommt; *uv.:* warten *auf jmdn | etw.*: … родны́х, … по́езда, … конца́ спекта́кля

дости́чь, дости́гнуть/достига́ть *mit G. – etw.* erreichen; *ein Ergebnis* erzielen: … дере́вни, … Луны́; … хоро́ших результа́тов, … высо́кого у́ровня, … значи́тельного ро́ста

жа́ждать *geh., mit G.* – dürsten *nach etw.*: … ми́ра, … сла́вы

ждать *mit A.* oder (bei Bezug auf Unbestimmtes) *mit G.* – warten *auf jmdn. | etw., jmdn. | etw.* erwarten: … сестру́, … Ни́ну, … госте́й, … по́езд из Москвы́, … пя́тый тролле́йбус, … ежедне́вную по́чту; … по́езда, … тролле́йбуса, … пи́сем, … хоро́шей пого́ды

по-/жела́ть *mit G., ugs. auch mit A.* (bei Bezug auf etwas genau Bestimmtes), oder *mit Inf. – etw.* wünschen: … призна́ния, … невозмо́жного; Жела́ете ко́фе и́ли ча́ю? Жела́ю и́менно э́ту кни́гу. … встре́титься с друзья́ми; … всем здоро́вья, успе́хов, сча́стья; Я от души́ жела́ю вам всего́ хоро́шего.

захоте́ть *v., mit G.* oder *mit Inf. – etw.* wollen, Lust bekommen *auf etw.*: … ча́ю, … есть, … посмотре́ть но́вый фильм

иска́ть *mit A.* oder (gewöhnlich bei Bezug auf Abstrakta) *mit G. – jmdn. | etw.* suchen, streben *nach etw.*: … знако́мого, … ключ, … кварти́ру, … своё ме́сто в за́ле; … рабо́ты, … ме́ста рабо́ты, … подде́ржки у дру́га

косну́ться/каса́ться *mit G. – jmdn. | etw.* berühren (auch *übertr.*); *jmdn. | etw.* betreffen: … руко́й плеча́ дру́га, … ва́жной те́мы; Это тебя́ не каса́ется. Что каса́ется меня́, то я не согла́сен (согла́сна).

ожида́ть *mit A.* oder (bei Bezug auf Unbestimmtes) *mit G.* – warten *auf jmdn. | etw.*: … сестру́, … по́езд № 56; … удо́бного слу́чая, … авто́буса

подожда́ть *v., mit A. der Person* und *G. der Sache* – ein wenig warten *auf jmdn. | etw.*: … подру́гу, … дире́ктора, … отве́та, … прибы́тия по́езда

приде́рживаться *mit G.* – sich halten *an etw.*; festhalten *an etw.*: … пра́вой стороны́; … твёрдых убежде́ний, … друго́го мне́ния

по-/проси́ть *mit A. der Pers.* und *о mit P. der Sache* oder *mit Inf. – jmdn.* bitten *um etw.*: … отца́ о по́мощи, … отца́ помо́чь, … о назначе́нии встре́чи, … о ски́дке в цене́; *mit G.* (bei Bezug auf Unbestimmtes), *mit A.* (ugs. bei Bezug auf genau Bestimmtes) und *у mit G. der Pers. – etw.* von *jmdm.* erbitten, *jmdn.* bitten *um etw.*: … сове́та у дру́га, … проще́ния у отца́, … де́нег – um Geld bitten; … де́ньги – um das (vorher vereinbarte) Geld bitten, … свою́ кни́гу

по-/слу́шаться *mit G. – auf jmdn.* hören: … роди́телей, … до́брых сове́тов дру́га

спроси́ть/спра́шивать *mit A. – jmdn.* fragen, *nach etw.* fragen: … отца́, … фами́лию, … а́дрес; *mit A.* oder (bei Bezug auf Abstrakta) *mit G.* und *у mit G. der Pers. – nach etw.* fragen *bei jmdm., jmdn.* bitten *um etw.*: … кни́гу в библиоте́ке, … у дру́га но́мер телефо́на; … разреше́ния уйти́, … согла́сия у роди́телей – die Eltern um Erlaubnis bitten

по-/тре́бовать *mit G., ugs. auch mit A.* (bei Bezug auf Konkreta), oder *mit Inf.* und *у* | *от mit G. der Pers. – etw.* von *jmdm.* fordern, verlangen: … отве́та, … доказа́тельств, … у | от студе́нтов тво́рческих уси́лий; … у пассажи́ра биле́т, … докуме́нты, … реши́ть вопро́с в са́мый коро́ткий срок

хоте́ть *mit G., ugs. auch mit A.* (bei Bezug auf etwas genau Bestimmtes), oder *mit Inf. – etw.* wollen, wünschen: … хле́ба, … ча́ю, … по́мощи, … сча́стья, … понима́ния от собесе́дника, … ми́ра; Хо́чешь конфе́тку? … есть, … стать врачо́м

Mehrere nichtreflexive Verben dieser Gruppe (z. B. ждать, искáть, по-/просить, спросить/ **645**
спрáшивать) werden teils mit dem Genitiv, teils mit dem Akkusativ verbunden:
- Der Akkusativ steht, wenn die Handlung auf eine Person oder auf einen genau bestimmten
  Gegenstand gerichtet ist (Wiedergabe im Deutschen oft mit bestimmtem Artikel);
- der Genitiv steht, wenn sich die Handlung auf einen unbestimmten Gegenstand oder ein
  Abstraktum bezieht (Wiedergabe im Deutschen oft mit unbestimmtem Artikel oder ohne
  Artikel).

Beispiele ↗ 644.

Verben, die eine *Wertschätzung* ausdrücken: **646**
придáть/придавáть *mit A.* oder *mit G. – etw.* verleihen, geben: … закóнную фóрму докумéнту, … другóй смысл словáм; … молодым смéлости
стóить *mit G. – einer Sache* wert sein, *etw.* lohnen; *etw.* erfordern: Это не стóит внимáния (усилий). Стóило большóго трудá разбудить егó. … больших дéнег, … большóй суммы, … больших расхóдов;
aber: стóить *mit A. – etw.* kosten: Компьютер стóит значительную сýмму. Билéт стóит 10 рублéй.
удостóить/удостáивать *mit A. der Person* und *G. der Sache – jmdn.* auszeichnen, ehren *mit etw.*: … худóжника госудáрственной награ́ды, … учёного Нóбелевской прéмии

Vollendete transitive Verben, wenn sich die durch sie ausgedrückte *Handlung nicht auf das ganze* **647**
Objekt (meist Stoffbezeichnungen), sondern nur auf einen unbestimmten Teil desselben
erstreckt (partitiver Genitiv, ↗ 634.2 und 717.2); Wiedergabe im Deutschen gewöhnlich ohne
Artikel; vgl.:
купить/покупáть *mit A. – jmdn.* | *etw.* kaufen: … собáку, … билéт в теáтр, … велосипéд, … мáрку для отпрáвки письмá, … хлеб – das (ein) Brot kaufen
купить *v., mit G. – etw.* kaufen: … в бýлочной хлéба – in der Bäckerei Brot kaufen, … к ýжину мáсла, колбасы́, сы́ра, … сáхара | сáхару
принести/приносить *mit A. – jmdn.* | *etw.* (mit)bringen: … ребёнка, … словáрь, … багáж, … молокó – die Milch bringen
принести *v., mit G. – etw.* (mit)bringen: … молокá – Milch mitbringen, … хлéба, … сáхара | сáхару

Von transitiven Verben mit dem Präfix на- (*zur Genüge, genug,* ↗ 102.3) abgeleitete Verben, **648**
deren *Handlung auf einen großen Teil* des genannten Objekts oder eine Vielzahl dieser Objekte
gerichtet ist:
наварить/навáривать *mit G. –* eine ordentliche Portion, auf Vorrat kochen: … щей на нéсколько дней
накупить/накупáть *mit G. –* viel(e), eine Menge … kaufen: … винá, … книг, … подáрков
настрóить/настрáивать *mit G. –* viele … bauen: … домóв, … желéзных дорóг;
auch *mit A.*: … квартáлы нóвых домóв
наéсться/наедáться *mit G. –* sich satt essen *an etw.*: … морóженого, … я́год
напиться/напивáться *mit G. –* viel, reichlich … trinken: … холóдной воды́, … чáя | чáю
наслýшаться *v., mit G. –* viel(e) … hören: … рáзных орáторов, … разговóров, … сплéтен, … комплимéнтов

Zum Genitiv nach verneintem transitivem Verb ↗ 717.3.

Der Dativ

649 Verben, die *Freude* oder *Verwunderung* ausdrücken:
изуми́ться/изумля́ться *mit D.* – sich wundern, staunen *über etw.*: … тала́нту ребёнка
порази́ться/поража́ться *mit D.* oder *mit I.* – staunen *über etw.*, begeistert sein *von etw.*: … полу́ченному изве́стию, … красото́й пейза́жа, … отва́ге альпини́стов
об-/ра́доваться, по-/ра́доваться *mit D.* und за *mit A.* – sich freuen *über jmdn.|etw.* für *jmdn.|etw.*: … успе́хам, … встре́че со знако́мыми, … за друзе́й
удиви́ться/удивля́ться *mit D.* – sich wundern, staunen *über etw.*: … стра́нному вопро́су сестры́, … тала́нту арти́ста

650 Verben, die *Lehren* und *Lernen* ausdrücken:
обучи́ть/обуча́ть *mit A. der Person* und *D. der Sache* oder *mit Inf.* – *jmdn.* in *etw.* unterrichten | ausbilden: … дете́й му́зыке, … сы́на игра́ть на пиани́но, … ученико́в ремеслу́
обучи́ться/обуча́ться *mit D.* – *etw.* lernen: … ремеслу́, … гра́моте
на-/учи́ть *mit A. der Person* und *D. der Sache* oder *mit Inf.* – *jmdn.|jmdn. etw.* lehren, *jmdn.* in *etw.* unterrichten, *jmdn. etw.* beibringen: … иностра́нцев ру́сскому языку́, … дете́й рисова́нию | рисова́ть, … дочь а́збуке;
aber: вы́учить/учи́ть *mit A. der Sache* – *etw.* lernen (… стихотворе́ние наизу́сть, … роль)
вы́учиться/учи́ться, на-/учи́ться *mit D.* oder *mit Inf.* – *etw.* lernen, studieren: … рисова́нию | рисова́ть, … медици́не; … терпе́нию

651 Verben, die eine *positive Einstellung* zu einer Person oder Sache ausdrücken:
благоприя́тствовать *mit D., schr.* – *jmdn.|etw.* begünstigen: Пого́да нам благоприя́тствовала.
подража́ть *mit D.* – *jmdn.|etw.* nachahmen, *jmds.* Beispiel folgen: … изве́стному арти́сту, … отцу́ в поведе́нии
поклони́ться/кла́няться *mit D.* – sich verbeugen vor *jmdm.*; *jmdn.* grüßen (lassen): … зри́телям; Кла́няйся от меня́ друзья́м.
попусти́тельствовать *mit D.* – *mit jmdm.|etw.* Nachsicht üben, *jmdm.|etw.* Vorschub leisten: … лентя́ю, … предрассу́дкам
протежи́ровать *mit D., schr.* – *jmdn.* protegieren: … молодо́му актёру
симпатизи́ровать *mit D.* – Sympathie haben *für jmdn.|etw.*: … но́вому знако́мому
соболе́зновать *mit D., schr.* – mitfühlen *mit jmdm.|etw.*: … чужо́му го́рю
соде́йствовать *v./uv., mit D.* – beitragen *zu etw., jmdn.* unterstützen: … успе́ху кома́нды
сочу́вствовать *mit D.* – mitfühlen *mit jmdm.*, Anteil nehmen *an etw.*, Sympathie haben *für jmdn.|etw.*: … пострада́вшему, … чужо́му го́рю, … мне́нию колле́ги
по-/спосо́бствовать *mit D.* – beitragen *zu etw., jmdn.* unterstützen: … охра́не приро́ды; В э́том де́ле я гото́в(-а) вам вся́чески спосо́бствовать.

652 Verben, die eine *negative Einstellung* gegenüber einer Person oder Sache ausdrücken:
на-/груби́ть *mit D.* – grob sein *gegen jmdn., jmdm.* Grobheiten sagen: … ста́ршим
досади́ть/досажда́ть *mit D.* und *mit I.* – *jmdn.* ärgern *durch etw.*: … го́стю неуме́стными вопро́сами
по-/зави́довать *mit D.* – *jmdn.* beneiden, *auf etw.* neidisch sein: … дру́гу, … успе́хам колле́ги; Я ему́ не зави́дую. – Ich beneide ihn nicht. Er ist nicht zu beneiden.
измени́ть/изменя́ть *mit D.* – *jmdn.|etw.* verraten, im Stich lassen; *jmdm.* untreu werden; *etw.* verletzen: … дру́гу, … ро́дине; … жене́, … свои́м убежде́ниям; … до́лгу;
aber: измени́ть/изменя́ть *mit A.* – *etw.* (ver)ändern: … покро́й пла́тья, … свою́ жизнь

по-/мешáть *mit D.* und *mit Inf.* oder в *mit P.* – *jmdn.* | *etw.* stören, behindern *bei etw.*: ... сосéдям, ... отцý рабóтать | в рабóте, ... сестрé слýшать мýзыку, ... развúтию торгóвли

ото-/мстúть *mit D.* und за *mit A.* – sich rächen *an jmdn.* für *jmdn.* | *etw.*: ... врагý, ... за оскорблéния

надоéсть/надоедáть *mit D.* und *mit I.* – *jmdn.* lästig fallen *mit etw., jmdn.* langweilen *mit etw.*: ... брáту вопрóсами; Мне надоéло (*unpers.*) игрáть. – Ich habe keine Lust mehr zum Spielen.

наскýчить *v., mit D.* und *mit I., ugs.* – *jmdn.* lästig fallen *mit etw., jmdn.* langweilen *mit etw.*: ... слýшателям своúми жáлобами

вос-/препя́тствовать *mit D.* – *etw.* behindern, verhindern: ... намéрениям протúвника

угрожáть *mit D.* und *mit I.* – *jmdn.* drohen *mit etw.; jmdn.* | *etw.* bedrohen: ... мáльчику кулакóм, ... странé войнóй; ... счáстью семьú

Weitere Verben: 653

аккомпанúровать *mit D.* – *jmdn.* musikalisch begleiten: ... певцý на роя́ле

по-/звонúть *mit D.* (по телефóну) und в *mit A.* – *jmdn.* anrufen in (*wo?*): ... сестрé в Москвý, ... коллéге на рабóту; Позвонúте мне зáвтра.

напóмнить/напоминáть *mit D. der Person* und о *mit P.* oder nur *mit A.* – *jmdn.* erinnern an *jmdn.* | *etw.*: ... дрýгу о встрéче, ... о прóшлом oder ... прóшлое; Фильм напóмнил мне слýчай из жúзни отцá.

наслéдовать *v./uv., mit D.* – *jmdn.* beerben: ... отцý

поручúть/поручáть *mit D.* und *mit A.* oder *mit Inf.* – *jmdn.* beauftragen *mit etw.*: ... сотрýднику какýю-нибудь рабóту, ... коллéге провéрить рабóту

Der Akkusativ 654

по-/благодарúть *mit A.* und за *mit A.* – *jmdn.* danken für *etw.*: ... дрýга за пóмощь

вспóмнить/вспоминáть *mit A.* oder о *mit P.* – sich erinnern an *jmdn.* | *etw.*: ... мать oder ... о мáтери, ... áдрес, ... подрóбности встрéчи, ... о вáжном дéле

встрéтить/встречáть *mit A.* – *jmdn.* begegnen, *jmdn.* treffen; *jmdn.* | *etw.* empfangen: ... знакóмого на ýлице; ... приéзжих на вокзáле, ... достáвленный груз

вы́ручить/выручáть *mit A.* – *jmdm.* helfen: ... дрýга из беды́

обучúть/обучáть *mit A. der Person* und *D. der Sache* ↗ 650

отговорúть/отговáривать *mit A.* und от *mit G.* – *jmdn.* abraten von *etw.*: ... дрýга от поéздки

подстерéчь/подстерегáть *mit A.* – *jmdn.* | *etw.* auflauern: ... звéря

поздрáвить/поздравля́ть *mit A.* und с *mit I.* – *jmdn.* gratulieren, *jmdn.* beglückwünschen zu *etw.*: ... подрýгу с днём рождéния, ... комáнду с побéдой

пóмнить *mit A.* oder о *mit P.* – sich erinnern an *jmdn.* | *etw.*: ... своё дéтство, ... стихотворéние наизýсть – das Gedicht auswendig können; ... об обéщанном, ... о своúх друзья́х

простúть/прощáть *mit A.* und за *mit A.* (oder *mit A. der Sache* und *D. der Person*) – *jmdm. etw.* verzeihen: ... дрýга за опоздáние; ... невóльную ошúбку своемý сотрýднику; Никогдá емý этого не прощý.

при-/ревновáть *mit A.* und к *mit D.* – eifersüchtig sein wegen *jmds., auf jmdn.* | *etw.*: ... мýжа к подрýге

упрекнýть/упрекáть *mit A.* und в *mit P.* – *jmdn.* Vorwürfe machen, *jmdn. etw.* vorwerfen | zum Vorwurf machen: ... сы́на, ... водúтеля в беспéчности; Ни в чём не могý себя́ упрекнýть.

на-/учúть *mit A. der Person* und *D. der Sache* ↗ 650

Zu Verben, die teils mit dem Akkusativ, teils mit dem Genitiv verbunden werden, ↗ 645 und 717.

Der Instrumental

Verben mit einem Objekt im Instrumental

655 Verben, die ein *Leiten, Lenken* ausdrücken:
ве́дать *mit I. – etw.* leiten, zuständig sein *für etw.*: … хозя́йственной ча́стью, … оборо́ной
владе́ть *mit I. – etw.* besitzen; *etw.* beherrschen; *mit etw.* umgehen können: … маши́ной, … иму́ществом; … иностра́нными языка́ми; … свои́ми чу́вствами
дирижи́ровать *mit I. – etw.* dirigieren, leiten: … орке́стром, … хо́ром
заве́довать *mit I. – etw.* leiten, *etw.* verwalten, zuständig sein *für etw.*: … скла́дом, … хозя́йством
завладе́ть/завладева́ть *mit I.* – sich *einer Sache* bemächtigen, sich *etw.* aneignen; *etw.* auf sich ziehen: … чужи́м иму́ществом; … внима́нием слу́шателей
кома́ндовать *mit I.* oder над *mit I. – jmdn.* | *etw.* befehligen, *etw.* führen; *ugs.: jmdn.* | *etw.* beherrschen: … полко́м, … косми́ческим корабле́м; … (над) дома́шними
облада́ть *mit I. – etw.* besitzen, haben; verfügen *über etw.*, sich *einer Sache* erfreuen: … большо́й террито́рией, … небольшо́й су́ммой де́нег; … тала́нтом, … больши́м о́пытом
овладе́ть/овладева́ть *mit I.* – sich *einer Sache* bemächtigen; *übertr.: etw.* an sich ziehen; *übertr.:* sich *etw.* aneignen: … иму́ществом; … разгово́ром; … зна́ниями, … но́вой профе́ссией
пра́вить *mit I. – jmdn.* | *etw.* regieren; *jmdn.* | *etw.* leiten, führen: … госуда́рством; … экипа́жем; … рулём
располага́ть *schr., mit I.* – verfügen *über jmdn.* | *etw., etw.* besitzen: … интере́сными фа́ктами, … хоро́шей библиоте́кой, … но́вой те́хникой; Мо́жете мной располага́ть. – Ich stehe Ihnen zur Verfügung.
распоряди́ться/распоряжа́ться *mit I.* – verfügen *über etw.*; *nur uv.: etw.* leiten: уме́ло … деньга́ми, разу́мно … свои́м вре́менем; В до́ме всем распоряжа́ется ба́бушка.
руководи́ть *mit I. – jmdn.* | *etw.* leiten, führen; *jmdn.* | *etw.* anleiten, betreuen: … предприя́тием, … учрежде́нием; … аспира́нтами
руково́дствоваться *mit I.* – sich richten *nach etw.*, sich leiten lassen *von etw.*: … инстру́кцией, … при́нципами равнопра́вия
управля́ть *mit I. – jmdn.* | *etw.* führen, lenken, steuern; *etw.* verwalten, leiten: … автомоби́лем, … самолётом; … страно́й, … заво́дом, … произво́дством

656 Verben, die eine *positive Einstellung* zu einer Person oder Sache ausdrücken:
восторга́ться *mit I.* – begeistert sein *von jmdm.* | *etw.*: … пе́нием, … красото́й приро́ды
восхити́ться/восхища́ться *mit I.* – entzückt, begeistert sein *von jmdm.* | *etw.*: … зака́том со́лнца, … простото́й изложе́ния
горди́ться *mit I.* – stolz sein *auf jmdn.* | *etw.*: … сы́ном, … свои́ми успе́хами
у-/дово́льствоваться *mit I.* – sich begnügen, zufrieden geben *mit etw.*: … скро́мным за́работком
дорожи́ть *mit I. – jmdn.* | *etw.* schätzen, hochhalten: … сотру́дником, … мне́нием учи́теля, … ка́ждой копе́йкой – mit jeder Kopeke sparsam umgehen
заня́ться/занима́ться *mit I. – nur v.:* sich machen *an etw.; v.* und *uv.:* sich *jmdm.* | *einer Sache* widmen; *nur uv.:* sich beschäftigen *mit jmdm.* | *etw., etw.* lernen, studieren: заня́ться игро́й, … подгото́вкой обе́да; заня́ться/занима́ться языка́ми, … больны́м; занима́ться матема́тикой, … архитекту́рой
заинтересова́ться/заинтересо́вываться *mit I.* – Interesse gewinnen *für jmdn.* | *etw.*: … молоды́м компози́тором, … нау́кой

интересова́ться *mit I.* – sich interessieren *für jmdn.* | *etw.*: … каки́м-нибудь челове́ком, … матема́тикой, … иску́сством

по-/любова́ться *mit I.* oder на *mit A.* – *jmdn.* | *etw.* bewundern, sich freuen *über jmdn.* | *etw.*: … карти́ной, … ребёнком, … на себя́ в зе́ркало

наслади́ться/наслажда́ться *mit I.* – *etw.* genießen: … пе́нием

плени́ться/пленя́ться *mit I.* – hingerissen sein *von jmdm.* | *etw.*: … тала́нтом молодо́го худо́жника, … приро́дой Се́вера

порази́ться/поража́ться *mit D.* oder *mit I.* ↗ 649

прони́кнуться/проника́ться *mit I.* – durchdrungen, erfüllt sein *von etw.*: … уваже́нием, … чу́вством отве́тственности

увле́чься/увлека́ться *mit I.* – sich begeistern *für jmdn.* | *etw.*: … Высо́цким, … му́зыкой, … кни́гами, … спо́ртом

по-/хвали́ться *ugs., mit I.* – prahlen *mit etw.*: … свои́ми зна́ниями

по-/хва́статься *mit I.* und перед *mit I.* – prahlen *mit jmdm.* | *etw.* vor *jmdm.*: … свое́й си́лой перед друзья́ми

Verben, die ein *Kranksein* ausdrücken: **657**
боле́ть (*Präs.* боле́ю) *mit I.* – krank sein, leiden *an etw.*: … гри́ппом, … бессо́нницей

заболе́ть/заболева́ть *mit I.* – erkranken *an etw.*: … анги́ной, … воспале́нием лёгких

зарази́ться/заража́ться *mit I.* und от *mit G.* – sich *mit etw.* anstecken bei *jmdm.*: … гри́ппом от бра́та

из-/му́читься *mit I.* oder от *mit G.* – geplagt werden *von etw.*: … зубно́й бо́лью oder от зубно́й бо́ли

страда́ть *mit I.* oder от *mit G.* – leiden *an* | *unter etw.*: … головны́ми бо́лями oder … от головны́х бо́лей, … боле́знью се́рдца, … от за́сухи

Verben, die eine *Körperbewegung* ausdrücken: **658**
дви́гать плеча́ми – mit den Schultern zucken
кача́ть голово́й – den Kopf schütteln
маха́ть руко́й – mit der Hand winken
морга́ть глаза́ми – mit den Augen zwinkern
скрипе́ть зуба́ми – mit den Zähnen knirschen
стуча́ть кулако́м (по́ столу́) – mit der Faust (auf den Tisch) schlagen
то́пать нога́ми – mit den Füßen aufstampfen

Weitere Verben: **659**
по-/дели́ться *mit I.* с *mit I.* – *etw.* teilen mit *jmdm.*; *etw.* austauschen mit *jmdm.*: … с дру́гом после́дним куско́м хле́ба; … с друзья́ми свои́ми впечатле́ниями, … о́пытом с колле́гами

по-/же́ртвовать *mit I.* – *jmdn.* | *etw.* (auf)opfern: … собо́й ра́ди друзе́й, … свои́м вре́менем

злоупотреби́ть/злоупотребля́ть *mit I.* – *etw.* missbrauchen: … вла́стью, … дове́рием друзе́й, … свои́м положе́нием

по-/меня́ться *mit I.* – *etw.* (aus)tauschen, wechseln: … фотогра́фиями; … места́ми

обменя́ть/обме́ниваться *mit I.* – *etw.* (aus)tauschen, wechseln: … сувени́рами, … адреса́ми; … о́пытом, … мне́ниями, … места́ми

па́хнуть *mit I.* – riechen, duften *nach etw.*: … бензи́ном, … цвета́ми; *unpers.*: Из ку́хни па́хло жа́реной ры́бой.

вос-/по́льзоваться *mit I.* – *etw.* (be)nutzen, in Anspruch nehmen, Gebrauch machen *von etw.*: … словарём, … прибо́рами, … сове́том, … свои́ми права́ми

пренебре́чь/пренебрега́ть *mit I. – jmdn. | etw.* gering schätzen; *jmdn. | etw.* nicht beachten:
… ста́рым знако́мым; … дру́жеским предложе́нием

рискова́ть *mit I. – etw.* riskieren, aufs Spiel setzen: … жи́знью, … здоро́вьем

сла́виться *mit I. –* berühmt sein *für etw.*: … сада́ми, … гостеприи́мством

торгова́ть *mit I. –* Handel treiben *mit etw.; etw.* verkaufen: … не́фтью, … сельскохозя́йственной те́хникой; … све́жими фру́ктами и овоща́ми

660 Einzelne Verben mit verwandtem oder bedeutungsverwandtem Substantiv als Objekt:
жить интере́сной (счастли́вой, …) жи́знью – ein interessantes (glückliches, …) Leben führen

идти́ по́лным хо́дом – in vollem Gange sein; идти́ свое́й доро́гой – seinen eigenen Weg gehen

спать кре́пким (беспоко́йным, …) сном – einen festen (unruhigen, …) Schlaf schlafen

умере́ть (*v.*) есте́ственной (наси́льственной, …) сме́ртью – eines natürlichen (gewaltsamen) Todes sterben

Verben mit einem Prädikatsnomen im Instrumental

661 In einem nominalen Prädikat (↗ 713) können eine Reihe von Verben als so genannte Kopulaverben verwendet werden; das entsprechende Prädikatsnomen (ein Substantiv, die Langform eines Adjektivs oder eines Partizips) steht vorzugsweise im Instrumental.

Die Kopulaverben haben eine sehr allgemeine Bedeutung: Sie bezeichnen z. B. das Sein oder Entstehen, das Bewahren oder Verändern, das Benennen oder Hervorheben des durch das Prädikatsnomen ausgedrückten Gegenstandes, Merkmals oder Zustands.

Zu den *Kopulaverben* mit einem Prädikatsnomen im Instrumental gehören insbesondere:

быть (nur *Inf., Prät., Fut.*): vorzugsweise *mit I. der Subst., mit I.* oder *mit N. der Adj.* (↗ 737) – sein: Когда́-то де́душка был хоро́шим арти́стом. Сын бу́дет врачо́м. За́втра день бу́дет холо́дным. Вчера́ пого́да была́ хоро́шая | хоро́шей.

быва́ть *mit I. –* zu sein pflegen, sein: Мой друг никогда́ не быва́ет серди́тым. Мете́ли в на́ших края́х быва́ют о́чень си́льными.

с-/де́латься *mit I. –* werden: Наш знако́мый сде́лался кру́пным специали́стом в о́бласти вы́сшей матема́тики. Тепе́рь ситуа́ция де́лается поня́тной.

по-/каза́ться *mit I. –* zu sein scheinen, (er)scheinen: Он каза́лся мне совсе́м ребёнком. Эта зада́ча ка́жется тру́дной. Ма́льчик сра́зу показа́лся мне спосо́бным.

называ́ться *mit I.* oder (besonders bei Ortsnamen) *mit N. –* bezeichnet werden *als*, heißen: Этот цвето́к называ́ется ли́лия | ли́лией. Как называ́ется э́та ста́нция метро́? – Она́ называ́ется Охо́тный Ряд.

оказа́ться/ока́зываться *mit I. –* sich herausstellen, sich erweisen *als*: Всё оказа́лось оши́бкой. А́втором э́той статьи́ оказа́лся Л. Ма́рков. Вода́ оказа́лась о́чень холо́дной. Дверь оказа́лась за́пертой.

оста́ться/остава́ться *mit I. –* (ver)bleiben: Несмотря́ ни на что, я хоте́л бы оста́ться ва́шим дру́гом. Лю́ба це́лый день остава́лась грустной. Ко́мната оста́лась незапертой.

получи́ться/получа́ться *mit N.* oder *mit I. –* werden: Пиро́г получи́лся вку́сный | вку́сным. Вы́вод получи́лся неожи́данный. Результа́ты получи́лись блестя́щие.

предста́виться/представля́ться *mit I. –* zu sein scheinen, (er)scheinen; *ugs.* sich (ver)stellen: Это представля́лось мне маловероя́тным. Стари́к предста́вился спя́щим.

стать/станови́ться *mit I. –* werden: Он стал врачо́м. Кем ты хо́чешь стать? Со вре́менем он стал мои́м лу́чшим дру́гом. Де́вочка стано́вится взро́слой де́вушкой. Это ста́ло у неё привы́чкой. – Das ist ihr zur Gewohnheit geworden. Не́бо ста́ло си́ним. Лицо́ ма́тери ста́ло весёлым.

счита́ться *mit I.* – gelten *als*, zählen *als*: Он у нас счита́ется хоро́шим преподава́телем. Э́тот рома́н счита́ется лу́чшей кни́гой а́втора. Э́ти я́годы счита́ются ядови́тыми. Э́та карти́на счита́ется одно́й из лу́чших в музе́е.

яви́ться/явля́ться *mit I.* – sich erweisen *als*, sich herausstellen *als*; *nur uv.*: sein: Что явля́лось | яви́лось причи́ной э́того спо́ра? Москва́ явля́ется столи́цей Росси́йской Федера́ции. И́стинная нау́ка явля́ется враго́м вся́кого догмати́зма.

Den Kopulaverben stehen eine Reihe von so genannten Vollverben nahe, die eine eigenständige lexikalische Bedeutung haben, jedoch in Verbindung mit einem Prädikatsnomen zusätzlich in der Funktion einer Kopula verwendet werden können.
Diese Verben bezeichnen häufig eine allgemeine Tätigkeit oder eine Bewegung im Raum. Das entsprechende Prädikatsnomen (ein Substantiv, die Langform eines Adjektivs oder Partizips) steht gewöhnlich im Instrumental.

662

Zu den *Vollverben* mit einem Prädikatsnomen gewöhnlich im Instrumental gehören z. B.:
рабо́тать *mit I.* – arbeiten *als*: … сле́сарем, … секрета́ршей, … заве́дующим отде́ла
служи́ть *mit I.* – dienen *als*: … в а́рмии танки́стом; … приме́ром, … доказа́тельством его́ неви́нности
жить *mit I.* – leben *für jmdn.* | *etw.*, ganz aufgehen *in etw.*: … детьми́, … нау́кой, … воспомина́ниями

избра́ть/избира́ть *mit A.* und *mit I.* – *jmdn.* | *etw.* wählen *als*: … учи́теля депута́том, … хи́мию свое́й специа́льностью
назна́чить/назнача́ть *mit A.* und *mit I.* – *jmdn.* ernennen *zum*: … искусствове́да дире́ктором музе́я
объяви́ть/объявля́ть *mit A.* und *mit I.* – *jmdn.* | *etw.* erklären *als*: … племя́нника свои́м насле́дником; … инжене́ра отве́тственным за выполне́ние зада́ния, … собра́ние откры́тым – die Versammlung als eröffnet erklären
найти́/находи́ть *mit A.* und *mit A.* oder *I.* – *etw.* (vor)finden (*wie?*): … свой дом разру́шенный | разру́шенным
оста́вить/оставля́ть *mit A.* und *mit A.* oder *I.* – *etw.* (zurück)lassen (*wie?*): … кни́гу раскры́тую | раскры́той, … письмо́ незако́нченным; … вопро́с откры́тым – die Frage offen lassen

прие́хать/приезжа́ть *mit I.*, seltener *mit N.* – eintreffen *als*: … пе́рвым, … после́дним; Он прие́хал домо́й уста́лым | уста́лый. – Er kam ermüdet nach Hause.
возврати́ться/возвраща́ться *mit I.* – zurückkehren *als*: … специали́стом; … пе́рвым, … здоро́вым
расста́ться/расстава́ться *mit I.* – sich trennen *als*, Abschied nehmen *als*: Они́ расста́лись друзья́ми.

Zur Rektion der Verben mit Präpositionen

Die Rektion der Verben mit Präpositionen ist häufig durch das Verbalpräfix vorbestimmt: Dabei stimmt die Präposition entweder in Form und Bedeutung oder nur in der Bedeutung mit dem Verbalpräfix überein. Eine Übersicht bietet die folgende Tabelle (↗ 664).
Es folgen Zusammenstellungen ausgewählter Verben mit Präpositionen, die in der Regel nicht durch das Verbalpräfix vorbestimmt sind (↗ 665 ff.).

663

664 Entsprechungen von Verbalpräfix und Präposition

Verbalpräfix	Präposition	Beispiele für Wortgruppen
в- за- у-	в *mit A.* (hinein-) in	вбежа́ть/вбега́ть в ко́мнату; влюби́ться/влюбля́ться в се́верную приро́ду заверну́ть/завёртывать пода́рки в бума́гу; загляну́ть/загля́дывать в спра́вочник упере́ться/упира́ться плечо́м в дверь; углуби́ться/углубля́ться в воспомина́ния
о(б-)	вокру́г *mit G.* herum- um	обежа́ть/обега́ть дом ǀ вокру́г до́ма; обвести́/обводи́ть госте́й вокру́г зда́ния
до-	до *mit G.* heran- bis	дое́хать/доезжа́ть до вокза́ла; добра́ться/добира́ться до су́ти де́ла
за-	за *mit A.* (weg-) hinter	зайти́/заходи́ть за́ угол; забро́сить/забра́сывать ка́рту за шкаф
вы- из- у-	из *mit G.* (hin)aus- aus	вы́йти/выходи́ть из ко́мнаты; вы́стрелить/выстре́ливать из ружья́ исключи́ть/исключа́ть из институ́та уе́хать/уезжа́ть из го́рода
под- при-	к *mit D.* heran- an, hin- zu	подплы́ть/подплыва́ть к бе́регу; подгото́виться/подгота́вливаться к экза́менам прийти́/приходи́ть к врачу́; прийти́/приходи́ть к вы́воду; прибли́зиться/приближа́ться к дверя́м
вз- на-	на *mit A.* (hin)auf- auf	взойти́/в(о)сходи́ть на высо́кую го́ру; взобра́ться/взбира́ться на верши́ну горы́ нае́хать/наезжа́ть на пешехо́да; наскочи́ть/наска́кивать на ка́мень
от- у-	от *mit G.* weg- von	отойти́/отходи́ть от две́ри; оторва́ться/отрыва́ться от друзе́й уйти́/уходи́ть от друзе́й; укры́ться/укрыва́ться от дождя́
под-	под *mit A.* (hinunter-) unter	подле́зть/подлеза́ть под стол
с-	с *mit G.* hinab- von	сойти́/сходи́ть с горы́; спры́гнуть/спры́гивать со стены́
с-	с *mit I.* (zusammen-) mit	соедини́ться/соединя́ться с Москво́й по телефо́ну; сжи́ться/сжива́ться с но́выми това́рищами
про-	сквозь *mit A.* hindurch- durch	пробра́ться/пробира́ться сквозь толпу́; продра́ться/продира́ться (*ugs.*) сквозь ǀ через кусты́
пере- про-	через *mit A.* hinüber- über, hindurch- durch	перейти́/переходи́ть у́лицу ǀ через у́лицу; перепра́виться/переправля́ться через го́ры прое́хать/проезжа́ть через лес

Ausgewählte Verben mit Präpositionen

В *mit Akkusativ*

по-/ве́рить в *mit A.* – glauben an *jmdn.* | *etw.*: … в челове́ка, … в Бо́га, … в бу́дущее, … в свои́ си́лы

сыгра́ть/игра́ть в *mit A.* – *etw.* spielen (z. B. Sport): … в футбо́л, … в ша́хматы; … в пря́тки, … в ку́клы

оде́ть/одева́ть *mit A.* und в *mit A.* – *jmdm. etw.* anziehen: … де́вочку в пальто́

по-/стуча́ть в *mit A.* – (an)klopfen an *etw.*: … в дверь, … в кабине́т врача́

на-/це́лить(-ся) в *mit A.* – zielen auf *jmdn.* | *etw.*: … в го́лову, … в лоб

по-/целова́ть *mit A.* und в *mit A.* – *jmdn.* küssen auf *etw.*: … мать в щёку, … ребёнка в лоб

В *mit Präpositiv*

заподо́зрить/запода́зривать *mit A.* und в *mit P.* – *jmdn. einer Sache* verdächtigen: … челове́ка в кра́же

по-/кля́сться в *mit P.* – *etw.* schwören: … в ве́чной дру́жбе

нужда́ться в *mit P.* – *jmdn.* | *etw.* brauchen, benötigen: … в ги́де, … в сове́те, … в подде́ржке, … в деньга́х

обвини́ть/обвиня́ть *mit A.* und в *mit P.* – *jmdn. einer Sache* beschuldigen, *jmdm. etw.* vorwerfen: … дру́га в неи́скренности, … журнали́ста в плагиа́те

отказа́ть/отка́зывать *mit D.* und в *mit P.* – *jmdm. etw.* abшла́гать, verweigern: … сестре́ в её про́сьбе; Оте́ц ни в чём не мог ему́ отказа́ть. – Der Vater konnte ihm nichts abschlagen.

отча́яться/отча́иваться в *mit P.* oder *mit Inf.* – verzweifeln an *etw.*: … в успе́хе; … доби́ться понима́ния

подозрева́ть *mit A.* und в *mit P.* – *jmdn. einer Sache* verdächtigen: … слу́жащего в обма́не

призна́ться/признава́ться *mit D.* und в *mit P.* – *jmdn. etw.* (ein)gestehen: … дру́гу в свои́х оши́бках

разочарова́ться/разочаро́вываться в *mit P.* – enttäuscht sein von *jmdm.* | *etw.*: … в колле́ге, … в любви́

раска́яться/раска́иваться в *mit P.* – *etw.* bereuen: … в свои́х слова́х, … в своём поведе́нии

расписа́ться/распи́сываться в *mit P.* – *etw.* quittieren, (durch Unterschrift) bestätigen: … в получе́нии телегра́ммы; *übertr.:* … в со́бственной беспо́мощности – seine eigene Hilflosigkeit eingestehen

созна́ться/сознава́ться *mit P.* – *etw.* eingestehen, bekennen, zugeben: … в свое́й оши́бке

сомнева́ться в *mit P.* – zweifeln an *jmdm.* | *etw.*: … в дру́ге, … в успе́хе де́ла, … в свои́х си́лах

сотру́дничать в *mit P.* – an *einer Einrichtung* mitarbeiten: … в газе́те

убеди́ть/убежда́ть *mit A.* und в *mit P.* – *v.: jmdn.* überzeugen von *etw.; uv.: jmdn* von *etw.* zu überzeugen suchen (↗ 174): … подру́гу в свое́й и́скренности, … слу́шателей в необходи́мости мероприя́тия

убеди́ться/убежда́ться в *mit P.* – sich überzeugen von *etw.*: … в че́стности сотру́дника

уве́рить/уверя́ть *mit A.* und в *mit P.* – *jmdn. etw.* versichern, beteuern: … колле́г в и́скренности свои́х наме́рений

удостове́риться/удостоверя́ться в *mit P.* – sich *einer Sache* vergewissern: … в пра́вильности сообще́ния

упрекну́ть/упрека́ть *mit A.* und в *mit P.* ↗ 654

уча́ствовать в *mit P.* – sich beteiligen, teilnehmen an *etw.*: … в совеща́нии, … в пре́ниях, … в экспеди́ции, … в а́кции милосе́рдия

667 ЗА *mit Akkusativ*

боро́ться за *mit A.* – kämpfen für *etw.*, ringen um *etw.*: … за свобо́ду, … за зва́ние чемпио́на

взя́ться/бра́ться за *mit A.* – fassen an *etw.*, greifen zu *etw.*; sich machen an *etw.*, *etw.* anpacken: … за́ руки, … за верёвку; … за рабо́ту, … за учёбу, … за кни́гу

вы́йти/выходи́ть за́муж за *mit A.* – einen Mann heiraten: … за́муж за врача́

про-/голосова́ть за *mit A.* – stimmen für *jmdn.* | *etw.*: … за кандида́та, … за приня́тие реше́ния

держа́ться за *mit A.* – sich festhalten an *jmdm.* | *etw.*, sich klammern an *jmdn.* | *etw.*: … за мать, … рука́ми за пери́ла, … за борт ло́дки

дрожа́ть за *mit A.* – bangen um *jmdn.* | *etw.*: … за своего́ ребёнка, … за свою́ жизнь

извини́ть/извиня́ть *mit A.* und за *mit A.* – *jmdm. etw.* verzeihen: … дру́га за оши́бку; Извини́те, пожа́луйста, за до́лгое молча́ние.

извини́ться/извиня́ться перед *mit I.* und за *mit A.* – sich bei *jmdm.* für *jmdn.* | *etw.* entschuldigen: … перед учи́телем за поведе́ние, … перед ма́терью за до́лгое молча́ние

отвеча́ть за *mit A.* – verantwortlich sein, Verantwortung tragen für *jmdn.* | *etw.*: … за семью́, … за свои́ посту́пки

приня́ться/принима́ться за *mit A.* oder *mit Inf.* – *etw.* beginnen, in Angriff nehmen; *ugs.*: sich *jmdn.* vornehmen: … за рабо́ту, … за уро́ки, … чита́ть; … за лентя́я

об-/ра́доваться, по-/ра́доваться *mit D.* und за *mit A.* ↗ 649

поручи́ться/руча́ться за *mit A.* – (sich ver)bürgen für *jmdn.* | *etw.*: … за сотру́дника, … за то́чность све́дений

вс-/трево́житься за *mit A.* – sich Sorgen machen um *jmdn.* | *etw.*: … за дете́й, … за судьбу́ экспеди́ции

уважа́ть *mit A.* und за *mit A.* – *jmdn.* wegen *einer Sache* achten: … дру́га за его́ хара́ктер

схвати́ться/хвата́ться за *mit A.* – greifen nach *jmdm.* | *etw.*, sich klammern an *jmdn.* | *etw.*: … за ве́тки, … за́ голову (за го́лову) – sich an den Kopf fassen (*ugs.* auch *übertr.*)

цени́ть *mit A.* und за *mit A.* – *jmdn.* schätzen wegen *einer Sache*: … сотру́дника за хоро́шую рабо́ту

668 ЗА *mit Instrumental*

гна́ться за *mit I.* – *jmdn.* verfolgen; *ugs.*: streben nach *etw.*: … за ко́шкой; … за при́былью

наблюда́ть за *mit I.* – *jmdn.* | *etw.* beobachten, beaufsichtigen; sorgen für *etw.*: … за косми́ческим объе́ктом, … за детьми́; … за поря́дком

посла́ть/посыла́ть *mit A.* за *mit I.*: *jmdn.* schicken nach *jmdm.* | *etw.*: … дочь за до́ктором, … сы́на за биле́тами в кино́

следи́ть за *mit I.* – *jmdn.* | *etw.* verfolgen, beobachten; aufpassen, Acht geben auf *jmdn.* | *etw.*: … за полётом птиц, … за игро́й футболи́стов; … за детьми́, … за рабо́той прибо́ров

по-/сле́довать за *mit I.* – *jmdm.* | *einer Sache* (nach)folgen: … за экскурсово́дом, … друг за дру́гом; Уда́р сле́довал за уда́ром.

по-/смотре́ть за *mit I.* – aufpassen, Acht geben auf *jmdn.* | *etw.*: … за детьми́, … за поря́дком

присмотре́ть/присма́тривать за *mit I.* – aufpassen auf, sich kümmern um *jmdn.* | *etw.*: … за детьми́, … за хозя́йством

уха́живать за *mit I.* – *jmdn.* | *etw.* pflegen, versorgen; *jmdm.* den Hof machen: … за больны́м, … за цвета́ми; … за де́вушкой

669 К *mit Dativ*

гото́вить *mit A.* und к *mit D.* – *jmdn.* | *etw.* vorbereiten auf *etw.*, für *etw.*: … ученика́ к экза́мену, … больно́го к опера́ции, … материа́лы к докла́ду готовиться к *mit D.* und *mit Inf.* – sich vorbereiten auf *etw.*: … к отъезду, … к выступлению, … выступить

обратиться/обращаться к *mit D.* – sich wenden an *jmdn.*; sich *einer Sache* zuwenden: … к врачу, … к декану с просьбой, … к адвокату за советом; … лицом к окну, … к научным источникам – wissenschaftliche Quellen heranziehen

отнестись/относиться к *mit D.* – sich verhalten gegenüber *jmdn.* | *einer Sache*: хорошо … к людям, серьёзно … к работе, с сомнением … к сообщению

относиться к *mit D.* – gehören zu *jmdn.* | *etw.*: … к числу оптимистов; Вопрос относится непосредственно к теме. Это к делу не относится.

приблизиться/приближаться к *mit D.* – sich *jmdn.* | *etw.* nähern, herankommen an *jmdn.* | *etw.*: … к окну, … к остановке автобуса, … к месту встречи; Перевод приблизился к оригиналу.

привыкнуть/привыкать к *mit D.* oder *mit Inf.* – sich gewöhnen an *jmdn.* | *etw.*: … к новым коллегам, … к новой обстановке; … рано вставать

приготовить/приготавливать und приготовлять к *mit D.* – *jmdn.* | *etw.* vorbereiten auf, für *etw.*: … ученика к экзамену, … рукопись к набору

приготовиться/приготавливаться und приготовляться к *mit D.* oder *mit Inf.* – sich vorbereiten auf *etw.*, sich anschicken zu *etw.*: … к лекции, … к отъезду, … ехать

придраться/придираться к *mit D.*, ugs. – herumnörgeln an *jmdn.* | *etw.*; *etw.* zum Vorwand nehmen: … к сотруднику из-за пустяка, … к пустякам; … к какой-нибудь глупости

прикоснуться/прикасаться к *mit D.* – *jmdn.* | *etw.* berühren, anrühren: … к руке; Больной не прикоснулся к еде.

примениться/применяться к *mit D.* – sich anpassen an *jmdn.* | *etw.*, sich richten nach *jmdn.* | *etw.*: … к обстоятельствам

примкнуть/примыкать к *mit D.* – sich *jmdn.* | *etw.* anschließen: … к большинству

приравнять/приравнивать *mit A.* und к *mit D.* – *jmdn.* | *etw. jmdn.* | *etw.* gleichsetzen: По таланту его можно приравнять к лучшим певцам.

прислушаться/прислушиваться к *mit D.* – (hin)hören auf *etw.*; ugs.: unempfindlich werden gegen *etw.*: … к разговору, … к критике; … к уличному шуму

приспособиться/приспосабливаться und приспособляться к *mit D.* – sich einstellen auf *etw.*, sich gewöhnen an *etw.*: … к новым условиям, … к холодному климату

пристроить/пристраивать *mit A.* und к *mit D.* – *etw.* anbauen an *etw.*: … веранду к дому

приурочить/приурочивать *mit A.* und к *mit D.* – *etw.* terminlich abstimmen mit (festlegen auf) *etw.*: … отпуск к началу осени

приучить/приучать *mit A.* und к *mit D.* oder *mit Inf.* – *jmdn. etw.* beibringen, *jmdn.* gewöhnen an: … детей к порядку, … медвежонка к людям; … учеников регулярно заниматься

стремиться к *mit D.* oder *mit Inf.* – *etw.* anstreben, streben nach *etw.*: … к независимости, … к знаниям; … всё понять

НА *mit Akkusativ*

по-/влиять на *mit A.* – *jmdn.* | *etw.* beeinflussen, Einfluss nehmen auf *jmdn.* | *etw.*: … на детей, … на ход событий, … на качество продукции

раз-/делить *mit A.* und на *mit A.* – *jmdn.* | *etw.* (ein)teilen in, aufteilen auf; *math.*: dividieren durch: … туристов на две группы, … яблоко на части; Шесть разделить на два равняется трём.

по-/жаловаться на *mit A.* – klagen, sich beklagen über *jmdn.* | *etw.*: … на брата, … на погоду, … на здоровье, … на боли в сердце

разо-/злиться на *mit A.* – sich ärgern über *jmdn.*, böse sein auf *jmdn.*: … на водителя такси за опоздание на-/клеветать на *mit A. – jmdn.* verleumden: … на соседа

по-/менять *mit A.* und на *mit A.: etw.* tauschen gegen *etw., etw.* umtauschen in *etw.*: … квартиру на дачу, … рубли на доллары

напасть/нападать на *mit A. – jmdn. | etw.* überfallen; stoßen, treffen auf *jmdn. | etw.*: … на прохожего, … на страну; … на интересную мысль в книге

негодовать на *mit A.* oder против *mit G.* – entrüstet sein über *jmdn. | etw.*: … на клеветника, … против несправедливости

обидеться/обижаться на *mit A.* – sich beleidigt fühlen von *jmdn. | etw.*; *etw.* übel nehmen: … на соседа; … на замечание

перевести/переводить *mit A.* und на *mit A. – jmdn.* einsetzen in *etw.; etw.* übersetzen in *etw.*: … инженера на новую должность; … текст с русского языка на немецкий

походить на *mit A. – jmdn. | etw.* ähnlich sein: Сын походит на отца.

разбить/разбивать *mit A.* und на *mit A. – jmdn. | etw.* einteilen in: … учащихся на группы (auch: по группам), … поле на дачные участки

рас-/сердиться на *mit A.* – ärgerlich, böse sein auf *jmdn.*: … на ученика, … на друзей за опоздание

согласиться/соглашаться на *mit A.* oder *mit Inf.* – einwilligen in *etw.*, einverstanden sein mit *etw.*: … на предложение, … на приглашение; … выступить на конференции

умножить/умножать *mit A.* und на *mit A. – math.*: multiplizieren mit: Три умножить на четыре равняется двенадцати.

671 НА *mit Präpositiv*

жениться *v./uv.* на *mit P. – eine Frau* heiraten: … на артистке

сыграть/играть на *mit P. – etw.* spielen (z. B. ein Instrument): … на фортепиано, … на скрипке; *übertr.*: играть на нервах матери – der Mutter auf die Nerven gehen

основываться на *mit P.* – sich auf *eine Sache* gründen, stützen: … на фактах, … на новейших достижениях науки

отразиться/отражаться на *mit P.* – sich auswirken auf *jmdn. | etw.*: … на здоровье, … на качестве

сосредоточить/сосредоточивать на *mit P.* – konzentrieren, richten auf *eine Sache*: … внимание на решении главной задачи

сосредоточиться/сосредоточиваться на *mit P.* – sich konzentrieren auf *eine Sache*: … на работе, … на самом главном

Beachte auch Fügungen mit Verben der Bewegung (↗ 104 ff.):
бежать, бегать на лыжах – Ski laufen; ехать, ездить на машине, на автобусе, …; катиться, кататься на велосипеде, на коньках, …; лететь, летать на самолёте

672 НАД *mit Instrumental*

думать над *mit I.* – nachdenken über *etw.*: … над задачей, … над сложным вопросом

задуматься/задумываться над *mit I. unbel. Subst.* oder о *mit P.* – nachzudenken beginnen über *jmdn. | etw.*: … над задачей, … над своей жизнью, … о прошлом, … о семье

издеваться над *mit I. – jmdn. | etw.* verhöhnen, verspotten: … над детьми, … над идеалами

работать над *mit I.* – arbeiten an *etw.*: … над книгой, … над новой ролью

по-/смеяться над *mit I.* – lachen über *jmdn. | etw., jmdn.* auslachen: … над глупостью, … над трусом

трудиться над *mit I.* – arbeiten an *etw.*: … над задачей

по-/шутить над *mit I.* – sich lustig machen über *jmdn. | etw.*, seinen Spaß treiben mit *jmdm. | etw.*: … над доверчивым человеком, … над рассеянностью друга

О *mit Akkusativ* **673**
би́ться о *mit A.* – schlagen, stoßen gegen *etw.*: ... голово́й о сте́ну (*ugs.* auch *übertr.*)
разби́ться/разбива́ться о *mit A.* – zerbrechen, zerschellen an *etw.*: ... о ка́мни
споткну́ться/спотыка́ться о *mit A.* – stolpern über *etw.*: ... о поро́г
уда́риться/ударя́ться о *mit A.* – stoßen gegen *etw.*, sich stoßen an *etw.*: ... о ка́мень, ... голово́й о дверь
ушиби́ть/ушиба́ть *mit A.* und о *mit A.* – *etw.* verletzen, prellen an *einer Stelle*: ... ру́ку о дверь
ушиби́ться/ушиба́ться о *mit A.* – sich stoßen, sich verletzen an *einer Stelle*: ... плечо́м о столб

О *mit Präpositiv* **674**
беспоко́иться о *mit P.* – besorgt sein, sich Sorgen machen um *jmdn.* | *etw.*: ... о де́тях, ... о бу́дущем
вспо́мнить/вспомина́ть *mit A.* oder о *mit P.* ↗ 654
говори́ть о *mit P.* – sprechen, reden über *jmdn.* | *etw.*: ... о совреме́нном худо́жнике, ... о свои́х пла́нах
договори́ться/догова́риваться о *mit P.* – *etw.* vereinbaren: ... о пое́здке, ... о цене́
ду́мать о *mit P.* – denken an *jmdn.* | *etw.*; sich kümmern um *jmdn.* | *etw.*: ... о сестре́, ... о бу́дущем; На́до бо́льше ду́мать о де́тях. Нельзя́ ду́мать то́лько о себе́.
по-/жале́ть о *mit P.* oder *nur mit G.* – *jmdm.* | *etw.* nachtrauern: ... о ста́рых друзья́х, ... о про́шлом; ... потра́ченного вре́мени
по-/забо́титься о *mit P.* – sorgen für *jmdn.* | *etw.*, sich kümmern um *jmdn.* | *etw.*: ... о больны́х, ... об улучше́нии усло́вий труда́
забы́ть/забыва́ть *mit A.*, о *mit P.* oder *ugs.* про *mit A.* – *jmdn.* | *etw.* vergessen: ... знако́мого, ... его́ фами́лию, ... назва́ние кни́ги; ... о своём обеща́нии, ... ска́занное | о ска́занном; ... са́мое ва́жное, ... о са́мом ва́жном, ... про са́мое ва́жное
извести́ть/извеща́ть *mit A.* und о *mit P.* – *jmdm. etw.* mitteilen: ... дру́га о своём прие́зде
мечта́ть о *mit P.* oder *mit Inf.* – träumen von *jmdn.* | *etw.*: ... о путеше́ствии, ... о сча́стье; ... стать музыка́нтом
пла́кать о *mit P.* oder по *mit D.* – weinen um *jmdn.* | *etw.*: ... об уме́ршем сы́не (о нём), ... по сы́ну (по нему́)
предупреди́ть/предупрежда́ть *mit A.* und о *mit P.* – *jmdn.* rechtzeitig benachrichtigen von *etw.*; *jmdn.* warnen vor *etw.*: ... колле́гу о своём прие́зде; ... тури́стов о грозя́щей опа́сности
рассказа́ть/расска́зывать *mit A.* und о *mit P.* oder *ugs.* про *mit A.*: *etw.*, von *jmdm.* | *etw.* erzählen: ... занима́тельную исто́рию, ... интере́сный слу́чай бра́ту; ... о свои́х друзья́х, ... о своём го́ре; ... о Та́не, ... про Та́ню
расспроси́ть/расспра́шивать *mit A.* und о *mit P.* – sich bei *jmdm.* erkundigen nach *etw.*: ... прохо́жего о доро́ге
рассужда́ть о *mit P.* – reden, diskutieren über *etw.*: ... об иску́сстве
спра́виться/справля́ться о *mit P.* – sich erkundigen nach *jmdm.* | *etw.*: ... о здоро́вье больно́го, ... по телефо́ну о часа́х приёма
спроси́ть/спра́шивать о *mit P.*, *nur mit A.* (bei Bezug auf genau Bestimmtes) oder *mit G.* (bei Bezug auf Unbestimmtes, ↗ 645) – fragen nach *jmdn.* | *etw.*: ... о семье́, ... о здоро́вье, ... о собы́тиях после́дней неде́ли; ... фами́лию, ... кни́гу у бра́та; ... сове́та – um Rat fragen, ... разреше́ния
узна́ть/узнава́ть *mit A.* oder о *mit P.* – *etw.* erfahren; sich erkundigen nach *jmdn.* | *etw.*: ... а́дрес, ... но́мер телефо́на, ... но́вости, ... о собы́тиях из газе́ты; ... о бра́те, ... у врача́ о состоя́нии ма́тери

упомяну́ть/упомина́ть *mit A.*, о *mit P.* oder *ugs.* про *mit A.* – *jmdn.* | *etw.* erwähnen, nennen: ... и́мя дру́га; ... о вчера́шнем слу́чае; ... о друзья́х, ... про друзе́й

усло́виться/усло́вливаться с *mit I.* und о *mit P.* – mit *jmdm. etw.* verabreden: ... с дру́гом о встре́че

675 ОТ *mit Genitiv*

воздержа́ться/возде́рживаться от *mit G.* – sich *einer Sache* enthalten, auf *etw.* verzichten: ... от голосова́ния, ... от куре́ния

дро́гнуть/дрожа́ть от *mit G.* – zittern, beben vor *etw.*: ... от хо́лода, ... от стра́ха

зави́сеть от *mit G.* – abhängen von *jmdm.* | *etw.*: ... от отца́, ... от обстоя́тельств; Успе́х де́ла зави́сит от нас сами́х.

зарази́ться/заража́ться *mit I.* und от *mit G.* ↗ 657

защити́ть/защища́ть *mit A.* und от *mit G.* – *jmdn.* | *etw.* verteidigen gegen *jmdn.* | *etw.*, schützen vor *etw.*: ... дру́га от клеветы́, ... глаза́ от со́лнца

изба́вить/избавля́ть *mit A.* und от *mit G.* – *jmdn.* befreien von, retten vor: ... дру́га от хлопо́т, ... ребёнка от сме́рти

освободи́ть/освобожда́ть *mit A.* und от *mit. G.* – *jmdn.* | *etw.* befreien von; *jmdn.* freistellen von; *etw.* frei machen von: ... страну́ от зави́симости; ... рабо́чего по боле́зни от рабо́ты; ... по́лку от книг

освободи́ться/освобожда́ться от *mit G.* – sich befreien von *etw.*; *etw.* aufgeben; frei werden von *etw.*: ... от чужо́го влия́ния; ... от предрассу́дков; У́лицы уже́ освободи́лись от сне́га.

отказа́ться/отка́зываться от *mit G.* oder *mit Inf.* – verzichten auf *etw.*; *etw.* ablehnen; abrücken von *etw.*: ... от пое́здки, ... от обе́да, ... обе́дать; ... от приглаше́ния; ... от свои́х слов

отста́ть/отстава́ть от *mit G.* – zurückbleiben hinter *jmdm.* | *etw.*; nicht mitkommen mit *etw.*: ... от спу́тников, *übertr.*: ... от вре́мени; ... от по́езда

предостере́чь/предостерега́ть *mit A.* und от *mit G.* oder про́тив *mit G.* – *jmdn.* warnen vor *etw.*: ... ребёнка от | про́тив опа́сности, ... сестру́ про́тив необду́манного реше́ния

скрыть/скрыва́ть *mit A.* und от *mit G.* – *etw.* vor *jmdm.* verbergen: ... свои́ чу́вства от друзе́й

скры́ться/скрыва́ться от *mit G.* – sich verbergen vor *jmdm.* | *etw.*: ... от пресле́дователей

спасти́/спаса́ть *mit A.* und от *mit G.* – *jmdn.* | *etw.* retten vor *etw.*: ... ребёнка от сме́рти, ... дом от пожа́ра

спасти́сь/спаса́ться от *mit G.* – sich retten, sich in Sicherheit bringen vor *etw.*: ... от опа́сности

страда́ть *mit I.* oder от *mit G.* ↗ 657

за-/страхова́ть *mit A.* und от *mit G.* – *jmdn.* | *etw.* versichern gegen *etw.*; *jmdn.* | *etw.* bewahren vor *etw.*: ... иму́щество от пожа́ра; ... себя́ от изли́шнего ри́ска

удержа́ться/уде́рживаться от *mit G.* – *etw.* unterdrücken, sich *einer Sache* enthalten: ... от сме́ха, ... от упрёков

уклони́ться/уклоня́ться от *mit G.* – *einer Sache* ausweichen; von *etw.* abweichen: ... от уда́ра, *übertr.*: ... от прямо́го отве́та, ... от основно́й те́мы

укры́ть/укрыва́ть *mit A.* und от *mit G.* – *jmdn.* verbergen, schützen vor *jmdm.* | *etw.*: ... дете́й от дождя́

умере́ть/умира́ть от *mit G.* – sterben an *etw.*: ... от ран

676 ПО *mit Dativ (Präpositiv)*

Die hier angeführten Verben, die Sehnsucht oder Trauer ausdrücken, weisen folgende Varianten der Rektion auf: ... о *mit P.*, по *mit D.* oder (besonders bei Personalpronomen der *1., 2. Pers. Pl.*) по *mit P.* (↗ auch 452)

вздыха́ть – sich sehnen nach *jmdm.* | *etw., scherzh.*: verliebt sein in *jmdn.*: ... о проше́дшей мо́лодости, ... по Ви́ктору (по нему́ oder *alt*: по нём); Вздыха́ем по вас.
горева́ть – trauern um *jmdn.* | *etw.*: ... о бли́зких (о них), ... по роди́телям (по ним)
грусти́ть – traurig, betrübt sein wegen *einer Person* | *Sache*: ... о сы́не (о нём), ... по бра́ту (по нему́); Грусти́м по вас.
скорбе́ть *geh.* – trauern um *jmdn.*: ... о ги́бели бли́зких; ... по поги́бшим
скуча́ть – sich sehnen nach *jmdm.* | *etw.*: ... о ма́тери, ... по ма́тери, ... по де́тям (по ним); Скуча́ем по вас.
соску́читься *v.* – Sehnsucht bekommen nach *jmdm.* | *etw.*: ... о ча́е, ... по родны́м (по ним); Они́ соску́чились по нас.
тоскова́ть – sich sehnen nach *jmdm.* | *etw.*: ... о друзья́х (о них), ... по де́тям (по ним); Тоскова́ли по вас.

С *mit Genitiv* **677**
нача́ть/начина́ть *mit A.* und *mit I.* oder с *mit G.* – *etw.* anfangen, beginnen mit *jmdm.* | *etw.*: ... речь приве́тствием | с приве́тствия, ... разгово́р с упрёков; Не зна́ю, с чего́ нача́ть.
нача́ться/начина́ться *mit I.* oder с *mit G.* – anfangen, beginnen (*intrans.*) mit *etw.*: Уро́к начина́ется опро́сом | с опро́са.

С *mit Instrumental* **678**
грани́чить с *mit I.* – grenzen an *etw.*: Монго́лия грани́чит с Росси́ей.
по-/здоро́ваться с *mit I.* – *jmdn.* begrüßen: ... со знако́мым; Она́ поздоро́валась с ка́ждым го́стем за́ руку.
по-/знако́миться с *mit I.* – *jmdn.* kennen lernen, *jmds.* Bekanntschaft machen: ... со студе́нтом, ... с но́выми колле́гами
прости́ться/проща́ться с *mit I.* – sich verabschieden von *jmdm.*; sich trennen von *jmdm.* | *etw.*: ... с друзья́ми, ... с хозя́йкой; ... с родны́м го́родом, ... с мечто́й
развести́сь/разводи́ться с *mit I.* – sich scheiden lassen von *jmdm.*: ... с му́жем
расста́ться/расстава́ться с *mit I.* – sich trennen, Abschied nehmen von *jmdm.* | *etw.*; *etw.* aufgeben: ... с друзья́ми, ... с родны́м село́м; ... с привы́чкой
по-/сове́товаться с *mit I.* – sich beraten mit *jmdm.*, *jmdn.* um Rat fragen, zu Rate ziehen: ... с до́ктором, ... со специали́стом
спра́виться/справля́ться с *mit I.* – zurechtkommen, fertig werden mit *etw.*; *etw.* überwinden: ... с зада́нием, ... с тру́дностями; ... с волне́нием, ... с боле́знью
по-/счита́ться с *mit I.* – Rücksicht nehmen, achten auf *jmdn.* | *etw.*; *jmdm.* | *etw.* Rechnung tragen: ... с сове́том специали́ста, ... с чужи́м мне́нием; ... с действи́тельностью

У *mit Genitiv* **679**
взять/брать *mit A.* und у *mit G.* – sich *etw.* holen, leihen von *jmdm.*; sich *etw.* geben lassen von *jmdn.*: ... кни́гу у дру́га; ... но́мер телефо́на у секрета́рши
заня́ть/занима́ть *mit A.* und у *mit G.* – sich *etw.* leihen, borgen von *jmdn.*: ... у знако́мого большу́ю су́мму де́нег
у-/кра́сть *mit A.* und у *mit G.* – *etw. jmdm.* stehlen: ... докуме́нты у тури́ста
отобра́ть/отбира́ть *mit A.* und у *mit G.* – *etw. jmdm.* wegnehmen: ... у | от ребёнка игру́шку
отня́ть/отнима́ть *mit A.* und у *mit G.* – *etw. jmdm.* wegnehmen: ... у де́вочки конфе́ту; ... у кого́-нибу́дь вре́мя – *jmdn.* Zeit kosten
по-/проси́ть *mit G.* oder *A.* und у *mit G.* ↗ 644
спроси́ть/спра́шивать *mit A.* oder *G.* und у *mit G.* ↗ 644
по-/тре́бовать *mit G.* oder *A.* und у | от *mit G.* ↗ 644

Zur Rektion der Adjektive

Die im Folgenden beispielhaft angeführten Adjektive werden vorwiegend in der Kurzform gebraucht; ihre Rektion stimmt gewöhnlich nicht mit der des entsprechenden deutschen Adjektivs überein.

680 Beispiele für Adjektive,
- die den *Genitiv* erfordern:

досто́йный, *Kurzf.* досто́ин, досто́йна *mit G.* – *einer Sache* wert, würdig: Он досто́ин уваже́ния.

по́лный, *Kurzf.* по́лон, полна́, полно́; полны́ *mit G.* – voll(er), angefüllt *mit jmdm. | etw.*: Ко́мната была́ полна́ люде́й.

- die den *Dativ* erfordern:

ну́жен, нужна́, ну́жно; нужны́ *mit D.* (↗ 367) – *jmd.* braucht: Вам о́чень ну́жен о́тдых. Э́та кни́га мне нужна́ для рабо́ты.

обя́занный, *Kurzf.* обя́зан, обя́зана *mit D.* und *mit I.* – *jmdm. | einer Sache etw.* verdanken: Он обя́зан успе́хом своему́ упо́рству. – Er verdankt den Erfolg seiner Hartnäckigkeit.

- die den *Instrumental* erfordern (Allgemeinbedeutung: Einschränkung des Geltungsbereichs der durch das Adjektiv bezeichneten Eigenschaft):

бе́дный, *Kurzf.* бе́ден, бедна́, бе́дно; бе́дны *mit I.* – arm *an*: Страна́ бедна́ поле́зными ископа́емыми.

бога́тый, *Kurzf.* бога́т, бога́та *mit I.* – reich *an*: Страна́ бога́та леса́ми.

больно́й, *Kurzf.* бо́лен, больна́ *mit I.* – krank, erkrankt *an*: Сестра́ больна́ анги́ной.

го́рдый, *Kurzf.* горда́, го́рдо; го́рды *mit I.* – stolz *auf*: Роди́тели го́рды свои́ми детьми́.

дово́льный, *Kurzf.* дово́лен, дово́льна *mit I.* – zufrieden *mit*: Друзья́ недово́льны кварти́рой.

изве́стный, *Kurzf.* изве́стен, изве́стна *mit I.* – bekannt, berühmt *durch | für*: Она́ изве́стна свои́ми иссле́дованиями.

удиви́тельный, *Kurzf.* удиви́телен, удиви́тельна *mit I.* – bewundernswert *wegen*: Она́ удиви́тельна свое́й красото́й.

681 Beispiele für Adjektive
- mit der Präposition к *mit D.*:

беспоща́дный, *Kurzf.* беспоща́ден, беспоща́дна к *mit D.* – schonungslos *gegen*: Она́ беспоща́дна к себе́.

внима́тельный, *Kurzf.* внима́телен, внима́тельна к *mit D.* – aufmerksam *gegenüber*: Он о́чень внима́телен к нам.

равноду́шный, *Kurzf.* равноду́шен, равноду́шна к *mit D.* – gleichgültig *gegenüber*: Он ко всему́ равноду́шен.

тре́бовательный, *Kurzf.* тре́бователен, тре́бовательна к *mit D.* – anspruchsvoll, streng *gegen*: Она́ тре́бовательна к самому́ себе́.

- mit der Präposition на *mit A.*:

похо́жий, *Kurzf.* похо́ж, похо́жа на *mit A.* oder с *mit I.* – *jmdm. | etw.* ähnlich: Сын похо́ж на отца́. Оте́ц с сы́ном похо́жи.

- mit der Präposition перед *mit I.*:

винова́тый, *Kurzf.* винова́т, винова́та перед *mit I.* – schuldig *gegenüber*: Я о́чень винова́т(-а) перед ва́ми.

Zur Rektion der Substantive

Die folgenden Substantive sind in der Regel von Verben oder von Adjektiven abgeleitet und stimmen häufig (aber nicht immer) mit deren Rektion überein.

Beispiele für Substantive, die **682**
- wie die zugrunde liegenden Verben den *Genitiv* erfordern:
боя́знь *f.* (одино́чества) – die Furcht (vor der Einsamkeit): vgl. боя́ться (одино́чества), жа́жда (сча́стья) – das Verlangen (nach Glück);
- wie die zugrunde liegenden Verben oder Adjektive den *Dativ* erfordern:
изме́на (дру́гу) – der Verrat (am Freund): vgl. измени́ть (*v.*, дру́гу), entsprechend: обуче́ние (ру́сскому языку́) – der (Russisch-)Unterricht, отве́т (учи́телю) – die Antwort (an den Lehrer), по́мощь *f.* (сосе́ду) – die Hilfe (für den Nachbarn), сочу́вствие (чужо́му го́рю) – das Mitgefühl (mit fremdem Leid), ве́рность *f.* (идеа́лам) – die Treue (zu Idealen) : vgl. ве́рный (идеа́лам), пре́данность *f.* (де́лу) – die Hingabe (an die Arbeit);
- den *Dativ* erfordern, jedoch nicht von Verben mit Dativrektion herleitbar sind:
приве́тствие (юбиля́ру) – das Grußwort (an den Jubilar), па́мятник (Пу́шкину) – das (Puschkin-)Denkmal, ски́дка (уча́щимся | auch: для уча́щихся) – Gebührenermäßigung (für Schüler);
- wie die entsprechenden Verben den *Instrumental* erfordern:
владе́ние (языка́ми) – die Beherrschung (von Sprachen): vgl. владе́ть (языка́ми), entsprechend: кома́ндование (полко́м) – das Kommando (über das Regiment), наслажде́ние (му́зыкой) – der Genuss (der Musik), управле́ние (заво́дом) – die Leitung (des Werkes), заня́тие (жи́вописью) – die Beschäftigung (mit Malerei), по́льзование (электроэне́ргией) – die Nutzung (des Stroms), увлече́ние (спо́ртом) – die Begeisterung (für den Sport).

Unterscheide:
уме́лое руково́дство предприя́тие<u>м</u> (*I.*) – die sachkundige Leitung des Betriebes (d. h. die entsprechende Tätigkeit)
руково́дство предприя́ти<u>я</u> (*G.*) – die Leitung (d. h. die leitenden Mitarbeiter) des Betriebes
руководи́тель предприя́ти<u>я</u> (*G.*) – der Leiter des Betriebes

Beispiele für Substantive, die **683**
- die gleiche *präpositionale Rektion* wie die zugrunde liegenden Verben aufweisen:
отка́з от (пое́здки) – die Absage (der Reise): vgl. отказа́ться (*v.*) от (пое́здки), стремле́ние к (незави́симости) – das Streben nach Unabhängigkeit;
- die Präposition к *mit D.* erfordern (Allgemeinbedeutung: Hinwendung zu …):
внима́ние к (дру́гу) – die Aufmerksamkeit (dem Freund) gegenüber, интере́с к (фи́зике) – das Interesse für (Physik), страсть *f.* к (му́зыке) – die Leidenschaft für (Musik), уваже́ние к (роди́телям) – die Achtung vor (den Eltern);
- die Präposition о *mit P.* erfordern (Allgemeinbedeutung: Information über …):
мне́ние о (подру́ге) – die Ansicht über (die Freundin), о́тзыв о (кни́ге) – die Stellungnahme zum (Buch), резолю́ция о (мероприя́тиях) – die Entschließung über (Maßnahmen), aber: реце́нзия на кни́гу – die Buchrezension.

Varianten der Rektion

684 Eine Reihe von Verben weisen Varianten der Rektion auf: Sie können entweder mit einem reinen Kasus oder mit einer präpositionalen Wortgruppe verbunden werden; vgl. z. B.:
вспо́мнить/вспомина́ть: … мать oder … о ма́тери (↗ auch **654**),
страда́ть: … зубно́й бо́лью oder … от зубно́й бо́ли (↗ auch **657**).

685 In der Gegenwartssprache sind Tendenzen einer Ausweitung präpositionaler Wortgruppen statt reiner Kasus (insbesondere des Genitivs) zu beobachten.
Als Kernwörter solcher bedeutungsgleicher Wortverbindungen treten beispielsweise auf:
- bestimmte Substantive:
о́пыт строи́тельства электроста́нций : о́пыт в строи́тельстве электроста́нций,
ито́ги полуго́дия : ито́ги за полуго́дие,
спор друзе́й : спор ме́жду друзья́ми,
курс рефо́рм : курс на рефо́рмы,
письмо́ сестры́ : письмо́ от сестры́,
уче́бник ру́сского языка́ : уче́бник по ру́сскому языку́;

- bestimmte Adjektive und Zustandswörter:
учёный, изве́стный свои́ми иссле́дованиями : учёный, изве́стный по свои́м иссле́дованиям,
Вам необходи́мо соблюда́ть дие́ту. : Для вас необходи́мо соблюда́ть дие́ту.

Die Kongruenz

Zur Kongruenz zwischen Subjekt und Prädikat

Grundregel

686 Die konjugierte Form eines verbalen Prädikats stimmt (wie auch das Kopulaverb eines nominalen Prädikats) in der Regel mit dem Subjekt des Satzes überein:
- in *Person* und *Numerus*, wenn die Verbform im Präsens oder im Futur steht, z. B.:
Я о́чень люблю́ (мы о́чень лю́бим) му́зыку.
Как ты отно́сишься (как вы отно́ситесь) к му́зыке?
Му́зыка (она́) мне помога́ет, когда́ у меня́ плохо́е настрое́ние.

- in *Numerus* und (eingegrenzt auf den Singular) *Genus*, wenn die Verbform im Präteritum oder im Konjunktiv steht, z. B.:
Фёдор Шаля́пин (он) роди́лся в 1873 году́ в го́роде Каза́ни. Все говори́ли ему́, что у него́ хоро́ший го́лос. Популя́рность Шаля́пина (она́) была́ огро́мной.
Tritt я oder ты als Subjekt auf, so richtet sich das Genus des Prädikats nach dem natürlichen Geschlecht der Person, die das Personalpronomen vertritt.

687 *Schwankungen bei der Kongruenz* zwischen Subjekt und Prädikat sind vor allem zu beobachten, wenn das Subjekt mehrteilig ist. Die Wahl des Numerus des Prädikats wird dann mitunter davon beeinflusst, ob das Prädikat dem Subjekt vorangeht oder folgt, ob das Subjekt Personen oder Gegenstände bezeichnet, ob es durch ein adjektivisches Attribut näher bestimmt wird.

Substantive als Subjektteile

688

1. Besteht ein mehrteiliges Subjekt aus einer Aufzählung zweier oder mehrerer Substantive (mit anreihender Konjunktion oder ohne sie), so kann das Prädikat im *Plural oder* im *Singular* stehen; gebräuchlicher ist der Plural – insbesondere, wenn das Subjekt Personen bezeichnet. Der Singular wird mitunter bevorzugt, wenn das Prädikat dem Subjekt vorangeht oder das dem Prädikat am nächsten stehende Substantiv im Singular steht (nach diesem Substantiv richtet sich auch das Genus des Prädikats). Z. B.:
Мать и отéц уéхали. Больни́ца и аптéка нахо́дятся ря́дом.
В кни́ге содéржится | содéржатся табли́ца, диагрáммы, спрáвочный аппарáт.
Приéхали | приéхал брат и сестрá. Приéхали | приéхала сестрá и брат.
Соглáсны | соглáсен брат и сестрá. Соглáсны | соглáсна сестрá и брат.
Былá в жéнщине и скрóмность, и достóинство.

2. Werden substantivische Subjektteile durch ausschließende oder durch entgegensetzende Konjunktionen verbunden, so steht das Prädikat gewöhnlich im *Singular* (sein Genus richtet sich dabei nach dem nächststehenden Substantiv). Z. B.:
Придёт отéц и́ли мать. На у́лице у негó поперемéнно выступáл не тó страх, не тó досáда.
Соглáсен брат, но не сестрá. Соглáсна сестрá, но не брат. Соглáсны сёстры, но не брат.

3. Werden substantivische Subjektteile zum Ausdruck der Gemeinsamkeit mit der Präposition с *mit I.* oder за *mit I.* verbunden, so kann das Prädikat (oft vor dem Subjekt) im *Singular oder* (oft nach dem Subjekt) im *Plural* stehen. Z. B.:
Пришёл | пришли́ мáстер с бригади́ром. Брат с сестрóй у́чатся в однóй шкóле.
На окрáине поднимáется дом за дóмом. Дом за дóмом поднимáются.

4. Schwankungen im Numerus des Prädikats treten auch auf, wenn das mehrteilige Subjekt Substantive enthält, die eine unbestimmte Teilmenge bezeichnen: большинствó – die Mehrzahl, die meisten; мнóжество – eine Menge, viele; ряд – eine Reihe, einige; часть *f.* – einige. Bevorzugt wird gewöhnlich der *Singular* (dabei entspricht im Präteritum das Genus des Prädikats dem Genus des Substantivs). Der Plural wird mitunter gebraucht, wenn das mehrteilige Subjekt Personen bezeichnet, deren Individualität hervorgehoben werden soll. Z. B.:
Большинствó депутáтов голосовáло | голосовáли за э́то предложéние.
Собралóсь мнóжество гостéй. Ряд причи́н мешáет рабóте. Был намéчен ряд вопрóсов.
Часть учáщихся не яви́лась | не яви́лись. Часть пи́сем затеря́лась.

Personalpronomen als Subjektteile

689

1. Besteht ein mehrteiliges Subjekt aus einer Aufzählung zweier Personalpronomen oder eines Personalpronomens und eines Substantivs (mit anreihender Konjunktion), so steht das Prädikat im *Plural*; die Person wird durch das Personalpronomen bestimmt: 1. Person vor 2. Person, 2. Person vor 3. Person, sonst 3. Person. Z. B.:
Ни я, ни ты не éдем. Он и мы рабóтали цéлый день. И ты, и они́ остáнетесь здесь. Вы и вáши коллéги бу́дете жить в гости́нице «Москвá». Брат и онá не éдут.

2. Werden zwei Personalpronomen oder ein Personalpronomen und ein Substantiv zum Ausdruck der Gemeinsamkeit mit der Präposition с *mit I.* verbunden, so hängen Person und Numerus des Prädikats von dem Pronomen ab, das im Nominativ steht (↗ auch **451**). Z. B.:
Я с отцóм поéду. Мы с отцóм (мы с тобóй) поéдем.
Ты с сестрóй остáнешься здесь. Вы с сестрóй (вы с ней) остáнетесь здесь.

690 Zahlwörter und Zahlwortverbindungen als Subjekt

1. Ein Grundzahlwort als Subjekt wird mit einem Prädikat im *Singular* (im Präteritum in der neutralen Form) verbunden. Z. B.:
Де́сять де́лится на пять. – 10 ist durch 5 teilbar.
У меня́ получи́лось 23. – Ich habe 23 herausbekommen.

2. Besteht ein Subjekt aus der Wortgruppe „Grundzahlwort (einschließlich Sammelzahlwort) + Substantiv im Genitiv", so kann das Prädikat im *Singular* (im Präteritum in der neutralen Form) *oder* im *Plural* stehen; gebräuchlicher ist – zum Unterschied vom Deutschen – der Singular. Er wird insbesondere bevorzugt,
– wenn das Prädikat dem Subjekt vorangeht und die Aufmerksamkeit auf die Mengenangabe (mitunter durch всего́, лишь, то́лько eingegrenzt) gerichtet ist, z. B.:
До конца́ пути́ остава́лось 25 киломе́тров. Пройдёт (прошло́) два го́да. Мно́ю опублико́вано в э́том году́ две статьи́. Сохрани́лось всего́ 200 листо́в ру́кописи.
– wenn das Subjekt eine ungefähre Zahlenangabe enthält, z. B.:
О́коло трёхсо́т семе́й получи́ло кварти́ры. Прибы́ло до двухсо́т выпускнико́в.

Der Plural wird gewöhnlich gewählt,
– wenn das Prädikat dem Subjekt folgt und die Aufmerksamkeit auf die Handlung gerichtet ist, z. B.: 15 чле́нов комите́та вы́ступили про́тив предложе́ния. О́ба зда́ния уцеле́ли.
– wenn das Subjekt durch ein adjektivisches Attribut (im Plural) näher bestimmt wird. Z. B.: Все тро́е ученико́в пришли́. После́дние 200 листо́в ру́кописи сохрани́лись.

Beachte
– den Numerus (Singular) und das Genus des Prädikats bei Zahlwortverbindungen mit оди́н, z. B.: В экску́рсии уча́ствовал 21 студе́нт (… уча́ствовала 21 студе́нтка).
– den Numerus (Singular, im Präteritum in der neutralen Form) des Prädikats bei Verbindungen von Sammelzahlwörtern mit нас, вас, их, z. B.: Нас дво́е е́хало. Их се́меро оста́лось.

3. Wird ein Subjekt durch die Wortgruppe „unbestimmtes Zahlwort + Substantiv im Genitiv" ausgedrückt, so steht das Prädikat in der Regel im *Singular* (im Präteritum in der neutralen Form); lediglich не́сколько kann (insbesondere, wenn die Zahlwortverbindung voransteht) auch mit der Pluralform des Prädikats verbunden werden. Z. B.:
Ско́лько пришло́ ученико́в? В ка́ссе оста́лось ма́ло биле́тов. Произошло́ мно́го собы́тий. В ваго́не сиде́ло не́сколько челове́к. Aber auch:
Не́сколько пассажи́ров вы́шли из ваго́на. Не́сколько стате́й в э́том сбо́рнике интере́сны.

(несколько + Pl. ; мало, много + Sg.)

691 Кто als Subjekt

Nach кто (auch кто́-то, кто́-нибудь, ко́е-кто) als Subjekt steht ein Prädikat gewöhnlich in der *maskulinen Singular*form. Bezieht sich кто als Relativpronomen in einem Nebensatz jedoch auf die Pluralform eines Pronomens im entsprechenden Hauptsatz, so kann es auch mit einem Prädikat im Plural verbunden werden. Z. B.:
Кто хо́чет вы́ступить? Кто пе́рвым зако́нчил рабо́ты – Ма́ша и́ли О́ля?
Все, кто пришёл | пришли́, горячо́ обсужда́ли пробле́мы городско́го тра́нспорта.
Те, кто согла́сен | согла́сны, подними́те ру́ки.

Zu э́то als grammatischem Subjekt ↗ 467.

Zur Kongruenz zwischen Substantiv und adjektivischem Attribut

Grundregel 692

Ein adjektivisches Attribut stimmt mit seinem Bezugswort, einem Substantiv, in Genus, Numerus und Kasus oder – im Plural – in Numerus und Kasus überein.
Als adjektivische Attribute werden insbesondere Langformen von Adjektiven und Partizipien, Ordnungszahlwörter und adjektivische Pronomen gebraucht, z. B.:
интере́сный журна́л: (*Pl.*) интере́сные журна́лы, ва́жная пробле́ма;
игра́ющий ребёнок: (*Pl.*) игра́ющие де́ти, напи́санная журнали́стом статья́;
моя́ кни́га: (*Pl.*) мои́ кни́ги, на́ше письмо́, како́е-нибудь лека́рство.

Substantive mit nebengeordneten adjektivischen Attributen 693

Beziehen sich zwei oder mehrere nebengeordnete, mit der Konjunktion и verbundene adjektivische Attribute (im Singular) auf ein Substantiv, so steht dieses Substantiv
– im *Singular*, wenn die Attribute verschiedene Merkmale, Eigenschaften des genannten Gegenstandes bezeichnen (wenn *ein* Gegenstand durch die Attribute näher bestimmt wird). Z. B.:
у́мный и че́стный челове́к; све́тлая и удо́бная кварти́ра; дли́нное, подро́бное и интере́сное письмо́;

– gewöhnlich im *Plural*, wenn die Attribute verschiedene Arten des genannten Gegenstandes bezeichnen (d. h., wenn *mehrere* Gegenstände unterschieden werden).
Beachte die deutsche Wiedergabe (gewöhnlich im Singular).
Z. B.:
указа́тельный и сре́дний па́льцы – Zeige- und Mittelfinger; англи́йский и ру́сский языки́ – die englische und die russische Sprache; уча́щиеся девя́того и деся́того кла́ссов – (die) Schüler der neunten und der zehnten Klasse; собы́тия XIX и XX (lies: девятна́дцатого и двадца́того) веко́в – (die) Ereignisse des 19. und des 20. Jahrhunderts; места́ пя́тое и шесто́е – die Plätze 5 und 6.

Statt des Plurals wird der Singular verwendet, wenn das Substantiv nur im Singular gebräuchlich ist oder wenn der innere Zusammenhang der verschiedenen Arten des Gegenstandes hervorgehoben werden soll. Z. B.:
автомоби́льная и хими́ческая промы́шленность – die Kraftfahrzeug- und die chemische Industrie; програ́ммы для нача́льной и сре́дней шко́лы – Lehrpläne für die Grund- und die Mittelschule.

Zahlwortverbindungen mit einem adjektivischen Attribut

Zur Wortgruppe „оди́н + Adjektiv + Substantiv" ↗ 415.
Zur Wortgruppe „два (три, четы́ре; полтора́) + Adjektiv + Substantiv" ↗ 416.
Zur Wortgruppe „пять (… девятьсо́т; полтора́ста) + Adjektiv + Substantiv" ↗ 417.
Zum adjektivischen Attribut *vor* der Wortgruppe „Grundzahlwort + Substantiv" ↗ 421.

Zur Kongruenz zwischen Substantiv und Apposition

694 Die Apposition (ein substantivisches Attribut, ↗ 720) stimmt in der Regel mit ihrem Bezugswort, einem häufig vorangehenden Substantiv, im *Kasus* überein.
Diese Regel gilt insbesondere für folgende Appositionen:
- deklinierbare Personen- und Tiernamen (↗ auch 328.3), z. B.:
  господи́н Петро́в: (а́дрес) господи́на Петро́ва, де́вочка На́дя: (роди́тели) де́вочки На́ди, соба́ка Ша́рик: (хозя́ин) соба́ки Ша́рика;

- deklinierbare Orts-, Fluss- und Straßennamen in Verbindung mit Gattungsbezeichnungen wie beispielsweise го́род, дере́вня, река́, у́лица (↗ auch 328.4), z. B.:
  го́род Москва́: (жи́тели) го́рода Москвы́, го́род Су́здаль: (жить) в го́роде Су́здале, дере́вня Волчи́ха: (окра́ина) дере́вни Волчи́хи; река́ Днепр: (плыть) по реке́ Днепру́, у́лица Петро́вка: идти́ по у́лице Петро́вке;

- substantivische Attribute, die mit ihrem Bezugswort ein zusammengesetztes Wort bilden (wobei beide Teile in der Schrift durch einen Bindestrich verbunden sind, ↗ auch 837), z. B.:
  инжене́р-строи́тель – der Bauingenieur: (фами́лия) инжене́ра-строи́теля, же́нщина-космона́вт *f.* – die Kosmonautin: (жизнь) же́нщины-космона́вта, вы́ставка-прода́жа – die Verkaufsausstellung: (быть) на вы́ставке-прода́же, дива́н-крова́ть *m.* – die Schlafcouch: (спать) на дива́не-крова́ти (*ugs.* на дива́н-крова́ти), Москва́-река́ – der Moskwa-Fluss: за Москво́й-реко́й (*ugs.* за Москва́-реко́й).

695 Häufig kongruieren jedoch substantivische Attribute, die grundsätzlich deklinierbar sind, *nicht* mit ihrem Bezugswort, d. h., die Apposition bleibt in allen Kasus unverändert. Hierzu gehören:
- Personen- und Tiernamen, wenn sie mit ihrem Bezugswort durch Wendungen wie beispielsweise (под) и́менем, по и́мени; по фами́лии, с фами́лией, под фами́лией; под псевдони́мом, по кли́чке verbunden sind, z. B.:
  (говори́ть) о де́вочке по и́мени На́дя, (говори́ть) с инжене́ром по фами́лии Петро́в;

- geografische Namen, wenn sie nur im Plural gebräuchlich oder mit Gattungsbezeichnungen wie beispielsweise о́зеро, кана́л, о́стров, порт, ста́нция, гора́, пусты́ня, auch респу́блика, земля́, штат verbunden sind, z. B.:
  го́род Вели́кие Лу́ки: (жить) в го́роде Вели́кие Лу́ки, село́ Го́рки: (жи́тели) села́ Го́рки; о́зеро Байка́л: (жить) у о́зера Байка́л, порт Оде́сса: (находи́ться) в порту́ Оде́сса, ста́нция Орёл: (подъе́хать/подъезжа́ть) к ста́нции Орёл; респу́блика Татарста́н: (президе́нт) респу́блики Татарста́н, земля́ Бра́нденбург: (жи́тели) земли́ Бра́нденбург;

- Namen von Firmen, Verkehrsmitteln, Organisationen oder kulturellen Leistungen, wenn sie mit Gattungsbezeichnungen wie beispielsweise заво́д, фи́рма, по́езд, магази́н, гости́ница, кома́нда, изда́тельство, газе́та, рома́н, кинотеа́тр, програ́мма verbunden sind (wobei die Apposition gewöhnlich in Anführungszeichen steht, ↗ auch 328.5), z. B.:
  фи́рма «Ра́дуга»: (представи́тель) фи́рмы «Ра́дуга», по́езд «Москва́ – Пари́ж»: (сиде́ть) в по́езде «Москва́ – Пари́ж», гости́ница «Росси́я»: (жить) в гости́нице «Росси́я», рома́н «Война́ и мир»: (чита́ть) рома́н «Война́ и мир», програ́мма «Вре́мя»: (смотре́ть) програ́мму «Вре́мя»;

- einzelne Wörter wie царь-ко́локол – *etwa*: die Zarin der Glocken, die mächtig(st)e Glocke.

Allgemein ist bei der Verwendung von Ortsnamen als Appositionen zu beobachten, dass in der Umgangssprache zunehmend die unveränderte und damit exakte Namensform bevorzugt wird.

Der Satz

Ein Satz drückt inhaltlich eine relativ selbstständige und abgeschlossene Äußerung eines Sprechers oder Schreibers, einer Sprecherin oder Schreiberin aus. **696**
Formal ist für einen Satz charakteristisch,
- dass er sich aus *Wörtern* (Wortformen) und gegliederten *Wortgruppen* (↗ 626 ff.) zusammensetzt,
- dass er einen bestimmten grammatischen Bau, eine bestimmte *syntaktische Struktur*, hat (↗ 722 ff.) und
- dass er in mündlicher Rede eine bestimmte *Stimmführung* (↗ 698 ff.) aufweist, der in schriftlicher Rede bestimmte Satzzeichen entsprechen (↗ 801).

Gemeinsames Kennzeichen aller Sätze – unabhängig davon, welche Struktur sie aufweisen, – ist die *Prädikativität*, d.h. das vom Sprecher oder Schreiber ausgedrückte Verhältnis des Inhalts seiner Äußerung zur Wirklichkeit: Der Sprecher kann den Inhalt seiner Äußerung als mit der Wirklichkeit übereinstimmend oder nicht übereinstimmend (als fraglich oder gefordert, als erwünscht oder befürchtet) darstellen und ihn zeitlich (als vergangen, gegenwärtig oder zukünftig) einordnen. Man spricht daher von der *Modalität* (sprachlich ausgedrückt z.B. durch die verbale Kategorie des Modus, aber auch durch Modalverben, durch modale Zustandswörter, durch Partikeln) und von der *Temporalität* (ausgedrückt z.B. durch die verbale Kategorie des Tempus, aber auch durch Adverbialbestimmungen der Zeit) als Komponenten, die die Prädikativität wesentlich bestimmen.

In der Regel ist ein Satz Bestandteil einer größeren Einheit, eines mündlichen oder schriftlichen Textes.

Satzarten

Nach dem Mitteilungsziel, das ein Sprecher oder Schreiber mit seiner Äußerung verfolgt, **697**
unterscheidet man drei Satzarten: Aussagesätze, Aufforderungs- und Wunschsätze, Fragesätze. Wird eine Äußerung mit starker innerer Anteilnahme, emotional gefärbt vorgetragen, spricht man von einem Ausrufesatz.

Aussagesätze
698

In einem Aussagesatz wird in der Regel ein Sachverhalt behauptet oder mitgeteilt; er dient in erster Linie der Information. Zu charakteristischen sprachlichen Mitteln eines Aussagesatzes gehören:

– *Indikativ-* und *Konjunktivformen* verbaler Prädikate wie auch von Kopulaverben nominaler Prädikate, aber auch nominale Prädikate ohne Kopula,

– eine (nicht emotional gefärbte) *Stimmführung*, die auf mittlerer Tonhöhe einsetzt, auf der Silbe mit dem Hauptakzent absinkt und auf niederer Tonhöhe endet (Intonationskurve 1). Z. B.:

Здесь живу́т мои́ роди́тели. И мой брат здесь живёт.

Beispiele:
Обе́щанное Ва́ми письмо́ я не получи́л(-а). Про́сьбу Ва́шу я обяза́тельно вы́полню.
Я мно́го о Вас слы́шал(-а), но ли́чно не знако́м(-а).
Шу́ра бы прие́хал, да опозда́л на по́езд.

Beachte: Durch Aussagesätze können (mithilfe lexikalischer Mittel) auch Aufforderungen und Wünsche ausgedrückt werden, z. B.:
Са́ша, мне нужна́ твоя́ лине́йка. Vgl.: Са́ша, дай мне твою́ лине́йку.
Я прошу́ тебя́ написа́ть об э́том роди́телям. Vgl.: Написа́л бы ты об э́том роди́телям.

699 Aufforderungs- und Wunschsätze

In einem Aufforderungssatz wird ein Verlangen des Sprechers oder Schreibers ausgedrückt, eine bestimmte Handlung auszuführen; die Aufforderung richtet sich häufig unmittelbar an den Gesprächspartner. Der Grad der Verbindlichkeit des Verlangens kann unterschiedlich sein: Es kann beispielsweise als Befehl, als Auftrag, aber auch als Ratschlag, als Bitte formuliert sein. Den Aufforderungssätzen stehen Wunschsätze nahe: In ihnen wird ein Wunsch des Sprechers oder Schreibers ausgedrückt, dass ein Sachverhalt eintreten oder nicht eintreten möge.

Charakteristische sprachliche Mittel sind:
– bei Aufforderungssätzen insbesondere *Imperativformen* (↗ 182 ff.),

– bei Wunschsätzen und bei Aufforderungssätzen, die in die Form eines Ratschlages, einer Bitte gekleidet sind, häufig *Konjunktivformen* von Verben (↗ 176 ff.),

– eine *Stimmführung*, die bei Aufforderungen gewöhnlich der von Ergänzungsfragen entspricht (Intonationskurve 2, ↗ 702), bei Bitten mit der von Entscheidungsfragen übereinstimmt (Intonationskurve 3, ↗ 701). In schriftlicher Rede ist das satzschließende Zeichen in der Regel der Punkt, nur bei nachdrücklichen Aufforderungen das Ausrufezeichen. Vgl. z. B.:

Aufforderung: Не уходи́те.   Bitte: Не уходи́те.

Beispiele:
Прекрати́те разгова́ривать! Жди́те меня́ здесь. Следи́те за стре́лкой прибо́ра.
Бу́дьте добры́, переда́йте мне вот э́ту кни́гу.
Мне хоте́лось бы попроси́ть вас внима́тельно прочита́ть э́ту ру́копись.

Ты бы не чита́л, а лёг спать.	– Du solltest nicht (mehr) lesen, sondern dich schlafen legen.
Е́сли бы она́ пришла́!	– Wenn sie doch käme!
Не опозда́ть бы нам!	– Wenn wir nur nicht zu spät kommen!

Fragesätze

In einem echten Fragesatz wird ein Sachverhalt in Frage gestellt, und zwar **700**
- als Ganzes: Eine derartige *Entscheidungs-* oder *Satzfrage* fordert als Antwort eine Entscheidung im Sinne der Alternative Да oder Нет;
- nur unter einem bestimmten Gesichtspunkt: Eine derartige *Ergänzungs-* oder *Wortfrage* wird durch ein Fragewort eingeleitet; sie fordert als Antwort die Ergänzung eines für den Sachverhalt geltenden Gesichtspunktes.

Entscheidungsfragen stehen inhaltlich *Alternativfragen* nahe, die einander ausschließende Sachverhalte zur Wahl stellen, und zwar mit der Konjunktion или, und als Antwort eine Entscheidung zugunsten eines dieser Sachverhalte fordern. Z. B.:
Вы идёте в театр или на концерт? Вам чаю или кофе? – Möchten Sie Tee oder Kaffee?

Entscheidungsfragen **701**

Zu charakteristischen sprachlichen Mitteln einer Entscheidungsfrage gehören:
- eine die Frage kennzeichnende *Stimmführung*, die gewöhnlich zunächst auf mittlerer Tonhöhe einsetzt, auf der Silbe mit dem Hauptakzent stark ansteigt und danach auf der unteren Tonebene endet (Intonationskurve 3). Z. B.:

Вы умеете плавать? Вы свободны? Вам помочь?

Mitunter ist diese Stimmführung das einzige Unterscheidungsmerkmal gegenüber einem völlig gleich lautenden Aussagesatz. Vgl. z. B.:

Aussage: Его зовут Саша. Entscheidungsfrage: Его зовут Саша?

- die mögliche *Spitzenstellung* des Wortes, das den in Frage stehenden Sachverhalt bezeichnet und den Hauptakzent des Satzes trägt, z. B.:
Хороший он человек? Читает он по-английски? Твоя это сумка?
Dem an die Spitze gestellten Wort kann die (nicht zu übersetzende) *Fragepartikel ли* unmittelbar folgen; durch sie wird die Frage verstärkt. Z. B.:
Читали ли вы эту книгу? Есть ли у вас сведения о господине Михайлове? Дома ли он? Правильно ли я понял (поняла), что сегодня музей закрыт? Всё ли ясно?
Durch die Verwendung von не … ли oder нет ли … drückt der Sprecher aus, dass er eine positive Antwort erwartet. Z. B.:
Не Валерий ли вам звонил? Не выпить ли нам чаю? Нет ли у вас ключа?

- einige gewöhnlich am Satzbeginn stehende *Fragepartikeln* (↗ 616), mit deren Hilfe der Sprecher seine persönliche Einstellung zum Sachverhalt andeutet:
разве – wirklich? denn? (Ausdruck von Zweifel oder – meist mit не – von Verwunderung), неужели – wirklich? tatsächlich? (Ausdruck von Unglauben oder Verwunderung),
ведь – doch? (Ausdruck einer festen Annahme). Z. B.:
Разве ему можно верить? Разве вы не слышали вопроса? Неужели это правда, что вы уезжаете? – Stimmt es wirklich, dass …? Ведь вы придёте к нам сегодня?

In mündlicher Rede werden auch oft Fragepartikeln benutzt, um die Aufmerksamkeit des Gesprächspartners und seine Bereitschaft zu sprachlichem Reagieren zu wecken, z. B.:

что (же); как – *etwa:* was denn? wie (denn)? (Verstärkung der Frage, Ausdruck der Verwunderung), что ли – wohl? (Ausdruck einer Vermutung), а, пра́вда, не пра́вда ли, не та́к ли – nicht wahr? (Appell zur Zustimmung). Z. B.:
Он что, сдал экза́мен? Ты как, о́чень уста́л? Как, ты уезжа́ешь сего́дня? Больно́й он, что ли? Сюда́ что ли ста́вить ве́щи? Ведь хорошо́ ска́зано, а? Всё э́то стра́нно, пра́вда? Мы с ва́ми об э́том уже́ говори́ли, не та́к ли?

Ergänzungsfragen

702 Als charakteristische sprachliche Mittel einer Ergänzungsfrage sind anzusehen:
– *Interrogativpronomen* (кто? что? чей? кото́рый? како́й? u. a., ↗ 470) oder *Pronominaladverbien* (как? где? куда́? отку́да? когда́? почему́? заче́м? u. a., ↗ 510), z. B.:
Кто вы по профе́ссии? О ком вы говори́те? Что бы вы сде́лали на моём ме́сте? Чьи э́то газе́ты? Како́го вы мне́ния об э́том? Кото́рый (сейча́с) час? Как ва́ша фами́лия? Вы не ска́жете, где здесь гости́ница «Метропо́ль»? Куда́ вас везти́ (Frage eines Taxifahrers)? Когда́ Ка́тя звони́ла? Отчего́ вы так волну́етесь? Hierzu gehören auch feste Fügungen wie что за – was (ist das) für ein? что тако́е – was ist das? что зна́чит? – was bedeutet das?, z. B.: Что он за челове́к? Что тако́е сча́стье? In der Umgangssprache können Fragewörter zur Verstärkung auch nachgestellt werden, z. B.:
А дверь <u>кто</u> бу́дет закрыва́ть? А кни́ги у тебя́ <u>где</u>?

– eine *Stimmführung*, die auf mittlerer Tonhöhe einsetzt, auf der stark betonten Silbe mit dem Hauptakzent absinkt und auf niederer Tonhöhe endet (Intonationskurve 2). Z. B.:

<u>Где</u> вы рабо́таете?   Вы на <u>како́м</u> факульте́те у́читесь?

703 Beachte:
– Ein Fragesatz kann auch verwendet werden, um den Gesprächspartner zur Anerkennung eines nur zum Schein in Frage gestellten Sachverhalts zu bewegen; man spricht in diesem Fall (zur Abgrenzung von echten Fragen) von *rhetorischen Fragen.* Z. B.:
Кому́ в го́лову придёт, что заключённый реши́тся бежа́ть днём, на глаза́х всей тюрьмы́? (М. Го́рький)

– Durch Fragesätze können auch Aufforderungen und Wünsche ausgedrückt werden, z. B.:
Вы не мо́жете мне помо́чь? Vgl.: Помоги́те мне (, пожа́луйста).

Zu indirekten Fragesätzen ↗ 786 f.

Ausrufesätze

704 Unter einem Ausrufesatz versteht man einen Satz, in dem ein Sachverhalt von einem Sprecher mit starker innerer Anteilnahme ausgedrückt wird.
Sprachliche Mittel zur emotionalen Färbung einer Äußerung sind insbesondere die Intonation (Stimmführung, Intensität der Artikulation, erhöhtes oder verzögertes Sprechtempo), Partikeln (z. B. да, пусть), Interjektionen (z. B. ах, да что вы).
Durch Ausrufesätze wird häufig
– ein Sachverhalt emotional eingeschätzt (z. B. Ausdruck von Begeisterung, Bewunderung, von Erstaunen, Zweifel, von Ironie, Geringschätzung),

– zu einer Handlung nachdrücklich aufgefordert.

Die *Stimmführung* in Ausrufesätzen entspricht gewöhnlich der in nicht emotional gefärbten **705**
Sätzen, jedoch ist die Intensität der Artikulation größer.
Eine besondere Stimmführung ist für die emotionale Einschätzung eines Sachverhalts charakteristisch: Die Stimme setzt auf mittlerer Tonhöhe ein, steigt auf einer ersten stark betonten Silbe an und sinkt (erst) auf einer zweiten stark betonten Silbe wieder ab (Intonationskurve 4):

Как хо́лодно! – Wie kalt es ist! Настоя́щая весна́! – Es ist richtiger Frühling (geworden)!

Bei unmittelbarer emotionaler Reaktion eines Sprechers steigt häufig die Stimme auf der betonten Silbe stark an und bricht ab, um danach gegebenenfalls auf niederer Tonebene zu verlaufen (Intonationskurve 5). Z. B.:

Нет! – Nein! Тишина́! – Ruhe! Когда́ он прие́дет! – Wann wird er denn (endlich) kommen!

Verneinte Sätze

Verneinte Sätze sind durch folgende Wörter gekennzeichnet: **706**
– die Partikel не – *nicht* vor dem Prädikat eines zweigliedrigen bzw. dem wesentlichen Satzglied eines eingliedrigen Satzes (➚ 610),
– das prädikativ verwendete Wort нет – *jmd. (etw.) ist nicht; es gibt nicht; jmd. hat nicht* in Verbindung mit einem Substantiv im Genitiv (➚ 740; 742; 744),
– die Partikel ни – etwa: *kein* vor einem Substantiv (➚ 613),
– die Konjunktion ни ... ни – *weder ... noch*,
– die mit dem Präfix ни- gebildeten Negativpronomen und -adverbien (z. B. никто́ – *niemand*, никако́й – *kein, keinerlei*, никогда́ – *niemals, nie*, ➚ 501, 519),
– die mit dem Präfix не́- gebildeten Negativpronomen und -adverbien (z. B. не́кого – *es ist niemand da*, не́где – *es ist nicht möglich, irgendwo ...*, ➚ 502, 519),
– die modalen Zustandswörter нельзя́ – *man darf nicht; man kann nicht* und невозмо́жно – *man kann nicht* (➚ 531),
– die satzwertige Partikel нет – *nein* (➚ 614).

Verneinte Sätze weisen vor allem folgende strukturelle Besonderheiten auf: **707**
– Sätze, in denen die Partikel ни, die Konjunktion ни ... ни oder die mit dem Präfix ни- gebildeten Negativpronomen bzw. -adverbien enthalten sind, erfordern die Verneinung durch die Partikel не (oder durch нет, нельзя́, невозмо́жно), z. B.:
  Я не зна́ю ни одного́ сло́ва по-испа́нски. Нам нельзя́ теря́ть ни мину́ты.
  У Ка́ти нет ни бра́та, ни сестры́. Никто́ не звони́л. Я никогда́ не забу́ду э́тот день.
– Das direkte Objekt eines verneinten transitiven Verbs steht oft nicht im Akkusativ, sondern im Genitiv (➚ 717.3); vgl. z. B.: Он име́ет на э́то пра́во. Он не име́ет на э́то пра́ва.
– Bejahenden persönlichen Passivkonstruktionen stehen oft verneint-unpersönliche Passivkonstruktionen gegenüber (➚ 730.2); vgl. z. B.:
  Бы́ли при́няты каки́е-то реше́ния. Не́ было при́нято никаки́х реше́ний.

Satzformen

708 Einfache und zusammengesetzte Sätze

Nach der Form von Sätzen unterscheidet man:
- *einfache Sätze*, d. h. selbstständige Sätze, die jeweils nur *ein* prädikatives Zentrum (↗ 627) aufweisen, und

- *zusammengesetzte Sätze*, d. h. Sätze, die jeweils mehrere prädikative Zentren aufweisen. Man spricht von
  - *Satzverbindungen*, wenn mehrere selbstständige Teilsätze einander nebengeordnet sind (die Verbindung kann durch bloße Aneinanderreihung der Teilsätze oder durch nebenordnende Konjunktionen erfolgen),
  - *Satzgefügen*, wenn einem selbstständigen Teilsatz – dem Hauptsatz – ein oder mehrere nicht selbstständige Teilsätze – Nebensätze – untergeordnet sind (die Anfügung von Nebensätzen an den jeweiligen Hauptsatz erfolgt gewöhnlich durch unterordnende Konjunktionen, durch Pronomen oder Adverbien).

Beispiele aus einer Erzählung von T. Tolstaja (↗ Толст.) (Grenze der Teilsätze durch ❙ markiert, Konjunktionen unterstrichen) für
- einfache Sätze:
Влади́мир был инжене́р. … Ле́том ей бы́ло охо́та съе́здить на Кавка́з.

- Satzverbindungen:
О́чень они́ тогда́ прия́тно провели́ вре́мя в рестора́не …, ❙ и̲ Влади́мир … был щедр. А икру́ никогда́ не зака́зывал: ❙ её, мол, едя́т то́лько принце́ссы да во́ры. Все инжене́ры бы́ли со свои́ми же́нщинами, ❙ никто́ не гляде́л на Зо́ю осо́бенным взгля́дом, не говори́л: «О!», ❙ и̲ она́ чу́вствовала себя́ беспо́лым брю́чным това́рищем, ❙ и̲ проти́вны ей бы́ли смех у костра́, бренча́ние на гита́ре, ра́достные во́пли при ви́де по́йманной щу́ки.

- Satzgefüge:
Когда́ Зо́я познако́милась с Влади́миром, ❙ тот был про́сто потрясён. (Nebensatz vor Hauptsatz)
Хоте́лось попа́сть за́муж, ❙ пока́ не сту́кнет два́дцать пять … (Hauptsatz vor Nebensatz)
А королём в э́том ми́ре хиру́рг, ❙ и̲ нельзя́ на него́ смотре́ть без тре́пета, ❙ когда́ он … стои́т, вели́чественно подня́в свои́ бесце́нные ру́ки, гото́вый к свяще́нной короле́вской ми́ссии … (kombiniert-zusammengesetzter Satz: Verknüpfung von Satzverbindung und Satzgefüge)

Zu isolierten Attributen und Adverbialbestimmungen ↗ 721.

Beachte:
- In einem Satzgefüge können mehrere Nebensätze einander nebengeordnet oder aber einer dem anderen untergeordnet sein.

- Die Unterscheidung von Haupt- und Nebensatz bedeutet nicht, dass der wesentliche Gehalt einer Äußerung (das Neue an der Information) im Hauptsatz enthalten sein muss; häufig ist gerade der Nebensatz der Träger der eigentlichen Information. Z. B.:
Когда́ прие́дет представи́тель э́той фи́рмы? – Мне сообщи́ли, что он прие́дет за́втра.

Zweigliedrige und eingliedrige Sätze

Nach der Art, wie das prädikative Zentrum eines Satzes strukturiert ist, unterscheidet man: **709**
– zweigliedrige Sätze, deren prädikatives Zentrum aus den beiden (für den Satzbau) wesentlichen Satzgliedern *Prädikat* und *Subjekt* besteht (➚ 713 f., zur Kongruenz ➚ 686 ff.). Die Zweigliedrigkeit ist für deutsche Sätze die Regel; sie gilt auch für die Mehrzahl russischer Sätze. Z. B.: Ребёнок спит. Он любит играть. Моя сестра – учительница физики.

– eingliedrige Sätze, deren prädikatives Zentrum nur aus *einem* (für den Satzbau) *wesentlichen Satzglied* besteht – ohne dass diese Sätze unvollständig sind (➚ 715). Z. B.: Светает. Здесь нам не пройти. Вчера было холодно. Надо закрыть дверь. Нет воды.

Eine gesonderte Gruppe bilden jene Sätze (mitunter *Einwortsätze* genannt), die in der Regel nur **710** aus einer Interjektion oder einer Partikel bestehen und mit denen die Aufmerksamkeit des Gesprächspartners gewonnen oder eine elementare Stellungnahme signalisiert werden soll. Z. B.: Алло. Здравствуйте. Пока (*ugs.*). Да. Нет. Конечно. Верно.

Unvollständige Sätze   **711**

Unvollständige Sätze (auch Ellipsen genannt) sind dadurch gekennzeichnet, dass in ihnen das eine oder andere Satzglied, das zum Bauplan eines vollständigen Satzes gehört, ausgespart ist. Die Auslassung kann durch die sprachliche Umgebung (den Kontext) oder durch die außersprachliche Situation, innerhalb derer der Satz geäußert wird, begründet sein.

Die häufige Verwendung unvollständiger Sätze ist für die *mündliche Rede*, insbesondere für den *Dialog*, charakteristisch; die Gesprächspartner streben dadurch eine möglichst rationelle, ökonomische Nutzung der sprachlichen Mittel an.

Häufig werden im zweigliedrigen Satz das Subjekt (das oft schon durch die konjugierte Verbform des Prädikats eindeutig bestimmt ist), das Prädikat oder auch Subjekt und Prädikat ausgespart; doch auch andere Satzglieder oder Gliedteile können entfallen.

Beispiele für die Auslassung ...
– des Subjekts:
   Чем (вы) занимаетесь? – Учу детей.
   Виктор дома? – Дома. Oder: Да, (он) дома.

– des Prädikats:
   Вы ко мне? – Да. – Проходите, пожалуйста.
   Тебе в какую сторону? – Я к метро. – Ну и я с тобой!
   Отец смотрел на мать, она – на сына. (➚ 808)

– des Subjekts und des Prädikats:
   Где вы живёте? – В Москве. – А на какой улице? – На Кузнецкой.
   У тебя новое платье! Дорого стоит? – Недёшево.
   Врача! – Einen Arzt! Ваши документы!

– des wesentlichen Satzgliedes eines eingliedrigen Satzes:
   За сколько времени можно выучить язык? – За 10 дней или за всю жизнь.

– des Objekts:
   ... Учитель достал список. – Барсукова, встать! Ты взяла нож? – Я не брала. (Сол.)

Der einfache Satz

Die Satzglieder

712 Nach der Funktion, die Bestandteile eines Satzes innerhalb des Satzganzen erfüllen, lassen sich (häufig mithilfe entsprechender Fragen) unterschiedliche Satzglieder bestimmen. Im Folgenden werden unterschieden:
- für den Satzbau wesentliche Satzglieder, die das prädikative Zentrum des Satzes bilden (➚ auch 627); das sind im zweigliedrigen Satz das *Prädikat* und das *Subjekt*, im eingliedrigen Satz nur das eine wesentliche Satzglied;
- *Objekte*;
- *Adverbialbestimmungen*.

Zu den genannten Satzgliedern können *Attribute* als nähere Bestimmungen hinzutreten; sie sind dementsprechend Satzgliedteile.

Im Satz können Satzglieder und Satzgliedteile durch Isolierung hervorgehoben werden (➚ 721).

Prädikat und Subjekt im zweigliedrigen Satz

713 Das Prädikat

Im zweigliedrigen Satz bezeichnet das *Prädikat* das Merkmal (die Tätigkeit, den Vorgang, den Zustand), das dem im Subjekt genannten Gegenstand zugeordnet wird.
Man unterscheidet folgende Arten von Prädikaten:
- das *einfache verbale Prädikat*, das gewöhnlich durch eine konjugierte Verbform charakterisiert ist, z. B.:

Вóва читáет. Мы бýдем читáть э́ту статью́. Мы говори́ли об э́той статьé. Наступи́ла óсень.

Auch der Infinitiv kann – mitunter zusammen mit einer Kopula wie э́то (зна́чит) – als einfaches Prädikat auftreten (➚ 722.2), z. B.:

Нáша задáча – <u>провести́</u> экспериме́нт.	– Unsere Aufgabe besteht darin, ein Experiment durchzuführen.
По́длинный гумани́зм – <u>э́то помогáть</u> лю́дям.	– Wahrer Humanismus bedeutet, Menschen zu helfen.

In der Umgangssprache wird der unvollendete Infinitiv gelegentlich als expressives Mittel zur Kennzeichnung des plötzlichen Beginns einer Tätigkeit (in der Vergangenheit) gebraucht, z. B.:

Я к немý – а он <u>бежáть</u>. (ugs.)	– Ich ging zu ihm – da lief er plötzlich los.

- das *zusammengesetzte verbale Prädikat*, das aus einer konjugierten Form eines Phasenverbs, eines Modalverbs oder eines Verbs der Bewegung und dem Infinitiv eines Verbs (als Träger der lexikalischen Grundbedeutung) besteht (➚ 201), z. B.:

Мы нáчали (стáли, прекрати́ли, кóнчили, …) рабóтать.
Мáльчик хóчет (умéет, готóвится, …) писáть.
Кáтя приéхала учи́ться (отдыхáть, лечи́ться, …).

- das *zusammengesetzte nominale Prädikat*, das aus einem Prädikatsnomen (dem Träger der lexikalischen Grundbedeutung) und einer Kopula (zum Ausdruck grammatischer Kategorien) besteht.

Als Prädikatsnomen werden insbesondere gebraucht:
- Substantive im Instrumental (häufiger) oder im Nominativ (seltener, ohne Kopula jedoch meist so, ↗ 661, 737);
- Adjektive in der Langform (im Nominativ oder im Instrumental) und Adjektive oder Passivpartizipien in der Kurzform (ausführlicher hierzu ↗ 372 ff., 233);
- Substantive in verschiedenen Kasus ohne oder mit Präpositionen (↗ 723.7).

Als Kopulaverben treten insbesondere auf:
- die Kopula быть – *sein* (↗ 736 f.);
im Präsens wird die Kopula gewöhnlich nicht gebraucht, dafür gelegentlich вот oder это;
- Kopulaverben wie с-/де́латься, стать/станови́ться, яви́ться/явля́ться u. a. (↗ 661);
- Vollverben mit eigenständiger lexikalischer Bedeutung, die in Verbindung mit einem Prädikatsnomen zusätzlich als Kopulas verwendet werden können, wie служи́ть, назна́чить/назнача́ть, прие́хать/приезжа́ть u. a. (↗ 662).

Beispiele für zusammengesetzte nominale Prädikate:
Оте́ц – те́хник. Я студе́нт. Москва́ – это столи́ца Росси́и. Наш двор как сад.
Труд есть целесообра́зная де́ятельность челове́ка.
Дед в дере́вне пчелово́д | пчелово́дом. Экскурсово́д был москвичо́м | москви́ч.
Охра́на окружа́ющей среды́ бу́дет гла́вной зада́чей (гла́вная зада́ча).
Брат стал учи́телем. Ли́да рабо́тает инжене́ром. Мы расста́лись друзья́ми.

Пого́да хоро́шая. Мой брат до́брый. Лицо́м Ви́ктор похо́ж на мать.
Экску́рсия была́ интере́сная | интере́сной | интере́сна.
Мете́ли в на́ших края́х быва́ют о́чень си́льными. Пиро́г получи́лся вку́сным.

Та́ня (была́) сре́днего ро́ста. Семья́ состои́т из трёх челове́к.

Beachte: Prädikate können auch mehrfach zusammengesetzt sein; vgl. z. B.:
Ночь была́ холо́дная | холо́дной. Ночь обеща́ла быть холо́дной.

Das Subjekt

714

Im zweigliedrigen Satz bezeichnet das *Subjekt* einen Gegenstand (im weiten Sinne des Wortes, mögliche Fragen: кто? oder что?), dem das im Prädikat genannte Merkmal zugeordnet wird.
Als Subjekt können im zweigliedrigen Satz vor allem auftreten:
- Substantive und substantivische Pronomen im Nominativ;

- Infinitive sowie beliebige substantivierte Wörter;

- Wortgruppen wie beispielsweise
  „Grundzahlwort oder unbestimmtes Zahlwort im Nominativ + Substantiv im Genitiv",
  „о́коло, до, бо́льше, ме́ньше + Substantiv im Genitiv",
  „Substantiv oder Personalpronomen im Nominativ + с *mit I.*" zur Angabe einer Personengruppe.

Beispiele:
Ма́льчики игра́ют в ша́хматы. (Кто игра́ет ...?) Мать больна́. (Кто бо́лен?) Шу́ра – студе́нт. Он мой брат.
Кури́ть вре́дно. Обма́нывать нехорошо́. Спаси́бо (hier: *Subst., n.*) доро́же пла́ты.
Три челове́ка пришли́. Собрало́сь о́коло двадцати́ челове́к. Брат с сестро́й ходи́ли в кино́.

Zur Kongruenz zwischen Subjekt und Prädikat ↗ 686 ff.

715 Das wesentliche Satzglied im eingliedrigen Satz

Das prädikative Zentrum eines eingliedrigen Satzes wird durch nur *ein* wesentliches Satzglied ausgedrückt. Als wesentliches Satzglied können vor allem auftreten:
– bestimmte persönliche Verbformen,
– unpersönliche Verbformen,
– unabhängige Infinitive,
– Zustandswörter (einschließlich modaler Zustandswörter in Verbindung mit einem Infinitiv),
– bestimmte Strukturelemente der Verneinung.

Beispiele:
По ра́дио передаю́т после́дние изве́стия. Что посе́ешь, то и пожнёшь. (Sprichwort) Света́ет. Вам сле́дует встре́титься с ним. Как дое́хать до вокза́ла? Где нам вы́йти? Сего́дня хо́лодно. Нам ну́жно (пора́) уходи́ть. Воды́ нет. Отца́ не́ было до́ма.

Zu den eingliedrigen Sätzen ↗ 724 ff.

Das Objekt

716
Ein Objekt bezeichnet einen Gegenstand (im weiten Sinne dieses Wortes), auf den die im prädikativen Zentrum genannte Handlung gerichtet oder bezogen ist.
Als Objekte können die gleichen Wörter und Wortgruppen auftreten, die im zweigliedrigen Satz als Subjekt gebraucht werden (mögliche Fragen: abhängige Kasus von кто und что).
Objekte lassen sich einteilen in
– (von transitiven Verben abhängige) *direkte Objekte*, deren Kennzeichen der präpositionslose Akkusativ ist (dem unter bestimmten Bedingungen ein Genitiv entspricht, ↗ 717), und
– *indirekte Objekte*, das sind alle anderen Objekte (sowohl ohne als auch mit Präpositionen).

Das übergeordnete Wort, das die Form des Objekts bestimmt, kann insbesondere sein:
– ein Verb, häufig in konjugierter Form;
– ein Adjektiv, häufig in der Kurzform;
– ein Adverb oder ein Zustandswort.

Beispiele:
Ни́на поздра́вила подру́гу с днём рожде́ния. (Кого́ поздра́вила Ни́на с днём рожде́ния? С чем поздра́вила Ни́на подру́гу?)
Зда́ние Зи́мнего дворца́ бы́ло постро́ено архите́ктором В. В. Растре́лли. (Кем бы́ло постро́ено э́то зда́ние?)
Господи́ну Шу́льце нужна́ ва́ша по́мощь. (Кому́ нужна́ по́мощь?)
Ка́тя похо́жа на отца́. (На кого́ Ка́тя похо́жа?)
Друзья́м бы́ло жаль расстава́ться. (Кому́ бы́ло жаль расстава́ться?)

717 Das direkte Objekt: Akkusativ oder Genitiv

Ein von einem transitiven Verb abhängiges direktes Objekt wird gewöhnlich durch ein Substantiv oder ein substantivisches Pronomen im präpositionslosen Akkusativ ausgedrückt. Unter bestimmten Bedingungen kann es auch durch ein Nomen im Genitiv wiedergegeben werden.

1. Eine Reihe transitiver Verben, die ein *Wünschen* und *Streben* ausdrücken, werden – in Abhängigkeit vom Sinn der Äußerung – teils mit dem Akkusativ, teils mit dem Genitiv verbunden (Erläuterungen und weitere Beispiele ↗ 644 f.). Vgl. z. B.:

Мы ждáли автóбуса. — Wir warteten auf einen Bus.
Мы ждáли пятнáдцатый автóбус. — Wir warteten auf den 15er-Bus.
Zu den betroffenen Verben gehören u. a. ждать, по-/желáть, искáть, ожидáть, подождáть *v.*, спросúть/спрáшивать, по-/трéбовать, хотéть.

2. Eine Reihe vollendeter transitiver Verben, die die Grundbedeutung des Gebens oder Nehmens haben, werden gewöhnlich – anstelle des Akkusativs – mit dem *partitiven Genitiv* (↗ **634.2, 647**) verbunden, wenn sich die Verbhandlung nicht auf das ganze Objekt, sondern nur auf einen Teil, auf eine unbestimmte Menge desselben erstreckt. Die Wiedergabe des entsprechenden Substantivs im Deutschen erfolgt ohne Artikel. Vgl. z. B.:

Вы́пей молокó, котóрое остáвлено. — Trink die Milch aus, die wir für dich übrig gelassen haben.
Налéй себé молокá из кувшúна. — Gieß dir Milch aus dem Krug ein.

Zu den betroffenen Verben gehören u. a. вы́пить *v.*, дать *v.*, купúть *v.*, налúть *v.*, привезтú *v.*, принестú *v.*, съесть *v.*

Zur Endungsvariante des Genitivs auf -y|-ю einiger Maskulina der I. Deklination ↗ **294.1**.

3. Nach *verneinten transitiven Verben* steht entweder der Akkusativ oder der Genitiv (↗ **634.3**). Der *Akkusativ* des abhängigen Nomens wird bevorzugt,
– wenn das Substantiv eine Person oder einen dem Sprecher bekannten, bestimmten Gegenstand bezeichnet, z. B.:

Мы не вúдели Тáню. Он не узнáл свою́ женý (auch: Он не узнáл своéй жены́).
Он не нашёл свою́ рýчку на мéсте. — Er hat seinen Federhalter nicht an Ort und Stelle vorgefunden.
(Vgl.: Он не купúл себé рýчки. — Er hat sich keinen Federhalter gekauft).

– wenn das Substantiv vom Infinitiv eines zusammengesetzten verbalen Prädikats oder von einem zusammengesetzten nominalen Prädikat abhängt, z. B.:
Я не собирáюсь писáть статью́ на э́ту тéму. Я не считáю э́тот вариáнт удáчным.

– wenn das Substantiv dem Prädikat vorangestellt ist, z. B.:
Вáшу идéю я не пóнял (не понялá).

– wenn der Gebrauch des Genitivs zu Missverständnissen führen könnte, z. B.:
Друг не принёс кнúгу. (Vgl.: Друг не принёс кнúги. Unklar: *ein* Buch oder mehrere?)

– wenn durch Partikeln wie едвá не, чуть не – *fast, beinahe* ausgedrückt wird, dass ein (meist befürchtetes) Ereignis nicht eingetreten ist, z. B.:
Я чуть не потерял(-а) билéт. — Ich hätte beinahe die Eintrittskarte verloren.

Der *Genitiv* des abhängigen Nomens wird bevorzugt,
– wenn die Verneinung durch Wörter mit dem Präfix ни- oder durch die Partikel ни verstärkt wird, z. B.:
Никтó нé дал э́тих материáлов. Он не читáл ни однóй кнúги э́того писáтеля.

– wenn das Substantiv, häufig ein Abstraktum, von Verben des Wahrnehmens, des Denkens, des Wünschens abhängt oder Bestandteil einer festen Wendung ist, z. B.:
Пациéнт не чýвствовал бóли. Я не пóнял (не понялá) вопрóса. Я не допущý э́того. Вы не имéете прáва так поступáть. Он не принимáет учáстия в э́той рабóте.

718 Die Adverbialbestimmung

Eine Adverbialbestimmung charakterisiert das gewöhnlich im prädikativen Zentrum des Satzes genannte Merkmal (eine Tätigkeit, einen Vorgang, einen Zustand), und zwar hinsichtlich der Art und Weise seines Auftretens, der räumlichen und zeitlichen Begleitumstände oder der Anlässe für sein Auftreten.

Als Adverbialbestimmungen können auftreten:
- Adverbien (sie sind das am häufigsten gebrauchte Ausdrucksmittel),
- Adverbialpartizipien oder Adverbialpartizipialkonstruktionen,
- Substantive in abhängigen Kasus mit oder ohne Präpositionen,
- feste Wendungen.

Nach der durch sie ausgedrückten Bedeutung unterscheidet man Adverbialbestimmungen:
- *der Art und Weise* (Modalbestimmungen), die auf Fragen wie как? каким образом? antworten, z. B.:
  Он всегда говорит громко. Она говорила улыбаясь.

- *des Grades und des Maßes*, die auf Fragen wie как? в какой степени? в какой мере? сколько? antworten, z. B.:
  Нина очень любит театр. Я полностью с вами согласен (согласна).
  Поезд летит со скоростью 200 километров в час. Производительность труда увеличилась на 10 процентов. Тетрадь стоит два рубля.

- *des Ortes* (Lokalbestimmungen), die auf Fragen wie где? по какому пути? куда? откуда? antworten, z. B.:
  Вверху ярко светило солнце. Они шли лесом. Мы любим ездить за город. Друг выехал из Москвы. Со стороны сада раздаются голоса.

- *der Zeit* (Temporalbestimmungen), die auf Fragen wie когда? как долго? с каких пор? до каких пор? antworten, z. B.:
  Мать встала рано утром. По понедельникам музей закрыт. Совещание длилось три часа. Мы дружим с детства. Я читал(-а) до глубокой ночи. С июля по сентябрь шли дожди.

- *des Grundes* (Kausalbestimmungen), die auf Fragen wie почему? отчего? из-за кого (чего)? antworten, z. B.:
  От мороза погибли все яблони. Из-за тебя мы опоздали.

- *des Zwecks* (Finalbestimmungen), die auf Fragen wie зачем? с какой целью? antworten – als Adverbialbestimmung kann hier auch ein Infinitiv auftreten, z. B.:
  Каждое лето студенты разъезжались на практику по южным металлургическим заводам. Брат поехал в Москву учиться.

- *der Bedingung* (Konditionalbestimmungen), die auf Fragen wie при каком условии? в каких условиях? antworten, z. B.:
  В случае плохой погоды будет трудно идти.

- *der Einräumung* (Konzessivbestimmungen), die auf die Frage несмотря на что? – *ungeachtet wessen?* antworten, z. B.:
  Несмотря на сложность, задача решена. Вопреки ожиданиям письмо пришло.

Das Attribut als Satzgliedteil

Ein Attribut charakterisiert einen Gegenstand (im weiten Sinne dieses Wortes) hinsichtlich seiner Eigenschaften, seiner Reihenfolge oder seiner Zugehörigkeit. **719**
Das dem Attribut übergeordnete Bezugswort ist stets ein Substantiv oder eine substantivierte Wortform bzw. Wortgruppe. Das Attribut präzisiert dieses Substantiv (das in der Funktion eines jeden Satzgliedes auftreten kann, ↗ 266) und bildet mit ihm ein erweitertes Satzglied; das Attribut ist also nur Teil eines Satzgliedes (ein Satzgliedteil).

Nach dem sprachlichen Ausdruck des syntaktischen Abhängigkeitsverhältnisses unterscheidet man kongruierende und nichtkongruierende Attribute.
Als *kongruierende adjektivische Attribute*, die gewöhnlich vor ihrem Bezugswort stehen und mit diesem in Genus, Numerus und Kasus oder – im Plural – in Numerus und Kasus übereinstimmen, können auftreten:
– Adjektive und Partizipien in der Langform (Fragewort: какóй?) sowie adjektivische Pronomen, z. B.:
Большúе дерéвья рослú вокрýг деревя́нного дóмика. Вчерá прибы́ли нóвые отдыхáющие. На столé лежáли не прочи́танные ещё мнóю кни́ги.
Я перечитáл(-a) своё письмó. Твоё «не хочý» звучи́т стрáнно. Такóго интерéсного фи́льма я давнó не смотрéл(-a). Дождь шёл с сáмого утрá.
– Ordnungszahlwörter (Fragewort: котóрый?), z. B.:
Наш знакóмый éдет в пя́том вагóне. Он решáет э́ту задáчу ужé вторóй час.

Als *nichtkongruierende Attribute*, die gewöhnlich hinter ihrem Bezugswort stehen, können auftreten:
– Substantive insbesondere im Genitiv ohne Präposition (Fragewort: чей?), z. B.:
Сестрá Григóрия ýчится в Óмске. Григóрий прочитáл ещё раз письмó сестры́.
– die nicht flektierbaren Possessivpronomen егó, её; их (Fragewort: чей?) – sie stehen in der Regel vor ihrem Bezugswort, z. B.:
На ýлице я встрéтил(-a) её подрýгу. От их дóма до универмáга пять минýт ходьбы́.
– (seltener) Infinitive oder Adverbien, z. B.:
Всех их собрáло желáние увúдеться.
Мы живём в квартúре напрóтив. На зáвтрак дáли я́йца всмя́тку.

Zur Kongruenz zwischen Substantiv und adjektivischem Attribut ↗ 692 f.

Die Apposition **720**

Eine Apposition ist ein *substantivisches Attribut*, durch das ein Gegenstand unter verschiedenen Gesichtspunkten charakterisiert wird.
In der Regel stimmt das in attributiver Funktion verwendete Substantiv (Fragewörter: какóй? кто и́менно? что и́менно?) mit seinem syntaktisch übergeordneten Bezugswort im Kasus überein, doch gibt es mehrere Abweichungen.

Zur Kongruenz zwischen Substantiv und Apposition ↗ 694 f.

Das Bezugswort kann mit der Apposition eine Wortverbindung eingehen oder ein zusammengesetztes Wort bilden; im letztgenannten Fall werden beide Bestandteile in der Schrift durch Bindestrich miteinander verbunden. Die Apposition nimmt häufig die zweite Position ein, kann aber auch an erster Stelle stehen.

Durch Appositionen (im Folgenden durch Unterstreichung kenntlich gemacht) können insbesondere bezeichnet werden:
- Eigenschaften und Funktionen, z. B.:
стари́к-оте́ц – der alte Vater, су́дно-рефрижера́тор – das Kühlschiff;

- emotionale Einstellungen, z. B.:
краса́вица-сосе́дка – die bildhübsche Nachbarin, Во́лга-ма́тушка – Mütterchen Wolga;

- Tätigkeiten und andere soziale Bezüge (Herkunft, Stellung u. a.) von Personen, z. B.:
же́нщина-врач *f.* – die Ärztin, студе́нт-зао́чник – der Fernstudent;

- Personennamen und Rufnamen von Tieren, z. B.:
господи́н Петро́в, де́вочка На́дя, соба́ка Ша́рик;

- geografische Eigennamen, z. B.:
го́род Москва́, река́ Дон, И́льмень-о́зеро, село́ Го́рки, аэропо́рт Шереме́тьево;

- Namen von Firmen, Organisationen und kulturellen Leistungen (die gewöhnlich in Anführungszeichen eingeschlossen sind), z. B.:
магази́н «Ру́сский лён», колле́кция оде́жды «О́сень – зима́», газе́та «Коммерсантъ», о́пера Гли́нки «Русла́н и Людми́ла».

Treten Bezugswort und Apposition als Subjekt eines Satzes auf, so wird die *Kongruenz* mit dem Prädikat durch das Bezugswort bestimmt, z. B.:
Го́род_ Сама́ра был осно́ван_ как оборони́тельный пункт в 1586 году́.
Река́ Дон судохо́дна от го́рода Лиски до у́стья.
Zu Personennamen ↗ jedoch 269.2: А́втор Н. Петро́ва предложи́ла но́вую статью́.

721 Isolierte Satzglieder

Adverbialbestimmungen und Attribute können zum Zweck ihrer inhaltlichen Hervorhebung aus einem Satz ausgegliedert, isoliert werden. Wesentliches sprachliches Mittel dieser Hervorhebung ist die *Intonation* (die Abgrenzung gegenüber dem übrigen Satz durch Pausen, eine besondere Stimmführung – oft in der Intonationskurve 3); im Schriftbild wird das isolierte Satzglied oder Satzgliedteil gewöhnlich in Kommas, seltener in Gedankenstriche eingeschlossen. Auch die *Wortfolge* im Satz kann verändert sein.
Im Deutschen werden isolierte Satzglieder häufig durch Nebensätze wiedergegeben.

Beispiele für isolierte Adverbialbestimmungen (Adverbialpartizipialkonstruktionen, ↗ 249 ff.; Adverbien; präpositionale Wortgruppen):

Переходя́ у́лицу, бу́дьте осторо́жны. – Seien Sie vorsichtig beim Überqueren der Straße.
Он говори́л, подчёркивая ка́ждую фра́зу. – …, wobei er … hervorhob.
Собра́ние состои́тся послеза́втра, в четве́рг.

Beispiele für isolierte Attribute (Partizipialkonstruktionen, ↗ 214 ff., 228 ff.; Adjektive; Substantive):
Спи́сок но́вых книг, соста́вленный заве́дующим библиоте́кой, виси́т на доске́.
С мо́ря поду́л си́льный ве́тер, холо́дный и ре́зкий. – …, der kalt und scharf war.
Мы разгова́ривали с Та́ней, на́шим экскурсово́дом.

Baupläne zweigliedriger Aussagesätze

Die folgende Übersicht bietet ausgewählte Baupläne russischer zweigliedriger Aussagesätze. Die Darstellung konzentriert sich auf das prädikative Zentrum dieser Sätze und gliedert das Material nach dem Bestand des Prädikats.

Zu charakteristischen sprachlichen Mitteln von Fragesätzen ⟶ 700 ff., von Aufforderungs- und Wunschsätzen ⟶ 699.

Zweigliedrige Sätze mit verbalem Prädikat 722

1. Брат чита́ет (чита́л, бу́дет чита́ть). – Mein Bruder liest (hat gelesen, wird lesen).
Он хо́чет чита́ть (стал чита́ть) э́ту кни́гу.
Э́тот вопро́с обсужда́ется (обсужда́лся, бу́дет обсужда́ться) на совеща́нии.
            Subjekt   *Prädikat*

Prädikatives Zentrum: Substantiv[1] +   konjugierte Verbform
                              N.

Durch diesen grundlegenden Satztyp wird ganz allgemein eine Beziehung zwischen der durch das Subjekt bezeichneten Person oder Sache und ihrem prädikativen Merkmal, einer Tätigkeit, einem Vorgang oder einem Zustand, ausgedrückt. Erweiterungen des Satztyps durch Objekte und Adverbialbestimmungen sind vielfältig.

Zur Kongruenz zwischen Subjekt und Prädikat ⟶ 686 ff., zu unvollständigen Sätzen ⟶ 711.

2. Ва́ша зада́ча – хорошо́ учи́ться. – Eure Aufgabe ist es, ordentlich zu lernen.
Гла́вное – (э́то) провести́ экспериме́нт. По́длинный гумани́зм – э́то помога́ть лю́дям.
Дисципли́на – э́то зна́чит контроли́ровать себя́.
            Subjekt   *Prädikat*

Prädikatives Zentrum: Substantiv (+ Kopula) + Verb im Infinitiv
                              N.

Durch diesen Satztyp wird eine Beziehung zwischen dem durch das Subjekt bezeichneten ideellen Gegenstand und seinem prädikativen Merkmal, einer als zwangsläufig vorgestellten Handlung, ausgedrückt.
Die Zahl der als Subjekt auftretenden Abstrakta (z. B. иде́я, зада́ча, цель) ist begrenzt.
In der Funktion einer Kopula können u. a. auftreten: э́то, э́то зна́чит.

3. Сомнева́ться зна́чит иска́ть. – Zweifeln heißt suchen. Wer zweifelt, der sucht.
Не волнова́ться – э́то не жить. Уме́ть слу́шать – не зна́чит то́лько молча́ть.
            Subjekt   *Prädikat*

Prädikatives Zentrum: Verb im Infinitiv + Kopula + Verb im Infinitiv

Durch diesen Satztyp wird eine Beziehung zwischen einer potenziellen Handlung und ihrem prädikativen Merkmal, ebenfalls einer Handlung, ausgedrückt.
In der Funktion einer Kopula, die fester Bestandteil der Konstruktion ist, können u. a. auftreten: э́то, э́то (и) есть, зна́чит, э́то (и) зна́чит, (э́то) всё равно́ что.

---

[1] Ein Substantiv kann hier und in anderen Satztypen auch durch ein substantivisches Pronomen ersetzt werden.

723 Zweigliedrige Sätze mit nominalem Prädikat

1. Брат – учи́тель (был учи́тель | — Mein Bruder ist Lehrer (war Lehrer,
учи́телем, бу́дет учи́телем).   wird Lehrer sein).
Диску́ссия была́ бы поле́зное де́ло (поле́зным де́лом). Чте́ние – э́то и есть лу́чшее уче́ние.
Незнако́мец стал на́шим дру́гом. Пе́рвый уро́к оказа́лся | оказа́лась исто́рия.

                     Subjekt   *Prädikat*

Prädikatives Zentrum: **Substantiv (+ Kopula) + Substantiv**
                                     N.   *N.* (oder *I.*)

Durch diesen Satztyp wird eine Beziehung zwischen der durch das Subjekt bezeichneten Person oder Sache und ihrem gegenständlichen prädikativen Merkmal ausgedrückt.
Zum Kasus des Prädikatsnomens ↗ **737, 661**.
In der Funktion einer Kopula können u. a. auftreten: э́то (и есть), вот, не что ино́е как, с-/де́латься, оказа́ться/ока́зываться, стать/станови́ться, счита́ться, явля́ться.

2. Экску́рсия интере́сная | интере́сна (была́ – Der Ausflug ist (war) interessant.
интере́сная | интере́сной | интере́сна).
Приро́да здесь прекра́сная | прекра́сна! Сосе́дка оказа́лась до́брая | до́брой.

                     Subjekt   *Prädikat*

Prädikatives Zentrum: **Substantiv (+ Kopula) + Adjektiv in Lang- oder Kurzform**
                                     N.   *N.* (oder *I.*)

Durch diesen Satztyp wird eine Beziehung zwischen der durch das Subjekt bezeichneten Person oder Sache und ihrem qualitativen Merkmal ausgedrückt.
Zu Formvarianten des Prädikatsnomens ↗ **373**.
In der Funktion einer Kopula können u. a. auftreten: быва́ть, по-/каза́ться, оказа́ться/ока́зываться, оста́ться/остава́ться, стать/станови́ться, явля́ться.

3. Музе́й закры́т (был закры́т, бу́дет — Das Museum ist (war) wegen Renovierung
закры́т) на ремо́нт.   geschlossen (… wird … geschlossen sein).
Восстано́влено мно́го зда́ний. Иссле́довано бо́лее ста ру́кописей.

                     Subjekt   *Prädikat*

Prädikatives Zentrum: **Substantiv (+ Kopula) + Passivpartizip in der Kurzform**
                                   N.   *Suffixe* -н-, -ен-, -т-

Durch diesen Satztyp wird eine Beziehung zwischen der durch das Subjekt bezeichneten Sache und ihrem Zustand als Ergebnis einer vollzogenen Handlung ausgedrückt (↗ auch **233**).
In der Funktion einer Kopula können u. a. auftreten: быва́ть, оказа́ться/ока́зываться.
Wird ein Handlungsträger genannt, so wird dieser durch ein Objekt im Instrumental oder auch durch die Präposition у mit *Genitiv* bezeichnet, z. B.:
Хозя́йкой (У хозя́йки) пригото́влен обе́д.

4. Слу́шать э́того певца́ – наслажде́ние — Diesem Sänger zuzuhören ist (war) ein
(оказа́лось наслажде́нием).   Genuss.
Найти́ себя́ – э́то сча́стье. Води́ть комба́йн ока́зывается нелёгким де́лом.

                     Subjekt   *Prädikat*

Prädikatives Zentrum: **Verb im Infinitiv (+ Kopula) + Substantiv**
                                                  N. (oder *I.*)

Durch diesen Satztyp wird eine Beziehung zwischen der durch das Subjekt bezeichneten potenziellen Handlung und ihrem gegenständlichen Merkmal, ihrer Qualität, ausgedrückt.
Die Zahl der als Prädikatsnomen auftretenden Substantive ist auf Wörter mit qualifizierender Bedeutung (z. B. го́ре, ра́дость, оши́бка, сча́стье) eingegrenzt.
In der Funktion einer Kopula können u. a. auftreten: э́то, э́то (и) есть, вот э́то и есть, ferner Kopulaverben wie z. B. стать/станови́ться, оказа́ться/ока́зываться.

5. Клевета́ – э́то стра́шно. – Eine Verleumdung – so etwas ist schrecklich.
Смех – хорошо́ для здоро́вья. Тру́дности – э́то (счита́ется) ничего́.

          Subjekt   Prädikat

Prädikatives Zentrum: Substantiv (+ Kopula) + Adverb

          N.   auf -o

Durch diesen Satztyp wird eine Beziehung zwischen einer gegenständlich vorgestellten Situation und ihrer qualitativen Einschätzung ausgedrückt.
In der Funktion einer Kopula tritt gewöhnlich э́то auf, häufig in Verbindung mit Kopulaverben wie z. B. быва́ть, стать/станови́ться, счита́ться.

6. Ходи́ть на лы́жах ве́село (бы́ло   – (Das) Skifahren macht Spaß (hat Spaß
ве́село, бу́дет ве́село).   gemacht, wird Spaß machen).
Жить в одино́честве нелегко́.   – Allein zu leben ist nicht leicht.
Встава́ть бы́ло ра́но.   – Zum Aufstehen war es noch zu früh.

          Subjekt   Prädikat

Prädikatives Zentrum: Verb im Infinitiv (+ Kopula) + Adverb

                             auf -o

Durch diesen Satztyp wird eine Beziehung zwischen einer durch das Subjekt bezeichneten potenziellen Handlung und ihrer qualitativen Einschätzung ausgedrückt.
Der Gebrauch des Prädikats ist eingegrenzt auf Adverbien mit qualifizierender Bedeutung (z. B. бли́зко, далеко́, поле́зно) sowie auf feste Fügungen (z. B. не в моём хара́ктере).
In der Funktion einer Kopula können u. a. auftreten: (вот) э́то, быва́ть, по-/каза́ться.

7. Оте́ц на рабо́те (был на рабо́те,   – Vater ist auf Arbeit (war auf Arbeit,
бу́дет на рабо́те).   wird auf Arbeit sein).
Прие́зжий – из Москвы́.   – Der Zugereiste ist aus Moskau.
Письмо́ бы́ло не для посторо́нних. – Der Brief war nicht für Außenstehende
                                        (bestimmt).

Телегра́мма – сестре́.   – Das Telegramm ist für die Schwester.
Вы́ход – пря́мо.   – Der Ausgang ist geradeaus.
Мы здесь прое́здом.   – Wir sind hier auf der Durchreise.

          Subjekt   Prädikat

Prädikatives Zentrum: Substantiv (+ Kopula) + Substantiv   oder Adverb

                         N.   abhängiger Kasus ohne oder mit Präposition

Durch diesen (insbesondere in mündlicher Rede) gebrauchshäufigen Satztyp wird eine Beziehung zwischen der durch das Subjekt bezeichneten Person oder Sache und ihrem prädikativen Merkmal, einem Zustand oder einer Funktion, ausgedrückt.
In der Funktion einer Kopula können z. B. die Kopulaverben быва́ть, оказа́ться/ока́зываться, стать/станови́ться auftreten.

Baupläne eingliedriger Sätze

724 Zur Unterscheidung zweigliedriger und eingliedriger Sätze ↗ 709.
Nach der – durch die Form des wesentlichen Satzgliedes ausgedrückten – Beziehung der Handlung (des Zustands) zu einem Handlungsträger (Zustandsträger) lassen sich als Hauptarten eingliedriger Sätze verschiedene persönliche und die unpersönlichen Sätze unterscheiden; eine besondere Konstruktion weisen die so genannten Nominativsätze auf.

Persönliche eingliedrige Sätze

725 Unbestimmt-persönliche Sätze

1. Об э́том спортсме́не мно́го пи́шут (… писа́ли, … бу́дут писа́ть). – Über diesen Sportler wird viel geschrieben (…wurde viel geschrieben, … wird viel geschrieben werden).

По ра́дио передаю́т после́дние изве́стия. – Im Radio werden die neuesten Nachrichten verlesen.

Вы́ставку откры́ли вчера́. – Die Ausstellung wurde gestern eröffnet.

Мне сообщи́ли прия́тную но́вость. – Man hat mir eine angenehme Neuigkeit mitgeteilt.

Его́ уже́ жда́ли. – Man erwartete ihn schon.
Он по́дал заявле́ние об ухо́де, угова́ривать не ста́ли. – Er gab eine Erklärung über seinen Rücktritt ab, und man versuchte nicht, ihn davon abzuhalten.

	wesentliches Satzglied
Prädikatives Zentrum:	konjugierte Verbform
	3. Pers. Pl. Präs. (Fut.) oder Pl. Prät.

Durch diesen (subjektlosen) Satztyp wird eine Handlung ausgedrückt, die sich auf ungenannte, unbestimmte Personen als Handlungsträger bezieht; man spricht daher von unbestimmt-persönlichen Sätzen. Der Sprecher wählt diese Konstruktion, weil ihm der Handlungsträger im gegebenen Sinnzusammenhang als unwichtig erscheint oder ihm unbekannt ist.
Als Bestandteil eines zusammengesetzten wesentlichen Satzgliedes kann стать v. auftreten.
Die Wiedergabe im Deutschen kann mithilfe von *man* oder durch Passivkonstruktionen erfolgen.

Unbestimmt-persönliche Sätze treten sowohl in mündlicher Rede wie in publizistischen und wissenschaftlich-technischen Texten auf. Auch öffentliche Bekanntmachungen weisen oft die Form unbestimmt-persönlicher Sätze auf, z. B.:

Про́сят не кури́ть. – Es wird gebeten, nicht zu rauchen.
Bitte nicht rauchen.

Umgangssprachlich kann sich der Sprecher einer unbestimmt-persönlichen Konstruktion bedienen, um seiner eigenen Aufforderung Nachdruck zu verleihen, z. B.:

Переста́нь, говоря́т тебе́. – Hör auf, ich bitte dich!

Beachte: Unbestimmt-persönliche Bedeutung kann auch durch einen zweigliedrigen Satz mit einem verbalen Prädikat im Passiv ausgedrückt werden; vgl. z. B.:

Eingliedriger Satz   *Zweigliedriger Satz*
В на́шем го́роде стро́ят метро́.   В на́шем го́роде стро́ится метро́.
Здесь продаю́т биле́ты на конце́рты.   Здесь продаю́тся биле́ты на конце́рты.

2. В шко́ле удивлены́ (бы́ли удивлены́)   – In der Schule ist (war) man über die
посту́пком ученика́.   Handlung des Schülers verwundert.
Ему́ гото́вы помо́чь.   – Man ist bereit, ihm zu helfen.
В семье́ не оказа́лись гото́вы к тако́му   – In der Familie war man auf ein solches
разгово́ру.   Gespräch nicht vorbereitet.
К до́му должны́ подвести́ водопрово́д.   – Zum Haus muss eine Wasserleitung gelegt
   werden.

wesentliches Satzglied

Prädikatives Zentrum: Passivpartizip oder Adjektiv in der Kurzform (+ Kopula)

                                                                                                                          Pl.   *Pl.*

Durch diesen (subjektlosen) Satztyp wird ein Zustand ausgedrückt, der sich auf ungenannte, unbestimmte Personen als Zustandsträger bezieht.
Als Kopulaverben können neben быть auch быва́ть, оказа́ться *v.*, стать *v.* auftreten.
Die Sätze sind gewöhnlich durch Objekte oder Adverbialbestimmungen erweitert.

Allgemein-persönliche Sätze

На э́тот вопро́с сра́зу не отве́тишь.   – Auf diese Frage kann man nicht sofort
   antworten.
Э́ту кни́гу ку́пишь в любо́м магази́не.   – Dieses Buch kann man in jedem (beliebigen)
   Geschäft kaufen.
Что посе́ешь, то и пожнёшь. (Sprichwort)   – Was der Mensch sät, das wird er ernten.
Век живи́, век учи́сь. (Sprichwort)   – *etwa:* Der Mensch lernt, solang er lebt.
Что име́ем – не храни́м, потеря́вши –   – *etwa:* Was man hat, das achtet man nicht.
пла́чем. (Sprichwort)
По у́лице хо́дят с пра́вой стороны́.   – Auf der Straße geht man rechts (… ist es
   üblich, rechts zu gehen).

wesentliches Satzglied

Prädikatives Zentrum: konjugierte Verbform

                                                 2. Pers. Sg. Präs. (Fut.) oder *Imp.*,
                                 seltener: *1., 2.* oder *3. Pers. Pl. Präs. (Fut.)*

Durch diesen (subjektlosen) Satztyp wird eine Handlung ausgedrückt, die sich ganz allgemein auf beliebige Personen als Handlungsträger bezieht; man spricht daher von allgemein-persönlichen Sätzen. Die Wiedergabe im Deutschen erfolgt häufig mithilfe von *man*. Futurformen vollendeter Verben können oft unter Nutzung deutscher Modalverben (*können, sollen*) treffend wiedergegeben werden (↗ auch **162** f.).

Allgemein-persönliche Sätze treten öfter in mündlicher Rede, nicht selten in Form von Sprichwörtern, auf. Umgangssprachlich können solche Konstruktionen mit der 2. Person Singular auch verwendet werden, um in verallgemeinernder Form eine Äußerung des Sprechers selbst wiederzugeben, z. B.:

Ве́чно тебя́ ждёшь.   – Immer muss man (*für:* muss ich) auf dich warten.

Unpersönliche Sätze

Unpersönliche Sätze sind stets eingliedrig (subjektlos). Ihr wesentliches Satzglied bezeichnet eine Handlung oder einen Zustand unabhängig von einem Träger dieser Handlung oder dieses Zustands; es wird durch eine unpersönlich gebrauchte Verbform in der 3. Person Singular des

Präsens (Futurs) bzw. in der neutralen Form des Präteritums (Konjunktivs) oder durch eine Wortform außerhalb der Kategorie der Person ausgedrückt. Wird ein Handlungs- oder Zustandsträger genannt (und das ist nicht selten der Fall), so wird dieser stets durch ein abhängiges Satzglied, ein Objekt, bezeichnet.

Im Einzelnen kann das wesentliche Satzglied ausgedrückt werden
- durch eine unpersönliche Verbform,
- durch einen unabhängigen Infinitiv (so genannte Infinitivsätze),
- durch ein Passivpartizip in der neutralen Kurzform,
- durch ein Zustandswort,
- mit einem Strukturelement der Verneinung (so genannte verneint-unpersönliche Sätze).

728 Sätze mit einer unpersönlichen Verbform als wesentlichem Satzglied

1. Светáет. (Светáло. — Es wird hell. (Es wurde hell.
Скóро бýдет светáть.) Es wird bald hell werden.)
Стáло вечерéть. — Es wurde Abend.
Приятно запáхло цветáми лúпы. — Es begann angenehm nach Lindenblüten zu duften.

Слéдует глубокó продýмать, как — Man muss gründlich darüber nachdenken,
борóться с засолéнием земéль. wie man der Versalzung der Böden entgegenwirken kann.

Нам слéдовало бы рáньше об этом — Wir hätten früher daran denken müssen.
подýмать.

Егó слéдует предупредúть. — Man muss ihm das (vorher) mitteilen.
  Man muss ihn vorwarnen.

	wesentliches Satzglied	
Prädikatives Zentrum:	unpersönliche nichtreflexive Verbform (+ Infinitiv) (+ Objekt)	
	3. Pers. Sg. Präs. (Fut.) oder n. Prät. (Konj.)	G., D., A., I.

Durch diesen Satztyp wird ein Zustand (in der Natur, eines Menschen) oder – in Verbindung mit einem Infinitiv – das Erfordernis einer Handlung (unabhängig von einem Träger dieser Handlung) bezeichnet.

Als wesentliches Satzglied treten sowohl unpersönliche Verben wie auch persönliche Verben auf, die nur in bestimmten Bedeutungen unpersönlich gebraucht werden (↗ 128). Als Bestandteil eines zusammengesetzten wesentlichen Satzgliedes können начáть/начинáть oder стать/становúться auftreten.

Obligatorische oder fakultative Objekte können die Person oder Sache bezeichnen, die von einem Zustand betroffen ist, z. B.:

- *Genitiv* der Sache (häufig bei verneinten Verben):
не возникнет/не возникáет – *etw.* wird nicht entstehen/entsteht nicht; недостáнет/недостаёт – *etw.* wird fehlen/fehlt; не пройдёт/не проходит – *etw.* wird nicht vergehen/vergeht nicht; (не) хвáтит/хватáет – *etw.* wird (nicht) ausreichen/reicht (nicht) aus;
Проблéм не возникáет. Тебé недостаёт óпыта и терпéния. Не прошлó недéли.

- *Dativ* der Person:
по-/везёт – *jmd.* wird Glück haben/hat Glück; надоéло *v.* – es langweilte *jmdn.*; слéдует – *jmd.* muss, soll; стóит – es kostet *jmdn.*
Емý во всём везёт. Емý надоéло дóма. Нам стóило большóго трудá разбудúть егó.

- *Akkusativ* der Person:
взорва́ло *v.* – es empörte *jmdn.*; знобит – es fröstelt *jmdn.*; лихора́дит – *jmd.* fiebert, hat Schüttelfrost; тошни́т – *jmdm.* ist übel; тя́нет – *jmd.* hat Lust, *jmdn.* verlangt es, zieht es. Большо́го знобит. Его́ тошни́т. Дру́га тя́нет в дере́вню.

- *Instrumental* der Sache:
ве́ет – *etw.* liegt in der Luft, па́хнет – es duftet *nach etw.* Ве́ет весно́й. Па́хнет се́ном.

Einige unpersönlich gebrauchte transitive Verben werden mit einem *Akkusativ*objekt verbunden, das die von dem Zustand betroffene Person oder Sache bezeichnet, und können außerdem ein *Instrumental*objekt bei sich haben, das die elementare Kraft benennt, die diesen Zustand verursacht hat. Z. B.:

Ма́льчика ра́нило (оско́лком).	– Der Junge wurde (durch einen Splitter) verletzt.
Сне́гом замело́ все доро́ги.	– Alle Wege sind schneeverweht.
Бу́рей снесло́ кры́шу.	– Durch den Sturm wurde das Dach heruntergerissen.

Vgl. auch die beiden Konstruktionen:

unpers.: Ло́дку унесло́ ве́тром.	– Das Boot wurde durch den Wind abgetrieben.
pers.: Ве́тер унёс ло́дку.	
2. Смерка́ется. (Смерка́лось. Бу́дет смерка́ться.)	– Es wird dunkel. (Es wurde dunkel. Es wird dunkel werden.)
Ребёнку нездоро́вится.	– Das Kind fühlt sich nicht wohl.
Мне сего́дня не рабо́тается.	– Ich kann heute nicht arbeiten. Ich komme heute mit meiner Arbeit nicht voran.
Отцу́ не спало́сь.	– Vater konnte nicht schlafen.
Мне не хо́чется спо́рить с дру́гом.	– Ich möchte nicht mit meinem Freund streiten.
Нам придётся здесь ночева́ть.	– Wir werden hier übernachten müssen.
Мне удало́сь прийти́ пе́рвому.	– Es gelang mir, als Erster da zu sein.

wesentliches Satzglied

Prädikatives Zentrum: unpersönliche Verbform auf -ся (-сь) (+ Infinitiv) (+ Objekt)

                3. Pers. Sg. Präs. (Fut.) oder   *D. der Person*
                n. Prät. (Konj.)

Als wesentliches Satzglied treten *reflexive* Verbformen auf,
- die einen Zustand (in der Natur, eines Menschen) bezeichnen, darunter auch die aus intransitiven Verben gebildeten unpersönlich-reflexiven Verben wie спа́ться, сиде́ться u. a. (↗ 119),
- die (in Verbindung mit einem Infinitiv) ein Wollen, Müssen, Nicht-Dürfen, ein Gelingen ausdrücken: хо́чется, по-/нра́вится; придётся/прихо́дится, случи́тся/случа́ется *ugs.*, по-/тре́буется; запреща́ется, не полага́ется; уда́стся/удаётся, годи́тся u. a.

Besonders in mündlicher Rede und in publizistischen Texten kann das wesentliche Satzglied durch ein Dativobjekt ergänzt werden, das die Person bezeichnet, die von dem genannten Zustand betroffen oder Urheber der gewünschten (geforderten, ...) Handlung ist.

Gelegentlich werden auch unpersönliche *Passiv*formen auf -ся (-сь) als wesentliches Satzglied verwendet, z. B.:

Об э́том писа́лось в газе́тах.	– Darüber wurde in den Zeitungen geschrieben.
На э́то ука́зывалось в печа́ти.	– Hierauf wurde (wiederholt) in der Presse hingewiesen.

729 Infinitivsätze

Unter einem Infinitivsatz versteht man einen eingliedrigen (subjektlosen) Satz, dessen wesentliches Satzglied durch einen unabhängigen (d. h. von keinem anderen Wort im Satz abhängigen) Infinitiv – ohne Partikel oder mit der Partikel бы – ausgedrückt wird.

1. Здесь не пройти.	– Hier kann man nicht durchgehen.
(Было не пройти.	(Man konnte nicht durchgehen.
Будет не пройти.)	Man wird nicht durchgehen können.)
К кому нам обратиться?	– An wen können (sollen) wir uns wenden?
Как нам попасть в центр города?	– Wie kommen wir ins Stadtzentrum?
Где нам выходить?	– Wo müssen (sollen) wir aussteigen?
Мне завтра рано вставать.	– Ich muss morgen zeitig aufstehen.
Ему не сдавать экзаменов.	– Er braucht keine Prüfungen abzulegen.
Никого не видать. (*ugs.*)	– Es ist niemand zu sehen.
Его не понять. (*ugs.*)	– Er (d. h. sein Verhalten) ist nicht zu verstehen.
Молчать! Не возражать!	– Ruhe! Kein Widerwort!
Не простудиться бы вам!	– Dass Sie sich nur nicht erkälten!
Вам бы посоветоваться с врачом.	– Sie sollten einen Arzt konsultieren. Sie sollten zum Arzt gehen.

wesentliches Satzglied

Prädikatives Zentrum: (Fragewort +) Verb im Infinitiv (+ Objekt)

D. der Person

Durch diesen Satztyp werden verschiedene modale Bedeutungen ausgedrückt, insbesondere:
– die Möglichkeit oder Unmöglichkeit einer Handlung: *können, nicht können*,
– die Notwendigkeit oder Entbehrlichkeit einer Handlung: *müssen, nicht brauchen*,
– eine nachdrückliche Aufforderung zu einer Handlung oder eine kategorische Behauptung,
– in Verbindung mit der Partikel бы: die Erwünschtheit oder Unerwünschtheit einer Handlung.

Zum Aspekt des unabhängigen Infinitivs ↗ 202.

Wird ein Handlungsträger genannt, so steht dieses Wort stets in der Form eines Dativobjekts. Als Kopula kann быть auftreten.
Die treffende Wiedergabe eines Infinitivsatzes im Deutschen ergibt sich in der Regel aus dem Sinnzusammenhang.
Infinitivsätze werden (insbesondere als Fragesätze) häufiger in mündlicher Rede gebraucht; in wissenschaftlich-technischen Texten treten sie so gut wie nicht auf.

2. Некого спросить.	– Es ist (war) niemand da, den man fragen könnte (konnte).
(Некого было спросить.)	
Ей не к кому обратиться.	– Es gibt niemanden (sie hat niemanden), an den sie sich wenden könnte.
Не о чем спорить.	– Es gibt nichts, worüber man streiten könnte. Es hat keinen Sinn zu streiten.
Все места заняты, некуда сесть.	– Alle Plätze sind besetzt, man kann sich nirgends hinsetzen.
Незачем вспоминать о прошлом.	– Es hat keinen Zweck, sich an das Vergangene zu erinnern.

wesentliches Satzglied

Prädikatives Zentrum: Negativpronomen oder -adverb auf не- + Verb im Infinitiv

abhängiger Kasus

Durch diesen Satztyp wird ausgedrückt, dass eine Handlung nicht ausgeführt werden kann, weil eine bestimmte Voraussetzung (das Vorhandensein einer Person oder Sache, ein Umstand) nicht gegeben ist. Zu den Negativpronomen und -adverbien auf не- ↗ 502, 519.
Wird ein Träger der (nicht ausgeführten) Handlung genannt, so weist das entsprechende Wort die Form eines Dativobjekts auf. Als Kopula kann быть auftreten.

Sätze mit einem Passivpartizip in der neutralen Kurzform als wesentlichem Satzglied — 730

1. Закры́то. (Бы́ло закры́то. Бу́дет закры́то.) — (Es ist) geschlossen. (Es war geschlossen. Es wird geschlossen sein.)
У меня́ не у́брано. — Bei mir ist nicht aufgeräumt.
За биле́ты запла́чено. — Die Karten sind bezahlt.
В ко́мнате бы́ло наку́рено. — Das Zimmer war vollgeraucht.
В ваго́не оказа́лось наби́то до отка́за. — Der Wagen war total überfüllt.

wesentliches Satzglied

Prädikatives Zentrum: Passivpartizip in der neutralen Kurzform (+ Kopula)

-но, -ено, -то

Durch diesen Satztyp wird ein Zustand als Ergebnis einer vollzogenen Handlung ausgedrückt (daher werden diese Formen des Partizips des Präteritums Passiv gewöhnlich den Zustandswörtern zugerechnet, ↗ 532).
Als Kopulaverben können neben быть u. a. быва́ть, стать *v.*, оказа́ться *v.* auftreten.
Die Wiedergabe des Zustandspassivs erfolgt im Deutschen durch das 2. Partizip in Verbindung mit den Formen des Hilfsverbs *sein*.

2. Подтвержде́ния не полу́чено (... не́ было полу́чено, ...не бу́дет полу́чено). — Eine Bestätigung liegt nicht vor (... lag nicht vor, ... wird nicht vorliegen).
Vgl. nicht verneint:
Подтвержде́ние полу́чено.
Вы́водов не сде́лано. — Schlussfolgerungen sind nicht gezogen worden.
Vgl. nicht verneint:
Вы́воды сде́ланы.
Запа́сов быва́ет нагото́влено на всю зи́му. — Ausreichende Vorräte werden gewöhnlich für den ganzen Winter angelegt.
У ребя́т оре́хов со́брано! — Die Jungs haben eine Menge Nüsse gesammelt!

wesentliches Satzglied

Prädikatives Zentrum: (не +) Passivpartizip in der neutr. Kurzform (+ Kopula) + Substantiv

-но, -ено, -то   G.

Durch diesen Satztyp wird das Nichtvorhandensein einer Sache wegen einer nicht vollzogenen Handlung oder aber das Vorhandensein einer größeren Anzahl von Personen oder Sachen als Ergebnis einer vollzogenen Handlung ausgedrückt.
Zu möglichen Kopulaverben ↗ 730.1.

731 Sätze mit einem Zustandswort als wesentlichem Satzglied

1. На у́лице хо́лодно. (Бы́ло хо́лодно. — Draußen ist es kalt. (Es war kalt.
Бу́дет хо́лодно.) Es wird kalt sein.)
Вчера́ бы́ло жа́рко. — Gestern war es heiß.
До́ дому оказа́лось далеко́. — Bis nach Hause war es weit.
Мне бо́льно. — Es tut mir weh.
Мне бо́льно за него́. — Es tut mir Leid um ihn.
Ну что, ве́село тебе́ бы́ло вчера́? — Na, hat es dir gestern Spaß gemacht?
С тобо́й нам бу́дет веселе́е. — Mit dir wird es uns mehr Spaß machen.
Поти́ше бы! — Wenn es doch nur etwas ruhiger wäre.

wesentliches Satzglied

Prädikatives Zentrum: Zustandswort (+ Kopula) (+ Objekt)

D. der Person

Durch diesen Satztyp wird ein Zustand (in der Natur, eines Menschen) ausgedrückt (zu den Zustandswörtern ↗ 530 ff.).
Als Kopulaverben können u. a. стать *v.*, с-/де́латься, оказа́ться/ока́зываться auftreten.
Das wesentliche Satzglied kann durch ein Dativobjekt ergänzt werden, das die Person bezeichnet, die von dem genannten Zustand betroffen ist.

2. Мо́жно е́хать. (Мо́жно бы́ло е́хать. — Man kann (*auch:* wir können) fahren. (Man
Мо́жно бу́дет е́хать.) konnte fahren. Man wird fahren können.)
Здесь мо́жно кури́ть? — Darf man hier rauchen?
Ну́жно бы́ло торопи́ться. — Man musste sich (*auch:* wir mussten uns) beeilen.
Здесь нельзя́ перейти́ (*v.*) у́лицу. — Hier kann man die Straße nicht überqueren.
Aber (↗ 531):
Здесь нельзя́ переходи́ть (*uv.*) у́лицу. — Hier darf man die Straße nicht überqueren.
Нам е́хать туда́ бы́ло нельзя́. — Wir konnten nicht dorthin fahren.
Мне пора́ (идти́). — Ich muss gehen.
Ле́том ей бы́ло охо́та съе́здить — Im Sommer wollte sie gern in den Kaukasus
на Кавка́з. fahren.

wesentliches Satzglied

Prädikatives Zentrum: modales Zustandswort (+ Kopula) + Infinitiv (+ Objekt)

D. der Person

Durch diesen Satztyp wird die Möglichkeit oder Unmöglichkeit, die Notwendigkeit oder Unzulässigkeit einer im Infinitiv genannten Handlung ausgedrückt.
Als modale Zustandswörter treten vor allem auf: мо́жно, возмо́жно, нельзя́; на́до, ну́жно, необходи́мо; ferner einige Wörter, die in ihrer Form mit Substantiven übereinstimmen, wie z. B. пора́, охо́та; ↗ 532.
Zu möglichen Kopulaverben ↗ 731.1.
Das wesentliche Satzglied kann durch ein Dativobjekt ergänzt werden, das die Person bezeichnet, die die genannte Handlung (nicht) durchführen kann, durchführen muss oder nicht darf. Sätze mit modalen Zustandswörtern treten sowohl in mündlicher Rede wie in schriftlichen Texten relativ häufig, meist ohne Dativobjekt, auf.

Beachte: In Verbindung mit einem Kopulaverb können необходи́мо und невозмо́жно durch den Instrumental Singular des entsprechenden Adjektivs ersetzt werden; vgl. z. B.:
Ста́ло необходи́мо | необходи́мым — Es wurde notwendig zusammenzukommen.
встреча́ться.

3. Ви́дно следы́.	– Es sind Spuren zu sehen.
Следо́в не ви́дно.	– Es sind keine Spuren zu sehen.
Вас хорошо́ слы́шно.	– Sie sind gut zu hören.
Вас не слы́шно.	– Sie sind nicht zu hören.
Мне жаль сестру́.	– Mir tut meine Schwester Leid.
Не жаль кни́гу | кни́ги.	– Um das Buch ist es nicht schade.
Нам на́до биле́ты.	– Wir brauchen Eintrittskarten.
Нам не на́до биле́тов | ugs. auch: биле́ты.	– Wir brauchen keine Eintrittskarten.
Мне необходи́мо сто рубле́й. (ugs.)	– Ich brauche 100 Rubel.

wesentliches Satzglied

Prädikatives Zentrum: Zustandswort (+ Kopula) + Objekt (+ Objekt)

                                              Subst.   D. der Person
                                              im *A.* oder *G.*

In diesem Satztyp treten nur wenige Zustandswörter auf, vor allem: ви́дно, слы́шно, бо́льно; жаль, жа́лко; на́до, ну́жно, необходи́мо *ugs.*
Das abhängige Substantiv steht im Akkusativ oder, wenn der Zustand verneint ist, gewöhnlich im Genitiv. Durch ein Dativobjekt kann die vom Zustand betroffene Person(engruppe) bezeichnet werden.

Verneint-unpersönliche Sätze

Charakteristisch für diese Sätze ist einerseits ein Strukturelement der Verneinung (нет, не́ было; ни; никого́, ничего́), andererseits der Genitiv eines abhängigen Substantivs. Verneint-unpersönliche Sätze treten sowohl in mündlicher Rede wie in publizistischen Texten auf; in wissenschaftlich-technischen Texten sind sie relativ selten.

1. Нет ве́тра. (Не́ было ве́тра. Не бу́дет ве́тра.)	– Es ist nicht windig. (Es war nicht windig. Es wird nicht windig sein.)
Воды́ нет.	– Es ist kein Wasser da. Es gibt kein Wasser.
Vgl. nicht verneint: Вода́ есть.	
За́втра не бу́дет дождя́.	– Morgen gibt es keinen Regen.
Vgl. nicht verneint: За́втра бу́дет дождь.	
Возраже́ний не име́ется.	– Es gibt keine Einwände.
Vgl. nicht verneint: Есть возраже́ния.	
У меня́ нет де́нег.	– Ich habe kein Geld.
Мне (у меня́) нет поко́я.	– Ich habe keine Ruhe.
Не́ было у меня́ никако́й ма́мы, оди́н детдо́м.	– Ich hatte nie eine Mutter, es gab nur das Kinderheim.

wesentliches Satzglied

Prädikatives Zentrum: нет (не́ было, не бу́дет) + Substantiv (+ Objekt)

                                              G.   у + *G. der Person*

Durch diesen Satztyp wird ausgedrückt, dass ein Gegenstand nicht existiert oder fehlt.
Als Kopulaverben können neben быть u. a. быва́ть, име́ться, стать *v.*, оказа́ться *v.*, случи́ться *v.* auftreten.
Das wesentliche Satzglied kann durch ein präpositionales Objekt у + *Nomen im Genitiv* (seltener durch ein Dativobjekt) ergänzt werden, das die Person bezeichnet, die einen Gegenstand nicht hat, nicht besitzt (➚ auch **744**).

2. Ни звýка. (Нé было ни звýка. — Es ist kein (einziger) Laut zu hören. (Es war kein
Не бýдет ни звýка.) Laut zu hören. Es wird kein Laut zu hören sein.)
На нéбе ни óблачка. — Am Himmel ist nicht die kleinste Wolke zu sehen.
Вокрýг дóма не оказáлось ни — Um das Haus herum gab es weder eine
огрáды, ни дерéвьев. Umzäunung noch (irgendwelche) Bäume.
По вечерáм на ýлице не бывáет — Abends ist gewöhnlich keine Menschenseele auf
ни душѝ. der Straße.

wesentliches Satzglied

Prädikatives Zentrum: ни + Substantiv (+ не mit Kopula)

G.

Durch diesen Satztyp wird ausgedrückt, dass ein (häufig erwarteter) Gegenstand überhaupt nicht vorhanden ist.

Als Kopulaverben treten neben быть auf: бывáть, оказáться/окáзываться, стать *u.*

Als Bestandteil des wesentlichen Satzgliedes kann dem Substantiv im Genitiv ein kongruierendes adjektivisches Attribut beigefügt sein, das das Nicht-Vorhandensein noch unterstreicht, z. B.:

Ни едѝной ошѝбки. — Es gibt keinen einzigen Fehler. Kein einziger
 Fehler.
Не стáло ни малéйшей надéжды. — Es blieb nicht die geringste Hoffnung.
Не оказáлось ни однóго опоздáвшего. — Es gab nicht einen Einzigen, der zu spät kam.

Geht das Substantiv im Plural dem Attribut voran, so steht dieses im Singular, z. B.:

Билéтов – ни однóго. — Karten gibt es keine einzige (mehr).

3. Никогó знакóмых. (Нé было никогó — Es ist kein einziger Bekannter da. (Es war kein
знакóмых. Не бýдет никогó знакóмых.) einziger Bekannter da. Es wird kein einziger
 Bekannter da sein.)
Ничегó лѝшнего. — Es ist nichts Überflüssiges daran.
Не оказáлось ничегó стрáшного. — Es gab nichts Schreckliches.

wesentliches Satzglied

Prädikatives Zentrum: никогó oder ничегó + Substantiv (+ не mit Kopula)

G. Pl. oder Sg.

Durch diesen Satztyp wird ausgedrückt, dass die betreffende Person oder Sache überhaupt nicht vorhanden ist. Nach никогó steht das abhängige Substantiv im Genitiv Plural, nach ничегó im Genitiv Singular.

733 Nominativsätze

Зимá. (Былá зимá. Бýдет зимá.) — (Es ist) Winter. (Es war Winter. Es wird Winter
 sein.)
Ночь. — (Es ist) Nacht.
Почтѝ ужé стáла ночь. — Es wurde schon fast Nacht.
Тишинá. — (Es herrscht) Stille. Es ist still.
Воскресéнье. — (Es ist) Sonntag.
Два часá. — (Es ist) zwei Uhr.
Учѝлся в шкóле; потóм завóд, — Ich ging zur Schule, dann kam der Betrieb,
áрмия. die Armee.

Вот, пожа́луйста, па́спорт. — Bitte, hier ist mein Pass.
И вот результа́ты. — Und das sind die Ergebnisse.
У него́ неприя́тности. — Er hat Unannehmlichkeiten.
У друзе́й (ме́жду друзья́ми) ссо́ра. — Die Freunde haben Streit miteinander.
Среди́ прису́тствующих – — Unter den Anwesenden gibt es Gespräche über
разгово́ры о но́вом фи́льме. den neuen Film.

wesentliches Satzglied

Prädikatives Zentrum: Substantiv (+ Kopula)

N.   kongruiert mit Subst.

Durch diesen Satztyp wird ein bestehender Sachverhalt benannt.
Als Kopulaverben können neben быть u. a. быва́ть, стать/станови́ться, оказа́ться/ока́зываться auftreten.
Das wesentliche Satzglied kann durch ein Objekt ergänzt werden, das die Person bezeichnet, auf die der Sachverhalt einwirkt.

In der schöngeistigen Literatur werden Nominativsätze (auch in Reihung) nicht selten zur knappen Beschreibung einer Ausgangssituation gebraucht, z. B.:

Жара́, пыль, му́хи. Рабо́та по до́му — Hitze, Staub, Fliegen. Häusliche Arbeit und
и подгото́вка к экза́менам в Prüfungsvorbereitungen auf die juristische
юриди́ческое учи́лище. На у́лицу Hochschule. Auf die Straße komme ich fast gar
почти́ не выхожу́, … (Гавр.) nicht…

In wissenschaftlich-technischen Texten treten solche Sätze so gut wie nicht auf.

Zum Gebrauch der Formen von быть

Der Formenbestand   734

Inf.   быть
Präs.   *häufig nicht durch eine Form ausgedrückt („Nullform"); nur in bestimmten Bedeutungen:*
                    есть *(für alle Pers. in Sg. und Pl.)*; суть *(schr., alt, nur für 3. Pers. Pl.)*
Fut.   я бу́ду, ты бу́дешь, … они́ бу́дут
Prät.   он был, она́ была́, оно́ бы́ло; они́ бы́ли
                    verneint: он не́ был, она́ не была́, оно́ не́ было; они́ не́ были
Konj.   он был бы, …
Imp.   будь; бу́дьте
Part. Prät. Akt. бы́вший
Adverbialpartizip бу́дучи

Beachte die unveränderlichen Formen in verneint-unpersönlichen Sätzen (↗ auch **732.1**):

Präs.   нет
Fut.   не бу́дет   } *mit Nomen im Genitiv*
Prät.   не́ было
Konj.   не́ было бы

Russischen Konstruktionen mit Formen von (не) быть entsprechen im Deutschen Konstruktionen mit *(nicht) sein, es gibt (nicht), (nicht) haben;* nach diesen deutschen Entsprechungen ist das Sprachmaterial im Folgenden angeordnet.

Быть – Sein

735 Быть als Hilfsverb

Быть wird als Hilfsverb zur Bildung bestimmter *zusammengesetzter Verbformen* gebraucht. Im Einzelnen sind dies (➚ auch **68**):
– das Futur unvollendeter Verben (im Aktiv und im Passiv), z. B.:
я бу́ду чита́ть, бу́дет чита́ться,

– die Passivformen vollendeter Verben, und zwar
  • der Infinitiv, z. B.: быть прочи́тан,
  • das Futur, z. B.: он бу́дет прочи́тан,
  • das Präteritum, z. B.: он был прочи́тан,
  • der Konjunktiv, z. B.: он был бы прочи́тан.

Быть als Kopulaverb

736
Быть wird in zweigliedrigen Sätzen mit einem zusammengesetzten nominalen Prädikat sowie in einigen eingliedrigen Sätzen als Kopulaverb verwendet, um Tempus- und Modusbeziehungen auszudrücken (➚ auch **713**).

737
Für zweigliedrige Sätze mit nominalem Prädikat gilt:
1. Im *Präsens* wird ein nominales Prädikat in der Regel *ohne die Kopula* есть gebraucht: Subjekt und Prädikatsnomen (gewöhnlich im Nominativ) bilden – zum Unterschied vom Deutschen – ohne Bindeglied das prädikative Zentrum des Satzes.
Werden Subjekt und Prädikatsnomen durch Substantive ausgedrückt, so wird in der Schrift zwischen die beiden Satzglieder gewöhnlich ein Gedankenstrich gesetzt (➚ auch **806**). Z. B.:
Москва́ – столи́ца Росси́йской Федера́ции. – Moskau ist die Hauptstadt der Russischen Föderation.
Брат – гео́лог. Он не матема́тик, а гео́лог. Он представи́тель нефтяно́й компа́нии.
Э́тот чемода́н тяжёлый. Приро́да здесь прекра́сная | прекра́сна! (➚ **373**)

Umgangssprachlich können bestimmte Substantive (beispielsweise вина́, подтвержде́ние, причи́на und Wörter, die eine Person nach ihrer Tätigkeit bezeichnen) als Prädikatsnomen auch im Instrumental gebraucht werden; vgl. z. B.:
Причи́на | причи́ной ссо́ры – твой отка́з. – Der Grund für unseren Streit ist deine Absage.
Он дире́ктор. Oder *ugs.*: Он у нас дире́ктором.
Она́ учи́тельница. Oder *ugs.*: Она́ здесь учи́тельницей.

Insbesondere in wissenschaftlich-technischen Texten (z. B. bei Definitionen) und zur Unterstreichung von Aussagen wird gelegentlich есть (selten суть *Pl., alt*) *als Kopula* verwendet, z. B.:
Квадра́т есть равносторо́нний прямоуго́льник. – Ein Quadrat ist ein Rechteck mit Seiten gleicher Länge.
«Так все поступа́ют» – не есть аргуме́нт. – „So handeln (doch) alle" ist kein Argument.
Теория и пра́ктика суть а́льфа и оме́га позна́ния. – Theorie und Praxis sind das A und O des Erkenntnisgewinns.

Beachte: Als Kopulaverb in der Bedeutung von быть wird auch явля́ться *mit I.* verwendet:
Москва́ явля́ется столи́цей Росси́йской Федера́ции.

2. Um ein *anderes Tempus* als das Präsens oder einen anderen Modus auszudrücken, wird ein nominales Prädikat mit der entsprechenden Form der Kopula быть gebraucht; diese Form stimmt mit ihrem Bezugswort, dem Subjekt, in Genus und Numerus überein.

Ein *Substantiv* als Prädikatsnomen steht dabei im Instrumental oder im Nominativ; der Instrumental gilt als stilistisch neutral und insbesondere in der Schriftsprache als gebräuchlicher; vgl. z. B.:

Мой оте́ц был москвичо́м | москви́ч. – Mein Vater war Moskauer (stammt aus Moskau).
Защи́та ле́са бу́дет гла́вной зада́чей (oder: … бу́дет гла́вная зада́ча).
Де́ти всегда́ бу́дут детьми́ | де́ти.
Диску́ссия была́ бы поле́зным де́лом (oder: … была́ бы поле́зное де́ло).

Stimmen die als Subjekt und als Prädikatsnomen verwendeten Substantive im Genus nicht überein, sind im Präteritum der Kopula Genusschwankungen zu beobachten, z. B.:

Его́ споко́йствие бы́ло | был обма́н. – Seine Gelassenheit war (nur) vorgetäuscht.

Ein *Adjektiv* als Prädikatsnomen steht im Nominativ oder im Instrumental der Langform oder auch – bei gleicher lexikalischer Bedeutung – in der Kurzform (Näheres ↗ 373), z. B.:

Экску́рсия была́ интере́сная (eher *mdl.*) | интере́сной (eher *schr.*) | интере́сна.
Брат был серди́тый | серди́тым. Дом был кирпи́чный | кирпи́чным.

738 Weist ein Zustandswort oder ein Substantiv im Nominativ als wesentliches Satzglied eines eingliedrigen Satzes Präsensbezug auf, so wird es stets ohne есть gebraucht, z. B.:

В ко́мнате тепло́. – Im Zimmer ist es warm.
Вас хорошо́ слы́шно. – Sie sind gut zu hören.
О нём давно́ ничего́ не слы́шно. – Von ihm hört man schon lange nichts mehr.
Ночь. Два часа́. – (Es ist) Nacht. (Es ist) zwei Uhr.

Futur und Präteritum werden durch die entsprechenden Formen von быть ausgedrückt, z. B.:
За́втра бу́дет жа́рко. В ко́мнате бы́ло тепло́. Была́ ночь. Бы́ло два часа́.

Быть als Vollverb

739 Als Vollverb wird быть u. a. in folgenden Bedeutungen gebraucht (und zwar im Präsens ohne есть):

– *sein, sich befinden:*
Где Во́ва? – Он в шко́ле.
Библиоте́ка на второ́м этаже́. – Die Bibliothek ist im ersten Stock.
Вчера́ мы бы́ли в теа́тре. Ра́ньше здесь была́ кварти́ра писа́теля, а сейча́с музе́й.
Я бу́ду до́ма в шесть (часо́в). За́втра Вале́рий с Ка́тей бу́дут у нас в гостя́х.

– *sein, stattfinden:*
В институ́те сейча́с экза́мены. В за́ле собра́ние. На у́лице большо́е движе́ние.
В клу́бе за́втра бу́дет конце́рт. Неда́вно бы́ли вы́боры в Госуда́рственную Ду́му.

740 *Nicht sein, sich nicht befinden, nicht stattfinden* wird gewöhnlich durch нет (не́ было, не бу́дет) mit Genitiv, also in Form eines verneint-unpersönlichen Satzes (↗ 732.1), ausgedrückt; vgl. z. B.

Bejahender Satz: *Verneint-unpersönlicher Satz:*
Он сейча́с до́ма. Его́ нет сейча́с до́ма. – Er ist augenblicklich nicht zu Hause.
Она́ была́ на рабо́те. Её не́ было на рабо́те. – Sie war nicht zur Arbeit gegangen.
Sie war nicht auf Arbeit.
Бу́дет дождь. Дождя́ не бу́дет. – Es wird nicht regnen.

Bezieht sich das Nicht-Vorhandensein auf Personen, so kann eine (nachdrückliche) Verneinung im Futur und im Präteritum auch durch einen persönlichen, mit der Partikel не gebildeten Satz wiedergegeben werden; vgl. z. B.:

Я не́ был (не была́) до́ма два го́да. Oder: Меня́ не́ было до́ма два го́да.

Есть *mit N.* – Es gibt

741 Für den Gebrauch von есть *mit Nominativ* oder des *reinen Nominativs* ohne есть – *es gibt, es ist (sind) … vorhanden* gilt:
– Soll mit der Äußerung die Existenz, das Vorhandensein einer Sache (oder Person) zum Ausdruck gebracht werden, steht есть *mit N.* (als Antwort auf die Alternativfrage: есть и́ли нет?).

– Soll mit der Äußerung die vorhandene Sache (oder Person) in qualitativer oder quantitativer Hinsicht näher charakterisiert werden, steht der *reine Nominativ* ohne есть (als Antwort auf Ergänzungsfragen wie: како́й и́менно? ско́лько и́менно?).

Vgl. z. B.:
В на́шем го́роде есть теа́тр. – In unserer Stadt gibt es (existiert) ein Theater.
(Mögliche Antwort auf die Frage: Есть ли в ва́шем го́роде теа́тр?)
В го́роде прекра́сный теа́тр. – In der Stadt gibt es ein ausgezeichnetes Theater.
(Mögliche Antwort auf die Frage: Како́й и́менно теа́тр в го́роде?)

В э́тих леса́х есть грибы́ и я́годы. В э́тих леса́х мно́го грибо́в и я́год.

В на́шем университе́те есть мно́го кру́пных учёных.	– An unserer Universität gibt es viele bedeutende Wissenschaftler.
В э́той статье́ есть интере́сные мы́сли.	– In diesem Artikel gibt es interessante Ideen.
В э́том сло́ве есть оши́бка.	– In diesem Wort steckt ein Fehler.

Futur und *Präteritum* werden durch die entsprechenden Formen von быть ausgedrückt; diese stimmen in Genus und Numerus mit ihrem Bezugswort überein, z. B.:
Ра́ньше в на́шем го́роде был теа́тр. В го́роде был прекра́сный теа́тр.
Ме́жду дома́ми была́ де́тская площа́дка. Здесь когда́-то бы́ло мно́го садо́в (➚ 690.3).

742 *Es gibt nicht, es gibt kein(-e, -en)* wird durch нет (не́ было, не бу́дет) *mit Genitiv,* also in Form eines verneint-unpersönlichen Satzes (➚ 732.1), wiedergegeben; vgl. z. B.
Bejahender Satz: *Verneint-unpersönlicher Satz:*
В на́шей шко́ле есть спортза́л. В на́шей шко́ле ещё нет спортза́ла.
В ко́мнате был шкаф. В ко́мнате не́ было шка́фа.
За́втра бу́дет дождь. Наде́юсь, что за́втра не бу́дет дождя́.

У *mit G.* + есть *mit N.* – Jmd. hat

743 Für den Gebrauch von у *mit Genitiv der Person* + есть *mit Nominativ* oder + *Nominativ* ohne есть – *jmd. hat* gilt (➚ auch 741):
– Soll mit der Äußerung der Besitz einer Sache, das Vorhandensein eines Merkmals zum Ausdruck gebracht werden, steht есть *mit N.* (als Antwort auf die Alternativfrage: есть и́ли нет?).

– Soll mit der Äußerung die vorhandene Sache oder das Merkmal in qualitativer oder quantitativer (auch zeitlicher) Hinsicht näher charakterisiert werden, so steht in der Regel der *reine Nominativ* ohne есть.

– Die Person, die etwas hat, besitzt oder auf die das betreffende Merkmal zutrifft, wird durch die Wortgruppe у *mit G.* bezeichnet.

Vgl. z. B.:
У меня есть большой словарь.	– Ich habe | besitze ein großes Wörterbuch.

(Mögliche Antwort auf die Frage: У вас есть большой словарь?)

У меня хороший словарь.	– Ich habe | besitze ein gutes Wörterbuch.

(Mögliche Antwort auf die Frage: Какой у вас словарь?)

– Сейчас у детей каникулы, они у бабушки в деревне.	– „Die Kinder haben zur Zeit Ferien, sie sind bei der Großmutter auf dem Land."
– У них есть каникулы весной?	„Haben sie (denn) im Frühjahr Ferien?"
– Да, у них есть каникулы в марте.	„Ja, sie haben im März Ferien."

У неё есть совесть (… есть принципы, … есть талант, … есть чувство юмора).
У него есть время (… есть трудности в работе, … есть все условия для работы).
У меня есть вопрос (… есть сомнение, … есть мысль).

У неё голубые глаза. У них сын, а не дочь.
У него интересная жизнь (… насыщенная программа, … температура, … кашель).
У меня сегодня конференция (… разговор с директором, … день рождения).

Futur und *Präteritum* werden durch die entsprechenden Formen von быть ausgedrückt; diese stimmen in Genus und Numerus mit ihrem Bezugswort, dem Substantiv im Nominativ, überein. Z. B.:
У меня был большой словарь (… был хороший словарь).
У неё было чувство юмора (… была уверенность в своих силах).
У него будут трудности в работе (… будет насыщенная программа).
Завтра у нас будет конференция.

Beachte: *Haben* kann zum Ausdruck des Besitzes, der Zugehörigkeit und in bestimmten Wendungen durch das persönliche Verb иметь (я имею, ты имеешь, …) ausgedrückt werden, z. B.:
иметь дом (машину, телевизор), иметь мужа (жену, детей; собаку); иметь возможность – die Möglichkeit haben, иметь значение – Bedeutung haben, von Bedeutung sein, иметь (высшее) образование – (Hochschul-)Bildung haben, иметь право – das Recht haben, иметь представление о *mit P.* – eine Vorstellung haben von, иметь (интересную) работу – (eine interessante) Arbeit haben, иметь слово – das Wort haben.

Jmd. hat nicht, jmd. hat kein(-e, -en) wird durch нет (не было, не будет) *mit Genitiv*, also in Form eines verneint-unpersönlichen Satzes (↗ 732.1), wiedergegeben; vgl. z. B.

Bejahender Satz:	*Verneint-unpersönlicher Satz:*
У нас есть русско-немецкий словарь.	У нас нет русско-немецкого словаря.
– Wir haben ein … Wörterbuch.	– Wir haben kein … Wörterbuch.
У неё была уверенность в своих силах.	У неё не было уверенности в своих силах.
– Sie hatte Selbstvertrauen.	– Sie hatte kein Selbstvertrauen.
У него будут трудности в работе.	У него трудностей в работе не будет.
– Er wird Schwierigkeiten bei der Arbeit haben.	– Er wird keine Schwierigkeiten bei der Arbeit haben.

Zur Wiedergabe deutscher Modalverben

745 Im Folgenden wird an ausgewählten Beispielen gezeigt, in welch vielfältiger Weise die deutschen Modalverben *brauchen, dürfen, können, mögen, müssen, sollen, wollen* (jeweils in Verbindung mit einem Verb im Infinitiv) im Russischen wiedergegeben werden können.
Zu den wichtigsten sprachlichen Mitteln des Russischen gehören hier
- Modalverben wie z. B. с-/мочь, хотеть, придётся/приходится,
- modale Zustandswörter wie z. B. можно, нельзя, надо, нужно (➚ 531) und das prädikativ gebrauchte Adjektiv должен (-жна, -жно; -жны),
- Schaltwörter wie z. B. вероятно, возможно *schr.*, наверное, по-видимому (➚ 537.1),
- Partikeln wie z. B. пусть, неужели, разве (➚ 616 f.).

Modale Bedeutungen können auch durch bestimmte Tempus- und Modusformen, durch Infinitivsätze (➚ 729.1) und durch allgemein-persönliche Sätze (➚ 726) ausgedrückt werden.
Bedeutungsschattierungen der deutschen Modalverben sind durch Stichworte angedeutet.

746 Brauchen

man braucht nicht zu (+ Inf.):
не нужно (*mit D.*), не стоит, не следует (*mit D.*), – man (*jmd.*) braucht nicht zu …

Вам не нужно приходить.	– Sie brauchen nicht zu kommen.
Никому не нужно рассказывать об этом.	– Das braucht niemand zu wissen.
Не стоит об этом спорить.	– Darüber braucht man nicht zu streiten.
Вам не следовало бы говорить ему это.	– Sie hätten ihm das nicht zu sagen brauchen.

man braucht nur zu (+ Inf.):
стоит только (*mit D.*) – man (*jmd.*) braucht nur zu …

Вам стоит только намекнуть ему, и он всё поймёт. – Sie brauchen ihm nur eine Andeutung zu machen, und er versteht alles.

Beachte: Das Verb *brauchen* kann auch als Verb mit eigenständiger lexikalischer Bedeutung (*etw.* | *jmdn. benötigen*) verwendet werden; ihm entsprechen im Russischen vor allem нуждаться в *mit P.* oder das prädikativ gebrauchte Adjektiv нужен (нужна, нужно; нужны) (*mit D.*).
Я нуждаюсь в вашей помощи. – Ich brauche Ihre Hilfe.
Oder: Мне нужна ваша помощь.

747 Dürfen

Erlaubnis: с-/мочь; разрешается | разрешают (*mit D.*) – man (*jmd.*) darf; можно (*mit D.*) – man (*jmd.*) darf, нельзя (*mit D.*) – man (*jmd.*) darf nicht

Больной может есть только суп и чай.	– Der Kranke darf nur Suppe und Tee zu sich nehmen.
Я не могу (Мне нельзя) это есть.	– Ich darf	kann das nicht essen.
Больному уже разрешается	разрешают вставать.	– Der Kranke darf	kann schon aufstehen.
Здесь можно (Здесь нельзя) курить.	– Hier darf man (nicht) rauchen.
Можно попросить вас об одной вещи?	– Darf ich Sie um etwas bitten?

Berechtigung: быть впра́ве – dürfen, не име́ть пра́ва – nicht dürfen; не сле́дует (*mit D.*) – man (*jmd.*) darf nicht; (он) не до́лжен – (er) darf nicht

Он впра́ве горди́ться свои́м бра́том.	– Er darf | kann auf seinen Bruder stolz sein.
Никто́ не име́ет пра́ва его́ руга́ть.	– Niemand darf ihn beschimpfen.
Вам не сле́довало бы э́того де́лать.	– Das hätten Sie nicht tun dürfen | sollen.
Вы не должны́ забыва́ть о том, что …	– Sie dürfen nicht vergessen, dass …

Annahme, Vermutung: Schaltwörter wie z. B. вероя́тно, возмо́жно
За́втра бу́дет, вероя́тно, хоро́шая пого́да.   – Morgen dürfte \| könnte schönes Wetter sein.

Können

Objektiv gegebene Möglichkeit: с-/мочь; мо́жно – man kann, нельзя́ – man kann nicht; mitunter auch Wiedergabe durch Infinitivsätze oder allgemein-persönliche Sätze

Кто мо́жет показа́ть нам доро́гу?	– Wer kann uns den Weg zeigen?
Не могли́ бы вы мне сказа́ть, …?	– Könnten Sie mir (bitte) sagen, …?
Тут мо́жно купа́ться.	– Hier kann man baden.
Э́тому нельзя́ ве́рить.	– Das kann man (kann ich) nicht glauben.
Как ему́ помо́чь?	– Wie kann man (kann ich) ihm helfen?
В письме́ всего́ не напи́шешь.	– In einem Brief kann man nicht alles schreiben.

Erlernte Fähigkeit: уме́ть; mitunter auch Wiedergabe durch einfaches verbales Prädikat mit qualifizierender Adverbialbestimmung

Вы уме́ете пла́вать?	– Können Sie schwimmen?
Он хорошо́ говори́т по-ру́сски.	– Er kann gut Russisch (sprechen).
На́ша до́чка уже́ хо́дит.	– Unsere kleine Tochter kann schon laufen.

Erlaubnis: с-/мочь; мо́жно – man kann

Мо́жете идти́!	– Sie können gehen!
Мо́жно с тобо́й поговори́ть?	– Kann | Könnte ich mal mit dir sprechen?

Annahme, Vermutung: Schaltwörter wie z. B. возмо́жно, мо́жет быть
Мо́жет быть, Во́ва прав.   – Wowa kann Recht haben.

Mögen

Wunsch: хоте́ть (он хоте́л бы – er möchte), хо́чется (*mit D.*) – (*jmd.*) möchte; mitunter in Wunschsätzen Partikel пусть \| *ugs.* пуска́й

Я хоте́л(-а) бы поговори́ть с …	– Ich möchte mit … sprechen.
Мне хо́чется пить.	– Ich möchte etwas trinken.
Пусть он сам реша́ет э́то.	– Das mag | soll er selbst entscheiden.

Vermutung, Unsicherheit: Schaltwörter wie z. B. возмо́жно, мо́жет быть, наве́рное; (in Fragen) мочь

Ему́, наве́рное, лет со́рок.	– Er mag | wird etwa 40 Jahre alt sein.
Как э́то случи́лось | могло́ случи́ться?	– Wie mag das geschehen sein?

Einräumung: кто бы ни …, ско́лько бы ни …, как бы ни … (Verbform im *Konj.*)
Как бы ни́ было хорошо́ в гостя́х, всё-таки до́ма лу́чше.   – Wie schön es auch immer zu Besuch sein mag, zu Hause ist es doch noch schöner.

750 Müssen

Objektives Erfordernis: на́до (*mit D.*), ну́жно (*mit D.*) – man (*jmd.*) muss; необходи́мо (*mit D.*) – man (*jmd.*) muss (unbedingt); mitunter auch Wiedergabe durch Infinitivsätze (↗ 729.1)

На́до купи́ть хле́ба.	– Man muss (Wir müssen) Brot kaufen.
Мне на́до | ну́жно поговори́ть с ва́ми.	– Ich muss mit Ihnen sprechen.
Вам необходи́мо бро́сить кури́ть.	– Sie müssen unbedingt mit dem Rauchen aufhören.
Э́то необходи́мо сде́лать.	– Das muss man unbedingt machen.
Мне за́втра ра́но встава́ть.	– Ich muss morgen zeitig aufstehen.

(Moralische) Verpflichtung: (он) до́лжен – (er) muss; сле́дует (*mit D.*) – man (*jmd.*) muss

Мы должны́ реши́ть э́тот вопро́с сего́дня.	– Wir müssen diese Frage heute entscheiden.
Ты до́лжен (должна́) примири́ться с э́тим.	– Du musst dich damit abfinden.
Сле́дует поду́мать над его́ предложе́нием.	– Man muss über seinen Vorschlag nachdenken.
Ему́ сле́довало бы писа́ть.	– Er hätte eigentlich schreiben müssen.

(Äußerer) Zwang: придётся/прихо́дится (*mit D.*) – man (*jmd.*) muss

Вам придётся немно́го подожда́ть.	– Sie werden etwas warten müssen.
Ей пришло́сь уе́хать.	– Sie musste wegfahren.

Annahme, Vermutung: (он) до́лжен – (er) muss; Schaltwörter wie z. B. должно́ быть, по-ви́димому

Ива́н Влади́мирович до́лжен прийти́ с мину́ты на мину́ту.	– Iwan Wladimirowitsch wird jeden Augenblick hier sein.
Э́то, должно́ быть, произошло́ здесь.	– Das muss hier geschehen sein.
Э́то, по-ви́димому, пра́вда.	– Das muss wahr sein.

751 Sollen

Forderung, Aufforderung: nachdrücklich: (он) до́лжен – (er) soll; mitunter Wiedergabe auch durch Imperativ; *weniger nachdrücklich:* сле́дует (*mit D.*) – man (*jmd.*) soll; пусть \| *ugs.* пуска́й; нельзя́ – man soll nicht

Ты до́лжен (должна́) сейча́с прийти́!	– Du sollst sofort herkommen!
Вы должны́ бы́ли посла́ть телегра́мму.	– Sie sollten ein Telegramm schicken.
Замолчи́ наконе́ц!	– Du sollst endlich ruhig sein! Schweig endlich!
Э́то письмо́ сле́дует отпра́вить ещё сего́дня.	– Dieser Brief soll noch heute abgeschickt werden.
Нам сле́довало бы поду́мать об э́том зара́нее.	– Wir hätten früher daran denken sollen | müssen.
Пусть он сам придёт!	– Soll | Mag er selbst kommen!
Здесь нельзя́ кури́ть.	– Hier soll | darf man nicht rauchen.

Bezug auf die Zukunft: ausgedrückt durch Futurformen bzw. – bei Blick aus der Vergangenheit – durch Präteritalformen

Здесь бу́дет бассе́йн.	– Hier soll | wird ein Schwimmbad entstehen.
Э́того бо́льше не повтори́тся.	– Das soll | wird nicht wieder vorkommen.
Чем э́то ко́нчится?	– Wie soll | wird das enden?
Э́то оказа́лось оши́бкой.	– Das sollte sich als Fehler erweisen.

Ratschlag, Empfehlung: ausgedrückt durch Konjunktivformen
Сходи́л бы ты к врачу́. — Du solltest zum Arzt gehen.

Ungewissheit (in Fragen): ausgedrückt durch Infinitivsätze
Закры́ть окно́? — Soll ich das Fenster schließen?
К кому́ мне обрати́ться? — An wen soll | kann ich mich wenden?

Verwunderung, Zweifel (in Entscheidungsfragen): Partikeln wie z. B. неуже́ли, ра́зве
Неуже́ли э́то пра́вда? — Ist das wirklich wahr? Das soll wahr sein?
Неуже́ли вы говори́те э́то серьёзно? — Soll(te) das Ihr Ernst sein?
Ра́зве я мог (могла́) подозрева́ть об э́том? — Wie hätte ich das ahnen sollen | können?

Aussage eines anderen: говоря́т, что …; счита́ют, что …; полага́ют, что …
Говоря́т, что она́ о́чень умна́. — Sie soll sehr klug sein.
Полага́ют, что све́жий во́здух бу́дет поле́зен ребёнку. — Die frische Luft soll dem Kind gut tun.

Wollen 752

Absicht, nachdrücklicher Wunsch: хоте́ть, хо́чется (*mit D.*) – (*jmd.*) will; mitunter auch собра́ться/собира́ться
Ма́льчик о́чень хоте́л пить. — Der Junge wollte unbedingt etwas trinken.
Что вы хоти́те э́тим сказа́ть? — Was wollen Sie damit sagen?
Нам хо́чется посмотре́ть но́вый фильм. — Wir wollen uns einen neuen Film ansehen.
Что вы собира́етесь де́лать сего́дня ве́чером? — Was wollen | werden Sie heute Abend unternehmen?

Behauptung: утвержда́ть – behaupten
Она́ утвержда́ет, что ви́дела э́то со́бственными глаза́ми. — Sie will es mit eigenen Augen gesehen haben.
Он утвержда́ет, бу́дто сде́лал э́ту рабо́ту без посторо́нней по́мощи. — Er will diese Arbeit allein gemacht haben.

Notwendigkeit: по-/тре́бовать (*mit G.*) – (*etw.*) (er)fordern; ну́жно
Боле́знь тре́бует тща́тельного лече́ния. — Die Krankheit will sorgfältig behandelt sein. (… erfordert sorgfältige Behandlung).
Э́то ну́жно обду́мать. — Das will überlegt sein. Das muss man überdenken.

Bezug auf die Zukunft: ausgedrückt durch Futurformen
Посмо́трим. — Wir wollen | werden sehen.
Я ещё не зна́ю, что из э́того полу́чится. — Ich weiß noch nicht, was daraus werden will | soll.

Aufforderung: ausgedrückt durch Imperativformen der 2. Person bzw. (bei Aufforderung zu gemeinsamer Handlung) der 1. Person Plural
Запо́лните, пожа́луйста, э́тот бланк. — Wollen Sie bitte dieses Formular ausfüllen! Füllen Sie bitte … aus!
Дава́й пойдём! — Wollen wir gehen! Lass uns gehen!

Der einfache Satz

Zeitangaben

753 Im Folgenden werden anhand ausgewählter Beispiele behandelt:
- allgemeine, in der Regel durch präpositionale Wortgruppen ausgedrückte Zeitangaben (geordnet nach den zugrunde liegenden Fragen),
- die Angabe der Uhrzeit,
- die Angabe des Datums und
- die Angabe des Alters.

Adverbien der Zeit wie z. B. рáно, зáвтра bleiben unberücksichtigt; hierzu ↗ 507.
Zu Adverbialsätzen der Zeit ↗ 777.

Allgemeine Zeitangaben

754 Когдá? – Wann?

1. Präpositionale Wortgruppen mit в, на, по
В *mit Akkusativ*
- zur Angabe der *Uhrzeit* oder eines entsprechenden Zeitpunktes, z. B.:
в семь часóв тридцать минýт – um 7.30 Uhr (↗ 758); в э́ту секýнду (в э́ту минýту) – in diesem Augenblick, в э́тот (в пéрвый, в послéдний) момéнт

- zur Angabe der durch ein Attribut näher bestimmten *Tageszeit* oder des *Tages*, z. B.:
в э́тот вéчер – an diesem Abend, в ночь на срéду (на шестóе ию́ня) – in der Nacht zu Mittwoch (zum 6. Juni), в э́тот день – an diesem Tag, в понедéльник (во втóрник, в срéду …) – am Montag (…, ↗ auch по *mit D. Pl.*);
unterscheide: в другóй день – an einem anderen Tag, на другóй (на слéдующий) день – am nächsten (folgenden) Tag

- zur Angabe eines *größeren*, zahlenmäßig nicht näher benannten *Zeitraumes*, z. B.:
в нáше врéмя – in unserer Zeit, во временá Петрá I (Пéрвого) – zu Zeiten Peters I., в эпóху феодали́зма – im Zeitalter des Feudalismus, в гóды второ́й мировóй войны́ – in den Jahren des Zweiten Weltkrieges

В *mit Präpositiv*
- zur Angabe des *Monats*, z. B.:
в э́том (в прóшлом, в бýдущем) мéсяце – in diesem (im vergangenen, im kommenden) Monat, в январé (в февралé …)

- zur Angabe des *Jahres*, z. B.:
в э́том (в прóшлом, в бýдущем) годý – in diesem (…) Jahr, в 2005 (две ты́сячи пя́том) годý (↗ 761); в 2005 (… пя́том) – 2007 (седьмóм) годáх – in den Jahren 2005 – 2007

- zur Angabe eines *Jahrzehnts* oder *Jahrhunderts*, z. B.:
в двадцáтых годáх нáшего вéка – in den zwanziger Jahren unseres Jahrhunderts, в XXI (двáдцать пéрвом) вéке – im 21. Jahrhundert;
auch: в прóшлом – in der Vergangenheit, в бýдущем – in Zukunft

- zur Angabe des *Beginns* oder des *Endes einer Zeiteinheit*, z. B.:
в начáле января́ (гóда) – Anfang Januar (des Jahres), в середи́не мéсяца (недéли) – Mitte des Monats (der Woche), в концé лéта (прóшлого мéсяца) – Ende des Sommers (letzten Monats)

НА *mit Präpositiv*
– zur Angabe der *Woche*, z. B.:
на э́той (на про́шлой, на сле́дующей) неде́ле – in dieser (in der vergangenen, in der nächsten) Woche

ПО *mit Dativ Plural*
– zur Angabe einer Tageszeit oder eines (Wochen-)Tages, an denen sich eine Handlung *regelmäßig* wiederholt, z. B.:
по вечера́м – abends, am Abend, an den Abenden, по понеде́льникам (по вто́рникам, по среда́м) – montags, am Montag (dienstags, mittwochs, ↗ в *mit A.*);
Музе́й не рабо́тает по вто́рникам. – Das Museum ist dienstags geschlossen.

2. Präpositionale Wortgruppen zur Kennzeichnung eines quantifizierbaren Zeitraums
(ТОМУ) НАЗА́Д *(Adverb, nachgestellt)* – vor, z. B.:
Он узна́л об э́том два часа́ тому́ наза́д (не́сколько дней тому́ наза́д, неде́лю тому́ наза́д). – Er hat das vor zwei Stunden (vor einigen Tagen, vor einer Woche) erfahren.

ЧЕ́РЕЗ *mit Akkusativ* – nach (Ablauf von: *Bezug auf Vergangenheit*), in (*Bezug auf Zukunft*),
ЧЕ́РЕЗ *mit Akkusativ* ... ПО́СЛЕ *mit Genitiv* – *(konkrete Zeitangabe)* nach, z. B.:
Он верну́лся через три дня (через два ме́сяца, через пять лет). – Er kehrte nach drei Tagen (nach zwei Monaten, nach fünf Jahren) zurück.
Э́то случи́лось через неде́лю (через не́сколько дней) по́сле его́ прие́зда. – Das geschah eine Woche (einige Tage) nach seiner Ankunft.
Он прие́дет через не́сколько мину́т (через час, через два ме́сяца). – Er kommt in wenigen Minuten (in einer Stunde, in zwei Monaten).

СПУСТЯ́ *mit Akkusativ (nach- oder vorangestellt)* – nach (Ablauf von), später, z. B.:
Моя́ сестра́ уезжа́ет сего́дня, а я пое́ду три дня (неде́лю) спустя́. – Meine Schwester fährt heute, ich fahre drei Tage (eine Woche) später.
Он прие́хал спустя́ две неде́ли.

3. Präpositionale Wortgruppen zur Bezeichnung eines nicht quantifizierten Zeitraums
ДО *mit Genitiv* – (in der Zeit) vor,
ЗА *mit Akkusativ* ... ДО *mit Genitiv* – *(konkrete Zeitangabe)* vor, z. B.:
до обе́да, до рассве́та, до войны́;
Э́то бы́ло за́ день (за неде́лю) до его́ прие́зда. – Das war einen Tag (eine Woche) vor seiner Ankunft.
Мы верну́лись за полчаса́ до обе́да. – Wir waren eine halbe Stunde vor dem Mittagessen zurück.

ПЕРЕД *mit Instrumental* – (in der Zeit unmittelbar) vor, z. B.:
перед обе́дом, перед экза́менами, перед отъе́здом;
Принима́йте лека́рство перед едо́й. – Nehmen Sie die Medizin unmittelbar vor dem Essen ein.

ВО ВРЕ́МЯ *mit Genitiv* – während, z. B.:
во вре́мя рабо́ты, во вре́мя о́тпуска, во вре́мя войны́

ПО́СЛЕ *mit Genitiv* – (in der Zeit) nach, z. B.:
по́сле обе́да, по́сле рабо́ты, по́сле заня́тий, по́сле войны́

ПО *mit Präpositiv* – (in der Zeit) nach (*in Verbindung mit Verbalsubstantiven*), z. B.:
по оконча́нии университе́та, по прибы́тии, по прие́зде

755 Как до́лго? – Wie lange?

Akkusativ ohne Präposition, в тече́ние *mit Genitiv* – im Laufe von, während
(*verbales Prädikat gewöhnlich im unvollendeten Aspekt*), z. B.:
ждать полчаса́ (до́лгие два часа́, весь ве́чер) – eine halbe Stunde (…) warten, мечта́ть всю доро́гу (всю жизнь) – den ganzen Weg lang (…) träumen; писа́ть в тече́ние всего́ ве́чера – während des ganzen Abends schreiben;

В тече́ние всего́ э́того вре́мени шли дожди́.	– Die ganze Zeit lang hat es geregnet.

Instrumental ohne Präposition – über (einen längeren Zeitraum) hinweg

Года́ми учёный собира́л да́нные для свое́й нау́чной рабо́ты.	– Über Jahre hinweg sammelte der Gelehrte Material für seine wissenschaftliche Arbeit.
Тради́ции существу́ют столе́тиями.	– Traditionen bleiben über Jahrhunderte lebendig.

756 За како́е вре́мя? – Innerhalb welchen Zeitraums? На како́е вре́мя? – Für welchen Zeitraum?

ЗА *mit Akkusativ* – im Laufe von, innerhalb, in
(*nicht verneintes Prädikat gewöhnlich im vollendeten Aspekt*), z. B.:

За э́то вре́мя (за э́ти го́ды) мно́гое измени́лось.	– Im Laufe dieser Zeit (im Laufe dieser Jahre) hat sich vieles verändert.
Я прочита́л(-а) э́ту статью́ за пятна́дцать мину́т (за полчаса́).	– Ich habe diesen Artikel innerhalb von 15 Minuten (einer halben Stunde) gelesen.
За после́дние три неде́ли (за после́дние пять лет) мы ни ра́зу с ним не ви́делись.	– In den letzten drei Wochen (fünf Jahren) haben wir uns kein einziges Mal gesehen.

НА *mit Akkusativ* – für, auf (einen Zeitraum), auf (einen Zeitpunkt), z. B.:

Он уе́хал на не́сколько дней (на неде́лю, на ме́сяц).	– Er ist für ein paar Tage (eine Woche, einen Monat) verreist.
Я поста́вил(-а) буди́льник на семь часо́в.	– Ich habe den Wecker auf sieben Uhr gestellt.
Где вы бы́ли в ночь с пя́того на шесто́е ма́я?	– Wo waren Sie in der Nacht vom 5. auf den 6. Mai?

757 С каки́х пор? – Seit wann? До каки́х пор? – Bis wann?

С *mit Genitiv* – von … an; seit
занима́ться спо́ртом с де́тства – seit der Kindheit Sport treiben, рабо́тать с восьми́ часо́в утра́; Я не ви́дел(-а) дру́га с апре́ля (с про́шлого го́да). Начина́я с сего́дняшнего дня он в о́тпуске.

ОТ *mit Genitiv* – von … an
слепо́й от рожде́ния – blind von Geburt an; В гру́ппе бы́ли де́ти от восьми́ лет.

ДО *mit Genitiv* – bis (zu)
взять/брать кни́гу до вто́рника – ein Buch bis Dienstag ausleihen, чита́ть до глубо́кой но́чи, рабо́тать до шести́ часо́в ве́чера; До кани́кул ещё далеко́.

С (seltener ОТ) *mit Genitiv* … ДО *mit Genitiv* – von … bis (zu),
С *mit Genitiv* … ПО *mit Akkusativ* – von … bis einschließlich
с утра́ до ве́чера – von morgens bis abends, со среды́ до пя́тницы, рабо́тать с девяти́ часо́в

утра́ до пяти́ часо́в ве́чера, чита́ть от восемна́дцати до двадцати́ часо́в, жить за́ го́родом с весны́ до о́сени;

отсу́тствовать по боле́зни со среды́ по пя́тницу – wegen Krankheit von Mittwoch bis einschließlich Freitag fehlen; С деся́того по двадца́тое ма́я меня́ в Москве́ не бу́дет.

Die Angabe der Uhrzeit

Die *offizielle Uhrzeitangabe* (unter anderem im Rundfunk und im Verkehrswesen üblich) erfolgt auf die Frage Кото́рый час? Ско́лько (сейча́с) вре́мени? – *Wie spät ist es?* durch einfache Aneinanderreihung von Stunden- und Minutenangabe. Dabei werden die 24 Stunden exakt benannt.

Auf die Frage когда́? в кото́ром часу́? – *wann? um wieviel Uhr?* steht в *mit Akkusativ*. Z. B.:

(в) час – (um) 1 Uhr; (в) два часа́ две мину́ты – (um) 2.02 Uhr; (в) два́дцать три часа́ два́дцать четы́ре мину́ты – (um) 23.24 Uhr; (в) пять часо́в пятна́дцать мину́т – (um) 5.15 Uhr; (в) ноль часо́в три́дцать мину́т – (um) 0.30 Uhr

Beachte den Akkusativ von одна́ (мину́та):
  два́дцать оди́н час одна́ мину́та – 21.01 Uhr
в два́дцать оди́н час одну́ мину́ту – um 21.01 Uhr

In mündlicher Rede wird die Uhrzeitangabe gelegentlich durch Auslassen der Wortform von мину́та und (seltener) von час verkürzt, z. B.:
(в) час три́дцать, (в) три (часа́) пятна́дцать

Im Alltagsleben wird eine *umgangssprachliche Uhrzeitangabe* bevorzugt.
Auf die Frage Ско́лько вре́мени?
– werden die vollen Stunden angegeben;
– wird in der ersten Stundenhälfte die Minutenzahl angegeben, die von der angebrochenen Stunde bereits verstrichen ist; dabei wird die angebrochene Stunde durch das entsprechende Ordnungszahlwort im Genitiv bezeichnet;
– wird in der zweiten Stundenhälfte die Minutenzahl angegeben, die zur vollen Stunde noch fehlt; dabei wird die Minutenzahl durch die Wortgruppe без *mit G.*, die Stunde durch das entsprechende Grundzahlwort im Nominativ bezeichnet;
– werden entsprechend *Viertel nach* durch че́тверть *mit G.*, *halb* durch полови́на *mit G.* und *Viertel vor* durch без че́тверти *mit N.* wiedergegeben.

Auf die Frage когда́? steht bei der Angabe voller Stunden oder zur ersten Stundenhälfte die Wortgruppe в *mit A.*; die Angaben zur zweiten Stundenhälfte bleiben unverändert.
Z. B.:

(в) пять мину́т	⎫	– (um) fünf Minuten	⎫
(в) де́сять мину́т	⎬ деся́того	– (um) zehn Minuten	⎬ nach neun
(в) че́тверть	⎭	– Viertel (um viertel)	⎭
		oder Viertel (um viertel) zehn	
без пяти́	⎫	– (um) fünf Minuten	⎫
без десяти́	⎬ де́сять	– (um) zehn Minuten	⎬ vor zehn
без че́тверти	⎭	– Viertel (um viertel)	⎭
		oder drei Viertel (um drei viertel) zehn	

760 Der einfache Satz

Beachte die Wiedergabe von *halb* durch половина oder durch mit пол- zusammengesetzte Ordnungszahlwörter (*im Genitiv*):

половина десятого *oder* полдесятого – halb zehn
в половине десятого *oder* в полдесятого – um halb zehn

Die Angabe des Datums

760 Tag und Monat

Auf die Frage Какое сегодня число? – *Der Wievielte ist heute?* steht der Nominativ des Ordnungszahlwortes in der neutralen Form (vgl. dazu das Genus von число) in Verbindung mit dem Genitiv des Monatsnamens.
Als Antwort auf die Frage когда? какого числа? – *wann? am Wievielten?* werden das Ordnungszahlwort und der Monatsname im Genitiv gebraucht. Beispiele:

	какое число?	*какого числа?*
1 марта:	первое марта – der 1. März	первого марта – am 1. März
3 марта:	третье марта	третьего марта
15 марта:	пятнадцатое марта	пятнадцатого марта
22 марта:	двадцать второе марта	двадцать второго марта

Десятое ноября (*alt* Десятого ноября) – день рождения Любы. Валерий Иванович вернётся пятого июня. Я вернусь между десятым и пятнадцатым августа.

761 Jahr

Die Angabe des Jahres erfolgt im Russischen – zum Unterschied vom Deutschen – durch eine Ordnungszahl; diese stimmt mit ihrem Bezugswort год in Genus, Numerus und Kasus überein. Beispiele:

	какой год? – welches Jahr?	*в каком году? – in welchem Jahr?*
1945 год:	тысяча девятьсот сорок пятый год	в тысяча девятьсот сорок пятом году
2000 год:	двухтысячный год	в двухтысячном году
2003 год:	две тысячи третий год	в две тысячи третьем году
2025 год:	две тысячи двадцать пятый год	в две тысячи двадцать пятом году

762 Tag, Monat und Jahr

Die Tag und Monat (oder auch nur dem Monat) folgende Jahresangabe steht immer im Genitiv. Beispiele:

19 февраля 1861 года:
девятнадцатое февраля ⎱ тысяча восемьсот шестьдесят первого года ⎰ – der 19. Februar ⎱ 1861
девятнадцатого февраля ⎰ ⎱ – am 19. Februar ⎰

1 января 2000 года:
первое января ⎱ двухтысячного года ⎰ – der 1. Januar ⎱ 2000
первого января ⎰ ⎱ – am 1. Januar ⎰

декабрь 2005 года: декабрь ⎱ две тысячи пятого года ⎰ – Dezember ⎱ 2005
в декабре 2005 года: в декабре ⎰ ⎱ – im Dezember ⎰

In offiziellen Schriftstücken (z. B. Geschäftsbriefen) sind folgende *Schreibweisen des Datums* üblich: 15 мáя 2005 г. oder verkürzt 15.05.05; in privaten Briefen treten weitere Schreibweisen auf, z. B.: 15/V-2005 г.

Die Angabe des Alters

1. Auf die Frage Скóлько емý (ей) лет? – *Wie alt ist er (sie)?* wird gewöhnlich mit einem Satz geantwortet, in dem die Zahl der Jahre durch die Wortgruppe „Grundzahlwort + Form von год" (↗ 419) wiedergegeben wird; die Person oder Sache, deren Alter angegeben wird, wird durch ein Substantiv oder substantivisches Pronomen im Dativ bezeichnet.
Der Bezug zur Zukunft wird gewöhnlich durch бýдет, der zur Vergangenheit durch был(-о) ausgedrückt. Z. B.:
Ребёнку одúн год. Моемý сы́ну два гóда, а моéй дóчери пять лет.
Сестрé скóро бýдет 20 лет (21 год, 22 гóда, 25 лет).
Брáту бы́ло 24 гóда (26 лет), когдá он окóнчил университéт.
Э́тому здáнию бóльше ста лет. – Dieses Gebäude ist älter als 100 Jahre.

Als Kopula kann auch испóлниться/исполня́ться – *werden* verwendet werden, z. B.:
Отцý испóлнилось 65 лет. – Vater ist 65 (Jahre alt) geworden.
Зáвтра певúце испóлнится/исполня́ется 30 лет. – Morgen wird die Sängerin 30 (Jahre).
В 1999 годý испóлнилось 200 лет со дня рождéния А. С. Пýшкина. – 1999 jährte sich der Geburtstag A. S. Puschkins zum 200. Mal.

Beachte: Gelegentlich wird das Alter auch durch ein Ordnungszahlwort wiedergegeben, das das bereits angebrochene Lebensjahr bezeichnet, z. B.:
Мáльчику деся́тый год. – Der Junge ist (über, etwas mehr als) neun Jahre alt.
Емý шёл 41 (сóрок пéрвый) год. – Er war (etwas über) 40 Jahre alt.

2. Das Lebensalter kann auch durch ein Genitivattribut ausgedrückt werden (↗ 635.3), z. B.:
Он молодóй человéк двадцатú лет. – Er ist ein junger Mann von 20 Jahren.
Durch Nachstellung des Zahlwortes (↗ 420) wird eine ungefähre Zahl angegeben, z. B.:
Он молодóй человéк лет двадцатú. – Er ist ein junger Mann von etwa 20 Jahren.

Der zusammengesetzte Satz

764 Ein zusammengesetzter Satz besteht aus zwei oder mehreren Teilsätzen mit zwei oder mehreren prädikativen Zentren und stellt eine *einheitliche komplexe Äußerung* dar. Die Verbindung der Teilsätze zu einem einheitlichen Ganzen erfolgt häufig durch Bindemittel, z. B. Konjunktionen oder Relativpronomen; in jedem Fall wird die Einheitlichkeit der Äußerung durch intonatorische Mittel (Stimmführung), zum Ausdruck gebracht.

Innerhalb zusammengesetzter Sätze unterscheidet man Satzverbindungen und Satzgefüge.

Satzverbindungen

765 Nach dem Inhalt der Beziehungen, die zwischen einander nebengeordneten Teilsätzen bestehen, lassen sich anreihende (kopulative), entgegensetzende (adversative), ausschließende (disjunktive) und weiterführende (progrediente) Satzverbindungen unterscheiden.

766 Anreihende Satzverbindungen

Teilsätze anreihender Satzverbindungen können konjunktionslos oder mit Konjunktionen wie и – *und*, да ugs. – *und*, и … и, – *sowohl … als auch* und anderen (↗ 584) verbunden sein. Vgl.:
Ве́тер во́ет, (да) дождь стучи́т в окно́. Ко́нчилось ле́то, и начали́сь ча́стые дожди́.

Beachte das Verhältnis der *Aspektformen* der Prädikate bzw. wesentlichen Satzglieder beider Teilsätze zueinander:
– Die *Gleichzeitigkeit* der beiden Handlungen wird gewöhnlich durch unvollendete Verbformen ausgedrückt (↗ auch **173**), z. B.:
Свети́ло (*uv.*) со́лнце, и шёл (*uv.*) дождь. – Es schien die Sonne und es regnete.
Vollendete Verbformen werden jedoch gebraucht, wenn beide Handlungen abgeschlossen sind und ihr (mitunter auch negatives) Ergebnis vorliegt, z. B.:
Он не реши́л (*v.*) зада́чу, мне та́кже не удало́сь (*v.*) её реши́ть.

– Die *Aufeinanderfolge* der beiden Handlungen wird in der Regel durch vollendete Verbformen ausgedrückt (↗ auch **172**), z. B.:
Сверкну́ла (*v.*) мо́лния, и загреме́л (*v.*) гром. – Ein Blitz leuchtete auf, und der Donner begann zu grollen.
К до́му подкати́л (*v.*) си́ний «Москви́ч», – Am Haus fuhr ein blauer „Moskwitsch" vor,
и отту́да вы́лез (*v.*) брат … (Ток.) und aus ihm stieg der Bruder …
Bezeichnet jedoch eines der beiden Prädikate eine Handlung in ihrem Verlauf, in ihrer Dauer, so steht diese Verbform im unvollendeten Aspekt, z. B.:
Снача́ла шёл (*uv.*) дождь, зате́м ве́тер разогна́л (*v.*) ту́чи.

767 Entgegensetzende Satzverbindungen

Teilsätze entgegensetzender Satzverbindungen werden gewöhnlich mit Konjunktionen wie а – *aber, jedoch*, но – *aber*, одна́ко – *jedoch, doch, aber* und anderen (↗ **586**) verbunden.
Die Gegenüberstellung von Sachverhalten kann eher einen Vergleich oder aber einen scharfen Gegensatz ausdrücken (zur Differenzierung von а und но ↗ **587**, z. B.:
Зимо́й у нас хо́лодно, а ле́том жа́рко. Мно́гие бы́ли за предложе́ние, а я был(-á) про́тив.
Он звони́л, но вас не́ было до́ма. У нас бы́ли биле́ты, но мы не пошли́ в теа́тр.

Ausschließende Satzverbindungen 768

Teilsätze ausschließender Satzverbindungen werden gewöhnlich mit Konjunktionen wie и́ли – *oder*, и́ли ..., и́ли – *entweder ... oder*, то ..., то – *bald ... bald, mal ... mal* und anderen (➚ 588) verbunden, z. B.
За́втра вы́ позвони́те мне и́ли я позвоню́ вам. В э́то вре́мя го́да и́ли иду́т дожди́, и́ли стоя́т холода́. Вчера́ мне весь ве́чер меша́ли рабо́тать: то кто́-нибудь входи́л, то звони́л телефо́н.

Weiterführende Satzverbindungen 769

Weiterführende Satzverbindungen sind dadurch gekennzeichnet, dass eine im ersten Teilsatz gegebene Äußerung im zweiten Teilsatz durch eine zusätzliche, oft nicht erwartete Information weitergeführt wird. Diese Information kann enthalten, was mit einem im ersten Teilsatz genannten Gegenstand weiter geschieht; sie kann sich auch auf den ganzen ersten Teilsatz beziehen und einen zusätzlichen Umstand dieser Äußerung benennen. Teilsätze weiterführender Satzverbindungen werden entweder konjunktionslos oder mit Konjunktionen wie и – *und*, а – *und*, то́ есть – *das heißt* und anderen (➚ 589) verbunden; in der Schrift werden sie gewöhnlich durch Komma oder Gedankenstrich getrennt. Z. B.:

Одна́жды уже́ выпада́л снег ... – тот снег забели́л ненадо́лго всю сава́нну ... (Айт.)
– Eines Tages fiel bereits Schnee ..., und dieser Schnee überzog für kurze Zeit die ganze Savanne mit einem weißen Kleid ...

В ко́мнате бы́ло ду́шно, и прито́м о́кна не открыва́лись.
– Im Zimmer war es stickig, und zudem ließen sich die Fenster nicht öffnen.

На поку́пку до́ма затра́чено бо́лее ста ты́сяч рубле́й, при э́том часть де́нег была́ полу́чена в креди́т.
– Für den Kauf des Hauses wurden mehr als 100 000 Rubel ausgegeben; dabei wurde für einen Teil dieser Summe ein Kredit aufgenommen.

Подгото́вка к собра́нию зако́нчена, то́ есть была́ утверждена́ пове́стка дня и наме́чен докла́дчик.
– Die Vorbereitung auf die Versammlung ist abgeschlossen, das heißt, die Tagesordnung ist bestätigt und der Referent ausgewählt.

Satzgefüge

Ein dem Hauptsatz strukturell untergeordneter Nebensatz ergänzt oder erläutert das im Hauptsatz Gesagte oder bietet weiterführende Informationen; dabei kann der wesentliche Gehalt der komplexen Äußerung, ihr eigentlicher Neuheitswert, durchaus im Nebensatz enthalten sein. Die meisten Nebensätze erfüllen gegenüber dem Hauptsatz eine *Funktion*, die der eines Satzgliedes in einem einfachen Satz entspricht. Im Folgenden werden daher unterschieden: 770

– Satzgefüge mit einem Nebensatz, der die Funktion eines bestimmten Satzgliedes (eines Prädikats, eines Subjekts, eines Objekts oder einer Adverbialbestimmung) oder eines Satzgliedteils (eines Attributs) erfüllt, und

– Satzgefüge mit einem weiterführenden Nebensatz.

In Satzgefügen können Nebensätze mit Hauptsätzen *verknüpft* sein 771
– durch subordinierende Konjunktionen (➚ 590 ff.), die ausschließlich eine verbindende Funktion erfüllen, oder

- durch Relativpronomen und Adverbien, die die Teilsätze miteinander verbinden und zugleich im Nebensatz die Stelle eines Satzgliedes (oder eines Satzgliedteils) einnehmen, oder
- durch Konjunktionen (z. B. что, чтобы, ли), Interrogativ- oder Fragepronomen, Frageadverbien zur Wiedergabe indirekter Rede (➚ 786) oder
- (seltener) ohne sprachliche Bindemittel.

Mitunter treten in einem Hauptsatz Formen von Demonstrativpronomen oder Adverbien als so genannte Platzhalter auf: Sie nehmen formal die Stelle eines Satzgliedes ein und verweisen auf den Inhalt des entsprechenden Nebensatzes.

Beachte:
- Bestimmte Wörter wie beispielsweise что, чтобы, как können als sprachliche Bindemittel im Nebensatz unterschiedliche Funktionen erfüllen; vgl. z. B.
  • что als Konjunktion:
  Я видел(-а), что он принёс книги. – Ich habe gesehen, dass er Bücher gebracht hat.
  • что als Relativpronomen (hier im *A.*):
  Я видел(-а), что он принёс. – Ich habe gesehen, was er gebracht hat.
- Ein und dieselbe Form des Nebensatzes kann im Satzgefüge unterschiedliche Funktionen erfüllen; vgl. z. B.
  • Nebensatz als Subjektsatz:
  Мне кажется, что он не придёт. – Mir scheint, dass er nicht kommt.
  • Nebensatz als Objektsatz:
  Мы узнали, что он не придёт. – Wir haben erfahren, dass er nicht kommt.

772 Satzgefüge mit einem Prädikatsatz

Im Hauptsatz ist das Prädikat gewöhnlich durch einen Platzhalter formal besetzt, und zwar durch ein Pronomen (z. B. тот, таков, такой), das auf den Prädikatsatz hinweist.
Der Prädikatsatz wird durch Pronomen wie z. B. кто – *der, welcher,* который – *der, welcher* oder Konjunktionen wie z. B. что – *dass,* когда – *wenn,* словно – *als ob* eingeleitet.
Beispiele:
Я тот, кто (auch: который) вам звонил. – Ich bin der(jenige), der Sie angerufen hat.
Выражение его лица было такое, словно он долго не спал. – Sein Gesichtsausdruck war so, als ob er lange nicht geschlafen hätte.
Авторитет у него таков, что с ним все считаются. – Seine Autorität ist so groß, dass alle auf ihn Rücksicht nehmen.

773 Satzgefüge mit einem Subjektsatz

Im Hauptsatz ist das Subjekt nicht vertreten oder durch einen Platzhalter formal besetzt, und zwar durch ein Pronomen (z. B. тот, каждый, все), das auf den Subjektsatz hinweist.
Der Subjektsatz wird gewöhnlich durch Pronomen wie z. B. кто – *der, welcher,* что – *was* oder (insbesondere, wenn im Hauptsatz kein Subjekt vertreten ist,) durch Konjunktionen wie z. B. что – *dass,* чтобы – *dass,* как – *wie,* как будто – *dass (angeblich); als ob* (➚ 600) eingeleitet.
Beispiele:
Случилось то, чего никто не ожидал. – Es geschah (das), was niemand erwartet hatte.
Мне нравятся те, кому нравлюсь я. (Ток.) – Mir gefallen die, denen ich gefalle.

Выяснилось, что Славик не взял у квартирной хозяйки ключи ... (Ток.)	– Es stellte sich heraus, dass sich Slawik von der Wirtin nicht die Schlüssel hatte geben lassen.
Желательно, чтобы всё уладилось.	– Es ist zu wünschen, dass alles in Ordnung kommt.

Satzgefüge mit einem Objektsatz 774

Im Hauptsatz ist ein vom Prädikat abhängiges Objekt nicht vertreten oder – seltener – durch einen Platzhalter formal besetzt, und zwar durch ein Pronomen (z. B. то, всё), das auf den Objektsatz hinweist.

Der Objektsatz wird eingeleitet durch Pronomen wie z. B. кто – *wer*, что – *was*, Adverbien wie z. B. когда – *wann*, где – *wo* oder durch Konjunktionen wie z. B.

– что – *dass*,

– чтобы (nach Verben im Hauptsatz, die einen Wunsch oder ein Bestreben, eine Bitte, einen Ratschlag oder eine Forderung ausdrücken, die mitteilen, dass der Inhalt des Nebensatzes erwünscht, erbeten oder erforderlich ist, die einen Zweifel oder eine Befürchtung ausdrücken, ↗ 181.2) – *dass*,

– (как) будто, будто бы (nach Verben im Hauptsatz, die eine Meinung zum Ausdruck bringen, an deren Zuverlässigkeit bestimmte Zweifel bestehen) – *dass (angeblich)*.

Beispiele:

Она не помнит, кто ей дал мой телефон.	– Sie kann sich nicht (daran) erinnern, wer ihr meine Telefonnummer gegeben hat.
Я узнал(-а), где находится краеведческий музей.	– Ich brachte in Erfahrung, wo das Heimatmuseum ist.
Мне сказали, что книга уже распродана.	– Man sagte mir, dass das Buch bereits vergriffen sei | ist.
Я попросил(-а) его, чтобы он привёз мне книгу.	– Ich bat ihn, mir das Buch zu bringen.
Мать волновалась, чтобы сын не простудился.	– Die Mutter war darüber beunruhigt, dass ihr Sohn sich erkälten könnte.
Мы слышали, как будто (auch: будто бы) ваш сотрудник заболел.	– Wir hörten, dass Ihr Kollege erkrankt sein soll.

Unterscheide Objektsätze mit что und чтобы (nach Verben des Mitteilens):

Мне сообщили, что директор уехал.	– Man teilte mir mit, dass der Direktor weggefahren sei | ist.
Мне сообщили, чтобы я зашёл (зашла) к директору.	– Man teilte mir mit, dass ich zum Direktor kommen soll(te).

Satzgefüge mit einem Adverbialsatz

Im Hauptsatz ist eine Adverbialbestimmung nicht vertreten oder – seltener – durch einen Platzhalter (z. B. так, там) vertreten, der auf den Adverbialsatz hinweist. 775

Durch einen Adverbialsatz können unterschiedliche Beziehungen zum Hauptsatz ausgedrückt werden: Beziehungen der Art und Weise, der Zeit, des Grundes, des Zwecks, der Bedingung, der Einräumung, der Folge.

776 Adverbialsätze der Art und Weise

Ein Adverbialsatz der Art und Weise (Modalsatz) charakterisiert die Aussage eines Hauptsatzes hinsichtlich ihrer Qualität (insbesondere durch Vergleich mit einer anderen Aussage), ihrer Quantität oder Intensität näher. Der Nebensatz wird durch Konjunktionen wie z. B. как – *(so) wie*, словно – *wie; als ob, als wenn*, чем ... (, тем) – *je ... (, desto)* eingeleitet (↗ 592). Im Hauptsatz kann auf den Nebensatz durch Adverbien wie z. B. так, настолько hingewiesen werden.

Beispiele:

Больно́й вёл себя́ <u>так</u>, <u>как</u> рекомендова́л врач.	– Der Kranke verhielt sich so, wie der Arzt empfohlen hatte.
Он уста́л, <u>сло́вно</u> ка́мни таска́л.	– Er war so erschöpft, als ob er Steine geschleppt hätte.
<u>Чем</u> до́ма сиде́ть, пошли́ бы погуля́ть.	– Anstatt zu Hause zu sitzen, sollten wir lieber einen Spaziergang machen.
Дере́вня оказа́лась да́льше, <u>чем</u> мы ожида́ли.	– Das Dorf war weiter entfernt, als wir erwartet hatten.
<u>Чем</u> вы́ше мы поднима́лись на́ гору, <u>тем</u> трудне́е станови́лось дыша́ть.	– Je höher wir den Berg hinaufstiegen, desto schwerer fiel uns das Atmen.

777 Adverbialsätze der Zeit

Ein Adverbialsatz der Zeit (Temporalsatz) drückt u. a. aus, in welchem zeitlichen Verhältnis die Handlung des Nebensatzes zu der des Hauptsatzes steht: Sie kann zur gleichen Zeit wie die Handlung des Hauptsatzes, vor ihr oder nach ihr erfolgen. Der Nebensatz wird gewöhnlich durch eine Konjunktion eingeleitet; hierzu ↗ 593.

1. Bezeichnet der Nebensatz eine Handlung, die *gleichzeitig mit der Handlung des Hauptsatzes* abläuft (abgelaufen ist), so wird er häufig durch Konjunktionen wie z. B. когда́ – *als, während*, пока́ – *während, solange*, в то вре́мя(,) как – *als, während* eingeleitet. Die verbalen Prädikate beider Satzteile stehen in der Regel im unvollendeten Aspekt. Z. B.:

<u>Когда́</u> мы возвраща́лись (*uv.*) домо́й, мы оживлённо разгова́ривали (*uv.*).
Мы сиде́ли до́ма, <u>пока́</u> шёл дождь.

Fällt eine der beiden Handlungen zeitlich nur teilweise mit der anderen zusammen, so steht das Verb, das Verlauf oder unbegrenzte Dauer der betreffenden Handlung bezeichnet, im unvollendeten Aspekt; das andere Verb, das eine zeitlich begrenzte Handlung als ganzheitliches Geschehen bezeichnet, wird im vollendeten Aspekt gebraucht. Z. B.:

<u>Когда́</u> я пришёл (пришла́, *v.*), мой друг гото́вил (*uv.*) у́жин.	– Als ich kam, war mein Freund dabei, das Abendessen vorzubereiten.

В то вре́мя как я говори́л(-а, *uv.*) с ним, подошёл (*v.*) авто́бус.
Он останови́л (*v.*) меня́ как раз <u>в то вре́мя, как</u> я уже́ подходи́л(-а, *uv.*) к до́му.

2. Bezeichnet der Nebensatz eine Handlung, die zeitlich *vor* oder *nach der Handlung des Hauptsatzes* abläuft (abgelaufen ist), folgen die beiden Einzelhandlungen also aufeinander, so stehen die verbalen Prädikate beider Satzteile gewöhnlich im vollendeten Aspekt; nur eine sich wiederholende oder andauernde Handlung wird durch ein Verb im unvollendeten Aspekt wiedergegeben.
Konjunktionen zum Ausdruck der Vorzeitigkeit der Handlung des Nebensatzes sind z. B. когда́ – *als, nachdem; sobald, wenn*, по́сле того́(,) как – *nachdem*, с тех по́р(,) как – *seitdem*; dem Ausdruck der Nachzeitigkeit der Nebensatzhandlung dienen Konjunktionen wie z. B. до того́(,) как – *bevor, ehe*, пре́жде(,) чем – *bevor, ehe*, пока́ не – *bis (schließlich)*.

– Beispiele zum Ausdruck der *Vorzeitigkeit* der Handlung des Nebensatzes:
Когда́ ко́нчится (*v.*) дождь, мы – Sobald es aufgehört hat zu regnen, gehen wir
пойдём (*v.*) гуля́ть. spazieren.
Я подошёл (подошла́) к кинотеа́тру уже́ по́сле того́, как начался́ фильм.
С тех пор как он уе́хал, мно́гое измени́лось.

– Beispiele zum Ausdruck der *Nachzeitigkeit* der Handlung des Nebensatzes:
Пре́жде чем вы согласи́тесь (*v.*) – Bevor Sie diesem Vorschlag zustimmen,
(Пре́жде чем согласи́ться) на э́то sollten Sie sich alles gut überlegen.
предложе́ние, вы бы всё обду́мали (*v.*).
Мы получи́ли ва́шу телегра́мму за – Wir erhielten Ihr Telegramm einen Tag, bevor
день до того́, как вы прие́хали. Sie ankamen.
Он перечи́тывал (*uv.*) текст, пока́ не – Er las den Text so oft durch, bis er seinen
по́нял (*v.*) его́ содержа́ния. Inhalt schließlich verstanden hatte.

Beachte die festen Wendungen:
не успе́л (он) ... (*Verb im Inf.*), как – kaum hatte (er) es geschafft ..., da
не прошло́ и ... (*Subst. im G.*), как – es verging(en) nicht einmal ..., bis
ещё не ... (*Verb im Prät.*), как – noch nicht ..., da
сто́ило то́лько ... (*Verb im Inf.*), как – man brauchte nur ..., und schon
доста́точно ... (*Verb im Inf.*), как – es genügt ..., und schon
Beispiele:
Не успе́л(-а) я войти́ в ваго́н, как по́езд тро́нулся.
Не прошло́ и трёх ме́сяцев, как он верну́лся.
Мы ещё не спра́вились с одни́м зада́нием, как нам поручи́ли друго́е.
Доста́точно поверну́ть э́тот рыча́г, как прибо́р начнёт рабо́тать.

Adverbialsätze des Grundes

Ein Adverbialsatz des Grundes (Kausalsatz) drückt die Ursache, den Grund, das Motiv für das im Hauptsatz Gesagte aus.
Der Nebensatz wird gewöhnlich durch Konjunktionen wie z. B. потому́(,) что *nicht am Beginn des Satzgefüges* – *weil, da,* так как *schr.* – *weil, da,* благодаря́ тому́(,) что *bei positiver Wertung* – *dadurch, dass,* из-за того́(,) что *gewöhnlich bei negativer Wertung* – *weil* eingeleitet (↗ 595), doch treten auch uneingeleitete Nebensätze auf.
Beispiele:
Пора́ спать: уже́ 12 часо́в. (Uneingeleiteter Nebensatz)
В до́ме бы́ло ти́хо, потому́ что все спа́ли. Он потому́ и не пришёл, что боя́лся разгово́ра. Так как (auch: Поско́льку) вокза́л недалеко́, то дава́й пойдём пешко́м. Благодаря́ тому́, что прошли́ оби́льные дожди́, мы собра́ли хоро́ший урожа́й. Из-за того́ что шёл си́льный дождь, мы опозда́ли на конце́рт.

Adverbialsätze des Zwecks

Ein Adverbialsatz des Zwecks (Zweck- oder Finalsatz) drückt die Absicht, den Zweck, die erwünschte Folge des im Hauptsatz Gesagten aus.
Der Nebensatz wird durch Konjunktionen wie z. B. что́бы – *damit; mit Inf.: um ... zu,* для того́(,) что́бы – *damit; um ... zu,* лишь бы – *wenn nur; nur um ... zu* eingeleitet (↗ 596).
Beziehen sich die Aussagen in Haupt- und Nebensatz nicht auf ein und denselben Handlungsträger, so steht das verbale Prädikat des Nebensatzes im Konjunktiv (Wiedergabe im Deutschen gewöhnlich: damit *mit Indikativ*).

Weisen beide Satzteile Bezug auf ein und denselben Handlungsträger auf, so steht das verbale Prädikat des Nebensatzes im Infinitiv (deutsche Wiedergabe: *um ... zu*).
Beispiele:

Я сказа́л(-а) ему́ об э́том, <u>что́бы</u> он не забы́л.	– Ich habe es ihm gesagt, damit er es nicht vergisst.
Я позвоню́ вам, <u>что́бы</u> сообщи́ть вре́мя встре́чи.	
Ну́жно облада́ть до́брым се́рдцем, <u>что́бы</u> поня́ть ученика́.	
Я на всё гото́в(-а), <u>лишь бы</u> до́чка вы́здоровела.	

Gelegentlich kann ein Zwecksatz auch eine nicht erwünschte Folge zum Ausdruck bringen:

Он уе́хал на чужби́ну, <u>что́бы</u> через год верну́ться больны́м.	– Er ist in die Fremde gefahren, nur um nach einem Jahr als kranker Mensch zurückzukehren.

780 Adverbialsätze der Bedingung

Ein Adverbialsatz der Bedingung (Bedingungs- oder Konditionalsatz) drückt eine Voraussetzung, eine Bedingung für das im Hauptsatz Gesagte aus. Die im Nebensatz genannte Bedingung kann real, d. h. erfüllt oder erfüllbar, oder irreal, d. h. nicht erfüllt oder nicht (mehr) erfüllbar, sein. Im erstgenannten Fall steht das Prädikat des Bedingungssatzes gewöhnlich im Indikativ, im zweitgenannten stehen die Prädikate beider Satzteile im Konjunktiv (↗ 180).
Ein realer Bedingungssatz wird gewöhnlich durch Konjunktionen wie е́сли – *wenn, falls*, когда́ – *wenn, falls*, раз *ugs.* – *wenn schon, wenn einmal*, ein irrealer Bedingungssatz durch е́сли бы – *wenn* eingeleitet, doch treten auch uneingeleitete Nebensätze auf.
Geht der Nebensatz dem Hauptsatz voran, kann der letztgenannte durch hinweisendes то oder так eingeleitet werden.
Beispiele:

<u>Е́сли</u> не бу́дет дождя́, (<u>то</u>) мы пое́дем за́ город.	– Wenn es nicht regnet, fahren wir ins Grüne.
<u>Е́сли</u> кто нам и помо́г, <u>так</u> это вы́.	– Wenn uns überhaupt jemand geholfen hat, dann (waren) Sie (es).
<u>Е́сли</u> я говорю́ тебе́ об э́том, <u>то</u> то́лько потому́, что мы друзья́.	
Спра́шивай, <u>когда́</u> чего́-нибудь не понима́ешь.	
<u>Раз</u> (<u>Е́сли уж</u>) вы ви́дели спекта́кль, <u>то</u> скажи́те своё мне́ние о нём.	
<u>Е́сли бы</u> не́ было дождя́, мы поеха́ли бы за́ город.	– Wenn es nicht geregnet hätte, wären wir ins Grüne gefahren.
<u>Е́сли бы</u> не ты, я не мог (могла́) бы спра́виться с э́тим зада́нием.	– Wenn du nicht gewesen wärst, hätte ich diese Aufgabe nicht geschafft.
<u>Е́сли бы</u> вы пришли́ вчера́, вы заста́ли бы его́ здесь.	
<u>Е́сли бы</u> он знал, что мы прие́хали, <u>так</u>, наве́рное, встре́тил бы нас.	
Волко́в боя́ться – в лес не ходи́ть. (Sprichwort) (Uneingeleiteter Nebensatz)	– *vgl. etwa:* Der muss nicht in den Wald gehen, der vor jedem Ast erschrickt.
Дожда́лся (Дожда́лась) бы меня́ – вме́сте пошли́ домо́й бы. (Uneingeleiteter Nebensatz)	– Hättest du auf mich gewartet, hätten wir zusammen nach Hause gehen können.
Уйди́ я попо́зже, ничего́ бы не случи́лось.	– Wäre ich etwas später gegangen, wäre nichts passiert.

Zu Imperativ- statt Konjunktivformen in einem konjunktionslosen Bedingungssatz ↗ 192.

Adverbialsätze der Einräumung 781

Ein Adverbialsatz der Einräumung (Einräumungs- oder Konzessivsatz) drückt einen Sachverhalt aus, der im Widerspruch zu dem im Hauptsatz Gesagten steht, jedoch nicht ausreicht, um dessen Wirkung aufzuheben.
Der Nebensatz wird eingeleitet durch
- Konjunktionen wie z. B. хотя́ | хоть – *obwohl, wenn auch,* пусть | *ugs.* пуска́й – *wenn auch,* несмотря́ на то́(,) что – *obwohl* (↗ 598),
- Pronomen und Adverbien in Verbindung mit der vor dem verbalen Prädikat stehenden Partikel ни (in verallgemeinernder Bedeutung) wie z. B. кто (бы) ни – *wer auch immer,* что (бы) ни – *was auch immer,* как (бы) ни – *wie auch immer,* ско́лько (бы) ни – *wie viel auch immer;*

jedoch treten auch uneingeleitete Einräumungssätze auf.
Geht der Nebensatz dem Hauptsatz voran, kann der letztgenannte durch entgegensetzendes но, а, одна́ко eingeleitet werden.
Beispiele:

Хотя́ наступи́л ве́чер, бы́ло ещё о́чень жа́рко.	– Obwohl der Abend hereingebrochen war, war es noch sehr heiß.
Дом о́чень хоро́ший, хотя́ нахо́дится он далеко́ от це́нтра.	
Пусть он умён, но поступи́л он неразу́мно.	
Кто к нему́ ни обрати́тся, он всем помога́ет.	– Wer auch immer sich an ihn wendet, er hilft allen.
Кто бы ни позвони́л, неме́дленно сообщи́те мне.	– Wer auch immer anrufen sollte, informieren Sie mich (bitte) gleich.
Я не уйду́ отсю́да, ско́лько бы ни пришло́сь ждать.	– Ich gehe nicht weg von hier, und wenn ich noch so lange warten müsste.
Ка́к бы ни́ было хорошо́ в гостя́х, всё-таки до́ма лу́чше.	– Wie schön es auch immer zu Besuch sein mag, zu Hause ist es doch noch schöner.
Хо́чешь и́ли не хо́чешь, (но) ты до́лжен (должна́) э́то сде́лать. (Uneingeleiteter Nebensatz)	– Ob du willst oder nicht, du musst das tun.
Отсеки́ соба́ке хвост – не бу́дет овцы́. (Sprichwort)	– *vgl. etwa:* Lass den Hund bellen, singen kann er nicht.

Adverbialsätze der Folge 782

Ein Adverbialsatz der Folge (Folge- oder Konsekutivsatz) drückt eine Wirkung, eine Folge des im Hauptsatz Gesagten aus.
Ein Folgesatz wird gewöhnlich durch Konjunktionen wie z. B. та́к что – *sodass; also,* что́бы – *dass; mit Inf.: um ... zu* eingeleitet (↗ 599), jedoch treten auch uneingeleitete Nebensätze auf.
Beispiele:

За́втра я уезжа́ю, та́к что не смогу́ вам позвони́ть.	– Ich fahre morgen weg, kann Sie also nicht anrufen.
Сейча́с не насто́лько тепло́, что́бы мо́жно бы́ло ходи́ть без пальто́.	– Jetzt ist es nicht so warm, dass man ohne Mantel gehen könnte	kann.
Больно́й доста́точно окре́п, что́бы ходи́ть по ко́мнате.	– Der Kranke ist jetzt kräftig genug, um im Zimmer auf und ab zu gehen.

Мы опозда́ли: пришло́сь до́лго ждать по́езда. (Uneingeleiteter Nebensatz)

783 Satzgefüge mit einem Attributsatz

Ein Attributsatz bestimmt ein Substantiv, das im Hauptsatz in der Funktion eines beliebigen Satzgliedes auftritt, näher.
Der Nebensatz wird eingeleitet durch
- Relativpronomen wie который – *welcher, der* (zum Gebrauch ↗ 479), какой – *welcher, was für ein* (↗ 481), чей – *dessen, deren* (↗ 480), что ugs. – *welcher, -e, -es* (↗ 482) oder
- Adverbien wie когда – *als*, где – *wo*, куда – *wohin*, откуда – *woher*.

Das Substantiv im Hauptsatz kann mit einem adjektivischen Demonstrativpronomen (z. B. тот, тот самый) verbunden sein, das auf den Attributsatz hinweist.

Beispiele:

Нам нужен сотрудник, который говорит (говорил бы) по-английски.	– Wir brauchen einen Mitarbeiter, der Englisch spricht.
Сегодня ко мне придёт коллега, который обещал мне помочь.	
с которым вместе учился (училась) в институте.	
работы которого широко известны.	
Хопёр – река, каких | каковых (*Pl.!*) много в этой части России.	– Der Chopjor ist ein Fluss, wie es viele in diesem Teil Russlands gibt.
Передо мной стоял тот самый мальчик, чьё лицо показалось мне вчера таким знакомым.	– Vor mir stand eben der Junge, dessen Gesicht mir gestern so bekannt vorgekommen war.

Недавно Надя была в деревне, где (в которой) родилась и выросла.
Мальчик вспоминает то время, когда был у дедушки и бабушки в деревне.

784 Weiterführende Nebensätze

Ein weiterführender (progredienter) Nebensatz bezieht sich auf den ganzen vorangehenden Hauptsatz; er enthält eine zusätzliche, inhaltlich abgehobene Information, durch die die im Hauptsatz getroffene Aussage eingeschätzt oder aus ihr eine Schlussfolgerung gezogen wird (↗ auch **769**).
Ein solcher Nebensatz wird durch das Pronomen что – *was* oder durch Konjunktionen wie отчего (и) – *weshalb, weswegen (auch); wovon*, вследствие чего amtl. – *weswegen* eingeleitet.

Он скоро приедет к нам в гости, чему мы очень рады.	– Er wird uns bald besuchen, worüber wir uns sehr freuen.

Мальчик улыбнулся, отчего лицо его стало красивым.
Докладчик заболел, вследствие чего собрание пришлось отменить.

Die indirekte Rede

785

Während man unter direkter Rede die unmittelbare, wortgetreue Wiedergabe einer Äußerung versteht, ist die indirekte Rede eine durch einen Sprecher oder eine Sprecherin *vermittelte sinngemäße Wiedergabe* der entsprechenden Äußerung.
Die indirekte Rede wird in einem Satzgefüge wiedergegeben: In ihm nimmt die Redeeinleitung (Autorenrede), die den Urheber der Äußerung benennt, die Position des Hauptsatzes, die indirekte Rede die Stellung eines Nebensatzes ein; dabei kann es sich um einen (vom verbalen Prä-

dikat des Hauptsatzes abhängigen) Objektsatz oder um einen (von einem Substantiv abhängigen) Attributsatz handeln.

Für die Redeeinleitung sind Verben des Sagens und Denkens charakteristisch, beispielsweise сказа́ть/говори́ть, спроси́ть/спра́шивать, отве́тить/отвеча́ть, auch вз-/волнова́ться, напо́мнить/напомина́ть, предложи́ть/предлага́ть, реши́ть/реша́ть; als entsprechende Substantive treten u. a. вопро́с, отве́т, предложе́ние auf.

Vgl. z. B.:

Ви́ктор сказа́л: «Зна́ешь, Во́ва, я за́втра уезжа́ю в Сама́ру».

Ви́ктор сказа́л Во́ве, что за́втра он уезжа́ет в Сама́ру. *Objektsatz*

Ли́дия удиви́ла нас неожи́данным отве́том: «Я об э́том ничего́ не зна́ла».

Ли́дия удиви́ла нас неожи́данным отве́том, что она́ об э́том ничего́ не зна́ла. *Attributsatz*

Zur Umwandlung direkter Rede in indirekte Rede

Für die Umwandlung direkter Rede in indirekte Rede gilt allgemein: **786**
– Die Rede wird als Nebensatz an eine Redeeinleitung angeknüpft.

– Personenbezeichnungen werden gegebenenfalls unter dem Blickwinkel des berichtenden Sprechers verändert.

– Aspekt und Modus bzw. Tempus des prädikativen Zentrums von Aussage-, Frage- und Wunschsätzen bleiben in indirekter Rede unverändert. Der Imperativ eines Aufforderungssatzes wird in indirekter Rede durch den Konjunktiv ersetzt.

– Emotionale Aussagen werden in indirekter Rede abgeschwächt: Interjektionen und Partikeln entfallen, desgleichen die Anrede (sie kann in die Redeeinleitung eingehen).

Grammatische Merkmale indirekter Rede (Übersicht) **787**

Direkte Rede: Satzart	Indirekte Rede (Nebensatz): Einleitung durch	Verbalaspekt und Modus, Tempus
Aussagesatz	что – *dass* (auch uneingeleitet) бу́дто (бы) – *dass angeblich*	wie in direkter Rede
Entscheidungsfrage	ли¹ – *ob*	wie in direkter Rede
Ergänzungsfrage	Interrogativpronomen oder Adverb wie in direkter Rede	wie in direkter Rede
Aufforderungssatz mit Imperativ	что́бы – *dass*	Moduswechsel: Konjunktiv² Aspekt gewöhnlich wie in direkter Rede
Wunschsatz mit Konjunktiv	что́бы – *dass*	wie in direkter Rede

¹ Die Konjunktion ли steht *nach* dem Wort, auf das die Antwort erwartet wird.
² Möglich ist auch ein konjunktionsloser Anschluss mit dem Infinitiv.

Beachte, dass im Deutschen der grundlegende Modus der indirekten Rede der Konjunktiv ist und bei der Wiedergabe von Aufforderungs- und Wunschsätzen gewöhnlich Umschreibungen mit Modalverben erfolgen.

Beispiele:
Друг говори́т: «Я вчера́ ви́дел тебя́ в теа́тре».
Друг говори́т, что вчера́ ви́дел меня́ в теа́тре. — Mein Freund sagt, dass er mich gestern im Theater gesehen habe | hat (oder: ..., er habe mich ... gesehen).

Я спроси́л(-а) бра́та: «Ты за́втра уезжа́ешь в Сама́ру?»
Я спроси́л(-а) бра́та, уезжа́ет ли он за́втра в Сама́ру.
Oder (bei Erkundigung nach Zeitpunkt):
Я спроси́л(-а) бра́та, за́втра ли он уезжа́ет в Сама́ру. — Ich fragte meinen Bruder, ob er am nächsten Tag nach Samara fahre | führe | fahren würde | ugs. fährt.

Тури́ст спроси́л прохо́жего: «Скажи́те, пожа́луйста, где здесь нахо́дится ста́нция метро́?»
Тури́ст спроси́л прохо́жего, где нахо́дится ста́нция метро́. — Der Tourist fragte einen Passanten, wo sich die U-Bahn-Station befinde | befände | ugs. befindet.

Же́нщина попроси́ла меня́: «Бу́дьте добры́, закро́йте окно́».
Же́нщина попроси́ла, что́бы я закры́л(-а) окно́. Oder auch:
Же́нщина попроси́ла меня́ закры́ть окно́. — Eine Frau bat mich, das Fenster zu schließen (... bat darum, ich möchte | sollte das Fenster schließen).

Мать волнова́лась: «То́лько бы до́чка не простуди́лась!»
Мать волнова́лась, что́бы её до́чка не простуди́лась. — Die Mutter war in Sorge, dass ihre kleine Tochter sich erkälten könnte (..., ihre kleine Tochter könnte sich erkälten).

Zur Folge der Satzglieder

788 Die flexible Folge der Satzglieder wird im russischen Satz vor allem bestimmt durch
– die Redeabsicht (das Ziel der Äußerung) des Sprechers,
– die Textumgebung, insbesondere den der Äußerung vorausgehenden Text,
– den Redestil, der neutral oder emotional (expressiv) gefärbt sein kann.
Insbesondere aus diesen Faktoren – der Äußerungsabsicht, der Textumgebung und dem Redestil – ergibt sich eine *aktuelle Gliederung des Satzes*, die dem Inhalt der jeweiligen Äußerung angemessen ist.

Nur in wenigen Fällen (↗ 799) hat die Folge der Satzglieder im Russischen eine grammatische Funktion; denn die syntaktischen Beziehungen werden ja insbesondere durch flektierte Wortformen ausgedrückt.

Die folgenden Aussagen beziehen sich in erster Linie auf die Folge der Satzglieder im Aussagesatz. Zur Stellung in der Wortgruppe „Grundzahlwort + Substantiv" ↗ 420.

789 Grundlage für die aktuelle Gliederung eines Satzes ist der *Informationswert*, den die entsprechende Äußerung für den Gesprächspartner (voraussichtlich) hat. Dabei werden unterschieden:

– der Teil eines Satzes, der einen dem Gesprächspartner schon bekannten (oder als bekannt vorausgesetzten) Inhalt trägt: Dieser Satzteil hat für den Hörer oder Leser nur geringen Informationswert und bildet lediglich den *Ausgangspunkt der Äußerung*, der den Gegenstand der Information benennt (man spricht auch vom *Thema* des Satzes), und

– der Teil eines Satzes, der die eigentliche Information der Äußerung, das Neue, den *Kern der Aussage* enthält und daher auch den Hauptakzent des Satzes aufweist (man spricht auch vom *Rhema* des Satzes).

Die aktuelle Gliederung des Satzes bestimmt gewöhnlich die Folge der Satzglieder. Dabei gilt folgende Grundregel: **790**

> In neutraler Rede steht der Teil des Satzes, der den Ausgangspunkt der Äußerung bildet, vor dem Kern der Aussage (das Thema vor dem Rhema); der Kern der Aussage steht also am Ende des Satzes.

Vgl. folgende Beispiele neutraler Rede mit unterschiedlichem Kern der Aussage (dieser ist jeweils unterstrichen):
– Что произошло́ в Москве́ в 1755 году́?
– В 1755 году́   в Москве́   был откры́т пе́рвый ру́сский университе́т.
   Adv.-Best. der Zeit   *Adv.-Best. des Ortes*   *Prädikat*   *Subjektgruppe*
– Когда́ был откры́т пе́рвый ру́сский университе́т?
– Пе́рвый ру́сский университе́т   был откры́т   в 1755 году́.
   Subjektgruppe   *Prädikat*   *Adv.-Best. der Zeit*

In mündlicher Rede wird eine Antwort oft nur durch den Kern der Aussage gebildet, da der Teil des Satzes, der den Ausgangspunkt der Äußerung bildet, bereits in der Frage enthalten ist, z. B.:
– Когда́ был откры́т пе́рвый ру́сский университе́т?
– В 1755 году́.

Zur Stellung von Subjekt und Prädikat

... in neutraler Rede

Wenn das *Prädikat* den Kern der Aussage bildet, es also Ziel des Sprechers ist, die Handlung oder das Merkmal zu benennen, so lautet die Abfolge im zweigliedrigen Satz: **791**
Subjektgruppe (deutsche Wiedergabe mit bestimmtem Artikel) – *Prädikatgruppe*. Z. B.:
(Не́сколько дней льют дождй. Что де́лают отдыха́ющие?) Отдыха́ющие игра́ют в ша́хматы, чита́ют кни́ги, смо́трят телеви́зор.
(Что де́лали кома́нды?) Они́ отча́янно боро́лись за побе́ду.
(Кем явля́ется Ива́н Бу́нин?) Ива́н Бу́нин явля́ется всеми́рно изве́стным писа́телем.
(Каки́м был день?) День был тёплый, со́лнечный.
(Каковы́ леса́ на берега́х Байка́ла?) Леса́ на берега́х Байка́ла необыча́йно красивы.

Wenn das *Subjekt* den Kern der Aussage bildet, es also Ziel des Sprechers ist, den Urheber einer Handlung oder den Träger eines Merkmals zu benennen, so lautet die Abfolge im zweigliedrigen Satz: **792**
Prädikatgruppe – *Subjektgruppe* (deutsche Wiedergabe oft mit unbestimmtem Artikel). Z. B.:
(Кто пришёл?) Пришла́ А́нна.

(Кто поста́вил э́тот спекта́кль?) Спекта́кль поста́вил режиссёр Оле́г Ефре́мов.
(Кто бу́дет чита́ть э́тот докла́д?) Докла́д бу́дет чита́ть изве́стный журнали́ст.
(Что вам понра́вилось бо́льше всего́?) Бо́льше всего́ мне понра́вилась после́дняя часть докла́да.
(Что вас удивля́ет?) Меня́ удивля́ет ва́ша нереши́тельность.

Beachte: In Sätzen, mit denen allgemein das Vorhandensein, die Existenz einer Sache oder Person oder ein Vorgang benannt wird, steht gewöhnlich die konjugierte Form des entsprechenden Verbs *vor* dem Substantiv (im Nominativ), z. B.:
(Что бы́ло?) Была́ о́сень. Шёл дождь.
(Что бы́ло вчера́?) Вчера́ шёл дождь.
(Что происхо́дит?) Наступа́ет весна́. Начина́ется уче́бный год.
Bildet jedoch eine Adverbialbestimmung den Kern der Aussage, ist es also beispielsweise Ziel des Sprechers, den Zeitpunkt eines Vorgangs zu benennen, so steht diese Adverbialbestimmung am Satzende, z. B.:
(Когда́ начина́ется уче́бный год?) Уче́бный год начина́ется в сентябре́.

793 ... in emotional gefärbter Rede

In emotional gefärbter Rede kann das Satzglied, das den Kern der Aussage bildet, an den Beginn des Satzes gestellt und durch die Intonation, insbesondere durch Verstärkung des Hauptakzents, hervorgehoben werden (im Folgenden durch halbfetten betonten Vokal angedeutet). Vgl.

Beispielsätze in neutraler Rede: *Beispielsätze in emotional gefärbter Rede:*
Фёдору э́то предложе́ние не понра́вилось.   Не понр**а́**вилось Фёдору э́то предложе́ние.
Он у́мный.   **У́**мный он.
Вре́мя бы́ло хоро́шее.   Хор**о́**шее бы́ло вре́мя!
(Кто пришёл?) Пришёл Пётр.   **Э́**то Пётр пришёл!
(Что тебе́ ну́жно?) Мне нужна́ я́сность.   **Я́**сность мне нужна́.

Zur Stellung des Objekts

794

Ein Objekt steht als Bestandteil einer Prädikatgruppe gewöhnlich *hinter* dem Verb, von dem es abhängt. Regiert das Verb mehrere Kasus, ist die Stellung des direkten Objekts vor einem indirekten die Regel; der Dativ eines Pronomens steht jedoch vor dem direkten Objekt.
Beispielsätze mit einer Prädikatgruppe als Kern der Aussage:
Все го́сти ждут *вас*.
Моя́ мать стра́стно люби́ла *кни́ги*.
Мы поздра́вили *на́ших друзе́й с Но́вым го́дом*.
Я хоте́л(-а) написа́ть *ему́ письмо́*, но забы́л(-а) *то́чный а́дрес*.

Beispielsätze mit einer Prädikatgruppe als Ausgangspunkt der Äußerung:
(Кто вас поддержа́л?) Поддержа́ли нас *друзья́*. Oder auch: Нас поддержа́ли *друзья́*.
(Кто вам помо́г?) Помо́г мне в э́то тяжёлое вре́мя *мой брат*.
(Кто шил вам э́то пла́тье?) Ши́ла мне э́то пла́тье *прекра́сная портни́ха*.

Wenn das Objekt *vor* seinem Verb steht, bedeutet dies die logische Hervorhebung dieses Objekts, z. B.:
Я *каранда́ш* взял (взяла́), а *не ру́чку*.

Wenn das Objekt den als bekannt vorausgesetzten *Ausgangspunkt der Äußerung* bildet und es vorrangiges Ziel des Sprechers ist, die Handlung oder ihren Urheber zu benennen, steht das Objekt am Beginn des Satzes.
- Vorrangiges Ziel: Nennung der Handlung,
  Satzgliedstellung: *Objekt – Subjekt – Prädikat.*
  Ва́ше письмо́ я получи́л(-а).
  Ва́шу статью́ реда́ктор при́нял.
  С ва́ми я бу́ду открове́нен (бу́ду открове́нна).

- Vorrangiges Ziel: Nennung des Urhebers der Handlung,
  Satzgliedstellung: *Objekt – Prädikat – Subjekt.*
  Сни́мки, вы́ставленные в э́том за́ле, сде́лали моско́вские фото́графы.
  (Актёр шёл по у́лице.) На него́ смотре́ли прохо́жие.

Zur Stellung der Adverbialbestimmung

Eine durch ein Adverb ausgedrückte Adverbialbestimmung steht gewöhnlich unmittelbar *vor* dem Verb; ihre Nachstellung ist immer mit ihrer logischen Hervorhebung verbunden. Z. B.:
Друзья́ *ве́село* разгова́ривали ме́жду собо́й. Я его́ *хорошо́* зна́ю. Мы *тепе́рь ча́ще* ви́димся. А́ня шла *бы́стро*, Григо́рий едва́ поспева́л за не́ю.

Wenn eine durch eine Wortgruppe ausgedrückte Adverbialbestimmung den *Kern der Aussage* bildet, es also Ziel des Sprechers ist, eine bekannte Handlung durch Hinweis auf ihren Ort, ihre Zeit, ihren Grund oder Zweck näher zu bestimmen, so steht die Adverbialbestimmung am Ende des Satzes, z. B.:
(Где вы живёте?) Я живу́ *в Росто́ве-на-Дону́*.
(Когда́ э́то случи́лось?) Э́то случи́лось *в два часа́ но́чи*.
(Заче́м сосе́д захо́дит к вам?) Он захо́дит ко мне *поигра́ть в ша́хматы*.

Wenn eine durch eine Wortgruppe ausgedrückte Adverbialbestimmung den als bekannt vorausgesetzten *Ausgangspunkt der Äußerung* bildet und vorrangiges Ziel des Sprechers ist mitzuteilen, was unter diesen Umständen geschieht, so steht die Adverbialbestimmung am Beginn des Satzes.
- Vorrangiges Ziel: Nennung der Handlung,
  Satzgliedstellung: *Adverbialbestimmung – Subjektgruppe – Prädikatgruppe.*
  В воскресе́нье я отдыха́л(-а).
  Вчера́ ве́чером симпо́зиум зако́нчил свою́ рабо́ту.
  В Москве́ мы ходи́ли по музе́ям.

- Vorrangiges Ziel: Nennung des Gegenstands der Handlung,
  Satzgliedstellung: *Adverbialbestimmung – Prädikatgruppe – Subjektgruppe.*
  4 октября́ 1957 го́да был запу́щен пе́рвый иску́сственный спу́тник Земли́.
  Вчера́ в Москве́ откры́лся междунаро́дный конгре́сс враче́й-хиру́ргов.
  В углу́ ко́мнаты стои́т телеви́зор.

799 Zur Stellung von Satzgliedern in grammatischer Funktion

In einigen zweigliedrigen Sätzen ist die Stellung der Satzglieder (wegen des Zusammenfalls bestimmter grammatischer Formen) nicht flexibel, sondern fest. Hierzu gehören folgende Fälle:
- Subjekt und Objekt eines Satzes werden durch Substantive ausgedrückt, die im Nominativ und im Akkusativ gleiche Formen aufweisen;
  feste Folge der Satzglieder: *Subjekt – Prädikat – Objekt.* Vgl. z. B.:
  Мать лю́бит дочь.   – Die Mutter liebt die Tochter.
  Дочь лю́бит мать.   – Die Tochter liebt die Mutter.

- Subjekt und Prädikatsnomen sind durch Substantive im Nominativ ausgedrückt;
  feste Folge der Satzglieder: *Subjekt – Prädikat.* Vgl. z. B.:
  Мой брат – гео́лог.   – Mein Bruder ist Geologe.
  Гео́лог – мой брат.   – Der | dieser Geologe ist mein Bruder.

- Subjekt oder | und Prädikat sind Infinitive;
  feste Folge der Satzglieder: *Subjekt – Prädikat.* Vgl. z. B.:
  Найти́ себя́ – э́то сча́стье.   – Sich selbst zu erkennen ist ein (großes) Glück.
  Его́ мечта́ – пое́хать на Се́вер.   – Sein Traum ist es, in den Hohen Norden zu fahren.

- Das Subjekt ist ein Substantiv im Nominativ, das Prädikat ein Adjektiv in der Langform;
  feste Folge der Satzglieder: *Subjekt – Prädikat.* Vgl. z. B.:
  Не́бо я́сное.   – Der Himmel ist klar. (Zweigliedriger Satz)
  Я́сное не́бо.   – Es ist klarer Himmel. (Eingliedriger Nominativsatz)

800 Zur Stellung der wesentlichen Satzglieder in der Ergänzungsfrage

Die Pronomen кто und что können in der Ergänzungsfrage im Nominativ als Subjekt auftreten, z. B.:
Кто из вас чита́л э́ту кни́гу? (– Кни́гу чита́ла Ири́на.)
Что растёт в ва́шем саду́? (– В на́шем саду́ расту́т я́блони и сли́вы.)

Wird die Ergänzungsfrage mit кто oder что in einem abhängigen Kasus, mit einem anderen Pronomen (wie z. B. ско́лько, како́й, чей) oder mit einem Frageadverb (wie z. B. где, когда́, почему́) eingeleitet, so hängt die Stellung der beiden wesentlichen Satzglieder davon ab, ob das Subjekt durch ein Personalpronomen oder durch ein Substantiv ausgedrückt wird:
- Wird das Subjekt durch ein *Personalpronomen* ausgedrückt, so folgt es dem Fragewort unmittelbar und steht – zum Unterschied vom Deutschen – *vor* der Prädikatgruppe, z. B.:
  С кем *ты* говори́л? (– Я говори́л с Во́вой.)
  Куда́ *вы* собира́етесь пое́хать? (– Мы собира́емся пое́хать на Во́лгу.)
  Когда́ *вы* е́здили в Ло́ндон? (– Я е́здил(-а) в Ло́ндон два ме́сяца тому́ наза́д.)

- Wird das Subjekt durch ein *Substantiv* ausgedrückt, so kann es *nach* oder auch *vor* der Prädikatgruppe stehen; Letzteres ist seltener. Z. B.:
  Где бы́ли *ва́ши де́ти* ле́том? (– Ле́том на́ши де́ти бы́ли на да́че.)
  На како́м расстоя́нии от Москвы́ нахо́дится *Санкт-Петербу́рг*? (– Санкт-Петербу́рг нахо́дится на расстоя́нии 600 киломе́тров от Москвы́.)
  Ско́лько вре́мени *писа́тель* рабо́тал над э́той пье́сой? (– Писа́тель рабо́тал над э́той пье́сой шесть ме́сяцев.)

Zur Wortstellung in der Entscheidungsfrage ↗ auch **701**.

Zur Zeichensetzung

Der Gebrauch der Satzzeichen entspricht im Russischen vielfach ihrem Gebrauch im Deutschen; im Folgenden wird lediglich auf einige Unterschiede aufmerksam gemacht.

Der Punkt 801

Im Russischen wird am Ende von Aufforderungssätzen gewöhnlich ein Punkt gesetzt, ↗ 699.

Das Komma

Infinitivkonstruktionen, die von einem Prädikat (oder von dem wesentlichen Satzglied eines eingliedrigen Satzes) abhängig sind, werden im Russischen stets ohne Komma angeschlossen; vgl.: 802

Мы надеялись_застать его дома.	– Wir hofften, ihn zu Hause anzutreffen.
Нам посчастливилось_встретить друга.	– Wir hatten das Glück, unseren Freund zu treffen.
Мне интересно было бы_знать, почему всё так получилось.	– Für mich wäre interessant zu wissen, warum alles so geschehen ist.

Isolierte Satzglieder und *Satzgliedteile* (↗ 721) werden vom übrigen Teil des Satzes durch Kommas getrennt, z. B.: 803

Улицы, созданные пешеходами, перешли во власть автомобилистов. (Ильф и Петров)	– Die von Fußgängern geschaffenen Straßen sind unter die Herrschaft der Autofahrer geraten.
Прощаясь, я протянул ему книжку ... (Некр.)	– Beim Abschied überreichte ich ihm ein kleines Buch ...

Nebengeordnete Satzglieder, die durch mehrgliedrige anreihende Konjunktionen (wie beispielsweise и ..., и – sowohl ... als auch, ни ..., ни – weder ... noch) verbunden sind, werden im Russischen in der Regel voneinander durch ein Komma abgehoben; vgl. z. B.: 804

И отец, и мать любят играть в шахматы.	– Vater und Mutter spielen gern Schach.
Я так устал(-а), что не хочу идти ни в кино, ни в театр, ни в гости.	– Ich bin so müde, dass ich weder ins Kino oder ins Theater noch zu Besuch gehen möchte.

Schaltwörter und -sätze (↗ 536) werden stets, Interjektionen (↗ 625) meist vom übrigen Teil des Satzes durch Kommas getrennt. – Zum Komma vor чем ↗ 391 und 524. 805

Der Gedankenstrich

Ein Gedankenstrich steht in einem Satz mit einem *nominalen Prädikat* (ohne Kopulaverb) zwischen den beiden wesentlichen Satzgliedern, wenn 806
– Subjekt und Prädikatsnomen durch Substantive im Nominativ ausgedrückt werden, z. B.: Жена – физик. (↗ 723.1, 737.1);

– das Subjekt durch ein Verb im Infinitiv und das Prädikatsnomen durch ein Substantiv im Nominativ ausgedrückt wird, z. B.: Найти себя – это счастье. (↗ 723.4);

– das Subjekt durch ein Substantiv im Nominativ und das Prädikat durch ein Adverb ausgedrückt wird, z. B.: Смех – (это) хорошо для здоровья. (↗ 723.5).

Kein Gedankenstrich steht dagegen in einem Satz mit zwei Nomen im Nominativ, wenn das Subjekt durch ein substantivisches Pronomen wiedergegeben wird oder wenn das substantivische Prädikatsnomen durch не verneint ist, z. B.:
(Кто ва́ша жена́?) Она́ фи́зик. Жена́ не био́лог, она́ фи́зик.

807 Ein Gedankenstrich steht ferner in einem Satz mit einem *verbalen Prädikat*, wenn
– das Subjekt durch ein Substantiv im Nominativ und das Prädikat durch ein Verb im Infinitiv ausgedrückt wird, z. B.: По́длинный гумани́зм – э́то помога́ть лю́дям. (↗ 722.2)
– Subjekt und Prädikat durch Verben im Infinitiv ausgedrückt werden, z. B.:
Не сомнева́ться – э́то не жить. (↗ 722.3)

808 Ein Gedankenstrich kann stehen, wenn in einem Teilsatz ein verbales *Prädikat ausgespart* ist, z. B.:
Оте́ц смотре́л на мать, она́ – на сы́на.

809 Ein Gedankenstrich kann auch zwischen zwei Wörtern stehen und eine räumliche oder zeitliche Distanz im Sinne *von ... bis* signalisieren, z. B.:
перелёты Росси́я – Аме́рика; ру́кописи XI – XIV веко́в.

Zur Kennzeichnung der direkten Rede

810 Direkte Rede wird durch Gedankenstriche oder Anführungszeichen gekennzeichnet.

Beginnt die direkte Rede mit einem Absatz, so wird vor sie ein *Gedankenstrich* gesetzt, z. B.:
Он сказа́л:
– Я приду́ сего́дня ве́чером.

Beginnt die direkte Rede nicht mit einem Absatz, so wird sie in *Anführungszeichen* eingeschlossen. Die Regeln der Zeichensetzung stimmen dabei weitgehend mit dem Deutschen überein; zu beachten ist jedoch, dass ein Punkt am Ende der direkten Rede im Russischen immer hinter dem Anführungszeichen steht. Z. B.:
Он сказа́л: «Я приду́ сего́дня ве́чером».
Folgt auf die direkte Rede eines Sprechers unmittelbar diejenige eines anderen Sprechers, so muss zwischen die jeweils in Anführungszeichen eingeschlossenen direkten Reden ein Gedankenstrich gesetzt werden, z. B.:
«Как вы себя́ чу́вствуете?» – «Спаси́бо, хорошо́».

811 Häufig steht bei einer direkten Rede eine *Redeeinleitung* (Autorenrede), die den Urheber der Äußerung benennt. Diese Redeeinleitung kann
– der direkten Rede vorangehen (hinter die Redeeinleitung wird in der Regel ein Doppelpunkt gesetzt), Beispiel ↗ 810.
– der direkten Rede folgen (an das Ende der direkten Rede wird das entsprechende Satzzeichen und dahinter ein Gedankenstrich gesetzt, z. B.:
– Ско́лько вре́мени? – спроси́л он. Oder: «Ско́лько вре́мени?» – спроси́л он.
– in die direkte Rede eingeschoben sein (hinter den ersten Teil der direkten Rede und hinter die Redeeinleitung wird das entsprechende Satzzeichen und ein Gedankenstrich gesetzt), z. B.:
– Сади́тесь, – сказа́л врач, – я хочу́ вас осмотре́ть. Oder:
«Сади́тесь, – сказа́л врач, – я хочу́ вас осмотре́ть».

Zur Wortbildung

Die meisten russischen Wörter sind abgeleitete oder zusammengesetzte Wörter (↗ 70). Voraussetzung für die oft gegebene Möglichkeit, unbekannte Lexik zu erschließen, ist
- das Erkennen der Wurzel des Wortes oder seines Ableitungsstammes (bei Zusammensetzungen: der Ableitungsstämme) sowie
- die Kenntnis wortbildender Präfixe und Suffixe.

Im Folgenden werden Beispiele zur Wortbildung von Substantiven, von Adjektiven und von Verben vorgestellt.
Abgeleitete Wörter werden nach den in ihnen enthaltenen Präfixen oder Suffixen geordnet. Zu jedem wortbildenden Morphem werden ausgewählte Beispiele eines Wortbildungstyps angeboten, und zwar meist in der Reihenfolge: neues, abgeleitetes Wort – zugrunde liegendes Ableitungswort – deutsche Bedeutung des abgeleiteten Wortes.
Gelegentlich tritt an der Fuge zwischen Ableitungsstamm und wortbildendem Morphem Lautwechsel auf; in diesen Fällen findet sich hinter dem Ableitungswort ein Vermerk (↗ auch **65** ff.).
Zusammengesetzte Wörter werden nach den Beziehungen der beiden Wortstämme zueinander geordnet; ausgewählte Beispiele sind mit deutscher Übersetzung versehen.

Im Abschnitt zur Wortbildung werden folgende Zeichen verwendet:
* zur Kennzeichnung eines produktiven Wortbildungstyps (schwach produktive und unproduktive Wortbildungstypen bleiben unbezeichnet),

< > zur Kennzeichnung eines Ableitungswortes oder einer Wortgruppe, die einem Kurzwort zugrunde liegt,

- - zur Abtrennung und Hervorhebung eines wortbildenden Morphems,

( ) zur Kennzeichnung einer Endung (bei Verben auch des Infinitivsuffixes -ть).

Beachte, dass Wörter, deren Bestandteile im Folgenden zur Veranschaulichung durch - oder ( ) abgetrennt sind, nach den Regeln der Rechtschreibung zusammengeschrieben werden.

Zur Wortbildung der Substantive

Neben nicht abgeleiteten Substantiven wie z. B. врач, дом, рук-(á), óзер-(о) verfügt die russische Sprache über einen reichen Bestand an Substantiven, die von Wortstämmen unterschiedlicher Wortarten (insbesondere von Verben, Adjektiven, Substantiven) abgeleitet oder durch Zusammensetzung zweier Wortstämme gebildet sind.

Zur Wortbildung

Zu den Hauptarten der Bildung von Substantiven gehören:
- die *Suffigierung*, d. h. die Ableitung eines neuen Wortes von einem Wortstamm mit Hilfe eines wortbildenden Suffixes, z. B.:
преподава́ть – unterrichten, lehren : преподава́<u>тель</u> – Lehrer, Lehrkraft;
- die *Präfigierung*, d. h. die Ableitung eines neuen Wortes mithilfe eines wortbildenden Präfixes, z. B.: созна́ние – Bewusstsein : <u>под</u>созна́ние – Unterbewusstsein;
- die *Komposition* eines neuen Wortes durch Zusammensetzung zweier Wortstämme, z. B.: желéз-(о) – Eisen; бетóн – Beton : <u>железобетóн</u> – Stahlbeton.

Weitere Arten der Bildung von Substantiven sind
- die kombinierte Prä- und Suffigierung, d. h. die Ableitung eines neuen Wortes mithilfe sowohl eines Präfixes wie eines Suffixes, z. B.:
рабóт-(а) – Arbeit : <u>без</u>рабó<u>тица</u> – Arbeitslosigkeit, труд – Arbeit : <u>со</u>трýд<u>ник</u> – Mitarbeiter, окн-(ó) – Fenster : <u>под</u>окóн<u>ник</u> – Fensterbrett;
- die Ableitung eines Substantivs ohne Suffix (mit einem so genannten Null-Suffix), z. B.:
пуска́ть – (los)lassen, in Betrieb setzen : пуск – Inbetriebnahme,
плати́ть – (be)zahlen : пла́т-(а) – (Be-)Zahlung, широ́кий – weit : ширь *f.* – Breite, Weite.

Die Bildung von Substantiven durch Suffigierung

815 Mithilfe von Suffixen werden Substantive vielfach von Verben, Adjektiven, anderen Substantiven, seltener von Zahlwörtern, Pronomen und Adverbien abgeleitet.
Nach der Bedeutung der abgeleiteten Substantive unterscheidet man
- Suffixe zur Bildung von Substantiven, die Lebewesen (meist Personen) bezeichnen (➚ 816 ff.),
- Suffixe zur Bildung unbelebter konkreter Substantive (➚ 822 ff.),
- Suffixe zur Bildung abstrakter Substantive (➚ 825 ff.), ferner
- Suffixe der subjektiven Wertung (➚ 829 ff.).

Suffixe zur Bildung von Substantiven, die Lebewesen bezeichnen

816 Das Russische verfügt zur Bezeichnung von Personen in der Regel über ein Suffix für die männliche und ein entsprechendes Suffix für die weibliche Person. Die feminine Form fehlt gewöhnlich dort, wo ein Beruf bezeichnet wird, der früher ausschließlich oder vorwiegend von männlichen Personen ausgeübt wurde (➚ auch **269**).

817 Bezeichnung von Personen nach ihrer Tätigkeit oder nach einem Persönlichkeitsmerkmal

-тель*, -тель-<u>ниц</u>-(а)*; -<u>итель</u>, -итель-<u>ниц</u>-(а):
чита́тель, чита́тельница <чита́ть> – Leser, -in,
учи́тель, учи́тельница <учи́ть> – Lehrer, -in,
спаси́тель, спаси́тельница <спасти́ *v.*> – Retter, -in

-<u>щик</u>* | -чик (nach т, д, с, з), -<u>щиц</u>-(а)* | -чиц-(а), -<u>льщик</u>*, -<u>льщиц</u>-(а)*:
ка́менщик <ка́мень> – Maurer,
компью́терщик *ugs.* <компью́тер> – Computerfachmann; Programmierer, -in,
лётчик, лётчица <лете́ть> – Flieger, -in,
боле́льщик *ugs.*, боле́льщица <боле́ть> – leidenschaftlicher Anhänger, Fan

-ик*, -иц-(а)*:
у́мник, у́мница *m. und f., ugs.* <у́мный> – kluger Kopf, kluges Kind,
вино́вник, вино́вница <вино́вный> – Schuldiger, Schuldige

-ник*, -ниц-(а)*:
помо́щник, помо́щница <по́мощь *f.*> – Helfer, -in, Stellvertreter (*nur m.*),
рабо́тник; рабо́тница <рабо́тать> – (Mit-)Arbeiter; Arbeiterin, Angestellte,
насле́дник, насле́дница <насле́довать *v./uv.*> – Erbe, Erbin

-ист*, -ист-к-(а)*:
журнали́ст, журнали́стка <журна́л> – Journalist, -in,
машини́ст; машини́стка <маши́на> – Maschinist; Schreibkraft,
фигури́ст, фигури́стка <фигу́рный> – Eiskunstläufer, -in,
специали́ст, специали́стка <специа́льный> – Fachmann, Fachfrau

-атор*:
реставра́тор <реставри́ровать *v./uv.*> – Restaurator, -in,
коммента́тор <комменти́ровать *v./uv.*> – Kommentator, -in

-ец*, -иц-(а)*:
мудре́ц <му́дрый> – Weiser; Neunmalkluger,
счастли́вец, счастли́вица <счастли́вый> – Glückspilz

-ун*, -унья* : -унь-[j-(а)]:
бегу́н, бегу́нья <бе́гать> – Läufer, -in,
хвасту́н *ugs.*, хвасту́нья *ugs.* <хва́статься> – Prahler, -in, Angeber, -in

-л-(а)*:
запева́ла *m. und f.* <запева́ть> – Vorsänger, -in,
вороти́ла *m., ugs.* <вороти́ть> – Geschäftemacher

-яг-(а)*:
работя́га *m. und f., ugs.* <рабо́тать> – unermüdlicher Arbeiter, Arbeitstier,
бедня́га *m. und f., ugs.* <бе́дный> – armer Kerl

-ант, -ант-к-(а):
экскурса́нт, экскурса́нтка <экску́рсия> – Exkursionsteilnehmer, -in,
эмигра́нт, эмигра́нтка <эмигри́ровать *v./uv.*> – Emigrant, -in

-арь, -ар-ш-(а) *ugs.*:
библиоте́карь, библиоте́карша *ugs.* <библиоте́ка> – Bibliothekar, -in,
виногра́дарь <виногра́д> – Winzer

-ач, -ач-к-(а):
скрипа́ч, скрипа́чка <скри́пка> – Geiger, -in, фирма́ч *ugs.* <фи́рма> – Firmenvertreter

Bezeichnung von Personen nach ihrer Zugehörigkeit zu einer gesellschaftlichen Richtung oder wissenschaftlichen Disziplin

-ист*, -ист-к-(а)*:
пацифи́ст, пацифи́стка <пацифи́зм> – Pazifist, -in,
экономи́ст, экономи́стка *ugs.* <эконо́мика> – Wirtschaftswissenschaftler, -in

-ик*:
поли́тик <поли́тика> – Politiker, -in; хи́мик <хи́мия> – Chemiker, -in

819 Bezeichnung von Personen nach ihrer Herkunft oder ihrem Wohnsitz

-ец*, -к-(а)*; -анец* | -янец, -ан-к-(а)* | -ян-к-(а):
ряза́нец, ряза́нка <Ряза́нь f.> – Einwohner, -in von Rjasan,
америка́нец, америка́нка <Аме́рика> – (Nord-)Amerikaner, -in,
италья́нец, италья́нка <Ита́лия> – Italiener, -in

-ян-ин* | -ан-ин (nach Zischlaut), -ян-к-(а)* | -ан-к-(а); -чан-ин*, -чан-к-(а)*:
северя́нин, северя́нка <Се́вер> – Nordländer, -in,
волжа́нин, волжа́нка <Во́лга; г:ж> – Bewohner, -in des Wolgagebiets,
ростовча́нин, ростовча́нка <Росто́в-на-Дону́> – Einwohner, -in von Rostow am Don

-ич, -ич-к-(а):
москви́ч, москви́чка <Москва́> – Moskauer, -in

-як, -яч-к-(а):
сибиря́к, сибиря́чка <Сиби́рь f.> – Sibirier, -in

820 Bezeichnung von Personen nach dem Vornamen des Vaters

Russische Personennamen bestehen aus drei Teilen: dem Vornamen, dem (im Deutschen nicht gebräuchlichen) Vaternamen und dem Familiennamen. Vgl. z. B.:

		Vor-	*Vater-*	*Familienname*
Personennamen	des Vaters:	Ива́н	Никола́евич	Семёнов
	des Sohnes:	(Бори́с)	Ива́нович	Семёнов
	der Tochter:	(Мари́я)	Ива́новна	Семёнова

Der Vatername wird vom Vornamen des Vaters mithilfe folgender Suffixe abgeleitet:
– wenn der Vorname des Vaters endungslos ist, mit den Suffixen
-ович *m.* oder -овн-(а) *f.* – bei Stammauslaut auf harten Konsonanten,
-евич *m.* oder -евн-(а) *f.* – bei Stammauslaut auf weichen Konsonanten (й);

– wenn der Vorname des Vaters auf -а | -я endet, mit den Suffixen
-ич *m.* oder -ичн-(а) | -иничн-(а) *f.* (zur Aussprache von чн ↗ 53).

In der Umgangssprache werden (bei flüssigem Redetempo) für unbetonte -ович bzw. -евич oft die Varianten -ыч bzw. -ич verwendet, z. B.:

Vorname des Vaters	*Vatername des Sohnes*	*Vatername der Tochter*
Ива́н	Ива́нович (*ugs.* Ива́ныч)	Ива́новна
Никола́й	Никола́евич (*ugs.* Никола́ич)	Никола́евна
Васи́лий	Васи́льевич (*ugs.* Васи́льич)	Васи́льевна
Ники́та	Ники́тич	Ники́тична
Илья́	Илья́ич	Илья́нична

Beachte: Die in Russland übliche *höfliche Anrede* erfolgt durch Nennung des Vor- und des Vaternamens des Angesprochenen (in Verbindung mit den Formen von вы).
Die (dem deutschen Sprachgebrauch vergleichbare) höfliche Anrede господи́н Н. oder госпожа́ Н. trägt offiziellen Charakter; sie wird gewöhnlich nur bei erstem Kennenlernen verwendet.

821 Bezeichnung von Tierjungen

-ёнок* | -онок (nach Zischlaut) – zur Formbildung ↗ 298.2:
лисёнок <лиса́> – junger Fuchs, Füchslein, утёнок <у́тка> – Entenküken, Entlein,
медвежо́нок <медве́дь; д:ж> – junger Bär, Bärenjunges

Suffixe zur Bildung unbelebter konkreter Substantive

Die Ableitung unbelebter Konkreta erfolgt häufig mit Suffixen, die auch zur Bildung von Personenbezeichnungen verwendet werden.

Bezeichnung von Gebrauchsgegenständen

-тель*:
дви́гатель <дви́гать> – Motor, прои́грыватель <прои́грывать> – Plattenspieler, предохрани́тель <предохрани́ть v.> – (z. B. elektrische) Sicherung

-щик* | -чик (nach с, з, т, д):
буксиро́вщик <букси́ровать> – Schleppdampfer,
счётчик <счита́ть, счёт> – Zähler *Messgerät*

-ник*:
бума́жник <бума́га; г:ж> – Brieftasche, ча́йник <чай> – Teekanne, Teekessel

-льник*:
буди́льник <буди́ть> – Wecker, кипяти́льник <кипяти́ть> – Tauchsieder,
холоди́льник <холоди́ть> – Kühlraum; Kühlschrank

-атор* | -ятор:
конденса́тор <конденси́ровать v./uv.> – Kondensator,
вентиля́тор <вентили́ровать> – Ventilator

-к-(а)*:
жестя́нка <жестяно́й> – Blechdose, откры́тка <откры́тый> – Postkarte

-лк-(а)*:
ве́шалка <ве́шать> – Kleiderhaken; Kleiderbügel, зажига́лка <зажига́ть> – Feuerzeug, открыва́лка *ugs.* <открыва́ть> – (Flaschen-, Büchsen-)Öffner

-ушк-(а)*:
легкову́шка *ugs.* <легкова́я маши́на> – Pkw,
расклад́ушка *ugs.* <раскладна́я крова́ть> – Klappbett

Bezeichnung von Räumen, Territorien

-льн-я*:
купа́льня <купа́ться> – Badeanstalt, спа́льня <спать> – Schlafzimmer

-лищ-(е)*:
учи́лище <учи́ть> – Schule, Lehranstalt, храни́лище <храни́ть> – Aufbewahrungsort

-лк-(а)*:
раздева́лка *ugs.* <раздева́ть> – Umkleideraum, кури́лка *ugs.* <кури́ть> – Raucherecke

-ник*:
рудни́к <руда́> – Bergwerk, виногра́дник <виногра́д> – Weinberg

-ств-(о)*:
посо́льство <посо́л> – Botschaft *Gebäude*, ко́нсульство <ко́нсул> – Konsulat *Gebäude*

-ат* | -иат:
ректора́т <ре́ктор> – Rektorat, секретариа́т <секрета́рь> – Sekretariat

824 Bezeichnung eines einzelnen Gegenstandes

-ин-(а)*:
виногра́дина <виногра́д *Sg.* – Weinrebe; Weintrauben> – (die einzelne) Weinbeere, карто́фелина *ugs.* <карто́фель *Sg.* – Kartoffelstaude; Kartoffeln> – (die einzelne) Kartoffel

-к-(а)*:
морко́вка <морко́вь *Sg., f.* – Möhren> – (die einzelne) Möhre; *ugs. auch:* Möhren, шокола́дка *ugs.* <шокола́д – Schokolade> – ein Stück Schokolade

-инк-(а)*:
снежи́нка <снег – Schnee; г:ж> – Schneeflocke, сори́нка <сор – Schmutz> – Krümel

Suffixe zur Bildung abstrakter Substantive

825 Bezeichnung eines Merkmals, einer Eigenschaft

-ость* *f.* | **-есть** *f.* (nach Zischlaut):
бо́дрость <бо́дрый> – Munterkeit, незави́симость <незави́симый> – Unabhängigkeit, рассе́янность <рассе́янный> – Zerstreutheit, све́жесть <све́жий> – Frische, Kühle

-ств-(о)* | **-еств-(о)** (nach Zischlaut):
бога́тство <бога́тый> – Reichtum; Luxus, ра́венство <ра́вный> – Gleichheit; Gleichung, кова́рство <кова́рный> – Arglist, Heimtücke, изя́щество <изя́щный> – Eleganz

-и(е): [-иj-]е* | **-ь(е): [-j-]е:**
плодоро́дие <плодоро́дный> – Fruchtbarkeit, усе́рдие <усе́рдный> – Eifer, Fleiß, вели́чие <вели́кий; к:ч> – Größe, Würde, здоро́вье <здоро́вый> – Gesundheit

-от-(а):
доброта́ <до́брый> – Herzensgüte, чистота́ <чи́стый> – Reinheit, Sauberkeit

826 Bezeichnung einer Handlung oder eines Zustands

-ние: -ни[j-]е*, -ение: -ени[j-]е*:
формирова́ние <формирова́ть> – Bildung, Gestaltung, пе́ние <петь> – Singen, Gesang, просвеще́ние <просвети́ть *v.*; т:щ> – Aufklärung; Bildung

-к-(а)*:
стро́йка <стро́ить> – Bau, Baustelle, заде́ржка <задержа́ть *v.*> – Verzögerung, подгото́вка <подгото́вить *v.*> – Vorbereitung, стыко́вка <стыкова́ть> – Ankoppeln

-ств-(о)* | **-еств-(о)** (nach Zischlaut), **-тельств-(о):**
произво́дство <производи́ть> – Produktion, руково́дство <руководи́ть> – Leitung, вмеша́тельство <вмеша́ться *v.*> – Einmischung

-ация: -аци[j-а]*:
реализа́ция <реализова́ть *v./uv.*> – Realisierung, Verwirklichung, квалифика́ция <квалифици́ровать *v./uv.*> – Qualifizierung, *auch:* Qualifikation

-тие: -ти[j-]е:
разви́тие <разви́ть *v.*> – Entwicklung, прибы́тие <прибы́ть *v.*> – Ankunft

-б-(а):
про́сьба <проси́ть> – Bitte, слу́жба <служи́ть> – Dienst, ходьба́ <ходи́ть> – Fußweg

Bezeichnung einer gesellschaftlichen Richtung oder wissenschaftlichen Disziplin

-изм*:
гумани́зм <гума́нный> – Humanismus, феодали́зм <феода́льный> – Feudalismus,
цари́зм <царь> – Zarismus, дарвини́зм <Да́рвин> – Darwinismus

-ик-(а)*:
педаго́гика <педаго́г> – Pädagogik, космона́втика <космона́вт> – Kosmonautik

-ия: -и[j-а]*:
хирурги́я <хиру́рг> – Chirurgie, демаго́гия <демаго́г> – Demagogie

Sammelbezeichnungen

Einige Suffixe bezeichnen die Gesamtheit einer bestimmten Gruppe von Lebewesen oder gleichartiger Gegenstände; diese Substantive werden gewöhnlich nur im Singular benutzt.

-ств-(о)* | -еств-(о) (nach Zischlaut):
крестья́нство <крестья́нин> – die Bauernschaft, die Bauern,
челове́чество <челове́к; к:ч> – die Menschheit, каза́чество <каза́к; к:ч> – die Kosaken

-н-(я)*:
ребятня́ *ugs.* <ребя́та *Pl.*> – die (ganze) Kinderschar,
солдатня́ *verächtlich* <солда́т> – die Soldateska

-ьё: [-j-о]*:
зверьё <зверь> – die Welt der (wilden) Tiere,
дурачьё *ugs.* <дура́к; к:ч> – das (ganze) Narrenpack

Suffixe der subjektiven Wertung

Mit Suffixen der subjektiven Wertung werden von Substantiven neue Substantive abgeleitet: Diese drücken gegenüber dem jeweiligen Ableitungswort eine *Bedeutungsmodifizierung* aus, die mehr oder minder auf der subjektiven Wertung des Sprechenden beruht.
Es lassen sich drei Gruppen von Suffixen der subjektiven Wertung unterscheiden:
– Suffixe zum Ausdruck einer *Verkleinerung* und (oder) *Wertschätzung* (z. B. der Zärtlichkeit, des Wohlwollens, des Mitgefühls),
– Suffixe zum Ausdruck einer *Verkleinerung* und *Geringschätzung* (z. B. der Antipathie, der Verachtung, der Ironie),
– Suffixe zum Ausdruck einer *Vergrößerung* und (oder) *Vergröberung*.

Suffixe der beiden erstgenannten Gruppen werden auch als Diminutivsuffixe, die der letztgenannten Gruppe auch als Augmentativsuffixe bezeichnet.

Substantive mit Suffixen der subjektiven Wertung sind für einen vertrauten Umgang unter Gesprächspartnern und für die Volksdichtung charakteristisch. Mitunter bereitet ihre Wiedergabe im Deutschen Schwierigkeiten; eine treffende Übersetzung ergibt sich gewöhnlich erst aus der Gesprächssituation und der Textumgebung.

Das Genus des abgeleiteten Substantivs bleibt – unabhängig von der Endung des neu gebildeten Wortes – in der Regel erhalten, vgl. z. B. folgende Ableitungen von дом *m.* – Haus:
доми́ще *m.* – ein großes Haus, доми́на *m.*, *ugs.* – ein großes (hässliches) Haus,
доми́шко *m.*, *ugs.* – ein schäbiges (kleines) Haus.

830 Ausdruck von Verkleinerung und (oder) Wertschätzung

Wichtige Suffixe zur Ableitung von *Maskulina der I. Deklination* sind:
-ик* | -чик (oft nach Sonor oder в):
до́мик <дом> – ein Häuschen, kleines (schönes) Haus, гво́здик <гвоздь> – ein kleiner Nagel, до́ждик <дождь> – ein leichter Regen, бра́тик <брат> – (lieber) kleiner Bruder, Brüderchen, колоко́льчик <ко́локол> – ein (liebliches) Glöckchen

-ок* | -ёк (nach weichem Konsonanten):
городо́к <го́род> – eine kleine Stadt, ein Städtchen; *auch:* Siedlung, Campus, голосо́к <го́лос> – eine kleine Stimme, сыно́к <сын> – (kleiner, lieber) Sohn, ручеёк <ручей> – ein Bächlein, ein kleiner Bach

-ец* (stärker subjektiv gefärbt als -ик):
бра́тец <брат> – (lieber) Bruder, хле́бец <хлеб> – ein kleines (wohlschmeckendes) Brot, расска́зец <расска́з> – eine kleine (nette) Erzählung

Wichtige Suffixe zur Ableitung von *Substantiven der II. und der III. Deklination* sind:
-к-(а)*:
го́рка <гора́> – ein kleiner Berg, Hügel, доро́жка <доро́га; г:ж> – ein Pfad, Fußweg, до́чка <дочь *f.*> – Töchterchen, (liebe) Tochter, но́чка <ночь *f.*> – eine (angenehme) Nacht

-очк-(а)* | -ечк-(а) (nach weichem Konsonanten):
ва́зочка <ва́за> – eine kleine Vase, ла́мпочка <ла́мпа> – eine kleine Lampe, *auch:* Glühlampe, звёздочка <звезда́> – ein kleiner Stern, *auch:* Sternchen *als typografisches Zeichen,* ма́мочка <ма́ма> – liebe Mutti, дя́дечка *m.* <дя́дя *m.*> – lieber Onkel, Ни́ночка <Ни́на> – Ninotschka, liebe Nina

-еньк-(а)* (meist nach weichem Konsonanten) | -оньк-(а) – zum Ausdruck liebevoll-zärtlicher Einstellung:
до́ченька <дочь *f.*> – liebes Töchterchen, ма́менька <ма́ма> – liebe Mutti, Ка́тенька <Ка́тя> – Katenka, liebe Katja, ре́ченька <река́; к:ч> – ein liebliches Flüsschen, берёзонька <берёза> – eine kleine hübsche Birke

-ушк-(а)* | -юшк-(а) (Suffix unbetont) – zum Ausdruck liebevoll-zärtlicher Einstellung:
голо́вушка <голова́> – Köpfchen, зи́мушка <зима́> – lieber schöner Winter, ма́тушка <мать> – liebes Mütterchen, дя́дюшка *m.* <дя́дя *m.*> – lieber Onkel

Wichtige Suffixe zur Ableitung von *Neutra der I. Deklination* sind:
-ц-(о́)* | -ц-(е), -ец-(о́)* | -иц-(е):
деревцо́ oder де́ревце <де́рево> – ein kleiner Baum, ein (hübsches) Bäumchen, боло́тце <боло́то> – ein kleines Moor, письмецо́ <письмо́> – ein kleiner (netter) Brief, пла́тьице <пла́тье> – ein (hübsches) Kleid

-к-(о), -ышк-(о), -ечк-(о):
о́блачко <о́блако; к:ч> – eine kleine Wolke, ein Wölkchen, я́блочко <я́блоко; к:ч> – ein kleiner Apfel, гнёздышко <гнездо́> – ein kleines Nest, eine kleine Heimstatt, месте́чко <ме́сто> – ein Plätzchen, Fleckchen

Eine liebevoll-zärtliche Einstellung des Sprechenden zu einer anderen weiblichen oder männlichen Person kann auch durch folgende Suffixe ausgedrückt werden:
-ул-(я)*, -ус-(я)*, -уш-(а)* | -юш-(а) (nach weichem Konsonanten), -аш-(а)*:
маму́ля, маму́ся, мама́ша *ugs.* <ма́ма> – (liebe) Mutti, Muttchen, деду́ля *m.* <дед> – (lieber) Großvater, Андрю́ша *m.* <Андре́й> – Andrjuscha, (lieber) Andrei

Beachte, dass im Russischen – zum Unterschied vom Deutschen – eine zweifache Suffigierung mit zunehmend emotionaler Wertung möglich ist, z. B.:
го́лос : голосо́к – eine kleine Stimme: голосо́чек (к:ч) – ein liebes Stimmchen;
Андре́й : Андрю́ша m.: Андрю́шенька m.; Екатери́на : Ка́тя : Катю́ша : Катю́шенька.

Ausdruck von Verkleinerung und Geringschätzung 831

Die im Folgenden aufgeführten Suffixe drücken meist eine gewisse Geringschätzung, gelegentlich jedoch auch eine gewisse Wertschätzung aus.
-и́шк-(а)* (Ableitung von Feminina und belebten Maskulina) | -ишк-(о) (sonst):
мысли́шка <мысль f.> – ein abweiger Gedanke, eine schwache Idee,
мальчи́шка m., ugs. <ма́льчик> – Junge *verständnisvoll-ironisch*,
городи́шко m. <го́род> – ein elendes Städtchen, ein Nest,
доми́шко m., ugs. <дом> – ein schäbiges (kleines) Haus

-о́нк-(а)* | -ёнк-(а) (Suffix betont):
бумажо́нка <бума́га; г:ж> – ein Fetzen Papier, избёнка <изба́> – eine elende Hütte,
девчо́нка <де́вка ugs.; к:ч, де́вочка> – Mädchen, Göre, лошадёнка <ло́шадь f.> – Mähre

-у́шк-(а)* | -ю́шк-(а) (Suffix betont):
комнату́шка <ко́мната> – ein hässliches Zimmer, гору́шка <гора́> – ein kleiner Berg, eine Anhöhe, церкву́шка <це́рковь f.> – eine (hübsche) kleine Kirche

Ausdruck von Vergrößerung und (oder) Vergröberung 832

-и́щ-(а)* (Ableitung von Feminina) | -и́щ-(е) (sonst):
жари́ща ugs. <жара́> – eine Bullenhitze, тесноти́ща <теснота́> – eine entsetzliche Enge,
волчи́ще m. <волк; к:ч> – ein starker Wolf, голоси́ще m. <го́лос> – eine kräftige Stimme

-и́н-(а)*:
доми́на m., ugs. <дом> – ein großes (hässliches) Haus,
дурачи́на m., ugs. <дура́к; к:ч> – ein großer Dummkopf *meist wohlwollend*

Die Bildung von Substantiven durch Präfigierung 833

Auch mithilfe von Präfixen können von Substantiven neue Substantive abgeleitet werden. In der Gegenwartssprache erlangt diese Art der Wortbildung steigende Bedeutung.
Im Folgenden sind ausgewählte Präfixe, darunter zahlreiche internationale Elemente, in alphabetischer Reihenfolge aufgeführt.

анти-* – Anti-:
антигеро́й – Antiheld, антимилитари́зм – Antimilitarismus, антите́зис – Antithese

архи-* – Erz-, in höchstem Maße:
архиплу́т – Erzschelm, архинеле́пость f. – ein äußerst dummer Streich; völliger Unsinn

ви́це-* – Vize-:
ви́це-президе́нт – Vizepräsident, ви́це-чемпио́н – Vizemeister *Sport*

де- | дез-* – Ent-, De-, Des-:
демилитариза́ция – Entmilitarisierung, деэскала́ция – Deeskalation,
дезинфе́кция – Desinfektion

дис- – nicht vorhanden, Dis-:
дисгармо́ния *schr.* – Disharmonie, диспропо́рция – Disproportion

ква́зи-* – nur scheinbar:
квазиавторите́т – Scheinautorität, квазидемокра́т – Scheindemokrat

ко́нтр-* – Gegen-, Konter-:
контрме́ра – Gegenmaßnahme, контрразве́дка – Spionageabwehr

не-* – Nicht-, Un-, Miss-:
неплатёж *ugs.* – Nichtzahlung, непра́вда – Unwahrheit, неуда́ча – Misserfolg

недо-* – nicht ganz, nicht bis zu Ende, Unter-:
недогру́з – Fehlmenge, недове́с – Fehl-, Untergewicht, недоеда́ние – Unterernährung

пере-* – nochmals, Neu-:
перевы́боры *Pl.* – Neuwahlen, перерасчёт – Neuberechnung

под-* – untergeordnet, Unter-:
подкоми́ссия – Unterkommission, подгру́ппа – Untergruppe

пост-* – nach *zeitlich,* Post-:
постмодерни́зм – Postmoderne *Kunstrichtung,* постперестро́йка – Postperestroika

пра-* – Ur-:
праро́дина – Urheimat, праро́дители *Pl.* – Urgroßeltern

противо-* – gegen, Anti-:
противоде́йствие – Gegenwirkung, Widerstand, противораке́та – Antirakete

прото-* – Ur-:
прототи́п *schr.* – Prototyp, Urbild, протоисто́рия *schr.* – Vorgeschichte *fachspr.*

псевдо-* – falsch, Pseudo-:
псевдонау́ка – Pseudowissenschaft, псевдодемокра́тия – Scheindemokratie

раз- | рас-* – Rückgängigmachen, Ent-:
разбюрокра́чивание – Entbürokratisierung, размини́рование – Beseitigung von Minen

ре-* – neu, Re-:
реорганиза́ция – Reorganisation, Umgestaltung, ревакцина́ция – Nachimpfung

сверх-* – in höchstem Maße, im Übermaß, Über-:
сверхдержа́ва – Supermacht, сверхпри́быль *f.* – Extraprofit

со-* – gemeinsam, Mit-:
соа́втор – Mitautor, соуча́стник – Mitbeteiligter, Teilhaber

суб-* – Unter-, Sub-:
субконтине́нт – Subkontinent, субти́тры *Pl.* – Untertitel *Film*

супер-* – von höchster Qualität, in höchstem Maße, Super-:
суперконце́рн – Riesenkonzern, суперкла́сс – Spitzenklasse

ультра-* – extrem, Ultra-:
ультрамикроско́п – Ultramikroskop, ультрамо́да – letzter Modeschrei

экс-* – ehemalig, Ex-:
экс-мини́стр – Exminister, экс-чемпио́н – ehemaliger Meister *Sport*

Die Bildung von Substantiven durch Zusammensetzung

Zahlreiche russische Substantive werden durch Zusammensetzung (Komposition) zweier **834**
Wortstämme, Wörter oder Wortteile gebildet (oft mithilfe eines Bindevokals), z. B.:
ледокол – Eisbrecher, женщина-врач – Ärztin, биохимия – Biochemie.

Im Deutschen ist dieses Verfahren der Wortbildung stärker als im Russischen verbreitet: Häufig entsprechen deutschen zusammengesetzten Wörtern im Russischen Mehrwortbenennungen, insbesondere Wortgruppen, die aus einem Substantiv und einem mit ihm kongruierenden Beziehungsadjektiv bestehen. Vgl. z. B.:
Holzhaus – деревянный дом, Zentralheizung – центральное отопление, Kinderspielzeug – детские игрушки *Pl.*

Zusammengesetzte Substantive gliedern sich
– in einen *Grundwortteil*, durch den die Wortart und die Formbildung des Kompositums sowie seine lexikalische Grundbedeutung festgelegt sind, und
– in den am Wortanfang stehenden *Bestimmungswortteil*.

Zusammensetzungen mit einem Substantiv als Grundwortteil

Die Zusammensetzung eines Substantivs (als Grundwortteil) mit dem Stamm eines anderen **835**
Wortes erfolgt in der Regel mithilfe eines Bindevokals (-o- | -e- nach weichem Stammauslaut; unter dieser Leitzahl unterstrichen). Die beiden Wortteile werden gewöhnlich zusammengeschrieben; nur das Grundwort wird dekliniert. Es lassen sich unterscheiden:
– Zusammensetzungen mit dem Stamm eines *Substantivs*, z. B.:
лес_о_тундра – Waldtundra, звук_о_запись *f.* – Tonaufnahme, сен_о_уборка – Heuernte, дач_е_владелец – Wochenendhausbesitzer, нефт_е_промышленность *f.* – Erdölindustrie, юг_о_-запад – Südwesten (entsprechende Bezeichnungen mit Bindestrich);
– Zusammensetzungen mit dem (mitunter verkürzten) Stamm eines *Adjektivs, Ordnungszahlwortes* oder *Pronomens*, z. B.:
нов_о_стройка – Neubau (vgl. новая стройка), сух_о_фрукты *Pl.* – Dörrobst, взаим_о_помощь *f.* – gegenseitige Hilfe (vgl. взаймная помощь), перв_о_источник – Urquelle; Original, сам_о_обслуживание – Selbstbedienung.

Als Bestimmungswortteil treten häufig (teilweise verkürzte) *internationale Elemente* auf, z. B.: **836**
авиа-   авиабилет – Flugticket
авто-   1. автотранспорт – Kraftverkehr,
        2. автопилот – Autopilot *Flugwesen*,
        3. автопортрет – Selbstporträt
агро-   агротехника – Landwirtschaftstechnik
астро- астрофизика – Astrophysik
аэро-   аэропорт – Flughafen
бензо- бензобак – Benzintank
био-   биофизика – Biophysik
вело-   велогонка – Radrennen
видео- видеозапись *f.* – Videoaufzeichnung
гео-   геомагнетизм – Erdmagnetismus
гидро- гидроэлектростанция – Wasserkraftwerk

зоо-	зоопа́рк – Tierpark	
макро-	макроко́смос *schr.* – Makrokosmos	
ма́кси-	ма́кси-пальто́ – Maximantel	
метео-	метеослу́жба – Wetterdienst	
микро-	микрооргани́змы *Pl.* – Mikroorganismen	
ми́ни-	ми́ни-ю́бка – Minirock	
моно-	монокульту́ра – Monokultur	
мото-	1. мотопила́ – Motorsäge,	
	2. мотоспо́рт – Motorradsport	
нео-	неореали́зм – Neorealismus	
психо-	психотерапи́я – Psychotherapie	
стерео-	стереокассе́та – Stereokassette	
теле-	телепереда́ча – Fernsehsendung	
термо-	термоизоля́ция – Wärmeisolierung	
физио-	физиотерапи́я – Physiotherapie	
фото-	фотоко́пия – Fotokopie	
электро-	электроприбо́р – Elektrogerät	
энерго-	энергосисте́ма – Energieversorgungssystem	

837 Eine besondere Gruppe bilden Zusammensetzungen zweier Substantive, von denen das eine die Funktion eines substantivischen Attributs (einer Apposition) erfüllt: Beide Wörter werden ohne Bindevokal aneinander gefügt und in der Schrift durch einen Bindestrich miteinander verbunden; in der Regel wird jeder Teil dekliniert (➚ auch 720, 694 f.). Z. B.:
же́нщина-врач *f.* (*G. Sg.* же́нщины-врача́) – Ärztin,
го́род-побрати́м (*N. Pl.* города́-побрати́мы) – Partnerstadt.

838 Zusammensetzungen mit einem Verbalstamm als Grundwortteil

Die Zusammensetzung eines Verbalstammes (als Grundwortteil) mit dem Stamm eines anderen Wortes (als Bestimmungswortteil) erfolgt häufig *bei gleichzeitiger Suffigierung*, z. B. (Bindevokal und Suffix unterstrichen):
работода́тель – Arbeitgeber (vgl. дать/дава́ть рабо́ту), громкоговори́тель – Lautsprecher, конькобе́жец – Schlittschuhläufer (vgl. бе́гать на конька́х; г:ж), земледе́лец – Landmann, посудомо́йка *ugs.* – Geschirrspülmaschine, рукоде́лие: рукоде́л[-иj-]е – Handarbeit(en), новосе́лье: новосе́л[-j-]е – neue Wohnung, краеве́дение: краеве́дени[-j-]е – Heimatkunde.

Die Zusammensetzung eines Verbalstammes mit dem Stamm eines anderen Wortes kann auch *ohne Suffix* (mit dem so genannten Null-Suffix) erfolgen. Besonders häufig als Grundwortteil gebrauchte Verbalstämme sind z. B.:

-ве́д	(von ве́дать) искусствове́д – Kunstwissenschaftler	
-во́д	экскурсово́д – Reiseleiter	
-во́з	теплово́з – Diesellokomotive	
-лёт	вертолёт – Hubschrauber	
-ме́р	секундоме́р – Stoppuhr	
-прово́д	водопрово́д – Wasserleitung	
-хо́д	вездехо́д – Geländefahrzeug	

Zusammensetzungen mit einem Substantivstamm als Grundwortteil   839

Auch ein Substantivstamm kann (als Grundwortteil) mit dem Stamm eines anderen Wortes bei gleichzeitiger Suffigierung verbunden werden, z. B. (Bindevokal und Suffix unterstrichen): старшекла́ссник, старшекла́ссница – Schüler, -in der Oberstufe (vgl. ста́ршие кла́ссы), пустосло́вие: пуст_о_сло́в[-ɨj-]е – leeres Geschwätz, ин_о_планетя́нин, ин_о_планетя́нка – Außerirdische(r) (vgl. ины́е плане́ты *Pl.*).

Kurzwörter

Kurzwörter dienen der Verkürzung sprachlicher Ausdrucksformen; sie sind in den Bereichen   840
von Politik und Verwaltung, auf technischem und militärischem Gebiet stark verbreitet.
Ein Kurzwort wird durch Zusammensetzung bestimmter Bestandteile einer Wortgruppe gebildet; es entsteht ein neues Wort mit eigenen grammatischen Kennzeichen (insbesondere hinsichtlich des Genus und der Flexion). Es lassen sich unterscheiden:

Kurzwörter des Initialtyps   841

1. Das Kurzwort besteht aus Anfangsbuchstaben der zugrunde liegenden Wortgruppe und wird nach dem *Lautwert,* den diese Buchstabenkombination repräsentiert, gesprochen.
Das Genus eines solchen Kurzwortes richtet sich gewöhnlich nach dem Wortauslaut; geht das Kurzwort auf einen harten Konsonanten aus, so kann es als maskulines Substantiv mitunter dekliniert werden (↗ auch **328.2**). Z. B.:
втуз [фтус], -а, *m.* <вы́сшее техни́ческое уче́бное заведе́ние> – technische Hochschule,
БАМ [бам], -а, *m.* <Байка́ло-Аму́рская магистра́ль *f.*> – BAM, Baikal-Amur-Magistrale;
beachte: ГЭС [гэс] *f., undekl.* <гидроэлектроста́нция> – Wasserkraftwerk.

2. Das Kurzwort besteht aus Anfangsbuchstaben der zugrunde liegenden Wortgruppe und wird nach den *Buchstabennamen* gesprochen, also buchstabiert.
Das Genus eines solchen Kurzwortes richtet sich gewöhnlich nach dem Kernwort der Wortgruppe; das Wort wird nicht dekliniert (↗ auch **328.2**). Z. B.:
ПТУ [пэ-тэ-ý] *n., undekl.* <профессиона́льно-техни́ческое учи́лище> – Berufsschule,
СНГ [эс-эн-гэ́] *m.*(!)*, undekl.* <Содру́жество Незави́симых Госуда́рств> – GUS, Gemeinschaft Unabhängiger Staaten,
ФРГ [фэ-эр-гэ́ oder эф-эр-г'э́] *f., undekl.* <Федерати́вная Респу́блика Герма́ния> – BRD, Bundesrepublik Deutschland.

Kurzwörter des Silbentyps   842

1. Das Kurzwort besteht aus *Anfangsteilen von Wörtern* der betreffenden Wortgruppe. Das Genus ergibt sich aus der morphologischen Gestalt des neuen Wortes; in der Regel wird das Kurzwort dekliniert. Z. B.:
продма́г, -а, *m.* <продово́льственный магази́н> – Lebensmittelgeschäft,
соцстра́х, -а, *m.* <социа́льное страхова́ние> – Sozialversicherung,
профко́м, -а, *m.* <профсою́зный комите́т> – Gewerkschaftskomitee.

2. Das Kurzwort besteht aus dem *Anfangsteil eines Wortes* und dem *Kernwort* der betreffenden Wortgruppe. Das Genus entspricht dem des Kernwortes; das Kurzwort wird dekliniert:
медсестра́, -ы́ *f.* <медици́нская сестра́> – Krankenschwester,
сберкни́жка, -и *f., ugs.* <сберега́тельная кни́жка> – Sparbuch,
запча́сти, -е́й *Pl., ugs.* <запасны́е ча́сти *Pl.*> – Ersatzteile.

843 Kurzwörter von Mischtypen

Das Kurzwort besteht aus
- Anfangsbuchstaben und Anfangsteilen von Wörtern der betreffenden Wortgruppe oder
- dem Anfangsteil eines Wortes und dem Endteil des Kernwortes der Wortgruppe oder
- dem Anfangsteil eines Wortes der Wortgruppe in Verbindung mit dem abhängigen Kasus eines vollständigen Wortes, z. B.:

собе́с, -а *m.* <социа́льное обеспе́чение> – Sozialfürsorge,
торгпре́дство, -а *n.* <торго́вое представи́тельство> – Handelsvertretung,
завскла́дом *m.*, *undekl.* <заве́дующий скла́дом> – Lagerverwalter.

Beachte: Umgangssprachlich-salopp werden gebräuchliche Wörter mitunter um eine oder mehrere Silben verkürzt; betroffen sind vor allem maskuline Substantive der I. Deklination. Vgl. z. B.: специали́ст, *ugs.* *auch* спец; фана́тик, *ugs.* *auch* фана́т; рок-н-ро́лл, *ugs.* *auch* рок.

Zur Wortbildung der Adjektive

844

Die folgenden Beispiele zur Veranschaulichung der Wortbildung von Adjektiven werden stets in der jeweiligen Wörterbuchform, d. h. in der maskulinen Singularform des Nominativs, angegeben; zu den übrigen Nominativformen ↗ 343, zur Deklination ↗ 351 und 355.

Zu den Hauptarten der Bildung von Adjektiven gehören:
- die *Suffigierung*, d. h. die Ableitung eines neuen Adjektivs von einem Wortstamm (z. B. eines Substantivs, Verbs, Adjektivs) mithilfe eines wortbildenden Suffixes, z. B.:
де́т-(и) *Pl.* : де́тский – Kinder-; спать : спа́льный – Schlaf-;
бе́л-(ый) : белова́тый – weißlich;
- die *Präfigierung*, d. h. die Ableitung eines neuen Adjektivs vom Wortstamm eines Adjektivs mithilfe eines wortbildenden Präfixes, z. B.:
большо́й : небольшо́й – klein; мо́дный : суперм́одный *ugs.* – todschick, top(aktuell);
- die kombinierte *Prä- und Suffigierung*, d. h. die Ableitung eines neuen Adjektivs von einem Wortstamm mithilfe sowohl eines Präfixes wie eines Suffixes, z. B.:
рек-(а́) : заре́чный (к:ч) – jenseits des Flusses (gelegen); забыва́ть : незабыва́емый – unvergesslich;
- die *Komposition* eines neuen Adjektivs durch Zusammensetzung zweier Wortstämme:
нау́чный и техни́ческий : нау́чно-техни́ческий – wissenschaftlich-technisch;
не проница́емый для воды́ : водонепроница́емый – wasserdicht, wasserundurchlässig.

Weitere Arten der Bildung von Adjektiven sind
- die kombinierte Komposition und Suffigierung, d. h. die Bildung eines neuen Adjektivs durch Zusammensetzung zweier Wortstämme und Suffigierung des Grundwortteiles, z. B.:
ка́менный у́голь – Steinkohle : каменноу́гольный – Steinkohlen-;
- die Ableitung eines Adjektivs ohne Suffix (mit einem so genannten Null-Suffix), z. B.:
приезжа́ть : прие́зжий – angereist; зо́лот-(о) : золото́й – golden, Gold-.

Die Bildung von Adjektiven durch Suffigierung

Suffixe, mit denen Adjektive von Substantivstämmen abgeleitet werden

Es können Adjektive von Bezeichnungen für *Lebewesen* oder für *Sachen* abgeleitet werden.

Von Personenbezeichnungen abgeleitete Adjektive

-ск-(ий)* | -к-(ий) nach ц | -еск-(ий) nach Zischlauten,
-овск-(ий, -о́й)*, -инск-(ий)* | -енск-(ий), -и́ческ-(ий)*, -ческ-(ий)*:
преподава́тельский <преподава́тель> Lehrer-, Lehr-, неме́цкий <не́мец> – deutsch,
дру́жеский <друг; г:ж> – freundschaftlich, челове́ческий <челове́к; к:ч> – menschlich (➚ 851);
отцо́вский <оте́ц, *G. Sg.* отца́> – väterlich, Vater-, воровско́й <вор> – diebisch, Diebes-,
петро́вский <Пётр> – Peters, petrinisch;
матери́нский <мать *f., G. Sg.* ма́тери> – mütterlich, Mutter-, ни́щенский <ни́щий> –
bettelarm, Bettler-, екатери́нинский <Екатери́на> – Jekaterinen-;
демократи́ческий <демокра́т> – demokratisch;
краеве́дческий <краеве́д> – heimatkundlich, Heimat(kunde)-

-н-(ый)*, -ичн-(ый)*:
инжене́рный <инжене́р> – Ingenieur-, челове́чный <челове́к; к:ч> – menschlich, human,
оптимисти́чный <оптими́ст> – optimistisch (➚ 851)

-ианск-(ий)* | -янск-(ий) | -анск-(ий):
кантиа́нский <Кант> – Kant-, гегелья́нский <Ге́гель> – Hegel-

846 Eine besondere Gruppe bilden die *Possessivadjektive*, die ein Merkmal benennen, das einer Person eigen ist, und die durch folgende Suffixe gekennzeichnet sind (zur Deklination ➚ 355):
-ов-* | -ёв- | -ев-:
де́дов <дед> – des Großvaters, царёв <царь> – des Zaren, учи́телев <учи́тель> – des Lehrers, Ива́нов <Ива́н> – Iwans, И́горев <И́горь> – Igors

-ин-* | -ын-:
ма́мин <ма́ма> – der Mutter, дя́дин <дя́дя *m.*> – des Onkels, цари́цын <цари́ца> – der Zarin, Ма́шин <Ма́ша> – Maschas, Воло́дин <Воло́дя *m.*> – Wolodjas

Vorrangig von Tierbezeichnungen abgeleitete Adjektive

-ин-(ый)*:
звери́ный <зверь> – Tier-, tierisch, лошади́ный <ло́шадь *f.*> – Pferde-

-ов-(ый):
тигро́вый <тигр> – Tiger-, getigert, кито́вый <кит> – Wal-

848 Eine besondere Gruppe bilden die *Gattungsadjektive,* die ein Merkmal benennen, das einer Art oder Gruppe von Lebewesen eigen ist, und die durch folgende Suffixe gekennzeichnet sind (zur Deklination ➚ 355):
-ий-: -и[j]-*, -ачий-:
ли́сий <лиса́> – Fuchs-, во́лчий <волк; к:ч> – Wolfs-, wölfisch,
auch: челове́чий *ugs.* <челове́к; к:ч> – Menschen-, menschlich,
коша́чий <ко́шка> – Katzen-, katzenartig

Von Sachbezeichnungen abgeleitete Adjektive

849 -н-(ый, -óй)*, -енн-(ый)*, -альн-(ый)*, -арн-(ый) | -ярн-(ый), -ивн-(ый)*, -ичн-(ый)*, -онн-(ый)*, -йн-(ый) – Ableitungen von -н- oft mit internationalen Wortelementen:
го́рный <гора́> – Berg-, Gebirgs-, gebirgig, речно́й <река́; к:ч> – Fluss-, Binnen-; жи́зненный <жизнь f.> – Lebens-, lebenswichtig, лека́рственный <лека́рство> – Arznei-, medikamentös;
центра́льный <центр> – Zentral-, Haupt-, форма́льный <фо́рма> – formal;
сумма́рный <су́мма> – Gesamt-, zusammenfassend, каникуля́рный <кани́кулы Pl.> – Ferien-;
спорти́вный <спорт> – Sport-, sportlich, прогресси́вный <прогре́сс> – fortschrittlich;
автомати́чный <автома́т> – mechanisch, automatisch, типи́чный <тип> – typisch;
экскурсио́нный <экску́рсия> – Ausflugs-, Touristen-, традицио́нный <тради́ция> – traditionell;
кофе́йный <ко́фе m.> – Kaffee-, kaffeebraun, шоссе́йный <шоссе́ n.> – Straßen-

-ов-(ый, -о́й)* | -ёв-(ый) | -ев-(ый, -о́й):
фрукто́вый <фрукт> – Frucht-, Obst-, мирово́й <мир> – Welt-, weltweit,
вишнёвый <ви́шня> – Kirsch-, kirschrot, полево́й <по́ле> – Feld-

-ск-(ий, -о́й)* | -еск-(ий) und Ableitungen (↗ 845), oft zur Bezeichnung eines räumlichen Merkmals:
се́льский <село́> – Dorf-, Land-, ländlich, городско́й <го́род> – Stadt-, städtisch,
сиби́рский <Сиби́рь f.> – sibirisch, моско́вский <Москва́> – Moskauer;
техни́ческий <те́хника; к:ч> – technisch, Fach-, полити́ческий <поли́тика; к:ч> – politisch;
ба́нковский <банк> – Bank- wirt., кремлёвский <Кремль> – Kreml-;
чити́нский <Чита́> – von Tschita, пе́нзенский <Пе́нза> – von Pensa,
климати́ческий <кли́мат> – klimatisch, сцени́ческий <сце́на> – szenisch, Bühnen-;
америка́нский <Аме́рика, америка́нец> – amerikanisch

-ний: -[н']-(ий) – vornehmlich zur Bezeichnung eines räumlichen oder zeitlichen Merkmals:
ве́рхний <верх> – oberer, Ober-, кра́йний <край> – äußerster,
вече́рний <ве́чер> – abendlich, Abend-, ле́тний <ле́то> – sommerlich, Sommer-

850 Eine Reihe von Adjektivsuffixen drücken oft das Merkmal „etwas besitzend, (reichlich) ausgestattet mit" aus; hierzu gehören u. a.
-ат-(ый)*, -чат-(ый)*, -оват-(ый)* | -еват-(ый), -ист-(ый)*, -(л)ив-(ый)*, -ав-(ый)* | -(л)яв-(ый):
полоса́тый <полоса́> – gestreift, носа́тый ugs. <нос> – mit langer Nase;
ступе́нчатый <ступе́нь f.> – gestuft, stufenförmig;
узлова́тый ugs. <у́зел, G. Sg. узла́> – knotig;
плечи́стый <плечо́> – breitschultrig; са́харистый <са́хар> – zuckerhaltig;
тала́нтливый <тала́нт> – begabt, противоречи́вый <противоре́чие> – widersprüchlich;
крова́вый <кровь f.> – blutig, blutbefleckt, костля́вый <кость f.> – (stark) knochig

Mitunter drücken diese Suffixe das Merkmal „ähnlich wie etwas, in der Form von" aus, z. B.:
тру́бчатый <тру́бка; к:ч> – röhrenförmig; мешкова́тый <мешо́к> – sackartig Kleidung;
серебри́стый <серебро́> – silbrig, silberfarbig, сиротли́вый <сирота́ m. und f., belebt> – einsam

Wertende Qualitätsadjektive und Beziehungsadjektive im Vergleich   851

-(ич)-н-(ый): *Qualitätsadjektiv*
экономи́чный холоди́льник
– ein wirtschaftlicher (sparsamer)
  Kühlschrank
челове́чный посту́пок
– eine menschliche (humane) Tat

-(ич)-еск-(ий): *Beziehungsadjektiv*
экономи́ческая пробле́ма
– ein wirtschaftliches Problem
  (Problem der Wirtschaft)
челове́ческий органи́зм
– der menschliche Organismus
  (Organismus des Menschen)

-н-(ый): *Qualitätsadjektiv*
тру́дная зада́ча
– eine schwierige (viel Arbeit
  erfordernde) Aufgabe

-ов-(о́й): *Beziehungsadjektiv*
трудовы́е дохо́ды *Pl.*
– Arbeitseinkommen
  (Einkommen aus der Arbeit)

In einigen Fällen weisen entsprechende Doppelformen keinen Bedeutungsunterschied auf, z. B.: оптимисти́чный oder оптимисти́ческий – optimistisch.

Suffixe, mit denen Adjektive von Verbalstämmen abgeleitet werden

Von Verbalstämmen mithilfe von Suffixen abgeleitete Adjektive bezeichnen ein auf *eine Handlung* bezogenes Merkmal.   852
-н-(ый, -о́й)*, -льн-(ый)*, -тельн-(ый)*, -ительн-(ый)* – Adjektive drücken oft das Merkmal „bestimmt für etwas" aus:
проездно́й <проезжа́ть, прое́зд> – Fahr-, Reise-; проща́льный <проща́ться> – Abschieds-; спаса́тельный <спаса́ть> – Rettungs-, Bergungs-; измери́тельный <изме́рить *v.*> – Mess-; предусмотри́тельный <предусмотре́ть *v.*> – umsichtig, vorsorglich

Zu Adjektivsuffixen, mit denen ein Merkmal stets aus aktivischer Sicht ausgedrückt wird, gehören u. a.
-уч-(ий)* | -юч-(ий), -яч-(ий)* | -ач-(ий), -ист-(ый)*, -чат-(ый), -(л)ив-(ый)*, -чив-(ый)*:
лету́чий <лете́ть> – Flug-, fliegend, ходя́чий <ходи́ть> – wandernd, *ugs.* gehfähig; задири́стый *ugs.* <задира́ть *ugs.*> – streitsüchtig; взры́вчатый <взрыва́ть> – explosiv; выно́сливый <выноси́ть> – widerstandsfähig; насто́йчивый <настоя́ть *v.*> – beharrlich

Zu Adjektivsuffixen, mit denen ein Merkmal gewöhnlich aus passivischer Sicht ausgedrückt wird, gehören u. a.
-ем-(ый)*, -им-(ый)*, -абельн-(ый)* – Wiedergabe im Deutschen oft durch „-bar":
изменя́емый <изменя́ть> – veränder-, flektierbar; допусти́мый <допусти́ть *v.*> – zulässig; чита́бельный *ugs.* <чита́ть> – gut lesbar

Mitunter bezeichnen von Verbalstämmen abgeleitete Adjektive ein auf *ein Handlungsergebnis* bezogenes Merkmal, und zwar   853
– aus aktivischer Sicht – Ableitungen nur von intransitiven Verben:
  -л-(ый, -о́й)*, -енн-(ый)* | -ённ-(ый) | -нн-(ый), -т-(ый, -о́й)*:
  уста́лый <уста́ть *v.*> – ermüdet, matt; влюблённый <влюби́ться *v.*> – verliebt;

– aus passivischer Sicht – Ableitungen nur von nichtpräfigierten unvollendeten Verben:
  -(е)н-(ый)*, -нн-(ый)*, -т-(ый, -о́й)*:
  жа́реный <жа́рить> – gebraten, Brat-, вя́заный <вяза́ть> – gestrickt, Strick-; жда́нный <ждать> – erwartet, кры́тый <крыть> – bedeckt, überdacht

854 Suffixe, mit denen Adjektive von Adjektivstämmen abgeleitet werden

Von Qualitätsadjektiven werden mit Suffixen der (vorwiegend) subjektiven Wertung neue Adjektive abgeleitet: Diese drücken gegenüber dem Ableitungswort eine *Bedeutungsmodifizierung* aus, die meist auf der subjektiven Wertung des Sprechenden beruht (↗ auch **829 f.**). Z. B.:

-оват-(ый)* | -еват-(ый) – zum Ausdruck eines *geringeren Grades* eines Merkmals: слабова́тый <сла́бый> – etwas schwach, schwächlich, кислова́тый <ки́слый> – säuerlich

-еньк-(ий)* | -оньк-(ий), -ёхоньк-(ий) | -ёшеньк-(ий) *alt, ugs.* – zum Ausdruck eines gewöhnlich *höheren Grades* eines Merkmals, verbunden mit liebevoller oder geringschätziger Wertung: моло́денький <молодо́й> – (noch) ganz jung (positiv wertend), по́дленький <по́длый> – (sehr) gemein, niederträchtig (verstärkt negativ wertend), пло́хонький <плохо́й> – ziemlich schlimm (abschwächend); больнёхонек, -нька, -нько *alt, ugs. (nur Kurzf.)* <больно́й> – (jmd. ist) schrecklich krank

-ущ-(ий)* | -ющ-(ий), -енн-(ый)* – zum Ausdruck eines *sehr hohen Grades* eines Merkmals: большу́щий *ugs.* <большо́й> – sehr groß, riesig, злю́щий *ugs.* <злой> – bitterböse; толсте́нный *ugs.* <то́лстый> – sehr dick, тяжеле́нный *ugs.* – sehr schwer, mordsschwer

Die Bildung von Adjektiven durch Präfigierung

855 Präfixe, die das Fehlen eines Merkmals oder sein Gegenteil ausdrücken

не-* – nicht, un-:
небога́тый – nicht reich, bescheiden, небольшо́й – klein, gering, unbedeutend, непро́чный – nicht fest | haltbar, instabil, неглу́пый – nicht dumm, recht klug

без-* | бес- (vor stimmlosem Konsonanten) – ohne, -los, un-:
безземе́льный – ohne Landbesitz, landlos, безотве́тственный – verantwortungslos, беззако́нный – ungesetzlich, gesetzwidrig, безгра́мотный – des Lesens und Schreibens unkundig, бесси́льный – kraftlos, machtlos, безыску́сный (↗ **17**) – einfach, kunstlos

небез-* | небес- (vor stimmlosem Konsonanten) – nicht ohne, nicht un-:
небезопа́сный – nicht ungefährlich, небезуспе́шный – nicht erfolglos, recht erfolgreich, небесполе́зный – nicht unnütz, von einigem Nutzen, небезызве́стный (↗ **17**) – nicht unbekannt

а-* *schr.* – nicht, un-, a-:
алоги́чный – unlogisch, асимметри́чный | асимметри́ческий – asymmetrisch

анти-* – gegen, anti-:
антивое́нный – Antikriegs-, антикоррозио́нный | антикоррози́йный – Rostschutz-

противо-* – gegen, wider-:
противоесте́ственный – widernatürlich, противозако́нный – gesetzwidrig, widerrechtlich

про-* (gegensätzlich zu анти- bzw. противо-) – pro-, -freundlich:
проара́бский – proarabisch

Präfixe, die einen sehr hohen Grad eines Merkmals ausdrücken 856

наи-* mit Superlativformen zum Ausdruck des höchsten Grades (➚ 392) – aller-:
наиважнéйший – der allerwichtigste, наилýчший – der allerbeste

пере-* mit einem aus einem Partizip entstandenen Adjektiv, gewöhnlich nach der gleichen (jedoch nichtpräfigierten) Form, zum Ausdruck häufiger Wiederholung – immer wieder:
штóпаный-перештóпаный – immer wieder gestopft | geflickt,
хóженый-перехóженный – immer wieder durchwandert

пре-* – sehr, äußerst:
премúлый ugs. – äußerst nett | lieb, пренеприя́тный ugs. – äußerst unangenehm,
дóбрый-предóбрый ugs. – außerordentlich gutherzig

раз-* | рас- (vor stimmlosem Konsonanten) – sehr, äußerst:
развесёлый ugs. – sehr lustig, mordsfidel, распрекрáсный ugs. – ganz herrlich | vortrefflich

сверх-* | сверхъ- (vor e, ё, ю, я) – ein Maß überschreitend, über-:
сверхскоростнóй – superschnell, сверхзвуковóй – Überschall-,
сверхсовремéнный – hypermodern, сверхъестéственный – übernatürlich

архи-* – in höchstem Maße, erz-:
архиопáсный – äußerst gefährlich, архиреакциóнный – erzreaktionär

супер-* – von höchster Qualität, in höchstem Maße, super-:
суперсовремéнный ugs. – supermodern, суперэффектúвный – höchst effizient

ультра-* – in höchstem Maße; extrem, ultra-:
ультрамóдный – ganz modisch, topaktuell, ультрапрáвый – extrem rechts *Politik*

экстра-* – in höchstem Maße, außergewöhnlich:
экстранóвый – ganz | völlig neuartig

Präfixe, die räumliche oder zeitliche Beziehungen ausdrücken 857

вне-* – außerhalb, außer-:
внеземнóй – außerirdisch, внешкóльный – außerschulisch

внутри-* – innerhalb, inner-:
внутригородскóй – innerstädtisch, внутриполитúческий – innerhalb der Politik

за-* – jenseits:
заокеáнский – überseeisch, завóлжский – jenseits der Wolga (gelegen)

меж(ду)-* – zwischen, inter-:
межконтинентáльный – Interkontinental-, междунарóдный – international

над-* – über etwas befindlich, oberhalb:
надвóдный – Überwasser-, надстрóчный – über der Zeile (befindlich), hochstehend

óколо-* – um etwas herum, nahe:
околопланéтный – um den Planeten (herum);
mit negativer Wertung: околонаýчный – (nur) scheinbar wissenschaftlich

по-* – nahe, längs *räumlich*; regelmäßig nach Ablauf des genannten Zeitabschnittes erfolgend:
подоро́жный *alt* – längs des Weges, пово́лжский – an der Wolga (gelegen);
почасово́й – Stunden-, stündlich, покварта́льный – quartalsweise, jedes Quartal

под-* – unter etwas befindlich, Unter-:
подво́дный – Unterwasser-, Untersee-, подко́жный – unter der Haut (befindlich), subkutan

пред-* – vor *räumlich*:
предго́рный – Vorgebirgs-, предполя́рный – vor dem Polarkreis (gelegen)

при-* – unmittelbar neben, bei etwas befindlich:
приозёрный – am See (befindlich), прибалти́йский – an der Ostsee (gelegen)

транс-* – trans-:
трансатланти́ческий – transatlantisch, трансконтинента́льный – transkontinental

до-* – vor- *zeitlich* :
дохристиа́нский – vorchristlich, дошко́льный – Vorschul-

после-*, по-, пост-* *fachspr.* – nach- *zeitlich*:
послевое́нный – Nachkriegs-, послеопераци́онный – postoperativ;
посме́ртный – posthum, nachgelassen; постиндустриа́льный – postindustriell

пред-* – vor- *zeitlich*:
предзи́мний – vorwinterlich, предпосле́дний – vorletzter

858 Die Bildung von Adjektiven durch Prä- und Suffigierung

Durch kombinierte Prä- und Suffigierung werden neue Adjektive von Substantiv- und von Verbalstämmen abgeleitet.
Als Präfixe treten не-*, без-* | бес- oder Präfixe auf, die räumliche Beziehungen ausdrücken (↗ 857), als Suffixe zur Ableitung von Substantivstämmen meist -н-(ый)* bzw. -енн-(ый)*, seltener -ск-(ий)*, zur Ableitung von Verbalstämmen insbesondere -н-(ый)* oder -ем-(ый)*, -им-(ый)*.

Beispiele zur Ableitung neuer Adjektive von *Substantiv*stämmen:
несча́стный <сча́стье> – unglücklich; erbärmlich, неви́нный <вина́> – unschuldig;
безде́тный <де́ти *Pl.*> – kinderlos, бессмы́сленный <смысл> – sinnlos;
заграни́чный <грани́ца; ц:ч> – ausländisch, задо́нский <Дон> – jenseits des Don;
насто́льный <стол> – auf dem Tisch, Tisch-, нару́чный <рука́; к:ч> – am Arm, an der Hand;
подзе́мный <земля́> – unterirdisch, подмоско́вный <Москва́> – bei Moskau (gelegen);
прибре́жный <бе́рег; г:ж> – am Ufer gelegen, примо́рский <мо́ре> – See-, Küsten-

Beispiele zur Ableitung neuer Adjektive von *Verbal*stämmen:
неизбе́жный <избежа́ть *v.*> – unvermeidlich,
неизме́нный <измени́ться *v.*> – unveränderlich;
безрассу́дный <рассуди́ть *v.*> – unüberlegt,
беспреры́вный <прерыва́ться> – ununterbrochen;
незабыва́емый <забыва́ть> – unvergesslich,
неминуе́мый <минова́ть *v./uv.*> – unausweichlich;
невозврати́мый <возврати́ть *v.*> – unwiederbringlich,
невыноси́мый <выноси́ть> – unerträglich

Die Bildung von Adjektiven durch Zusammensetzung

Zusammengesetzte Adjektive gliedern sich (↗ auch 834) in **859**
– einen aus einem Adjektivstamm bestehenden *Grundwortteil,* durch den die Wortart und die Formbildung des Kompositums sowie seine lexikalische Grundbedeutung festgelegt sind,

– den am Wortanfang stehenden *Bestimmungswortteil* (den Stamm eines Adjektivs oder eines Substantivs, seltener eines Zahlwortes oder eines Pronomens).

Die Zusammensetzung der beiden Wortteile erfolgt mithilfe eines *Bindevokals,* in der Regel -o-|-e- (nach Stammauslaut auf weichen Konsonanten oder Zischlaut); dieser ist unter den Leitzahlen **859** und **860** unterstrichen.

Bedeutungsmäßig können die beiden Wortteile einander *nebengeordnet* sein (beide Wortteile sind betont, in der Schrift sind sie oft zusätzlich durch einen Bindestrich verbunden), z. B.:
чёрно-бе́лый (vgl. чёрный и бе́лый) – schwarz-weiß,
нау́чно-техни́ческий – wissenschaftlich-technisch, ру́сско-неме́цкий – russisch-deutsch, erster Wortteil verkürzt: а́нгло-ру́сский – englisch-russisch.

Häufig wird der Grundwortteil durch den davorstehenden Wortteil in seiner Bedeutung näher bestimmt, d. h. eingeschränkt: Der erste Teil ist dem zweiten bedeutungsmäßig *untergeordnet* (das zusammengesetzte Adjektiv weist *einen* Hauptakzent auf, die beiden Wortteile werden gewöhnlich zusammengeschrieben), z. B.:
трудоёмкий – arbeitsintensiv, водонепроница́емый – wasserdicht, wasserundurchlässig, огнеопа́сный – feuergefährlich (vgl. ого́нь, *G. Sg.* огня́), платёжеспосо́бный – zahlungsfähig; старославя́нский – altslawisch, общеизве́стный – allgemein bekannt;
однокóмнатный – Einzimmer-, многоэта́жный – mehrstöckig;
самоуве́ренный – selbstbewusst, selbstsicher, самово́льный – eigenwillig, eigenmächtig, всевозмо́жный – allerlei, allerhand.

Der *Grundwortteil* eines zusammengesetzten Adjektivs kann von einem Substantiv- oder einem **860** Verbalstamm mithilfe eines Suffixes abgeleitet sein.

Beispiele zur Ableitung des Grundwortteils von einem
– *Substantiv*stamm mit einem Suffix (-н-, -[н']-, -ов-, -ск-):
левобере́жный <ле́вый бе́рег; г:ж> – am linken Ufer (gelegen);
разносторо́нний <ра́зные сто́роны *Pl.*> – vielseitig;
коротковолно́вый <коро́ткие во́лны *Pl.*> – Kurzwellen-;
черномо́рский <Чёрное мо́ре> – Schwarzmeer-

– *Verbal*stamm mit einem Suffix (-н-, -тельн-):
гостеприи́мный <принима́ть госте́й> – gastfreundlich, gastlich;
тихохо́дный <ходи́ть ти́хо> – langsam (laufend), mit langsamem Gang;
доброжела́тельный <жела́ть добра́> – wohlwollend

Als Grundwortteil eines zusammengesetzten Adjektivs treten u. a. folgende Elemente auf: **861**
-ви́дный – -förmig, -artig: шарови́дный – kugelförmig, Kugel-
-кра́тный – -fach: многокра́тный – mehrmalig, vielfach
-но́сный – -führend, -haltig: водоно́сный – Wasser führend, золотоно́сный – goldhaltig
-обра́зный – -förmig, -artig: газообра́зный – gasförmig, мазеобра́зный – salbenartig
-подо́бный – -ähnlich, -artig: мужеподо́бный – einem Mann ähnlich, männlich
-тво́рный – -erregend, -bildend: болезнетво́рный – krankheitserregend

Zur Wortbildung der Verben

862 Die folgenden Beispiele zur Veranschaulichung der Wortbildung von Verben werden stets in der jeweiligen Wörterbuchform, d. h. im Infinitiv, angegeben.

> Zu den Hauptarten der Bildung von Verben gehören:
> - die *Präfigierung* (➚ auch **90.1**), d. h. die Ableitung eines neuen, gewöhnlich vollendeten Verbs (mit neuer bzw. modifizierter lexikalischer Bedeutung) von einem Verbalstamm mithilfe eines wortbildenden Präfixes, z. B.:
> бежа́ть – laufen, rennen : при̲бежа́ть *v.* – herbeilaufen, herbeigelaufen kommen; у̲бежа́ть *v.* – weg-, fortlaufen;
> - die *Suffigierung*, d. h. die Ableitung eines neuen Verbs von einem Wortstamm (z. B. eines Substantivs, Adjektivs, Verbs) mithilfe eines wortbildenden Suffixes, z. B.:
> пило́т – Pilot, Flugzeugführer : пилот и̲́ровать̲ – (ein Flugzeug) lenken, steuern;
> хи́трый – listig, (bauern)schlau : хитр и́ть̲ – sich verstellen, *ugs.* trickreich vorgehen;
> крича́ть – schreien, rufen : крик ну́ть̲ *v.* – aufschreien, einen Schrei ausstoßen;
> - die kombinierte *Prä- und Suffigierung*, d. h. die Ableitung eines neuen Verbs von einem Wortstamm (z. B. eines Substantivs, eines Adjektivs, eines Verbs) mithilfe sowohl eines Präfixes wie eines Suffixes, z. B.:
> земля́ – Erde, Land : при̲земл и́ть̲ *v.* – zur Landung bringen;
> о́бщий – allgemein : о̲бобщ и́ть̲ *v.* – verallgemeinern;
> гуля́ть – spazieren gehen : раз̲гу́лива̲ть – herumspazieren, herumbummeln.

Zur Bildung vollendeter Aspektpartner mithilfe bedeutungsleerer Präfixe ➚ **92**.
Zur Bildung unvollendeter Aspektpartner mithilfe der Suffixe -ыва-|-ива-, -я-|-а-, -ва- ➚ **94** ff.

Die Bildung von Verben durch Präfigierung

863 Es gibt rund 30 Präfixe, mit denen von Verbalstämmen neue Verben (d. h. Verben mit neuer bzw. modifizierter lexikalischer Bedeutung) abgeleitet werden können. Die Ableitungswörter sind häufig unvollendete Verben, die abgeleiteten präfigierten Verben in der Regel vollendet.

Aspektzugehörigkeit präfigierter Verben

Ableitungswort	Abgeleitetes Wort	Beispiele mit dem Präfix пере- – *(hin)über-, um-*	
uv.	→ *v.*	писа́ть *uv.*	→ переписа́ть *v.*
	→ (seltener) *v./uv.*	программи́ровать *uv.*	→ перепрограмми́ровать *v./uv.*
	→ (selten) *uv.*[1]	чу́вствовать *uv.*	→ предчу́вствовать *uv.* (!)
v.	→ *v.*	пры́гнуть *v.*	→ перепры́гнуть *v.*
v./uv.	→ *v.*	формули́ровать *v./uv.*	→ переформули́ровать *v.*
	→ *v./uv.*	профили́ровать *v./uv.*	→ перепрофили́ровать *v./uv.*

[1] Zu den wenigen unvollendeten Verben gehören Verben mit den Präfixen пред- – *vorher-* und со- – *gemeinsam* (z. B. бесе́довать *uv.* → собесе́довать *uv.*; ➚ auch **93**).

Wichtige Verbalpräfixe im Überblick

Präfixe (in der Regel mehrdeutig) können die durch das jeweilige Ableitungswort bezeichnete **864** Handlung z. B. hinsichtlich ihrer Bewegung im Raum, ihres zeitlichen Verlaufs, ihrer Intensität oder ihres Wirkungsgrades näher charakterisieren. Im Folgenden werden verbale *Präfixe in alphabetischer Reihenfolge* vorgestellt; meist sind es produktive Typen der Wortbildung.

в- | во- (vor й:[j], о und einigen Konsonantenverbindungen) | въ- (vor е, я, ю) **865**
– *Bewegung im Raum:* hinein-, herein-, ein-
въе́хать *v.* – hinein-, hereinfahren, войти́ *v.* – hereinkommen, влить *v.* – eingießen

вз- | взо- (vor й:[j] und einigen Konsonantenverbindungen) | взъ- (vor е, я, ю) | вс- (vor stimm- **866** losem Konsonanten)
– *Bewegung im Raum:* (hin)auf-, empor-
взлете́ть *v.* – hinauffliegen, aufsteigen, вски́нуть *v.* – hinaufwerfen, hochreißen
– *intensiver Beginn:* auf-
вскри́кнуть *v.* – aufschreien, einen Schrei ausstoßen

воз- | вос- (vor stimmlosem Konsonanten) **867**
– *Bewegung im Raum:* (hin)auf-, empor-
возвести́ *v., schr.* – emporheben
– *intensiver Beginn:* auf-
возликова́ть *v., geh.* – in Jubel ausbrechen, вознегодова́ть *v., schr.* – in Zorn geraten
– *Wiederholung:* von neuem, wieder-
воссоедини́ть *v.* – wiedervereinigen, воссозда́ть *v.* – neu schaffen, wiederherstellen

вы- **868**
– *Bewegung im Raum:* hinaus-, heraus-, weg-
вы́бежать *v.* – hinauslaufen, -rennen, вы́везти *v.* – abtransportieren, wegbringen
– *Erreichen eines Ergebnisses:* ganz, völlig, aus-, ver- (↗ auch **102.3**)
вы́лечить *v.* – auskurieren, вы́спаться *v.* – ausschlafen, вы́жечь *v.* – vollständig verbrennen
– *Zeitabschnitt:* eine gewisse Zeit, durch-
вы́стоять *v.* – eine gewisse Zeit stehen, standhalten, durchhalten, вы́страдать *v.* – durchleiden

де- | дез- – *gegensätzliche Handlung:* de-, des-, ent- **869**
дешифрова́ть *v./uv.* – dechiffrieren, entziffern, дезорганизова́ть *v./uv.* – desorganisieren

дис- – *gegensätzliche Handlung:* dis- **870**
дисквалифици́ровать *v./uv.* – disqualifizieren

до- **871**
– *Bewegung im Raum:* hin- (bis)
долете́ть *v.* (до *mit G.*) – hinfliegen (bis), дотащи́ть *v.* (до) – hinschleppen (bis)
– *Handlung bis zum Ende:* zu Ende, fertig- (↗ auch **102.3**)
дочита́ть *v.* – zu Ende lesen, auslesen, дое́сть *v.* – zu Ende essen, aufessen
– *Erreichen eines positiven oder negativen Ergebnisses*
дозвони́ться *v., ugs.* – (telefonisch) Anschluss bekommen, добе́гаться *v., ugs.* – (bis zur Erschöpfung) laufen
– *Hinzufügen, Ergänzen:* hinzu-, nach-
доплати́ть *v.* – zu-, nachzahlen, доли́ть *v.* – hinzu-, nachgießen, voll gießen

872 за-
  – *Beginn:* anfangen zu (↗ auch **102.1**)
  заболéть *v.* – erkranken, Schmerzen bekommen, заволновáться *v.* – in Aufregung geraten
  – *Erreichen eines Ergebnisses:* er-, ver-
  завоевáть *v.* – erobern, erringen, erschließen, заперéть *v.* – ab-, zu-, verschließen
  – *Übermaß:* über-, (zu) weit, (zu) viel
  закормúть *v.* – überfüttern, забрóсить *v.* – (zu) weit werfen
  – *Beiläufigkeit:* im Vorbeigehen, im Vorbeifahren, kurz
  заéхать *v.* – (im Vorbeifahren) kurz aufsuchen, занестú *v.* – (im Vorbeigehen) hinbringen

873 из- | изо- | изъ- | ис-
  – *Bewegung im Raum:* (her)aus-
  извлéчь *v.* – herausziehen, избрáть *v.* – (aus)wählen, изгнáть *v.* – vertreiben
  – *räumliche Ausdehnung:* an vielen Stellen, völlig durch-, zer-
  изрéзать *v.* – in viele Teile zerschneiden, изъéздить *v., ugs.* – (viele Gegenden) bereisen
  – *Höchstmaß:* völlig, vollkommen, aus-, ver- (↗ auch **102.3**)
  иссóхнуть *v.* – ver-, austrocknen, изнéрвничаться *v., ugs.* – völlig nervös werden

874 на-
  – *Bewegung im Raum:* auf-, darauf-
  наклéить *v.* – aufkleben, наéхать *v.* (на *mit A.*) – auf-, anfahren, stoßen (gegen)
  – *unbestimmte Anzahl:* (gewöhnlich) in großer Anzahl (*mit G.*)
  набрáть *v.* (ягод) – (viele Beeren) sammeln, накупúть *v.* (фрýктов) – (viel Obst) kaufen
  – *Intensität:* sorgfältig
  наглáдить *v., ugs.* – sorgfältig bügeln, намýть *v., ugs.* – gründlich waschen
  – *geringes Maß* (nur *uv.* Verben): nur leicht, nur andeutungsweise
  наúгрывать – (eine Melodie) nur andeutungsweise spielen, anspielen
  – *hohes Maß* (Verben mit Postfix -ся): genug, zur Genüge, ausgiebig (↗ auch **102.3**)
  наéсться *v.* – sich satt essen, набéгаться *v., ugs.* – sich auslaufen, sich müde laufen

875 над- | надо- | надъ-
  – *Vergrößern:* dazu-, an-
  надстрóить *v.* – anbauen, aufstocken, надклéить *v.* – durch Ankleben verlängern, dazukleben
  – *geringes Maß:* (ein wenig) an-, ein-
  надрéзать *v.* – leicht anschneiden, надрубúть *v.* – ankerben

876 недо- – *Einschränkung:* nicht ganz, nicht genug, unter-
  недожáрить *v.* – nicht ganz durchbraten, недоспáть *v., ugs.* – nicht ausschlafen

877 низ- | нис- *schr.* – *Bewegung im Raum:* hinunter-, herunter-
  низвéргнуть *v., schr.* – hinabwerfen, -stürzen

878 о- | об- | обо- | объ-
  – *Bewegung im Raum:* herum- (um), um-
  охватúть *v.* – umfassen, -greifen, обжáрить *v.* – von allen Seiten leicht anbraten
  – *große Anzahl:* viel(e)
  обéгать *v., ugs.* – viele Orte aufsuchen, viel herumkommen, опросúть *v., amtl.* – viele befragen
  – *Fehlleistung:* (ohne oder mit Absicht) falsch
  оступúться *v.* – fehltreten, stolpern, ослы́шаться *v.* – sich verhören, falsch verstehen

от- | ото- | отъ-   **879**
– *Bewegung im Raum:* weg-, ab-
отойти́ *v.* – weg-, abgehen, отвезти́ *v.* – (mit einem Wagen) weg-, fortbringen
– *Beseitigen:* ab-
отре́зать *v.* – abschneiden, отвяза́ть *v.* – ab-, losbinden, оттере́ть *v.* – abwischen, -reiben
– *gegensätzliche Handlung:* ab-
отсове́товать *v.* – abraten, отучи́ть *v.* (*mit A.* от *mit G.*) – (*jmdm. etw.*) abgewöhnen
– *Abschluss, Abbruch: etw.* beenden, aufhören zu (↗ auch **102.1**)
отгла́дить *v.* – ausbügeln; aufhören zu bügeln, отлюби́ть *v.* – aufhören zu lieben
– *Erreichen eines negativen Ergebnisses*
отсиде́ть *v.* – vom Sitzen steif werden, отлежа́ть *v.* – vom Liegen steif werden

пере-   **880**
– *Bewegung im Raum:* (hin)über-, um-
перейти́ *v.* – hinübergehen, überqueren, пересели́ться *v.* – um-, übersiedeln
– *Zerlegung in Teile:* entzwei-, durch-, zer-
перерубить *v.* – in zwei Teile hauen, zerhacken, переломи́ть *v.* – entzweibrechen, zerbrechen
– *Zustandsänderung:* nochmals, anders, um-, ver-
перестро́ить *v.* – umbauen, umgestalten, перерабо́тать *v.* – umarbeiten, verarbeiten
– *Zeitabschnitt:* eine Zeit lang
пережда́ть *v., ugs.* – eine Zeit lang (ab)warten
– *Übermaß:* (zu) sehr, (zu) stark, über-
перегре́ть *v.* – zu stark erhitzen, überhitzen, перепуга́ть *v.* – *jmdn.* stark erschrecken
– *Intensität:* stärker, besser *als andere*
перекрича́ть *v.* – durch Schreien übertönen, перепляса́ть *v., mit G.* – besser tanzen *als jmd.*
– *geringes Maß:* ein wenig
передохну́ть *v., ugs.* – sich etwas erholen, перекури́ть *v., ugs.* – ein paar Züge tun

по-   **881**
– *Beginn:* anfangen zu, los- (↗ auch **102.1**)
побежа́ть *v.* – anfangen zu laufen, loslaufen, поду́ть *v.* – zu wehen anfangen
– *Zeitabschnitt:* eine Zeit lang, eine Weile, ein wenig (↗ auch **102.1**)
поговори́ть *v.* – eine Weile sprechen | reden, побе́гать *v.* – eine Zeit lang umherlaufen
– *Wiederholung (uv.* Verben auf -ыва- | -ива-): von Zeit zu Zeit, ab und zu (↗ auch **102.2**)
погля́дывать – von Zeit zu Zeit hinsehen, почи́тывать *ugs.* – ab und zu ein wenig lesen
– *geringes Maß:* ein wenig, (allmählich) etwas
поотста́ть *v., ugs.* – allmählich etwas zurückbleiben
– *hohes Maß:* viele(s), alle(s)
попря́тать *v., ugs.* – alle(s) verstecken, поброса́ть *v.* – vieles, alles umherwerfen

под- | подо- | подъ-   **882**
– *Bewegung im Raum:* darunter-, unter-; (von) unten
подста́вить *v.* – darunter stellen, подсе́чь *v.* – unten abhauen
– *Bewegung im Raum:* von unten nach oben, hoch-, empor-
подбро́сить *v.* – in die Höhe werfen, hochwerfen, подпры́гнуть *v.* – hochspringen
– *räumliche Annäherung:* nahe heran-, herbei-, hinzu-
подбежа́ть *v.* – heran-, hinzulaufen, подползти́ *v.* – herankriechen
– *Hinzufügen:* (noch) hinzu-, dazu-, nach-
подмеша́ть *v.* – beimischen, hineinrühren, подли́ть *v.* – (hin)zugießen, nachgießen

– *geringes Maß:* nur ein wenig, nur etwas, leicht (↗ **auto 102.2**)
подсо́хнуть *v.* – ein wenig, allmählich trocknen, подгни́ть *v.* – anfaulen
– *verdeckte Handlung:* heimlich, verborgen, unbemerkt
подкра́сться *v.* – sich heranschleichen, sich heimlich nähern, подсказа́ть *v.* – (leise) vorsagen

883 пре- – *hohes Maß:* sehr, ganz
преиспо́лнить *v., schr.* – ganz erfüllen, преуме́ньшить *v.* – bagatellisieren

884 пред- | предо- | предъ- – vorher-, zuvor, im Voraus
предопредели́ть *v.* – im Voraus, vorherbestimmen, предви́деть *uv.* – voraus-, vorhersehen

885 при-
– *Bewegung im Raum:* heran-, herbei-
прибежа́ть *v.* – herbeilaufen, hereingelaufen kommen, привести́ *v.* – (hin)bringen, (hin)führen
– *Anfügen:* an-, fest-
привинти́ть *v.* – an-, festschrauben, привяза́ть *v.* – an-, festbinden, приши́ть *v.* – annähen
– *Drücken:* herunter-, nieder-
придави́ть *v.* – niederdrücken, притопта́ть *v.* – mit den Füßen niedertreten
– *Hinzufügen:* (ergänzend) dazu-, hinzu-
прикупи́ть *v.* – dazukaufen, приплати́ть *v.* – zu-, dazuzahlen
– *geringes Maß:* nur ein wenig, nur etwas, leicht (↗ **auch 102.2**)
привста́ть *v.* – sich (nur) ein wenig erheben, приоткры́ть *v.* – (nur) einen Spaltweit öffnen

886 про-
– *Bewegung im Raum:* (durch etwas) hindurch-, durch-
просверли́ть *v.* – durchbohren; прое́хать *v.* (10 киломе́тров) – durchfahren, zurücklegen
– *Bewegung im Raum:* vorbei-, vorüber- (an)
прое́хать *v.* (ми́мо своего́ до́ма) – vorbei-, vorüberfahren (an)
– *Zeitabschnitt:* eine bestimmte Zeit lang, längere Zeit hindurch (↗ **auch 102.1**)
прорабо́тать *v.* – (eine bestimmte Zeit) arbeiten, проспа́ть *v.* – (eine bestimmte Zeit) schlafen
– *Höchstmaß:* (gehörig, sorgfältig, völlig, ganz) durch- (↗ **auch 102.3**)
просоли́ть *v.* – gehörig einsalzen, провари́ть *v.* – gar kochen
– *Verbrauchen, Verlieren:* ver-
пропи́ть *v.* – vertrinken, *ugs.* sich durch Trinken ruinieren, проспа́ть *v.* – verschlafen

887 раз- | разо- | разъ- | рас-
– *Zer-, Verteilen:* zer-, ver-, aus-
разби́ть *v.* – zerschlagen, разда́ть *v.* – aus-, verteilen
– *Bewegung im Raum:* in verschiedenen Richtungen, auseinander
разбежа́ться *v.* – auseinander laufen, rennen, раздви́нуть *v.* – auseinander schieben
– *gegensätzliche Handlung:* aus-, auf-, ab-, ent-
развяза́ть *v.* – aufbinden, распакова́ть *v.* – auspacken, разморо́зить *v.* – auf-, abtauen
– *Intensität:* übermäßig, sehr, heftig (↗ **auch 102.3**)
разоби́деть *v., ugs.* – sehr beleidigen, раскритикова́ть *v.* – heftig kritisieren
– *Zeitabschnitt* (*uv.* Verben auf -ыва- | -ива-, -ва-, -я- | -а-): lange, hin und her (↗ **auch 102.2**)
разду́мывать – (lange) nachdenken, hin und her überlegen

888 ре- – wieder, neu, re-
реэвакуи́ровать *v./uv.* – aus der Evakuierung zurückführen

с- | со- | съ- **889**
- *Anfügen:* zusammen-, aneinander
склéить *v.* – zusammen-, aneinander kleben, сшить *v.* – zusammennähen
- *Bewegung im Raum* (Verben mit Postfix -ся): (von allen Seiten) zusammen-
сбежáться *v.* – herbei-, zusammenlaufen, сгрестú *v.* – zusammenharken, -schaufeln
- *Bewegung im Raum:* von oben nach unten, hinab-, herab-, hinunter-, herunter-
спры́гнуть *v.* – (hin)ab-, hinunterspringen, сбрóсить *v.* – hinunter-, (hin)abwerfen
- *Beseitigen:* weg-, ab-
смыть *v.* – abwaschen, wegspülen, срéзать *v.* – weg-, abschneiden
- *Gegenseitigkeit* (Verben mit Postfix -ся): (gut) miteinander
срабóтаться *v.* – gut zusammenarbeiten können, sich gut aufeinander einarbeiten

со- – *Gemeinsamkeit:* mit- **890**
соучáствовать *uv.* – mitbeteiligt sein, собесéдовать *uv.* – ein gemeinsames Gespräch führen

у- **891**
- *Bewegung im Raum:* weg-, fort-, davon-
улетéть *v.* – weg-, fort-, davonfliegen, увезтú *v.* – weg-, fortschaffen
- *Verringerung:* ein-, ab-
ушúть *v.* – (durch Abnähen) enger machen
- *Bedecken der ganzen Fläche:* be-, zu-
устлáть *v.* – (den Boden) ganz bedecken, auslegen, усы́пать *v.* – ganz bestreuen, überschütten

Die Bildung von Verben durch Suffigierung

Suffixe, mit denen Verben von Substantiv- und Adjektivstämmen abgeleitet werden **892**

Mithilfe der Suffixe werden Verben abgeleitet, die ganz allgemein eine Handlung bezeichnen, die sich auf den Inhalt des Ableitungswortes (eines Substantivs oder eines Adjektivs) bezieht. Die meisten abgeleiteten Verben sind unvollendet, einige (oft Verben auf -ова-) zweiaspektig.

-и-(ть)*:
солúть <соль *f.*> – (ein)salzen, утю́жить *ugs.* <утю́г; г:ж> – bügeln, glätten,
рыбáчить <рыбáк; к:ч> – Fischfang treiben, дружúть <друг; г:ж> – befreundet sein

-ова-(ть)* | -ева-(ть), -изова-(ть)*, -ирова-(ть)*, -изирова-(ть)*:
комплектовáть <комплéкт> – komplettieren, vervollständigen;
нейтрализовáть *v./uv.* <нейтрáльный> – neutralisieren;
ремонтúровать <ремóнт> – reparieren;
стабилизúровать *v./uv.* <стабúльный> – stabilisieren, festigen

-нича-(ть)* | -ича-(ть):
столя́рничать *ugs.* <столя́р> – tischlern, секрéтничать *ugs.* <секрéт> – geheim tun

-ствова-(ть)* | -ествова-(ть):
совершéнствовать <совершéнный> – vervollkommnen

-е-(ть)*:
белéть <бéлый> – weiß werden, weiß schimmern, седéть <седóй> – ergrauen, grau werden

-ну-(ть)* *uv.*, nur von *Adj.* (inchoative Verben, die ein Werden bezeichnen, ↗ auch **102.2**):
крéпнуть <крéпкий> – erstarken, sich festigen, сóхнуть <сухóй; у:о> – (ver-, ein)trocknen

893 | Suffixe, mit denen Verben von Verbalstämmen abgeleitet werden

Mit den im Folgenden aufgeführten und einigen weiteren Suffixen werden von Verbalstämmen neue Verben abgeleitet, die die Bedeutung des Ableitungswortes modifizieren.
Die mit den Suffixen -ну- und -ану- gebildeten Verben sind vollendet, die anderen Verben unvollendet.

-ну-(ть)* *v.* – einmal kurz (Momentanverben, ↗ auch **102.2**):
махну́ть *v.* <маха́ть> – einmal kurz winken, толкну́ть *v.* <толка́ть> – einen Stoß versetzen, кри́кнуть *v.* <крича́ть, vgl. крик> – aufschreien, einen Schrei ausstoßen

-ану-(ть)* *v., ugs.* – einmal kurz und heftig:
толкану́ть *v., ugs.* <толка́ть> – einen heftigen Stoß versetzen, резану́ть *v., ugs.* <ре́зать> – (zer)schneiden

-ыва-(ть)* | -ива-(ть), -ва-(ть), -я-(ть) | -а-(ть) – öfter, wiederholt (iterativ, ↗ auch **102.2**):
ви́дывать *ugs.* <ви́деть> – öfter sehen, ха́живать *ugs.* <ходи́ть; о:а, д:ж> – häufig kommen

Die Bildung von Verben durch Prä- und Suffigierung

894

Durch kombinierte Prä- und Suffigierung werden neue Verben vor allem von Substantiv-, von Adjektiv- und von Verbalstämmen abgeleitet.
Als Suffixe treten insbesondere auf: -и-* und -е-* zur Ableitung von Substantiv- und Adjektivstämmen und -ыва-*|-ива-, -ва-, -я-|-а- sowie -ну-* und -и- zur Ableitung von Verbalstämmen. Zu den Präfixen ↗ **864** ff.

Die von Substantiv- und von Adjektivstämmen abgeleiteten Verben sind vollendet, ebenso die von Verbalstämmen mit -ну- oder -и- abgeleiteten Verben.

895

Beispiele zur Ableitung neuer Verben von *Substantiv*stämmen:
озву́чить *v.* <звук; к:ч> – vertonen, озагла́вить *v.* <загла́вие> – eine Überschrift geben; приземли́ть *v.* <земля́> – zur Landung bringen, пригу́бить *v.* <губа́> – (nur) nippen; обезлю́деть *v.* <лю́ди *Pl.*, безлю́дный> – menschenleer werden (sein)

Unterscheide transitive Verben auf -ить und intransitive Verben auf -еть:
обесси́лить *v., trans.* (пу́тника) <си́ла> – (den Wanderer) entkräften, schwächen,
обесси́леть *v., intrans.* <си́ла> – kraftlos, schwach werden

896

Beispiele zur Ableitung neuer Verben von *Adjektiv*stämmen:
вы́яснить *v.* <я́сный> – (auf)klären, klarstellen;
облегчи́ть *v.* <лёгкий; к:ч> – erleichtern;
углуби́ть *v.* <глубо́кий> – vertiefen, tiefer machen, удлини́ть *v.* <дли́нный> – verlängern

Unterscheide transitive Verben auf -ить und intransitive Verben auf -еть:
осла́бить *v., trans.* (органи́зм) <сла́бый> – (den Organismus) schwächen,
осла́беть *v., intrans.* <сла́бый> – schwach werden, nachlassen

897

Beispiele zur Ableitung neuer Verben von *Verbal*stämmen:
насви́стывать <свиста́ть> – (leise) vor sich hin pfeifen, накра́пывать <кра́пать> – tröpfeln; разгу́ливать <гуля́ть> – herumspazieren, расха́живать <ходи́ть; о:а, д:ж> – umher-, auf und ab gehen, распева́ть *ugs.* <петь> – immerzu, fröhlich singen;
всплакну́ть *v., ugs.* <пла́кать> – etwas, ein wenig weinen

Register

Das alphabetische deutschsprachige Register enthält
- ausgewählte Fachausdrücke, die in der vorliegenden Grammatik verwendet werden, sowie
- einige Wörter, die den deutschen Gegenwert für bestimmte russische Konstruktionen darstellen; diese Wörter sind kursiv gesetzt.

Mehrwortbenennungen sind unter dem Kernwort der Wortgruppe erfasst: prädikatives Adverb siehe unter Adverb, prädikatives ~.
Zahlen verweisen auf die Leitzahlen am Seitenrand (nicht auf die Seitenzahlen); ~ ersetzt das jeweilige Stichwort. F vor einer Leitzahl verweist auf die Formbildung, G auf den Gebrauch.

A

Ableitungsstamm 64
Abstraktum 256
Adjektiv 72, 333, Beziehungs~e 335, Deklination der ~e 341, Funktion der ~e im Satz 339, Gattungs~e 336, Komparativformen der ~e F 380 – G 385, Kurzformen der ~e F 357 – G 373, 375, Langformen der ~e F 341 – G 371, 372, nichtdeklinierte ~e 356, Possessiv~e 336, Qualitäts~e 334, Superlativformen der ~e F 392 – G 397, Übergang von ~en zu Substantiven 401
Adjektivsuffixe: ~ zur Ableitung von Adjektivstämmen 854, von Substantivstämmen 845, von Verbalstämmen 852
Adverb 72, ~ien auf ни-, не- 519, ~ien auf -то, -нибудь | -либо, кое- | кой 518, ~ien der Art und Weise 504, ~ien der Zeit 507, ~ien des Grades und des Maßes 505, ~ien des Grundes 508, ~ien des Ortes 506, ~ien des Zwecks 509, Funktion der ~ien im Satz 520, Komparation der ~ien 521, prädikatives ~ (Zustandswort) 72, 530, Pronominal~ien 510, von ~ien gebildete Präpositionen 571, Wortgruppen als ~ien 529
Adverbialbestimmung 718, ~ beim unvollendeten und beim vollendeten Aspekt 88, isolierte ~ 721, Stellung der ~ 796
Adverbialpartizip (Gerundium) 238, ~ auf -в(ши), -ши F 245 – G 249, ~ auf -я | -a F 241 – G 249,

Formenbestand der ~ien 239, relativer Zeitbezug und Aspekte der ~ien 249, Übergang von ~ien in andere Wortarten 254, Wiedergabe der ~ien im Deutschen 250
Adverbialpartizipialkonstruktion 249
Adverbialsatz 775, ~ der Art und Weise (Modalsatz) 592, 776, ~ der Bedingung (Bedingungs- oder Konditionalsatz) 597, 780, ~ der Einräumung (Einräumungs- oder Konzessivsatz) 598, 781, ~ der Folge (Folge- oder Konsekutivsatz) 590, 782, ~ der Zeit (Temporalsatz) 593, 777, ~ des Grundes (Kausalsatz) 595, 778, ~ des Zwecks (Zweck- oder Finalsatz) 596, 779
Akkusativ 281, ~ bei Verben 639, ~ oder Genitiv bei Verben 634, 645, 647, 717, ~ Plural der Substantive und kongruierender Attribute 288, ~ Singular der Substantive und kongruierender Attribute 289, Verben mit ~rektion 654
Aktionsart 101, ~en zur Kennzeichnung eines Zeitabschnitts einer Handlung 102.1, ~en zur Kennzeichnung einer Handlung in quantitativer Hinsicht 102.2, ~en zur Kennzeichnung eines Handlungsergebnisses 102.3
Aktivformen 115, ~ der Partizipien F 208, 211 – G 214, Bestand der ~ 79, reflexive Verben als ~ 117
Alphabet 1
als beim Komparativ: ~ von Adjektiven 391, ~ von Adverbien 524
Alternativfragen 700

Altersangabe 763
Anrede: ~form im Nominativ 633, besondere ~form einiger Personennamen auf -а | -я 312, höfliche ~ mit Namen 820
Anredepronomen: ~ ты : вы 450, ~ твой : ваш 457
Anschluss: ~ ohne formale Kennzeichen 632
Apposition 720, Kongruenz zwischen der Wortgruppe „Bezugswort und ~" und dem Prädikat 720, Kongruenz zwischen Substantiv und ~ 694
Artikel (im Deutschen): Fehlen des ~s 73, Satzgliedfolge und ~ 791, 792, transitive Verben und ~ 645
Aspekt 76, ~ und Tempus 89, Adverbialpartizipien und ~ 249, Bedeutung des unvollendeten (imperfektiven) und des vollendeten (perfektiven) ~s 85, Bildung der ~e 90, Partizipien des Aktivs und ~ 214, Partizipien des Passivs und ~ 228
Aspektgebrauch 85, ~ im Futur 162, ~ im Imperativ 188, ~ im Infinitiv 201, ~ im Konjunktiv 178, ~ im Präsens 158, ~ im Präteritum 171, ~ und Adverbialpartizipien 249, ~ und Partizipien des Aktivs 214, ~ und Partizipien des Passivs 228
Aspektpaar 84
Aspektpartner 84, Bildung unvollendeter ~ 94, Bildung vollendeter ~ 91
Assimilation: Palatalisierungs~ 30, Stimm~ 27
Attribut 719, isoliertes ~ 721, Kongruenz zwischen Substantiv und adjektivischem ~ 692, nichtkongruierendes ~ 719, substantivisches ~ (Apposition) 720, 694
Attributsatz 783
Aufforderungs- und Wunschsätze 699, Zeichensetzung am Ende von ~n 801
Ausrufesätze 704
Aussagesätze 698
Autorenrede siehe Redeeinleitung

B

Bedingungssätze (Konditionalsätze): Konjunktiv oder Indikativ in ~n 180
Begriffswort (Autosemantikon) 71
Bestimmungswortteil: ~ zusammengesetzter Adjektive 859, ~ zusammengesetzter Substantive 834
Betonung: ~ der Adjektive in der Langform 347 und in der Kurzform 368, ~ der Substantive 329; ~ der Verben im Präsens oder vollendeten Futur 157, im Präteritum 168, im Imperativ der 2. Person 185
Beziehungsadjektiv 335, Qualitätsadjektive auf -ичн-(ый) und ~e auf -ическ-(ий) 851
Bibliothekstransliteration 2

Bindevokal 62, ~ in zusammengesetzten Adjektiven 859, 860, ~ in zusammengesetzten Substantiven 835, 838, 839
Brauchen 746
Bruchzahlwörter 428, *F* und *G* 432; ~ zum Ausdruck gemeiner Brüche 429, unechter Brüche 430 und von Dezimalbrüchen 431
Buchstabe 1, ~n ь und ъ 50
Buchstabenverbindung: ~en und Besonderheiten ihrer lautlichen Wiedergabe 52

D

Dativ 281, ~ bei Verben 637, ~ bei Substantiven 638, ~ in einem unpersönlichen Satz 637.2, Verben mit ~rektion 649
Datumsangabe 760
Deklination (der Adjektive) 341, ~ der Mischtypen: der Gattungsadjektive (лисий) und der Possessivadjektive (отцов, сестрин) 355, ~ des Haupttyps (новый, зимний) 345, 351, Schreibregeln zur ~ 346
Deklination (der Pronomen): ~ der Demonstrativpronomen 464, ~ der Determinativpronomen 484, ~ der Indefinitpronomen 492, ~ der Interrogativpronomen 471, ~ der Negativpronomen 499, ~ der Personalpronomen 447, ~ der Possessivpronomen 455, ~ der Relativpronomen 477
Deklination (der Substantive) 282, I. ~ der Maskulina (завод, рубль) 291, I. ~ der Neutra (слово, ущелье) 299, II. ~ (карта, неделя) 306, III. ~ (тетрадь, имя) 313, ~ der Familiennamen auf -ов-(а), -ин-(а) 321.2, ~ der mit пол- zusammengesetzten Substantive 322, ~ der Ortsnamen auf -ов-(о), -ин-(о) 321.1, ~ der Substantive mit Adjektivendungen 344, 401, Schreibregeln zur ~ 286
Deklination (der Zahlwörter): ~ der Bruchzahlwörter 432, ~ der Grundzahlwörter 407, ~ der Ordnungszahlwörter 436, ~ der Sammelzahlwörter 425, ~ der unbestimmten Zahlwörter 440
Deklinationsendung: ~en der Adjektive 345, 354, ~en der Substantive 282, 285, 287
Deklinationstyp 68, ~en der Adjektive 342, ~en der Pronomen 445, ~en der Substantive 282
Demonstrativpronomen 464, Deklination der ~ einschließlich этот, тот 465; Gebrauch der ~: этот : тот 466, такой : таков 468, сей 469
Determinativpronomen 483, Deklination der ~ einschließlich весь 484; Gebrauch der ~: весь : целый 485, сам : самый 487, каждый : всякий : любой 488, другой : иной 489
Dürfen 747

E

Eigenname 258
Einräumungssätze (Konzessivsätze): Konjunktiv in ~n 181.3
Einwortsätze 710
Ellipsen (unvollständige Sätze) 711
Endung 60, Deklinations~en der Adjektive 345, 354, Deklinations~en der Substantive 282, 285, 287, Personal~en der -e-Konjugation 153, Personal~en der -и-Konjugation 154
Entscheidungs- oder Satzfragen 700, 701
Ergänzungsfragen 700, 702, Stellung der wesentlichen Satzglieder in ~ 800

F

Finalbestimmung (Adverbialbestimmung des Zwecks) 718
Finalsatz (Adverbialsatz des Zwecks) 779
Folge der Satzglieder 788, feste ~ 799, flexible ~ 789; Stellung der Adverbialbestimmung 796, Stellung des Attributs 719, Stellung des Objekts 794, Stellung von Subjekt und Prädikat in neutraler Rede 791 und in emotional gefärbter Rede 793
Form: einfache (synthetische) ~en 68, zusammengesetzte (analytische) ~en 68
Formbildung 55, Hauptarten der ~ 68
Fragepartikel ли 701
Fragesätze 700: Entscheidungsfragen 701, Ergänzungsfragen 702
Futur: ~ unvollendeter Verben F 161 – G 164, ~ vollendeter Verben (einfaches ~) F 152 – G 163, Betonung im vollendeten ~ 157

G

Gattungsadjektiv 336, Bildung der ~e auf -[j]-(ий) 353, 848, Deklination der ~e 354
Gattungsbezeichnung 259
Gedankenstrich: ~ in Sätzen mit nominalem Prädikat 806, ~ in Sätzen mit verbalem Prädikat 807, ~ zur Kennzeichnung räumlicher oder zeitlicher Distanz 809
Genitiv 281, ~ bei Adjektiven bzw. Adverbien 636, ~ bei Substantiven 635, ~ bei Verben 634, ~ des Vergleichs 391, 524, 636, ~ in einem verneint-unpersönlichen Satz 634.4, ~ oder Akkusativ nach verneintem transitivem Verb 634.3, 717.3, attributiver ~ 635.3; partitiver ~ F einige Maskulina der I. Deklination auf -у | -ю 294 – G bei Substantiven 635.2 und bei Verben 634.2, 647; Verben mit ~rektion 643

Genus: ~ der Substantive 267, ~varianten 276, ~ von Berufsbezeichnungen 269, ~ von Personenbezeichnungen 268; ~ von Sachbezeichnungen: deklinierter Substantive 272, nichtdeklinierter Substantive 274; ~ von Tierbezeichnungen 271, Substantive zweierlei ~ 270
Genus: verbales ~ 76, 114
Geräuschlaut 23, ~e im Wortauslaut 26, Stimmangleichung bei ~en 27
Geschlecht: natürliches ~ 268
(Es) gibt 741
Gliederung des Satzes: aktuelle ~ 788
Grundwortteil: ~ zusammengesetzter Adjektive 859, ~ zusammengesetzter Substantive 834
Grundzahlwörter 404, ноль 413, одúн F 408 – G 415, ~ два, три, четы́ре F 409, 411 – G 416, ~ пять ... двáдцать, три́дцать, пятьдеся́т ... во́семьдесят F 410 – G 417, ~ со́рок, девяно́сто, сто F 411 – G 417, ~ две́сти ... девятьсо́т F 412 – G 417, ~ ты́сяча, миллио́н, миллиа́рд F 413 – G 418, ~ полтора́, полтора́ста F 411 – G 416, 417, abgeleitete ~ 405, Kongruenz zwischen ~n als Subjekt und dem Prädikat 690, mehrgliedrige ~ 406, F 414, nichtdeklinierte ~ 423, Stellung der ~ in einer Wortgruppe 420, zusammengesetzte ~ 405

H

Haben 743
Hauptsatz 708, 770, Verknüpfung von ~ und Nebensatz 771
Hilfswort (Synsemantikon) 71
Hilfsverb быть 735

I

Imperativ 182, ~ der 2. Person F 183 – G 188, ~ der 1. Person Plural 186, ~ der 3. Person 187, verneinte ~formen 107, 190
Indefinitpronomen 490, Bildung der ~ 491, Deklination der ~ 491; Gebrauch der ~: -то : не- 494, -нибудь | -либо 495, ко́е- | кой- 496
Infinitiv 197, F 198 – G 200, Aspekt eines abhängigen ~s 201, Aspekt eines unabhängigen ~s 202
Infinitivsatz 729, Aspekt des Infinitivs in einem ~ 202
Infinitivstamm 129, vom ~ gebildeter Formenkreis 132, siehe auch Verbalgruppe und Verbalklasse
Instrumental 281, ~ als Prädikatsnamen 640.3, 661, ~ bei Adjektiven 641, ~ bei Substantiven 642, ~ bei Verben 640, ~ in einem unpersönlichen Satz oder in einer Passivkonstruktion 640.4, Verben mit ~rektion 655

Interfix 62
Interjektion 72, 618, ~en als lautnachahmende Wörter 624, ~en als Umgangsformen 623, ~en zum Ausdruck von Empfindungen 620, ~en zum Ausdruck von Willensbekundungen 622, Form der ~en 619, Funktion der ~en im Satz 625
Interrogativpronomen 470, Deklination der ~ кто, что, чей 471; Gebrauch der ~ кто : что 473, чей 474, который : какой : каков 475
Intonation siehe Stimmführung

J

/j/ 48
je, jeweils: ~ , ausgedrückt durch по in Verbindung mit der Wortgruppe „Grundzahlwort + Substantiv" 422 oder „unbestimmtes Zahlwort + Substantiv" 442

K

Kasus: ~ der Substantive 281, abhängige und unabhängige ~ 281, Gebrauch der ~ 633
Kausalbestimmung (Adverbialbestimmung des Grundes) 718
Kausalsatz (Adverbialsatz des Grundes) 778
Kernwort: ~ einer (unterordnenden) Wortverbindung 627, 630, 632
Klassifizierung der Verben 133
Klein- oder Großschreibung der Substantive 258, 259
Kommasetzung: ~ in vom Deutschen abweichenden Fällen 802
Komparation: ~ der Adjektive 379, ~ der Adverbien 521
Komparativformen: ~ der Adjektive 379, *F* 380 – *G* 385, ~ der Adverbien 522
Komposition siehe Zusammensetzung
Konditionalbestimmung (Adverbialbestimmung der Bedingung) 718
Konditionalsatz (Adverbialsatz der Bedingung) 780
Kongruenz 631; ~ zwischen Subjekt und Prädikat: Grundregel 686, Personalpronomen als Subjektteile 689, Substantive als Subjektteile 688, Zahlwörter und Zahlwortverbindungen als Subjekt 690, кто als Subjekt 691; ~ zwischen Substantiv und adjektivischem Attribut 692; ~ zwischen Substantiv und Apposition 694
Konjugation: -е-~ und -и-~ 133.3, Personalendungen der -е-~ 153, Personalendungen der -и-~ 154
Konjugationstyp 68, produktiver ~ 133, unproduktiver ~ 133

Konjunktion 72, 581, eingliedrige ~en 582; koordinierende (nebenordnende) ~en 583: anreihende (kopulative) 584, 766, ausschließende (disjunktive) 588, 768, entgegensetzende (adversative) 586, 767, erläuternde 589; mehrgliedrige ~en 582; subordinierende (unterordnende) ~en 590: zur Einleitung von Adverbialsätzen der Art und Weise 592, 776, der Bedingung 597, 780, der Einräumung 598, 781, der Folge 590, 782, der Zeit 592, 777, des Grundes 595, 778, des Zwecks 596, 779, zur Einleitung von Objekt- oder Subjektsätzen 600
Konjunktiv: *F* 176 – *G* 178, ~ im Hauptsatz 179, ~ in Bedingungssätzen (Konditionalsätzen) 180, ~ in Einräumungssätzen (Konzessivsätzen) 181.3, ~ in Objektsätzen 181.2, ~ in Zwecksätzen (Finalsätzen) 181.1
Konkretum 256
Können 748
Konsekutivsatz (Adverbialsatz der Folge) 782
Konsonant: Ausfall von ~en 54, Einteilung der ~en 23, 33, harte und weiche (palatalisierte) ~en 28, kurze und lange ~en 31, 52, stimmlose und stimmhafte ~en 25
Konsonantbuchstabe: ~n und ihre lautlichen Entsprechungen 34
Konsonantenausfall 66
Konsonantenwechsel: ~ bei Verben der IV. Klasse 139, ~ bei Verben der 1. Gruppe 140, ~ bei Verben der 9. Gruppe 148, ~ bei Verben der 10. Gruppe 149, ~ bei isolierten Verben 151, ~ im Auslaut des Präsensstammes 156, Hauptarten des ~s 66
Konzessivbestimmung (Adverbialbestimmung der Einräumung) 718
Konzessivsatz (Adverbialsatz der Einräumung) 781
Kopula 713, Gebrauch der ~ in eingliedrigen Sätzen 730 – 733, Gebrauch der ~ in zweigliedrigen Sätzen 722.2, 722.3, 723.1 – 723.7
Kopulaverb 713, быть als ~ 736
Kurzform (des Adjektivs) 333, Betonung der ~en 368, Bildung der ~en 357, Bildungsbereich der ~en 364, Gebrauch der ~en in prädikativer Funktion 373, 375, zusammengesetzter Komparativ mit der ~ *F* 384 – *G* 389
Kurzform (des Partizips) 204, ~en des Passivs *F* 217, 221 – *G* 231
Kurzwörter 840, ~ des Initialtyps 841, ~ des Silbentyps 842, ~ von Mischtypen 843, Genus der ~ des Initialtyps 275.3

L

Langform (des Adjektivs) 333, Betonung der ~en 347, Deklination der ~en 341, 345, 351, Gebrauch der ~en in attributiver Funktion 371 und in prädikativer Funktion 372
Langform (des Partizips) 204, ~en des Aktivs *F* 208, 211 – *G* 214, ~en des Passivs *F* 217, 221 – *G* 228
Lautsystem: russisches und deutsches ~ im Vergleich 7
Lautumschrift 5
Lautwechsel 65
Lokalbestimmung (Adverbialbestimmung des Ortes) 718

M

Modalbestimmung (Adverbialbestimmung der Art und Weise) 718
Modalität 696
Modalsatz (Adverbialsatz der Art und Weise) 776
Modalverb 81, ~en in Verbindung mit einem Infinitiv 201
Modalwort: ~ in Verbindung mit einem Infinitiv 201; siehe auch Schaltwort 536
Modus 76
Mögen 749
Momentanverb 90.2, 102.2, 893
Morphem 56
Morphemvariante 63
Müssen 750

N

Nebensatz 708, 770; Arten des ~es: Adverbialsatz 775, Attributsatz 783, Objektsatz 774, Prädikatsatz 772, Subjektsatz 773, weiterführender ~ 784; Funktion von Relativpronomen im ~ 478, Verknüpfung von ~ und Hauptsatz 771
Negativpronomen 497, Bildung der ~ 498, Deklination der ~ 499; Gebrauch der ~: ни- 501, не- 502
Nomen 71
Nominativ 281, Gebrauch des ~s 633, ~ Plural einiger Maskulina der I. Deklination auf -á | -я́ 296, ~ Plural einiger Neutra der I. Deklination auf -и 301
Nominativsatz 733
Numerus: ~ des Substantivs 278, ~ des Verbs 76

O

Objekt 716, direktes ~ 114, 717, direktes und indirektes ~ 716, Stellung des ~s 794
Objektsatz 774, Konjunktionen, die einen ~ einleiten 600, Konjunktiv im ~ 181.2
Ordnungszahlwörter 434, *F* und *G* 436, mehrgliedrige ~ 435, 436, Wiedergabe von ~n durch Ziffern 438

P

Palatalisierungsassimilation 30
Partikel 72, 601, Form der ~n 602, formbildende ~n бы, да, пусть, дава́й(-те) 617; Modal~n 603: bejahende ~n 609, einschränkende ~n 606, Frage-~n 616, hinweisende ~n 604, verneinende ~n не 610, ни 613, нет 614, verstärkende ~n 605, Wunsch, Vermutung oder Zweifel ausdrückende ~n 608; Stellung der ~n im Satz 602
Partizip 203, ~ des Präsens Aktiv *F* 208 – *G* 214, 215, ~ des Präsens Passiv *F* 217 – *G* (Langformen) 228, 229, *G* (Kurzformen) 231, ~ des Präteritums Aktiv *F* 211 – *G* 214, 216, ~ des Präteritums Passiv *F* 221 – *G* (Langformen) 228, 230, *G* (Kurzformen) 231, ~ien in attributiver und in prädikativer Funktion 206, Formenbestand der ~ien 204, Tempus und Aspekt der ~ien des Aktivs 214, Tempus und Aspekt der ~ien des Passivs 228, Übergang von ~ien in andere Wortarten 234
Partizipialkonstruktion 214, 228
Passivformen 115, ~ der Partizipien *F* 217, 221 – *G* 228, ~ unvollendeter und vollendeter Verben 193, Bestand der ~ 79, Bildung der ~ 116, Gebrauch der ~ 195
Passivkonstruktion 195, persönliche ~en und verneint-unpersönliche ~en 707, 730.2
Person 76
Personalendung: ~en der -e-Konjugation 153, ~en der -и-Konjugation 154
Personalpronomen 446; Deklination der ~: я, ты, мы, вы 447, он, оно́, она́, они́ 448, друг дру́га 449; Gebrauch der ~: ты : вы 450, мы с mit I. 451, по mit D. oder P. des ~s 452, себя́ 453
Personennamen 820
Phasenverb 81, ~en in Verbindung mit unvollendetem Infinitiv 201
Phonem 6, ~ /j/ 48, Konsonant~e 33, Vokal~e 9
Plural: ~ des Substantivs 278, Stammveränderungen im ~ bei einigen Maskulina 298 und bei einigen Neutra der I. Deklination 304
Pluraliatantum (nur im Plural gebrauchte Substantive) 278, 280, Deklination der ~ 326

Possessivadjektiv 336, Bildung der ~e auf -ов- und -ин- 352, 846, Deklination der ~e 354
Possessivpronomen 454, Deklination der ~ мой, наш 455, nichtdeklinierte ~ его́, её, их 456; Gebrauch der ~: твой : наш 457, наш с *mit I.* 458, ваш : у вас 463, свой : его́, её, их 459
Postfix 61; ~e -либо, -нибудь 491, 518, -ся (-сь) 116, 117, -те 183, 186, -то 491, 518
Prädikat: einfaches verbales, zusammengesetztes verbales und zusammengesetztes nominales ~ 713, Kongruenz zwischen Subjekt und ~ 686, zweigliedrige Sätze mit nominalem ~ 723 bzw. mit verbalem ~ 722
Prädikativität: ~ als Kennzeichen eines Satzes 696
Prädikatsatz 772
Prädikatsnomen 713
Prä- und Suffigierung 69; ~ zur Bildung von Adjektiven 858, von Verben 894
Präfigierung 69, ~ von Verben der Bewegung 109; ~ zur Bildung von Adjektiven 855, von Substantiven 833, von Verben 863
Präfix 58, bedeutungsleere (nur aspektbildende) und bedeutungsverändernde ~e 58, 92
Präposition 72, 540; einfache (ursprüngliche) ~en 542, *F* 543 – *G*: без 545, в 546, 570, для 547, до 548, за 549, из 550, из-за 551, из-под 552, к 553, кроме 554, между 555, на 556, 570, над 557, о 558, от 559, перед 560, по 561, под 562, при 563, про 564, ра́ди 565, с 566, у 567, через 568; ein- und mehrgliedrige ~en 541, Form und Funktion der ~en im Satz 540, Rektion der ~en 540, 542, 571, 574, Verbalpräfix und ~ 664, von Adverbien gebildete ~en 571, von Substantiven gebildete ~en 574, von Verben gebildete ~en 578, Wiedergabe räumlicher Beziehungen durch einfache ~en 569
Präpositiv 281, ~ Singular einiger Maskulina der I. Deklination auf -ý | -ю́ 295; Präpositionen mit ~: в 546, на 570, о 558, по 561, при 563
Präsens: *F* 152 – *G* 158, Betonung im ~ (vollendeten Futur) 157, Partizipien des ~ Aktiv und Passiv 204
Präsensstamm 129, vom ~ gebildeter Formenkreis 132, siehe auch Verbalgruppe und Verbalklasse
Präteritalstamm 130, 143, 146
Präteritum: *F* 166 – *G* 171, ~ unvollendeter Verben 173 – 175, ~ vollendeter Verben 172, 174, 175, Betonung im ~ 168, Partizipien des ~s Aktiv und Passiv 204
Pronomen 72, adjektivische und substantivische ~ 443, Demonstrativ~ 464, *F* 465 – *G* 466, Determinativ~ 483, *F* 484 – *G* 485, Indefinit~ 490, *F* 491 – *G* 493, Interrogativ~ 470, *F* 471 – *G* 472, Negativ~ 497, *F* 499 – *G* 500, Personal~ 446,
F 447 – *G* 450, Possessiv~ 454, *F* 455 – *G* 457, Relativ~ 476, *F* 477 – *G* 478

Q

Qualitätsadjektiv 334, ~e auf -ичн-(ый) und Beziehungsadjektive auf -ическ-(ий) im Vergleich 851, Besonderheiten von ~en 338, Komparation von ~en 379, Lang - und Kurzformen von ~en *F* 357 – *G* 370

R

Rede: direkte und indirekte ~ 785, Umwandlung direkter ~ in indirekte ~ 786, Zeichensetzung bei der direkten ~ 810
Redeeinleitung (Autorenrede) 785, 811
Reduktion unbetonter Vokale 18
Reflexivpronomen: ~ свой *F* 455 – *G* 459, ~ себя *F* 447 – *G* 453
Rektion 630, ~ der Adjektive 680, ~ der Präpositionen 542, 571, 574, ~ der Substantive 682, ~ der Verben ohne Präpositionen 643 und mit Präpositionen 663, Varianten der ~ 684
Relativpronomen 476, Deklination der ~ 477, Funktion von ~ in Nebensätzen 478; Gebrauch der ~: который 479, которого : чей 480, какой : каков 481, кто : что 482
Rhema des Satzes 789

S

Sammelbezeichnung (Kollektivum) 260.1
Sammelzahlwörter (двое, че́тверо; о́ба) 424, *F* 425 – *G* 426
Satz 696, allgemein-persönlicher ~ 726, einfacher ~ 708, eingliedriger ~ 709, unbestimmt-persönlicher ~ 725, unpersönlicher ~ 727, unvollständiger ~ (Ellipse) 711, verneinter ~ 706, verneint-unpersönlicher ~ 732, zusammengesetzter ~ 708, 764, zweigliedriger ~ 709
Satzarten 697: Aufforderungs- und Wunschsätze 699, Ausrufesätze 704, Aussagesätze 698, Fragesätze 700, verneinte Sätze 706
Satzbaupläne: ~ eingliedriger Sätze 724, ~ zweigliedriger Sätze 722
Satzformen: einfache und zusammengesetzte Sätze 708, unvollständige Sätze (Ellipsen) 711, zweigliedrige und eingliedrige Sätze 709
Satzgefüge 708, 770, ~ mit einem Adverbialsatz 775, ~ mit einem Attributsatz 783, ~ mit einem Objektsatz 774, ~ mit einem Prädikatsatz 772, ~ mit einem Subjektsatz 773, ~ mit einem weiterführenden Nebensatz 784

Satzglied: Adverbialbestimmung 718, Attribut als ~teil 719, Objekt 716, Prädikat 713, Subjekt 714; gleichartige ~er 627, isolierte ~er 721, wesentliches ~ im eingliedrigen Satz 715
Satzgliedfolge siehe Folge der Satzglieder
Satzgliedteil 719
Satzverbindung 708, 765, anreihende (kopulative) ~en 766, ausschließende (disjunktive) ~en 768, entgegensetzende (adversative) ~en 767, weiterführende (progrediente) ~en 769
Schaltsatz 539
Schaltwort 72, 536, Bedeutung des ~es 537, Wortgruppen 538 und Teilsätze in der Funktion eines ~es 539
Sein (Verb) 735
Singular: ~ des Substantivs 278
Singulariatantum (nur im Singular gebrauchte Substantive) 278, 279
Sollen 751
Sonor 23
Stamm: abgeleiteter ~ und Ableitungs~ 64, Infinitiv~ und Präsens~ 129, Präterital~ 130, 143, 146
Stammauslaut: ~ der Adjektive 342, ~ der Adjektive und Schreibregeln 346,~ der Substantive 285, ~ der Substantive und Schreibregeln 286
Stammveränderung im Plural: ~ einiger Maskulina der I. Deklination 298, ~ einiger Neutra der I. Deklination 304
Stimmassimilation 27
Stimmführung: ~ im Aufforderungs- und Wunschsatz 699, ~ im Ausrufesatz 705, ~ im Aussagesatz 698, ~ in der Entscheidungsfrage 701, ~ in der Ergänzungsfrage 702
Stoffbezeichnung 260.2
Subjekt 714, Kongruenz zwischen ~ und Prädikat 686, Stellung von ~ und Prädikat in neutraler Rede 791 und in emotional gefärbter Rede 793
Subjektsatz 773; Konjunktionen, die einen ~ einleiten 600
Substantiv 72, 255, belebte (beseelte) und unbelebte (unbeseelte) ~e 262, Betonung der ~e 329, Deklination der ~e 282, Funktion der ~e im Satz 266, Genus der ~e 267, Kongruenz zwischen ~ und adjektivischem Attribut 692 bzw. einer Apposition 694, nichtdeklinierte ~e 327, nur im Plural gebrauchte ~e 278, 280, Schreibung der ~e 258, 259, von ~en gebildete Präpositionen 574
Substantivsuffixe 815, ~ der subjektiven Wertung 829; ~ zur Bezeichnung von Lebewesen 816, von unbelebten Konkreta 822, von Abstrakta 825
Suffigierung 69; ~ zur Bildung von Adjektiven 845, von Substantiven 815, von Verben 892

Suffix 59, ~e der subjektiven Wertung 829, 854, formbildendes ~ und wortbildendes ~ 59
Superlativformen: ~ der Adjektive 379, F 392 – G 397, ~ der Adverbien 526, ~ zum Ausdruck des höchsten oder eines sehr hohen Grades eines Merkmals 397, 526

T

Temporalbestimmung (Adverbialbestimmung der Zeit) 718
Temporalität 696
Temporalsatz (Adverbialsatz der Zeit) 777
Tempus 76, 77
Text 696
Thema des Satzes 789
Transkription: ~ deutscher Namen 4, ~ russischer Namen 2, phonetische ~ 5
Transliteration: Bibliotheks~ 2

U

Uhrzeitangabe: offizielle ~ 758, umgangssprachliche ~ 759
Umschriftsystem: deutsch-russisches ~ 4, russisch-deutsche ~e 2

V

Vatername 820
Verb 72, 75, einaspektige ~en 84, 98, einstämmige ~en 131, Formenbestand der ~en 79, Funktion der ~en im Satz 81, Klassifizierung der ~en 129, persönliche ~en 123, reflexive ~en und ihre Bedeutungsgruppen 117, transitive und intransitive ~en 114, unpersönliche ~en 126, 728, von ~en gebildete Präpositionen 578, zweiaspektige ~en 84, 99, zweistämmige ~en 129
Verbalgruppe: unproduktive ~n 133, 1. ~ (писа́ть : пи́шут) 140, 2. ~ (дава́ть : даю́т) 141, 3. ~ (жать : жмут, жать : жнут) 142, 4. ~ (мо́кнуть : мо́кнут) 143, 5. ~ (мыть : мо́ют, пить : пьют) 144, 6. ~ (коло́ть : ко́лют) 145, 7. ~ (тере́ть : трут) 146, 8. ~ (везти́ : везу́т, вести́ : веду́т) 147, 9. ~ (мочь : мо́гут) 148, 10. ~ (ви́деть : ви́дят) 149, 11. ~ (лежа́ть : лежа́т) 150
Verbalklasse: продуктивные ~n 133, I. ~ (чита́ть : чита́ют) 136, II. ~ (тре́бовать : тре́буют) 137, III. ~ (пры́гнуть v.: пры́гнут) 138, IV. ~ (говори́ть : говоря́т) 139
Verbalpräfixe: ~ im Überblick 864, ~ und Präpositionen 664
Verbalsuffixe: ~ zur Ableitung von Substantiv- und Adjektivstämmen 892, von Verbalstämmen 893

Verben der Bewegung 103, bestimmte (determinierte) ~ *F* 104 – *G* 105, nichtpräfigierte ~ 103, präfigierte ~ 109, unbestimmte (indeterminierte) ~ *F* 104 – *G* 106

Verben, reflexive 117, ~ und ihre Imperativformen 183, ~ und ihre Konjunktivformen 176, ~ und ihre Präsensformen 153, 154, ~ und ihre Präteritalformen 166, aus intransitiven Verben gebildete ~ 119, aus transitiven Verben gebildete ~ 118, unpersönlich-~ 119

Verbformen: Bestand der ~ 79, konjugierte ~ 76, 152, nichtkonjugierte ~ 77, 197

Verneinung: ~ durch verneinende Partikeln не 610, ни 613, нет 614, durch weitere Partikeln 615; doppelte ~ zum Ausdruck einer Bejahung 611; verstärkte ~ 613

Vokal: Einteilung der ~e 8, betonte ~e 10, flüchtige ~e 67, unbetonte ~e 18

Vokalausfall: ~ bei einigen Maskulina der I. Deklination ab Genitiv Singular 293, ~ bei einigen Feminina der III. Deklination 315

Vokalbuchstabe: harte und weiche ~n 9; ~n und ihre lautlichen Entsprechungen in betonten Silben 12, in unbetonten Silben 20

Vokaleinschub: ~ bei Adjektiven in der maskulinen Kurzform 359, ~ bei Neutra der I. Deklination im Genitiv Plural 302, ~ bei Substantiven der II. Deklination im Genitiv Plural 309

Vokalwechsel: Hauptarten des ~s 67

Vorgangspassiv 232

W

Wollen 752

Wort: abgeleitetes ~ 70, zusammengesetztes ~ (Kompositum) 70

Wortart: flektierbare ~ und nichtflektierbare ~ 71, Übergang von einer ~ in eine andere 74

Wortartwechsel 74, ~ von Adjektiven zu Substantiven 401, ~ von Adverbialpartizipien zu Adverbien und zu Präpositionen 254, ~ von Partizipien zu Adjektiven 235 und zu Substantiven 236

Wortbildung 55, ~ der Adjektive 844, ~ der Adverbien 504, ~ der Pronomen 491, 498, ~ der Substantive 814, ~ der Verben 862, ~ der Zahlwörter 405, 434, Hauptarten der ~ 69

Wortbildungstyp: produktiver ~ und unproduktiver ~ 70

Wortgruppe 627, 628, ~n in adverbialer Funktion 529, aus Begriffswörtern bestehende ~n 627, präpositionale ~n 628

Wortstellung: ~ in der Wortgruppe „Grundzahlwort + Substantiv" 420; ~ von не 610; siehe auch Folge der Satzglieder

Wortverbindung: koordinierende (nebenordnende), prädikative, subordinierende (unterordnende) ~en 627

Wunschsätze: Aufforderungs- und ~ 699

Wurzel 57

Z

Zahlwort (Numerale) 72, 402, Bruch~ 428, *F* und *G* 432, Grund~ 404, *F* 407 – *G* 415, Kongruenz zwischen ~ als Subjekt und Prädikat 690, Ordnungs~ 434, *F* und *G* 436, Sammel~ 424, *F* 425 – *G* 426, unbestimmtes ~ 439, *F* 440 – *G* 441

Zeichensetzung: vom Deutschen abweichende ~ 801, ~ zur Kennzeichnung der direkten Rede 810

Zeitangaben 753

Zeitbezug: absoluter ~ 76, relativer ~ 77, relativer ~ der Adverbialpartizipien 249, relativer ~ der Partizipien 214, 228

Zentrum des Satzes: prädikatives ~ 627, 708, 709

Zusammensetzung: ~ von Wortstämmen, Wörtern, Wortteilen 69; ~ zur Bildung von Adjektiven 859, von Substantiven 834

Zustandspassiv 233

Zustandswort (prädikatives Adverb) 72, 530, Bedeutung des ~s 531, Form des ~s 532, Funktion und Gebrauch des ~s im Satz 533, 731, modales ~ 531 und Aspekt des abhängigen Infinitivs 201

Zwecksätze (Finalsätze): Konjunktiv in ~n 181.1

Zweistämmigkeit der Verben 129